国家出版基金项目

主编 曾繁仁

副主编 祁海文 刘彦顺

# 中国美育思想通史

## 现代卷

刘彦顺 著

山东人民出版社

国家一级出版社 全国百佳图书出版单位

**图书在版编目（CIP）数据**

中国美育思想通史．现代卷/曾繁仁主编；刘彦顺著．—济南：山东人民出版社，2017.6

ISBN 978－7－209－10497－5

Ⅰ．①中… Ⅱ．①曾… ②刘… Ⅲ．①美育—思想史—中国—现代 Ⅳ．①G40－014

中国版本图书馆CIP数据核字(2017)第055786号

责任编辑　张　波
助理编辑　陶远城

**中国美育思想通史　现代卷**
曾繁仁　主编　祁海文　刘彦顺　副主编
刘彦顺　著

主管部门　山东出版传媒股份有限公司
出版发行　山东人民出版社
社　　址　济南市胜利大街39号
邮　　编　250001
电　　话　总编室（0531）82098914
　　　　　市场部（0531）82098027
网　　址　http：//www.sd－book.com.cn
印　　装　北京图文天地制版印刷有限公司
经　　销　新华书店

规　　格　16开（170mm×240mm）
印　　张　40
字　　数　574千字
版　　次　2017年6月第1版
印　　次　2017年6月第1次
印　　数　1—2000
ISBN 978－7－209－10497－5
定　　价　98.00元

# 目　录

# 第一章　概述

中国现代美育思想史在整个中国美育思想史之中占有极为重要的地位，其处在两千年之久的中国古典美育理论形态与中国当代美育理论形态之间，既与前一时期美育理论的古典性有着强烈的差异，又与后一时期尤其是新时期以来美育理论的现代性形成了鲜明的对照。

从中国社会历史变化的大背景来看，在20世纪之交，以资产阶级觉醒为主要社会特征的近现代，以王国维、梁启超、蔡元培、鲁迅、朱光潜、朱谦之、丰子恺、陶行知、贺麟、潘菽、孟宪承、吕凤子、陈鹤琴等为杰出代表的中国学人在引入西方理论的背景之下，展开了对于现代性美育理论的追求与构想，可谓众星云集，精彩纷呈，创造性非凡，堪称自中国近现代至今美育理论进程中最为辉煌的一个时期。

在中国近代以至于现代的这一时期，是资本主义的意识与思想引入中国并且得到大力传播的时期，其所具有的人道主义与启蒙主义色彩，使得中国文化在西方文化的几乎是暴力与强迫的影响之下，展开了与封建传统社会文化截然不同的全新进程。西方世界的哲学、教育学、美学、心理学等与美育理论有着密切联系的学科与知识体系涌入中国，中国古典美育的实践与理论都面临着两千年以来未有的挑战与机遇。

在美育实践方面，最为重要的巨变之一就是西方文学艺术作品开始作为一种主流话语的强势教育资源进入到中国近现代美育的活动当中。另外，西方艺术教育、审美教育的方针、课程设置、教材教法、学制等等也大量被引入到中国，成为中国现代艺术教育、审美教育实践学习的蓝本、榜样。

在美育思想方面，外来理论资源主要来自于欧洲、美国与日本，而对欧洲、美国与日本美育思想资源采纳的差异则取决于中国近现代学人的不同的留学、游历的背景。王国维的美育思想受到康德与叔本华的强烈影响，蔡元培的美育思想受到康德美学思想的影响较多，陶行知、陈鹤琴的美育思想则受到杜威思想的影响，朱谦之的美育思想则有较多的柏格森哲学的基因。

美育理论现代形态的新建构是中国现代美育思想家们孜孜以求的理想，而实现这一理想既需要对西方的优质思想资源了然于胸，又需要据此对中国古典美育传统、美育理论传统进行相应的判断与重新定位。王国维依据康德美学、叔本华哲学中的审美超功利、形式及游戏之说，对中国古典美育传统中的礼乐教化形态进行了批评，认为实用、善的价值往往压倒性地支配着审美价值，同时，王国维又坚持了中国古典美育实践、美育理论中的积极维度——悦乐的现世价值观。这一兼采中西之长，同时又面对新现实、构建新理论的做法，在蔡元培、陶行知、陈鹤琴、贺麟、朱光潜、丰子恺等人身上都得到了极为精彩的体现，尤其是蔡元培所提出的“以美育代宗教”的辉煌命题，更是中国近现代以来中国学人对世界思想界做出的伟大贡献。

与王国维、蔡元培、朱光潜等较多地以西方知识诠释与批评中国的传统文化与教育不同，梁启超、贺麟、吕凤子、朱谦之等则更多地对中国古典美学、美育理论之中的精粹及其卓越之处进行了阐发、发扬，在与西方知识话语的交流、交往、交融中，不仅发出了激越的中国之声，而且更加突出了中国美育理论、美学理论以及我国悠久的礼乐教化传统在主客不分离、执着于现世的悦乐精神等等之上，远远胜出西方的卓著之处。梁启超通过对佛教哲学的精深研究，对主客之间的构成状态在审美、宗教、科学上的不同体现进行了细致的、深入的分析，尤其是在时间性上的诸多创见，的确代表了中国现代美育思想史“中国学派”“中国风格”的最强音。与之相应、相通的还有贺麟美育思想中“儒化西学”对礼乐教化活动的时间性状态的新阐释、朱谦之借用周易哲学的唯情论思想对礼乐教化活动的“真情之流”的新阐释、吕凤子采纳儒佛哲学对美育作为“心性功夫”的解读等等，这些理论与学术上的建树不仅仅是民族化的声音，更是对美育理论作为一种知识体系的独到贡献。这些理论上的建树与贡献，至今在世界范围内也是极为辉煌的。

就中国现代美育思想所研究的范围来看，既有对美育理论基本问题的研究，比如王国维、蔡元培、朱光潜、丰子恺等等；也有侧重从教育学角度对美育操作层面的研究，比如蔡元培、陶行知、陈鹤琴、赵廷为等等；还有侧重从心理学角度对美育活动中人格发展维度的研究，比如潘菽、陈鹤琴、丰子恺等等。这些领域的学术建树使得美育理论研究视野极为开阔，涉及美育理论知识体系的各个主要方面，这就使得美育理论知识体系本身显得扎实、稳重、全面。同时，也有很多艺术家、文学家等参与到美育理论、美育实践、美育观念的新建设中来，比如林语堂、傅雷、丰子恺、徐悲鸿、吕凤子等等，他们往往在艺术创造、艺术教育、艺术风格上得风气之先，引领美育观念革命或者更新的潮流。

中国现代美育理论之所以能够取得如此辉煌的成就与贡献，其中最为重要的原因之一就是以上所述这些学者、思想家、艺术家、文人、哲学家们自身首先接受了完善的艺术教育与审美教育，所以他们往往能够在美育理论、美育观念的陈述中，完全跳脱了专业、职业、行业的限制与牵绊，而且他们的鉴赏能力之高、涉猎艺术门类之广博、审美趣味之精致、文字陈述之美轮美奂，的确堪异彩纷呈的学术史典范。王国维在哲学、心理学、教育学、诗学、戏剧学等之上的杰出建树，蔡元培对美育基本理论、美育实施、公共空间之中公共艺术设立上的建树，丰子恺对各种艺术门类的深刻全面把握，贺麟作为一位杰出的哲学家对“儒化西学”之于美育理论的思考，潘菽作为一位心理学家对美学、教育学的深厚造诣以及对审美对象的丰富理解，等等——都使得中国近现代以来的美育思想家们能够把握与思考涉及人生根本价值观的宏大问题，美育就是其中最有代表性的领域之一。

因而，自今视昔，过于精细的专业分工、极端狭隘的职业及其职能的分类、鸡犬之声绝不相闻的各自的学科建制都使得美育理论研究者不仅越来越少，而且其自身就没有接受过完备的艺术教育、审美教育，而美育理论所要研究的对象——美育活动在其构成因素上却涉及美学、艺术学、教育学、心理学领域，这既是中国现代美育理论如此辉煌的原因之一，也是其在中国近现代直至当代以来的美育思想史中显得如此独异而寂寞的表征。

# 第二章　王国维的美育思想

王国维（1877—1927），浙江海宁人，字静安，是我国近现代以来著名的国学大师、美学家，也是中国近现代美育理论史开端期的重要思想家，他以广阔的胸怀，接纳与消化系统性的西方美育理论，并与我国古典礼乐教化传统相对接、生发，其所达到的创造性已臻化境。他与蔡元培一样，代表着我国近现代美育思想的最高水准，树立了兼采中西、立足本土进行学术新建树的典范。

具体来看，王国维在美育理论上的贡献在于首次提出以“游戏”与“形式”作为审美活动的本性，在这两个概念或思想中引导出有关“时间性”的系列概念，并把思想作为美育功能与价值的起点。在此基础上，他对叔本华的教育思想及其美育思想进行了新的演绎，并对中国古代美育中的弊端、礼乐教化的悦乐精神、美育活动的直观性、“美术不可教”、美育活动作为内时间意识的流畅性构成、美育活动的必要性与施行、以“美术”代宗教、人生时间的充实与拯救等重大问题进行了深入探究。

在王国维的美育思想体系中，“游戏”“形式”与“时间性”因此成为三个最为核心的关键词。在这三个关键词当中，其学理上的演进顺序是：从形式到游戏，再由游戏到时间性，再由时间性到形式，也就是实现于形式之中，最终完成在时间上的直观性“过程”，成为一个完整的审美生活事件或审美活动事件。以这三个关键词为核心，王国维不仅对中国古代文学艺术与美学思想之中的“反美性”做出了评判，而且在西方美育理论与中国美育现状之间产生真正对话的前提下，形成了真正具有现代理论品性的美育理论。

## 第一节　王国维美育思想的准则及谱系

### 一、康德、形式与游戏

从中国美育理论百年的历程来看，与其说王国维处在一个由古典时期的美育理论形态向现代美育理论形态转化的关头，还不如说史无前例地处在一个中西美学交融、交流、交战的时机，在此方面，他成为一个重要的转折点。

这种转折的发生，其内在的原因与渊源在于王国维创造性地继承了康德、叔本华美学，并与中国古典美学、美育理论中的积极因素、优良传统进行对接与比较，所汲取的主要思想正是中国古典美学所缺乏的“形式”与“游戏”维度。他以此作为基点与尺度，对中国古典文学艺术、中国古典美学乃至于中国传统文化建制中的知识分子角色进行了全新的解读与评判，从而为百年中国的新美育理论开辟了新视域、新方法。

王国维对西方文化、西方知识的接受，不仅使得他对于中国古代审美文化的评价有了新的视点，而且这样一种视点不是局部与中立的，而是在价值评判上的整体与宏观的对比。在纯粹的美学思想上，王国维主要体现为康德主义者，虽然在他的著作中对叔本华思想的陈述占据了较多的部分，但是从其思想所主要汲取的来源来看，还是对于康德的借鉴更多；而对叔本华的较多陈述，一方面是因为叔本华在“审美无关功利”的理论命题上与康德接近，而且还因为王国维本人认为，康德的著作较为晦涩，在自己语言水平尚不高的前提下，只能留待后日进行细读与研讨；而在美学与人生的关联上，尤其是人生自身作为原初的时间性涌现过程方面，王国维显然对叔本华的借鉴与消化比较多。

康德在西方美学史上的划时代的贡献在于使审美价值获得独立与自律的存在，这不仅是美学形态的真正开始，也是现代性美学知识体系的开端。当然，需要特别指出的是，康德的这一美学思想，其实只是适用于那些“纯粹”的“艺术作品”，也就是只能够用“眼睛”去“看”，用

“耳朵”去“听”的那些审美对象，这样的审美对象很显然只是所有审美领域中的一个组成部分而已。如果一个带来快乐的对象只能经由视听这两种感官，那么，这样的快乐肯定是“不实用”的，康德把这样的“快乐”经典地表述为“审美无关功利”或者“审美超功利”。在此而言，康德的美学思想的确是美学史上的一个创举。但是，康德的这一辉煌命题同时又是一个充满严重的缺陷与遗憾的“教条”，因为他只是这样主观武断地预先规定——符合“超功利”的“快感”才是“美”的“感”，否则就是低劣的。正如本书对康德美学思想的批评与分析中所言，康德的美学不仅仅缺乏“身体性”，而且更缺乏的是“时间性”。所以，康德的这一命题之前就应该加上一个限定——只是针对那些“只能够听”“只能够看”的纯粹的艺术品，这个命题才有效。

王国维继承了康德美学的优点，也一并继承了他的缺陷。不过，由于王国维把“审美无关功利”的命题纳入到“主观时间”“人生”之视野，在很大程度上冲淡了这一缺陷。整体而言，康德的这一贡献在王国维的美学研究中成为一个极高的纲领，他据此来考量中国古代美学与文艺的得失，也据此来设计中国美学与文艺的前景，在美育的理论与实践上，也成为王国维的思想准则。在王国维对康德美学的描述中，正如同在前面所说的，基本上是与对于叔本华的描述联系在一起的。他认为：

> 德意志之大哲人汗德，以美之快乐为不关利害之快乐。至叔本华而分析观美之状态为二原质：（一）被观之对象，非特别之物，而此物之种类之形式；（二）观者之意识，非特别之我，而纯粹无欲之我也。①

并且，王国维对康德做出了极富于感情色彩的颂扬：

> 人之最灵，厥维天官；外以接物，内用反观。小知闲闲，敝帚是

① 姚淦铭、王燕主编：《王国维文集》下卷，中国文史出版社2007年版，第93页。

享；群言淆乱，孰正其枉。大疑潭潭，是粪是除；中道而反，丧其故居。笃生哲人，凯尼之堡；息彼众喙，示我大道。观外于空，观内于时；诸果粲然，厥因之随。凡此数者，知物之式；存于能知，不存于物。匪言之艰，证之维艰；云霾解驳，秋山巉巉。赤日中天，烛彼穷阴；丹凤在霄，百鸟皆瘖。谷可如陵，山可为薮；万岁千秋，公名不朽。①

从王国维对美学与文艺学理论的探讨到他对中国文学艺术的评价，都是把这一美学命题作为话语的核心。至此，“审美无关功利”这一在西方美学史上无比辉煌的命题开始成为中国近现代美学的关键词之一，而且堪称是最为重要的关键词。比如：

文学者，游戏的事业也。人之势力，用于生存竞争而有余，于是发而为游戏。婉娈之儿，有父母以衣食之，以卵翼之，无所谓争存之事也。其势力无所发泄，于是作种种之游戏。逮争存之事亟，而游戏之道息矣。惟精神上之势力独优，而又不必以生事为急者，然后终身得保其游戏之性质。而成人以后，又不能以小儿之游戏为满足，于是对其自己之情感及所观察之事物而摹写之，咏叹之，以发泄所储蓄之势力。故民族文化之发达，非达一定之程度，则不能有文学；而个人之汲汲于争存者，决无文学家之资格也。②

若夫以工作的考察之、成就之者，则小细工之类耳……因判定事物价值上之变化，而理论上美术上之思想亦随之而变焉。至新时期，既不由必要上评量物之价值，谓作业不过为某目的之方便故，不足以决定人之价值，其决之者，吾人闲暇时之自由游戏也。此与雅里大德勒重闲暇之作业，命意相同。③

① 姚淦铭、王燕主编:《王国维文集》下卷，中国文史出版社 2007 年版，第 173—174 页。

② 姚淦铭、王燕主编:《王国维文集》上卷，中国文史出版社 2007 年版，第 16 页。

③ 姚淦铭、王燕主编:《王国维文集》下卷，中国文史出版社 2007 年版，第 11—12 页。

若夫最高尚之嗜好，如文学、美术，亦不外势力之欲之发表。希尔列尔既谓儿童之游戏存于用剩余之势力矣，文学美术亦不过成人之精神的游戏。故其渊源之存于剩余之势力，无可疑也。且吾人内界之思想感情，平时不能语诸人或不能以庄语表之者，于文学中以无人与我一定之关系故，故得倾倒而出之。易言以明之，吾人之势力所不能于实际表出者，得以游戏表出之是也。①

盖人心之动，无不束缚于一己之利害；独美之为物，使人忘记一己之利害而入高尚纯洁之域，此最纯粹之快乐也。②

而且，与“审美无关功利”的命题相联系，现代美学中的另外一个核心关键词“形式”也进入到王国维的话语之中：

美之性质，一言以蔽之曰：可爱玩而不可利用者是已。虽物质之美者，有时亦足供吾人之利用，但人之视为美时，决不计及其可利用之点。其性质如是，故其价值亦存在于美之自身，而不存乎其外。……一切之美，皆形式之美也。就美之自身言之，则一切优美皆存于形式之对称变化及调和。……凡吾人所加于雕刻书画之品评，曰“神”、曰“韵”、曰“气”、曰“味”，皆就第二形式言之者多。……至论其实践之方面，则以古雅之能力，能由修养得之，故可为美育普及之津梁。③

“审美无关利害”的命题在宏观上对王国维的影响可以说是决定性的，而在微观的意义上，“形式”这一概念的引入以及与中国古典美学中“神、韵、气、味”相融合，可以说王国维把对西方美学思想的核心与精

① 姚淦铭、王燕主编：《王国维文集》下卷，中国文史出版社2007年版，第16页。
② 姚淦铭、王燕主编：《王国维文集》下卷，中国文史出版社2007年版，第33页。
③ 姚淦铭、王燕主编：《王国维文集》下卷，中国文史出版社2007年版，第17—19页。

髓完全置入了中国古代美学思想的根本。这表明，王国维对西方美学思想的态度，是站在美学这一学科内在要求与建构的角度上，把“审美无关功利”这一命题运用于美学学科建构的首要纲领，并以“形式”这一内在的概念作为话语的核心。在这一角度，即明确地提出“一切之美皆形式之美”，比康德在《判断力批判》中表达得更为明确。这应该是我国近现代学人在美学研究上所取得的极为重要的实绩；而且王国维把“审美无关功利”命题当中的核心概念“形式”与中国美学思想的汉语表述相连接，可谓在中国近现代美学孕育之初，开创了消泯中西方在文化学术语言上的隔阂这一范例。

王国维对西方美学思想尤其是对于“审美无关功利”命题的引入，成为构建合乎现代意义美学学科的奠基，从而也就成为王国维衡量中国古代美学思想乃至于文学、艺术、思想文化成败利弊的标准。

在此之所以要回顾王国维在“审美无关功利”及其强调“形式”之于美学的意义上对于康德的继承，目的在于揭示中国现代形态的美育理论只能在审美价值得以自律的基础上，才有可能找到赖以生存的逻辑出发点。不仅在中国近现代的美育学建构中是这样，在新时期以来美育学在中国的进展中，都是以审美价值的解放与自律作为必然的前提的。

## 二、“呜呼！我国非美术之国也！”——批评中国古代美育传统

王国维以“形式”与“游戏”概念所要取代的是中国古典美育学中过度偏向的“善”的概念。总的来说，中国古典美学是以法自然的天人合一为基础，以中和之美作为理论体系的核心，以封建宗法制的伦理道德即“善”为其话语的基准与权利阈限，强调理性对感性的压制性和谐，其中的代表就是儒家“美善并举”的美学思想。

在中国古代封建社会的权力话语体系中，“善”与“美”在社会中所占有的权力的量与质可谓有天壤之别。从纯粹逻辑的角度而言，人类优先需要“善”，人类优先需要调节人与人之间的利害关系，没有一个良好的人际关系，一个人整日处在焦虑、痛苦之中，何以有心情去审美呢？

在“善”中所内聚的是封建国家的权力意志，这就使中国古典美学在“美善并举”中，自然而然地以“善”为主，在“美善统一”中便自然是以“善”统一掉了“美”。与审美价值主体性与独立性的弱势相联系，中国古典美学可以说尚处于混沌状态。因而，在整体上向现代性的美学转型可以说是历史的必然要求，而且这一转型必然要求彻底扭转“美”对于“善”的依附与被奴役状态，否则一个主体性微弱的美学知识形态就不可能真正开展，也就不可能存在真正严格意义上的美学理论。

因而在整体上，中国古典美育就表现为以“善”为内核的、以偏重美的形式化的工具性教育。与审美价值的主体性与独立性的弱势相联系，中国古典美育学可以说尚处于混沌状态。因而，在整体上向现代性的美育学转型可以说是历史的必然要求，而且这一转型必然要求彻底扭转“美”对于“善”的依附与被奴役状态，否则一个主体性微弱的美育活动就不可能真正开展，也就不可能存在真正严格意义上的美育理论。在王国维的美育思想中，就体现为——把从康德美学中继承的“形式”与“游戏”概念对“善”加以置换，可谓脱胎换骨。

王国维认为，中国古典审美观的根本弊端在于把本属于“形式”与“游戏”范畴的文学艺术活动强行拉入政治功利领域。

首先，最为集中的体现就是知识分子与文人对政治的奴性依附，其后果就必然导致既无独立之学术，也无独立之文艺。他说：

> 披我中国之哲学史，凡哲学家无不欲兼为政治家者，斯可异已？孔子大政治家也，墨子大政治家也，孟、荀二子皆抱政治上之大志者也。汉之贾、董，宋之张、程、朱、陆，明之罗、王无不然。岂独哲学家而已，诗人亦然。“自谓颇腾达，立登要路津。致君尧舜上，再使风俗淳。”非杜子美之抱负乎？“胡不上书自荐达，坐令四海如虞唐。”非韩退之之忠告乎？“寂寞已甘千古笑，驰驱犹望两河平。”非陆务观之悲愤乎？如此者，世谓之大诗人矣！至诗人之无此抱负者，与夫小说、戏曲、图画、音乐诸家，皆以侏儒倡优自处，

世亦以侏儒倡优畜之。所谓“诗外尚有事在”，“一命为文人，便无足观”，我国人之金科玉律也。呜呼！美术之无独立之价值也久矣。此无怪历代诗人，多托于忠君爱国劝善惩恶之意，以自解免，而纯粹美术上之著述，往往受世之迫害而无人为之昭雪者也。此亦我国哲学美术不发达之一原因也。①

处于意识形态上层的哲学家与文学家在人生态度上尚且如此，因而在中国古典文学与艺术上的实践上，就必然会造成忽视个体感性存在的审美文化特质，在王国维看来，这样一种后果不仅表现在文学上，也表现在绘画、音乐等各种艺术门类之上：

更转而观诗歌之方面，则咏史、怀古、感事、赠人之题目弥满充塞于诗界。而抒情叙事之作什佰不能得一。其有美术上之价值者，仅其写自然之美之一方面耳。甚至戏曲小说之纯文学亦往往以惩劝为旨，其有纯粹美术上之目的者，世非惟不知贵，且加贬焉。②

呜呼！我中国非美术之国也！一切学业，以利用之大宗旨贯注之。治一学，必质其有用与否；为一事，必问其有益与否。美之为物，为世人所不顾久矣！故我国建筑、雕刻之术，无可言者。至图画一技，宋元以后，生面特开，其淡远幽雅有非西人所能梦见者。诗词亦代有作者。而世之贱儒辄援“玩物丧志”之说相诋。故一切美术皆不能达完全之域。美之为物，为世人所不顾久矣！庸讵知无用之用，有胜于有用之用者乎？以我国人审美趣味之缺乏如此，则其朝夕营营，逐一己之利害而不知返者，安足怪哉！安足怪哉！庸讵知吾国所尊为‘大圣’者，其教育固异于彼贱儒之所为乎？③

① 姚淦铭、王燕主编：《王国维文集》下卷，中国文史出版社2007年版，第3页。

② 姚淦铭、王燕主编：《王国维文集》下卷，中国文史出版社2007年版，第3—4页。

③ 姚淦铭、王燕主编：《王国维文集》下卷，中国文史出版社2007年版，第94—95页。

在第二个方面，王国维认为，文化保守主义在当时政府的政策尤其是文化界学术界中的存在根深蒂固。在今天看来，这种文化保守主义其实是披着反对文化殖民主义的外衣而奉行的一种完全变态了的东方主义。这表现为对于一种文化接受中所采取的极为狡黠的手法，即对于一种文化形态中的器物技术性质与层面的文化采取积极、主动、开放的接纳态度，而对出自于同一种文化形态中的精神与意识形态层面的文化则采取强烈的对立与排斥立场。对在物质上——如衣服使用之具，容易见异思迁；对在意识形态——如文学艺术等的态度则表现为所积恶习难除。对此，王国维极为忧愤：

> 今之混混然输入于我中国者，非泰西物质的文明乎？政治家与教育家，坎然自知其不彼若，毅然法之。法之诚是也，然回顾我国民之精神界则奚若？试问我国之大文学家，有足以代表全国民之精神，如希腊之鄂谟尔、英之狭斯丕尔、德之格代者乎？吾人所不能答也。其所以不能答者，殆无其人欤？抑有之而吾人不能举其人以实之欤？……夫物质的文明，取诸他国，不数十年而具矣，独至精神上之趣味，非千百年之培养，与一二天才之出，不及此。而言教育者，不为之谋，此又愚所大惑不解者也。①

他认为："世人喜言功用，吾姑以其功用言之。"那么，审美价值的作用就在于："至就其功效之所及言之，则哲学家与美术家之事业，虽千载以下，四海以外，苟其所发明之真理，与其所表之之记号之尚存，则人类之知识感情由此而得其满足慰藉者，曾无以异于昔。而政治家及实业家之事业，其及于五世十世者希矣。此又久暂之别也。然则人而无所贡献于哲学、美术，斯亦已耳。苟为真正之哲学家、美术家，又何慊乎

① 姚淦铭、王燕主编：《王国维文集》下卷，中国文史出版社2007年版，第36页。

政治家哉。”①

而在他说的“故一切美术皆不能达完全之域。美之为物，为世人所不顾久矣！庸讵知无用之用，有胜于又用之用者乎？以我国人之审美趣味之缺乏如此，则其朝夕营营，逐一己之利害而不知返者，安足怪哉！安足怪哉！庸讵知吾国所尊为‘大圣’者，其教育固异于彼贱儒之所为乎？”② 一段话语中，则明白地指出了应该以孔子这位具有开创性的中国大哲为楷模，表达了敢于在中西方文化交流冲撞中而中国文化显然处于劣势的关口，在理论上敢于进行创新的希冀。

通过以上反思与评判，王国维形成了较为成熟的审美教育价值论思想，而且这一思想是置于中国美育现实之中的。他借鉴西方教育思想，提出人的全面发展理论，他说：“教育之宗旨何在？在使人为完全之人物而已。何谓完全之人物？谓人之能力无不发达且调和是也。……发达其身体而萎缩其精神，或发达其精神而罢敝其身体，皆非所谓完全者也。……而精神之中又分为三部：知力、感情及意志是也。……完全之人物不可不备真善美之三德，欲达此理想，于是教育之事起。教育之事亦分为三部：智育、德育（即意育）、美育（即情育）是也。”③ 与中国古典教育形态相比较，他认为，中国古典哲学如果被称为哲学的话，那也主要是一种“道德哲学”与政治哲学：“故我国无纯粹之哲学，其最完备者，唯道德哲学，与政治哲学耳。至于周、秦、两宋间之形而上学，不过欲固道德哲学之根柢，其对形而上学非有固有之兴味也。”④ 而且孔子的教育思想也主要只能是——“其教育之宗旨，德育最重，知育不过供给成德之智识”⑤。所以，审美价值的自律以及在中国现代教育中尤其强调美育的地位，就成为王国维现代美育理论民族化建构最重要的贡献。

---

① 姚淦铭、王燕主编:《王国维文集》下卷,中国文史出版社 2007 年版,第 3 页。
② 姚淦铭、王燕主编:《王国维文集》下卷,中国文史出版社 2007 年版,第 94—95 页。
③ 姚淦铭、王燕主编:《王国维文集》下卷,中国文史出版社 2007 年版,第 32 页。
④ 姚淦铭、王燕主编:《王国维文集》下卷,中国文史出版社 2007 年版,第 3 页。
⑤ 姚淦铭、王燕主编:《王国维文集》下卷,中国文史出版社 2007 年版,第 91—92 页。

因而，王国维把从康德美学中继承的“形式”与“游戏”概念对“善”加以置换，可谓脱胎换骨。对于“形式”与“游戏”的阐释又可以分为三个层面：

其一，在本体论的角度，他认为文艺本属“游戏”之一种——“美之性质，一言以蔽之曰：可爱玩而不可利用者是已”①，“文学者，游戏的事业也”②。

其二，他认为文艺与审美的世界仅限于“形式”自身：“其价值亦存在于美之自身，而不存乎其外”③，“一切之美皆形式之美也。就美之自身言之，则一切优美皆存在于形式之对称变化及调和”④。

其三，他认为审美作为一种游戏活动与其他游戏活动的本质的区别就在于审美“形式”：“盖人心之动，无不束缚于一己之利害；独美之为物，使人忘一己之利害而入高尚纯洁之域，此最纯粹之快乐也。”⑤

## 三、从“形式”“游戏”到“时间”——王国维美育思想的谱系

王国维认为，审美活动始于“形式”，而且在根本上是因为审美对象的本质特性就在于“形式”，由“形式”与“外观”所生发的只能是“审美无关功利性”；由此深入，王国维认为审美活动在本质上是一种游戏活动，这种游戏活动既不是主观的精神活动，也不是客观的活动，而是主客体共同参与或“同戏”的一个事件；由此，王国维认为，审美作为一种游戏活动在生存上的价值就在于对人生时间的拯救，因为人生在最根本的维度上是由时间来构成的。

自“形式”来看，审美的主体性才有可能完全呈现，才有可能在真、善、美之间做出最基本的区分，也才最终有可能使美学学科成为现实；

---

① 姚淦铭、王燕主编：《王国维文集》下卷，中国文史出版社 2007 年版，第 17 页。
② 姚淦铭、王燕主编：《王国维文集》上卷，中国文史出版社 2007 年版，第 16 页。
③ 姚淦铭、王燕主编：《王国维文集》下卷，中国文史出版社 2007 年版，第 17 页。
④ 姚淦铭、王燕主编：《王国维文集》下卷，中国文史出版社 2007 年版，第 17—18 页。
⑤ 姚淦铭、王燕主编：《王国维文集》下卷，中国文史出版社 2007 年版，第 33 页。

自“游戏”来看，审美活动才有可能在人类的生活图景中找到不可替代的位置，才有可能解决在存在的意义与价值上的疑问。这两个关键词解决的是同一个问题的两个侧面，即审美对象到底是什么和审美对象有什么用，其实当然可以互为前提，是什么也就决定了有什么作用，起到了什么作用也就决定了是什么，因而，审美对象的本质论与价值论只是一个问题而已。

而在审美对象的本质论与价值论之间还必然存在一个连接点或者是中介点，必须经由这一中介，审美本质论与价值论才有可能统一，这就是“时间”。也就是说，以“形式”为对象的审美游戏之于人生的意义与价值在于自身作为时间的体现对于现实人生时间的干预，而且这种介入是以自身的力量与特殊的方式进行的，审美自身的力量与方式即审美形式。在审美形式中所包含的审美价值与艺术性是通往生活的唯一起点。具有审美素养的主体与具备审美含量或艺术性的作品，在某一情境中相遇，才有可能形成一个完整的审美生活。

在王国维看来，由于如此文学艺术教育的漫长传统以及现实文化状况的影响，中国的大多国民在审美的趣味上是极为低下的，而审美趣味、审美能力的低下直接导致了中国国民在日常生活中诸多“恶习”的养成，比如：

> 则夫蚩蚩之氓，除饮食男女外，非雅片赌博之归而奚归乎！故我国人之嗜雅片也，有心理的必然性，与西人之细腰、中人之缠足，有美学的必然性无以异。不改服制而禁缠足，与不培养国民之趣味而禁雅片，必不可得之数也。①

自“时间性”来审视这些“恶习”，当然，最为明显的结果就是丑陋不堪的、苦痛的生活“过程”；如果深入考究，那么，这种“恶习”

---

① 姚淦铭、王燕主编:《王国维文集》下卷,中国文史出版社 2007 年版,第 36 页。

在个体的“内时间意识”中体现为：第一，“无希望”；第二，“无慰藉”。且看王国维的精辟之论：

> 今试问中国之国民，曷为而独为雅片的国民乎？夫中国之衰弱极矣，然就国民之资格言之，固无以劣于他国民。谓知识之缺乏欤？则受新教育而罹此癖者，吾见亦夥矣。谓道德之腐败欤？则有此癖者不尽恶人，而他国民之道德，亦未必大胜于我国也。要之，此事虽非与知识道德绝不相关系，然其最终之原因，则由于国民之无希望，无慰藉。一言以蔽之：其原因存于感情上而已。①

“无希望”指的是“未来”。

这意味着人生没有更高的“价值”与“理想”作为期盼，尽管在“客观时间”上，“明天”是一定、注定要到来的，这是一个绝对的物理规律，个人无从选择；但是在“主观时间”上，“未来”未必会到来，因为目前所从事的“饮食男女”“鸦片赌博”只是为了满足“现在”的“欲望”而已，或者说“欲望”期待的、追求的就是“现在”的满足，就像席勒所言“感性冲动”所具有的“时间性”一样：

> 感性冲动，它是由人的物质存在或者说是由人的感性天性而产生的，它的职责是把人放在时间的限制之中，使人变成物质，而不是给人以物质。若是给人以物质，人格就得自由的活动，它接受物质，并把物质同它本身，也就是同保持恒定的东西加以区分。但是，在这里物质只能叫作变化，或者叫作实在，它充实了时间：所以，这种冲动要求变化，要求时间有一个内容。这个仅仅是充实了内容的时间所形成的状态叫作感觉，只有借助这种状态物质存在才显示

① 姚淦铭、王燕主编：《王国维文集》下卷，中国文史出版社2007年版，第13页。

出来。①

当人感觉到眼前的事物时，他的无限可能的规定就被限制在这唯一的存在方式上面去了。所以，那里仅仅是这种冲动在活动，那里就必然受到最高程度的限制；人在这种状态中只不过是一个量度单位，是充实了内容的时间当中的一个瞬间——或者更确切地说，他并不存在，因为只要人受感觉支配，被时间拖着走，在此期间他的人格性就被废弃。②

也就是说，不能从“现在”所做的行为与事件中“生发”出、“绽放”出“未来”，或者说，如果只是陷于这样的“恶习”，由于“恶习”本身就是对“价值”与“理想”的背离，因而，“未来”就不会到来。

“无慰藉”指的是“现在”。

由于“饮食男女”“鸦片赌博”只是“恶习”，所以这些活动所带来的满足只是短暂、瞬间的，而且只是简单、粗劣的、低级的身体官能刺激，而且这种满足只能依赖那些强制性的外部对象，而且大多只能通过“害人”“害己”的方式来实现，比如“鸦片赌博”必定会引发严重的社会现实问题。由于没有培养起更为高级、雅正、精致的“需要”或者“欲望”，同时，也没有产生更为高级、雅正、精致的“能力”，所以，由“恶习”带来的满足不可能给人带来圆满的、理想的“慰藉”；尤其是当一个人的“闲暇时间”越来越多的时候，王国维期待能够有一个更优良的对象来寄托“情感”，让“情感”在这般“优良的对象”所“构成”，而情感的“构成”只能是“时间性”的。所以，王国维把国民“日常生活时间”中对优雅生活的需要作为倡导美育的依据之一：

必使其闲暇之时心有所寄，而后能得以自遣。夫人之心力，不

① ［德］席勒：《审美教育书简》，北京大学出版社 1985 年版，第 62 页。

② ［德］席勒：《审美教育书简》，北京大学出版社 1985 年版，第 63 页。

寄于此则寄于彼；不寄于高尚之嗜好，则卑劣之嗜好所不能免矣。而雕刻、绘画、音乐、文学等，彼等果有解之之能力，则所以慰藉彼者，世固无以过之。何则？吾人对宗教之兴味，存于未来，而对美术之兴味，存于现在。①

人之有生，以欲望生也。欲望之将达也，有希望之快乐；不得达，则有失望之苦痛。然欲望之能达者一，而不能达者什佰，故人生之苦痛亦多矣。若胸中偶然无一欲望，则又有空虚之感乘之。此空虚之感，尤人生所难堪，人所以图种种遣日之方法者，无非欲祛此感而已。彼雅片者，固遣日之一方法，而我国民幸而于数百年前发见之，则其骛而趋之固不足怪，顾独我国民之笃嗜之也，其故如何？②

从上述两段文字来看，王国维对“人生”存在的状态进行了鞭辟入里的描述，当然，描述的基点就是“时间”。前一段文字中的“时间”指的是在“社会时间”之中个体的“闲暇时间”，而且，所关注的焦点是“闲暇之时”之“心”。后一段文字则对“主观时间”的生成与构造做了生动的描述，即“欲望”是指向“未来”的，而后，“希望”与“失望”产生；若无“欲望”，就会滋生“空虚”，“遣日”所依靠的最理想的方法是什么呢？只能是审美活动。所以，王国维非常赞成席勒的游戏之说：“希尔列尔既谓儿童之游戏存于用剩余之势力矣，文学美术亦不过成人之精神的游戏。故其渊源之存于剩余之势力，无可疑也。”③

## 第二节　“直观教育”与“内时间意识”的“流畅”

如果孤立地来看《人间词话》，这部书就只是一个词话；如果与叔本

① 姚淦铭、王燕主编：《王国维文集》下卷，中国文史出版社2007年版，第14页。
② 姚淦铭、王燕主编：《王国维文集》下卷，中国文史出版社2007年版，第13页。
③ 姚淦铭、王燕主编：《王国维文集》下卷，中国文史出版社2007年版，第16页。

华的美学、教育学思想相联系，这部书就不仅与叔本华的美学思想、教育学思想一脉相承，而且其自身同样是王国维美育思想的体现，其集中的体现就在于——如果缺少了以流畅的内时间意识为根本特性的审美直觉活动，审美活动作为一种直觉的呈现状态之一就失去了可堪教育的价值与意义，也就失去了与其他人类活动相区分的根本特性。

在《人间词话》第四十一节中，王国维的审美阐释学以“隔”与“不隔”来描述审美活动质量的低与高以及两种审美活动的直观状态——特别是作为内时间意识的状态，尤其值得关注。王国维认为，“池塘生春草”为“不隔”，“谢家池上，江淹浦畔”便是“隔”，其所运用的“隔”与“不隔”在文字的本意上是属于空间的，意味着以语言符号写就的文学作品给读者的感受理应像空间的畅达、无碍一样，而不应受到阻滞、阻碍、隔绝、隔断，使得审美活动自身作为一种涌现性的、绽出性的时间意识保持纯粹的、优质的状态。

这种意见在中国古代诗文评论对“用典”的态度中是很常见的，比如，钟嵘在《诗品序》中说：“至乎吟咏情性，亦何贵于用事？‘思君如流水’，既是即目；‘高台多悲风’，亦惟所见；‘清晨登陇首’，羌无故实；‘明月照积雪’，讵出经史？观古今胜语，多非补假，皆由直寻。”①其所言“用事”就是“用典”，也就是说，“用事”常常会造成欣赏过程的中断，由“直”变成了“停顿”之“曲”，因而，诗词成为佳篇就意味着在欣赏者“审美注意力”的被吸引、产生乃至于获得强度高的长时间的绵延，审美的本性与价值才得以完全体现。

## 一、王国维视野中的叔本华哲学及美学的时间性问题

王国维美育思想的渊源主要有两个，其一是叔本华的美育思想，其二是中国古典儒家尤其是孔子的礼乐教化思想。而叔本华本人对美育并没有显著而大量的文字叙述，这一切都得益于王国维从教育学角度对叔

① 吕德申：《钟嵘〈诗品〉校释》，北京大学出版社2000年版，第55页。

本华哲学思想的创造性发挥，因而，论及王国维美育思想就必然涉及叔本华哲学与美学思想，从此才可以理解叔本华哲学、美学思想在教育哲学上的具体含义，也就才能理解王国维美育思想中的大量时间性论述从何而来、创造性何在。

就西方哲学史来看，到了叔本华，才开始了以如此酣畅铺张的笔墨、专门的视角、连篇累牍地高论“人生”或者“生活”的新时代。其流韵所及，尼采更加发扬此哲学，因而，在哲学史上，他们便以“人生哲学”“生命哲学”“生活哲学”而著称。

这种人生哲学在西方哲学史上显得极为独特，其原因就在于在此之前的西方哲学史在主观与客观之间一直采用了一种夸张的摇摆姿态，即在孤立地探究纯粹的主观与纯粹的客观方面，都取得了堪称辉煌的成就，即唯心主义哲学与唯物主义哲学，在这两个维度上更为典型的体现就是神学哲学与科学哲学，相对应的是西方发达的宗教文化与科学文化；我们也可以把这两种哲学统称为“主客二分哲学”，这种哲学在面对位于“主客之间”的“主客不分”的领域——“生活”“人生”或者“生活”之时，却显得笨拙不堪，因为其在主客之间的构成状态上是完全不同于纯粹主观与纯粹客观的，以“主客二分”领域之内滋生的术语与概念体系就无法描述“主客不分”领域。也正是因为这种别致的人生哲学，才能把艺术活动或者审美生活置于“人生之中”，在“人生之中”自然而然地显露出艺术与审美活动的“意义”与“价值”，这种“意义”与“价值”所指的正是人在“何时”产生对艺术与审美的需要，正是艺术与审美何以值得存在的“可能性”。因而，如上所述，举凡“人生之中”“可能性”“意义”“何时”等等，正是“时间性”的诸多体现。因而，本文所要涉及的第一个问题必然是“人生”“生活”或者“生命”作为一种完整的活动，其基本的构成要素——主观与客观到底是如何构成的，以及在其构成中“时间性”何以浮现出来？

只是在对人生世界的两个相关项——主观与客观如何构成的考察上，叔本华并没有把这种主客不分特性的思想坚持下去。他尽管认为构成世界的主观与客观之间是一种“本质的、必然的、不可分的两个半面”的关系，但是他还是没有在这个最高的前提下在全书中一以贯之，显得摇摆不定。在他的很多陈述中，主观与客观还是分立的。他说：“一个半面是客体，它的形式是空间与时间，杂多性就是通过这些而来的。”① 而“另一个半面是主体，这却不在空间与时间中，因为主体在任何一个进行表象的生物中都是完整的，未分裂的”。但是紧接着叔本华又说：“任何一个半面都只能是由于另一个半面和对于另一个半面而有意义和存在：存则共存，亡则俱亡。”② 这又回到主客不分的思路上去了。叔本华对此观念一再强调，那就是既未从主体出发，也未从客体出发，而是从表象出发。叔本华认为，在美感之中存在两种“不可分”的“成分”：“〔一种是〕把对象不当作个别事物而是当作柏拉图的理念的认识，亦即当作事物全类的常住形式的认识，然后是把认识着主体不当作个体而是当作认识的纯粹而无意志的主体之自意识。这两个成分经常合在一起出现的条件就是摆脱系于根据律的那认识方式，后者和这里的认识方式相反的，是为意志和科学服务唯一适用的认识方式。”③ 这种“不可分”就是美感作为“一个”生活行为的整体性特征，构成这样“一个”生活行为的两个“相关项”是“审美主体”与“审美客体”，“不可分”具体说来就是审美主体“始终—指向”审美客体。这正是美感或者审美生活在构成上最为基本的特征，其中的“始终”显然就是时间的特性之一，而且，这也是所有行为构成特性。“始终—指向”不仅仅是指在审美生活的过程之中，审美主体“始终—指向”着审美对象，而且审美主体之所以发出这一“始终—指向”行动，正是因为审美生活自身的价值与意义作为时间性的动力在推动着审美生活在过程上的展开。这正是叔本华美学的主要方向。

---

① ［德］叔本华：《作为意志和表象的世界》，商务印书馆 1982 年版，第 29 页。
② ［德］叔本华：《作为意志和表象的世界》，商务印书馆 1982 年版，第 29 页。
③ ［德］叔本华：《作为意志和表象的世界》，商务印书馆 1982 年版，第 273 页。

当然，叔本华在此的思想显得很辩证，他认为，根据不同的意义与价值的需要，主客分立也是表象首要的、本质的形式，只不过这一属于客体的形式也必定要通过主体来认识与呈现的。叔本华据此对同时代的哲学进行了评价，他说："所有那些哲学，不从客体出发，便从主体出发，二者必居其一；从而总是要从客体引出主体，或从主体引出客体，并且总是按根据律来引伸的。"①

此论断可谓是存在主义或者现象学的先声。他所提到的"世俗对于物质的观念"，就是西方哲学史作为主流的唯物主义、唯心主义对立的唯物主义，在此对立中，基本的观念就是心物二分或者主客二分。他之所以对印度的吠檀多哲学青睐有加，根本原因就在于其秉持的主客不分的世界观。当然，主客二分还是主客不分，这取决于所针对的特定对象。如果此对象是生活世界或人生，那只能采用或适用主客不分。叔本华的哲学之所以带有浓郁的人生哲学色彩，与此息息相关。此主客不分的哲学观念对于美学而言，首要的意义就是在根本上确保了研究对象的完整性，因为美学所要研究的对象既不是单独的审美客体，也不是单独的审美主体，而是包含了这两个相关项的、更高的或者准确地说是最高的对象——"审美生活"。作为一门学科的美学就必须首先保证这一研究对象的整体性不受侵害、割裂，否则的话就会在主观与客观两端极端地发展，就会导致唯心主义美学与唯物主义美学，在西方美学史上这两种知识形态的典型体现就是神学美学与认识论美学。

那么，"审美生活"作为生活形态的一种，本身又是整体生活与人生的组成部分，而后，叔本华就在三个向度展开了美学之思，其一，如上所述，审美生活是生活形态之一，其构成的特性是主客不分的；其二，审美生活在内时间意识的体现上不同于科学生活的内时间意识；其三，尤其是在"意志"哲学参与之后，叔本华更是把"审美生活"的意义置于丰满的时间性视野之内，比如"审美生活"为何可能、如何在生活之

① ［德］叔本华:《作为意志和表象的世界》,商务印书馆 1982 年版,第 56 页。

中等等问题都得以昭示。

叔本华哲学中的时间性思想主要是在两个层面，第一个层面是他对时间客体形态的分析，在《作为意志和表象的世界》一书中他所直接提及的“时间”概念就是如此。这种客观时间受“根据律”支配，其特征是“前后相继”。叔本华的时间观可以说大多体现在这个方面。这种直接的“时间”观念与美学的联系之处在于——叔本华把作为抽象思维活动要素的“概念”在“时间”上的体现与作为直观活动形态的审美活动进行了对比。第二个层面是带有“时间性”特质的思想，集中体现在以“意志”为时间推动力，以“表象”为体现者，比如涉及人生为欲所困、苦多乐少、人的未来意识、意志存在的“现在性”与“永恒”、瞬间等等人生层面的问题，还涉及内时间意识构成的诸因素，比如记忆、注意力、概念与理念如何体现于时间性的过程等等。就整体来看，第二个层面才是叔本华在哲学史上的重大建树，才是被世人常常称作可爱却不可信、不足取的哲学，才是叔本华在哲学史上产生影响的根基所在。

以上所述叔本华之主客不分离之“表象”正是王国维所言的“直觉”。人类的审美活动之所以能在叔本华哲学中占据极为关键的地位，尤其是王国维会从叔本华的哲学中推导出教育学思想以及美育思想，就是因为叔本华认为，人类会经由艺术的欣赏来消除意志与欲望，从而使得意志与欲望的呈现状态——时间性也得以消除。王国维对叔本华这一思想的陈述是：

> 夫吾人之本质，既为意志矣，而意志之所以为意志，有一大特质焉：曰生活之欲。何则？生活者非他，不过自吾人之知识中所观之意志也。吾人之本质，既为生活之欲矣。故保存生活之事，为人生之唯一大事业。且百年者，寿之大齐。过此以往，吾人所不能暨也。于是向之图个人之生活者，更进而图种姓之生活，一切事业，皆起于此。吾人之意志，志此而已；吾人之知识，知此而已。既志此矣，既知此矣，于是满足与空乏希望与恐怖，数者如环无端，而

不知其所终；目之所观，耳之所闻，手足所触，心之所思，无往而不与吾人之利害相关，终身仆仆而不知所税驾者，天下皆是也。然则，此利害之念，竟无时或息欤？吾人于此桎梏之世界中，竟不获一时救济欤？曰：有。唯美之为物，不与吾人之利害相关系，而吾人观美时，亦不知有一己之利害。何则？美之对象，非特别之物，而此物之种类之形式，又观之之我，非特别之我，而纯粹无欲之我也。夫空间时间，既为吾人直观之形式；物之现于空间皆并立，现于时间者皆相续，故现于空间时间者，皆特别之物也。既视为特别之物矣，则此物与我利害之关系，欲其不生于心，不可得也。若不视此物为与我有利害之关系，而但观其物，则此物已非特别之物，而代表其物之全种。叔氏谓之曰“实念”。故美之知识，实念之知识也。而美之中，又有优美与壮美之别。今有一物，令人忘利害之关系，而玩之而不厌者，谓之曰优美之感情。若其物直接不利于吾人之意志，而意志为之破裂，唯由知识冥想其理念者，谓之曰壮美之感情。然此二者之感吾人也，因人而不同；其知力弥高，其感之也弥深。独天才者，由其知力之伟大，而全离意志之关系，故其观物也，视他人为深，而其创作之也，与自然为一。故美者，实可谓天才之特殊物也。若夫终身局于利害之桎梏中，而不知美之为何物者，则滔滔皆是。①

以上这一大段话，可以说是在中国近现代以来对叔本华整体思想的汉语表达中的最佳陈述，其语言之古雅简约，堪称现代中国美学语言的典范。在第一段中，王国维阐明了叔本华意志哲学的最核心内容，欲望起于意志，其体现的状态正是不可遏止的时间性状态。而审美尤其是对于艺术作品的审美却可以使意志暂时中止，使欲望得以消失，所以，在叔本华的哲学与美学中，当他论及或者描述“意志”“欲望”之时，最

① 姚淦铭、王燕主编:《王国维文集》下卷,中国文史出版社 2007 年版,第 192 页。

为频繁与最为核心的术语总是与时间性息息相关的，尤其是当叔本华论及审美活动的价值时，他总是说，“艺术使时间的齿轮停顿了”①，而且，正是因为审美活动作为内时间意识的呈现状态是流畅的、愉悦的，它才能够承担这一重任。这也正是叔本华美学思想中的时间性论述对王国维美育思想、美学思想最为重要的影响与渊源之所在。

## 二、“哲学乃教育学之母”——王国维论叔本华的直观教育思想

在《叔本华之哲学及其教育学说》一文中，王国维所做的并不是直接论述叔本华的教育思想，因为叔本华对教育的直接阐述并不多，但是其哲学思想无疑包含了教育因素，王国维正是从叔本华的哲学推演出其教育思想的，从中既可以看出叔本华本人的美育思想，也可以显露出其美育思想的核心体现在“直观”维度的具体状况。

关注宏观社会与人生演化与进步的哲学其自身往往就是地道的教育学或者教育哲学，王国维敏锐地关注到了德国古典哲学的这一特性。他说：“自十九世纪以降，教育学蔚然而成一科之学。溯其原始，则由德意志哲学之发达是已。当十八世纪之末叶，汗德始由其严肃论之伦理学而说教育学，然尚未有完全之系统。厥后海尔巴德始由自己之哲学，而组织完全之教育学。同时德国有名之哲学家，往往就教育学有所研究，而各由其哲学系统以创立自己之教育学。裴奈楷然也，海额尔派之左右翼亦然也。此外专门之教育学家，其窃取希哀林及休来哀尔、马黑尔之说以构其学说者亦不少。”② 在这里，他描述的是自康德以来德国古典哲学对于教育哲学影响的盛况，但是对于叔本华哲学，却没人以此为圭臬并进而引发到教育领域中去，王国维不禁为其叫屈——

独无敢由叔本华之哲学，以组织教育学者。何则？彼非大学教

① ［德］叔本华：《作为意志和表象的世界》，商务印书馆 1982 年版，第 259 页。

② 姚淦铭、王燕主编：《王国维文集》下卷，中国文史出版社 2007 年版，第 189 页。

授也，其生前之于学界之位置，与门弟子之数，决非两海氏之比。其性行之乖僻，使人人视之若蛇蝎，然彼终其身索居于法兰克福特，非有一亲爱之朋友也，殊如其哲学之精神与时代之精神相反对，而与教育学之以增进现代之文明为宗旨者，俨然有持方柄入圆凿之势。然叔氏之学说，果与现代之文明不相并立欤？即令如是，而此外叔氏所贡献于教育学者，竟不足以成一家之说欤？抑真理之战胜必待于后世，而旷世之天才不容于同时，如叔本华自己之所说欤？①

在王国维看来，叔本华在教育哲学上的贡献一如其在哲学史上的重大贡献一样，是极为辉煌的，堪称是划时代的。从其具体论述来看，他认为，虽然尼采曾经撰文《教育家之叔本华》，但是又“未得见”此文，只能亲自从叔本华的哲学思想来推导与演绎其教育哲学。他说：

试由叔氏之哲学说以推绎其教育上之意见。其条目之详细，或不如海、裴诸氏，至其立脚地之坚固确实，用语之精审明晰，自有哲学以来殆未有及叔氏者也。呜呼！《充足原理》之出版已九十有一年，《意志及观念之世界》之出版八十有七年，《伦理学之二大问题》之出版，亦六十有五年矣。而教育学上无奉叔氏之说者，海氏以降之逆理说，乃弥满充塞于教育界，譬之歌白尼既出，而犹奉多禄某之天文学，生达维之后，而犹言斯他尔之化学，不亦可哀也欤！夫哲学，教育学之母也。彼等之哲学，既鲜确实之基础，欲求其教育学之确实，又乌可得乎！兹略述叔氏之哲学说，与其说之及于教育学之影响，世之言教育学可以观焉。②

其所言“哲学乃教育学之母”并不是就叔本华思想的粗疏之论，他

① 姚淦铭、王燕主编：《王国维文集》下卷，中国文史出版社2007年版，第189—190页。

② 姚淦铭、王燕主编：《王国维文集》下卷，中国文史出版社2007年版，第190页。

先是就叔本华在哲学史上的地位说起，然后转入对教育哲学的论述。

就王国维对叔本华的历史评价来看，用语虽少，但是的确高屋建瓴，尤其是对西方哲学史最为严重的缺陷的概括极为精准，那就是在主客之间分离得太过分，太夸张，而善于在主客之间这一区域进行完善的分析与阐述，正是叔本华哲学思想的长处所在。王国维说：

> 哲学者，世界最古之学问之一，亦世界进步最迟之学问之一也。自希腊以来，至于汗德之生，二千余年，哲学上之进步几何？自汗德以降，至于今百有余年，哲学上之进步几何？其有绍述汗德之说，而正其误谬，以组织完全之哲学系统者，叔本华一人而已矣。而汗德之学说，仅破坏的，而非建设的。彼憬然于形而上学之不可能，而欲以知识论易形而上学，故其说仅可谓之哲学之批评，未可谓之真正之哲学也。叔氏始由汗德之知识论出而建设形而上学，复与美学伦理学以完全之系统，然则视叔氏为汗德之后继者，宁视汗德为叔氏之前驱者为妥也。①

在王国维看来，之所以能够从叔本华哲学衍生或者延伸出教育哲学，而且使美育成为叔本华哲学的内在组成部分，正是因为叔本华是从“直观”出发来建构自身哲学体系的。王国维在叙述自己替叔本华建构教育哲学体系时，曾这样道出其思维的逻辑顺序，他说：“吾人既略述叔本华之哲学，更进而观其及于教育学说。彼之哲学如上文所述，既以直观为唯一之根据矣，故其教育学之议论，亦皆以直观为本。”②

在王国维更详尽的陈述中，他对叔本华的“直观”“纯粹的直观”“先天的直观”等思想进行了条分缕析的深入探究，他说：“叔氏谓直观者，乃一切真理之根本，唯直接间接与此相联络者，斯得为真理。而去

---

① 姚淦铭、王燕主编:《王国维文集》下卷,中国文史出版社 2007 年版,第 190 页。

② 姚淦铭、王燕主编:《王国维文集》下卷,中国文史出版社 2007 年版,第 195 页。

直观愈近者，其理逾真，若有概念杂乎其间，则欲其不罹于虚妄难矣。如吾人持此论以观数学，则欧几里得之方法，二千年间所风行者，欲不谓之乖谬，不可得也。夫一切名学上之证明，吾人往往反而求其源于直观。若数学，固不外空间时间之直观，而此直观，非后天的直观，而先天的直观也，易言以明之，非经验的直观，而纯粹的直观也。"① 可以看出，在叔本华看来，即便是数学原理、几何原理也是"直观"的，不过这一"直观"是需要进行层层建构才能树立起来的，他说："然则吾人于数学中，独能以但知其当然，而不知其所以然为满足乎？如毕达哥拉斯之命题，但示吾人以直角三角形之有如是之性质，而欧氏之证明法，使吾人不能求其所以然。然一简易之图，使吾人一望而知其必然及其所以然。且其性质所以如此者，明明存于其一角为直角之故。岂独此命题为然，一切几何学上之真理，皆能由直观中证之。"②

在叔本华自己所意指的明确的时间观之中，客观时间的体现形态是在理性认识之中，典型的领域就是"知"的领域，因为就是一个一个如上述所说的连续的点构成了时间，在他看来，直观的认识总只能对个别情况有用，而且也只能把握眼前的事物。他说："因为感性和理智在任何一时刻，本来就只能掌握一个客体。"③ 而要把握住那连续的客观时间，只能依靠抽象认识。在抽象认识之中，时间上的量——"数"才是适合的。他举例说：

千这概念之不同于十这概念，有如这两种时间上的量在直观中的不同一样；我们把千想成一定倍数的十，这样就可以在时间上替直观任意分解千为若干的十，这就是可以数了。但是在一英里和一英尺两个抽象概念之间，如果没有双方的直观表象，没有数的帮助，

① 姚淦铭、王燕主编：《王国维文集》下卷，中国文史出版社 2007 年版，第 195 页。
② 姚淦铭、王燕主编：《王国维文集》下卷，中国文史出版社 2007 年版，第 196 页。
③ ［德］叔本华：《作为意志和表象的世界》，商务印书馆 1982 年版，第 93 页。

那就简直没有准确的，符合于双方不同的量的区别。①

还说：

人们如果要从空间关系获得抽象认识，空间关系就得先转为时间关系，即是先转为数。因此，只有算术，而不是几何，才是普遍的量的学说。②

为了追求知识的妥当性、准确性和可传达性，只有“数”才有可能在与之相符的抽象概念中被表示出来，而不是空间上那直观或“感”的量。因而，几何之中的“三进向”的空间就有必要转化为“一进向”的时间。他认为：“在数的特有因素中，在单纯的时间中，不牵入空间，我们对数的直观几乎到不了十；十以上我们就只能有抽象的概念，不再是数的直观认识了。在另一方面，我们却能用数字和所有的代数符号把准确规定的抽象概念连结起来。”③ 那么，“三进向”空间中的几何图形是在“直观”中呈现出来的，这一“直观”就其基本的构成枢机而言正是主体在“始终—指向”对象之“时”才具有的感觉，而且这样的感觉是在只有“始终—指向”这一特定的具体直观对象的时候，主体的感官如眼睛、耳朵等等才可能具有的感觉；而“一进向”的时间中的“数”虽然同属叔本华所言之“表象”，但是它属于“概念”，“概念”只能被思维，不能加以直观，是非直观的表象，是“抽象的”“普遍的”，是“表象的表象”，对于概念与直观表象之间的联系，他说：“概念的全部本质只在于它和另外一个表象的关系中产生的。可是概念并不就是这另一表象自身……一些表象虽有着非本质的区别，都能由同一概念而被思维，

① ［德］叔本华：《作为意志和表象的世界》，商务印书馆 1982 年版，第 94 页。
② ［德］叔本华：《作为意志和表象的世界》，商务印书馆 1982 年版，第 94 页。
③ ［德］叔本华：《作为意志和表象的世界》，商务印书馆 1982 年版，第 95 页。

即是说都可包括在这一概念之中。"[①] 那么在时间性的角度，叔本华指出直观表象与概念之间的区别就在于其"有时间的、空间的以及其他的规定"，而且，在叔本华看来，只有使用"概念"所产生的作用或者后果才是真正经验的对象。这意味着"概念"乃至于"科学"是无"时间性"的，他说："原来每一种科学都是由关于某一类对象的普遍的，从而也是抽象的一套真理、规律、规则系统所组成的。"[②]

"知"的体现方式是：

> "知"根本就是：在人的心智的权力下有着可以任意复制的某些判断，而这些判断在它们自身以外的别的事物中有其充分的认识根据；即是说这些判断是真的。所以只有抽象的认识才是"知"，它是以理性为条件的。[③]

叔本华也看到，在科学研究的过程当中会有主观因素的介入，比如"逻辑感""数学感"，他的看法是即便"感"存在也不能直接介入到"概念"的"内容"之中并直接隶属于它。在这里，叔本华还没有对"感"的构成特性——意向活动的构成特性——"始终—指向"中的时间特性以及"感"所体现出的"过程"的时间特性做出直接的揭示，但是其中所揭示的"概念"的"纯粹客观性""抽象"等等特性已经揭示了其不可能具有的时间特性。

因而，王国维说：

> 叔氏于数学上重直观而不重理性也如此，然叔氏于教育之全体，无所往而不重直观，故其教育上之意见，重经验而不重书籍。彼谓

---

① ［德］叔本华：《作为意志和表象的世界》，商务印书馆 1982 年版，第 77—78 页。
② ［德］叔本华：《作为意志和表象的世界》，商务印书馆 1982 年版，第 82 页。
③ ［德］叔本华：《作为意志和表象的世界》，商务印书馆 1982 年版，第 90 页。

概念者，其材料自直观出，故吾人思索之世界，全立于直观之世界上者也。从概念之广狭，而其离直观也有远近，然一切概念，无一不有直观为之根柢。此等直观与一切思索，以其内容，若吾人之思索，而无直观为之内容乎，则直空言耳，非概念也。故吾人之知力，如一银行然，必备若干之金币以应钞票之取求，而直观如金钱，概念如钞票也。故直观可名为第一观念，而概念可名为第二观念，而书籍之为物，但供给第二种之观念。苟不直观一物，而但知其概念，不过得大概之知识，若欲深知一物及其关系，必直观之而后可，决非言语之所能为力也。①

在这里，叔本华道出了所有教育活动的最高境界都应该是“直观”的，其含义就在于教育活动应该是一种发自教育者与被教育者内心深处的冲动，而且应该把智育活动之中的知识运用于实际经验，否则就如同王国维所说：“故学问之为物如重甲胄然，勇者得之，固益有不可御之势，而施之于弱者，则亦倒于地而已矣。叔氏于知育上之重直观也如此，与卢骚、贝斯德、禄奇之说如何相近，自不难知也。”② 这意味着科学活动以及科学教育活动自身虽然是抽象的，但是其存在的根源却必定是“直观”的，否则，科学活动以及科学教育活动就失去了根本的价值。

可见，王国维或者叔本华的美育思想并不是一种惯常的对美育活动进行直接论述的学说类型，而是从人类最为广阔的生活与命运图景出发，从审美活动自身不可取代的价值出发，而且从与智育的对比出发，通过科学知识可以通过概念来进行无损耗的传播与教育，也就是说，科学是可以进行教育的，来一步步显露其美育思想。从以上所述，完全可以见证王国维所言——“哲学乃教育学之母”。

① 姚淦铭、王燕主编：《王国维文集》下卷，中国文史出版社 2007 年版，第 196 页。

② 姚淦铭、王燕主编：《王国维文集》下卷，中国文史出版社 2007 年版，第 197 页。

## 三、“美术不可教”与美育活动的直观性

王国维认为，与科学活动的直观性相比，审美活动自身作为一种直观活动却有着完全不同的体现。他说：

> 而美术之知识全为直观之知识，而无概念杂乎其间，故叔氏之视美术也，尤重于科学。盖科学之源，虽存于直观，而既成一科学以后，则必有整然之系统，必就天下之物分其不相类者，而合其相类者，以排列之于一概念之下，而此概念复与相类之他概念排列于更广之他概念之下。故科学上之所表者，概念而已矣。美术上之所表者，则非概念，又非个象，而以个象代表其物之一种之全体，即上所谓实念者是也，故在在得直观之。如建筑、雕刻、图书、音乐等，皆呈于吾人之耳目者，唯诗歌（并戏剧小说言之）一道，虽藉概念之助以唤起吾人之直观，然其价值全存于其能直观与否。①

这既充分表达了叔本华的见解，又把这一思想与我国古典文学传统中的“比兴”相联系，显示出王国维能够化用西方哲学与美学，继而进行全新创造的境界。在这里，王国维所说的“知识”并不是自然科学意义上的“知识”，而是指叔本华所说的“理念”。所谓“理念”就是位于意志与表象之间并受意志决定且由表象呈现出来的“一般”或者“本质”——“真”，在艺术作品之中“理念”的呈现尤为典型与理想。

叔本华认为，这种“真”既不是个别的事物，又不是理性思维和科学对象。虽然两者作为“一般”与“本质”代表着多种多样的实际事物，具有一定程度的相同之处，但是这丝毫不能掩饰两者之间的巨大差异。叔本华除了一再申明概念是抽象的，是经由推理而来，是任何人只要有理性就会理解和掌握的，而“理念”决不能被一般的个体所认识，

---

① 姚淦铭、王燕主编：《王国维文集》下卷，中国文史出版社 2007 年版，第 197 页。

只能被那些超然于一些欲求、个性已经上升为认识的纯粹的主体所认识，还把这一思想伸展至时间领域之中，表达了在美学思想上的很多创见。

总的来说，叔本华认为艺术中的“理念”体现为对一个作品的接受过程本身——“直观”，并在此“主客不分”的过程之中呈现出来，而“概念”的体现则与之相反，其体现为一个推理过程之后的结果，尽管其推理的过程之中主客之间同样是一种不可分离的关系。叔本华把这个思想描述为：“理念是借助于我们直观体验的时间、空间形式才分化为多的一。概念则相反，是凭我们理性的抽象作用由多恢复的一。”① 并且，其更为卓著的思想体现为直接对以上两者在时间性上的体现进行了对比——“（概念）可以称之为事后统一性，而前者（理念）则可称之为事前统一性”②。“事后统一性”指的是“概念”作为抽象思考的产物是纯粹客观的，其抽象思考的过程却是主客不分的，而且在这一过程中主导的思维不是直观，而是多样性事实失去其个性的外貌，最终形成一个无时间性的、普适性的概念——这一概念不会随着不同主体的把握而产生变化；而“事前统一性”指的是艺术作品的“理念”只能在审美主体“始终—指向”艺术作品的过程之中才能得以如其所是的体现或实现，随着这一过程的结束，“理念”的呈现也得以结束，也就是说，其“始终—指向”的过程本身就是叔本华所谓的“直观”或者“直观表象”，“理念”作为一般性的“真”就是在这一过程中才得以“生发”，而且这一“生发”的过程就是这一“理念”的独一无二的依寓之所。

因而，叔本华把“概念”比作一个无生命的容器。他说，人们放进去的东西在里面杂乱无章地陈设着，“除了人们原先放进去的（由于综合判断），也不能再拿出（由于分析判断）什么来”③。这是在说概念形成的过程及其产生的后果。“综合判断”不仅指的是抽象的认识每每将复杂

① ［德］叔本华：《作为意志和表象的世界》，商务印书馆 1982 年版，第 325 页。
② ［德］叔本华：《作为意志和表象的世界》，商务印书馆 1982 年版，第 325 页。
③ ［德］叔本华：《作为意志和表象的世界》，商务印书馆 1982 年版，第 326 页。

的直观认识统括于一个单纯的形式或者概念之中，以至于再也无法分辨这些直观认识，从而失去了无比的丰富性。这一丰富性的丧失对于概念而言恰恰是其得以或值得存在的意义，概念虽与直观表象有关联，概念却要从直观表象抽出，一层一层地剥落下来，去掉了那些非本质的个性的外观与构造。康德还在哲学的意义上指出“综合判断”离直观表象更加遥远。比如他就认为：“在所有思维主词与谓词之关系的判断中，这种关系以两种不同的方式是可能的。要么谓词 B 属于主词 A，作为（以隐蔽的方式）包含在概念 A 中的某种东西；要么 B 虽然与概念 A 有关联，但却完全在它之外。在第一种场合里，我把判断称为分析的，在第二种场合里我则把它称为综合的。因此，（肯定的）分析判断是其中借助同一性来思维谓词与主词的联结的判断，而其中不借助同一性来思维这种联结的判断则应当叫做综合判断。”① 这意味着 1 根香蕉加上 1 个苹果与 1 个手机加上 1 本书，其最终的结果都等于 2，但是在“2”之中已经不仅看不到苹果、香蕉、手机与书的直接外观，而且其四者之间不管如何替换，只要是 1 加 1，那么对于 2 都没有任何影响。

但是直观则与之相反，它是“自己代表自己，表出自己，不像概念那样只有假借来的内容”②，其自身就“有着直接的，很重大的意义”③，因为意志以及理念在直观之中客体化了。对此，叔本华说出一番攸关时间性的话来：“理念则不然，谁把握了它，它就在他心里发展一些表象，而这些表象和它们同名的概念来说，都是新的。理念好比一个有生命的，发展着的，拥有繁殖力的有机体，这有机体所产生出来的都是原先没有装进里面去的东西。”④ 这段话极为意味深长，而且充满了文学性的张力。在他眼里，“理念”是在主客不分的生活之中体现出来，而且就是生活本身，甚至是那些更鲜活的生活本身，当然，生活本身的构成是丰富的或

---

① ［德］康德：《纯粹理性批判·注释本》，中国人民大学出版社 2011 年版，第 35 页。

② ［德］叔本华：《作为意志和表象的世界》，商务印书馆 1982 年版，第 644—645 页。

③ ［德］叔本华：《作为意志和表象的世界》，商务印书馆 1982 年版，第 644 页。

④ ［德］叔本华：《作为意志和表象的世界》，商务印书馆 1982 年版，第 326 页。

者复杂的，不仅仅局限于理念。在此叔本华所使用的比喻无疑具有两方面的含义，其一，之所以说艺术作品作为一个有机体，是因为审美主体在“始终—指向”艺术作品之时形成了流畅的审美生活，在此审美生活完满、完善且整体的前提之下，就意味着艺术作品本身既不多余任何部分，也不缺乏任何部分；其二，审美生活本身的存在状态是时间化的，比如“拥有繁殖力的”“有生命的”“有机体”等等字眼，无疑把审美生活本身那种充满时机化、境域化、冲力化的时间特性描绘得酣畅淋漓。所以，叔本华说：“被体会了的理念是任何地道艺术作品真正的和唯一的源泉。理念，就其显著的原始性说，只能是从生活自身，从大自然，从这世界汲取来的，并且也只有真正的天才或是一时兴奋已上跻于天才的人才能够这样做。只有从这样的直接感受才能产生真正的，拥有永久生命力的作为。正因为理念现在是，将来也依然是直观的，所以艺术家不是在抽象中意识着他那作品的旨趣和目标；浮现于他面前的不是一个概念，而是一个理念。”① 究其根底，叔本华认为在艺术创造乃至在艺术欣赏的过程中，“概念”都是毫无用处的，尽管它本身对生活是有益的，对科学是有用的。

因而，即便是文学作品会表达出叔本华所说的“理念”，但是这一“理念”本身绝不是抽象的概念，而是一个涌动的、主客不分的、直观的生活过程本身，所以，王国维认为“美术、德性，均不可教”②。可以看出，在这里的“美术”所指的正是以艺术品为对象的审美活动。

除了“美术”不可教，叔本华认为，道德也是不可教的，王国维说：

> 叔氏之重直观的知识，不独于知育美育上然也，于德育上亦然。彼谓道德之理论，对吾人之动作无丝毫之效。何则？以其不能为吾人之动作之机括故也。苟道德之理论，而得为吾人动作之机括乎，

① ［德］叔本华：《作为意志和表象的世界》，商务印书馆 1982 年版，第 326 页。
② 姚淦铭、王燕主编：《王国维文集》下卷，中国文史出版社 2007 年版，第 198 页。

必动其利己之心而后可，然动作之由利己之心发者，于道德上无丝毫之价值者也。故真正之德性，不能由道德之理论，即抽象之知识出，而唯出于人己一体之直观的知识，故德性之为物，不能以言语传者也。基开禄所谓德性非可教者，此之谓也。何则？抽象的教训，对吾人之德性，即品性之善，无甚势力。苟吾人之品性而善欤，则虚伪之教训，不能沮害之，真实之教训，亦不能助之也。教训之势力，只及于表面之动作，风俗与模范亦然。但品性自身，不能由此道变更之。一切抽象的知识，但与吾人以动机，而动机但能变吾人意志之方向，而不能变意志之本质，易言以明之，彼但变其所用之手段，而不变所志之目的。……所谓德性不可教者，此之谓也。故真正之善，必不自抽象的知识出，而但出于直观的知识。①

道德行为一如审美活动，其存在的状态与概念无涉，同样是一个涌动的、生动的、主客无法分离的直观活动，而且道德行为与审美活动在其构成上既是相通的，也有很大的差别。就相通的方面来看，任何一个道德行为都是具体的，在具体的情境中生发、延续。因而，比如圣贤的存在就是一个不断迎接新的道德情境挑战，不断地调整自我、更新自我、实现自我的时间性过程，而绝不可能是一个抽象的、无时间性的存在者；审美活动同样是一个具体的行为，任何一个不同的艺术品所带来的愉悦感不仅仅是完全不一样的，而且体现于不同的审美主体之上的感受状况也是不同的，以上所述都表明道德行为与审美活动在存在的形态上是情境化的，时间化的。就道德行为与审美活动的不同之处来看，审美活动构成的形式化倾向更强——尤其是以艺术作品为欣赏对象的审美活动，那些已经完成的审美活动所赖以奠基的正是某一个艺术作品独一无二的构成或者形式。因此，叔本华的以上见解在西方哲学史上的地位是极为独特与显著的，王国维对叔本华哲学如此推崇实在是事出有因。

---

① 姚淦铭、王燕主编：《王国维文集》下卷，中国文史出版社 2007 年版，第 197—198 页。

那么，既然美育活动的直观性及其作为内时间意识的流畅性完全不同于智育活动，那么，王国维所说的“美术不可教”就只是针对智育活动而言的，也就是说，美育活动有其特定的、内在的规律，他说：

然则美术、德性，均不可教，则教育之事废欤？曰：“否。”教育者，非徒以书籍教之之谓，即非徒与以抽象的知识之谓，苟时时与以直观之机会，使之于美术人生上得完全之知识，此亦属于教育之范围者也。自然科学之教授，观察与实验往往与科学之理论相并而行，人未有但以科学之理论为教授，而以观察实验为非教授者，何独于美育及德育而疑之？然则叔氏之所谓德性不可教者，非真不可教也，但不可以抽象的知识导之使为善耳。①

因此，美育活动的根本特性正如同审美活动的根本特性一样，是一个流畅的、涌现的、愉悦的、主客不能分离的时间性生活过程，它与智育活动的概念性、抽象性、易于且必须停顿、冷静、中立且主体一定要在智育活动中与所要研究、学习的对象保持距离的特性，都是完全不一样的。

在王国维对理想的美育活动描述中，最为典型的体现是把叔本华的哲学思想、教育思想、美育思想完全与中国古典美学的知识话语体系相沟通，其原因就在于——中国古典美学正是以保持审美活动的主客不分离以及涌现性的、原生的时间性状态作为自身最根本特质的，这与叔本华的美学思想、美育思想是完全相通的，而且，在王国维美育思想中最为直接的体现就是以中国古典美学中最为核心与精粹的术语、概念来表述叔本华思想，最为集中的体现就是以“兴”为核心的话语群或者术语群，比如“兴味”“比兴”“神兴”等等。

在王国维《古雅之在美学上之位置》一文中所说的“古雅”并不是

---

① 姚淦铭、王燕主编：《王国维文集》下卷，中国文史出版社2007年版，第198页。

以时代与风格而论，而是为最好的、最佳的经典艺术作品所命之名，而这些作品都只能由伟大的天才艺术家所创造，而且这些作品所起到的美育效用正是“兴”——给欣赏者带来流畅的、涌现的、纯粹的时间性过程。一旦在作品整体中出现不协调的因素，那就会导致上述过程的停滞或者迟钝，王国维说：“以文学论，则虽最优美最宏壮之文学中，往往书有陪衬之篇，篇有陪衬之章，章有陪衬之句，句有陪衬之字。一切艺术，莫不如是。此等神兴枯涸之处，非以古雅弥缝之不可。而此等古雅之部分，又非藉修养之力不可。若优美与宏壮，则固非修养之所能为力也。”①在此所强调的正是审美教育活动作为内时间意识“前牵—后挂”之中的流畅性与纯粹性，显然，在智育之中是不存在这种状况与要求的。

### 四、美育活动作为“内时间意识”构成的“流畅性”

王国维在《人间词话》中所一再称誉的“不隔”的文学作品，给他带来的就是这样一种“流畅”的“快乐”，当然，既然是“流”，那就必然是“过程性”的、“时间性”的。这种“流畅性”的“快乐体验”在其表征上体现为“纯粹”“酣畅”“贯注”“时间感短暂而类似被浓缩”等“积极”特征，而不是“混杂”“迟滞”“被干扰”“分神”“时间感支离破碎而类似慢镜头、慢动作”等“消极”特征。由此观之，王国维《人间词话》同样是其美育思想中的一个有机的组成部分，甚至是一个审美教育活动的范例。

王国维的这一思想直接来自于对叔本华美学的借鉴，而且由于王国维在汉语中找到了堪称最好的一个字词来加以表述——“隔”与“不隔”，如此译介，抑或再创造，以至于无法在字面上找到与叔本华的任何关联。但是，就叔本华对审美生活的流畅性的论述来看，其在系统性、完整性、深刻性上都远远超出了王国维，这是亟须关注的。这既是一个学术史源远流长的真相，也更能明确地显示出叔本华此论是其美育思想

① 姚淦铭、王燕主编：《王国维文集》下卷，中国文史出版社2007年版，第19页。

的重要组成部分，对于王国维来说同样如此。

当叔本华认为“知”的活动可以“停顿”而审美活动却只能“流畅”的时候，其实是在揭示审美欣赏活动或者艺术演出活动的“流畅性”是如何被奠基的。他提出对人的“面相”的识别与观鉴只能依靠让人“感到”，如果想通过理性与概念，那就会无能为力，因为理性与概念无法应对像“面相”这样特别的构成物。更为可贵的——叔本华把审美活动的流畅性与艺术作品的整体性完全内在地整合为同一个问题，他说：

> 抽象的知对于这些几微的差别关系，就如彩色碎片镶嵌的画对维佛特或滕勒的画一样。概念好比镶嵌的手艺一样，不管是如何细致，但是嵌合的碎片间总不能没有界线；所以不可能从一个颜色，毫无痕迹地过渡到另一颜色。①
>
> 就是概念的这一本性使概念近似于镶嵌画中的碎片，由于这一本性，直观永远是概念可近不可即的极限。这也是何以在艺术中不能用概念获得良好成绩的理由。如果一位歌唱家或音乐家用反复思索来指导他的演出，那就会是死症。这种情况在作曲家、画家，乃至诗人，也是一样的真实。概念用于艺术总是无结果的。②
>
> 在艺术上，概念本没有什么生产性，迂夫子也只能生出没有生命的，僵硬的，装扮起来的死婴。③

从字面上看，叔本华好像仅仅是论述艺术作品自身的整体性，也就是说，好的、真正的艺术作品作为一个有机整体是由互相支持、不可分割且各具不可替代功能或作用的部分构成的，但是究其根底，叔本华是在说一个完美的审美活动的构成是奠基于真正的艺术作品之上的，即审

---

① ［德］叔本华：《作为意志和表象的世界》，商务印书馆 1982 年版，第 97 页。

② ［德］叔本华：《作为意志和表象的世界》，商务印书馆 1982 年版，第 98 页。

③ ［德］叔本华：《作为意志和表象的世界》，商务印书馆 1982 年版，第 102 页。

美主体的注意力为构成这一艺术作品的全部或部分细节所吸引，审美主体所获得的是一种“流畅”的快乐体验，所以，如果仅仅把艺术作品的有机整体性视作一个完全封闭的自足命题，就离开了审美生活作为一种生活形态所具有的主客不分的意向性。因而，当我们说一个艺术作品是一个整体的时候，其实，我们是在说我们经由这个艺术作品形成了“流畅”的快乐感，或者我们是在说“流畅”的快乐作为一种内时间意识发生之后，我们才会赞叹地说，“这个作品不缺少任何东西，也没有任何部分是多余的”，而且，“流畅”显然是作为审美愉悦最为关键的特征之一，因为审美活动体现为一个自觉的价值与意义的实现活动，审美主体总是希望这种愉悦与幸福能够持续地、持久地进行下去，而且在此过程中不要出现任何“中断”。

最为精彩的是叔本华对文学作品阅读过程中必然会出现的“时间视域”的解释，当然，在字面上，叔本华是在分析纯粹的作品构成比如语句的构成，但实质上是在说一个流畅的阅读内时间意识奠基于这一作品的构成之上。既然文学作品赖以安身立命的是语言文字，而世界上几乎所有的语言文字从单个而言都是概念，那么，在作品之中就要做到恰如其分的字词之间的连接，才有可能形成好的文学作品，并在此之上奠基出流畅的阅读快感体验，叔本华的看法是，“为了符合文艺的目的而推动想象力，就必须这样来组合那些构成诗词歌赋以及枯燥散文的直接材料的抽象概念，即是说必须使这些概念的含义圈如此交错，以致没有一个概念还能够留在它抽象的一般性中，而是一种直观的代替物代之而出现于想象之前，然后诗人继续一再用文字按他自己的意图来规定这代替物”①。在此所说的正是文学作品阅读过程中的“时间视域”，而且是已经实现了的、高质量的文学作品阅读活动中的内时间意识的构成状态。

他还说：“诗文里面的许多修饰语就是为这目的服务的，每一概念的

---

① ［德］叔本华：《作为意志和表象的世界》，商务印书馆 1982 年版，第 336—337 页。

一般性都由这些修饰语缩小了范围，一缩再缩，直到直观的明确性。”①从而成为一个整体，在阅读之时，身在异乡的游子所处的“景”与“情”或者“情景”便从中凸现，而且只在这个独一无二的结构之中凸现，而且其凸现的状态之中涌动着注意力被持续地吸引——“流畅”。胡塞尔在分析“旋律”之时曾说：“它开始和停止，而整个延续的统一、它在其中开始和结束的整个过程的统一，都在结束之后‘移向’越来越遥远的过去。在这个回坠过程中，我还‘持留住’它，还在一种‘滞留’中拥有它，而只要这个滞留还在维续，这个声音就具有它的本己时间性，它就还是这同一个声音，它的延续就还是这同一个延续。”② 也就是说，在我们在聆听音乐的整个意识的流动“期间”，构成这一音乐作品的所有音符都是作为同一个声音被意识为延续着的，被意识为现在延续着的，这正是“旋律”的生成，也正是美感——其感性面貌即“流畅”的生成。如此，在叔本华看来，“思乡之情”或者“旋律”就会成为理想的、完满的“理念”。

叔本华因而也把作家比作高明的“化学家”：“化学家把〔两种〕清澈透明的液体混合起来，就可从而获得固体的沉淀；与此相同，诗人也会以他组合概念的方式使具体的东西、个体的东西、直观的表象，好比是在概念的抽象而透明的一般性中沉淀下来。”③ 对于文学作品中的节奏与旋律何以具有那么强烈的效果，叔本华说不知道会有些其他解释，“除非是说我们的各种表象能力基本上是束缚在时间上的，因而具有一种特点，赖此特点我们在内心里追从每一按规律而重现的声音，并且好象是有了共鸣似的”④。在此所说的“追从”既是对流畅的内时间意识之中的“持续吸引”的确认，又是对在审美生活之中主体与客体在“同时性”构成关系的揭示。

---

① ［德］叔本华：《作为意志和表象的世界》，商务印书馆1982年版，第337页。

② ［德］胡塞尔：《内时间意识现象学》，商务印书馆2009年版，第55—56页。

③ ［德］叔本华：《作为意志和表象的世界》，商务印书馆1982年版，第337页。

④ ［德］叔本华：《作为意志和表象的世界》，商务印书馆1982年版，第337页。

王国维在《人间词话》中对“隔”与“不隔”的反复申说，所传达的就是——他更喜欢那些让他获得“流畅体验”的“诗词”，“不隔”就是“流畅”的“内时间意识”，“隔”就是“流畅”的“内时间意识”无从产生或者“流畅”的“内时间意识”在进行过程中“被中断”：

词忌用替代字。美成《解语花》之“桂华流瓦”，境界极妙。惜以“桂华”二字代“月”耳。梦窗以下，则用代字更多。其所以然者，非意不足，则语不妙也。盖意足则不暇代，语妙则不必代。此少游之“小楼连苑”“绣毂雕鞍”，所以为东坡所讥也。①

沈伯时《乐府指迷》云：“说桃不可直说破桃，须用‘红雨’‘刘郎’等字。咏柳不可直说破柳，须用‘章台’‘灞岸’等字。”若惟恐人不用代字者。果以是为工，则古今类书具在，又安用词为耶？宜其为《提要》所讥也。②

白石写景之作，如“二十四桥仍在，波心荡、冷月无声。”“数峰清苦，商略黄昏雨。”“高树晚蝉，说西风消息。”虽格韵高绝，然如雾里看花，终隔一层。梅溪、梦窗诸家写景之病，皆在一“隔”字。北宋风流，渡江遂绝，抑真有运会存乎其间耶？③

问“隔”与“不隔”之别，曰：陶谢之诗不隔，延年则稍隔矣。东坡之诗不隔，山谷则稍隔矣。“池塘生春草”“空梁落燕泥”等二句，妙处唯在不隔。词亦如是。即以一人一词而论。如欧阳公《少年游》咏春草上半阕云：“阑干十二独凭春，晴碧远连云。千里万里，二月三月，行色苦愁人。”语语都在目前，便是不隔。至云：“谢家池上，江淹浦畔。”则隔矣。白石《翠楼吟》：“此地。宜有词仙，拥素云黄鹤，与君游戏。玉梯凝望久，叹芳草、萋萋千里。”便

① 姚淦铭、王燕主编：《王国维文集》上卷，中国文史出版社2007年版，第80页。
② 姚淦铭、王燕主编：《王国维文集》上卷，中国文史出版社2007年版，第80—81页。
③ 姚淦铭、王燕主编：《王国维文集》上卷，中国文史出版社2007年版，第81页。

是不隔。至“酒祓清愁，花消英气。”则隔矣。然南宋词虽不隔处，比之前人，自有浅深厚薄之别。①

从以上四段文字来看，王国维所做的就是对曾经发生在自己身上的审美生活史进行总结与比较，对那些“不好”作品，他区分为两类：其一是从整体而言都“不好的”，二是有些“部分”影响到“整体”的“完整”与“统一”，从而使得整个作品在阅读中变得磕磕绊绊，成为平庸之作或者有瑕疵之作。

就第一类来看，显然在王国维看来，都完全不能胜任“境界”之标准，虽然从局部来看，或许有些可取之处，比如“白石写景”虽“格调高绝”，但是在整体上皆属劣作；此类作品引发的只能是“雾里看花，终隔一层”的极不舒服的“消极”感受，哪里还谈得上快乐的生成呢？当然，也就更谈不上快乐的“流畅体验”了。

就第二类来看，王国维针对中国古典诗词创作中所惯常使用的“替代字”“事”“典”等手法，常常出现因为过于“掉书袋”等原因，使得整个作品无法达到如《文心雕龙·附会》所言“杂而不越”那般“消融材质于形式”的最高境界，比如欧阳修的《少年游》：

阑干十二独凭春，晴碧远连云。
千里万里，二月三月，行色苦愁人。
谢家池上，江淹浦畔，吟魄与离魂。
那堪疏雨滴黄昏，更特地，忆王孙。

其中“阑干十二独凭春，晴碧远连云。千里万里，二月三月，行色苦愁人”较为吸引王国维的注意力，快乐的体验一直在流畅地延续，如同胡塞尔所描述的一般，但是到了“谢家池上，江淹浦畔”，快乐的流畅

① 姚淦铭、王燕主编：《王国维文集》上卷，中国文史出版社2007年版，第81页。

体验就被中断了，由“阑干十二独凭春，晴碧远连云。千里万里，二月三月，行色苦愁人”所带来的“流畅”的“惯性”还一直在持续，“滞留”的快乐体验一直很理想地得以持续地变化，尤其是“期待”在此“内时间意识”之中一直以一种正常的“赏词心态”，“意欲”实现“充实”，但是由于这种炫学式的“用典”使得“充实”无法实现，一旦读者的“期待”被陷于“空乏”之中，尤其是当一种快乐的动作做了一半就被停止、停顿下来，王国维的失望、遗憾可想而知。

因而，从“审美生活”的“内时间意识”之“流畅性”出发，才能对“隔与不隔”之论做出中肯的解释，也才能更加凸显科学教育活动与审美教育活动之间的本质区别，尤其是“概念”与“直观”的根本区别。

## 第三节　从“审美时间”论美育的意义

### 一、“主观时间”“客观时间”与“幸福时间账本”

#### （一）“主观时间”与“客观时间”

王国维的时间观在诗作中流露较多，最具代表性的就是《出门》：

出门惘惘知奚适，白日昭昭未易昏。
但解购书哪计读，且消今日敢论旬。
百年顿尽追怀里，一夜难为怨别人。
我欲乘龙问羲叔，两般谁幻又谁真？

此诗意蕴深辟，一是写到“现在”对于人生的终极意义，二是揭示出时间的存在除在制度的、时钟的形态之外，主观性的时间同样是真实的，人的存在状态在根本上是“时间性”的，只有在“时间性”中才能找到自身的意义所在，也就是说存在是在其时间特性中显现出来的。

钱鍾书先生曾对此诗加以盛赞：“此非普洛太格拉斯之人本论，而用之于哲学家所谓‘主观时间’乎。……然静安标出‘真幻’两字，则哲学家舍主观时间而立客观时间，牛顿所谓‘绝对真实数学时间’者是也。”① 钱先生还认为：“老辈惟王静安，少作时时流露西学义谛，庶几水中之盐味，而非眼里之金屑。……是治西方哲学人本色语”②。可见西学对王国维的浸染之深，也更可见出王国维对西学的创化功力。

“现在”的幸福获得无疑是存在的终极的目的，而作为这样一个终极的目的，幸福是可以作为一个“可操作”的、“可量化”的时间构成来衡量的。从“可操作”的方面看，一个人能够主动地选择接受审美教育的机会，从而形成审美生活的能力，然后根据自己的需要来选择审美对象，即“幸福感”是可以被主体自由地所操控的；从“可量化”的方面，虽然“快乐感”不可能从数学、物理、化学的“公式”与“恒量”上进行绝对值的恒量，但是每个人对自己过往的生活都会有“自省”的能力，他会在“自省”（即“回忆”）对发生在自己身上的幸福感进行累加。从其构成来说，它是以每一个个体的人在当下现实所体验的幸福感所累加的。而在此所说的“当下”与“现实”就具有两种人本主义的含义：其一，相对于过去来说，现在的现实幸福是过去的目的；其二，相对于未来来说，现在的现实的幸福是未来的依据。也就是说，对于一个个体来说，幸福只能是现在“今天”，而不是对于过去的流连与对将来的空想。

在人类思想史上，人文主义运动最为辉煌的成果之一就是向世界揭示了寻求幸福于现时、现实与现世的真理，正是这一真理标志着西方世界新文化向中世纪宗教禁欲主义的诀别。而王国维作为我国引进西学的先驱与最重要的人物之一，主要是引进德国哲学尤其是康德、叔本华以至席勒、尼采等学说并进行较为系统的研讨，这一人文主义在“时间”启蒙上的重要思想可以说深深地印在了他的头脑之中。

---

① 钱鍾书:《谈艺录》,中华书局 1984 年版,第 25 页。

② 钱鍾书:《谈艺录》,中华书局 1984 年版,第 24 页。

### （二）“幸福时间账本”

叔本华对王国维的影响非同一般，这突出地体现在“意志哲学”上，更为突出地体现在“意志哲学”中的“时间之维”上。叔本华在《作为意志及其表象的世界》大著中，就曾经一再地表示，“意志”是处在“时间性”之中的“意志”，否则，“意志”便无法被想象：“我对于自己的意志的认识，虽然是直接的，却是和我对于自己身体的认识分不开的。我不是整个地认识我的意志，我不是把它作为统一的，在本质上完整的认识它，而只是在它个别的活动中认识它，也就是在时间中认识它，而时间又是我的身体这个现象的形式，也是任何客体的形式；因此身体乃是我认识自己意志的条件。准此，没有我的身体，我便不能想象这个意志。”① 叔本华在此明确提出，意志的实现体现在时间之中，即某一具体的身体所处的情境之中；而且，由“意志”的“意向性”所导致的“因果律”，正是“时间”得以产生并延续的铁律。

王国维在《红楼梦评论》开篇，就用一篇汪洋恣肆的长文，演化了叔本华在《作为意志及其表象的世界》整部书中几乎所有最关键的思想节点，而且恰如其分地与中国的老庄哲学相糅合。在此，我们要特别褒扬王国维对西方学术的“汉语化”之卓著功力。如果不是预先知道王国维曾经受到叔本华影响或者看到他直接论述叔本华的著述，我们会认定这就是中国近现代哲学中的“意志哲学”或者“存在主义”，而且是非常地道的“本土化”的哲学，重要的依据就是其陈述采用的是地道的汉语，在这种汉语中，凝聚着数千年中国文化的信息与符码。整体来看，王国维是把叔本华给人生算的一笔账，以极佳的汉语来表述：

> 老子曰：人之大患，在我有身。庄子曰：大块载我以形，劳我以生。忧患与劳苦之与生，相对待也久矣。夫生者，人人之所欲；忧患与劳苦者，人人之所恶也。然则，讵不人人欲其所恶，而恶其

① ［德］叔本华：《作为意志和表象的世界》，商务印书馆 1982 年版，第 153 页。

所欲欤？将其所恶者，固不能不欲，而其所欲者，终非可欲之物欤？人有生矣，则思所以本其生：饥而欲食，渴而欲饮，寒而欲衣，露处而欲宫室；此皆所以维持一人之生活者也。然一人之生，少则数十年，多则百年而止耳。而吾人欲生之心，必以是为不足。于是于数十百年之生活外，更进而图永远之生活：时则有牝牡之欲，家室之累；进而育子女矣，则有保抱、扶持、饮食、教诲之责，婚嫁之务。百年之间，早作而夕思，穷老而不知所终，问有出于此保存自己及种姓之生活之外者乎？无有也。百年之后，观吾人之成绩，其有逾于此保存自己及种姓之生活之外者乎？无有也。①

生活之本质何？"欲"而已矣。欲之为性无厌，而其原生于不足。不足之状态，苦痛是也。既偿一欲，则此欲以终。然欲之被偿者一，而不偿者什百。一欲既终，他欲随之。故究竟之慰藉，终不可得也。即使吾人之欲悉偿，而更无所欲之对象，倦厌之情即起而乘之。于是吾人自己之生活，若负之而不胜其重。故人生者，如钟表之摆，实往复于苦痛与倦厌之间者也，夫倦厌固可视为苦痛之一种。有能除去此二者，吾人谓之曰快乐。然当其求快乐也，吾人于固有之苦痛外，又不得不加以努力，而努力亦苦痛之一也。且快乐之后，其感苦痛也弥深。故苦痛而无回复之快乐者有之矣，未有快乐而不先之或继之以苦痛者也。②

上述两段话所包含的"时间观念"有二：

其一，为了保存自己及延续种族，必然让自己沉沦于"永恒"的"忧患"与"劳苦"之中，此即宏观之比较——"个体"的人生苦短，而"人类"的苦痛永远；而人为了保存自己及种族，必须为"未来"而"忧患""劳苦"。

① 姚淦铭、王燕主编：《王国维文集》上卷，中国文史出版社 2007 年版，第 1 页。
② 姚淦铭、王燕主编：《王国维文集》上卷，中国文史出版社 2007 年版，第 1 页。

其二，从个体的生命时间体验来看，人生是欲连欲，所以是苦接着苦，“幸福”的时间不仅极为短暂，而且甚至可以忽略不计。

因而，王国维如同叔本华一样，要把人生的寄托或者解脱的手段之一，赋予“艺术”，即欣赏艺术的“审美生活”，经过一番比较，王国维认为这是最佳对象：

> 故美术之为物，欲者不观，观者不欲；而艺术之美所以优于自然之美者，全存十使人易忘物我之关系也。①

在这里，“美术”所指的正是只能够“听”和“看”的“纯粹艺术作品”，由其所引发的是一种“不观其关系，而但观其物”② 的、“无丝毫生活之欲存”③ 的“快乐”，按照王国维的说法，那就是“优美”的“平静感”与“壮美”的“吾人生活之意志为之破裂，因之意志遁去”之感。

由对“美术”（艺术）的欣赏，引发“时间”的“因果链条”断裂，所得到的就是无利害的快乐过程，正如叔本华所说：

> 艺术好象已使时间〔的齿轮〕本身也停止转动了似的。④

## 二、美育与现世的悦乐精神

王国维关于审美时间的观念集中体现在对“现在”与人生幸福关系的思考上，即由“形式”所触发的审美活动中的时间状态与日常时间状态的关系。在此他受到康德、叔本华美学中关于审美时间思想的影响，同时又加以超越，在很多关键命题上提出了自己的创见。

---

① 姚淦铭、王燕主编:《王国维文集》上卷,中国文史出版社 2007 年版,第 2 页。
② 姚淦铭、王燕主编:《王国维文集》上卷,中国文史出版社 2007 年版,第 3 页。
③ 姚淦铭、王燕主编:《王国维文集》上卷,中国文史出版社 2007 年版,第 3 页。
④ [德]叔本华:《作为意志和表象的世界》,商务印书馆 1982 年版,第 320 页。

康德在论及审美判断中的时间问题时，只是蜻蜓点水般提及审美时间是一种“当下”时间状态，他说：“人们在筵席间享受到的一切刺激，有趣地说着故事，诱使坐客们活泼自由地高谈阔论，用谐谑和欢笑造成快乐气氛。在这场合，正如人们所说的，随便说些醉话，不负任何责任，不停留在一固定题目的思考和倡和里，只为了当前的欢娱消遣。”① 他还认为审美时间是对于日常时间的忘却：“这些游戏没有别的企图，只是叫人忘怀于时间的流逝。”②

相比之下，王国维较多地接受了叔本华的思想。叔本华认为欲求出于缺乏，即出于痛苦，一欲得到满足，一欲继起，而且“欲望是经久不息的，需求可以至于无穷”③，更为重要的是“满足的时间很短，分量也扣得很紧”④，因而人生必然痛苦的时间漫长，远远多于幸福的时间，除非一个人“不再在时间之流和一切其他关系之中”⑤，而艺术作为“独立于根据律之外观察事物的方式”恰恰能“使时间的齿轮停顿了”⑥。王国维把叔本华的这一看法陈述为：“无欲则无空乏，无希望，无恐怖；其视外物也，不以为与我有利害之关系，而但视为纯粹之外物。”⑦ 在此，王国维超越了叔本华的悲观主义，把审美无关功利所特有的价值视为一种积极地向日常时间的介入或干预，其对于“审美时间”思想的学术建树主要体现在以下三个方面：

首先，他认为，在一个审美事件中所充溢的幸福感是“此时”与“此地”的，而且审美快感体现为“幸福之冥想”，其目的也“决非为吾人之利用厚生”，只是围绕“形式”进行的“吾人自身供娱乐之用者”⑧，

---

① ［德］康德：《判断力批判》上卷，商务印书馆 1964 年版，第 151 页。
② ［德］康德：《判断力批判》上卷，商务印书馆 1964 年版，第 151 页。
③ ［德］叔本华：《作为意志和表象的世界》，商务印书馆 1982 年版，第 273 页。
④ ［德］叔本华：《作为意志和表象的世界》，商务印书馆 1982 年版，第 273 页。
⑤ ［德］叔本华：《作为意志和表象的世界》，商务印书馆 1982 年版，第 275 页。
⑥ ［德］叔本华：《作为意志和表象的世界》，商务印书馆 1982 年版，第 259 页。
⑦ 姚淦铭、王燕主编：《王国维文集》下卷，中国文史出版社 2007 年版，第 93 页。
⑧ 姚淦铭、王燕主编：《王国维文集》下卷，中国文史出版社 2007 年版，第 279 页。

即游戏。王国维把审美快感明确的定义为："一切技术绝无期满足于未来之性质，惟于现在之时、现在之处，供给吾人以满足而已。是故为自身而与以快感者，即审美的快感。"① 以"时间"作为美感最重要的本质特性之一，对于美学学科来说是一个重大的贡献。对于审美的阐释，或者说对于美学学科的合法性的基点来说，不能把审美看作是一种认识，看作是对一种对象的是否真实的认识，而是要把审美看成是一种活动，而且这是一种实实在在的活动，在这一活动之中，参与的主体与客体在审美达成的一瞬间达到融合，因而，由"形式""游戏""时间"概念为核心的美学观念就是：审美存在于主体与客体相融合的时间过程之中，这本身是一个审美事件的产生。

其次，在对审美时间存在形态的认识上，王国维认为人的意识与心理活动是在时间中的流逝，他说："活动之不能以须臾息者，其唯人心乎。夫人心本以活动为生活者也。心得其活动之地，则感一种之快乐，反是则感一种之苦痛。此种苦痛，非积极的苦痛，而消极的苦痛也。易言以明之，即空虚的苦痛也。空虚的苦痛，比积极的苦痛尤为人所难堪。何则？积极的苦痛，犹为心之活动之一种，故亦含快乐之原质，而空虚的苦痛，则并此原质而无之故也。"② 这样，意识与心理活动就不仅仅属于在认识论意义上的与客观对象相对立的主观范畴了，而是一种在时间中延绵的生命活动与体验。而通过文学艺术作品，就断绝了与日常世界时间性的关联，也就断绝了日常时间的构成，尤其是极大地加强了滞留，而期待也被强化地停留于艺术作品的时间结构中。

最后，王国维认为，审美活动的幸福感与宗教相对比，"吾人对宗教之兴味，存于未来，而对美术之兴味，存于现在。故宗教之慰藉，理想的，而美术之慰藉，现实的也"③。而且，审美在"情感"上对人的关

---

① 姚淦铭、王燕主编：《王国维文集》下卷，中国文史出版社2007年版，第279页。
② 姚淦铭、王燕主编：《王国维文集》下卷，中国文史出版社2007年版，第15页。
③ 姚淦铭、王燕主编：《王国维文集》下卷，中国文史出版社2007年版，第14页。

怀，是科学与道德所不能胜任的："美术者，上流社会之宗教也。彼等苦痛之感无以异于下流社会，而空虚之感则又过之。此等感情上之疾病，固非干燥的科学与严肃的道德之所能疗也。感情上之疾病，非以感情治之不可。必使其闲暇之时心有所寄，而后能得以自遣。"① 王国维在这里由美学转向美育领域，由学术转向人生实践，他从审美活动的时间性出发，认为审美高于宗教，与蔡元培先生"以美育代宗教"的重大命题相比，可谓各有千秋。

## 三、对"人生时间"三种划分与美育功能

在对人生时间的具体划分上，王国维认为主要有三种时间：第一是"食色之欲"，即"所以保存个人及其种姓之生活者，实存于人心之根柢，而时时要求其满足"②。在他看来这是人的基本时间也是其他时间的原欲，即原始动力；第二种时间就是"工作时间"，即"然满足此欲（食色之欲），固非易易也，于是或劳心，或劳力，戚戚睊睊，以求其生活之道。如此者，吾人谓之曰'工作'"③。王国维认为工作属于一种"积极的苦痛"，"吾人之所经验也"。第三种时间是闲暇时间："且人固不能终日从事于工作，岁有闲月，月有闲日，日有闲时，殊如生活之道不苦者。其工作愈简，其闲暇愈多。"④

但是在闲暇时间之中，"此时虽乏积极的苦痛，然以空虚之消极的苦痛代之，故苟足以供其心之活动者，虽无益于生活之事业，亦骛而趋之"⑤。也就是说，日常生活的闲暇时间对于人的存在的丰满性来说，既是一个机会，又是一个危机。

在王国维看来，在闲暇时间的人的活动中获取幸福应该是在人生存

① 姚淦铭、王燕主编:《王国维文集》下卷，中国文史出版社 2007 年版，第 14 页。
② 姚淦铭、王燕主编:《王国维文集》下卷，中国文史出版社 2007 年版，第 15 页。
③ 姚淦铭、王燕主编:《王国维文集》下卷，中国文史出版社 2007 年版，第 15 页。
④ 姚淦铭、王燕主编:《王国维文集》下卷，中国文史出版社 2007 年版，第 15 页。
⑤ 姚淦铭、王燕主编:《王国维文集》下卷，中国文史出版社 2007 年版，第 15 页。

意义上最为根本的要务之一，也是一个文化系统的最为重要的功能之一，即“凡人于日日为事时，不可无休养。审美的教育即为此之故，而于人间之智的生活中，诱导游戏之分子，而保持之者也”①。

就其所存在的机会来说，既然在食色时间以及在工作时间中，人对于时间的体验主要还是表现为一种被动的时间感的话，那么，自我实现及幸福感获得的时间就应该是在闲暇的时间之中。而就其所面临的危机来说，由于人往往不能善待闲暇时间，所以如王国维在著作中一再强调的“空虚”就会必然存在。因而在时间与自我实现的角度，王国维提出，在中西方共同存在的在语言上的相通处：“人欲医此苦痛，于是用种种之方法，在西人名之曰‘To kill time’，而在我中国，则名之曰‘消遣’。其用语之确当，均无以易，一切嗜好由此起也。”② 所以“嗜好”的存在就是必然的。

那么在诸种“嗜好”之中，审美活动是最为理想的承载者，王国维称之为“最高尚之嗜好”③。之所以如此，王国维认为，文学艺术中所传达的不只是个人的情感，“不以发表自己之感情为满足，更进而欲发表人类全体之感情。彼之著作，实为人类全体之喉舌，而读者于此得闻其悲欢啼笑之声，遂觉自己之势力亦为之发扬而不能自已。故自文学言之，创作与赏鉴之二方面亦皆以此势力之欲为之根柢也”④。也就是说在审美活动中，审美主体与审美客体、审美主体与审美主体之间所达成的是一种共同游戏的关系。

所以，王国维认为审美教育的作用就在于——

若文学者，则求之书籍而已无不足，其普遍便利，决非他美术所能及也。故此后中学校以上宜大用力于古典一科，虽美术上之天

① 姚淦铭、王燕主编：《王国维文集》下卷，中国文史出版社2007年版，第279页。
② 姚淦铭、王燕主编：《王国维文集》下卷，中国文史出版社2007年版，第15页。
③ 姚淦铭、王燕主编：《王国维文集》下卷，中国文史出版社2007年版，第16页。
④ 姚淦铭、王燕主编：《王国维文集》下卷，中国文史出版社2007年版，第16—17页。

才不能由此养成之，然使有解文学之能力，爱文学之嗜好，则其所以慰空虚之苦痛而防卑劣之嗜好者，其益固已多矣。此言教育者所不可不大注意者也。①

然余之为此论，固非使文学美术之价值下齐于博弈也。不过自心理学言之，则此数者之根柢皆存于势力之欲，而其作用皆在使人心活动，以疗其空虚之苦痛。以此所论者，乃事实之问题，而非价值之问题故也。若欲抑制卑劣之嗜好，不可不易之以高尚之嗜好，不然，则必有溃决之一日。此又从人心活动之原理出，有教育之责，及欲教育自己者，不可不知所注意焉。②

感情上之疾病，非以感情治之不可。必使其闲暇之时心有所寄，而后能得以自遣。夫人之心力，不寄于此则寄于彼；不寄于高尚之嗜好，则卑劣之嗜好所不能免矣。而雕刻、绘画、音乐、文学等，彼等果有解之之能力，则所以慰藉彼者，世固无以过之。③

而在现实的国民教育中，由于缺乏审美教育与养成，而且国民对此往往采取促狭的功利主义的态度，所以，王国维认为国民在日常闲暇生活中的种种恶习皆由此而来："则夫蚩蚩之氓，除饮食男女外，非雅片赌博之归而奚归乎！故我国人之嗜雅片也，有心理的必然性，与西人之细腰、中人之缠足，有美学的必然性无以异。不改服制而禁缠足，与不培养国民之趣味而禁雅片，必不可得之数也。"④ 最直接的后果就是在闲暇时间上的沉沦。

在王国维对美感体验的时间状态所进行的描绘中，尽管没有对艺术作品的时间结构与日常生活时间结构之间的复杂关联做出分析，但是我们仍然可以看到他对于以美感来消除消极时间的见解：

---

① 姚淦铭、王燕主编：《王国维文集》下卷，中国文史出版社2007年版，第14页。
② 姚淦铭、王燕主编：《王国维文集》下卷，中国文史出版社2007年版，第17页。
③ 姚淦铭、王燕主编：《王国维文集》下卷，中国文史出版社2007年版，第14页。
④ 姚淦铭、王燕主编：《王国维文集》下卷，中国文史出版社2007年版，第36页。

由叔氏之说，人之根本在生活之欲，而欲常起于空乏。既偿此欲，则此欲以终；然欲之被偿者一，而不偿者十百；一欲既终，他欲随之：故究竟之慰藉终不可得。苟吾人之意识而充以嗜欲乎？吾人而为嗜欲之我乎？则亦长此辗转于空乏、希望与恐怖之中而已，欲求福祉与宁静，岂可得哉！然吾人一旦因他故，而脱此嗜欲之网，则吾人之知识已不为嗜欲之奴隶，于是得所谓无欲之我。无欲故无空乏，无希望，无恐怖；其视外物也，不以为与我有利害之关系，而但视为纯粹之外物。此境界唯观美时有之。①

在审美活动中，人所得到的是被激活了的愉悦体验，那么，惯常生活中的庸常体验就被消除了，或者说，在一个统整性的自我之中，既然占据自我的是审美生活过程，那么，其他的生活过程也就不复产生并持存。因此，美育活动在人生时间的角度就实现了自身的意义，这正是王国维美育思想最为杰出的贡献所在。

① 姚淦铭、王燕主编:《王国维文集》下卷,中国文史出版社 2007 年版,第 93 页。

# 第三章　梁启超的美育思想

梁启超（1873—1929），字卓如，号任公，别号“饮冰室主人”，广东新会人。他的美育思想在中国近现代美育思想史中是一个独异而辉煌的现象，其视野宏大，思力精深，博采古今中西而又熔为一炉，独具创造性。

这一创造性就体现在他对中国古典的礼乐教化思想进行了全新的总结，始终立足于“新民”的塑造与养成，尤其是通过“时间性”角度对中西文化、哲学、教育、美学所进行的卓越分析，不仅为其美育思想奠立了坚实的基础与基调，而且凸显了中国古典审美文化与美育实践的优长之处，这些优长不仅为西方文化所匮乏，而且其生命力也是旺盛的，在新时代理应得到发扬光大。就此而言，梁启超没有像大部分中国现代的美育理论家那样以西方思想作为启蒙的标准，而是相反，以中国古典审美文化的乐观、理性、中庸、豁达来反衬西方文化在科学与宗教之间来回剧烈摇摆所造成的忽略人生意义与价值的弊端，可以说，这绝对是一种精彩的反启蒙。

具体来看，梁启超在反思西方哲学过于执着于主体或客体的基础上，提出“人生”存在于“主客之间”，并主要借助佛教哲学，对由“主客之间”的构成状态而产生的“时间性”维度做了精微分析，并在此基础上提出了审美生活中的诸多“时间性”问题，涉及审美教育活动的时间性构成、阅读过程分析以及国民情感生活的重建与教育等。

从梁启超的美学思想来看，其内容大多与教育、美育密切相关，或者说，正是由于梁启超对教育与美育的重视与执着，才激发了他的美学思想。本章对于梁启超美学思想之中“时间性”问题的阐述，不是基于已有的西方现象学哲学对中国近代乃至于古代哲学与美学的简单阐释与转译，更不是把西方现象学哲学与梁启超的美学思想做机械对照与比附，而是站在中国古典哲学在诸多方面尤其是心物之间的关系问题上与西方哲学相比各有所长的角度，探讨梁启超“人生存在于主客之间”的哲学思想，从“主客之间”的思想深入到他对于意识的“时间性”诸因素构成方式的卓见，并最终落实在审美活动对于人生的介入体现在审美活动的时间性问题之上。

## 第一节　美育活动的时间性及其中西对比

梁启超的美育思想是其教育思想、美学思想的内在组成部分，与其教育思想、美学思想息息相关。在梁启超对全面发展教育的表述中，虽然只是较多地提及“知育、情育、意育”三个方面，但是其“情育”或者“情感教育”的思想大多与美育、艺术教育有着密切的关系。

就梁启超教育思想来看，他的教育理想是塑造“新民”，因为民众的素质对于国家而言是至关重要的，他说：“国也者，积民而成。国之有民，犹身之有四肢、五脏、筋脉、血轮也。未有四肢已断，五脏已瘵，筋脉已伤，血轮已涸，而身犹能存者，则亦未有其民愚陋、怯弱、涣散、混浊，而国犹能立者。故欲其身之长生久视，则摄生之术不可不明；欲其国之安富尊荣，则新民之道不可不讲。”① 而且，他还把“新民”称为“今日中国第一急务”②。

梁启超之“新民”的内涵就其根本而言体现了强烈的教育性——更新、提高、开阔，其境界是极为博大且立足于中华文化的，他说，“新民云者，非欲吾民尽弃其旧以从人也。新之义有二：一曰淬厉其所本有而

① 吴松等点校:《饮冰室文集点校》,云南教育出版社 2001 年版,第 547 页。
② 吴松等点校:《饮冰室文集点校》,云南教育出版社 2001 年版,第 547 页。

新之；二曰采补其所本无而新之。二者缺一，时乃无功。先哲之立教也，不外因材而笃与变化气质之两途，斯即吾淬厉所固有、采补所本无之说也。一人如是，众民亦然”①。而且在他对“新民”具体内涵的论述中，就包括了艺术、审美在内，他说：

> 凡一国之能立于世界，必有其国民独具之特质，上自道德法律，下至风俗习惯、文学、美术，皆有一种独立之精神，祖父传之，子孙继之，然后群乃结，国乃成。斯实民族主义之根柢源泉也。我同胞能数千年立国于亚洲大陆，必其所具特质，有宏大高尚完美，厘然异于群族者，吾人所当保存之而勿失坠也。②

从整体上看，梁启超的美育思想既深植于中国古典美育理论与美学理论的优秀传统，特别是他对佛教哲学、佛教心理学的精深研究，对把握美育理论研究对象——美育活动的完整性、意向性构成及其时间性状态产生了至关重要的作用，又据此对西方美育与美学理论进行了精彩的对比与评价，而且他绝没有拘泥于传统而故步自封，而是能够认清与梳理中西文化的优劣之处，从“新民”这一教育理想出发，解决中国自身的现实问题。

## 一、佛教哲学对于“意向性”及其“时间性”的解释

审美的世界在“生活世界”“之中”（即梁启超所言“‘美’是人类生活之一要素”），“审美生活”是生活形态之一种，这是梁启超美育思想的基点与起点。梁启超以此为逻辑起点，不仅弘扬了儒家礼乐教化的辉煌传统，也宣扬了中国古代文化、哲学、教育的卓著之处，更为美育理论的系统建构铺就了坦途。

---

① 吴松等点校：《饮冰室文集点校》，云南教育出版社 2001 年版，第 550 页。

② 吴松等点校：《饮冰室文集点校》，云南教育出版社 2001 年版，第 550 页。

这“之中”二字是美学作为一种知识系统对“审美生活”进行陈述和研究的唯一也是最高的“语法”。之所以说是“最高的语法”，这意味着“审美生活”是最高的美学研究对象，也是唯一的研究对象。尽管美学研究的出发点可以从审美主体、审美对象即两者之间的关系之间的任何一个点开始，但是任何一个点都隶属于这个最高的类属——“审美生活”，都以此为界限。更为重要的是，“之中”意味着“审美生活”作为一个时间性的过程在“整体生活”之中“何以”存在，也就是说，审美生活这一时间性的过程隶属于某一审美主体更为广阔的生活过程“之中”，审美主体的“生活”成为“审美生活”何以生成、何以被需要、何以必需的起点，这就是审美生活的“价值”与“意义”产生的根源。此即静态的审美时间性过程产生的动态存在的时间根源所在。

显而易见，以上所述不仅同样适用于审美教育活动，而且更为典型与突出，因为审美教育活动何以值得存在，何以发生和发展，这正是美育活动的根本任务与目的。

就梁启超的美育思想来看，他认为，佛教哲学在主体与客体之间所持的“并在一体”的精微要义，可以完满地描述在美育活动之中的主体与客体的关系及呈现状态。

在佛典中，对于主客之间的关系采取的是心物融合、并存的看法，这样一种看法尤其适合于对“人生”的解释。

比如佛经中说：“坚法尚无，况假名地。若泥团是坚，泥团即为软，故知无定坚相。又以少因缘故生坚心，若微尘疏合名为软，密合为坚，是故无定。”[①] 梁启超解释说：“坚和软，不过主观的评价，若离却主观的状态，说是客观性有坚软的独立存在，是不合理的。”[②]

又如，《成实论》（卷一）说：

---

① 载吴松等点校:《饮冰室文集点校》,云南教育出版社 2001 年版,第 3000 页。

② 吴松等点校:《饮冰室文集点校》,云南教育出版社 2001 年版,第 3000 页。

如人病愈，自知得离，如水相冷，饮者乃知。……如地坚相，坚何等相。不得语答，触乃可知。如生盲人不可语以青、黄、赤、白。①

再如，《大乘阿毗达磨杂论》（卷一）说：

问：何因蕴唯有五？答：为显五种我事故。谓为显身具我事（色），受用我事（受），言说我事（想），造作一切法、非法我事（行），彼所依止我自体事（识）。于此五中，前四是我所事，第五即我相事。……所以者何？世间有情多于识蕴计执为我，余蕴计执我所。②

梁启超的解释是，心与物之间的关系是一种不可分的状态，不管是何种状况，而且，佛教哲学中的心理学对此的阐释与精研可谓人类哲学史上的巅峰。梁启超曾经非常简洁地表述“佛教经典全藏八千卷”，“能用一句话包括”③，那就是“无我”。如何才能做到“无我”呢？那就必须对人类的心理与意识的构成做精深的研究，弄清楚其中的因素及其构造状态，这样就会在修行中很容易做到“无我”了。其中的要素在梁启超看来就是心物两种，而且，要使“我”的“心”不“生起”，那就必须先“灭”了“物”，因为“心”总是指向某一“物”的：

这段话怎么讲呢？据一般人的见地，眼、耳、鼻、舌是我的，色、声、香、味是我接触的，自然色是我所有的色，乃至我感觉故受是我所有，我记忆故想是我所有，我作意或行为故行是我所有。

---

① 载吴松等点校：《饮冰室文集点校》，云南教育出版社 2001 年版，第 3000—3001 页。
② 吴松等点校：《饮冰室文集点校》，云南教育出版社 2001 年版，第 2998 页。
③ 吴松等点校：《饮冰室文集点校》，云南教育出版社 2001 年版，第 2996 页。

这四种，虽然或属物理现象，或属心理现象，但都是由我观察他，认识他，所以都说是我所，然则能观察、能认识的我是什么呢？一般人以为“心理活动统一之状态”的识即是我，笛卡儿所谓“我思故我存”就是这种见解。①

更为精妙的解释就在这里，而且梁启超对此做了极为精彩的发挥：“可见离却主观的经验，那客观是什么东西，我们便不能想象。严密勘下去，也可以说色蕴是受、想、行、识种种经历现出来。譬如我们说屋外那棵是柳树，怎么知道有柳树呢？那认识活动过程第一步，先感觉眼前有一棵高大青绿的东西，便是受。其次，联想起我过去所知道的如何如何便是树，如何如何便是柳树，把这些影像都再现出来，便是想。其次，将这些影像和眼前所见这样东西比较看对不对，便是行。最后，了然认得他是柳树，便是识。凡我们认为外界的‘色’，非经过这种种程序后不能成立。所以‘色’是我们心理的表象。我解释色蕴，暂此为止。”②

“不分心物”——“主客不分”在存在的时间性状态上，梁启超认为首先是一种“整体”的“综合”状态；其次，作为一种“整体”的“综合”状态在“生”与“灭”上的延续——“意识相续集起的统一状态”。佛教哲学关于“内时间意识”的精见，下文详述。

也就是说，在生动活泼的现象世界、生活世界或人生之中，某一具体的感受或印象取决于主体与客体之间的“意向性”，在此要追问的再也不是第一性、第二性的问题，而是如何才能更好地获得美好人生的问题。即使是对于同一个客体对象，由于主体的主观态度的差异，所得到的是完全不同的“体验”，而这一“体验”本身才是人生所要面对的，才是人生的本貌。所以，在下文中所出现的“境”既不是偏于主观的，也不是偏于客观的，而是在“两者之间”。

① 吴松等点校:《饮冰室文集点校》,云南教育出版社 2001 年版,第 2998 页。
② 吴松等点校:《饮冰室文集点校》,云南教育出版社 2001 年版,第 3001 页。

鉴于梁启超的文字极为优美酣畅，故引述较多文字如下：

境者，心造也。一切物境皆虚幻，惟心所造之境为真实。同一月夜也，琼筵羽觞，清歌妙舞，绣帘半开，素手相携，则有馀乐；劳人思妇，对影独坐，促织鸣壁，枫叶绕船，则有馀悲。同一风雨也，三两知己，围炉茅屋，谈今道故，饮酒击剑，则有馀兴；独客远行，马头郎当，峭寒侵肌，流潦妨毂，则有馀闷。①

“月上柳梢头，人约黄昏后”与“杜宇声声不忍闻，欲黄昏，雨打梨花深闭门”，同一黄昏也，而一为欢憨，一为愁惨，其境绝异。“桃花流水杳然去，别有天地非人间”，与“人面不知何处去，桃花依旧笑春风”，同一桃花也，而一为清净，一为爱恋，其境绝异。“舳舻千里，旌旗蔽空，酾酒临江，横槊赋诗”，与“浔阳江头夜送客，枫叶荻花秋瑟瑟。主人下马客在船，举酒欲饮无管弦”，同一江也，同一舟也，同一酒也，而一为雄壮，一为冷落，其境绝异。然则天下岂有物境哉，但有心境而已！戴绿眼镜者，所见物一切皆绿；戴黄眼镜者，所见物一切皆黄；口含黄连者，所食物一切皆苦；口含蜜饴者，所食物一切皆甜。一切物果绿耶？果黄耶？果苦耶？果甜耶？一切物非绿、非黄、非苦、非甜，一切物亦绿、亦黄、亦苦、亦甜，一切物即绿、即黄、即苦、即甜。然则绿也、黄也、苦也、甜也，其分别不在物而在我，故曰三界惟心。②

天地间之物一而万、万而一者也。山自山，川自川，春自春，秋自秋，风自风，月自月，花自花，鸟自鸟，万古不变，无地不同。然有百人于此，同受此山、此川、此春、此秋、此风、此月、此花、

① 吴松等点校：《饮冰室文集点校》，云南教育出版社2001年版，第2278页。
② 吴松等点校：《饮冰室文集点校》，云南教育出版社2001年版，第2278页。

此鸟之感触，而其心境所现者百焉；千人同受此感触，而其心境所现者千焉；亿万人乃至无量数人同受此感触，而其心境所现者亿万焉，乃至无量数焉。然则欲言物境之果为何状，将谁氏之从乎？仁者见之谓之仁，智者见之谓之智，忧者见之谓之忧，乐者见之谓之乐，吾之所见者，即吾所受之境之真实相也。故曰：惟心所造之境为真实。①

尤其是在上述第二段文字之中，梁启超所征引的众多诗句极为典型地表明了审美生活属于“主客之间”的人生形态之一。既然如此，美学研究的对象也就应该确立为“审美生活”，否则的话，偏于主观与主体，就会导致仅仅以“审美经验”作为美学对象，如果把主观发挥到极致或极端，就会归之于“神”或者“灵魂”，最终导致“神学美学”；偏于客体与客观，就会导致“反映论”的美学。如果出于美学研究对象的不同侧重，可能会针对主体或者客体进行研究，但是，这也只能在“审美生活”的疆域之内。而连接审美主体与审美客体的要素就是“时间”，或者更准确地说是“时间性”，因为在“主客之间”所产生的情感、感觉在存在的状态上就是最为原始的“时间性”的绵延过程。审美时间性问题必然决定了审美生活包括这三个核心要素：审美主体、审美客体与审美时间性。

这些来自于佛教哲学的智慧无疑是对梁启超美育思想的提高与深化。

## 二、“趣味教育”激发“审美生活”的“时间性”

“新民”教育所养成的审美能力并不是抽象的，而是体现为实实在在的审美生活，并且，这一审美生活自身也应该是饱含教育性的。就梁启超对于“趣味教育”的陈述来看，并不仅仅针对美育，而是就整个教育而言，也就是说，他认为应该使教育活动充满生机、冲动、乐趣。本章

---

① 吴松等点校:《饮冰室文集点校》,云南教育出版社 2001 年版,第 2278 页。

所述梁启超的“趣味”是仅仅就他对美育所做的具体论述来进行阐释的。

具体来看，梁启超趣味教育思想在美育与艺术教育上的体现，主要包括以下三个方面：

第一，就审美生活作为“趣味”的欲求、发动、机缘、进化、强化、此岸、彼岸等方面来进行审美教育价值论的陈述，而上述诸方面所侧重的无疑都可以归结为审美生活的意义与价值的产生与提高的过程，其实也就是审美生活的教育性，或者说是美育活动的意义及其呈现的时间性状态。可以说，在梁启超题为《美术与生活》的演讲中，其语言流溢着“趣味”的开始、终结、流畅、机缘等时间性色彩，也充满了人生的肯定、积极与活跃。

关于“趣味”的“发动”，他说：“只要你在一刹那间领略出来，可以把一天的疲劳忽然恢复，把多少时的烦恼丢在九霄云外。倘若能把这些影像印在脑里头，令他不时复现，每复现一回，亦可以发生与初次领略时同等或仅较差的效用。”①

关于“趣味”选择上的“彼岸”还是“此岸”，他说：“肉体上的生活，虽然被现实的环境捆死了，精神上的生活，却常常对于环境宣告独立。或想到将来希望如何如何，或想到别个世界，例如文学家的桃源，哲学家的乌托邦，宗教学的天堂、净土如何如何，忽然间超越现实界闯入理想界去，便是那人的自由天地。我们欲求趣味，这又是一条路。”②

关于“趣味”的“机缘”，他说，“因各人感觉机关用得熟与不熟，以及外界帮助引起的机会有无多少，于是趣味享用之程度，生出无量差别。感觉器官敏则趣味增，感觉器官钝则趣味减；诱发机缘多则趣味强，诱发机缘少则趣味弱”③。

梁启超认为审美教育在学校中一定要普及，其原因就在于必须通过

---

① 吴松等点校:《饮冰室文集点校》,云南教育出版社 2001 年版,第 3327 页。
② 吴松等点校:《饮冰室文集点校》,云南教育出版社 2001 年版,第 3328 页。
③ 吴松等点校:《饮冰室文集点校》,云南教育出版社 2001 年版,第 3328 页。

“美术家”来提升民众的“趣味”。他说，“若就美术家自身说，他们的趣味生活，自然更与众不同了。他们的美感，比我们锐敏若干倍，如《牡丹亭》说的‘我常一生儿爱好是天然’。我们领略不着的趣味，他们都能领略，领略够了，终把些唾余分赠我们。分赠了我们，他们自己并没有一毫破费，正如老子说的：‘既以为人，己愈有；既以与人，己愈多。’假使‘人生生活于趣味’这句话不错，他们的生活真是理想生活了”①。

第二，梁启超把“人类生活”作为“审美生活”存在的“场所”，当然，这一在“空间性”意义上的“场所”是“时间性”的——也就是“趣味”或者审美生活的不得不兴发，或者说“趣味”与审美生活必须产生与存在，人生才是完满的。他说：

> 但我确信“美”是人类生活一要素——或者还是各种要素中之最要者，倘若在生活全内容中，把“美”的成分抽出，恐怕便活得不自在，甚至活不成。中国向来非不讲美术——而且还有很好的美术，但据多数人见解，总以为美术是一种奢侈品，从不肯和布帛菽粟一样看待，认为生活必需品之一。我觉得中国人生活之不能向上，大半由此。②

接下来，梁启超更加鲜明地把“审美生活”的“意义”与“价值”毫不含糊地一气点出，正是人类生活所追求的“幸福”与“快乐”——梁启超称为“趣味”，才成为“美”之“始”或者“审美生活”之“始”，如果没有这样一个“价值”与“意义”的“趣味”存在的话，那么，审美生活就失去了存在之“始”，正是“趣味”（幸福与快乐）成为“审美生活”得以持续与绵延的唯一“动力”。他说道：

---

① 吴松等点校：《饮冰室文集点校》，云南教育出版社 2001 年版，第 3329 页。
② 吴松等点校：《饮冰室文集点校》，云南教育出版社 2001 年版，第 3327 页。

问人类生活于什么？我便一点不迟疑答道："生活于趣味。"这句话虽然不敢说把生活全内容包举无遗，最少也算把生活根芽道出。人若活得无趣，恐怕不活著还好些，而且勉强活也活不下去。人怎样会活得无趣呢？第一种，我叫他做石缝的生活：挤得紧紧的，没有丝毫开拓余地，又好像披枷带锁，永远走不出监牢一步。第二种，我叫他做沙漠的生活：干透了，没有一毫润泽，板死了，没有一毫变化，又好像蜡人一般，没有一点血色，又好像一株枯树，庾子山说的"此树婆娑，生意尽矣"。这种生活是否还能叫做生活，实属一个问题。所以，我虽不敢说趣味便是生活，然而敢说没趣便不成生活。①

在上述文字中，梁启超只是发问——人"为什么"活着？而"活着"正是一个"时间性"的"过程"，是"趣味"使得"生活"得以"延续"，而且"值得"延续，而且梁启超使用了一个绝妙的比喻——"根芽"，"根"与"芽"是"活着"的时间性"动力"，而且是根本性的、原初的"动力"；如果没有"趣味"作为生活的"根芽"，那么日常生活就会是挤得紧紧的"石缝的生活"，就会是干透了、板死了的"沙漠的生活"。因而，这种"生活"虽然还叫作"生活"，但是正如梁启超所言，这种"生活"的"生意"已然"尽矣"！"尽矣"正是：其一，"生活"的时间性过程根本无从产生，因为这样的生活根本不值得拥有；其二，即使拥有了这种"无趣"的"生活"也想尽快结束其时间性过程。

梁启超所言由"趣味"引发的、在生活"之中"的"审美生活"对美育理论知识体系有着重大的意义，因为其所关涉的正是美育理论研究对象这一基本问题。对于美育理论学科而言，研究对象的确立是其知识体系能够合乎逻辑地生产的首要的，也是唯一的前提。在进行美育理论

① 吴松等点校：《饮冰室文集点校》，云南教育出版社2001年版，第3327页。

研究之始，其研究对象就应该是已经先行道明并得到界定的东西，而且这一对象应该开显出在美育理论研究之先所显示出的那种现实，即始终保持着原初的存在方式，不受任何预设前提的教条所影响，不受任何既有观念的加工，即如现象学观念所追求的——“将我们所探究的实事本身纳入一种源初的经验之中”①。然后从这一对象的存在方式中自然而然地生长出特定的概念构造。

在梁启超看来，首先，这一对象的首要的存在方式就是在“生活之中”，即审美主体在“生活”“之中”滋生对“趣味”的主动“需要”与“期待”，而后对“趣味”的“需要”与“期待”才有可能实现而且贯穿于具体的审美生活的过程之中。

第三，梁启超对“人生”与“生活”中的“主体”与“客体”的关系作了陈述，而且这一陈述贯穿在他的整个美学与哲学思想之中，这种关系便是“主客不分”：

> 人类从心界、物界两方面调合而成的生活，叫做“人生”。我们悬一种理想来完成这种生活，叫做“人生观”。（物界包含自己的肉体及己身以外的人类，乃至己身所属之社会等等）。②

对于“科学”而言，却是“主客二分”的。梁启超看来，科学就是“根据经验的事实分析综合，求出一个近真的公例，以推论同类事物”③的学问，此“公例”就是离却“主体”生活与人生的个别性能够独立存在的“客观”的“真理”。

海德格尔在《时间概念史导论》一书中说：

---

① [德]海德格尔：《时间概念史导论》，商务印书馆2009年版，第6页。

② 吴松等点校：《饮冰室文集点校》，云南教育出版社2001年版，第3288页。

③ 吴松等点校：《饮冰室文集点校》，云南教育出版社2001年版，第3288页。

> 毋宁说，之中－在是此在命定的存在枢机，这一存在者的一切存在方式都植根于这一存在枢机之中。之中－在不是某种仅仅额外地附加在这样的存在者之上的东西：就好像在不具备这样的存在枢机的情况下，这一存在者也是一种此在；就好像所有的作为此在的此在所一直处于其中的那个世界在某个时候才开始加派给了这个此在，或者相反，此在这一存在者才开始加派给了世界，而后此在才有可能承当一种与世界的“联系”。唯当此在在它所秉有的寓于某物之存在的基础上已然就是在－世界－中－存在，它才有可能在根本上承当这样的一种与世界的联系。①

因而，梁启超在此把“美”或者“审美生活”植根于“生活”中对“趣味”（能够引发快乐与幸福的注意力）的追求，正是把握住了美学研究对象的原貌，即美学研究的对象不仅是“审美生活”，而且是植根于“生活之中”的有意义、有价值的“趣味生活”。

“审美生活”在构成上不仅是一个“整体”，具有自明性的完整、鲜活和快乐的特性，而且，其构成的“状态”到底如何？其构成整体的“相关项”到底是哪些？其“相关项”之间呈现何种关系？那么，接下来，对于“人生”“生活”或“生活世界”的追问，所遵循的思路必然会在“主体与客体”“主观与客观”“主体与主体”之间的构成关系上展开，舍此别无他途。但是要使其审美的生活能够得以清晰地浮现，就必须在这里首先解决这些基本要素的构成形态何以不同于科学活动、道德活动、宗教活动的本质特性。

既然“趣味”对于人生而言如此重要，所以，梁启超认为学校与教育就要承担两件大事，他说：“今日的中国，一方面要多出些供给美术的美术家，一方面要普及养成享用美术的美术人。这两件事都是美术专门学校的责任，然而该怎样的督促赞助美术专门学校，叫他完成这责任，

① ［德］海德格尔：《时间概念史导论》，商务印书馆2009年版，第216页。

又是教育界乃至一般市民的责任。”[1] 并且，梁启超从这里开始了对中西文化、哲学、学术、教育的思考、评价与对比。

## 三、美育无关科学，在乎“传习”——儒家乐教之优长

中国古典文化历史悠久，辉煌灿烂，自成系统，但是其弱点也是明显的，比如科学的不发达就是典型体现之一。中国近现代以来，西方发达的科学文化输入中国，这对中国文化是个福音，接纳科学的启蒙是极为必要，也是极为迫切的。但是在中国的审美活动以及人文学科（比如美学）上，其情势与构造就要复杂得多，完全不可能发生像科学那样——由西方完全强势地、单向地输入中国的状况，就其原因就在于中国传统文化作为一种主客不分离的文化形态，与西方主客二分的文化相比，其优势就在于其主客不分离的区域上，这具体表现在独特的现世性的道德哲学、审美哲学以及相对更丰富的审美文化上，而且道德与审美往往交织、交融为一体——最为典型的体现就是儒家的礼乐教化活动。因此，哪些西方的审美文化与美学是我国传统所缺乏的？哪些是我国的独有的优良传统？这两个基本的问题是极为现实，也是极为合理的。

但是，就事实而言，一方面西方科学文化在积极地影响中国的科学文化、科学教育，另一方面，西方科学作为西方整体文化——主客二分文化的一种态度，其影响的不仅仅是科学本身，而是往往由于在主客之间的剧烈摇摆，还影响及其他领域，尤其是主客不分离的领域。当然，西方文化的其他相对割裂的、二元对立的方式与态度也会对中国近现代文化产生影响，例如，就对美学、美育理论的主要影响而言，科学主义美学（或者说反映论美学）、主体性美学（以康德美学为代表）就是如此。这两种美学都不完全适用于主客不分离的审美领域，其中最为严重的影响就是对这一领域进行曲解、歪曲，导致美学研究对象的迷失、错位，就会导致无法从合适的对象里滋生出适宜的逻辑。科学主义美学只

① 吴松等点校:《饮冰室文集点校》,云南教育出版社 2001 年版,第 3329 页。

是追求艺术对现实的真实反映的结果，而不尊重审美主体对审美对象的欣赏或者审美过程——其实也就是消弭审美生活或者审美活动自身的时间特性，所以往往尤为重视现实主义文艺，而且认定在艺术教育中可以进行精确的教育、测试与评定。这正是梁启超此论的起点。

就整体而言，梁启超在确立“人生”“生活”尤其是“审美生活”的构成在于——主客不分离的基础上，对审美、宗教、道德、科学这四种人类价值形态进行了对比，从而对我国美育传统——尤其是儒家的礼乐教化传统——注重躬行、兴发性的、原生的传习式教育，进行了全新的、深刻的时间性阐释，并对西方文化、哲学、教育传统进行了精彩的比较。

### （一）西方文化的主客二分及其时间性缺失

从梁启超著作中涉及的西方哲学家以及哲学思想来看，上至古希腊哲学的柏拉图、亚里士多德，下至西方现代哲学的柏格森、詹姆士等等，主要是在唯物主义与唯心主义之间展开的哲学史。梁启超认为西方哲学要么过于偏向主观，要么过于偏向客观，在形而上学的角度当然取得了伟大的成就，为中国哲学所不及，但是，与中国传统哲学关于“人生”“生活”的阐发相比，在主体、客体之间的兼容、并存与互融方面，大逊其色。

梁启超曾著《非唯》一文，其中对“唯”字大为不满：“近来学界最时髦的话头是‘唯……主义’‘唯……主义’等。这种话头……最近欧学输入，名目越发多了。最著者如‘唯物史观’‘唯心哲学’，乃至‘唯用’‘唯感’‘唯美’‘唯实’‘唯乐’等等，标名新颖，立说精奇，很替学界增许多光焰。”[①] 其好处在于——“可以免思想笼统的毛病”“令思想归边，专从这一边研究”“一天一天的鞭辟近里，有许多新发明”“旗帜鲜明，于传播学说最利便，而且有力”[②]，“除却自然科学不计

① 吴松等点校：《饮冰室文集点校》，云南教育出版社 2001 年，第 3302 页。
② 吴松等点校：《饮冰室文集点校》，云南教育出版社 2001 年，第 3302 页。

外。专就人生的学问讲——我以为，人生是最复杂的，最矛盾的，真理即在复杂矛盾的中间。换句话说，真理是不能用‘唯’字表现的，凡讲‘唯什么’的，都不是真理”[①]。也就是说，对“人生”“生活”层面的把握非“唯物”“唯心”这种“非此即彼”的思维方式所能胜任。

主体与客体、主观与客观之间的关系，若在客体、客观一维着重发挥，则科学发达，但是其弊在于对情感世界与人生的忽视，以此来分析人生与情感就会割裂、干枯，把生命现象导致为沉寂的无机界；若在主体、主观一维着重发挥，则灵魂之说发达，但是其弊端在于把人生与情感世界导向远离人世的天国、天堂，也会在根本上取消人生。梁启超对于西方世界与文化内在病症的分析就集中在以下两个维度：

在第一个维度，“主客二分”并最终剩下客观，主观被排除了。对于人类的生活与存在来说，当然必需的，但是其界限与条件在哪里？梁启超说得很清楚，那就是“自然科学”，自然科学研究所追求的是最终的、抽象的、冷冰冰的命题、原理、规律，虽经主体的努力，但是其结果容不得半点主观的好恶。

对于西方自古希腊以来的哲学，梁启超如此总结——“空洞”“幼稚”乃至于“望尘莫及”——“欧西则自希腊以来，即研究他们所谓的形而上学，一天到晚，只在那里高谈宇宙原理，凭空冥索，终少归宿到人生这一点。苏格拉底号称西方的孔子，很想从人生这一方面做工夫。但所得也十分幼稚。他的弟子柏拉图，更不晓得循着这条路去发挥，至全弃其师传，而复研究其所谓天之道。亚里士多德出，于是又反趋于科学。后人有谓道源于亚里士多德的话，其实他也不过仅于科学方面有所创发，离人生毕竟还远得很。迨后斯端一派，大概可与中国的墨子相当，对于儒家，仍是望尘莫及”[②]。

所以，他谦虚地总结，“我把我极粗浅、极凡庸的意见总括起来，

---

① 吴松等点校:《饮冰室文集点校》,云南教育出版社 2001 年,第 3302 页。

② 吴松等点校:《饮冰室文集点校》,云南教育出版社 2001 年版,第 3343—3344 页。

是："人生关涉理智方面的事项，绝对要用科学方法来解决；关涉情感方面的事项，绝对的超科学'"[①]。

在第二个维度，过于执着于主观与主体，不但不能匡救科学之弊端，反而会走向无"现在性时间"根基的"未来"。在此，梁启超开始把"人生"的价值、意义、构造等落实在"时间"，更准确地说是在"时间性"之上。

执着于"未来"，那么包括"上帝"在内的绝对形而上精神就只能处以"存而不论"的态度。梁启超说："到底宇宙有圆满之期没有，到底进化有终止的一天没有？仍是人类生活的大悬案，这场官司从来没有解决，因为没有这类的裁判官。据孔子的眼光看来，这是六合以外的事，应该'存而不论'。此种问题，和'上帝之有无'是一样不容易解决的。我们不是超人，所以不能解决超人的问题。人不能自举其身，我们又何能拿人生以外的问题。来解决人生的问题？人生是宇宙的小段片，孔子不讲超人的人生，只从小段片里讲人生。"[②]

那么，"人生"所应做的就体现在有限的"现在"。梁启超说："一人想包做一切事，是不可能的，不过从全体中，抽出几万万分之一点做做而已。但这如何能算是成功？若就时间论，一人所做的一段片，正如'抽刀断水水更流'，也不得叫做成功。"[③]

梁启超对于这一偏于主观的西方哲学如此总结："一到中世纪，欧洲全部统成了宗教化。残酷的罗马与日耳曼人，悉受了宗教的感化，而渐进于迷信。宗教方面，本来主情意的居多，但是纯以客观的上帝来解决人生，终竟离题尚远。"[④]

而且，西方文化发展中尤为严重的弊端还在于——始终摇摆在主体与客体、主观与客观的偏执之间：

---

① 吴松等点校：《饮冰室文集点校》，云南教育出版社2001年版，第3290页。
② 吴松等点校：《饮冰室文集点校》，云南教育出版社2001年版，第3308页。
③ 吴松等点校：《饮冰室文集点校》，云南教育出版社2001年版，第3309页。
④ 吴松等点校：《饮冰室文集点校》，云南教育出版社2001年版，第3344页。

盖中世纪时，人心还能依赖着宗教过活，及乎今日，科学昌明，赖以醉麻人生的宗教，完全失去了根据。人类本从下等动物蜕化而来，那里有什么上帝创造？宇宙一切现象，不过是物质和他的运动，还有什么灵魂？来世的天堂，既不可凭，眼前的利害，复日相肉搏，怀疑失望，都由之而起，真正是他们所谓的世纪末了。①

而且：

后来再一个大反动，便是“文艺复兴”，遂一变主情主意之宗教，而代以理智。近代康德之讲范畴，范围更过于严谨，好像我们的临“九官格”一般。所以，他们这些，都可说是没有走到人生的大道上去。直至詹姆士、柏格森、倭铿等出，才感觉到非改走别的路不可，很努力地从体验人生上做去，也算是把从前机械的唯物的人生观，拨开几重云雾。但是真果拿来与我们儒家相比，我可以说仍然幼稚。②

因而，梁启超发出这样的哀叹绝非偶然——“枯燥”“可怜”“疲敝”——“以上我等看西洋人何等可怜！肉搏于这种机械唯物的枯燥生活当中，真可说是始终未闻大道。我们不应当导他们于我们祖宗这一条路上去吗？以下便略讲我们祖宗的精神所在。我们看看是否可以终身受用不尽，并可以救他们西人物质生活之疲敝?”③

### （二）美育在乎“传习”

虽然梁启超在对西方文化的评价中，并没有直接从教育入手，但是其与教育以及美育的关系，不仅不存在一步之遥，而是一脉贯通的，或

① 吴松等点校：《饮冰室文集点校》，云南教育出版社 2001 年版，第 3344 页。
② 吴松等点校：《饮冰室文集点校》，云南教育出版社 2001 年版，第 3344 页。
③ 吴松等点校：《饮冰室文集点校》，云南教育出版社 2001 年版，第 3344 页。

者是自然而然地包含了对于教育以及美育活动的态度，因为任何文化形态之中的教育都是由宏观的文化观念所设定的，比如在论及欧洲中世纪教育文化时，梁启超就指出——“欧洲中世以前，教育学问之权，皆为教会所垄断。罗马教皇备极专制，即耶稣经典，亦不许人读，他可知矣。其时哲学惟有所谓士哥拉学派者，亦经由教士所传授。当时国民教育之义未兴，所有公众教育事业，皆在教会之手，欲求学者舍教会几无所得途径。此实束缚思想之根由也”①。尤其是在对中国传统文化的论述中，梁启超更多地从教育、教化、礼乐教化入手，以阐明中西文化的上述主要差异，因而，美育思想就是其中内在的组成部分。总的来看，梁启超认为，科学与审美的差异既是意义与价值的差异，也是作为一种人类活动在存在状态、构成的差异，尤其是在主客之间构成状态上的差异。

在“自然科学”之外的“人生”就不能简单地以“唯物”还是“唯心”来做简单、武断的判断了。梁启超说：“总而言之，西方人讲他的形而上学，我们承认有他的独到之处。换一方面，讲客观的科学，也非我们所能及。不过最奇怪的是，他们讲人生也用这种方法，结果真弄到个莫明其妙。”② “主客二分”既必须，又必须划定自己的疆域。

在“人生”方面，科学就必须止步。“人生问题，有大部分是可以——而且必要用科学方法来解决的，却有一小部分——或者还是最重要的部分，是超科学的。”③

而且，梁启超更是风趣地指出，“审美”与“谈恋爱”一样，属于情感范围，无法用科学来解决：“人类生活……极重要一部分，——或者可以说是生活的原动力，就是‘情感’。情感表出来的方向很多，内中最少有两件的的确确带有神秘性的，就是‘爱’和‘美’。‘科学帝国’的版图和威权无论扩大到什么程度，这位‘爱先生’和那位‘美先生’依

---

① 夏晓虹辑：《〈饮冰室合集〉集外文》上册，北京大学出版社 2005 年版，第 86 页。

② 吴松等点校：《饮冰室文集点校》，云南教育出版社 2001 年版，第 3344 页。

③ 吴松等点校：《饮冰室文集点校》，云南教育出版社 2001 年版，第 3288 页。

然永远保持他们那种‘上不臣天子，下不友诸侯’的身份。请你科学家把‘美’来分析研究罢，什么线，什么光，什么韵，什么调……任凭你说得如何文理密察，可有一点儿搔着痒处吗？至于‘爱’那更‘玄之又玄’了。假令有两位青年男女相约为‘科学的恋爱’，岂不令人喷饭！又何止两性之爱呢？”①

梁启超在论及研习国学应走的两条大路时，指出了“科学的方式”与“内省的和躬行的方式”的区分，他说：“一、文献的学问。应该用客观的科学方法去研究。二、德性的学问。应该用内省和躬行的方法去研究。”②

在科学活动之中，主体与所研究的对象之间是一种“求真”“谨严”的关系。他说：“凡研究一种客观的事实，须先要知道他‘的确是如此’，才能判断他为什么如此。文献部分的学问，多属过去陈迹，以讹传讹，失其真相者甚多。我们总要用很谨严的态度，仔细别择，把许多伪书和伪事剔去，把前人的误解修正，才可以看出真面目来。这种工作，前清‘乾嘉诸老’也曾努力做过一番，有名的清学正统派之考证学便是。”③这要求科学研究者必须始终保持着谨严、冷静、客观、中立的态度，来对待自身所研究的对象，也可以说，不管在科学研究的过程中充满了怎样的热情、冲动、梦想、郁闷、沮丧等等主观情绪，都不应该影响及上述态度。

而且，科学研究所要追求的目标是“科学所推寻之公例乃是：（一）在某种条件之下，会发生某种现象。（二）欲变更某种现象，当用某种条件；笼统普遍的断案，无论其不能，即能，亦断非科学之所许”④。这里所说的“公例”意味着科学研究所要最终达到的科学结论、定律、规律、命题、概念、范畴等等，“公”的含义就是完全排除主观性、个性化，因为上述

---

① 吴松等点校：《饮冰室文集点校》，云南教育出版社 2001 年版，第 3289 页。

② 吴松等点校：《饮冰室文集点校》，云南教育出版社 2001 年版，第 3341 页。

③ 吴松等点校：《饮冰室文集点校》，云南教育出版社 2001 年版，第 3342 页。

④ 吴松等点校：《饮冰室文集点校》，云南教育出版社 2001 年版，第 3288 页。

各种对象或者因素的特性正是绝对客观、普遍的，因此，科学研究者在科研活动中要保持的态度与其所研究的对象特性完全是一致的。

科学活动自身作为一种意向性活动，其自身当然是一种时间性的过程，但是在这一过程中，要始终保持对象的中立、不变形、客观，自此而言，其对象就是完全没有时间性或者时间特性的。

但是对于主客不能分离的生活世界以及审美生活来说，与科学活动有着根本的差异，比如，梁启超说，“人生观的统一，非惟不可能，而且不必要；非惟不必要，而且有害。要把人生观统一，结果岂不是‘别黑白而定一尊’，不许异己者跳梁反侧。除非中世的基督教徒才有这种谬见，似乎不应该出于科学家之口。至于用科学来统一人生观，我更不相信有这回事。别的且不说，在君说：‘世界上的玄学家一天没有死完，自然一天人生观不能统一。’我倒要问，万能的科学，有没有方法令世界上的玄学家死完？如其不能，即此已可见科学功能是该有限制了”①。其中的原因就在于“人生”或者“生活”的意义与价值完全是体现在主客之间不仅不能够分离，而且客体或者对象的变化就会导致“人生”或者“生活”整体面貌的改变，导致其意义与价值的改观、歪曲、丧失。因而，梁启超说：

人生关涉理智方面的事项，绝对要用科学方法来解决；关涉情感方面的事项，绝对的超科学。②

就梁启超对科学与审美之间的整体比较开看，他认为美育活动一如“人生”或者“生活”一样，不仅在其构成上是主客不可能分离的，而且在时间性必然表现为两个维度：第一，美育活动是一种涌现的、兴发的、前理论的、原生的、提高性的感官愉悦活动；第二，在此美育活动

---

① 吴松等点校：《饮冰室文集点校》，云南教育出版社 2001 年版，第 3289 页。
② 吴松等点校：《饮冰室文集点校》，云南教育出版社 2001 年版，第 3290 页。

中，主体始终一指向对象，且主体的愉悦奠基于特定的对象之上。那么，这种“内省”“躬行”的活动状态就完全不同于科学活动之中的“客观”“谨严”状态，这正是梁启超美育思想一再高扬我国古典儒家礼乐教化传统的原因之一，而且，名之为“传习”才是比较中肯与成熟的。

在梁启超看来，儒家思想中的人生是一个主客不分离的，且注重自我更新的、涌现的过程，而且，这一涌现的过程决不神秘、抽象，而是在个体身上活生生地、直观地呈现出来的，他说：

> 宇宙绝不是另外一件东西，乃是人生的活动。故宇宙的进化，全基于人类努力的创造。所以《易经》曰：“天行健，君子以自强不息。”又看得宇宙永无圆满之时，故《易》卦六十四，始“乾”而以“未济”终。盖宇宙“既济”，则乾坤已息，还复有何人类？吾人在此未圆满的宇宙中，只有努力的向前创造。这一点，柏格森所见的，也很与儒家相近。他说，宇宙一切现象，乃是意识流转所构成，方生已灭，方灭已生，生灭相衔，方成进化。这些生灭，都是人类自由意识发动的结果。所以人类日日创造，日日进化。这意识流转，就唤作精神生活，是要从内省直觉得来的。他们既知道变化流转就是宇宙真相，又知道变化流转之权，操之在我，所以孔子曰：“人能弘道，非道弘人。”儒家既看清了以上各点，所以他的人生观，十分美渥，生趣盎然，人生在此不尽的宇宙当中，不过是蜉蝣朝露一般，向前做得一点是一点，既不望其成功，苦乐遂不系于目的物，完全在我，真所谓“无入而不自得”。①

究其根源，儒家思想中的道德活动与审美活动在很多情况下是完全一体的，比如礼乐教化的传统，其中“礼”正是“仁”的具体呈现与践履，而且在根本上又因为“仁”的最根本的源泉在于“亲子之爱”——

① 吴松等点校：《饮冰室文集点校》，云南教育出版社2001年版，第3345页。

人世间唯一最自然、最本能、最纯粹、最真诚的愉悦性的情感，从“礼”的源泉及其实现的过程来看，其本身就是愉悦的、美的。在此基础上，“礼”可以与“乐”内在地交织、交融在一起，成为一个统整性的礼乐教化活动。自此而言，儒家的思想就是富有诗意的，而且这一诗意绝不是在比喻、象征意义上的，而是诗与乐实实在在地参与了道德教育过程。梁启超说：“儒家从这一方面看得至深且切，而又能躬行实践，‘无终食之间违仁’，这种精神，影响于国民性者至大。即此一分家业，我可以说真是全世界唯一无二的至宝。这绝不是用科学的方法可以研究得来的，要用内省的工夫，实行体验。体验而后，再为躬行实践，养成了这副美妙的仁的人生观，生趣盎然的向前进。”①

梁启超对儒家的礼乐教化思想的评价不是笼统针对整个儒家思想史而言的，而是更多地褒扬孔子等原始儒家，认为他们的人生观、教育观才是真正诗意的。而自汉及今，这一诗意的传统日益流失、萎靡、走样，他说：“无论研究什么学问，管许是兴致勃勃。孔子曰：‘仁者不忧’，就是这个道理。不幸汉以后，这种精神便无人继续的弘发，人生观也渐趋于机械。八股制兴，孔子的真面目日失。后人日称‘寻孔颜乐处’，究竟孔颜乐处在那里？还是莫明其妙。我们既然诵法孔子，应该好好保存这分家私——美妙的人生观——才不愧是圣人之徒啊！”②

梁启超对以孔子为代表儒家美育的“传习”之说加以褒扬之外，他最为推崇的是颜李学派。梁启超曾极为简要地介绍颜元的生平、治学经历以及其主要见解。他说：“他早年曾习道家言，其后又学王阳明学，又学程朱学。每学一家，都费过一番刻苦工夫。到三十八岁时候，觉得从前所学都不对，渐渐的对于汉以后二千年所有学问都怀疑起来。结果遂用极猛烈的革命态度攻击它们，而自建设一新学派。但他这新学派的根本精神是‘不要说，只要做’，所以，他既不讲学，又不著书。现在我们

① 吴松等点校:《饮冰室文集点校》,云南教育出版社 2001 年版,第 3346 页。

② 吴松等点校:《饮冰室文集点校》,云南教育出版社 2001 年版,第 3346 页。

想从书本上研究他的学说，很感觉材料缺乏。”① 在这里所说的“不要说”之“说”指的是在道德与审美领域之内，其价值与意义都应该体现为兴发的、涌动的、主客不可分离的、愉悦的时间过程，这些道德行为与审美行为虽然可以用语言加以表达，比如我说这朵花很美，这部小说很好看，这一行为很好等等，但是这只是在事后所进行的表达而已。那个曾经兴发的、涌现的审美行为与道德行为已然成为过去，如果让其再现或者重现，那只能等待下一个机缘或者时机，但是即便这样的时机与机缘会出现，完全一样的审美行为与道德行为是不会重现的。

在这个意义上，梁启超把颜李学派称为“两千年思想界之大革命者”，他说：

> 汉以后所谓学问者，其主要潮流不外两支，其一，记诵古典而加以注释或考证，谓之汉学。其二，从道家言及佛经一转手，高谈心性等哲理，谓之宋学。宋学复分程朱与陆王两派。陆王派亦谓之“心学”，主张体认得“良知本体”，便可以做圣人。程朱派则说要读书以格物穷理。而两派共同之点，则在以静坐收心工夫为入手。明中叶以后，陆王派极盛，清康熙间却渐衰了，而程朱派之代兴，从皇帝、宰相以至全国八股先生们都崇尚他。同时，汉学家也渐渐抬起头来，打着博闻好古的旗号，和宋学两派对抗。颜李时代学界的分野大略如此。颜李对于这些学派，不独无所左右袒，而且下极大胆的判语，说他们都不是学问。所以颜李不独是清儒中很特别的人，实在是二千年思想界之大革命者。②

以上梁启超对颜李学派的褒扬正基于“传习”，他还认为这是颜元的学术全部精神所在，比如颜元曾说：“自验无事时种种杂念，皆属生平闻

① 吴松等点校：《饮冰室文集点校》，云南教育出版社 2001 年版，第 3113 页。

② 吴松等点校：《饮冰室文集点校》，云南教育出版社 2001 年版，第 3113 页。

见言事境物，可见有生后皆因习作主。”[1] 还说：“心上想过，口上讲过，书上见过，都不得力，临事依旧，是所习者出来。”[2] 对于儒家的礼乐教化，颜元更是显得不惜笔墨，他说：“譬如欲知礼，任读几百遍礼书，讲问几十次，思辨几十层，总不算知，直须跪拜周旋，亲下手一番，方知礼是如此。譬如欲知乐，任读乐谱几百遍，讲问思辨几十层，总不能知，直须搏拊击吹，口歌身舞，亲下手一番，方知乐是如此。是谓‘物格而后知至’。……格即‘手格猛兽’之格。……且如这冠，虽三代圣人，不知何朝之冠也，虽从闻见而知为某种之冠，亦不知皮之如何暖也。必手取而加诸首，乃知如此取暖。如这菔蔬，虽上智老圃，不知为可食之物也，虽从形色料为可食之物，亦不知味之如何辛也。必箸取而纳之口，乃知如此味辛。故曰，手格其物而后知至。”[3]

可见，中国古代文化的美学与伦理学大都不是一种纯粹的事后分析之作，而是要激发起、兴发起审美行为，提高审美能力，并在持续兴发的、涌现的审美行为中不断实现自我更新，但是，这些原发性的审美行为不是像科学研究的结果那样必定是纯粹客观的、抽象的、普遍的，因而，也就不是可以进行定量测试、衡量、定级的。梁启超在此的确独具慧眼，窥得美育活动之根本枢机。

## 第二节　美育活动中的悦乐精神与“现在感”

梁启超认为，中国古典美育活动尤其是礼乐教化传统最为典型的特征之一就是生存于“现在”的或者“现世”的悦乐精神，这既是中国传统审美文化或者艺术文化上的体现，也是儒家道德教育与审美教育完全融合的结果。

---

① 载吴松等点校:《饮冰室文集点校》,云南教育出版社 2001 年版,第 3114 页。
② 载吴松等点校:《饮冰室文集点校》,云南教育出版社 2001 年版,第 3114 页。
③ 载吴松等点校:《饮冰室文集点校》,云南教育出版社 2001 年版,第 3114 页。

与上一节所说审美活动的时间性相联系，在对“主客之间”关系的陈述上，可以依赖的唯一的基点与尺度只能来自于对其呈现状态的描述，这一状态就是“时间性”，即某一感受过程的绵延，而绵延产生于主体对于客体构造特性之间的“意向性”。否则，由“主客之间”所产生的诸多描述，诸如“主客观统一”“主客观融合”等，就只能停留在看似玄妙其实模糊的层面。在众多的美育活动的时间性因素之中，最为根本的就是对待美育活动的态度，而这一态度又取决于如何对待审美、艺术或者感官享受。如果执着于绝对的主观，执着于宗教信仰，那就会否定审美、艺术及感官享受，此谓面向彼岸世界的消极人生观；如果执着于绝对的客观，以科学精神统治一切，那也会销蚀审美、艺术及感官享乐；如果只是执着于现世的享乐，那就会对审美、艺术与感官享受持肯定的、积极的态度，尤其是强调人生的现在感、此岸感。可见，时间性之中的此岸与彼岸既是最基本、最主要的人生观形态，也是进行中西文化比较最为重要的尺度之一。

从梁启超的著述来看，较为完整地提及“人生”与“时间”的关联是在对康德哲学的转述中，他说：“此专就感觉之属于外物者言也。此外复有所谓内心之感觉者，如苦也，乐也，思索也，决断也。以何因缘，能联续此等感觉，使有先后而不相离？于是乎吾人智慧之作用必有赖于‘时间’。‘时间’者，实使我智慧能把持诸感觉，而入之于永劫之中者也。”[①] 在此，梁启超明确地把“时间”归之于“感觉”，而不是在“客观时间”上停步，在此出现的“时间”实际上是“时间性”——主观心理或者意识活动所带有一般性的“时间”所具有的“特性”。

## 一、宗教的中的“时间性”问题

就梁启超对“时间性”的深思来看，他是从宗教研究开始的。宗教是梁启超学术研究的重点，尤其是对于佛教的研究。从宗教的角度，他

① 吴松等点校:《饮冰室文集点校》,云南教育出版社 2001 年版,第 440 页。

也着重从“时间性”的角度来展开研究的视野，涉及中国社会与国民人格在未来如何建构等重大问题。这正应了海德格尔所说的那句话，“神学家都是最地地道道的、当仁不让的时间学者”①。

宗教的产生可谓原因多多，至少在“时间性”的角度，我认为，是与对“未来”的恐惧相关联的。世上大多宗教的基本世界观是禁欲主义的，“欲”则是因为对“现在”的不满足而永远指向“未来”的。

即如基督教而言，其最根本的禁欲主义世界观就是，“现在”之“欲”无所得偿，因而必禁；在现世的彼岸设立一个永恒的、美好的天国，用以寄托对于未来的期冀。梁启超自己也认识到了这一点，“虽然，景教有最精最要之一言焉，曰：三位一体。三位者，此译圣父、圣子、圣灵。圣父谓上帝，圣子谓景尊，圣灵即精神，通于帝与尊与一切人类之间者也。以拓都体言之则曰圣灵，以么匿体言之则曰灵魂。灵魂何以能不死？以其通于帝也。故景教言人类之躯壳为第二生命”②。

梁启超却认为，宗教可以给人以“希望”的勇气，原来他最钟情的是佛教。他说：“无宗教思想则无希望。希望者人道之粮也。人莫不有两境界：一曰现在界，二日未来界。现在界属于实事，未来界属于希望。人必常有一希望焉，悬诸心目中，然后能发动其勇气而驱策之，以任一切之事。虽然，有一物焉，常与希望相缘，而最为希望之蠹者，曰‘失望’。当希望时其气盛数倍者，至失望时其气沮亦数倍，故有形之希望，希望中之颇危险者也，若宗教则无形之希望也。……故曰无宗教思想，则无希望。”③ 在他看来，原因就在于：“无宗教思想则无解脱。人之所以不能成大业者，大率由为外境界之所束缚也。声焉，色焉，货利焉，妻孥焉，名誉焉，在在皆可沾恋。一有沾恋，则每遇一事之来也，虽认为责任之所不容诿，而于彼乎于此乎一一计度之。而曰如此且不利于吾

---

① [德]海德格尔：《海德格尔选集》上册，上海三联书店 1996 年版，第 7 页。

② 吴松等点校：《饮冰室文集点校》，云南教育出版社 2001 年版，第 2228 页。

③ 吴松等点校：《饮冰室文集点校》，云南教育出版社 2001 年版，第 1340 页。

名誉，则任事之心减三四焉矣；而曰如此且不利于吾身家，则任事之心减六七焉矣；而曰如此且不利于吾性命，则任事之心减八九焉矣。此所以知非艰而行惟艰也。宗教者，导人以解脱者也。此器世间者，业障之所成耳；此顽躯壳者，四大之所合耳；身且非我有，而身外之种种幻象，更何留恋焉？得此法门，则自在游行，无挂无碍，舍身救世，直行所无事矣。而不然者，虽日日强节之，而临事犹不能收其效也。故曰无宗教思想，则无解脱。"①

之所以较钟情于佛教，是因为："佛教之信仰乃入世而非厌世。"②在另一侧面，他把"景教"视为"衍佛教之小乘者也"③，而且认为引进"景教"就是"人绝之天国以歆世俗，此宁非引进愚民之要术?"④ 原因就在于"景教"在主客观之间的关系上，在主观的方面走得太远太高，以至于人迹全无，完全把存在寄托在绝对无时间性的"未来"上。他说："宗教之所以异于哲学者，以其言灵魂也。知灵魂，则其希望长，而无或易召失望以致堕落。虽然，他教之言灵魂，其义不如佛教之完。景教之所揭橥也，曰永生天国，曰末日审判。夫永生犹可言也，谓其所生者在魂不在形，于本义犹未悖也。至末日审判之义，则谓人之死者，至末日期至，皆从塚中起，而受全知能者之鞫讯。然则鞫讯者，仍形耳，而非魂也。藉曰魂也，则此魂与形俱生，与形俱灭，而曾何足贵也？故孔教专衍形者也，则曰善不善报诸子孙。佛教专衍魂者也，则曰善不善报诸永劫。其义虽不同，而各圆满具足者也。惟景教乃介两者之间。故吾以为景教之言末日，犹未脱埃及时代野蛮宗教之迷见者也。"⑤

相反，佛教对待主客观关系却没有走得那么极端：

---

① 吴松等点校:《饮冰室文集点校》,云南教育出版社 2001 年版,第 1340—1341 页。
② 吴松等点校:《饮冰室文集点校》,云南教育出版社 2001 年版,第 1351 页。
③ 吴松等点校:《饮冰室文集点校》,云南教育出版社 2001 年版,第 1351 页。
④ 吴松等点校:《饮冰室文集点校》,云南教育出版社 2001 年版,第 1351 页。
⑤ 吴松等点校:《饮冰室文集点校》,云南教育出版社 2001 年版,第 1352 页。

佛说现在之果，即过去之因；现在之因，即未来之果。既造恶因，而欲今后之无恶果焉，不可得避也。既造善因，而惧后此之无善果焉，亦不必忧也。①

通过梁启超对宗教及其时间性的论述，又与第一节论及中西文化比较相联系，不难发现，一条大道正自然而然地显露出来，那就是中国儒家文化的乐生、悦乐的态度与宗教的哀生、苦生的态度的对比。梁启超说，“考中外古今之学说宗教，不外二者：其一重现在实际，譬诸伦理中之功利主义，政治学上之多数幸福，此为乐天主义。此偏于兽格之学说也。其二则以现在为污浊，为苦恼，为过渡，而究竟则在将来，死后则升天国。此偏于神格之学说也。两者均不免有弊。盖人自比于禽兽固不可，然不顾血肉之驱〔躯〕，而但求灵魂之超脱，是否可能，原属疑问。即能矣，而谓人生在世，专为受苦，必到天国，乃有乐境，则人世之无意味，莫过是矣。夫所以为世界者，求人类之安全，求文明之进步，必焉锲而不舍，然后有日新月异之象。如其不然，离人事而讲超脱，则世界安有进步可言乎？由此而知所以贵有人格者，则将理想施之于现实，将未来显之于现在，将个性充而至于群性，此其要义也”②。可见，他对儒家积极、入世、雄健的人生观的推崇不是没有根由的，也就是说，梁启超对宗教的精深研究使得他可以在更为广阔的视野与背景中凸显儒家文化的品行。

如前所述，梁启超既不主张过于倾向彼岸世界的人生观，也不主张蜉蝣露珠一般的、只注重眼前享乐的生活态度。他所主张的是一种面向未来，且立足于现在，并从现在之中使未来得以绽出的积极人生观。其具体表现如下：

第一，在入世的人生观方面，梁启超更为重视“现在”尤其是“未

---

① 吴松等点校：《饮冰室文集点校》，云南教育出版社 2001 年版，第 1353 页。

② 夏晓虹辑：《〈饮冰室合集〉集外文》中册，北京大学出版社 2005 年版，第 651—652 页。

来”的意义，因为“未来”是对更高人生价值与境界的追求，并成为“现在”的坚实导引，更准确地说，在两者之间不存在诸如“景教”中的隔离与阻断。在《少年中国说》中，梁启超对于充满青春活力、进取精神的“少年”的赞颂，也是从“时间性”中的“未来”与“过去”的角度来展开的：“欲言国之老少，请先言人之老少。老年人常思既往，少年人常思将来。惟思既往也，故生留恋心；惟思将来也，故生希望心。惟留恋也，故保守；惟希望也，故进取。惟保守也，故永旧；惟进取也，故日新。惟思既往也，事事皆其所已经者，故惟知照例；惟思将来也，事事皆其所未经者，故常敢破格。老年人常多忧虑，少年人常好行乐。惟多忧也，故灰心，惟行乐也，故盛气。惟灰心也，故怯懦；惟盛气也，故豪壮。惟怯懦也，故苟且；惟豪壮也，故冒险。惟苟且也，故能灭世界；惟冒险也，故能造世界。”①

第二，就存在中时间性的构成要素而言，梁启超也极为重视“未来”。他说，“坐是之故，而社会的观念与将来的观念，两不发达，夫社会的观念与将来的观念，正人之所以异于禽兽者也，苟其无之，则与禽兽无择也。同为人类，而此两观念之或深或浅、或广或狭，则野蛮文明之级视此焉，优劣胜败之数视此焉。今且勿论一国，勿论一族，即以一家校之。使其家之先辈，漠然不为子孙将来之计，则家之索可立而待也。虽然，既已谓之人类，则此两种观念者，则已自无始以来之羯磨而熏之受之，虽有深浅广狭，而其本性中无此根器者，未或闻也。故虽有愚不肖之夫，要能知节制其现在快乐之一部分以求衰老时之快乐，牺牲其本身利益之一部分以求家族若后代之利益。此种习性，我国人之视他国，尤深厚焉，此即我国将来可以竞胜于世界之原质也。孟子曰：‘善推其所为而已矣。’将来之界，不限于本身；社会之界，不限于家族。推之推之，则国之浡焉，可立而待也”②。

---

① 吴松等点校：《饮冰室文集点校》，云南教育出版社 2001 年版，第 697 页。

② 吴松等点校：《饮冰室文集点校》，云南教育出版社 2001 年版，第 2232 页。

第三，在教育的视角，他同样提出，“文明人何以有宗旨？宗旨生于希望，希望生于将来。必其人先自忖自语曰：吾将来欲如是如是，此宗旨之所由起也。曰：吾将来必如何然后可以如是如是，此宗旨所由立也。愈文明则将来之希望愈盛。教育制度所以必起于文明之国，而野蛮半开者无之，何欤？教育者，其收效纯在于将来，而现在必不可得见者也。然则他事无宗旨，犹可以苟且迁就；教育无宗旨，则寸毫不能有成。何也？宗旨者，为将来之核者也，今日不播其核，而欲他日之有根、有芽、有茎、有干、有叶、有果，必不可期之数也”①。

## 二、儒家礼乐教化的悦乐精神

梁启超说：“孔门教的普通学，就是礼乐。为什么如此注重他呢？因为认他是涵养人格的利器。”②

在梁启超陈述研究孔子学说所根据之资料开看，他对孔子的《诗》、乐方面的才能与素养做了极为详尽的铺陈，他说：

> 然则孔子对于这部《诗经》有什么功劳呢？我说他的功劳不在删诗，而在正乐。诗、书、礼、乐，古称四术。《礼记·王制》《史记》称孔子以诗、书、礼、乐教弟子，而《论语》雅言，只有诗、书、执礼，何故不言乐呢？乐与诗相依，离诗无乐，离乐无诗，所以《乐经》是没有的。乐就是乐谱，如何能有经呢？《论语》：“子曰：吾自卫反鲁，然后乐正，雅颂各得其所。”可见正乐即是正诗，《史记》说“皆弦歌之以求合韶、武、雅、颂之音”，解说得最明白。③
>
> 大概孔子极好音乐，而且极精。他在齐闻韶，三月不知肉味。

---

① 吴松等点校：《饮冰室文集点校》，云南教育出版社2001年版，第1335页。

② 夏晓虹、陆胤校：《国学小史》，商务印书馆2014年版，第113页。

③ 夏晓虹、陆胤校：《国学小史》，商务印书馆2014年版，第104页。

> 《论语》他从师襄学鼓琴，因曲推到数，因数推到志，因志推到为人；《史记·孔子世家》他能教导老乐官太师挚。《论语》可见他音乐的天才和造诣，不同寻常。从前的诗，是否都能入乐，不敢断定。但这三百五篇，孔子一定都把他谱出来，或者从前旧谱有不对的，都把他改正，所以说“然后乐正，雅颂各得其所”。①

> 孔子的精力用在这里头的，怕着实不少。他把诗乐正定之后，自己很得意。他说：“《关雎》之始，师挚之乱，洋洋乎盈耳哉。”《论语》很有踌躇满志的口气。诗乐之教，是孔门最重要的功课。拿现在的话来讲，就是文学、音乐合为一体，用作教育基本。所以他的弟子子游做武城宰，就把全城都哄起弦歌之声来，《论语》这就是乐教，也就是诗教。②

“礼乐”之所以是涵养人格的利器，梁启超是从礼的历史发展来讲起的。梁启超说：“可知最古的礼，不过是宗教上一种仪式，凡初民种种制度，大半从宗教仪式增广蜕变而来。例如印度的《摩奴法典》，本是教规，后来变成法律。我国的礼，也是这样，渐渐把宗教以外一切社会习惯都包含在礼的范围内。礼字成了人人当践履的意义，所以《易·象传》说：‘非礼弗履。’《祭义》说：‘礼者履此者也。’《荀子·大略》篇说：‘礼者人之所履也。’《尔雅·释言》亦说：‘履，礼也。’礼变成一切行为的轨范了。”③ 可见，从宗教的神人之间的仪式演化为人伦之际的礼仪，这是一个重大的历史进步。而且，在随后的发展中，“礼”与“法”往往是合而为一的，成为治理社会与国家的系统规范，梁启超说：“古代政教合一，宗教上的仪典和国家社会的法制，往往合为一炉，无甚分别。

---

① 夏晓虹、陆胤校：《国学小史》，商务印书馆2014年版，第104页。

② 夏晓虹、陆胤校：《国学小史》，商务印书馆2014年版，第104页。

③ 夏晓虹、陆胤校：《国学小史》，商务印书馆2014年版，第114页。

历代帝王，常采集社会上公认的行为轨范，编成一代的礼，所以说：‘非天子不议礼不制度。’《礼记·中庸》说：‘三王异世不相袭礼。’《礼记·乐记》所以有夏礼、商礼、周礼种种不同。《论语》到这时候，礼的性质，和法律差不多，成为社会上一种制裁力。”[①] 但是，在“礼”与“法”之间存在着一个重大的区别，那就是：

> 礼者，禁于将然之前；而法者，禁于已然之后。（《大戴礼记·礼察》篇）

可见，“礼”是发自内心的良知及其行为，也是积极的、主动的节制与约束，以此来杜绝恶的行为发生；而“法”则是在恶的行为发生之后，采取法律体系与手段来进行制裁、惩罚，以期树立良知。梁启超说，“礼治”与“法治”孰优孰劣，在当时已经成为争议的问题。至于孔子，他则是坚定的主张礼治、反对法治的人。对于孔子在《论语·为政》之中所说的最为经典的话——“道之以政，齐之以刑，民免而无耻；道之以德，齐之以礼，有耻且格。”梁启超的解释是：

> 孔子的意思，以为：（一）法不过事后消极的裁制，礼才是事前积极的裁制。直接的效果，已经悬殊。（二）法的裁制力是他动，礼的裁制力是自动。间接的效果，影响非钜。[②]

梁启超对这一“礼”的积极效果，还续引了《大戴礼记·礼察》中的一句话：“礼云礼云，贵绝恶于未萌，而起敬于微眇，使民日徙善远罪而不自知也。”[③] 这意味着孔子对人性之中的善持极为乐观的态度，梁启

---

① 夏晓虹、陆胤校：《国学小史》，商务印书馆2014年版，第114页。

② 夏晓虹、陆胤校：《国学小史》，商务印书馆2014年版，第116页。

③ 载夏晓虹、陆胤校：《国学小史》，商务印书馆2014年版，第116页。

超说："孔子是绝对的主张礼治、反对法治的人。"① 而且，他又强调了礼的积极作用，他说："孔子以为礼的作用，可以养成人类自动自治的良习惯，实属改良社会的根本办法。他主张礼治的主要精神在此。"② 其中最为直接的原因就在于以孔子为代表的原始儒家对于人性、欲望、情感所持的是一种大度、肯定的态度，并积极地对这一人性、欲望、情感进行积极的养成——也就是如梁启超所说："礼所以能发生作用，最重的要素是因人之情。"③

梁启超极为赞赏《礼运》中对人的天性、欲望、情感的描述，比如"人情以为田。……何谓人情？喜怒哀惧爱恶欲七者，不［弗］学而能""饮食男女，人之大欲存焉；死亡贫苦，人之大恶存焉。故欲、恶者，心之大端也。人藏其心，不可测度也。……欲一以穷之，舍礼何以哉？"④ 他也认为——"宋以后儒者，都说人欲是不好的，是应该屏绝的。孔门却不然，他的礼教，就是从情欲的基础上建设出来。但他以为情欲虽不可无，却是要节"⑤。梁启超认为，荀子之教"尊他力，故言'假物'"⑥。究其原因，就在于荀子认为人性本来就是"恶"的，非凭借外力不能对其本性进行矫正。而孟子则是性善论者，因而完全可以凭借一己之力，达成道德的完善。

而"礼"所"因"之"情"正是人类最为深沉的本能——亲子之爱，在这里所体现出的道德完全是愉悦性的、主动的、兴发的、涌现的，因此，也完全是美的。因此，"乐"能够与"礼"完全相沟通，梁启超说：

---

① 夏晓虹、陆胤校：《国学小史》，商务印书馆 2014 年版，第 115 页。
② 夏晓虹、陆胤校：《国学小史》，商务印书馆 2014 年版，第 116 页。
③ 夏晓虹、陆胤校：《国学小史》，商务印书馆 2014 年版，第 116 页。
④ 载夏晓虹、陆胤校：《国学小史》，商务印书馆 2014 年版，第 116 页。
⑤ 夏晓虹、陆胤校：《国学小史》，商务印书馆 2014 年版，第 116 页。
⑥ 夏晓虹辑：《〈饮冰室合集〉集外文》中册，北京大学出版社 2005 年版，第 777 页。

就一方面看，音乐是由心理的交感产生出来的，所以某种心感触，便演出某种音乐。就别方面看，音乐是能转移人的心理的，所以某种音乐流行，便造成某种心理。而这种心理的感召，不是个人的，是社会的，所以音乐关系到国家治乱，民族兴亡，所以做社会教育事业的人，非从这里下工夫不可。这种议论，自秦汉以后，竟没有人懂。①

因此，梁启超认为，“礼乐教化”完全是对人性、欲望、情感的积极肯定与引导，其悦乐的精神与“乐”“诗”的悦乐精神不仅是美善相兼的，也是相反相成的，他说：“孔门礼教乐教，实有相反相成之妙。……礼的功用，在谨严收敛；乐的功用，在和悦发舒。两件合起来，然后陶养人格，日起有功。”② 而且，“礼”的美感还不仅仅来自于德性，还来自于身体的运动，梁启超说：“就论体育上乐的功用，也不让于礼，因为古人乐必兼舞。……舞的俯仰疾徐，和歌的抑扬抗坠，不独涵养性灵，而且于身体极有益。这也是礼、乐交相为用的事。”③ 身体运动的俯仰、舞蹈、进退等等所产生的身体美感也如此自然地融入了礼乐教化活动之中，因此，梁启超如此酷评孔子之乐教与诗教：

我想孔子若在今日当教育总长，一定要像法国样子，将教育部改为教育美术部，把国立剧场和国立学校看得一样的重。他若在社会上当个教育家，一定是改良戏曲，到处开音乐会，忙个不了。他的态度如此，所以那位专讲实用主义的墨子，看着莫名其妙，说他教人贪顽废事，做出三篇《非乐》的大文来骂他，却那里懂得孔子人格教育的精意呢？④

---

① 夏晓虹、陆胤校：《国学小史》，商务印书馆2014年版，第121页。
② 夏晓虹、陆胤校：《国学小史》，商务印书馆2014年版，第121—122页。
③ 夏晓虹、陆胤校：《国学小史》，商务印书馆2014年版，第122页。
④ 夏晓虹、陆胤校：《国学小史》，商务印书馆2014年版，第122页。

## 三、儒家“温柔敦厚”诗教之殇——阳刚、威武丧尽

在对我国民众是否“尚武”的论述中，梁启超认为：“恫夫中国民族之不武也！神明华胄，开化最先，然二千年来，出而与他族相遇，无不挫折败北，受其窘屈，此实中国历史之一大污点，而我国民百世弥天之大辱也。”① 他还说：“中国以文弱闻于天下，柔懦之病，深入膏肓。乃至强悍性成、驰突无前之蛮族，及其同化于我，亦且传染此病，筋弛力脆，尽失其强悍之本性。呜呼！强者非一日而强也，弱者非一日而弱也，履霜坚冰，由来渐矣。”② 国民性之所以如此积弱柔靡，梁启超认为其根源之一就在于“温柔敦厚”之教，而艺术教育在其中又发挥了极为重要的作用，他说：

> 唯东西人之重视之也如此，故举国人之精神，莫不萃于此点，一切文学、诗歌、戏剧、小说、音乐，无不激扬蹈厉，务激发国民之勇气，以养为国魂。惟我中国之轻视之也如彼，故举国皆不屑措意，学人之议论，词客所讴吟，且皆以好武喜功为讽刺，拓边开衅为大戒。其所谓名篇佳作，类皆描荷戟从军之苦况，咏战争流血之惨态，读之令人垂首丧志，气夺神沮。至其小说戏剧，则惟描写才子佳人旖旎冶媟之柔情；其管弦音乐，则惟谱演柔荡靡曼亡国哀思之郑声。③

他还如此描绘教化、统治之“柔术”：

> 柔之以律令制策，柔之以诗赋词章，柔之以帖括楷法，柔之以

① 吴松等点校:《饮冰室文集点校》,云南教育出版社 2001 年版,第 617 页。
② 吴松等点校:《饮冰室文集点校》,云南教育出版社 2001 年版,第 617 页。
③ 吴松等点校:《饮冰室文集点校》,云南教育出版社 2001 年版,第 619 页。

簿书期会；柔其材力，柔其筋骨，柔其言论，乃至柔其思想，柔其精神。尽天下之人士，虽间有桀骜枭雄者，皆使之敝精疲神，缠绵歌泣于讽诵揣摩、患得患失之中，无复精神材力以相竞于材武。不必僇以斧钺，威以刀锯，而天下英雄尽人彀中，无复向者喑呜叱咤、慷慨悲歌之豪气。一霸者起，用此术以摧荡之；他霸者起，亦用此术以摧荡之。经二十四朝之摧陷廓清，七气索矣，人心死矣，霸者之术售矣。呜呼！①

梁启超还征引了日本著名思想家、教育家福泽谕吉对儒家温柔敦厚之诗乐之教的抨击，他说："日本大儒福泽谕吉曰：'支那旧教，莫重于礼乐。礼者所以使人柔顺屈从也，乐者所以调和民间勃郁不平之气，使之恭顺于民贼之下也。'任公曰：此二氏之言，然耶？否耶？我国民试一自省之。呜呼！亡天下者，岂必八股，岂必楷法，岂必考据，岂必词章；苟无精神，虽日手西书，口西法，其腐败天下，自速灭亡，或更有甚焉耳。"②

可见，诗教、乐教之"温柔敦厚"给国民缺乏尚武、阳刚、崇高之气造成了极为重要的影响，梁启超还具体罗列了其后果，他说："一群之中，凡所接触于耳目者，无一不颓损人之雄心，销磨人之豪气。恶风潮之所漂荡，无人不中此恶毒，如疫症之传染，如肺病之遗种。虽有雄姿英发之青年，日摩而月刓之，不数年间，遂颓然如老翁，靡然如弱女。呜呼！群俗者，冶铸国民之炉火，安见颓废腐败之群俗，而能铸成雄鸷沈毅之国民也？"③

## 四、"情感教育"在于"现在"之满足

就梁启超关于"现在"的实现与"趣味"的关系来看，他认为"趣

① 吴松等点校：《饮冰室文集点校》，云南教育出版社 2001 年版，第 619 页。
② 吴松等点校：《饮冰室文集点校》，云南教育出版社 2001 年版，第 2272 页。
③ 吴松等点校：《饮冰室文集点校》，云南教育出版社 2001 年版，第 619 页。

味”是产生“现在的”快乐的原因，也是“现在”能够得以持续的“驱力”。

梁启超认为，寻求快乐乃人生之鹄的，而快乐是实现于“现在的”，他说：“厌倦是人生第一件罪恶，也是人生第一件苦痛。厌倦是一种想脱离活动的心理现象。换一句话说，就是不愿意劳作。你想。一个人不是上帝特制出来充当消化面包的机器，可以一天不劳作吗？只要稍为动一动不愿意劳作的念头，便是万恶渊薮。”① 而避免苦痛的出路就在于“我信仰的是趣味主义”和“拿趣味做根柢”②。在他看来，“趣味”对于个体和国家社会来说都是至关重要的：“趣味的反面，是干瘪，是萧索。……无论一个人或一个社会。倘若被这种情绪侵人弥漫，这个人或这个社会算是完了，再不会有长进。何止没长进，什么坏事，都要从此产育出来。总而言之，趣味是活动的源泉，趣味干竭，活动便跟着停止。”③

“现在”的快乐在于“趣味”，而“趣味”则必然包含有“审美”与“艺术”。他认为：“‘知不可而为’主义与‘为而不有’主义，都是要把人类无聊的计较一扫而空，喜欢做便做，不必瞻前顾后。所以归并起来，可以说，这两种主义就是‘无所为而为’主义，也可以说是生活的艺术化，把人类计较利害的观念，变为艺术的、情感的。”④

而且，“审美”与“艺术”趣味与其他趣味相比，其优势在于“时间性”上的差异，“艺术”所带来的快乐是安全、可靠、可依赖，而且是长久的。“凡一件事，做下去不会生出和趣味相反的结果的，这件事便可以为趣味的主体。赌钱趣味吗？输了怎么样！吃酒趣味吗？病了怎么样！做官趣味吗？没有官做的时候怎么样！……诸如此类，虽然在短时间内像有趣味，结果会闹到俗语说的‘没趣一齐来’，所以，我们不能承认他

① 吴松等点校：《饮冰室文集点校》，云南教育出版社 2001 年版，第 3322 页。
② 吴松等点校：《饮冰室文集点校》，云南教育出版社 2001 年版，第 3316 页。
③ 吴松等点校：《饮冰室文集点校》，云南教育出版社 2001 年版，第 3316 页。
④ 吴松等点校：《饮冰室文集点校》，云南教育出版社 2001 年版，第 3312 页。

是趣味。凡趣味的性质，总要以趣味始，以趣味终。所以能为趣味之主体者，莫如下列的几项：一、劳作；二、游戏；三、艺术；四、学问。”①

在对审美发展的心理要素分析中，梁启超开始深入到内在时间意识层面，值得我们关注的有以下几处：

第一，在对审美生活中主体与客体之间形成的时间意识要素的分析上，他认为，“烦劳”由于审美与艺术之“境”的触发而“丢”（遗忘），也就是“烦劳”的绵延被审美与艺术所中断，此“丢”即审美时间的展开之始。

他说：“对境之赏会与复现。人类任操何种卑下职业，任处何种烦劳境界，要之总有机会和自然之美相接触——所谓水流花放，云卷月明，美景良辰，赏心乐事。只要你在一刹那间领略出来，可以把一天的疲劳忽然恢复，把多少时的烦恼丢在九霄云外。倘若能把这些影像印在脑里头，令他不时复现，每复现一回，亦可以发生与初次领略时同等或仅较差的效用。人类想在这种尘劳世界中得有趣味，这便是一条路。”② 其中的“印”“复现”等都已触及时间意识分析中最为关键的“触发”“记忆”等因素。

第二，在审美生活中主体与主体之间的关系上，梁启超注意到了主体间的同时性关系，即同戏。他说：“人类心理，凡遇着快乐的事，把快乐状态归拢一想，越想越有味，或别人替我指点出来，我的快乐程度也增加。凡遇着苦痛的事，把苦痛倾筐倒箧吐露出来，或别人能够看出我苦痛替我说出，我的苦痛程度翻会减少。不惟如此，看出说出别人的快乐，也增加我的快乐，替别人看出说出苦痛，也减少我的苦痛。这种道理，因为各人的心都有个微妙的所在，只要搔着痒处，便把微妙之门打开了。那种愉快，真是得未曾有，所以俗话叫做‘开心’。”③

---

① 吴松等点校:《饮冰室文集点校》,云南教育出版社 2001 年版,第 3324 页。

② 吴松等点校:《饮冰室文集点校》,云南教育出版社 2001 年版,第 3327 页。

③ 吴松等点校:《饮冰室文集点校》,云南教育出版社 2001 年版,第 3327—3328 页。

第三，他认为在审美生活中的时间性所展开的是与日常生活时间性截然不同的境界，梁启超称之为“他界之冥构与蓦进”。他说：“对于现在环境不满，是人类普通心理，其所以能进化者亦在此。就令没有什么不满，然而在同一环境之下生活久了，自然也会生厌。不满尽管不满，生厌尽管生厌，然而脱离不掉他，这便是苦恼根原。然则怎么救济法呢？肉体上的生活，虽然被现实的环境捆死了，精神上的生活，却常常对于环境宣告独立。或想到将来希望如何如何，或想到别个世界，例如文学家的桃源，哲学家的乌托邦，宗教学的天堂、净土如何如何，忽然间超越现实界闯入理想界去，便是那人的自由天地。我们欲求趣味，这又是一条路。”①

第四，在审美生活三要素的分析中，梁启超很重视主体品性与能力的关键作用。品性与能力的差异必然导致对于审美客体的不同选择，最终导致不同质量的审美生活的产生。他认为：“因各人感觉机关用得熟与不熟，以及外界帮助引起的机会有无多少，于是趣味享用之程度，生出无量差别。感觉器官敏则趣味增，感觉器官钝则趣味减；诱发机缘多则趣味强，诱发机缘少则趣味弱。专从事诱发，以刺戟各人器官，不使钝的，有三种利器：一是文学，二是音乐，三是美术。”②

## 第三节　美育活动作为内时间意识的构成

### 一、“五蕴”中的“内时间意识”：“记忆”“延续”

在《论小说与群治之关系》一文开篇，梁启超之所以提出：“欲新一国之民，不可不先新一国之小说。故欲新道德，必新小说；欲新宗教，必新小说；欲新政治，必新小说；欲新风俗，必新小说；欲新学艺，必新小说；乃至欲新人心，欲新人格，必新小说。何以故？小说有不可思

① 吴松等点校：《饮冰室文集点校》，云南教育出版社2001年版，第3328页。

② 吴松等点校：《饮冰室文集点校》，云南教育出版社2001年版，第3328页。

议之力支配人道故。”[①] 就是为了在存在的“时间性”上让小说的价值得以扎根。在他看来，政治、道德、宗教、学艺、人格、风俗等当然是生活形态的不同体现，但是“小说”作为更本源、更本真的“生活”状态，能起到更为独特的作用。

这个更独特的作用之因就在于，“凡人之性，常非能以现境界而自满足者也；而此蠢蠢躯壳，其所能触能受之境界，又顽狭短局而至有限也；故常欲于其直接以触以受之外，而间接有所触有所受，所谓身外之身，世界外之世界也。此等识想，不独利根众生有之，即钝根众生亦有焉，而导其根器使日趋于钝、日趋于利者，其力量无大于小说。小说者，常导人游于他境界，而变换其常触常受之空气者也。此其一。人之恒情，于其所怀抱之想像，所经阅之境界，往往有行之不知，习矣不察者。无论为哀、为乐、为怨、为怒、为恋、为骇、为忧、为惭，常若知其然而不知其所以然，欲摹写其情状，而心不能自喻，口不能自宣，笔不能自传。有人焉，和盘托出，澈底而发露之，则拍案叫绝曰：善哉善哉，如是如是。所谓‘夫子言之，于我心有戚戚焉。’感人之深，莫此为甚。此其二”[②]。

其中所云“想识”就更进一步走向时间意识现象学精微分析的深处。“想识”来自于佛典，按照梁启超根据现代心理学术语的解读，“想”——“记忆”[③]；“识”——“心理活动之统一状态”[④]。

对于“内时间意识”的分析如果不进入记忆、滞留与期待的心理学维度，就无法进行理性分析与描述。在现象学创始人胡塞尔开创内时间意识构成分析与描述的经典范例之前，佛教经典对于这一“时间性”心理要素及其构成方式的理论堪称精妙，正如梁启超所说：“大抵佛家对于

---

① 吴松等点校:《饮冰室文集点校》,云南教育出版社 2001 年版,第 758 页。
② 吴松等点校:《饮冰室文集点校》,云南教育出版社 2001 年版,第 758 页。
③ 吴松等点校:《饮冰室文集点校》,云南教育出版社 2001 年版,第 2997 页。
④ 吴松等点校:《饮冰室文集点校》,云南教育出版社 2001 年版,第 2997 页。

心理分析，异常努力，愈析愈精。”[①] 而梁启超本人对佛教心理学的研究在现代佛学史上不仅属于较早的开山之作，其功力之精深也更为当今学人所称道：“以梁氏在近代思想界和学术界的地位，直接向心理学界介绍佛家心理学，而且以五蕴为纲，确具慧眼。这是一件值得记载的事。”[②]

以佛经之“五蕴”之说，可以对包括小说阅读活动在内的审美生活中存在的内时间意识进行细致的构成分析。梁启超认为，“蕴”即《大乘五蕴论》之说——“以积聚义说名为蕴，谓世相续，品类趣处差别，色等总略摄故”[③]。什么是“世相续”呢？梁启超的解释就是“时间的随生随灭，继续不断”[④]。什么是“品类趣处差别”呢？那就是“把意识的表象分类”[⑤]。佛家认为从心理过程上观察，有种种观念与经验在时间上相续继起，而且内容很复杂，多种形态纷然杂陈，但可以用论理的方法分为五类——“每类都是状态和状态联构而成，一聚一聚的，所以叫做聚，又叫做蕴”[⑥]。

梁启超对佛教的“五蕴”之论进行了进一步的征引，他认为“五蕴”即《大乘阿毗达磨杂论》（卷一）所说：“问：何因蕴唯有五？答：为显五种我事故。谓为显身具我事（色），受用我事（受），言说我事（想），造作一切法、非法我事（行），彼所依止我自体事（识）。于此五中，前四是我所事，第五即我相事。……所以者何？世间有情多于识蕴计执为我，余蕴计执我所。”[⑦]

梁启超解释说：“据一般人的见地，眼、耳、鼻、舌是我的，色、声、香、味是我接触的，自然色是我所有的色，乃至我感觉故受是我所

---

① 吴松等点校：《饮冰室文集点校》，云南教育出版社2001年版，第3303页。

② 惟海：《五蕴心理学——佛家自我觉醒自我超越的学说》，宗教文化出版社2006年版，第43页。

③ 载吴松等点校：《饮冰室文集点校》，云南教育出版社2001年版，第2997页。

④ 吴松等点校：《饮冰室文集点校》，云南教育出版社2001年版，第2997页。

⑤ 吴松等点校：《饮冰室文集点校》，云南教育出版社2001年版，第2997页。

⑥ 吴松等点校：《饮冰室文集点校》，云南教育出版社2001年版，第2997页。

⑦ 载吴松等点校：《饮冰室文集点校》，云南教育出版社2001年版，第2998页。

有，我记忆故想是我所有。我作意或行为故行是我所有。”① 所以，存在不再是主观与客观在科学意义上的存在，而是在现象界的存在；不再是“主客二分”的存在，而是如现象学术语“意向性”中的存在；不是笼统地称作“主客观统一”的存在，而是在构成的状态上能够达到清晰描述的存在。总而言之，是在“存在”中引入时间性的诸要素，“这四种，虽然或属物理现象，或属心理现象，但都是由我观察他，认识他，所以都说是我所，然则能观察、能认识的我是什么呢？一般人以为‘心理活动统一之状态’的识即是我，笛卡儿所谓‘我思故我存’就是这种见解”②。也就是说，即不偏于主观，也不偏于客观，而是在两者之间，“我所”即“我在”。梁启超总结佛学中的“我所”的真谛可谓与20世纪现象学尤其是存在主义的“存在”直接骑驿相通。

对于美术作品的欣赏，梁启超认为其中的“记忆”的绵延与中断，然后进行再绵延，颇为鞭辟入里。他说：“今专从美术讲。美术中最主要的一派，则描写自然之美，常把我们所曾经赏会，或像是曾经赏会的都复现出来。我们过去赏会的影子印在脑中，因时间之经过，渐渐淡下去，终必有不能复现之一同，趣味也跟着消灭了。一幅名画在此，看一回便复现一回，这画存在，我的趣味便永远存在。不惟如此，还有许多我们从前不注意，赏会不出的，他都写出来指导我们赏会的路，我们多看几次，便懂得赏会方法，往后碰着种种美境，我们也增加许多赏会资料了。”③

## 二、对美育活动的内时间意识分析

就梁启超对美育活动的内时间意识分析来看，这既是对一般性的审美活动的分析，也更是对提高性的、富于教育性的审美活动的阐述。具

① 吴松等点校:《饮冰室文集点校》,云南教育出版社2001年版,第2998页。
② 吴松等点校:《饮冰室文集点校》,云南教育出版社2001年版,第2998页。
③ 吴松等点校:《饮冰室文集点校》,云南教育出版社2001年版,第3328页。

体来看，主要有几下内容：

（一）“要继续的快乐”

什么样的快乐最好呢？或者说，我们喜欢的快乐是怎样的一种状态呢？梁启超对此的关注可谓不绝如缕，比如，他认为，“快乐”在“时间性”上愈“绵长”便愈好，而且这种“绵长”愈纯粹愈好；如果这种快乐只是实现于某一行为的“过程”本身，那就到了更高的境界了：

> 第一，要继续的快乐。若每日捱许多时候苦，才得一会的乐，便不算继续。第二，要彻底的快乐。若现在快乐，伏下将来苦痛根子，便不算彻底。第三，要圆满的快乐。若拿别人的苦痛，来换自己的快乐，便不算圆满。教育家特别便宜处，第一，快乐就藏在职业的本身，不必等到做完职业之后，找别的事消遣才有快乐，所以能继续。第二，这种快乐任凭你尽量享用，不会生出后患，所以能彻底。①

（二）艺术作品的价值决定了“审美过程”的质量

审美生活尤其是以艺术作品为对象的审美生活是由艺术作品所奠基的，艺术作品的价值愈高，审美生活就愈是能够快速达成，而且其吸引力就愈强：

> 有时我们想构一境，自觉模糊断续不能构成，被他都替我表现了，而且他所构的境界种种色色，有许多为我们所万想不到，而且他所构的境界优美高尚，能把我们卑下平凡的境界压下去。他有魔力，能引我们跟着他走，闯进他所到之地。我们看他的作品时，便和他同住一个超越的自由天地。②

---

① 吴松等点校：《饮冰室文集点校》，云南教育出版社 2001 年版，第 3322 页。

② 吴松等点校：《饮冰室文集点校》，云南教育出版社 2001 年版，第 3328 页。

他还说，艺术能够把稍纵即逝的情感保留为“永恒”，而且在以“过程”的方式来占领读者的“内时间意识”：

艺术的权威，是把那霎时间便过去的情感，捉住他，令他随时可以再现；是把艺术家自己“个性”的情感，打进别人们的“情阈”里头，在若干期间内，占领了“他心”的位置。①

梁启超《论小说与群治之关系》一文中所蕴含的“时间性”精见尤为值得关注。

自“空间性”而言，他认为：“抑小说之支配人道也，复有四种力：一曰熏，熏也者，如入云烟中而为其所烘，如近墨朱处而为其所染，《楞伽经》所谓迷智为识、转识成智者，皆恃此力。人之读一小说也，不知不觉之间，而眼识为之迷漾，而脑筋为之摇飏，而神经为之营注，今日变一二焉，明日变一二焉，刹那刹那，相断相续，久之而此小说之境界，遂入其灵台而据之，成为一特别之原质之种子。有此种子，故他日又更有所触所受者，旦旦而熏之，种子愈盛，而又以之熏他人，故此种子遂可以遍世界。一切器世间、有情世间之所以成、所以住，皆此为因缘也，而小说则巍巍焉具此威德以操纵众生者也。”② 其所云在审美生活中存在的审美主体之间的关系，与阐释学当中以游戏的“同时性”来阐释审美活动是一脉相通的。也就是说，虽名为“空间性”，实为“时间性”。

自“时间性”而言，梁启超认为：“二曰浸，熏以空间言，故其力之大小，存其界之广狭；浸以时间言，故其力之大小，存其界之长短。浸也者，入而与之俱化者也。人之读一小说也，往往既终卷后数日或数旬而终不能释然。读《红楼》竟者，必有余恋有余悲；读《水浒》竟者，必有余快有余怒。何也？浸之力使然也。等是佳作也，而其卷帙愈繁事

① 吴松等点校：《饮冰室文集点校》，云南教育出版社 2001 年版，第 3431 页。

② 吴松等点校：《饮冰室文集点校》，云南教育出版社 2001 年版，第 758—759 页。

实愈多者，则其浸人也亦愈甚。如酒焉，作十日饮，则作百日醉。我佛从菩提树下起，便说偌大一部《华严》，正以此也。”① 其中所言“其力之大小”正类同柏格森所疑问的：“为什么可把强度当作大小看待呢?”② 在柏格森看来，美感是时间的川流，“其由小而大的强度实在是不同的情感”③。

尤其是“余悲”“余恋”“余怒”“余快”之中的“余”字更是勾勒出了文学艺术作品（在此仅指小说）在语言的“含蓄性”这一维度对于“日常时间”的干预。日常语言往往只是为了满足日常生活中的交际、交往而设，只要能够达成信息交流之目的，在一定的语境中，日常语言往往显得在组织结构上较为简单、惯性、机械，甚至在构成上往往是残缺的，但是这并不妨碍交流的完成。这种日常语言的特性在生活“过程”之中体现为一种熟悉的、安然若素的“语言感”，而且这种“日常语言感”本身就是一个牵涉两个以上主体的、“时间性”的行为过程。

从认知心理学的角度来看，“日常语言”是为了完成在生活中大量的交往交际活动，从而节省心理能量，尤其是节省“注意力”，因为人的心理能量总是有限的，一个人必定要形成大量的、多种多样的“自动加工”能力，这样，他的生活才能够正常地、流畅地进行下去；在“注意力”的“自动加工”中，很多日常语言行为中的不同的步骤被结合和简化为单一的操作，从而很少花费或者使用认知资源或能量，比如用来交流交际的语言“注意”和语言“记忆”，所以，“日常语言”体现为一种“暂时”的“记忆”形式，其容量有限，只为完成“眼前”的交往活动而设，也只保存用于“当前”认知加工所需的信息，所以，在人们的日常的“语言感”之中，以上所说的“暂时”“眼前”“当前”“容量有限”等等便成为在“时间性”上的主要体现。而“读《红楼》竟者，必有余

① 吴松等点校：《饮冰室文集点校》，云南教育出版社 2001 年版，第 759 页。
② ［法］柏格森：《时间与自由意志》，商务印书馆 1958 年版，第 2 页。
③ ［法］柏格森：《时间与自由意志》，商务印书馆 1958 年版，第 8 页。

恋，有余悲；读《水浒》竟者，必有余快，有余怒”，则属于与日常语言有别的“文学语言”，它力图拉开与日常语言的距离，力图与日常语言有别，从而在对文学语言的阅读中，读者所得到的感觉就是认知心理学所言的“去习惯化”，即文学语言特殊的结构与组织使得读者重新“注意”到语言的刺激，这意味着文学阅读要花费更多的心理能量，它体现为一种吸引，体现为美感的“强度”增大和“长度”的拉伸，文学语言相比于日常语言也包含着更加丰富的信息量。如果使用了最少的语言材料，来表达了最多、最大、最丰富的内涵，这种在“量”上强烈的对比与不平衡，就是梁启超所说的“余悲”“余恋”“余怒”“余快”——对文学语言阅读的“时间性过程”结束之后，感觉仍然在持存、绵延和延续。

而其后两种小说的作用就是对于“时间性”的理想表述：“三曰刺，刺也者，刺激之义也。熏浸之力利用渐，刺之力利用顿；熏浸之力在使感受者不觉，刺之力在使感受者骤觉。刺也者，能入于一刹那顷，忽起异感而不能自制者也。我本蔼然和也，乃读林冲雪天三限，武松飞云浦厄，何以忽然发指？我本愉然乐也，乃读晴雯出大观园，黛玉死潇湘馆，何以忽然泪流？我本肃然庄也，乃读实甫之琴心酬简，东塘之眠香访翠，何以忽然情动？若是者，皆所谓刺激也。大抵脑筋愈敏之人，则其受刺激力也愈速且剧，而要之，必以其书所含刺激力之大小为比例。禅宗之一棒一喝，皆利用此刺激力以度人者也。此力之为用也，文字不如语言，然语言力所被不能广不能久也，于是不得不乞灵于文字。在文字中，则文言不如其俗语，庄论不如其寓言，故具此力最大者，非小说末由。”①

从根本上说，梁启超认为情感的性质是“现在的”②，但是包括他所着重论及的小说、美术在内的审美与艺术引起的情感力量，“能引人到超现在的境界”③。他说：“我们想入到生命之奥，把我的思想行为和我的

① 吴松等点校:《饮冰室文集点校》,云南教育出版社 2001 年版,第 759 页。
② 吴松等点校:《饮冰室文集点校》,云南教育出版社 2001 年版,第 3431 页。
③ 吴松等点校:《饮冰室文集点校》,云南教育出版社 2001 年版,第 3431 页。

生命迸合为一；把我的生命和宇宙、和众生迸合为一，除却通过情感这一个关门，别无他路。所以，情感是宇宙间一种大秘密。"① 也就是说，"时间性"是通往存在的唯一通道，尤其是在审美教育活动当中，日常时间性发生了变化，并转化为充实的、滞留充分、充满期待、回忆甜美的审美的内时间意识过程。

整体来看，梁启超对于"人生"的"时间性"之思，从对西方哲学、文明、文化的反思与匡救，到对科学、宗教、进化论弊端的探精入微，再到对于时间意识的卓著分析，充满了对于"未来"的自信，并在对审美时间性的探究中，深深植根于由"霎时间"绵延而构成的"现在"：

> 情感教育最大的利器，就是艺术。音乐、美术、文学这三件法宝，把"情感秘密"的钥匙都掌住了。艺术的权威，是把那霎时间便过去的情感，捉住他，令他随时可以再现；是把艺术家自己"个性"的情感，打进别人们的"情阈"里头，在若干期间内，占领了"他心"的位置。因为他有恁么大的权威，所以艺术家的责任很重，为功为罪，间不容发。艺术家认清楚自己的地位，就该知道，最要紧的工夫，是要修养自己的情感，极力往高洁纯挚的方面上提挈，向里体验。自己腔子里那一团优美的情感养足了，再用美妙的技术把他表现出来，这才不辱没了艺术的价值。②

---

① 吴松等点校:《饮冰室文集点校》,云南教育出版社 2001 年版,第 3431 页。

② 吴松等点校:《饮冰室文集点校》,云南教育出版社 2001 年版,第 3431 页。

# 第四章 蔡元培的美育思想

蔡元培（1867—1940），字鹤卿，号孑民，浙江绍兴人，他是中国近现代史上著名的民主革命家、伟大的教育家、思想家、美学家、美育理论家。其在美育理论上的主要贡献包括美育方针的制定与确立、美育实施的方法、以美育代宗教的思想、公共空间中公共艺术的美育功能论、对新文化运动中的美育地位的探究等等，其中“以美育代宗教”的美育理论更是我国近现代以来，由中国人文学者对世界思想界做出的最重大贡献之一。

下面就对蔡元培美育思想分而述之。

## 第一节 蔡元培的教育思想及其与美育的关系

要全面理解与把握蔡元培的美育思想，必先了解他的教育思想与美学思想，因为从美育作为教育内容、教育方针、教育目的的重要组成部分来看，必须在整体性的教育系统之中获得相应的地位与作用，其存在的状态才是合理的。更为重要的原因是，蔡元培的美育思想既是他对中国传统教育体系的整体改造与更新的一个部分，也与西方教育思想尤其是现代以来的教育思想有着千丝万缕的联系。

### 一、“教育独立”

蔡元培认为，在旧的教育体制之中存在很多顽疾，而要彻底克服这些顽疾，最根本的途径就是“教育独立”。

1912年，他在《对新教育之意见》中说：“教育有二大别：曰隶属于政治者，曰超轶乎政治者。专制时代（兼立宪而含专制性质者言之），教育家循政府之方针以标准教育，常为纯粹之隶属政治者。共和时代，教育家得立于人民之地位以定标准，乃得有超轶政治之教育。清之季世，隶属政治之教育，腾于教育家之口者，曰军国民教育。夫军国民教育者，与社会主义僢驰，在他国已有道消之兆。然在我国，则强邻交逼，亟图自卫，而历年丧失之国权，非凭借武力，势难恢复。且军人革命以后，难保无军人执政之一时期，非行举国皆兵之制，将使军人社会，永为全国中特别之阶级，而无以平均其势力。则如所谓军国民教育者，诚今日所不能不采者也。”①

在这里所说的“教育独立”是针对前清的教育方针而言的。面对日益偏狭的“军国民主义”教育，亟须在宏观上提出教育的根本性质、意义、价值问题，而这些问题既与当下的教育需要有着直接的关系，又有着相对的独立性与历史延续性，只有做到以上两方面的结合，教育的发展才能既满足当今的实际需要，又具有发展的前途与达到和谐的教育境界，而不能只顾及眼前急功近利的目的而破坏了教育的价值与意义，也不能因为主张抽象的教育价值与意义，而忽略了教育的历史正取决于当下的教育发展状态。因而，蔡元培在此文中就主张进行全面的且面向未来的教育，这样才能满足现有的需要，又能实现教育本身的价值与意义，比如他说：“我国地宝不发，实业界之组织尚幼稚，人民失业者至多，而国甚贫。实利主义之教育，固亦当务之急者也。”②

而且，他同时更强调教育价值与意义的未来性或者追求教育意义与价值的稳定性，他说：“以现世幸福为鹄的者，政治家也；教育家则否。盖世界有二方面，如一纸之有表里：一为现象，一为实体。现象世界之事为政治，故以造成现世幸福为鹄的；实体世界之事为宗教，故以摆脱

① 高平叔编:《蔡元培全集》第二卷,中华书局1984年版,第130页。

② 高平叔编:《蔡元培全集》第二卷,中华书局1984年版,第131页。

现世幸福为作用。而教育者，则立于现象世界，而有事于实体世界者也。故以实体世界之观念为其究竟之大目的，而以现象世界之幸福为其达于实体观念之作用。”①

按照他所说的“实体世界”的教育思想来施行，就会带来“世界观”的教育，而“世界观”的教育正是五育之一，其他四育是——军国民主义教育、实利主义教育、德育主义教育、美育主义教育。而且，他还认为“世界观”是“统”——军国民主义教育、德育主义教育、美育主义教育于一体的。因而，美育在蔡元培“教育独立”思想中的地位无疑也是“独立”的，这意味着美育在教育价值与意义系统之中具有不可取代的地位，且与其他诸育之间是一种并列的关系，或者说是一种并列并陈的、互济互美的和谐关系。

1922 年，蔡元培撰写《教育独立议》一文，对“教育独立”思想做了更加深入的阐发。他说：“教育是帮助被教育的人，给他能发展自己的能力，完成他的人格，于人类文化上能尽一分子的责任；不是把被教育的人，造成一种特别器具，给抱有他种目的的人去应用的。所以，教育事业当完全交与教育家，保有独立的资格，毫不受各派政党或各派教会的影响。”② 针对政党之于教育的影响，蔡元培认为，教育的任务是要个性与群性平均发达的，而“政党是要制造一种特别的群性，抹杀个性。例如，鼓励人民亲善某国，仇视某国；或用甲民族的文化，去同化乙民族。今日的政党，往往有此等政策，若参入教育，便是大害。教育是求远效的；政党的政策是求近功的”③。因而，蔡元培所针对的，正是当时中国动荡的时局、频繁更迭的政权、争权夺利的军阀政府给教育自身价值与意义所造成的重大损害。

在此文中，蔡元培集中论述的焦点是“教会”“宗教”对于教育的

① 高平叔编：《蔡元培全集》第二卷，中华书局 1984 年版，第 133 页。
② 高平叔编：《蔡元培全集》第四卷，中华书局 1984 年版，第 177 页。
③ 高平叔编：《蔡元培全集》第四卷，中华书局 1984 年版，第 177 页。

影响，他把教育的日益进步与教会的一贯保守做了精彩的对比，他说："教育是进步的：凡有学术，总是后胜于前，因为后人凭着前人的成绩，更加一番功夫，自然更进一步。教会是保守的：无论什么样尊重科学，一到《圣经》的成语，便绝对不许批评，便是加了一个限制。教育是共同的：英国的学生，可以读阿拉伯人所作的文学；印度的学生，可以用德国人所造的仪器，都没有什么界限。教会是差别的：基督教与回教不同；回教又与佛教不同。不但这样，基督教里面，天主教与耶稣教又不同。不但这样，耶稣教里面，又有长老会、浸礼会、美以美会等等派别的不同。彼此谁真谁伪，永远没有定论。止好让成年的人自由选择，所以各国宪法中，都有'信仰自由'一条。若是把教育权交与教会，便恐不能绝对自由。所以，教育事业不可不超然于各派教会以外。"① 在此所说的教会、宗教还大多是就普泛的意义而言的。而他也明确提出，在中国大学里不能设立宗教课，不得传教，只是可以对宗教史、宗教知识进行研究；虽然该文对宗教之间、宗教与其他文明之间的关系，没有进行详细阐述，但是一如蔡元培在"以美育代宗教"思想中所阐发的，宗教间的相互冲突、宗教与其他文明之间的相互冲突，已然是人类历史与现实中不可忽视的重大问题，其提出"以美育代宗教"不是偶然的，跟他一再倡言"教育独立"自然是一脉相承的。

1924 年，在他所撰写的《中国教育的发展》一文中，他就直接提出了宗教对于当时中国教育的影响，他说："到一九一〇年，据统计，在十四所英、美教会学校中的学生只有一千多名，而仅在国立北京大学一所学校中，就有学生二千三百多名。当然，这主要由于新创建的中国国立学校向他们敞开了大门，但教会学校本身也存在着某些明显的缺点，例如，轻视中国的历史、文学和其他一些学科等等。众所周知，每当建立一所教会学校，就要宣传某种宗教教义，它造成了新的影响，产生了新的作用，从而与中国的教育传统相抵触。关于这方面，要说的话是很多

① 高平叔编：《蔡元培全集》第四卷，中华书局 1984 年版，第 177—178 页。

的。总之，现在有迹象表明，沿着我们自己的教育发展方向的某种趋势正在逐步加强。”① 如何应对这一宗教在中国教育活动中日益强化的现象？又如何在此情势下对待传统文化？以及如何因应局势之变，建立一种新形态的文化？这些都是极严峻的挑战。

在1925年，他对宗教之于中国教育的不利影响的描述更加直接，他说：“据最近统计，在浸礼会所办学校中入学的学生总数，目前已接近三十万。受到天主教教会学校培养的学生人数，约有二十万五千余人。现在有迹象表明，在这类学校中的学生人数有明显增长的趋势。可是我们看到，一有教会学校开办，就要宣扬某种宗教教义，就产生新的效果，造成新的影响，从而与我国传统教育相抵触。中国的教会忽视了中国的历史、文学及其他重要的学科，正自行建立另一套与中国国家教育制度相并行的教育制度。不过总有一天会证明，这种教育制度是为中国的国家教育制度所不能相容的。”②

而且，他认为宗教教育的危害在于——“孩子们天性十分单纯，很容易受到成年人的影响和塑造。同时我们的孩子们的生活环境和传统习惯是非宗教性的，如果我们尊重他们的权利，我们就应该采用这样一种方法来教育他们，即给他们以养成独立思考能力所必需的知识与智力”③。在上述两段话中所说“天主教教会”在中国的发展，业已在其本性上显露出与中国传统文化的价值差异。中国文化重视文学等审美活动，并在根本上是一种“乐感文化”，而且以儒家为主流的道德性文化从一开始就舍弃了对彼岸世界的向往与崇拜，讲求的是当下现实中的人伦之善。其实，蔡元培所提出的“以美育代宗教”的内核正是中国传统文化偏向“乐感”与“审美”的文化基因。

---

① 高平叔编：《蔡元培全集》第四卷，中华书局1984年版，第474—475页。

② 高平叔编：《蔡元培全集》第五卷，中华书局1988年版，第31—32页。

③ 高平叔编：《蔡元培全集》第五卷，中华书局1988年版，第32页。

## 二、对传统教育的评估

蔡元培本人在青年时代所接受的是正宗的中国传统教育，还拥有前清翰林的资格，并且他先后去日本、德国等大学访问进修，对西方教育尤其是对现代教育的理解、体验与研究是极为深刻与系统的。这两者之间剧烈的对比与反差促使蔡元培一直在思考中国传统教育的弊端，因为这在根本上决定了如何对其进行针对性的改革，如何保留文化教育传统中的优良因子，如何去除其中的不良因子，如何辩证地利用来自于西方的思想与学术资源。这些都是蔡元培所面对的重大问题，其中与美育直接相关的问题就是——在中国传统教育文化中有着悠久历史的礼乐传统如何才能浴火重生。

对于我国古代教育制度的优点，蔡元培进行过简单概括，他说：

> （1）注重道德伦理的教育和个人修养。
>
> （2）提倡在任何环境与条件下，可以由个人自由钻研学问。
>
> （3）可以因材施教，教学不致因班级中有落后学生而受到影响。[①]

而且，他对中国的道德教化、道德教育以及孔子都是十分欣赏的。但是，这只是中国古代教育传统之中的局部而已，总体而言，蔡元培对中国古代教育制度是不满的。对清朝时代的教育宗旨，蔡元培坚决反对，他说："满清时代，有所谓钦定教育宗旨者，曰忠君，曰尊孔，曰尚公，曰尚武，曰尚实。忠君与共和政体不合，尊孔与信教自由相违（孔子之学术，与后世所谓儒教、孔教当分别论之。嗣后教育界何以处孔子，及何以处孔教，当特别讨论之，兹不赘），可以不论。尚武，即军国民主义也。尚实，即实利主义也。尚公，与吾所谓公民道德，其范围或不免有

① 高平叔编：《蔡元培全集》第五卷，中华书局 1988 年版，第 29 页。

广狭之异，而要为同意。惟世界观及美育，则为彼所不道，而鄙人尤所注重，故特疏通而证明之，以质于当代教育家，幸教育家平心而讨论焉。”① 可见，他对教育宗旨之中的“忠君”“尊孔”做了坚决否定，而且主张对剩余的内容也要进行具体分析。

在1918年所撰《新教育与旧教育之歧点——在天津中华书局“直隶全省小学会议欢迎会”上的演说词》一文中，蔡元培对新旧教育进行了对比。“旧教育”的状况——“吾国之旧教育以养成科名仕宦之材为目的。科名仕宦，必经考试，考试必有诗文，欲作诗文，必不可不识古字，读古书，记古代琐事。于是先之以《千字文》《神童诗》《龙文鞭影》《幼学须知》等书；进之以四书、五经；又次则学为八股文，五言八韵诗；其他若自然现象，社会状况，虽为儿童所亟欲了解者，均不得阑入教科，以其于应试无关也。是教者预定一目的，而强受教者以就之；故不问其性质之动静，资禀之锐钝，而教之止有一法，能者奖之，不能者罚之，如吾人之处置无机物然，石之凸者平之，铁之脆者煅之；如花匠编松柏为鹤鹿焉；如技者教狗马以舞蹈焉；如凶汉之割折幼童，而使为奇形怪状焉；追想及之，令人不寒而慄”②。这种完全以做官为目的的教育方式虽然在表面上主张“万般皆下品，唯有读书高”，但是做官奴属于封建制度，为了做官应试，只能主动地屈从于这些封建教育制度——尤其是科举制度，完全丧失了教育的独立性，也丧失了其内在的价值与意义。就上述蔡元培所陈述的科举制度的内容来看，其中的诗文作为考试的重点内容无疑是非常“美育化”的，但是蔡元培认为这样的教育内容太狭隘，而且在根本上没有教育的独立性。

他认为中国古代教育制度中的缺点主要有：

(1) 我国古代学校的课程，过分重视人文学科，特别是文学、

① 高平叔编:《蔡元培全集》第二卷,中华书局1984年版,第136页。

② 高平叔编:《蔡元培全集》第三卷,中华书局1984年版,第173—174页。

考据学等。我国早期的教育制度实际上只重视个人修养的尽善尽美，重视培养个人的文学才能，而不注重于科学方面的教育。

（2）我国古代的教育目标，主要是使少数人毕生攻读，使他们能顺利通过朝廷举办的各种考试，而考试则是读书人入仕的唯一途径。至于就平民文化而言，它并没有普及教育的明确目标。①

文学教育在传统教育制度中所占的比重太大，而且这也只是针对少数人的，况且只是作为为官入仕的唯一途径，这样的教育势必造成国力的积弱，因而，蔡元培在中国近现代大学体制中始终追求人文教育与科学教育的均衡，正是为了中国的前途。

他还认为，尽管中国的高等教育似乎起步很早，但是其中的弊端就如上述所说，教育内容是极端狭隘的。他说："进行高等教育的机构早在两千年前就出现了，那时称之为'太学'。随后，又从这一初步形式，逐步演变为一种称之为'国子监'的教育制度。它包括伦理教育、政治与文学教育。现在看来，这是必然的发展，并且随着这一发展而增设了包括写与算等更多的学科。但增设的这些科目，在钦定的学校课程中，是无足轻重的。数百年来，教育的目的只有一项，即对人们进行实践能力的训练，使他们能承担政府所急需的工作。总之，古代中国只有一种教育形式，因此，其质与量不能估计过高。"②

在 1920 年于北京高等师范学校《教育与社会》杂志社所做的演说词中，蔡元培认为，改造社会必须先改造教育。他说："现在教育不行之点是什么呢？依我看来，现在教育不脱科举时代之精神。科举时代的教育，不过得一个便利机会，养成一己的才具，此外都不管了。改立学校以后，一般人对于学校的观念，仍复如此。教育既无改革，社会上一切事业，

① 高平叔编：《蔡元培全集》第五卷，中华书局 1988 年版，第 30 页。

② 高平叔编：《蔡元培全集》第五卷，中华书局 1988 年版，第 7 页。

都是一仍旧贯。因此这种教育不能不改造的。”① 至于如何进行改造，蔡元培至少给出了一条建议——“可以归到教育调查会定的两句话‘养成健全人格，提倡共和精神’。社会的各分子都具有健全人格，此外复有何求？所以第二句话离不了第一句话。所谓健全人格，分为德育、体育、知育、美育四项。换言之，和自由、平等、博爱的意思亦相契合的。都能自由平等，都能博爱互助，共和精神亦发展了”②。因而，只有在教育独立的前提之下，德智体美四育齐头并进，才会有教育价值与意义在整体上的实现。很显然，传统教育中的礼乐并重的教育内容只有在全新的教育宗旨之中，才能得到境界全新的扬弃。

## 第二节　蔡元培的美学思想及其与美育思想的联系

蔡元培的美学思想与美育思想之间有着极为密切的关系，这种“密切”体现在两点，第一，蔡元培通过对于美学的研究，来确定审美活动的价值与意义，尤其是通过中西艺术与审美传统的介绍与比较，使各自的优点、弱点作自然的呈现，由此就会自然而然地生发出美育的必要性，尤其是中国现代美育的必要性以及清晰的途径。第二，蔡元培的很多美学思想与美育思想本身就是一体的，尤其是蔡元培对于康德美学的介绍、阐发、倡导与创造性的改造，尤其能够显示出美育理论与美学理论的完全“两位一体”的特征。在对审美活动特性的把握上，他直接推导出了美育理论中的许多重要命题，通过以下的阐述就可以得到清晰的认识。

### 一、美学为何？

美学的智慧在中西方由来已久，不过这一名称是因为18世纪中叶德国哲学家鲍姆嘉通的《美学》一书才有的。“美学”这一名称是在中国

① 高平叔编:《蔡元培全集》第三卷,中华书局1984年版,第394页。
② 高平叔编:《蔡元培全集》第三卷,中华书局1984年版,第395页。

的20世纪初才引进的，蔡元培对于美学这一学科的推广、引介以至于成为一门显学，可谓居功至伟。

蔡元培在《自写年谱》中曾如此叙述自己在德国莱比锡大学听课的经历，从中可以看出他之所以喜爱美学的缘由：

> 我于讲堂上既常听美学、美术史、文学史的讲〈演〉，于环境上又常受音乐、美术的熏习，不知不觉的渐集中心力于美学方面。尤因冯德讲哲学史时，提出康德关于美学的见解，最注重于美的超越性与普遍性，就康德原书，详细研读，益见美学关系的重要。德国学者所著美学的书甚多，而我所最喜读的，为栗丕斯（T. Lipps）的《造型美术的根本义》（*Grnndlage der Bildende Kunst*），因为他所说明的感入主义，是我所认为美学上较合于我意之一说，而他的文笔简明流利，引起我屡读不厌的兴趣。①

在《美学的进化》一书中，蔡元培对中西方的美学思想进行了脉络清晰的勾勒，其中让他最为看重的就是康德的美学理论：

> 康德的哲学，是批评论。他著《纯粹理性批评》，评定人类和知识的性质。又著《实践理性批评》，评定人类意志的性质。前的说现象界的必然性，后的说本体界的自由性。这两种性质怎么能调和呢？依康德见解，人类的感情是有普遍的自由性，有结合纯粹理性与实践理性的作用。由快不快的感情起美不美的判断，所以他又著《判断力批评》一书。书中分究竟论、美论二部。美论上说明美的快感是超脱的，与呵末同。他说官能上适与不适，实用上良与不良，道德上善与不善，都是用一个目的作标准。美感是没有目的，不过主观上认为有合目的性，所以超脱。因为超脱，与个人的利害没有关

① 高平叔编：《蔡元培全集》第七卷，中华书局1989年版，第302页。

系，所以普遍。……自康德此书出后，美学遂于哲学中占重要地位；哲学的美学由此成立。①

在以上寥寥数语中，蔡元培对康德三大批判中的精义已进行了基本陈述，这些康德的美学思想对蔡元培理解美学起到了至关重要的作用。在他看来，所谓美学就是对审美活动或者美感（蔡元培称之为美学观念）的研究，他说："美学观念者，基本于快与不快之感，与科学之属于知见、道德之发于意志者，相为对待。科学在乎探究，故论理学之判断，所以别真伪；道德在乎执行，故伦理学之判断，所以别善恶；美感在乎赏鉴，故美学之判断，所以别美丑，是吾人意识发展之各方面也。人类开化之始，常以美术品为巫祝之器具，或以供激情导欲之用。文化渐进，则择其雅驯者，以为教育，如我国唐、虞之典乐，希腊之美育，是也。其䌷绎纯粹美感之真相，发挥美学判断之关系者，始于近世哲学家，而尤以康德为最著。"②

以上话语用最简洁、最地道的、最好的现代汉语对审美活动的最首要的本质特性——"快感"做了陈述，且同时与人类另外两大精神文化价值——科学与道德进行了区分，并以中西古典审美活动之中较为典型者作为美育活动之案例加以阐述，这一切都反映出蔡元培在中西学养上的超拔之处。

（一）审美活动的愉悦性

康德对美学所进行的划分是从其对心理机能的划分出发的，也就是根据知、情、意划分出人类精神文化活动的三大价值——真、善、美，并分别对应真、善、美的三种活动。这种划分自有其重大的价值，也就是从主体性哲学出发，对人类活动的基本领域进行价值与意义区分的划界，可以说，自此而论，康德哲学的确在思想史上第一次为真、善、美

① 高平叔编：《蔡元培全集》第四卷，中华书局 1989 年版，第 21—22 页。

② 高平叔编：《蔡元培全集》第二卷，中华书局 1984 年版，第 379—380 页。

之间进行了如此系统而精密的区分。

但是，其中存在的问题也是很重大的：那就是仅仅从主体性出发，而没有考虑到人们在生活中任何有意识的、自觉的活动都是主体始终指向客体的，也就是意向性的。因而，康德的美学仅仅适用于一些特定的审美对象，比如纯粹的艺术作品，原因就在于纯粹的艺术作品在构成上比较单纯——只是作用于视听两种感官，只是使用纯粹的符号进行创作，因而也就没有任何利害感会产生，从而美感或者审美活动既可以作为主观性的快感与科学活动相区分，又可以作为超功利的快感与道德活动相区分，这就是康德的如意算盘。而且，他还要在真与善之间以美作为桥梁，来清除真、善之间无从交融的弊病。事实上，这也是无从实现的，因为康德美学与哲学只是一种过度高扬主体性的“偏见”哲学，而不是完全从审美活动出发，从而保全审美活动完整性的“全面”哲学。

因而，康德美学如果作为纯粹的艺术品美学，那就真的对现代美学起到了奠基作用，至少他大体保全了以纯粹的艺术作品作为审美对象的审美活动的整体性，不过这些贡献都要以“艺术品”或者以艺术品为欣赏对象的审美活动为限。蔡元培在整体上极为赞赏康德美学，因而，在他的美学思想中也带有一些如上所述的特定遗憾。

不过，蔡元培还是更多地从自己生动的审美活动出发，对康德美学之中的一些看似晦涩实际上是含混的地方做出了弥补。比如，就上述“美感”中的“快感”而言，蔡元培的解释就显得亲切、生动、可爱得多，他说：“人类有两种欲望：一是占有欲，一是创造欲。占有欲属于物质生活，为科学之事。创造欲为纯然无私的，归之于艺术。人人充满占有欲，社会必战争不已，紊乱不堪，故必有创作欲，艺术以为调剂，才能和平。”① 他还说：“科学基于概念，美术偏于直观。成人生活，关系复杂，拼缀种种概念以应付之，积久而感疲劳，则有资于直观之美，以为调剂；此《美术生活》之所为出版也。儿童时代，形成概念之力尚弱，

① 高平叔编:《蔡元培全集》第五卷,中华书局 1988 年版,第 220 页。

则尤倾于直观。故无论开智陶情，均以利用美术为适宜。”① 尤其是这第二段话，更清晰地把审美的意义与价值理解为质朴性的、原发性的生活或者生活中的一段时光，在很大程度上避免了康德美学过于偏向艺术美学的弱点。

（二）审美活动的直观与生动

除了上述蔡元培注重阐发审美活动的愉悦特性，他还注重阐述审美活动的生动性、形象性，并以此区别于科学活动、道德活动、宗教活动。他说：“概念之于实物也，常分析其现象之分子而类比之，美感则举其表象之全体而示现之，两者互相为补充，而决无先后阶级之可言。至于以观念说美学之对象，其义较隐性为长，盖所谓美术家者，常不在实物生活之模仿，而在以其生活表象摄入于创造者之观念。”②

尤其是蔡元培所指出的文学艺术作品对生活或者世界的“模仿”与“反映”，其合理的呈现状态是——以生动的、兴发的审美活动为唯一鹄的。文学艺术作品对世界的“反映”就是在以审美生活为整体的或者是构成这样一个整体的因子，这意味着“模仿”或者“反映”出来的“真”绝不是与外物进行比附、比较，与外物相符之后才判定出来的“真”。在蔡元培看来，“真”的原初呈现状态是生动的、形象的，而且特别重要的是——蔡元培把这种“真”理解为一个主客不分的审美活动过程，绝不像自然科学活动之中的数字、原理、符号，是可以孤立地存在的。

因而，蔡元培既反对美学史上的“观念论”，又反对美学史上的“感性论”。前者认为审美活动之中的“美”是绝对主观的，并以此来否定审美活动丰富性；后者认为审美活动的感性特性只是理性认识的低级阶段，还有待于上升到理性认识，并在上升到理性活动之后扬弃自身。蔡元培说：“隐性论者，以美学之对象，初无异于论理，特其程度较低，所谓理

① 高平叔：《蔡元培年谱长编》第四卷，人民教育出版社 1999 年版，第 155 页。

② 高平叔编：《蔡元培全集》第二卷，中华书局 1984 年版，第 380 页。

性者，尚不能够为明晰之概念，而隐蔽于感观界之直观者也。观念论者，以美学之内容，不外乎柏拉图哲学之所谓观念者也。夫论理之概念，固以直观为其本，而美感则既托体于直观，而自为复杂之进化，与概念为对待。”① 其中，“隐形论”指的就是上述“感性论”，“观念论”就是柏拉图的“观念论”。继而，蔡元培指出了这两种美学观念的错误之处，他说：“故以观念之义，应用于一切美感之对象，非不当也。而一涉柏拉图之所谓观念，则层递而上，乃渐远于具体之生活，而与美学之事实相违。故最近哲学家，又以具体想象限界之。具体想象者，本种种具体之生活，以行其想象之作用，而形为观念者也。具体生活之形式，最为复杂，又常随历史而进化，以是为美学观念之内容，则于其复杂而进化之故，思过半矣。”②

蔡元培还特意指出了以宗教活动为标准来看待审美活动，势必同样会造成审美生活的式微，他说：“且学者之说美学也，或归之于感觉，或隶之于论理，或又纳之于道德若宗教，非以此数者皆与美感结不解之缘故耶？夫美感既为具体生活之表示，而所谓感觉伦理道德宗教之属，均占有生活内容之一部，则其错综于美感之内容，亦固其所，而美学观念，初不以是而失其独立之价值也。”③

可以看出，蔡元培在论及宗教之于美学的关系时，与道德伦理活动是并举的。审美生活与道德生活、科学生活、宗教生活相比有极大的差异，因为其所寻求的快乐仅仅体现为某一审美生活的过程本身。此“过程”就是一个完全体现为“时间性”的体验流，在“时间性”的过程结束之后，“审美生活”本身就宣告结束。除此“过程”之外——因为“审美生活”一旦发生并实现就必然绝对地呈现为“时间性”的过程，就再也没有任何其他的目的。也就是说，审美生活存在的价值与意义就

① 高平叔编：《蔡元培全集》第二卷，中华书局 1984 年版，第 380 页。
② 高平叔编：《蔡元培全集》第二卷，中华书局 1984 年版，第 380—381 页。
③ 高平叔编：《蔡元培全集》第二卷，中华书局 1984 年版，第 381 页。

在于这个过程本身，一旦完成，就已经实现了“审美生活”的终极目的。而且，在这个“审美生活”过程之中，主客之间的关系是一种绝对的“始终—指向”并在或者同在的关系，审美主体的快乐建立在审美客体之上，审美主体追求的是绝对的、亲历亲为的体验过程。而且，这一仅仅体现为过程的“审美生活”所追求的永远是独一无二的快乐，因为不同的审美客体给审美主体所带来的快乐是完全不一样的。即使是面对同一个审美对象，审美主体在不同时间对其的感受，很大程度上也是完全不一样的。因为审美主体是在“生活—之中”存在着的，任何一次捕捉审美对象的“时机”——可能性都是不一样的。

人类生活如果侧重于寻求主观，就会导致宗教。在宗教活动中，人所面对的是与神的关系。宗教的核心是对超时间的、彼岸的绝对主观存在物的信仰。在信仰活动之中，只要能够保持对神与偶像的忠诚就可以了，也就是说，信仰过程只是通达“神”——这一结果的工具与手段而已；对于宗教信仰来说，“神”作为目的只有一个——绝对的“主观”，但是手段与工具就很多了，而且可以改动，互相替代，只要不影响及目的就可以了。而在审美生活中，就不存在这样一个永远居高临下的神与偶像，而且这个神与偶像只是属于永远不可能到来的“未来”“彼岸”或者“天国”，人所面对的只是一个让自己身心舒畅的对象。在审美生活中，特定的审美对象带来的是一种特定的、独一无二的快乐，如果对审美对象或其构成进行更改变动，就会在根本上破坏审美生活在“时间性过程”上的构成，最终导致“审美生活”的丧失。

（三）形式显示的美感

另外，蔡元培受到康德美学的强烈影响，还论及了审美活动或者美感的形式构成性或者形式显现性。他说：“康德之所以说美感者，大略如是，而其所主张者，为纯粹形式论，又以主观之价值为限。虽然，自美感进化之事实言之，其形式之渐进而复杂，常与内容相因，且准诸美术家之所创造，与审美者之所评鉴，则客观之价值，亦有未容蔑视者。于是继之而起者，为隐性论及观念论。”①

因而，在一个审美生活之中，“主体”与“对象”之间的构成关系就是一种“始终—指向”关系——“对象”“始终”处在“主体”统整性的延续与绵延的“过程”之中，而这种“始终—指向”就再也不是“客观时间”意义上的“始终—指向”，而是“主观时间”意义之上的。在此所说的“主观时间”意义上的“始终—指向”是指在一个（而不是多个）已经形成的“生活事件”之中“两个”“相关项”——主体与对象之间的关系。如果抛却了“时间性”之中的“始终—指向”，那就无法对“生活”之中的两个基本“因素”或者两个“相关项”——“主体”与“对象”之间的“构成关系”做出合乎其本貌的描述。也可以说，审美主体与审美对象的关系是——在一个已实现的“审美生活”中，审美主体“始终—指向”审美客体——其实也就是指向作品特定的、独一无二的“形式”，审美主体与审美对象两者之间无“先后”之别，也绝对无法分开而独立存在。

他还说：“夫吾人优美之感既全无实利之关系，则吾人之于其对象，非所嗜也，非所资也，非有所激刺于意志也。既非所趋之鹄的，又非所凭之作用，则纯粹之赏鉴而已矣。纯粹之赏鉴足以镇定嗜欲，奠定意志。盖意志之与赏鉴，常为互相消息之态度。意志者，常受一种对象之冲动，而赏鉴则反之。意志之状态，动作也，皇急也，杌陧也，而纯粹之赏鉴则永永宁静。吾人对于一种之对象，而求其全无嗜欲之关系，势不能有利于纯粹之赏鉴，而纯粹赏鉴之对象，势不能有外乎形式。种种物体，各凭其性质而有以满足吾人之需要，若仅即形式而言之，于吾人种种之需要，均无自而满足也。而赏鉴之者，乃别有一种满足之感，是谓美感。而其所赏鉴者，谓之优美。”② 以上所述，其美学思想的核心就在于审美活动作为一种特别讲求主体与客体不能分离的活动，其根本特性与价值

① 高平叔编:《蔡元培全集》第二卷,中华书局 1984 年版,第 380 页。
② 高平叔编:《蔡元培全集》第二卷,中华书局 1988 年版,第 499 页。

就在于主体的愉悦、直觉都是建立在文学艺术作品特殊的构成之上的，也就是由作品独一无二的形式激发了主体的独一无二的审美感受。这同时意味着作品的形式是给定的，就像阅读《红楼梦》所得到的愉悦正是来自于作品中那些特定的字句构成一样。这就是审美活动不同于其他人类精神活动的特殊之处。

因而，就总体而言，蔡元培关于审美活动的愉悦、直观特性的论述把握住了审美活动自身在构成上的完整性，继而确立了美学研究对象的完整性——一个生动的、直观的且形式感极强的愉悦活动。就“生动”“愉悦”而言，这正是美育活动自身的价值与意义所在；就“形式”而言，这正是审美教育尤其是艺术教育要实施的原因与必要，因为所有的审美活动尤其是以艺术品作为审美对象的审美活动在美育理论上最突出的存在状态就是对“形式”的感受力。

## 二、美感的普遍性与超脱性

如上所述，蔡元培对康德美学的态度是极为赞赏并始终加以倡导的。在此过程中，蔡元培使用了最为纯粹、地道的现代汉语来传播康德美学的精髓，这是中国近现代以来汉语美学最重要的收获之一。如果外来的好的学术成果在中国水土不服，那么，其中主要的原因之一就在于翻译，而蔡元培在此方面可谓树立了极好的榜样。

康德关于审美判断无关功利或者审美超功利的思想对蔡元培影响极大。蔡元培本人意图通过康德美学中的教化因素来实现美育的目的，其中最为重要的就是上述思想。蔡元培说：“美的对象，何以能陶养感情？因为他有两种特性：一是普遍，二是超脱。”[①] 这两种特性正是康德在《判断力批判》之中所说的审美判断的四大契机的前两个，蔡元培对以上两大契机是这样陈述的：

---

① 高平叔编:《蔡元培全集》第六卷,中华书局 1988 年版,第 157—158 页。

一瓢之水，一人饮了，他人就没得分润；容足之地，一人占了，他人就没得并立；这种物质上不相入的成例，是助长人我的区别、自私自利的计较的。转而观美的对象，就大不相同。凡味觉、嗅觉、肤觉之含有质的关系者，均不以美论；而美感的发动，乃以摄影及音波辗转传达之视觉与听觉为限。所以纯然有“天下为公”之概；名山大川，人人得而游览；夕阳明月，人人得而赏玩；公园的造像，美术馆的图画，人人得而畅观。齐宣王称“独乐乐不若与人乐乐”；“与少乐乐不若与众乐乐”；陶渊明称“奇文共欣赏”；这都是美的普遍性的证明。

植物的花，不过为果实的准备；而梅、杏、桃、李之属，诗人所咏叹的，以花为多。专供赏玩之花，且有因人择的作用，而不能结果的。动物的毛羽，所以御寒，人固有制裘、织呢的习惯；然白鹭之羽，孔雀之尾，乃专以供装饰。宫室可以避风雨就好了，何以要雕刻与彩画？器具可以应用就好了，何以要图案？语言可以达意就好了，何以要特制音调的诗歌？可以证明美的作用，是超越乎利用的范围的。①

从语言上来看，这种夹叙夹议、义理与事例相结合的方式是极为高明的，而且这就是中国最美的白话文之一。采纳这样富有诗意的白话文来演绎康德美学，肯定是一次学术上的创举。更为值得称羡的是，蔡元培把康德美学与中国古典哲学、美学、文学艺术作品中的精粹融入一炉之内，其说理之生动、表理之精确、文章之精美，都堪称中国近现代以来美学上的高峰。

当然，值得分析的还是康德此论。

康德哲学力图批判传统形而上学，因为传统古典形而上学着重讲的是灵魂不灭和神学问题，在《纯粹理性批判》中，他认为知识只存在于

---

① 高平叔编:《蔡元培全集》第六卷，中华书局 1988 年版，第 158 页。

经验的领域，而传统形而上学的僭越体现在：理性在知识领域超越经验的界限，用经验知识的形式把握超越经验之外的无限，只能得到一些理念，但是绝不可能在经验界找到对象与其对应。在批判了传统形而上学的僭妄之后，康德集中阐述了经验知识何以可能与合法。这也是康德美学走向现代的一个基本的特征。现代美学或者说现代性的美学诞生于现代性学术思想的整体之中，而现代性最为重要的标志之一就是对于某一事物主体性的寻求。自文艺复兴以来，主体性就一直是现代哲学的奠基石，在政治领域表现最为突出。现代主体性往往就是个体主义，即不仅把自我作为理论认识的中心，而且把自我作为社会政治行动的中心。这种个体主义正是西方现代文化传统中最核心的特征之一，不仅体现在社会政治上，而且也体现在思维、哲学上。比如，在一个完整的事物之中，可以划分为A、B、C三大领域，A必须区别于B，B也必须区别于C，彼此界限清晰，A、B、C各完成其界限内的事情，互不越界，互不干扰，而且A、B、C三者之间互相支持协调，共同为这一完整的事物服务。这也正是康德哲学与康德美学的基本理论。

按照这个思路，康德就必须把审美的界限与认识、欲求清晰地区别开来，“愉快的情绪和自然的合目的性的概念的联结”①，“合目的性是先行于对客体的认识的，甚至于为了认识的目的而不用它的表象时，它仍然直接和它结合着，它是表象的主观方面的东西，完全不能成为知识的组成部分。所以对象之被称为合目的性，只是由于它的表象直接和愉快及不快结合着：而这个表象自身是一个合目的性的美学表象”②。也就是说，康德认为，一切意图的达成都和快乐的情绪结合着。这个意图的达成有一先验表象作为其条件，就像对于所有反思着的判断力有一个原理一样，快乐的情绪也是被一个先验的和对每个人都有效的根据所规定。自然的合目的性丝毫没有涉及欲求的机能，仅仅是由客体联系到认识机

① ［德］康德：《判断力批判》上卷，商务印书馆1964年版，第24页。
② ［德］康德：《判断力批判》上卷，商务印书馆1964年版，第28页。

能，它和自然界的一切实践的合目的性完全区别开来。

审美的合法界限既然是属于快感，那么对于这一快感又必须加以更加具体的限定，即“愉快和直观对象的纯粹形式的把握结合着”[1]，这样才能构成一个可供美学研究的纯粹的对象——“这个表象自身是一个合目的性的美学表象”[2]。如果说康德是现代美学知识体系的奠基者，那么，“纯粹形式”就是这一知识体系的第一块奠基石。由于这个“纯粹形式”，因而必然推导出“鉴赏是凭借完全无利害观念的快感和不快感对某一对象或其表现方法的一种判断力”这一划时代的命题。

康德的深刻之处在于指出了感官之间的差别。如果纯粹就人类感官的个别性而论，一切美感都只是快感而已，但是快感又是千差万别的。有些快感比较简单，生而俱来，而且无须进行专门的培养与教育，比如味觉、嗅觉与触觉就是如此。而视觉、听觉快感可以作为一种教养与修养，可对其持续地加以呵护与培养，它们有无限的提升、创造的空间与余地。这只是在一种“理论”上的可能性——某一种事物只能够满足“味觉”“嗅觉”“触觉”或者“视觉”“听觉”等等感官，也就是说只具有一种单纯的“质料”特性，而在“现实”之中，这样的事物只能是少之又少的。

因而，康德的失误在于——只是对通过视听所得到的快感与通过其他感官所得到的快感进行孤立的价值与功能比较。因为在纯粹的艺术作品之外，还有着更为广阔的审美领域，有着更为复杂的“质料”构成的审美对象。这些对象要求审美主体必须以多种复合的身体诸觉参与审美活动，否则就无法完成一个正常的审美生活。比如，触觉、味觉、嗅觉、听觉与视觉可能同时在处于一个建筑之中的主体身上发挥作用，正如建筑理论家斯蒂文·霍尔所言：“对建筑中材料的体验不仅是视觉的，而且是触觉、嗅觉和口感的。所有这些与空间和我们的身体在时间中的轨道

---

① ［德］康德：《判断力批判》上卷，商务印书馆 1964 年版，第 28 页。

② ［德］康德：《判断力批判》上卷，商务印书馆 1964 年版，第 28 页。

交织起来。也许没有任何一种领域能像触觉领域那样更直接地与多种现象和感知体验相接触。建筑的触觉领域是由触觉来界定的。当细部的材料性形成，一个建筑空间变得明显时，触觉的领域便打开了。感觉的体验强化了，心里的尺度也加入进来。”①

因而，通过康德的三重过滤之后，比较的最后结果是剩下了一个极为纯粹的审美对象，尽管康德本人并没有直接这样表述，但是结论确实极为明确，也就是：审美活动的感官只与“视觉”与“听觉”有关联，与此相关联的就只能是“纯粹”的“艺术作品”。这个“纯粹”的“艺术作品”与“实体性存在”无关，因为“实体”都必然是“作为原因的结果”②。它的最本质的特征因而就体现在其“质料”上，只有依据“质料”的特性才有可能与“实体”区分开来，也就是说它的“质料”就是——“符号”——能够表达某一事物却不带有此事物特殊的质料感的最佳承担者。如果说有质感的话，那也是这种媒介材料自身的质感，而不是它所要呈现对象自身的质感。

如果说在康德的思维中，在美与真之间可以做比较简单的对比的话，那么，与善以及其他官能快感的比较就很复杂费力，原因就在于美感作为一种快感形态，在范围与界限上与善、其他官能快感的重合处很多，或者说在它们之间存在的模糊地带太宽广了。在与这两者的比较之中，康德所做的就可以归结为：把与视觉、听觉无关的其他身体感觉完全排除在审美活动之外。在康德看来，纯粹的审美判断是不依赖于“刺激和感动的”③，因为“一切的利害感都败坏着鉴赏判断并且剥夺了它的无偏颇性，尤其是当它不是像理性的利害观念把合目的性安放在快乐的情感之前，而是把它筑基于后者之上；这种情况常常在审美判断涉及一事物给予我们以快感或痛苦的场合时出现。因此这样被刺激起来的判断完全

① 载沈克宁:《建筑现象学》,中国建筑工业出版社 2007 年版,第 121 页。
② [德]康德:《判断力批判》下卷,商务印书馆 1964 年版,第 47 页。
③ [德]康德:《判断力批判》上卷,商务印书馆 1964 年版,第 60 页。

不能要求或仅能要求那么多的普通有效性；这要看有若干此类感情混在鉴赏的规定根据之内。当鉴赏为了愉快、仍需要刺激与感动的混合时，甚至于以此作为赞美的尺度时，这种鉴赏仍然是很粗俗的”[①]。

在审美判断与感官判断之间，康德视为水火不容：“假使鉴赏判断没有任何原理，像单纯感官的趣味的判断，那么人们就完全不会想到它们的必然性。所以鉴赏判断必需具有一个主观性的原理，这原理只通过情感而不是通过概念，但仍然普遍有效地规定着何物令人愉快，何物令人不愉快。”[②] 例如康德对于“功能性的、实用性的”的美的态度，他说：“鉴赏判断完全不系于完满性的概念”[③]，“美，它的判定只以一单纯形式的合目的性，即一无目的的合目的性为根据的”[④]。如果按照康德的设想，我们甚至不能再使用“美”来形容西施与貂蝉了，因为这个词在康德看来只是日常语言对于美的误用或者不严谨的说法而已。对于一位年轻美女的观看，在康德看来，尽管她的外观呈现了与纯粹的审美对象相同的一些东西，但是，性的吸引与兴奋会妨碍鉴赏判断的纯粹性，所以，“教堂、宫殿、园林、森林里的牧场”等都被康德过滤在纯粹的审美对象之外，它们都属于“多样性”的“附庸美”[⑤]，而他所期许的是“自由美”[⑥]。

按照康德的思路推导下去，“审美”的“界限”与“疆域”只能限于最为纯粹的，而且最能明确地把审美与其他事物相区别的领域，从而也就把这两个对象从审美活动中过滤掉，或者说是剥离出去了，即具有使用价值或功能性第一的日常生活用品的审美设计和自然美当中的空间环境体验，这两个对象正是审美生活中呈现三足鼎立的另外两足，这两

---

① ［德］康德：《判断力批判》上卷，商务印书馆 1964 年版，第 60—61 页。
② ［德］康德：《判断力批判》上卷，商务印书馆 1964 年版，第 76 页。
③ ［德］康德：《判断力批判》上卷，商务印书馆 1964 年版，第 64 页。
④ ［德］康德：《判断力批判》上卷，商务印书馆 1964 年版，第 64 页。
⑤ ［德］康德：《判断力批判》上卷，商务印书馆 1964 年版，第 69 页。
⑥ ［德］康德：《判断力批判》上卷，商务印书馆 1964 年版，第 68 页。

足恰恰都与“身体”的全面体验密不可分。康德解决的是其中之一，即以纯粹的艺术作品为对象的审美生活难题，但是留下了另外两个难题：“功能性的、实用性的”的美和自然美。偏于精神性的、“静观”的、因而是“自由”的享受的快感在他看来是属于最纯粹的美感的，但是偏于身体享受、物质性享受的、相对复杂或多样性的快感则是受轻视的。

综上所述，蔡元培对上述康德美学的继承与阐发，既会对美育理论产生积极肯定的作用，比如蔡元培对公共空间之中公共艺术所起到的美育功能的思想以及“以美育代宗教”的伟大命题等等。这些命题都是由康德的美学命题推导而来，或者是利用了这一美学命题中的积极成分，但是，这种继承的阐发也会产生含混与负面的作用，集中的体现就是以艺术美的超功利、普遍性去作为一切审美对象的特性，进而把超功利、普遍性上升为道德层面的教化。这都会产生以偏概全或者对康德美学、艺术美学的过誉倾向。

## 三、艺术美学思想及对中西艺术的比较

如果说上述两个方面的美学思想决定了蔡元培美育思想的宏观方向以及基本面，那么，他对于文艺美学具体问题的研究以及对中西文学艺术的比较，则为其美育理论提供了丰沃的土壤与天地，为美育活动的内容、对象、课程、教材、教法等等的研究提供了最为直接的贡献。在上诸领域，蔡元培都起到了开创历史、领风气之先的作用。

蔡元培对具体的艺术门类、审美对象进行研究时，其视野早已不局限于纯粹的艺术作品，对于自然美、空间环境美、日用品的设计美等等都有极为广泛的涉猎，这足以见出蔡元培在审美经验的积累上不仅深厚，而且足够宽广。

### （一）对审美发展以及艺术起源的研究

蔡元培认为，艺术起源的研究与美育活动之中的审美发展是同一个问题，因为对于一个审美个体而言，从婴幼儿时代的懵懵懂懂到成熟时期的审美能力的成熟，这一过程与人类宏观的审美发展或者起源的历史

是一致的。对此，蔡元培说："我们一看他们的美术品，自然觉得同文明人的著作比较，不但范围窄得多，而且程度也浅得多了。但是细细一考较，觉得他们所包含美术的条件，如节奏、均齐、对比、增高、调和等等，与文明人的美术一样。所以把他们的美术与现代美术比较，是数量的差别比种类的差别大一点儿；他们的感情是窄一点儿，粗一点儿；材料是贫乏一点儿；形式是简单一点儿，粗野一点儿；理想的寄托，是幼稚一点儿。但是美术的动机、作用与目的，是完全与别的时代一样。"① 因而，可以从先民的审美能力看出从幼稚到成熟发展的清晰脉络。

蔡元培认为，艺术活动以及审美活动起源于"美术的冲动"（美术即艺术），他说："凡是美术的作为，最初是美术的冲动（这种冲动，是个别的，如音乐的冲动，图画的冲动，往往各不相干；不过文辞上可以用'美术的冲动'的共名罢了）。这种冲动，与游戏的冲动相伴，因为都没有外加的目的。又有几分与摹儗自然的冲动相伴，因而美术上都有点摹儗的痕迹。这种冲动，不必到什么样的文化程度，才能发生；但是那儿种美术的冲动，发展到什么一种程度，却与文化程度有关。"② 在整体上，蔡元培把这些关于游戏、模仿的内容都融进了"美术的冲动"，而且他一再强调，这正是"形式"或者"形式感"产生与发展的过程。

对于人自身的审美冲动及其发展，蔡元培还把人与动物进行了对比，他说："照进化学的结论，人类是从他种动物进化的。我们一定要考究动物是否有创造美术的能力？我们知道，植物有美丽的花，可以引诱虫类，助他播种。我们知道，动物界有雌雄淘汰的公例：雄的动物，往往有特别美丽的毛羽，可以诱导雌的，才能传种。动物已有美感，是无可疑的。但是这些动物，果有自己制造美术的能力么？有些美学家，说美术的冲动，起于游戏的冲动。动物有游戏冲动，可以公认。但是说到美术上的创造力，却与游戏不同。动物果有创造力么？有多数能歌的鸟，如黄莺

① 高平叔编:《蔡元培全集》第三卷,中华书局 1984 年版,第 423 页。
② 高平叔编:《蔡元培全集》第三卷,中华书局 1984 年版,第 423 页。

等，很可以比我们的音乐。中国古书，如《吕氏春秋》等，还说‘伶伦取竹制十二筒，听凤凰之鸣，以别十二律’云云，似乎音乐与歌鸟，很有关系。但他们是否是有意识的歌，无从证明。图象美术里面，造象绘画，是动物界绝对没有的。”① 所以，动物是有美感的，但是很低级、粗糙，其创造形式仅限于出自于本能的进化，就其载体而言也仅仅局限于身体与生理方面，比如很多雄性鸟类都有美丽的羽毛等等；而人之为人，却可以进行“形式”的创造，这些形式既体现于个体的身体，也更体现为丰富的符号创造，而这正是美育之源。

（二）中西艺术的比较与美育

自中国进入近现代以来，国门洞开，我国民众有史以来第一次如此大规模地接纳外族文学艺术作品，仅仅从美育来看，美育的内容与对象就有了前所未有的更新与扩展，涉及各种艺术门类以及审美设计等各个领域。在这样的情势下，蔡元培对于中西艺术进行了很多比较，从中不难发现其着意于美育的用心所在。

他认为，从美感的两种最为常见的形态来看，在中国、西方各有不同的体现，他说：“我国文学、美术，皆偏于优美一派，而鸷重神秘之风甚少。欧人中近此者为拉丁民族，而法人尤其著者也。”② 以上对西方文学艺术——“鸷重神秘”之风的总结，的确指出了中西在审美文化上的极大差异。西方文学艺术，受到宗教影响之深，受影响时间之久，都是我国审美文化所没有的。虽然蔡元培并没有对此进行特别具体的阐述，但是的确阐发出了中西传统审美文化的深层意蕴。

自美育的观点来看，蔡元培尤为重视戏剧的作用。他认为，与那些演讲相比，小说的教育作用更大，因为演讲的弊端在于“没有兴会”，而小说则不然。但是与戏剧的教育作用相比，小说又要次之。因为对于普通民众而言，未必受过良好的文字阅读教育，而戏剧作为视觉对象，其

① 高平叔编：《蔡元培全集》第三卷，中华书局 1984 年版，第 403 页。
② 高平叔编：《蔡元培全集》第三卷，中华书局 1984 年版，第 145 页。

教育意义超过了小说。蔡元培说："讲演能转移风气，而听者未必皆有兴会。小说之功，仅能收之于粗通文义之人。故二者所收效果，均不若戏剧之大。戏剧之有关风化，人所共认。盖剧中所装点之各种人物，其语言动作，无一不适合世人思想之程度。故舞台之描摹，最易感人。且我国旧剧中之白口，均为普通语言，听之者绝无隔膜之弊。未受教育之人，因戏剧而受感触者，恒较为锐敏。尝见北京旧日戏园有所谓池座者，大抵为不识字之人所占，而每次采声，必先发自池座。近人主张改良戏剧，莫不致力于新剧之编纂。窃谓新剧初起，其感化社会之力，或尚不及改良之旧剧。盖旧剧之体裁，久已印入人心，而新剧则尚未习惯，又编演者程度幼稚，或不足以动人，故不能与旧剧相抗衡也。就中国往事观之，旧剧感人之魔力，实为至巨。"① 以上话语既指出了演讲、小说、戏剧之间的教育作用在不同人群上的不同体现，又重点阐述了我国戏剧在新旧时代的不同状态。可以看出，他对视觉文化的洞察可谓开风气之先——视觉艺术在接受上的确有自己别具一格的优势。

同时，他又指出了我国传统戏剧的弱点，他说："旧剧中述男女之情，大抵其先必受种种挫折，或男子远离，女子被难，一旦衣锦荣归，复相团聚，此等情节，千篇一律。例如《续西厢记》之必述张生及第归来，复与莺莺团圆之类。曾不知天下事，有成必有败，岂能尽如人愿而无丝毫之缺憾？即以历史人物而论，颜渊敏而好学，不幸短命。屈原，楚之贤大夫也，而自沉于汨罗。惟其如此，始足使千载下动无穷之凭吊。然我国人绝无演此类事于舞台之上者。盖我国人之思想，事事必求其圆满。"② 也就是说，西方的悲剧艺术比较发达，而我国则竟尚喜剧。当然，就整体来看，蔡元培并没有对中西悲喜剧之间的区别进行简单的处理，而是指出我国有些戏剧作品如果按照情节自然而然地发展，本来应该是悲剧结尾最好，但是要强行以喜剧结尾。在此，他认为，我国戏剧就有

① 高平叔编：《蔡元培全集》第二卷，中华书局 1984 年版，第 494—495 页。

② 高平叔编：《蔡元培全集》第二卷，中华书局 1984 年版，第 495 页。

必要向西方戏剧学习，以此发挥戏剧的重要教育作用。

因而，他说：“专制时代之为皇帝者，已属无上之尊，而贪心犹未已。秦皇、汉武，至欲求长生不死之术，亦其例也。西人之重视戏剧也，有将剧本采入学校中之教科书者，其价值可想。考其戏剧，约有数种。其第一种为歌舞剧，即所谓阿泊拉，为戏剧中之最正式者，所演多为悲剧，此种专重歌舞，而无科白，佐以音乐。又有一种，专用科白者，则与中国近时所演之新剧相类，亦以悲剧为多。其所用语言，皆彼国最正国语。”① 按照他的说法，在现实生活之中有很多好题材或者意义极为重大的题材，我国传统的戏剧创作却没有对此进行再现，而西方的戏剧创作则不然。西方人甚至把戏剧作品引入学校教材，其发挥的思想教育、审美教育作用之大，是可以想见的。

蔡元培还介绍了西方“电影”之于美育的重大作用，同样得风气之先。他说：“影戏之成本较轻，而收效至易。近闻英国新流行一种影戏器，尤为省事。盖不必制玻片，即以邮片插入，亦能影出者是也。通行之活动影戏，为迎合观者之心理起见，亦有加入不正当之影片者。德国影戏院中，凡中学校以下生徒，平时不得入览。而于每星期三、六或休假日，特择其较为纯正者演之，始许学生入观。大半为关于科学事理之片，间有滑稽之作，要皆无害于身心者。”② 在他看来，电影的教育作用比戏剧更大。当然，蔡元培是从特定的视角来陈述的——媒介能否浅易地为民众所理解、接受。

另外，蔡元培对中西之间绘画的差异也关注较多。他认为我国美术上的发展往往存在因袭传统、不易创新的问题。他主张应该抛弃成见，进行自由的尝试与创造，他说：“今世为东西文化融合时代。西洋之所长，吾国自当采用。抑有人谓西洋昔时已采用中国画法者，意大利文学复古时代，人物画后加以山水，识者谓之中国派；即法国路易十世时，

① 高平叔编：《蔡元培全集》第二卷，中华书局1984年版，第495—496页。

② 高平叔编：《蔡元培全集》第二卷，中华书局1984年版，第496页。

有罗科科派，金碧辉煌，说者谓参用我国画法。又法国画家有摩耐者，其名画写白黑二人，惟取二色映带，他画亦多此类，近于吾国画派。彼西方美术家，能采用我人之长，我人独不能采用西人之长乎？故甚望中国画者，亦须采西洋画布景实写之佳，描写石膏物像及田野风景，今后诸君均宜注意。”①

蔡元培在中西艺术比较上的阐述是很丰富的，在此不再进行一一列举。仅就上述例证就可以看出，他从美学的基本问题入手，继而深入到美育理论之中的重大问题，同时对多个具体问题都有辩证、精彩的论述，这一切都为蔡元培美育思想的辉煌成就奠立了坚实的基础。

## 第三节　蔡元培的美育思想

蔡元培的美育思想极为深刻而丰富。就深刻而言，他对美育理论中的一些重大问题做出了独到且具有开创性的研究，尤其是提出了“以美育代宗教”的命题；就丰富而言，他的美育思想涉及对如上所述的中西艺术的比较、各个艺术门类教育的不同功能与特点、美育在家庭、社会、学校中的实施、公共空间之中公共艺术的美育功能等等。而且更为重要的是蔡元培美育思想中浓的、化不开的中国情结以及本土问题意识，显示出他十足的中国风格与境界。聂振斌曾对蔡元培美育思想进行过简要而精辟的总结，他说：“蔡元培倡导美育，不是一时的心血来潮，而是经过了一番研究，作了一定的理论准备之后提出来的。他著书立说，阐述美育的理论；他大声疾呼，敦请文化教育界对美育的重视；他以卓有成效的实践获取了广泛的社会承认；他热情洋溢、满怀信心，勤勤恳恳，兢兢业业，为我国美育远景绘制蓝图，制定实施的方法。且不论他对美育所作出的显著成绩，仅就他所付出的心血和所表现出的热忱，那也是

---

① 高平叔编:《蔡元培全集》第三卷,中华书局 1984 年版,第 208 页。

令人十分感动的。”①

下面就针对蔡元培美育思想中关于美育理论的一般问题、美育的实施、“以美育代宗教”、公共艺术美学中的美育功能等四个方面进行分别论述。

## 一、美育理论的一般问题

### （一）何为美育?

美育理论与美育实践在世界上业已有了漫长的历史，也已经有了可贵而深厚的积累，而蔡元培的美育思想与美育实践则是在康德、席勒美学与美育思想影响下，对中国特有问题进行的解答。关于什么是美育?蔡元培说：“人人都有感情，而并非都有伟大而高尚的行为，这由于感情推动力的薄弱。要转弱而为强，转薄而为厚，有待于陶养。陶养的工具，为美的对象，陶养的作用，叫作美育。”②

这种对美育的宏观概括，是蔡元培一直采纳的。他以美育为情育，正是受到康德哲学的影响。上文对此已有一些论述，也就是康德从人类心理机能的三个最主要的方面出发，对心理机能进行了知、情、意的划分，并分别对应科学、审美、道德这三大人类精神文化价值形态。而审美活动或者审美判断力最为根本的特征就在于超乎功利，审美主体完全凝神于形式之上，这是审美判断四大契机中的第一契机。第一契机是其他三个契机的总纲，其他三个契机都是对于第一个契机的注解与具体阐释。蔡元培对以上四个契机中的前面两个契机是最为钟爱的，那就是“普遍”与“超脱”。蔡元培说：“美的对象，何以能陶养感情?因为他有两种特性：一是普遍，二是超脱。”③ 其实按照康德关于审美判断力四大契机的顺序，是应该把“超脱”排在前面的。因为纯粹的艺术作品只

① 聂振斌:《蔡元培及其美学思想》,天津人民出版社 1984 年版,第 341 页。

② 高平叔编:《蔡元培全集》第六卷,中华书局 1988 年版,第 157 页。

③ 高平叔编:《蔡元培全集》第六卷,中华书局 1988 年版,第 157—158 页。

适用于视觉与听觉，而这两种感官的特性就在于不会对所接受的、欣赏的对象造成任何物质、物理层面上的损害或磨损，而且这些纯粹的艺术品往往是使用符号来进行创作的，自然不会引发意欲使用的占有欲，也就不会具有利害性与功利性，不会引发利害冲突。因而，这样的事物是可以适用于一切人的，是可以进行分享的，这正是以纯粹的艺术品为审美对象的审美活动所具有的“普遍”性，也正是从“超脱”到“普遍”的逻辑链条。

蔡元培把康德的美学思想直接转化为了美育思想，以纯粹的艺术品为对象的审美活动的确带有超功利、可以分享的特性，但是蔡元培显然对此进行了更高的发挥，他说：“意志之表现为行为。行为之中，以一己的卫生而免死、趋利而避害者为最普通；此种行为，仅仅普通的知识，就可以指导了。进一步的，以众人的生及众人的利为目的，而一己的生与利即托于其中。此种行为，一方面由于知识上的计较，知道众人皆死而一己不能独生；众人皆害而一己不能独利。又一方面，则亦受感情的推动，不忍独生以坐视众人的死，不忍专利以坐视众人的害。更进一步，于必要时，愿舍一己的生以救众人的死；愿舍一己的利以去众人的害，把人我的分别，一己生死利害的关系，统统忘掉了。这种伟大而高尚的行为，是完全发动于感情的。”① 以对艺术作品进行欣赏所得到的无利害感来直接推导出审美可以让一个人变得无私等等，这无疑是对康德美学的过誉，也是对艺术教育自身功能与价值的过誉。蔡元培的美育就此而言，是带有空想性质的。

1930 年，他在《教育大辞书》中的“美育”词条中说：“美育者，应用美学之理论于教育，以陶养感情为目的者也。人生不外乎意志，人与人互相关系，莫大乎行为，故教育之目的，在使人人有适当之行为，即以德育为中心是也。顾欲求行为之适当，必有两方面之准备：一方面，计较利害，考察因果，以冷静之头脑判定之；凡保身卫国之德，属于此

① 高平叔编：《蔡元培全集》第六卷，中华书局 1988 年版，第 157 页。

类，赖智育之助者也。又一方面，不顾祸福，不计生死，以热烈之感情奔赴之。凡与人同乐、舍己为群之德，属于此类，赖美育之助者也。所以美育者，与智育相辅而行，以图德育之完成者也。”① 就此陈述而言，与上述对于美育的概括基本一致。其深刻之处在于，他指出了审美活动之中最重要的特性或者最重要的因素之一——“情感”的兴发状态，因为美育之中最为重要的目标或者内容之一就是对于情感的陶冶，但是蔡元培无疑是把美育的德育作用强调得太过了。

当然，在很多情况下，蔡元培一旦从这种康德式的玄思中跳脱出来，尤其是当他面对具体的艺术作品或者审美现象时，他就会把审美教育的作用与功能阐述得极为合理，完全从康德美学的局限中脱离出来。在谈及音乐的功能时，他说：“合各种高下之声，而调之以时价，文之以谐音，和之以音色，组之而为调、为曲，是为音乐。故音乐者，以有节奏之变动为系统，而又不稍滞于迹象者也。其在生理上，有节宣呼吸、动荡血脉之功。而在心理上，则人生之通式，社会之变态，宇宙之大观，皆得缘是而领会之。此其所以感人深，而移风易俗易也。”② 可以看出，在论及欣赏音乐的过程时，蔡元培完全是从审美活动的完整性出发的，也就是不破坏审美活动自身的质朴性、原初性，按其自身显现的方式，完整地、生动地描述出来。其中所言欣赏音乐时所出现的“身体”反应，尤为可贵。这就完全跳脱了康德美学的窠臼。康德在论及视觉、听觉作为审美感官的时候，是完全排斥身体上、生理上的任何体验、反应的。

如果说，康德的美学使得在现代意义上作为一门合理合法的美学知识得以确立的话，康德美学就只是关于艺术美的知识。就此而言，我们丝毫不能抹杀康德的伟大贡献，就像卡西尔在《人论》中所说的：“康德在他的《判断力批判》中第一次清晰而令人信服地证明了艺术的自主性。以往所有的体系一直都在理论知识或道德生活的范围之内寻找一种艺术

① 高平叔编：《蔡元培全集》第五卷，中华书局1988年版，第508页。

② 高平叔编：《蔡元培全集》第二卷，中华书局1984年版，第450页。

的原则。……在对艺术的道德解释和理论解释这两种情况下，艺术都绝不具有任何它自己的独立价值。”① 康德关于审美判断的四个契机尤其是关于“审美无关利害”的命题，在审美作为一种生活或者说作为一个事件、行为的意义上可以得到更为准确的理解，因为这一命题并不是针对艺术作品的本体论的，也不是针对创作论的，而是针对包含了在审美活动的一切因素，尤其是包含了审美主体、审美客体、审美时间这三个混溶而不可分离的因素的审美生活。

可以说，康德的美学思想使得美学摆脱了以古希腊为代表的侧重于认识论的美学倾向，也摆脱了以中世纪美学为代表的侧重于唯灵论的倾向，但是，这种过于高扬的审美主体性是奠基于一个预设的主观教条，也就是，康德审美判断侧重分析的是质料或者质素单一性的审美对象所带来的那种单一的或者纯粹的快感。因而，在很多情况下，这种由预设的“观念”出发，而不是由“实事”出发的做法，过分强调了“某物”的纯粹主体性，把“某物”变成了“观念”，同时把那些不具备质料或者质素上单一特性的“某物”排除在外了。因为很多质料或者质素就其构成方式而言是多重的、连续的、复杂的，但是尽管如此，这些“多重”“连续”和“复杂”属于同一个事物。比如，当我喝水的时候，我拿起杯子，看着杯子，感觉是如何构成的呢？杯子可触又可观，而且，可触与可观是同时发生的，它们隶属于我的一个饮水的行为之中。但是康德的美学就只是寻求单一的——如同茶杯只能是“可视”的——这一种价值，而“可触”的价值在他看来就是属于很低等的感官需要，他总是力图把这些“杂音”排除出去，以求得纯粹、静观、自由、超乎功利的快感。

蔡元培保全了美育活动自身的完整性，完全突破了康德艺术美学思想中对身体经验的幻想式排除的局限。他在论述装饰艺术时，同样关注到了日用品的审美。他说：“器用之装饰，大之如坐卧具，小之如陈设品

---

① ［德］卡西尔：《人论》，上海译文出版社 1985 年版，第 175—176 页。

皆是。我国如商、周之钟鼎，汉之铲镜，宋以后之瓷器，皆其选也。宫室之装饰，如檐楣柱头，多有刻文；承尘及壁，或施绘画；集色彩之玻板以为窗，缀斑驳之石片以敷地，皆是。其他若窗幕、地毡之类，亦附属之。”①

他还说：“巴黎一市，揽森河左右，纬以长桥，界为驰道，间以广场，文以崇闳之建筑，疏以广大之园林，积渐布置，蔚成大观；而驰道之旁，荫以列树，芬以花塍；广场及公园之中，古木杂花，喷泉造象，分合错综，悉具意匠。是皆所以餍公众之美感，而非一人一家之所得而私也。由是观之，人智进步，则装饰之道，渐异其范围。身体之装饰，为未开化时代所尚；都市之装饰，则非文化发达之国，不能注意。由近而远，由私而公，可以观世运矣。”② 以上对于日用品的关注，使得蔡元培的美育思想深入到了讲究实用性与功利性的审美对象的领域——小至床铺、家庭装饰，大到城市设计，都在美育的范围之内。这显示出蔡元培视野的宽阔，也更彰显出作为一位学者从实事出发的可贵品质。

（二）美育方针的确立

在一个现代国家的教育方针中确立美育的地位及其内容，并且把美育与其他诸育之间的关系清晰地确定下来，对于一个国家的教育、文化的发展来说是至关重要的。

1920 年，蔡元培在新加坡南洋华侨中学的演说词中说：“前年我国审查教育会，把普通教育的宗旨，定为：（一）养成健全的人格，（二）发展共和的精神。所谓健全的人格，内分四育，即：（一）体育，（二）智育，（三）德育，（四）美育。”③ 他对四者之间关系及其状态的进行了解释，认为体育是——“健全的精神，宿于健全的身体。足见体育的不可轻忽。不过体育是要发达学生的身体，振作学生的精神，并不是只在赌

① 高平叔编:《蔡元培全集》第二卷,中华书局 1984 年版,第 456 页。
② 高平叔编:《蔡元培全集》第二卷,中华书局 1984 年版,第 456 页。
③ 高平叔编:《蔡元培全集》第三卷,中华书局 1984 年版,第 474 页。

赛跑跳或开运动会博得名誉体面上头，其所以要比赛或开运动会，只是要引起研究体育的兴味；因恐平时提不起锻炼身体的精神，故不妨常和人家较量较量。我们比不过人家时，便要在平常用功了。其实体育最要紧的，是合于生理。若只求个人的胜利，或一校的名誉，不管生理上有无危险，这不要说于身体上有妨害，且成一种机械的作用，便失却体育的价值了”①。智育则是要引起学生的兴味，去探究科学知识；关于德育，蔡元培说：“道德不是记熟几句格言，就可以了事的，要重在实行。随时随地，抱着试验的态度。因为天下没有一劳永逸的事情，若说今天这样，便可永远这样，这是大误。要随时随地，看事势的情形，而改变举措的标准。去批评人家时，也要考察他人所处的环境怎样而下断语才是。”②关于美育，他特别指出来——“为什么审查教育会，要把他分出来呢？因为晚近人士，太把美育忽略了。按我国古时的礼乐二艺，有严肃优美的好处。西洋教育，亦很注重美感的。为要特别警醒社会起见，所以把美育特提出来，与体智德并为四育”③。而且蔡元培一再强调，只有以上四科均衡发展，才会形成和谐的人格。

在1912年，蔡元培已经出任民国政府的第一任教育总长，在《对于新教育之意见》一文中，他提出以“国民主义、实利主义、德育主义和世界观、美育主义”作为教育方针。在此文中，他深刻地检讨了中国封建社会中教育的弊病，他说：“满清时代，有所谓钦定教育宗旨者，曰忠君，曰尊孔，曰尚公，曰尚武，曰尚实。忠君与共和政体不合，尊孔与信教自由相违（孔子之学术，与后世所谓儒教、孔教当分别论之。嗣后教育界何以处孔子，及何以处孔教，当特别讨论之，兹不赘），可以不论。尚武，即军国民主义也。尚实，即实利主义也。尚公，与吾所谓公民道德，其范围或不免有广狭之异，而要为同意。惟世界观及美育，则

---

① 高平叔编:《蔡元培全集》第三卷,中华书局1984年版,第474页。
② 高平叔编:《蔡元培全集》第三卷,中华书局1984年版,第476页。
③ 高平叔编:《蔡元培全集》第三卷,中华书局1984年版,第476页。

为彼所不道，而鄙人尤所注重，故特疏通而证明之，以质于当代教育家，幸教育家平心而讨论焉。”① 也就是说，封建教育制度本身就是应该予以扫除的封建制度之中的有机组成部分。况且，其中落后、腐败的政治制度以及来自于宗教的影响，更应在教育方针之中进行清除，来树立新的教育方针。

之所以在以上五育之中蔡元培对美育钟爱有加，是因为他认为美育可以起到世界观教育的重大作用。“世界观教育”指的是“消极方面，使对于现象世界，无厌弃而亦无执着；积极方面，使对于实体世界，非常渴慕而渐进于领悟。循思想自由言论自由之公例，不以一流派之哲学一宗门之教义梏其心，而惟时时悬一无方体无始终之世界观以为鹄。如是之教育，吾无以名之，名之曰世界观教育”②。可以看出，“世界观”的教育所指的不是技能的教育，也不是指身体的训练教育，而是指生活之中的那些牵涉到意义与价值的大智慧，而审美活动就隶属于这些大智慧。他说：“且其与现象世界之关系，又非可以枯槁单简之言说袭而取之也。然则何道之由？曰美感之教育。美感者，合美丽与尊严而言之，介乎现象世界与实体世界之间，而为津梁。此为康德所创造，而嗣后哲学家未有反对之者也。在现象世界，凡人皆有爱恶惊惧喜怒悲乐之情，随离合生死祸福利害之现象而流转。至美术则即以此等现象为资料，而能使对之者，自美感以外，一无杂念。例如采莲煮豆，饮食之事也，而一入诗歌，则别成兴趣。火山赤舌，大风破舟，可骇可怖之景也，而一入图画，则转堪展玩。是则对于现象世界，无厌弃而亦无执着也。人既脱离一切现象世界相对之感情，而为浑然之美感，则即所谓与造物为友，而已接触于实体世界之观念矣。故教育家欲由现象世界而引以到达于实体世界之观念，不可不用美感之教育。”③

---

① 高平叔编:《蔡元培全集》第二卷,中华书局 1984 年版,第 136—137 页。
② 高平叔编:《蔡元培全集》第二卷,中华书局 1984 年版,第 134 页。
③ 高平叔编:《蔡元培全集》第二卷,中华书局 1984 年版,第 134 页。

在这里，蔡元培一方面对康德美学进行了简洁到位的总结，另一方面又对康德美学有发挥与新见。在美育活动可以激发、兴发人的情感上，蔡元培继承了康德的思想，基本与康德的思想保持一致，比如主张审美活动的非概念性等等。但是，蔡元培同样延续了康德美学之中的弱点——把审美活动当做科学活动与道德活动之间过渡的桥梁，意欲通过审美活动来弥补纯粹理性活动与纯粹实践活动之间的鸿沟，因而，容易造成对审美活动过多的、不堪重负的要求。所以，在蔡元培对教育方针的具体阐释中，尤其是在他对美育之于德育、智育关系的认识与描述中，会出现一些牵强的倾向。

但是，就整体而言，蔡元培所提出的“五育”还是极为中肯的。比如，对“军国民主义”而言，在我国政治、经济、军事上较为积弱的状况下，必须进行、加强这一教育。对于“五育”在中外美育史、教育史中的实例，他说：“以中国古代之教育证之，虞之时，夔典乐而教胄子以九德，德育与美育之教育也。周官以卿三物教万民，六德六行，德育也。六艺之射御，军国民主义也。书数，实利主义也。礼为德育；而乐为美育。以西洋之教育证之，希腊人之教育为体操与美术，即军国民主义与美育也。欧洲近世教育家，如海尔巴脱氏纯持美育主义。今日美洲之杜威派，则纯持实利主义者也。”①

对于“五育”之间的整体性关系，蔡元培以人体之比喻作答，他说：“以心理学各方面衡之，军国民主义毗于意志；实利主义毗于知识；德育兼意志情感二方面；美育毗于情感；而世界观则统三者而一之。以教育界之分言三育者衡之，军国民主义为体育；实利主义为智育；公民道德及美育皆毗于德育；而世界观则统三者而一之。以教育家之方法衡之，军国民主义，世界观，美育，皆为形式主义；实利主义为实质主义；德育则二者兼之。譬之人身：军国民主义者，筋骨也，用以自卫；实利主义者，胃肠也，用以营养；公民道德者，呼吸机循环机也，周贯全体；

① 高平叔编:《蔡元培全集》第二卷,中华书局 1984 年版,第 135 页。

美育者，神经系也，所以传导；世界观者，心理作用也，附丽于神经系，而无迹象之可求。此即五者不可偏废之理也。本此五主义而分配于各教科，则视各教科性质之不同，而各主义所占之分数，亦随之而异。国语国文之形式，其依准文法者属于实利，而依准美词学者，属于美感。其内容则军国民主义当占百分之十，实利主义当占其四十，德育当占其二十，美育当占其二十五，而世界观则占其五。”① 这些论断对诸育之间的关系给予了辩证而均衡的陈述，自中国近现代以来，蔡元培的这一思想的确代表着我国学界、教育界、文化界对教育方针认识的最高水准。

就蔡元培对教育方针，尤其是他的“四育”“五育”的教育方针的思想来看，这对在我国推行现代教育，及早地在整体上告别封建古典教育形态，都具有决定性的重大作用，这既体现在作为文坛领域在思想学术上的倡导上，也体现在蔡元培本人对美育实践的身体力行。聂振斌曾对此做过极为精彩的总结，他说：“同时他身体力行，积极从事美育实践，例如创办音乐美术学校、开设美学课、聘请教师并亲自讲授；成立各种研究会，加强学术研究与审美活动；敦促社会环境的美化，等等，改变了学校以往死气沉沉的学风和庸俗低级的审美趣味，培养了大量人材，作出了显著成绩。在他的推动和影响之下，不少学者发表文章，演讲，著书立说，出版刊物等等，传播美育思想，到了二十年代已经形成一股重要的社会思潮。例如，刘伯明在南京高师教育研究会讲演美育，李石岑在他主编的《教育杂志》上发表《美育之原理》，吕澂在该杂志上发表《论美育书》，孟宪承也发表《所谓美育与群育》，梁启超在上海美专讲《美术与生活》，张竞生出版《美的社会组织法》《美的人生观》的专著……争相论述美育的社会意义和人生价值，批评中国不重视美育的缺点，主张美育要有独立地位，并且开展了不同观点的讨论。所以，在民国初办新式教育时，美育还包括在德育之中：到了这时，美育成为

① 高平叔编：《蔡元培全集》第二卷，中华书局 1984 年版，第 135 页。

一项独立的教育方针，就是水到渠成的了。”①

## 二、美育的实施

如前所述，蔡元培既是中国近现代以来美育理论研究的先行者与奠基者，同时又是美育实践的积极推动者与先驱。在美育实践方面，蔡元培所要做的是针对全体国民、惠及全社会且内容丰富的审美教育，他说：“美育为近代教育之骨干。美育之实施，直以艺术为教育，培养美的创造及鉴赏的知识，而普及于社会。”②

在1927年12月关于创办国立艺术大学的提案中，蔡元培针对美育的实施提出了很多具体方案。在美育实施的建设上，他提出“东西各国，莫不有国立美术专门学校、音乐院、国立剧场等之设立，以养成高深艺术人才，以谋美育之实施与普及，此各国政府提倡美育之大概情形也。中国鼎革以来，各种学校日渐推广；惟国立艺术学校，仅于民国七年在北京设立一校，然几经官僚之把持，军阀之摧残，已不成其为艺术学校矣；况经费困难，根本组织即不完善耶。我国民政府为励行革命教育计，尤不可不注意富有革命性之艺术教育，急谋所以振兴之。除北伐成功、将北京学校收回扩大，以为发展华北艺术教育之大本营外，以中国地域之广，人口之众，教育当务之急，应在长江流域设一国立艺术大学，以资补救，而便提倡。此本会向中华民国大学院建议创办国立艺术大学之最大理由也”③。

可以看出，蔡元培表达了三层意思，其一，我国近现代美育的实施必须向先进文化、先进国家的教育制度学习；其二，我国艺术教育的设施，尤其是与美育、艺术教育直接相关的学校极为缺乏；其三，在亟须进行革命的历史时期，美育应该敢于担当，在革命性艺术教育中发挥自

---

① 聂振斌：《蔡元培及其美学思想》，天津人民出版社1984年版，第356—357页。

② 高平叔编：《蔡元培全集》第五卷，中华书局1988年版，第179页。

③ 高平叔编：《蔡元培全集》第五卷，中华书局1988年版，第179—180页。

己的作用与贡献。这表明蔡元培的美育思想虽然采自于西土，但就上述针对我国美育实际状况的设想来看，已然是一种成熟的美育思想。而且，他的美育思想并没有抽象地停留在学术层面，停留在“教育独立”的抽象学理阐述上，而是针对本土问题，提出在特定时期美育所应当承担的功利性较强的重任。

关于艺术大学的选址，蔡元培也完全是从美育的角度提出的。他说：“美育之目的，在陶冶活泼敏锐之性灵，养成高尚纯洁之人格，故为达到美育实施之艺术教育，除适当之课程外，尤应注意学校的环境，以引起学者清醇之兴趣、高尚之精神。故校舍应择风景都丽之区，建筑应取东西各种作风之长，而以单纯雄壮为条件，期与天然美相调和，而切于实用。”① 在对建设费用、国内各省局势进行通盘考虑之后，蔡元培认为在杭州西湖最为合适，他说：“窃以为最适宜者，实莫过于西湖。盖其地山水清秀，逶迤数百里，能包括以上各名胜之长，而补其所不足。且该地庙宇建筑，颇多宏丽，若就改造，可省建筑费一大部分。况庙宇所占之地，风景绝佳，欲另建筑，胜地已不易得。将来若能将湖滨一带，拨归艺大管辖，加以整理，设立美术馆、音乐院、剧场等，成为艺术之区，影响于社会艺术前途，岂不深且远耶！”②

把最美的地方作为美育之地，作为培养美育人才之地，作为艺术家、教育家、美育理论家的聚集之地，蔡元培的见解可谓唯美之极。他所考虑的不是眼前的经济利益，不是把美景作为急功近利的挣钱工具，而是从审美价值自身的公共性出发，最大限度地发挥自然空间的审美价值的可能性，把最美的环境、空间、风景交给教育，交给教师与学生。这是何等的高瞻远瞩，唯美是图、唯公共是图！这在中外美学史、美育理论史上都是极富创见的美学、美育思想。

具体来看，根据个人所处空间与时间的差异，蔡元培又把美育的实

---

① 高平叔编:《蔡元培全集》第五卷,中华书局 1984 年版,第 180 页。

② 高平叔编:《蔡元培全集》第五卷,中华书局 1984 年版,第 180 页。

施划分为家庭美育、学校美育、社会美育三个部分，这种划分既考虑到一个人在横向上所处空间领域的差异，又关注到一个人在成长过程中环境的变化。下面分而述之。

（一）家庭美育

家庭美育的对象是幼儿与儿童。

要对幼儿与儿童进行美育活动，就必须首先了解儿童特有的心理特征，蔡元培一直主张对儿童心理进行深入研究，他说：“盖教育学之所以不成为科学者，以其所根据者，为哲学家之理想，而不本诸实验也。前世纪之季，实验心理学既已成立，于是由其中特别之部分，所谓儿童心理学，而演为实验教育学。虽在今日，其发展程度尚不及实验心理学之完全，而自千九百七年间，摩曼氏之《实验教育学讲义》发行，创立统系组织，科学之基础为之确定，是为教育学之一新纪元也。”① 如果没有对儿童心理的深入、全面的把握与研究，就不可能理解儿童的特性，也就不可能尊重儿童，给予儿童以恰当的教育。蔡元培曾说：“现行教科书之缺点：（一）材料之缺乏；（二）教授时之困难（程度不合于儿童之心理）。”②

而且，蔡元培认为，中国传统教育中教育不独立的主要体现之一就在于儿童教育，他说：“以《千字文》《神童诗》《龙文鞭影》《幼学须知》等书；进之以四书、五经；又次则学为八股文，五言八韵诗；其他若自然现象，社会状况，虽为儿童所亟欲了解者，均不得阑入教科，以其于应试无关也。”③ 这样的教育只能把儿童教育成受封建礼教、道德强制规定的“小大人”，蔡元培这样描述传统教育尤其是传统儿童教育的弊端以及新教育的不同：

---

① 高平叔编：《蔡元培全集》第二卷，中华书局 1984 年版，第 405 页。
② 高平叔编：《蔡元培全集》第三卷，中华书局 1984 年版，第 162 页。
③ 高平叔编：《蔡元培全集》第三卷，中华书局 1984 年版，第 173 页。

是教者预定一目的，而强受教者以就之；故不问其性质之动静，资禀之锐钝，而教之止有一法，能者奖之，不能者罚之，如吾人之处置无机物然，石之凸者平之，铁之脆者煅之；如花匠编松柏为鹤鹿焉；如技者教狗马以舞蹈焉；如凶汉之割折幼童，而使为奇形怪状焉；追想及之，令人不寒而栗。新教育则否，在深知儿童身心发达之程序，而择种种适当之方法以助之。①

对于儿童的心理特征，蔡元培有着深刻的认识，他说："儿童的抽象作用，较直观为弱；所以吾人在智育方面，即不能不授以概念，而要在多用直观的材料为引导。直观的对象，最好是实物，次标本，次图画，这是现今教育家所公认的。"② 这是对儿童智能发展阶段的科学总结，也就是从整体上看，儿童的直觉能力占有优势，因而，儿童的教育自然会以美育、游戏为主。

另外，蔡元培还对儿童心理中的"注意力"进行了阐述，他说："次就注意之发达言之，儿童之注意，多反射的（即无意的），由渐发达，而生有意的注意。盖儿童之注意，每归向于刺激之强者。然年龄渐长，刺激之弱者，亦得注意。及更进，能抵抗激刺及唤起反之之注意，是全有意的注意之力也。"③ 以上所述针对的正是儿童好动与活泼的天性，以上蔡元培对于儿童心理的深刻认识，为美育活动的实施奠立了科学心理学的基础。

蔡元培对当时的家庭教育极为不满，他说："自物质文明之发展，生存竞争之增剧，而家庭教育之实行，益多障害。富者以图逸乐、逐酬应之故，而委其子女于保姆。贫者以谋生计、操家政之故，而放任子女于自由。是以有幼稚园之教育。"④ 他还说："我常怀疑儿童于学校中常闻

---

① 高平叔编:《蔡元培全集》第三卷,中华书局 1984 年版,第 173—174 页。
② 高平叔编:《蔡元培全集》第六卷,中华书局 1984 年版,第 436 页。
③ 高平叔编:《蔡元培全集》第一卷,中华书局 1984 年版,第 304 页。
④ 高平叔编:《蔡元培全集》第二卷,中华书局 1984 年版,第 409 页。

科学之理论，而所好者，乃仍为家中迷信之谈，教科与习惯不相联络，其原因固复杂，而文、言之不一致，必其一端。”① 以上所说的尽管只是针对幼稚园的设立或者小学阶段课程的具体设计，但是对于儿童阶段的整个教育都是同样适用的。

其实，蔡元培对于家庭教育的不满，也是出自于更加强烈地倡导学校教育的初衷，他说：“有子女的人，不是人人有实行教育的时间。男子呢，莫不有一定职业，就每日有一定作工的时间。作工完毕了，还有奔走公益的，应酬亲友的，随意消遣的。请问每日中有多少时间可以在家与他的子女相见？妇人呢，或是就职业，或是操家政，也有讲应酬好消遣的，请问每日中有多少时间可以专心对付他的子女？所以有钱的就把子女交给没有受过教育的仆婢，统统引诱坏了；没有钱的就听子女在家里胡闹，或在街上乱跑。父母闲暇了，高兴了，子女就有不好的事，也纵容他；忙不过来了，不高兴了，子女就有好的事，也瞎骂一阵，乱打几拳。这又是大多数父母的通病了。而且现在的家庭对于儿童可以算好的榜样么？正经的父母不知道儿童性情与成人大有不同，立了很严规矩，要儿童仿作，已经很不相宜了。还有大多数的父母夫妇的关系、兄弟妯娌的关系、姑嫂的关系、主仆的关系、亲戚邻居的关系，高兴了就开玩笑，讲别人的丑事；不高兴了，相骂相打。要是男子娶了妾，雇了许多男女仆，那就整日的演妒忌猜疑的事，甚且什么笑话都可以闹出来。这可以做儿童的榜样么？兼且成年的人爱看的书报与图画，爱听的笑话与鼓词，不免有不宜于儿童的，父母看了听了，可以不到儿童的耳目么？有许多儿童都是受了家庭不好的教育，进学校后很不容易改良。所以我对于家庭教育很有点怀疑。”② 可以看出，蔡元培对时下家庭教育的观察是极为细腻的、全面的，对其中弊端的列举是很准确的，因而，在家庭教育与学校教育两个方面都要进行强化，尤其是在教育活动的实施上。

① 高平叔编:《蔡元培全集》第三卷,中华书局 1984 年版,第 164 页。

② 高平叔编:《蔡元培全集》第三卷,中华书局 1984 年版,第 263 页。

他认为美育首先要从胎教入手，他说：“我们要作彻底的教育，就要着眼最早的一步。虽不能溢出范围，推到优生学；但至少也要从胎教起点。我从不信家庭有完美教育的可能性，照我的理想，要从公立的胎教院与育婴院着手。”① 在这个方面，蔡元培对中国古典教育传统中的胎教成果与思想极为重视，他说：“且中国古代，尝有胎教之制。汉儒刘向（西历前一世纪人）于所作《列女传》中，言之曰：古者，妇人妊子，寝不侧，坐不边，立不跸，食不邪味，割不正不食，席不正不坐，目不视于邪色，耳不听于淫声，夜则令瞽诵诗，道正事。如此，则生子形容端正，才必过人矣。又言：周文王之母大任（西历前十三纪顷）有娠，目不视恶色，耳不听淫声，口不出恶言，能以胎教。夫人类遗传之规则，胎儿灵性之有无，在今日虽尚为聚讼之问题，然孕妇之疾病、羸弱与夫非常之激动，不能不影响于胎儿，为生理上所可信；体魄与心灵有密切之关系，又为近世所公认者；然则胎教之说，当亦不无假定之价值也。”②

他还说：“胎教院的设备，如饮食、器具、花园、运动场、装饰的雕刻与图画、陈列的书报，都是有益于孕妇的身体与精神的。因为孕妇身体上受了损害，或精神上染了汙浊，都要害及胎儿的。乳儿院的设备，必须于乳儿的母亲身体上、精神上都是有益的。要是母亲有了疾病，或发了邪淫、愤怒、悲愁的感情，都是害及乳儿的。有了这种设备，不论那个人家，要是妇人有了孕，便是进胎教院；生了子女，便迁到乳儿院。一年以后，小儿断乳，就送到蒙养院受教育，不用他的母亲照管。他的母亲就可以回家，操他的家政，或营他的职业了。”③ 就以上言论来看，蔡元培对胎教的重视不仅仅限于美育，而是从孕妇的身心健康、均衡和谐的角度出发的，在其中尤其重视孕妇精神生态的良性维护，正是在这个意义上，美育起到了重要的作用。

① 高平叔编:《蔡元培全集》第四卷,中华书局 1984 年版,第 211 页。

② 高平叔编:《蔡元培全集》第二卷,中华书局 1984 年版,第 409 页。

③ 高平叔编:《蔡元培全集》第三卷,中华书局 1984 年版,第 264 页。

因而，他提出，对于幼稚园的设立，必须关注在以下两个方面的建设与实施：

一曰未及一岁婴儿之保育所。凡此等婴儿之生而无母或其母有故不能自育者，以曾受特别教育之保姆育之，所不待言；即有母而且能自育者，亦得携儿而来，于适宜之建筑，循普通之规则，而无以生计家政之属分其心。

二曰孕妇摄养所。其建筑，其陈设，其间起居、饮食之规则，劳逸之条件，所展览之图书，皆参合卫生术、美学、教育学之原理而规定之。凡孕妇皆得居焉。其贫者且得以公费协助其生计焉。①

尤其是在1922年蔡元培所撰写的《美育实施的方法》一文中，更是对胎教中的美育因素进行了诗意且具体、极富可操作性的陈述，他主张成立公立的胎教院与育婴院，他说：

公立胎教院是给孕妇住的，要设在风景佳胜的地方，不为都市中混浊的空气、纷扰的习惯所沾染。建筑的形式要匀称，要玲珑，用本地旧派，略参希腊或文艺中兴时代的气味。凡埃及的高压式，峨特的偏激派，都要避去。四面都是庭园，有广场，可以散步，可以作轻便的运动，可以赏月观星。园中杂莳花木，使四时均有雅丽之花叶，可以悦目。选毛羽秀丽、鸣声谐雅的动物，散布花木中间；须避去用索系猴、用笼装鸟的习惯。引水成泉，勿作激流。汇水成池，蓄美观活泼的鱼。室内糊壁的纸、铺地的毡，都要选恬静的颜色、疏秀的花纹。应用与陈列的器具，要轻便雅致，不取笨重或过于琐巧的。一室中要自成系统，不可混乱。陈列雕刻、图画，都取优美一派；应有健全体格的裸体像与裸体画。凡有粗犷、猥亵、悲

① 高平叔编:《蔡元培全集》第二卷,中华书局1984年版,第409页。

惨、怪诞等品，即使描写个性，大有价值，这里都不好加入。过度刺激的色彩，也要避去。备阅览的文字，要乐观的，和平的；凡是描写社会黑暗方面、个人神经异常的，要避去。每日可有音乐，选取的标准，与图画一样，激刺太甚的，卑靡的，都不取。总之，各种要孕妇完全在平和活泼的空气里面，才没有不好的影响传到胎儿。这是胎儿的美育。

孕妇产儿以后，就迁到公共育婴院。第一年是母亲自己抚养的；第二、三年，如母亲要去担任他的专业，就可把婴儿交给保姆。育婴院的建筑，与胎教院大略相同，或可联合一处。其中陈列的雕刻图画，可多选裸体的康健儿童，备种种动静的姿势；隔几日，可更换一套。音乐，选简单静细的。院内成人的言语与动作，都要有适当的音调态度，可以作儿童的模范。就是衣饰，也要有一种优美的表示。①

就以上对环境、空间、建筑、公共空间中公共艺术设置、林木花鸟鱼虫陈设、房间装饰中日用品的陈列、胎教院与育婴院中的文艺作品等等的美感形态来看，其要求的标准体现了纯粹的“优美”，也就是柔和、舒缓、优雅、甜美、轻松、活泼、雅正、恬静、洁净等，而不是崇高、冷峻、跌宕、尖锐、鸷重、神秘、阴森可怖、变化剧烈、过于复杂、俗野、激荡等等，这样的美感能够使孕妇的身心保持和谐、安康，从而有利于后代的孕育。这种对胎教极为重视的思想，其实也是我国古典美学传统的一次发扬光大。因为中国古典文化与哲学、美学的优秀传统之一正在于不主张进行孤立的身心两元划分，因为在根本上所有的审美活动都是身心合一的，即便是视觉与听觉作为审美感官在精神上的体现特性更强烈一些。视觉与听觉不从事消耗性的活动，在这个意义上西方美学往往把视觉听觉称为神性的感官——纯粹精神性的感官，但是即便如此，

① 高平叔编:《蔡元培全集》第四卷,中华书局 1984 年版,第 211—212 页。

以视觉与听觉为主的审美活动仍然是身心合一的，比如上述柔和、优雅、甜美、轻松等等都是在“身心合一”——在一个鲜活的、统整的自我中所感受到的美感形态。

（二）学校美育

在蔡元培关于学校美育实施的思想中，包括从幼稚园到小学、中学、大学阶段的美育。

关于幼稚园美育，蔡元培认为它介于家庭美育与学校美育之间，他说：“幼稚园是家庭教育与学校教育的过渡机关，那时候儿童的美感，不但被动的领受，并且自动地表示了。舞蹈、唱歌、手工，都是美育的专课。就是教他计算、说话，也要从排列上、音调上迎合他们的美感，不可用枯燥的算法与语法。”[①] 针对幼儿的美育要做到生动、活泼、游戏性较强，可见，这与他对儿童心理的深刻把握是分不开的。

对于中小学、大学的美育，蔡元培又划分为普通教育中的美育与专业艺术教育两种，而且蔡元培对这一阶段的美育与幼稚园阶段的美育进行了对比，认为中学的美育在学生的自主性上有较大提高，而且在美育的内容上也应该由对低幼时期儿童较适宜的优美一类，转向优美、悲壮、滑稽等兼备。他说：“儿童满了六岁，就进小学校，此后十一二年，都是普通教育时期，专属美育的课程，是音乐、图画、运动、文学等。到中学时代，他们自主力渐强，表现个性的冲动渐渐发展，选取的文字、美术，可以复杂一点。悲壮、滑稽的著作，都可应用了。”[②]

在普通美育上，最能够体现蔡元培美育思想以及教育思想的民主性与公共性，他说：“我国输入欧化，六十年矣，始而造兵，继而练军，继而变法，最后乃始知教育之必要。其言教育也，始而专门技术，继而普通学校，最后乃始知纯粹科学之必要。吾国人口号四万万，当此教育万能、科学万能时代，得受普通教育者，百分之几，得受纯粹科学教育者，

---

① 高平叔编：《蔡元培全集》第四卷，中华书局 1984 年版，第 212 页。

② 高平叔编：《蔡元培全集》第四卷，中华书局 1984 年版，第 213 页。

万分之几。诸君以环境之适宜，而有受教育之机会，且有研究纯粹科学之机会，所以树吾国新文化之基础，而参加于世界学术之林者，皆将有赖于诸君。”① 这表明，蔡元培意欲使我国最广大的国民接受普遍的、无差别的教育，这正是蔡元培“公民”思想的集中体现。如前所述，他一贯主张教育与美育的舍己为群，主张个人的自由平等是人格健全与幸福的要素，而自由公民的义务则以世界责任为其最高目标，而要养成这样的公民，就必须进行适当的教育，才能具备相应的能力。这在蔡元培关于普通教育与职业教育关系思想中体现较多，他认为：“普通教育和职业教育，显有分别：职业教育好像一所房屋，内分教室、寝室等，有个别的用处；普通教育则像一所房屋的地基，有了地基，便可把楼台亭阁等建筑起来。故职业教育所注重的，是专门的技能或知识，有时研究到极精微处，也许有和日常生活绝不相干的情形。例如研究卫生的，查考起微生虫来，分门别类，精益求精，有一切另外的事都完全不管的态度。这是从事专门学问的特异点。可是我们要起盖房子时，必得先求地基坚实，若起初不留意，等到高屋将成，才发现地基不稳，才想设法补救，已经来不及了。我刚才讲过普通教育好像房屋的地基一样，所以教育者和被教育者，都要特别注意才是。”② 可以看出，职业教育之中的技能与智能对于人的生存、成家立业而言至关重要，对于社会的贡献而言也是极为重要，但是它所注重的只是某一技能与智能的发展，这些单一的技能与智能与人的整体潜能相比而言只能是微不足道的。因而普通教育一定要顾及人的全面发展教育，所以，进行普通教育，就具体表现为德智体美四育。

蔡元培还认为，对于普通教育不能实行“选科制”。他说：“现在的学校多实行选科制，但这种制度只能行之于高等以上的学校，并且学生只有相对的选择，无绝对的选择，除必修科以外的科学，才有选择权。

① 高平叔编:《蔡元培全集》第三卷,中华书局 1984 年版,第 312 页。

② 高平叔编:《蔡元培全集》第三卷,中华书局 1984 年版,第 473—474 页。

北京大学现行这种制度，如入化学科，有三分之二是必修科，余者可自由选择。又如在每门选一种或几种科学，而不专习某科者谓之旁听生，修业期限无定，学校亦不发毕业证书。学生所选的科学必须经教员审定，因教员知道选何者有益，选何者无益，如走生路，若无人指引，易入歧路。总而言之，高等教育方行选科制，但须教员认定。普通教育不能行选科制，只可采用选科精神。从前的学生有因一二种科学不及格而降班者，譬如甲长于国文而算术不好，因算术不好降入低年级，使他的国文也不能随高年级听讲。这种办法很不公平。遇了这种情形可用选科的精神，就是甲算术不好，乙国文不好，可令甲乙二人在低年级听算术国文，其余的科学仍随高年级听讲。普通教育，选科的程度至此为止，普通师范学校当然也是这样。"① 以上这些对如何对待"选科制"的建议传达出了蔡元培对普通教育与职业教育并重的思想，既然在两者之间不可偏废，那么，就必须在学校的普通教育中均衡地实施美育以及德育、智育、体育。

在 1927 年，蔡元培又深入地指出了普通教育为各类各级教育之根本，他说："教育事业重要，已为各方所公认。但教育程度愈高愈妙，故由小学而中学，而大学，而研究院。惟欲高级教育昌明，则非使低级教育良好不可，所谓基础教育是。小学教育不良，则中学教育必不佳，大学更不能问，遑云研究院。若然，则普通教育实为各级教育之根本。"② 在普通教育之中的美育，其价值与功能是——"提倡艺术兴味"③，其具体表现是：

> 人生由小而长，而老，而死，苟无艺术之调和，则一世生活，真无兴趣之可言。孩提之童，信口歌唱，即美术上之天籁以□。教

① 高平叔编：《蔡元培全集》第四卷，中华书局 1984 年版，第 35 页。

② 高平叔编：《蔡元培全集》第五卷，中华书局 1984 年版，第 166 页。

③ 高平叔编：《蔡元培全集》第五卷，中华书局 1984 年版，第 168 页。

育方面之艺术，并不限于课程范围内，课程之外，如举动谈话，亦有美术兴趣。而美之重要条件，在复杂与条理。今有一物，外观建筑极为美观，但内部一无所有，殊少兴趣。又如南京之夫子庙，组织固复杂，但太散漫，亦不甚好。美术事业，重在合各派于一炉而支配之，如金陵大学、金陵女大、燕京、协和等大学，其建筑外观，均为宫殿式，所谓东方艺术；而内部则以西洋美术方法组织之。美术事业，又重在改良自己之固有者及改造环境现象为第一要义，不能盲从，更不可强人盲从。苟仅知描写模仿，而不知创造，则不配称之曰美术家。故艺术兴味，确为教育上第一要义。[①]

以上所说不仅再次确证了美育在普通教育中的地位，而且更从学校美育实施的角度论述了具体形态以及相关内容，比如创办艺术大学，在艺术教育中对中国、西方艺术采取创造性为主的态度等等。

除此之外，蔡元培还特别注重学校美育中与其他各科教育之间的关系，他说：“凡是学校所有的课程，都没有与美育无关的。例如数学，仿佛是枯燥不过的了；但是美术上的比例、节奏，全是数的关系，截金术是最显的例。数学的游戏，可以引起滑稽的美感。几何的形式，是图案术所应用的。理化学似乎机械性了；但是声学与音乐，光学与色彩，密切的很。雄强的美，全是力的表示。美学中有‘感情移入’论，把美术品形式都用力来说明他。文学、音乐、图画，都有冷热的异感，可以从热学上引起联想。磁电的吸距，就是人的爱憎。有许多美术工艺，是用电力制成的。化学实验，常见美丽的光焰；元子、电子的排列法，可以助图案的变化。图画所用的颜料，有许多是化学品。星月的光辉，在天文学上不过映照距离的关系，在文学、图画上便有绝大的魔力。矿物的结晶、闪光与显色，在科学上不过自然的结果；在装饰品便作重要的材料。植物的花叶，在科学上不过生殖与呼吸机关，或供分类的便利；动

① 高平叔编:《蔡元培全集》第五卷,中华书局1984年版,第168页。

物的毛羽与声音，在科学上作为保护生命的作用，或雌雄淘汰的结果；在美术、文学上都为美观的材料。地理学上云霞风雪的变态，山岳河海的名胜，文学家美学家的遗迹；历史上文学美术的进化，文学家美术家的轶事；也都是美育的资料。”[①] 因为在数理化课程的教学过程之中的审美因素只是附属的、附加的，这些对数学、物理、地理、历史、化学、电磁学、生物学上例证的引用略显过度，但是蔡元培在很大程度上还是传达出了美育因素在各科之中的不同体现。比如，地理学、历史、生物之中的审美因素较多，其他学科之中也不同程度地存在，因而在教育、教学活动中，这些美育因素都可以被善加利用。

对于专门的艺术教育，他说：“由普通教育转到专门教育，从此关乎美育的学科，都成为单纯的进行了。爱音乐的进音乐学校，爱建筑、雕刻、图画的进美术学校，爱演剧的进戏剧学校，爱文学的进大学文科，爱别种科学的人就进了别的专科了。但是每一个学校的建筑式、陈列品，都要合乎美育的条件。可以时时举行辩论会、音乐会、成绩展览会、各种纪念会等，都可以利用他来行普及的美育。”[②] 从以上所说可以看出，蔡元培既关注到了各种不同艺术门类的艺术教育，又同时指出了各门专业艺术教育之间不能画地为牢，应该在各个不同领域之间进行交流沟通，实现美育的丰富性。不然，这种看似更加专业的艺术教育恰恰是美育的一个陷阱——把某一门类的艺术教育作为自身发展的最大阈限或者职业，那会导致职业教育、专业教育的偏狭。而这种偏狭，正是蔡元培所一再力图避免的。

（三）社会美育

关于社会美育，蔡元培认为其所起到的美育功能与学校美育是相辅相成的，因为“学生不是常在学校的，又有许多已离学校的人，不能不

① 高平叔编:《蔡元培全集》第四卷，中华书局 1984 年版，第 213 页。

② 高平叔编:《蔡元培全集》第四卷，中华书局 1984 年版，第 213—214 页。

给他们一种美育的机会；所以又要有社会的美育”①。这个理由既简洁，又深刻。因为对于一个人来说，在学校里所接受的美育虽然专业、系统，但是其时间是短暂的，其空间是狭小的。当一个人走出学校，在更为广阔的时空里，必然会接受来自社会环境之中审美因子的影响，或者会不自觉地受到社会美育的影响。蔡元培为社会美育设想了以下九种机构：

（一）美术馆，搜罗各种美术品，分类陈列。于一类中，又可依时代为次。以原本为主，但别处所藏的图画，最著名的，也用名手的摹本。别处所藏的雕刻，也可用摹造品。须有精印的目录，插入最重要品的摄影。每日定时开馆。能不收入门券费最善，逼不得已，每星期日或节日必须免费。

（二）美术展览会，须有一定的建筑，每年举行几次，如春季展览、秋季展览等。专征集现代美术家作品，或限于本国，或兼征他国的。所征不胜陈列，组织审查委员选定。陈列品可开明价值，在会中出售。余时亦可开特别展览会，或专陈一家作品，或专陈一派作品。也有借他国美术馆或私人所藏展览的。

（三）音乐会，可设一定的会场，定期演奏。在夏季也可在公园、广场中演奏。

（四）剧院，可将歌舞剧、科白剧分设两院，亦可于一院中更番演剧。剧本必须出文学家手笔，演员必须受过专门教育。剧院营业，如不敷开支，应用公款补助。

（五）影戏馆，演片须经审查，凡无聊的滑稽剧，凶险的侦探案，卑猥的恋爱剧都去掉。单演风景片与文学家作品。

（六）历史博物馆，所收藏大半是美术品，可以看出美术进化的痕迹。

（七）古物学陈列所，所收藏的大半是古代的美术品，可以考见

① 高平叔编：《蔡元培全集》第四卷，中华书局1984年版，第214页。

美术的起源。

（八）人类学博物馆，所收藏的不全是美术品，或者有很丑恶的，但可以比较各民族的美术，或是性质不同，或是程度不同。无论如何幼稚的民族，总有几种惊人的美术品。又往往不相交通的民族，有同性质的作品。很可以促进美术的进步。

（九）博物学陈列所与植物园、动物园，这固然不专为美育而设，但矿物的标本与动植物的化石，或色彩绚烂，或结构精致，或形状奇伟，很可以引起美感。若种种生活的动植物，值得赏鉴，更不待言了。①

以上这些机构都是在国家、社会层面所理应开设的美育机构，当然，同时它们也是公民们进行审美活动的场所。除此之外，蔡元培还特别重视对“地方的美化”。他说：“若止有特别的设备，平常接触耳目的，还是些卑丑的形状，美育就不完全；所以不可不谋地方的美化。”② 就其对“地方”的论述来看，其实所指的正是“公共空间”里公共艺术的陈列、公共设施的美化。这一问题将在本章的第四部分中进行专门陈述。

特别值得关注的是“地方美化”中的第七条。蔡元培说：“我们中国人的做坟，可算是混乱极了。贫的是随地权厝，或随地做一个土堆子。富的是为了一个死人，占许多土地。石工墓木，也是千篇一律，一点没有美意。照理智方面观察，人既死了，应交医生解剖，若是于后来生理上病理上可备参考的，不妨保存起来。否则血肉可作肥料，骼骼可供雕刻品，也算得是废物利用了。但是人类行为，还有感情方面的吸力，生人对于死人，决不肯把他哀感所托的尸体，简单的处置了。若是照我们南方各省，满山是坟，不但太不经济，也是破坏自然美的一端。现在不如先仿西洋的办法，他们的公坟有两种：一是土葬的，如上海兰马路，

① 高平叔编:《蔡元培全集》第四卷,中华书局 1984 年版,第 214—215 页。

② 高平叔编:《蔡元培全集》第四卷,中华书局 1984 年版,第 215 页。

北京崇文门，都有西洋的公坟。他是画一块地，用墙围住，布置一点林木。要葬的可以指区购定。墓旁有花草，墓上的石碑有花纹，有铭词，各具意匠，也可窥见一时美术的风尚。还有一种是火葬，他们用很庄严的建筑，安置电力焚尸炉。既焚以后，把骨灰聚起来，装在古雅的瓶里，安置在精美石坊的方孔中。所占的地位，比土葬减少，坟园的布置，也很华美。这些办法都比我们的随地乱葬好，我们不妨先采用。”① 与前文的家庭教育、学校教育相联系，蔡元培说：“我说美育，一直从未生以前，说到既死以后，可以休了。”② 这句话可以说是蔡元培美育实施思想的最好总结，自孕育始，至坟茔终，一生之美育贯穿始终，了无遗憾。

## 三、“以美育代宗教”

在中国近现代以来，蔡元培所提出的“以美育代宗教”思想是我国学界对世界思想史最重要的贡献。在这一思想中，蔡元培把来自于康德哲学与美学中的思想进行了创造性的发挥，赋予其强烈的价值与意义色彩。并以此参与、指引美育实践；把美育实践置于人类最为宏观的真、善、美、信四大精神价值、文化价值图景之中，来确定其价值之所在；在中国传统文化尤其是儒家文化的基础上，以审美活动的“超越”“普遍”特质以及中国审美文化中的“乐感”精神为基本因子，提出“以美育代宗教”的命题。

### （一）宗教中科学、道德与审美的消解——蔡元培的宗教史论

蔡元培的宗教史论是其“以美育代宗教”思想的重要组成部分，通过宗教史的考察，蔡元培不仅把宗教何以在初民时期盛行于世的原因进行了详尽、深刻的分析，而且对西方世界宗教存在的现状进行了描述，指出宗教在逻辑上与历史上都面临着消解的情势——如果说宗教之消解在逻辑上呈现为必然，在历史上则体现为由盛而衰的现状。就其内在的

① 高平叔编:《蔡元培全集》第四卷,中华书局 1984 年版,第 216—217 页。
② 高平叔编:《蔡元培全集》第四卷,中华书局 1984 年版,第 217 页。

学理而言，宗教由人类在“主观”一端的极端的、绝对的、理想化的发展而至，其体现为由绝对孤立存在的“主观”居于绝对至高无上的地位，来决定客观或者客体，而且在时间性的体现上是永恒、不变化的。

蔡元培认为，在初民时期，由于——“盖以吾人当未开化时代，脑力简单，视吾人一身与世界万物，均为一种不可思议之事。生自何来？死将何往？创造之者何人？管理之者何术？凡此种种，皆当时之人所提出之问题，以求解答者也。于是有宗教家勉强解答之”①。因而，在原始宗教之中，人类的知、情、意还没有分化彻底，而且往往都消融在宗教活动之中，即宗教活动事实上承担了知、情、意的作用与功能。在蔡元培看来，各种宗教都无一例外地采纳了同样的解释与应对世界的方式——“以神道为唯一之理由”②。他说：“如基督教推本于上帝，印度旧教则归之梵天，我国神话则归之盘古。其他各种现象，亦皆以神道为惟一之理由。此知识作用之附丽于宗教者也。”③ 道德之附丽于宗教也是如此，蔡元培说：“且吾人生而有生存之欲望，由此欲望而发生一种利己之心。其初以为非损人不能利己，故恃强凌弱，掠夺攫取之事，所在多有。其后经验稍多，知利人之不可少，于是有宗教家提倡利他主义。此意志作用之附丽于宗教者也。”④ 而在审美活动上，纯粹的审美功能还没有充分发展并独立出来，娱乐、游戏、享受的价值还只是处在从属性的状态，蔡元培说：“如跳舞、唱歌，虽野蛮人亦皆乐此不疲。而对于居室、雕刻、图画等事，虽石器时代之遗迹，皆足以考见其爱美之思想。此皆人情之常，而宗教家利用之以为诱人信仰之方法。于是未开化人之美术，无一不与宗教相关联。此又情感作用之附丽于宗教者也。”⑤ 这些判断都是符合宗教发展史事实的。

---

① 高平叔编:《蔡元培全集》第三卷,中华书局 1984 年版,第 31 页。
② 高平叔编:《蔡元培全集》第三卷,中华书局 1984 年版,第 31 页。
③ 高平叔编:《蔡元培全集》第三卷,中华书局 1984 年版,第 31 页。
④ 高平叔编:《蔡元培全集》第三卷,中华书局 1984 年版,第 31 页。
⑤ 高平叔编:《蔡元培全集》第三卷,中华书局 1984 年版,第 31 页。

随着人类发展与进步，科学、道德与宗教的关系也就日益疏离并独立出来。就科学而言，蔡元培说：“迨后社会文化日渐进步，科学发达，学者遂举古人所谓不可思议者，皆一一解释之以科学。日星之现象，地球之缘起，动植物之分布，人种之差别，皆得以理化、博物、人种、古物诸科学证明之。而宗教家所谓吾人为上帝所创造者，从生物进化论观之，吾人最初之始祖，实为一种极小之动物，后始日渐进化为人耳。此知识作用离宗教而独立之证也。”[①] 这种概括基本上是正确的，虽然在科学与宗教之间有着极为复杂的关系，但就总的趋向来看，科学与宗教日益处在并行不悖的状态之中。

就道德而言，蔡元培说：“宗教家对于人群之规则，以为神之所定，可以永远不变。然希腊诡辩家，因巡游各地之故，知各民族之所谓道德，往往互相抵触，已怀疑于一成不变之原则。近世学者据生理学、心理学、社会学之公例，以应用于伦理，则知具体之道德不能不随时随地而变迁；而道德之原理则可由种种不同之具体者而归纳以得之；而宗教家之演绎法，全不适用。此意志作用离宗教而独立之证也。”[②] 这意味着世俗主义与自然主义可以为道德提供基础。在现实世俗生活之中，完全可以独立地树立道德秩序，而且这些道德经验不是得之于偶然的表面现象，而是以一种鲜活的状态与方式深深植根于人和社群生活中。比如，一个自我意识清晰的个体会对自己的行为进行道德判断，即使其行为往往是违背道德规范的。除此之外，人与人之间的互动与利害联系，也会对个体的道德行为进行监督与限制。即便是那些违背道德规范的行为，也会在群体的约定之中受到约束。因而，蔡元培所主张的是道德意识的自主性，这种自主性出自于人自身的理性能力。当然，这种道德意识的自主性往往会受到绝对客观主义与普遍主义的挑战，认为没有宗教支持与决定的伦理道德规范会混乱不堪，甚至不会产生道德意识的共识。但是，这也

① 高平叔编:《蔡元培全集》第三卷,中华书局1984年版,第31页。
② 高平叔编:《蔡元培全集》第三卷,中华书局1984年版,第31—32页。

只是道德的理性主义还没有充分成熟与发达的体现，而且，道德理性本身也是处在时间性的变化过程之中的。当然，在宗教自身之中也包含特有的宗教道德，其一是人神之间的道德规范，其二是在宗教活动中人际道德规范，这些道德都具有相对的独立性。

另外，他还从对欧洲道德与宗教关系复杂现状的观察入手，认为在宗教之中对神的信仰未必就会导致道德修养的高尚。他说："道德之养成，有谓倚赖宗教者，其实不然。以此三国比较之，俄国最重宗教，莫斯科一市，即有教堂千余所。国家以希腊教为正教，对于异教之人，不禁虐待。犹太人因保守犹太旧教，屡受俄人虐待。可见信仰宗教，实以俄人程度为最高。德国北方多奉耶教，南方多奉天主教。而德人对于宗教，并不极端信仰。即如星期日，各教堂虽均有教士演讲，而普通人不皆往听。至于大学生，则对于教士多非笑之。一元论哲学家如海开尔（Hecker）等，尤攻击宗教。法国人对于宗教，较之德人尤为浅薄，即如圣诞日，德国尚停市数日，饰树缀灯；法国则开市如常，并无何等点缀。至于教堂中常常涉足者，不过守旧党而已。自一八九二年至一九一二年，法国厉行政教分离之制，凡教士均不得在国立学校为教员，自小学以至大学皆然。此外反对宗教之学说，自服尔得尔以来，不知有若干人。可见法国人对于宗教之态度矣。俄人宗教上之信仰，较德、法人为高，而战争中之国民道德，乃远不如德、法，可见宗教与道德无大关系矣。"①

相对于科学活动、道德活动作为理性活动对宗教活动的脱离与独立，审美活动之于宗教的关系则要复杂得多。因为在蔡元培看来，两者之间的关系最为密切。但是就总的历史趋势而言，审美活动仍然呈现出日益从宗教活动中脱离出来的趋势。即便是一些文学与艺术作品在题材与内容上与宗教有着密切的联系，但其中宗教的意味已经被大大消解了。就蔡元培对宗教活动与审美活动关系的历史陈述来看，主要分为中国与西方两个方面。就中国而言，蔡元培说：

---

① 高平叔编：《蔡元培全集》第三卷，中华书局1984年版，第2—3页。

凡宗教之建筑，多择山水最胜之处，吾国人所谓天下名山僧占多，即其例也。其间恒有古木名花，传播于诗人之笔，是皆利用自然之美以感人者。其建筑也，恒有峻秀之塔，崇闳幽邃之殿堂，饰以精致之造像，瑰丽之壁画，构成黯淡之光线，佐以微妙之音乐。赞美者必有著名之歌词，演说者必有雄辩之素养，凡此种种，皆为美术作用，故能引人入胜。苟举以上种种设施而屏弃之，恐无能为役矣。然而美术之进化史，实亦有脱离宗教之趋势。例如吾国南北朝著名之建筑则伽蓝耳，其雕刻则造像耳，图画则佛像及地狱变相之属为多；文学之一部分，亦与佛教为缘。而唐以后诗文，遂多以风景人情世事为对象；宋元以后之图画，多写山水花鸟等自然之美。周以前之鼎彝，皆用诸祭祀。汉唐之吉金，宋元以来之名瓷，则专供把玩。①

就欧美而论，蔡元培说：

欧洲中古时代留遗之建筑，其最著者率为教堂，其雕刻图画之资料，多取诸新旧约；其音乐，则附丽于赞美歌；其演剧，亦排演耶稣故事，与我国旧剧“目莲救母”相类。及文艺复兴以后，各种美术，渐离宗教而尚人文。至于今日，宏丽之建筑，多为学校、剧院、博物院。而新设之教堂，有美学上价值者，几无可指数。其他美术，亦多取资于自然现象及社会状态。②

另外，蔡元培还对“舞蹈”做了论述，认为舞蹈先是用来“娱神”的，而今却大多是用来“娱人”或者“自娱”的。

在对中西艺术与宗教关系史进行论述之后，蔡元培把审美之于宗教

① 高平叔编：《蔡元培全集》第三卷，中华书局 1984 年版，第 32 页。
② 高平叔编：《蔡元培全集》第三卷，中华书局 1984 年版，第 32 页。

的关联又划分为“分”与“合”两派，且认为后者往往在发展与存在状态上受宗教之累。他说：“以此两派相较，美育之附丽于宗教者，常受宗教之累，失其陶养之作用，而转以激刺感情。”①

在此所说的“陶养”指的是以愉悦感为主、为目的的纯粹审美活动，而“激刺感情”所指的是艺术完全成为宣扬宗教教义的手段与工具。宗教只不过是利用了审美活动的生动、形象、感人至深的特性，一旦那些所谓的宗教艺术完成了传达教义的目的，宗教艺术本身就成为登岸舍筏之“筏”、见月忽指之“指”、获鱼兔而弃筌蹄之“筌蹄”，而且只要能够表达相同的教义，采纳不同的艺术形式都是可以做到的。但是对于纯粹的审美活动来说，它就只能奠基于特定的艺术形式或者结构之上，比如李白《静夜思》之中的思乡之情就是独一无二的，这意味着审美活动自身是一个愉悦的、涌动的内时间意识过程，这个过程本身就是意义与价值的体现。

### （二）“超脱”“普遍”与“激刺感情”——美育与宗教的对比

#### 1.“激刺感情”之宗教

从上述蔡元培对宗教活动之中科学、道德、审美因素的消解历史趋势的分析来看，蔡元培认为其根源在于宗教自身的特性，这些特性并不是某一种宗教的局部，而是世界上所有宗教最为原始的立身之本。一言以蔽之，那就是——“激刺感情”。这里的“感情”正是每一种“宗教”私利、私见，各种宗教都在这些私利、私见之上建立的精神文化系统、仪式象征系统、组织系统、禁忌行为系统等等。自古至今，宗教之间往往是互相攻击、矛盾重重，恩怨纠结。因而，蔡元培说：

> 盖无论何等宗教，无不有扩张己教、攻击异教之条件。回教之穆罕默德，左手持《可兰经》，而右手持剑，不从其教者杀之。基督教与回教冲突，而有十字军之战，几及百年。基督教中又有新旧教

① 高平叔编：《蔡元培全集》第三卷，中华书局 1984 年版，第 32 页。

之战，亦亘数十年之久。至佛教之圆通，非他教所能及。而学佛者苟有拘牵教义之成见，则崇拜舍利受持经忏之陋习，虽通人亦肯为之。甚至为护法起见，不惜于共和时代，附和帝制。宗教之为累，一至于此，皆激刺感情之作用为之也。①

在此，蔡元培的确在寥寥数语中概括了世界宗教史上的重大事件，而且对三大宗教之间进行了精彩的对比。

首先，就基督教与回教的冲突来看，一旦一种宗教在社会、国家中居于统治地位，比如控制了国家的政权及其上层建筑，或者把某种宗教奉为国教，那就会发生为了推行教义而进行的战争。

比如，1095 年，教宗乌尔班二世宣布发动第一次十字军东征收复圣地，在克莱蒙公会议上，他竭力号召基督徒为神圣的教义而战。他说："我对在场的人说去干吧，我会命令不在场的人去干，那是上帝要求的呀，凡是前往旅途的人，如若死于途中，或死于穿越中，死于对异教徒的战场，你们的罪孽将自动地加以宽恕，这些是我对起程前往的人许诺的话，是以上帝赐予我的权威答应下来的。假若如此背信弃义的人，如此退化堕落的人、如此被魔鬼附身的人打败了，忠诚于上帝的强大的、因基督的名义而光彩四溢的民众，那该是怎样的奇耻大辱啊！如若不去援助如同你们一样也加入到基督信徒行列的人——这位富于灵感的高级教士接下来说——上帝该怎样指责你们啊！大家赶快投入反异教徒的战斗中吧。直到昨天还是强盗的人们赶紧变为基督的骑士吧！正直地攻击那些以前攻击过他们同样血统的兄弟们的野蛮人。"② 因而，宗教所特有的排斥异端的本性正来自于人类对"绝对主观"的极端追求。"绝对主观"会产生"灵魂"之说。如果把"灵魂"之说充类至尽，则必然会产生崇拜"神祇"的"宗教"，而信仰不同宗教的不同人群之间在"绝对

① 高平叔编：《蔡元培全集》第三卷，中华书局 1984 年版，第 32—33 页。
② ［意］卢多维科·加托：《十字军东征：马背上的圣战》，四川人民出版社 2000 年版，第 24 页。

主观”“灵魂”“神祇”方面是绝对不可能兼容、互补、妥协的。

对这种宗教之于审美活动的“感情激刺”作用，蔡元培以欧洲文学艺术史为例进行了阐释，他说：“罗马末年，因日耳曼人的移植，而旧文化几乎消灭，这时候，保存文化的全恃两种宗教：一是基督教，一是回教。回教的势力，局于一隅；而基督教的势力，则几乎弥漫全欧。基督教受了罗马政治的影响，组织教会，设各地方主教，而且以罗马为中心，驻以教皇。于是把希腊、罗马的文化，一切教会化，例如希腊哲学家亚里斯多得，自生物学而外，对于伦理学、美学及其他科学，均有所建树，而教会即利用亚氏的学说为工具，曲解旁推，务合于教义的标准。有不合教义的，就指为邪教徒，用火刑惩罚他们。一切思想自由、信教自由都被剥夺，观中古时代大学的课程，除圣经及亚里士多德著作外，有一点名学、科学及罗马法律，没有历史与文学，他的固陋可以想见了。那时候崇闳的建筑就是教堂，都是峨特式，有一参天高塔，表示升入天堂的愿望，正与希腊人均衡和谐的建筑，代表现世安和的命运相对待。附属于建筑的图画与雕刻，都以圣经中故事为题材；音乐、诗歌亦以应用于教会的为时宜。”① 从蔡元培对宗教尤其是基督教之于审美活动的弊端的分析来看，既可以看到宗教活动之中审美因子发展到文艺复兴时期必然得以消解的趋势，也可以看出“以美育代宗教”思想的端倪。

其次，蔡元培对佛教的看法极为深刻。佛教在流传、推广的过程中并没有发生基督教和伊斯兰教之间的战争，我国学者李申曾对此有过全面的总结。他说：“佛教在兴起时所遭遇到的障碍，一是来自婆罗门教，二是来自所谓外道。这些加于佛教的障碍，主要是理论上的反对和否认。而佛教在以后的发展中，一般只要求自己的信徒努力宣传自己的经典，而不要求用暴力排斥异端。在历史上，一个民族、一个国家，由于王者或领袖人物信佛从而带动整个国家和民族都信佛的情形是有的，在这个

① 高平叔编:《蔡元培全集》第六卷,中华书局 1988 年版,第 569 页。

过程中，有时也伴随着对于异端的强制措施，但是这样的情况在佛教历史上并不多见，而且往往是由于具体的斗争形势所决定的。历史上信奉佛教最为虔诚的阿育王，在国内也同样优待婆罗门教信徒。中国历史上信佛最为著名的梁武帝，其信仰一般也局限于个人的行为，而没有把这种信仰变为整个国家的行为。”①

当然，蔡元培对宗教的看法还是存在一些不够宽容大度的地方。比如他说：“宗教之定义，自其狭义者言之，自多神教以外，可指数者，惟回、耶、佛三种。皆于科学、哲学发展以后，无存在之必要（佛经中自有哲理，当分别观之）。自其广义者言之，则不过一种之信仰心，随各人哲学思想之程度为进退，即人各一教，亦无妨碍。此鄙人对于宗教之观念也。”② 但是就整体而言，蔡元培对宗教的态度还是相对比较开明的，他只是在“信仰自由”的前提下，才指出了宗教的各种不足、不端，他说：“孑民对于宗教，既主张极端之信仰自由，故以为无传教之必要。”③显而易见，“传教”就会带来“激刺情感”之类的弊端。

2. “超脱”“普遍”之美育

与宗教的“激刺感情”的自私、专有相比，美育则体现出“超脱”与“普遍”的特质，这正是蔡元培提出“以美育代宗教”的根本原因。他说：“鉴激刺感情之弊，而专尚陶养感情之术，则莫如舍宗教而易以纯粹之美育。”④

蔡元培之所以在“美育”之前冠以“纯粹”一词，正是为了标举“视听艺术”的“超功利性”，因而，这是直接来自于康德的美学并由蔡元培进行了创造性改进与提升的思想。正如上文对此所做的详细分析，康德美学此论既有伟大的贡献，也有出自于过度的主体性思想而导致的审美活动的残缺与偏见，因而，蔡元培在对其进行利用时，也只是就那

---

① 李申:《宗教论》第三卷，中国社会科学出版社 2010 年版，第 31—32 页。

② 高平叔编:《蔡元培全集》第三卷，中华书局 1984 年版，第 55 页。

③ 高平叔编:《蔡元培全集》第三卷，中华书局 1984 年版，第 333 页。

④ 高平叔编:《蔡元培全集》第三卷，中华书局 1984 年版，第 33 页。

些以“纯粹的艺术品”为审美对象的审美活动来阐述的。只是蔡元培在进行论述时，把“超越”与“普遍”的次序颠倒了，理应把康德关于审美判断的第一契机——“审美超功利”——放在前面，而后再推导出第二契机——“普遍性”。不过，这完全不是一个思路上的倒置，而是蔡元培为了突出“美育”与“宗教”在“自私”上的差异，才做出的一个策略上的安排。他说：“纯粹之美育，所以陶养吾人之感情，使有高尚纯洁之习惯，而使人我之见、利己损人之思念，以渐消沮者也。盖以美为普遍性，决无人我差别之见能参入其中。食物之入我口者，不能兼果他人之腹；衣服之在我身者，不能兼供他人之温，以其非普遍性也。美则不然。即如北京左近之西山，我游之，人亦游之；我无损于人，人亦无损于我也。隔千里兮共明月，我与人均不得而私之。中央公园之花石，农事试验场之水木，人人得而赏之。埃及之金字塔，希腊之神祠，罗马之剧场，瞻望赏叹者若干人，且历若干年，而价值如故。各国之博物院，无不公开者，即私人收藏之珍品，亦时供同志之赏览。各地方之音乐会、演剧场，均以容多数人为快。所谓独乐乐不如人乐乐，与寡乐乐不如与众乐乐，以齐宣王之惛，尚能承认之。美之为普遍性可知矣。且美之批评，虽间亦因人而异，然不曰是于我为美，而曰是为美，是亦以普遍性为标准之一证也。”①

以上话语中的“北京西山”“明月”“花石”“金字塔”“希腊神祠”“罗马剧场”“博物院”“音乐会”“演剧场”中的绝大部分属于上段文字所言“纯粹的艺术品”——使用“符号”作为质料进行创造的艺术作品，只能使用视觉与听觉感官进行欣赏。这样的审美对象仅仅就材质而言就可以最大限度地抑制人的占有欲，因为在《红楼梦》之中的林黛玉不管如何美好，她都是没有任何质感的，只是由语言文字构成。就“食物”“衣服”而言，则是可以直接利用的对象，具有很强的功利性，从对两者使用的感官来看，除了视听，其更多地与味觉、触觉甚至性的吸引

① 高平叔编:《蔡元培全集》第三卷,中华书局 1984 年版,第 33 页。

力直接相关，这无疑会引发占有欲、利害感，造成人与人之间的冲突与矛盾。

如果说康德关于审美超功利与审美普遍性的理论只是针对以艺术品作为审美对象的审美活动的话，那么，他的美学就只是艺术品的美学，或者说他的美学带有过度的主体性哲学倾向，也就是拿艺术作品的特性作为审美活动的唯一标准，为审美活动强行规定审美对象。由于康德美学没有着重在审美价值与意义方面，并按照价值与意义之原发性、质朴性显现的视域——尤其是把审美活动视为一种涌动的、兴发的愉悦感来看待，所以康德美学就自然带有一定的局限性——在很大程度上是由主体的好恶来进行预先判断，而不是从审美活动的实情出发。而蔡元培正是在这个方面超越了康德美学，因为他是在与宗教的对比中，尤其是要以艺术作品的无功利性、超脱性来取代宗教的利害感、自私性，把以艺术作品为审美对象的审美活动置于一个完全合理的、自然而然的视域，而不是像康德那样以牺牲艺术作品之外的广袤的审美对象为代价。因而，蔡元培所说的"纯粹之美育"并不是指所有的美育活动，而只是针对以艺术作品为对象的审美活动而言的。

因而，蔡元培先是从审美活动的普遍性出发，以此直接对应宗教的自私性。接着，他才阐述了审美活动的"超脱"。他说："美以普遍性之故，不复有人我之关系，遂亦不能有利害之关系。马牛，人之所利用者，而戴嵩所画之牛，韩幹所画之马，决无对之而作服乘之想者。狮虎，人之所畏也，而芦沟桥之石狮，神虎桥之石虎，决无对之而生搏噬之恐者。植物之花，所以成实也，而吾人赏花，决非作果实可食之想。善歌之鸟，恒非食品。灿烂之蛇，多含毒液。而以审美之观念对之，其价值自若。美色，人之所好也；对希腊之裸像，决不敢作龙阳之想；对拉飞尔若鲁滨司之裸体画，决不敢有周昉秘戏图之想。盖美之超绝实际也如是。"①在此所说的正是康德关于审美判断第一契机的思想，也就是强调"符号"

① 高平叔编:《蔡元培全集》第三卷,中华书局 1984 年版,第 33 页。

对“实存之物”的“形式”显示或表现，审美主体感受到的只是这些“实存之物”的“形式”而已，即艺术所采纳的质料或材料本身是不能被占有、消耗的，因而由“超脱”必然推导出“普遍”。

蔡元培在对宏观的审美活动“超脱”与“普遍”的根本特性做了精彩的汉语表达之后，还专门以颇大的篇幅论述了“崇高”的感人至深，从中正可以看到“以美育代宗教”的深层根基，他说：

> 崇闳之美，有至大至刚两种。至大者如吾人在大海中，惟见天水相连，茫无涯涘。又如夜中仰数恒星，知一星为一世界，而不能得其止境，顿觉吾身之小虽微尘不足以喻，而不知何者为所有。其至刚者，如疾风震霆，覆舟倾屋，洪水横流，火山喷薄，虽拔山盖世之气力，亦无所施，而不知何者为好胜。夫所谓大也，刚也，皆对待之名也。今既自以为无大之可言，无刚之可恃，则且忽然超出乎对待之境，而与前所谓至大至刚者肸合而为一体，其愉快遂无限量。当斯时也，又岂尚有利害得丧之见能参入其间耶！其他美育中，如悲剧之美，以其能破除吾人贪恋幸福之思想。《小雅》之怨悱，屈子之离忧，均能特别感人。《西厢记》若终于崔、张团圆，则平淡无奇；惟如原本之终于草桥一梦，始足发人深省。《石头记》若如《红楼后梦》等，必使宝、黛成婚，则此书可以不作；原本之所以动人者，正以宝、黛之结果一死一亡，与吾人之所谓幸福全然相反也。①

他之所以以“崇高美”“悲剧美”等为例，正是因为它们具有感发意志的道德意味，尤其能够通过表层的生活现象，透辟入理，向人宣示出生活的本真、道德的本貌，以此引领道德修养，把道德修养从训教、外在强迫引渡为由内心直发，化被动为主动，把道德领域之中的为公之心树立起来，这样就自然而然地使为公之心演化为发自内心的、绵绵不

① 高平叔编:《蔡元培全集》第三卷,中华书局 1984 年版,第 34 页。

绝的冲动与行为。所以蔡元培说："美学之中，其大别为都丽之美，崇闳之美（日本人译言优美、壮美）。而附丽于崇闳之悲剧，附丽于都丽之滑稽，皆足以破人我之见，去利害得失之计较，则其所以陶养性灵，使之日进于高尚者，固已足矣。又何取乎侈言阴鸷、攻击异派之宗教，以激刺人心，而使之渐丧其纯粹之美感为耶。"① 尤其是最后一句话，蔡元培鲜明地指出了审美活动自身的价值就在于自身，在于一个兴发的、涌动的愉悦过程，而且在此审美活动之中就包含有道德与理性的因素，且道德与理性的因素是以一种发自内心的、主客不分的、完整的感性外观呈现出来的。蔡元培说："以品性修养互相勉励——彼此互相检点，对于不应为的事情，互相告诫；对于应为的事情互相督促；固然是自治会应有的条件，然完全为命令式的，如'你应该这样'，'你不应该怎样'，有时反引起对方的反感。所以我主张以美术来代替宗教，希望人人都有一种自然而然的善意。因为人类所以有不应为而为的事情，大抵起于自私自利的习惯。有时候迫于贪生怕死的成见，那就无所不为了。惟有美术的修养，能使人忘了小己，超然于生死利害之外，若人能有此陶冶，尤论何等境遇，均不失其当为而为，不当为而不为之气概。前十七八年，我长北京大学时，北京还没有一个艺术学校，全国还没有一个音乐学校，所以我在北大内发起音乐研究会、书画研究会，使学生有自由选习的机会。现在艺术的空气已弥漫全国，上海一市，音乐艺术的人才尤为众多，贵自治会如有此等计画，必不难实现了。"② 像这样完美自足的人类活动就没有必要成为宗教说教的工具与手段了，所以蔡元培把宗教艺术称为"侈言阴鸷、攻击异派""激刺人心"的事物。

蔡元培对美育与宗教进行了很多对比，比如他认为审美活动是亲切活泼的，宗教则是执着而强制的，他说：

---

① 高平叔编:《蔡元培全集》第三卷,中华书局 1984 年版,第 34 页。

② 高平叔编:《蔡元培全集》第七卷,中华书局 1988 年版,第 84 页。

有人以为宗教具有与美术、文学相同的慰情作用，对于困苦的人生，不无存在的价值。其实这种说法，反足以证实文学、美术之可以替代宗教，及宗教之不能不日就衰亡。因为美术、文学乃人为的慰藉，随时代思潮而进化，并且种类杂多，可任人自由选择。其亲切活泼，实在远过于宗教之执着而强制。至有因美术、文学多采用宗教上的材料，因而疑宗教是不可废的，不知这是历史上一时的现象。①

他还说：

一、美育是自由的，而宗教是强制的；
二、美育是进步的，而宗教是保守的；
三、美育是普及的，而宗教是有界的。②

在蔡元培对宗教艺术的论述中，特别值得注意的是他对于拉斐尔作品的分析。在分析拉斐尔《基督现身》时，蔡元培对这一作品进行了详尽的描绘，他说："《基督现身》，界为二层，循世俗神世界、人世界之别，而以精神贯彻之。上层于淡黄光晕中，作基督展臂仰视之状，赖斐尔所以自写其高尚之理想者也。中古时代之哲学，以神世界为超乎人世界之上，非摆脱人世界之俗缘，不能与神契合。文艺中兴时代之理想，则由此等厌世之形式，而实以乐天之内容。以为神世界者，即在人世界之中。故圣母马利非他，今日妇女之优美而慈祥者皆是也。基督非他，今日富同情之感而抱救世之志者皆是也。是以当时美术家，多以其所爱之妇女代表马利。而赖斐尔于此，且以己象代表基督，即人皆可以为基督之义也。基督左右：为摩西及爱律耶，皆犹太教之先知也。偃息于前

① 高平叔编:《蔡元培全集》第四卷,中华书局 1984 年版,第 71 页。
② 高平叔编:《蔡元培全集》第五卷,中华书局 1984 年版,第 501 页。

者，为彼得、耶哥伯及约翰，基督之三大弟子也。是皆当时基督现身图之通式，而赖斐尔仍之。下层以一童子为中心点，为贯彻上层之关键。赤子之心，纯美无疵，明通于道也。此童子仰首而张口，一手上指，作瞥睹圣容惊呼向往之状。一老者自后扶掖之，一少妇而以手指童子之心。其他诸人，或张目视童子，或手指之，或随童子之目而上见。所以写感应之强也。上层为赖斐尔手笔，下层则赖斐尔殁后，其弟子罗曼那准其师之草案而补成之。呜呼！赖斐尔之殁，且五百年矣。"① 蔡元培对此宗教题材所做的崭新解读让人大感赞佩，也就是说拉斐尔把"阴鸷"之"教义"演化成了积极、乐天、阳光、活泼的人间之美，他如此描述自己在观赏之时的妙悟：

> 吾人循玩此图，其不死之精神，常若诱掖吾侪，相与脱卑暗而向高明。②

因而，蔡元培据此也得出同样的结论——"虽托象宗教，而绝无倚赖神佑之见参杂其间。教力既穷，则以美术代之。观于赖斐尔之作，岂不信哉"③。

### （三）基于"时间性"维度的"美育何以代宗教"

在"时间性"维度是蔡元培之所以提出"以美育代宗教"的第三个原因。"时间性"术语，其内涵有二：一是指人的主观感受、思维作为一个内时间意识所具有的诸如开始、伸展、延续、停滞、延缓乃至终结等时间属性；二是指内时间意识作为一个积极的价值寻求与实现过程，具有兴发的、涌动的"绽出"特性；且上述内时间意识奠基于特定的对象之上，绝不是一种绝对自足的、孤立地存在的内时间意识。审美活动作

① 高平叔编：《蔡元培全集》第二卷，中华书局 1984 年版，第 465—466 页。
② 高平叔编：《蔡元培全集》第二卷，中华书局 1984 年版，第 466 页。
③ 高平叔编：《蔡元培全集》第二卷，中华书局 1984 年版，第 466 页。

为一种内时间意识，在上述两端体现得尤为典型。就这一维度在蔡元培美育思想中的呈现来看，主要体现为两个方面：一是审美活动作为一种愉悦的内时间意识，其构成是整体性的，一旦生成并绵延，就会把宗教排除在外；二是审美活动体现为当下的、现世的享乐与愉悦，而不是像宗教那样往往是为了彼岸的幸福。

1. 美育活动作为内时间意识活动

在1920年蔡元培所撰《美术的价值》一文中，他集中论述了审美活动作为内时间意识构成的问题。在他所说艺术的五种价值中，至少有三种直接关涉这一问题。

其一，就审美活动作为内时间意识的触发来看，蔡元培说："伯牙抚琴，可以通志。季扎〔札〕观乐，可以知风。音乐之哀者使人哀，怒者使人怒，激扬者使人起激扬之心，沉郁者使人发沉郁之感。音乐如此，图画、雕刻、戏剧皆然。创作者的感情怎样见之于美术，竟能勾引赏玩者的感情也使之怎样。人为的美如此，自然的美亦然。壮阔者使人感壮阔，幽雅者使人感幽雅。吾人的生活，感情的生活居多，情有不舒，则意自不快。耽于美术，无论是创作它或者是赏玩它，都是可以勾引出来真正的感情的。"① 在此虽然并没有直接论及内时间意识或者审美活动的过程，但是其所说正是审美活动作为时间意识在构成上最为关键的"起始点"，所谓"勾引出来"的"真正的感情"正是"注意"的开始，也是审美活动之所以能够实现的始基。因而，审美价值或意义正应该在这种审美活动具体展开的角度来谈论，否则就是含混的。

其二，尤为典型的时间性论述是在对"寓杂多于统一"这一美学规律的论述之中。

蔡元培说："复杂而又统一　譬如瓶花，这一花与那一花不同，这一叶与那一叶有别；一花一叶之中，这一个部位与那一个部位又各相殊，樊然并呈，算是很复杂了。一面总称为花，而且总缩于瓶，则又是统一

① 高平叔编:《蔡元培美育论集》,湖南教育出版社1987年版,第109页。

的。人身的部位，如耳、目、口、鼻、手、足、腹、背等，纷然各别，但均统一于一有机体的‘人身’。大凡美术，复杂做其内容，统一成其形式。复杂的价值，所以使吾人的生活繁富；统一的价值，所以使吾人的生活不致凌乱，而有一最终归宿之区。凡个性与群性，分子与团体，单体与普泛，都是具有这两种美的价值的。”① 其中所说的“复杂”指的是审美活动作为奠基于审美对象之上的内时间意识在构成上的复杂性，因为对象自身的构成有可能是极为错综复杂的，因而审美活动的构成也可能是多层级的；其中所说的“统一”“有机体”指的是审美活动是一个完整的行为，即审美主体在绵延着的审美生活之中始终指向审美对象，不管审美对象的构成多么复杂，审美活动自身都是流畅的、愉悦的，都是在一个行为级之中完成的。

审美生活与道德生活、科学生活、宗教生活相比有极大的差异，因为其所寻求的快乐仅仅体现为某一审美生活的“过程”本身，此“过程”就是一个完全体现为“时间性”的“体验流”，在“时间性”的“过程”结束之后，“审美生活”本身就宣告结束。除此“过程”——因为“审美生活”一旦发生并实现，就必然绝对地呈现为“时间性”的“过程”，就再也没有任何其他的目的。也就是说，“审美生活”存在的“价值”与“意义”就在于这个“过程”“本身”，一旦完成，就已经实现了“审美生活”的“终极目的”。而且，在这个审美生活“过程”之中，主客之间的关系是一种绝对的“始终—指向”并在或者同在的关系，审美主体的快乐奠基于审美客体之上，它所追求的是绝对的、亲历亲为的体验“过程”。而且，这一仅仅体现为“过程”的“审美生活”所追求的永远是“独一无二”的快乐，因为不同的审美客体给审美主体所带来的快乐是完全不一样的。即使是同一个审美对象，审美主体在不同时间或者时刻对其的感受，在很大程度上，也是完全不一样的。因为审美主体是在“生活—之中”存在着的，任何一次需要与选择审美对象的

① 高平叔编:《蔡元培美育论集》,湖南教育出版社 1987 年版,第 108—109 页。

"时机"——"可能性"都是不一样的。从根本上说，这正是审美生活作为"价值"与"意义"在"时间性"中的体现。

归根结底，"审美生活"不仅仅是一个"过程"，而且，这一"过程"还只能由特定的对象来激发。举例来说，通过对《安娜·卡列尼娜》的阅读，我们所获得的是一种在这个世界上独一无二的快乐。因为审美主体所指向的审美客体本身就是独一无二的，而且客体的"结构"——构成作品的所有"细节"与"部分"之间构成是固定的、不容变动的，所有的"细节"与"部分"都在作品的"整体"之中承担或者发挥其特定的作用与功能；如果"部分"与"因素"可以被变动、被更易或者可以独立地存在而不在作品的"整体"之中，那就意味着这个对象不是一个"好的对象""美的对象"，也就意味着"审美生活"不可能完成或者完成的质量不高。因而，在表面上或者在字面上，蔡元培只是在阐述作品自身的完整性与有机性，其实他是在审美活动作为一个完美的、纯粹的时间性过程的前提下，来对审美对象做出的称誉。

其三，对审美活动作为内时间意识的直接论述。

蔡元培说："吾人沉睡于美的世界之中，直感当前，所觉唯美，生老病死，顿屏去于意识之中，此与宗教之信仰〈相比〉，更纯更洁，更为合理。"[①] 在这段话中，蔡元培特别关注了审美活动作为内时间意识构成的"直感当前"特性。这一特性与上述两个方面也是一脉相承的，因为在审美活动中的"注意力"是极为有限的心理资源与能量，在其兴发着、涌现的过程之中，如果要想达成审美过程的完满、完善、理想、纯粹，就必然要保持这一审美注意力的纯粹性。在蔡元培看来，审美活动作为快感或愉悦的涌现过程，已经完全把宗教信仰的因素排除在外，而且其体现为乐观、积极、入世的人生价值的实现，在"唯美"的内时间意识之中，如"生老病死"这些在宗教中得到最为关切的出世的、消极的、悲观的情绪，都没有了出现的机会。这种欢悦的、肯定的、积极的审美价

① 高平叔编:《蔡元培美育论集》,湖南教育出版社 1987 年版,第 110 页。

值在蔡元培的陈述中得以原发、素朴的呈现，这正是“以美育代宗教”最坚实的论据、依据。

2. 礼乐教化之功与审美活动作为此岸的幸福体验

审美活动作为一种价值活动在时间性方面的第二种可能性就是——由价值与意义来推动一个审美活动的完成，价值与意义体现为贯穿着的一种冲力自始至终存在着，而且审美活动之所以能够区别于自然科学活动、道德活动、宗教活动，最为根本的原因就在于——审美活动是一个主客不分的愉悦活动过程，且仅仅如此。蔡元培一直倡言维护审美活动自身的特性，其实这也同时是中国传统文化、审美文化尤其是儒家文化对生活与人生采纳了一种“悦乐”或者“乐感”精神的延续，他本人对此也是津津乐道，他说：

> 中国自来在历史上便与宗教没有什么深切的关系，也未尝感非有宗教不可的必要。将来的中国，当然是向新的和完美的方面进行，各人有一种哲学主义的信仰。在这个时候，与宗教的关系，当然更是薄弱，或竟至无宗教的存在。所以将来的中国，也是同将来的人类一样，是没有宗教存在的余地的。①

中国传统审美生活又是中国传统文化整体中的一个有机的组成部分。中国传统文化往往没有在纯粹主观的方面、纯粹客观的方面进行孤立与典型的发展，所以在科学与宗教两个方面都没有达到非常理想、典型乃至于极端的状态；在其基本的理念上，持之一贯的是一种“天人合一”的态度与方法，因而中国传统文化最为发达的乃是人生文化或者生活文化，其审美生活实践也不像西方传统的审美生活实践那样，要么注重对“客观世界”（即“现实”）的真实的、逼真的“反映”——在根本上是受到科学文化的影响；要么注重对“主观世界”（即“灵魂”）的“信

① 高平叔编:《蔡元培全集》第四卷,中华书局 1984 年版,第 70 页。

仰”——在根本上是受到宗教文化的影响。中国传统审美生活实践注重的是“主客不分”的生活与人生，在其表现的特性上往往体现为生动、亲切、平易、坦然、淡定，不把审美生活实践作为科学的延伸，也不把审美生活实践视为宗教神学的附庸。中国古典美学在其基本面貌上也是如出一辙，始终把“主客不分”的审美生活体验作为美学思想的基本对象，并从这一对象的逻辑构成——“主客不分”之中发展出相应的美学来，从根本而言，这是一种合乎逻辑的美学知识生产。

蔡元培说：“美术与宗教同立于感情的基础之上。人生是不免于忧患的，心有所寄，则忧患消除。与其寄于幽渺的宗教，不如寄于当前的美术。查科学之起，和宗教相为关连，自科学的界域扩充，遂利〔和〕宗教脱离关系。美术起初亦与宗教相连，后来乃渐脱离了关系。”① 可以看出，蔡元培对中西文化之间的比较是紧扣着“时间”维度来进行的，因为文化之间的差异往往主要体现在对“时间”的态度上，最为主要的体现就是如何处理主观与客观之间的关系。本书在导论中已经提出，中国传统文化没有能够发展出各自独立的、理想状态的“客观文化”——自然科学与“主观文化”——宗教，而是在“主客不分”的文化形态上较为发达——“艺术”与“工艺”等等；西方文化传统则在纯粹主观与纯粹客观的方面达到了极为发达、完善的状态，在纯粹的客观文化方面发展出了理想的科学形态，在纯粹的主观方面发展出了典型的宗教形态。而绝对主观与绝对客观的文化——“宗教”与“科学”都是追求“无时间性”的“天主”与“真理”的，“主客不分”的文化则执着于体验不同的客体所带来的不同的感受，这种文化往往是乐观的、现世的，而前面一种文化则必然是悲观的、彼岸的。

他一再主张教育应该独立，其中的原因之一就在于宗教只是极端地强调绝对的主观，他说：“然则，教育家何以不结合于宗教，而必以现象世界之幸福为作用？曰：世固有厌世派之宗教若哲学，以提撕实体世界

---

① 高平叔编:《蔡元培美育论集》,湖南教育出版社 1987 年版,第 110 页。

观念之故，而排斥现象世界。因为现象世界之文明为罪恶之源，而一切排斥之者。吾以为不然。现象实体，仅一世界之两方面，非截然为互相冲突之两世界。吾人之感觉，既托于现象世界，则所谓实体者，即在现象之中，而非必灭乙而后生甲。其现象世界间所以为实体世界之障碍者，不外二种意识：一、人我之差别；二、幸福之营求是也。人以自卫力不平等而生强弱，人以自存力不平等而生贫富。有强弱贫富，而彼我差别之意识起。弱者贫者，苦于幸福之不足，而营求之意识起。有人我，则于现象中有种种之界画，而与实体违。有营求则当其未遂，为无已之苦痛。及其既遂，为过量之要索。循环于现象之中，而与实体隔。能剂其平，则肉体之享受，纯任自然，而意识界之营求泯，人我之见亦化。合现象世界各别之意识为浑同，而得与实体吻合焉。故现世幸福，为不幸福之人类到达于实体世界之一种作用，盖无可疑者。”①

因而，宗教之消极厌世是致力于彼岸世界的，而审美活动则不然，他说：“且其与现象世界之关系，又非可以枯槁单简之言说袭而取之也。然则何道之由？曰美感之教育。美感者，合美丽与尊严而言之，介乎现象世界与实体世界之间，而为津梁。此为康德所创造，而嗣后哲学家未有反对之者也。在现象世界，凡人皆有爱恶惊惧喜怒悲乐之情，随离合生死祸福利害之现象而流转。至美术则即以此等现象为资料，而能使对之者，自美感以外，一无杂念。例如采莲煮豆，饮食之事也，而一入诗歌，则别成兴趣。火山赤舌，大风破舟，可骇可怖之景也，而一入图画，则转堪展玩。是则对于现象世界，无厌弃而亦无执着也。人既脱离一切现象世界相对之感情，而为浑然之美感，则即所谓与造物为友，而已接触于实体世界之观念矣。故教育家欲由现象世界而引以到达于实体世界之观念，不可不用美感之教育。”②

所以，蔡元培惯于把宗教之中的时间性——“彼岸世界”——称为

---

① 高平叔编:《蔡元培全集》第二卷,中华书局 1984 年版,第 133—134 页。

② 高平叔编:《蔡元培全集》第二卷,中华书局 1984 年版,第 134 页。

"空空渺渺"，他说："今天是艺术院补行开学式。大学院为什么在这个时候、这个地方设立艺术院？平常，西湖有很多的人来，这些来的人，可分两种：一是游览，一是为烧香。游览的人，是因为西湖风景很美丽，天气很温和，所以相率来游，以满足其私人的爱美欲望。一种是烧香的人，烧香的人为什么一定要来西湖拜佛呢？西湖的寺庙最多，所以他们都来了。但是为什么这些寺庙都建筑在风景美好的湖山之中呢？宗教是靠人心信仰而存在的，但是宗教是空空渺渺的，不能使人都信，永久维持着他的势力，故必须借着优美的山林，才能无形之中引诱一般人来信他的，一般人之所以拜佛，而又必定相率来西湖的，虽其信心觉得是为佛而来，实际上他们的潜在主因，仍就是为西湖的风景好才来的，也就是因为借此能满足他们的爱美欲望才来的。自然美不能完全满足人的爱美欲望，所以必定要于自然美外有人造美。艺术是创造美的、实现美的，西湖既有自然美，必定要再加上人造美，所以大学院在此地设立艺术院。宗教是靠着自然美，而维持着他们的势力存在。现在要以纯粹的美来唤醒人的心，就是以艺术来代宗教。因为西湖的寺庙最多，来烧香的人也最多，所以大学院在西湖设立艺术院，创造美，使以后的人都移其迷信的心为爱美的心，借以真正的完成人们的生活。"①

把"空空渺渺"的对彼岸世界的希冀与信仰代之以"实实在在"的在此岸世界的审美愉悦，蔡元培认为这在中国实在源远流长，他说："就我国言之，周之礼乐，实为美术之见端。嗣是，如理学家之词章，科举时代之词章书画，皆属美术之一种。今日学校中，虽亦有音乐、图画，然而美感教育，终叹衰退。岂知美感教育，何在非是。"② 在他内心深处，对中国儒家的礼乐教化传统念兹在兹，以下所述可以作为对审美教育、审美活动的"此岸之乐"的最好结论：

① 高平叔编:《蔡元培全集》第五卷,中华书局 1984 年版,第 218—219 页。

② 高平叔编:《蔡元培全集》第二卷,中华书局 1984 年版,第 489 页。

有礼则不可无乐。礼者，以人定之法，节制其身心，消极者也。乐者，以自然之美，化感其性灵，积极者也。礼之德方而智，乐之德圆而神。无礼之乐，或流于纵恣而无纪；无乐之礼，又涉于枯寂而无趣。是以荀子曰："夫音乐，入人也深，而化人也速，故先王谨为之文，乐中平则民和而不流，乐肃庄则民齐而不乱，民和齐则兵劲而城固。"①

中国古代文化，全在礼乐。礼乐的完备，是周公的功。所以，古代尊周公为先圣，近人也有说古文家经学是从周公出的。②

同时，蔡元培针对现代社会的"道德心缺乏"危机，也从"以美育代宗教"以及"礼乐教化"的新发展角度做了积极的应对，因为"道德心"缺乏是近现代社会的社会分工、个性发展、私营经济、个体权利等发展所带来的现象，这是在中国以往数千年的封建社会之中是从未有过的新现实，所以，很多人主张引入西方宗教对道德沦丧进行拯救。而蔡元培则既冷静地面对这一崭新的现实，又对传统的礼乐教化、道德状况进行了深入的反思，从而建立起新的"精神之救济法"③。

他认为，在我国古代道德传统中存在对"士"的独尊现象，本身就存在很多弊端，尤其是在近现代的中国就很难做到了，他说：

吾国分士、农、工、商为四民，而士独尊。吾不得不犯众怒，归咎于人人尊崇之孔子。孔子蓄雄心，欲揽政权，故游说各国，推士为独尊，而轻视农、工与商，致门弟子中有农、工、商之才者，亦为所迷，而不知返。孟子继起，更为通功易事之曲说，诋陈仲子，诋许行，复为孔子辩诬，证据几不胜枚举。然古之人，犹能安贫乐

① 高平叔编：《蔡元培全集》第二卷，中华书局1984年版，第24页。
② 高平叔编：《蔡元培全集》第四卷，中华书局1984年版，第219页。
③ 高平叔编：《蔡元培全集》第二卷，中华书局1984年版，第489页。

道；而今之人，则不知道德为何事。[①]

他认为，有些人因此提出——“救济道德，莫如提创宗教”[②]。这种思想有害而无益，因为美育不仅可以在我国古代可以起到礼乐教化、助益于道德之养成的作用，而且在新的历史条件下，同样可以通过加强美育，来实现高尚的道德。在1932年，他所提出的《整理国乐案》中，就对新的礼乐教育、音乐教育提出了详尽的建议，他说：

为提议整理国乐、宣传党化事：按我国音乐，本有礼制音乐与艺术音乐两大类，均以化民成俗为前提。礼制音乐，纪念前贤之功业，为后人立模范，是用音乐推行教育方针者也。艺术音乐，发挥人民个性，调和社会习尚，是用音乐提高民族文化者也。两者相辅而行，则礼制音乐不致枯索乏味；艺术音乐可免放逸出轨，而至于至善焉。惜乎秦汉以来，政体专制，君主借礼制音乐以自尊，于是音乐渐与教育文化脱离关系，日就退化。降至今日，国际上竟目我国为无乐之民族，可耻孰甚！其实，我国音乐发明最早，体制独多。惟历代管理不善，雅乐沦亡，社会习见习闻，皆后世鄙俚村俗之物，以致为人轻视。果能及时整理，将我国高尚乐舞，从新发扬而张大之，必能在世界音乐史上，占一重要地位。且今专制推翻，民国成立，凡百设施，首重培养固有道德，振兴民族精神。[③]

这既为新的历史时期实施礼乐教化，继承中华民族悠久的古典审美文化提出了坚实的设想，也为弥补礼乐教化传统更为重视道德价值、轻视审美价值提供了合理的建议——在礼制音乐与艺术音乐上齐头并进。

---

① 高平叔编:《蔡元培全集》第二卷,中华书局1984年版,第489页。

② 高平叔编:《蔡元培全集》第二卷,中华书局1984年版,第489页。

③ 高平叔编:《蔡元培全集》第六卷,中华书局1984年版,第225—226页。

这一切都体现出——“以美育代宗教”不仅是一个极重大、极辉煌的思想与学术的贡献，也更有着深厚的历史渊源、坚实的现实举措与美好的未来愿景。

## 四、公共空间、公共艺术与中国现代美育空间的拓展

从公共空间、公共艺术与社会审美教育关系的视角，来探讨蔡元培美育思想及其贡献，是极为必要的，因为就这一命题所包含的学术价值与贡献来看，与蔡元培倡导美育及所提出的“以美育代宗教”的命题相比，实是伯仲之间。

### （一）公共领域、公共艺术、中国古代公共艺术、公共美育

“公共领域”一词最早由汉娜·阿伦特在20世纪50年代提出，直到1989年哈贝马斯所著《公共领域的结构转型》一书出版，此概念才在学界成为热点。尽管哈贝马斯并未使用“空间”一词，但是“公共领域”的定义同样适用于公共空间，因为公共空间是公共领域的体现形式之一，在艺术品陈设的角度，较多使用“公共空间”这个概念。

何谓公共艺术？对这个问题的回答，应该在放置于公共空间的艺术品与艺术的公共性之间做出区分。陈设于公共空间的艺术，指的是陈列在某一具体公共空间中并为公众所接纳、共享的艺术品或者是演出的行为；而艺术的公共性，是指决定了艺术何以具有公众共享性的本质特性，即公众在面对同一审美对象时所关注的乃是对象的形式，这不同于科学技术以及道德实践行为，所以，艺术的公共性决定了在某一具体公共空间所存在的艺术品，即公共艺术是对艺术公共性的一种体现，或者是一种刻意的、强化的展示。

而艺术的公共性则必然指涉公共利益，公共利益并不是既定的，而是在充满政治冲突与争论的动态社会过程中建构的。公共性建构的社会机制是一个政治性运作与社会认同的公共过程，民众参与公共艺术，交流、分享艺术见解，并借此改善人们之间的关系，建立共同体意识。因而，关于公共艺术的界定将必然从对实体性空间向度的关注导向对公共领域的政治性论述。

在蔡元培的美育思想中，对公共空间、公共艺术与审美教育尤其是社会美育关系的诸多论述，在中国美育思想史上实属开创之举，原因就在于其所蕴含的现代性政治的启蒙话语与中国古典美育思想是相左的。

在封建社会的政治专制之下，整个社会权力系统为个体自由所设定的空间是极为狭小的，因此由真正个体所构成的公共空间也就不可能获得存在的合法性。正如汉娜·阿伦特所言："封建主义统治之下的世俗领域在整体上的确与古代的私人领域完全相同。它的一个显著特征就是，一切活动都被吸纳进家庭领域（在那里，这些活动仅仅具有一种私人的意义），从而使公共领域彻底消失了。"① 也就是说，公共艺术出现的前提是社会的公共领域的出现，而社会公共领域的出现和形成则需要必要的社会条件、政治条件和知识生产的条件。当王权、神权和专制独裁者的权力以一种垄断的方式控制着社会的意识形态的时候，这个社会就只有统治者的艺术，而没有真正意义上的公共艺术。那么，在等级森严的封建社会，尤其是在作为以小农经济为社会特征的中国，我们就只能在皇家与宗教的领域里找到"公共艺术"；就我国传统审美文化在公共艺术形态上的体现来看，主要体现为貌似公共空间中存在的雕塑与壁画艺术。虽然我国古代的雕塑、壁画艺术成就辉煌，有宫苑雕塑、陵墓雕塑、石窟和寺庙雕塑、壁画，等等，但大都设置于宗教场所和墓地，不像西方现代雕塑那样广泛运用于公共环境。

在中国古代公共艺术史中，"公共艺术"是个尴尬的概念，因此，由公共艺术所承担的社会美育在中国古典美育中就缺乏存在的空间。审美对象及其审美价值在整个社会的权力语境中，不仅是权力的象征，而且本身就是社会权力分配系统中的一个因子，体现着权力的构成，因而审美对象与审美价值只能成为极少数人的专有。如果把"诗乐教化"称作是带有普遍性与公众性的美育活动的话，就只能是对审美价值主体性的扭曲。

---

① 载汪晖、陈燕谷主编：《文化与公共性》，三联书店 1998 年版，第 66—67 页。

整体上看，中国古典美育思想是以封建宗法制的伦理道德为其话语的基准与阈限，强调理性对感性的压制性和谐，审美价值的独立与主体性尚未成为现实。具体来看，在以儒家美学为主导的中国古典美育思想中，“美”被“善”同化、弱化以至取消；而道家与禅宗的美学则于“美”采用了较为虚无的态度，在根本上不能构成对儒家美学的解构。在中国美学史上，除了孔子的“诗可以群”点出文艺所具有的公共交往功能，就只有孟子对审美价值所特有的“普遍性”“公共性”“公众性”进行了阐述，他主张“乐民之乐者，民亦乐其乐”“与百姓同乐，则王矣”“虽有台池鸟兽，岂能独乐哉?”(《梁惠王·上》)，反对离开百姓的“独乐”“与少乐”(《梁惠王·下》)。这一关于美的“同乐”的观点极富有民主性，在中国古典美学的传统之中却是鲜见的。在中国古典美育之中，美育成为极少数人才能享有的极具私人性的活动，这导致中国古典的美育活动主要是在家庭这一领域中开展，不仅范围极为狭窄，而且在根本上不具备自觉性与组织性。

因而，在中国古典美育传统当中，不可能出现真正以“国民”面孔出现的美育受众，也不可能出现为这一受众所服务的真正的公共艺术。继而，就不可能出现对于美的普遍性与公众性进行哲学思辨的美学形态，也就不可能出现对社会美育进行探究的美育学知识形态。

在中国近代以至现代，资产阶级的萌芽与发展使得“国民”作为一个独立的阶层存在成为现实，尽管与西方国家相比还很微弱；相比之下，在思想启蒙上，中国知识分子显然走得更远。

蔡元培认为，封建社会是“家族主义时代”，国家也是“家族的国家主义”，在其中主要的社会关系是夫妇、亲子、兄弟、君臣、朋友，作为公共领域的“群性”为私人领域的“个性”所保留的空间太少，而且界限不分明。而在现时代，则应该改变这一状况。他说：

(群性与个性)两方面发展之现象，亦以渐分明。虽然，群性以国家为界，个性以国民为界，适于甲国者，不必适于乙国。于是持

> 军国民主义者，以军人为国民教育之标准，持贵族主义者，以绅士为标准；持教会主义者，以教义为标准；持实利主义者，以资本家为标准。个人所有者，为“民”权而非“人”权；教育家所行者，为“民权的”教育而非“人格的”教育。自人类智德进步，其群性渐溢乎国家以外，则有所谓世界主义若人道主义；其个性渐超乎国民以上而有所谓人权若人格。①

可见，以开放、进步、文明的现代社会取代封闭、保守、落后的传统社会，而且城市化、商业化进程加快，城市人口大为增加，这都为近现代中国公共领域的生长提供了广阔空间和不竭动力。

城市中的公共空间、公共艺术与社会美育日益成为迫切的现实问题，蔡元培的这一思想可谓应运而生。

（二）建基于康德美学之上的公共艺术美学

从蔡元培公共艺术与社会美育思想的渊源来看，他直接继承了康德的美学思想，而对欧洲各主要国家公共艺术的考察则成为他在现实中的依据与楷模。

目前学界对于公共艺术美学的关注与研究已经较多，但是多集中在视觉艺术的领域，尤其是围绕雕塑艺术来展开的，主要的缺陷不仅在于视野较狭窄，而且在公共艺术美学的探讨上缺少应有的理论支持，更体现在对公共艺术美学奠基人康德及其思想的忽视上。

康德关于审美判断的“第一契机”即“审美超乎功利”的命题使得审美价值第一次在人类思想史中得到最为明确的确立。在第二契机中，康德在第一契机的引导下，就由“审美超乎功利”自然走向了启蒙与功利的领域，具体的表现就是“审美普遍性”。康德说：“（审美判断）既然不是植根于主体的任何偏爱（也不是基于任何其他一种经过考虑的利害感），而是判断者在他对于这对象愉快时，感到他自己是完全自由的：

① 高平叔编：《蔡元培全集》第三卷，中华书局1984年版，第260—261页。

于是他就不能找到私人的只和他的主体有关的条件作为这愉快的根据，因此必须认为这种愉快是根据他所设想人人共有的东西”①。并且这是一种“并不要求客体具有普遍性”，而是“只与主观普遍性的要求连接着的”②。

在康德具体的表述中，他使用了“共通有效性”这一概念，其内涵在于“它不含有判断的客观的量，而只含有主观的量”③，而且康德认为：“鉴赏判断本身就带有审美的量的普遍性”④，由审美价值的超越性而获得自身的主体性，而主体性则由于超越性走向普遍性；那么，普遍性则内在地与公共、大众、平等、自由等西方人文主义理想相连接。在这一链式的推导中，审美超越功利性表现为对社会、现实、人文价值的强烈介入，因而，康德美学的启蒙性是内在的，而且是朝向未来的，所以，我们在“审美无关功利”的命题中，既可以看到审美即政治，也可以看到审美即道德。可以说，康德的美学思想是最早的关于公共艺术合理性与合法性的哲学论述，我们完全可以把康德美学关于审美判断力的“第二契机”称作是公共艺术美学的奠基。

蔡元培在吸纳康德公共艺术美学的基础上，加以独立发挥，可以说是创造性地弥补了康德美学中所隐含的启蒙性遗留，由“审美超功利”走向“功利”领域，使得公共艺术与社会审美教育的普遍性命题成为真正知识化的形态。就其形态而言，我们可以把蔡元培的这一命题的表述分为以下三个方面：

其一，由审美教育所获得的公共情感向理想的道德情感的过渡。

一方面，在继承康德美学精义的基础上，蔡元培把审美判断所具有的“普遍性”直接介入到功利领域，并加以极简洁而透辟的表述：“人道

① ［德］康德：《判断力批判》上卷，商务印书馆1964年版，第48页。
② ［德］康德：《判断力批判》上卷，商务印书馆1964年版，第48页。
③ ［德］康德：《判断力批判》上卷，商务印书馆1964年版，第51页。
④ ［德］康德：《判断力批判》上卷，商务印书馆1964年版，第52页。

主义之最大阻力为专己性，美感之超脱而普遍，则守己性之良药也。”①之所以在这里以美感向道德迈进，蔡元培认为其内在的机制在于，在美感之中所存在的超乎功利的普遍性的情感能发挥交往、建立共通感和团结的力量，即强调艺术的“公共特征”。尤其是在现代生活关系中，某一个体要想彼此分离和得到发展，就必定会以牺牲他们的人际和谐的整体性为代价。在人类“公共情感”或者“共同情感”的充分发达与充分养成的基础之上，人类在道德上的进步与极致境界的获得才是可能的；由非功利的审美情感及其由审美情感教化而养成的非功利情感，作为由相对狭隘的道德情感向较为宏阔的道德情感过渡之途的角色，一是作为如康德所言“美是道德的象征”这样的楷模作用，二是起着更为重要的作用，即作为道德进步的内在动力。

而在另一方面，蔡元培所说的艺术与审美活动的公共性对道德公正所起的作用是过誉的，他在这个方面应该说是混淆了艺术所引起的公众的公共情感与合乎道德公正的公共情感之间的区别。艺术（当然包括公共空间中所放置的艺术品或演出行为）所引发的公共情感，从个人来看，它建立起人与人之间沟通的桥梁，帮助人们在渐行渐远的冷漠关系中，获得彼此交流的管道；一个贴近生活的公共艺术，能在我们体内自然引起既独特又普遍的共鸣，而这共同经验的产生不在于对相同背景的认识，而在于经验中的相同感受。当超乎功利利害的同一审美对象可能被多数人经历时，就具备了建构一个社群的公共基础，从而创造出一个类似柏拉图“剧场政体”② 的暂时超脱于体制与阶层差异的连接。如果超出这一范围，显然就只能是对艺术公共性的一种过誉。

其二，由审美与美感的普遍性与公共性，以及审美教育所塑造养成的普遍性与公共性的情感，走向与之相关的艺术的“公共性”。

蔡元培认为，在物质产品之上凝聚的是功利的冲突：“一瓢之水，一

① 文艺美学丛书编委会编:《蔡元培美学文选》,北京大学出版社 1983 年版,第 66 页。

② ［古希腊］柏拉图:《柏拉图文艺对话集》,人民文学出版社 1963 年版,第 310 页。

人饮之，他人就没有分润；容足之地，一人占了，他人就没得并立；这种物质上不相入的成例，是助长人我的区别、自私自利的计较的”①，而审美对象的特点是“美感的发动，乃以摄影与音波辗转传达之视觉为限”②。在这里，蔡元培对于审美对象所作的限定就是：“纯然有‘天下为公’之概”③，这就把审美对象上升到“公共性”与“普遍性”的层面，“名山大川，人人得而游览；夕阳明月，人人得以赏玩；公园的造象，美术馆的图画，人人得以畅观”④，从而把视野转向在公共空间如公园、美术馆之中存在的公共艺术，而“公园”与“美术馆”作为文化娱乐设施显然是中国近现代公共领域尤其是城市公共领域发展的一个结果。

其三，蔡元培认为，公共艺术与社会审美教育是随着人类历史与文化的进步而逐步实现自己的逻辑本性的，公共艺术与社会审美教育的逻辑展开史就是人性进步的历史，即人与人之间的公平、公正、平等在能够在公共艺术上得到极明显的体现。公共艺术的历史，就是社会权力演变的历史。由狭小到开阔，由贵族到公众，这本身就是一个权力的调整过程。蔡元培说：“都市之装饰……皆所以餍公众之美感，而非一人一家之所得而私也。”⑤ 所以，蔡元培在人类所追求的装饰之美的角度，提出：“由是观之，人智进步，则装饰之道，渐异其范围，身体之装饰，为未开化时代所尚；都市之装饰，则非文化发达之国，不能注意。由近而远，由私而公，可以观世运矣。”⑥

在1912年的《华工学校讲义》之中，蔡元培还明确地从文明演化与进步的角度论述了公共艺术所起到的社会美育的作用，他认为公共艺术是人类文明的正面而积极成果的体现，与“奢侈”不可同日而语。蔡元

---

① 文艺美学丛书编委会编：《蔡元培美学文选》，北京大学出版社1983年版，第220页。
② 文艺美学丛书编委会编：《蔡元培美学文选》，北京大学出版社1983年版，第220页。
③ 文艺美学丛书编委会编：《蔡元培美学文选》，北京大学出版社1983年版，第220页。
④ 文艺美学丛书编委会编：《蔡元培美学文选》，北京大学出版社1983年版，第220—221页。
⑤ 文艺美学丛书编委会编：《蔡元培美学文选》，北京大学出版社1983年版，第61页。
⑥ 文艺美学丛书编委会编：《蔡元培美学文选》，北京大学出版社1983年版，第35—36页。

培说："文明者，利用厚生之普及于人人者也。……公园之音乐，夫人而聆其音；普及教育，平民大学，夫人而可以受之……博物院之美术品，其价不赀，夫人而可以赏鉴之；夫是谓之文明。"而"奢侈者，一人之费逾于普通人所费之均数，而又不生何等之善果，或转以发生恶影响"①。

总的来看，蔡元培在继承康德公共艺术美学思想的基础上，建立了公共空间中公共艺术的审美哲学，并把这一思想运用于对于中国公众进行全民美育的现实思考。

### （三）中国公共艺术的美育功能何以建立

蔡元培对中国传统及现实中的公共艺术及其社会美育的评价，基本上是持批评态度的，其参照系有二，一个是如上所述，在康德关于审美价值普遍性命题所包含的自由、平等、公正等政治性的启蒙诉求；其二则是对西欧各国公共艺术及其社会美育优秀成果的借鉴。

在蔡元培游历西欧各国的过程中，他对西欧各国的公共艺术与社会美育大加激赏，尤其对法国、德国的盛况仰慕不已。在叙述的形态上，尽管多是直接对观感进行描述，但是在中国近现代文化向西方学习的过程中，还是开启风气之先，比如从音乐作为服务于社会美育的公共艺术来看，蔡元培在1919年在北京大学音乐研究会的演说中说：

> 欧洲各国，除有音乐专门学校以培植专门人才外，若音乐会，则时时有之。即小村落中，于星期日，亦在公园或咖啡馆内奏乐。若柏林、巴黎等大都会，更无论矣。②
>
> 西洋科学愈发达美术也愈进步。有房屋更求美观。有雕刻更求精细。一块美石不制棹面，而刻石像；一块坚木，不作用器，而制玩物。究竟有何用意？有大学高等专门学校，更设美术学校，音乐学校等。既有文法书，更要文学。所建设的美术馆、博物馆，费多

---

① 文艺美学丛书编委会编：《蔡元培美学文选》，北京大学出版社1983年版，第36页。

② 文艺美学丛书编委会编：《蔡元培美学文选》，北京大学出版社1983年版，第82页。

少金钱，收买物品，雇人管理，外人岂愚？实则别有用心。①

诸如此类的描述在蔡元培的著述当中是相当多的，不再一一引用。

在蔡元培对西方公共艺术及其社会美育的论述中，最为推崇的是法国教育，其原因就在于法国大革命成功以来，包括审美教育当然更包括以公共艺术为主要对象的社会美育在内的整体教育事业已经彻底打碎了由阶级及教会所构筑的社会压迫的权力话语体系，蔡元培说："现今世界各国之教育，能完全脱离君政及教会障碍者，以法国为最。法国自革命成功，共和确定，教育界已一洗君政之遗毒。自一八八六年、一九零一年、一九一九年三次定律，又一扫教会之霉菌"②，那么在法国"人道主义"教育之中，美育及其社会美育同样是不可缺少的，蔡元培认为：

法国美术之发达，即在巴黎一市，观其博物馆之宏富，剧院与音乐会之昌盛，美术家之繁多，已足证明之而有余。③

蔡元培在西方理论与实践的参照之下，对中国近现代公共艺术及其所起到的社会美育作用所取得的进步是充分肯定的，他说："往者园亭之胜，花鸟之娱，有力者自营之而自赏之也。今则有公园以供普通之游散；有植物动物等园，以为赏鉴及研究之资。往者宏博之图书，优美之造象与绘画，历史之纪念品，远方之珍异，有力者得收藏之而不轻以示人也。今则有藏书楼，以供公众之阅览；有各种博物院，以兴美感而助智育。"④

但是在总体上，蔡元培对当时中国的公共艺术所起到的社会美育职能持批评态度：

其一，他认为，我国公共艺术的缺乏以及由此而造成的社会美育的

① 文艺美学丛书编委会编:《蔡元培美学文选》,北京大学出版社 1983 年版,第 147 页。
② 文艺美学丛书编委会编:《蔡元培美学文选》,北京大学出版社 1983 年版,第 8 页。
③ 文艺美学丛书编委会编:《蔡元培美学文选》,北京大学出版社 1983 年版,第 9 页。
④ 文艺美学丛书编委会编:《蔡元培美学文选》,北京大学出版社 1983 年版,第 24—25 页。

欠缺与中国传统文化及其文人的“特性”有直接关系。这“特性”就是把具有普遍性与公共性的审美价值占据为个人化与私密性的物品。蔡元培说：“我国人之特性，凡大画家及收藏家，家藏古画往往不肯轻以示人，以为一经宣布，即失其价格，已遂不得独擅其美”①；与法国、德国在音乐会上的盛况相比，“吾国音乐，在秦以前颇为发达，此后反似退化。好音乐者，类皆个人为自娱起见，聊循旧谱，依式演奏而已”②；在建筑之上，“我国有力者向来专致力于大门以内的装修，庭园花石，虽或穷极奢侈；而大门之外，如何秽恶，均所不顾”③。

其二，他认为，在中国城市建设中的公共艺术所起到的社会审美作用是极为欠缺的。他说：“现在欧洲各国，对于各都市，都谋美化。如道路与广场的修饰，建筑的美化，美术馆、音乐场的纵人观听，都有促进美育的大作用，我们还是没有很注意的。”④ 他还说：“观各种美术的进化，总是由简单到复杂；由附属到独立；由个人的进为公共的。我们中国人自己的衣服，宫室，园亭，知道要美观；不注意于都市的美化。知道收藏古物与书画，不肯合力设博物院，这是不合于美术进化公例的。”⑤

在 1931 年，蔡元培更是直接地提出：“美育的基础，立在学校；而美育的推行，归宿于都市的美化。我国有力者向来专致力于大门以内的修饰，庭园花石，虽有穷极奢侈，而门以外，无论如何秽恶，均所不顾。首都大市，虽有建设的计划，一时均未能实现，未有计划的，更无从说起。我们所认为都市美化的一部分，止有公园了。”⑥ 他还说：“对于美育的设施，殆可为应有尽有。然较之欧洲各国，论量论质，都觉我们实在太幼稚了。”⑦ 如本文第一部分所论，在以农业立国的封建社会中，为

---

① 文艺美学丛书编委会编:《蔡元培美学文选》,北京大学出版社 1983 年版,第 79 页。
② 文艺美学丛书编委会编:《蔡元培美学文选》,北京大学出版社 1983 年版,第 82 页。
③ 文艺美学丛书编委会编:《蔡元培美学文选》,北京大学出版社 1983 年版,第 185 页。
④ 文艺美学丛书编委会编:《蔡元培美学文选》,北京大学出版社 1983 年版,第 133 页。
⑤ 文艺美学丛书编委会编:《蔡元培美学文选》,北京大学出版社 1983 年版,第 121 页。
⑥ 文艺美学丛书编委会编:《蔡元培美学文选》,北京大学出版社 1983 年版,第 198 页。
⑦ 文艺美学丛书编委会编:《蔡元培美学文选》,北京大学出版社 1983 年版,第 199 页。

真正的公共艺术及其社会美育所存留的空间是极为狭小的。

在中国近现代美学史乃至美育理论史中，蔡元培第一次对城市建设中如何在公共空间中设置公共艺术，如何在艺术性完满实现的前提下实现公众的共享等重大问题进行了探究，并把这一学术构想作为对官方行政管理机构的吁求，意在使属于社会共同拥有的艺术财富更加合理地、有效地为普通民众所享有和支配，从而使公共艺术成为体现公共精神、体现民意民心、促进公共领域的文化交流和社会凝聚的有力方式，并使公共艺术成为造福民众生活的重要途径之一，最终实现全民美育的愿景。

在新文化运动中，蔡元培认为只有新文学运动取得了实在的成果，在都市的公共空间中存在的却大多是这样的公共艺术："我们现在除文字界，稍微有点新机外，别的还有什么？书画是我们的国粹，却是模仿古人的。古人的书画，是有钱的收藏了，作为奢侈品，不是给人人共见的。建筑雕刻没有人研究。在嚣杂的剧院中，演那简单的音乐，卑鄙的戏曲。在市场上散步，止见那飞扬尘土，横冲直撞的车马，商门铺上贴着无聊的春联，地摊上出售那恶俗的花纸。"① 在这般公共艺术的包围之中，社会美育怎么可能去完成并得以提升呢？蔡元培在熏陶了欧风欧雨之后，便只能发出这样的感慨了："在这种环境中讨生活，什（怎）能引起活泼高尚的感情呢？"②

在二十世纪中国美育学的学术进程中，蔡元培关于公共空间之中公共艺术与社会美育关系的思想，上承孔孟关于审美公共性的遗产，旁借康德对于公共艺术美学的建树，以独特的视角，把我国现代性进程中公共领域之中尤其是城市公共空间、公共艺术营造问题与社会美育连接起来，不仅仅是在新的历史时期对中国美育领域与空间的极为重要的拓展，而且也缔造了我国现代公共艺术美学，其意义与价值之重大在当代语境中更愈来愈彰显。

---

① 文艺美学丛书编委会编:《蔡元培美学文选》,北京大学出版社 1983 年版,第 84 页。

② 文艺美学丛书编委会编:《蔡元培美学文选》,北京大学出版社 1983 年版,第 84 页。

# 第五章 鲁迅的美育思想

鲁迅（1881—1936），浙江绍兴人，我国现代伟大的文学家、思想家、革命家，又是伟大的教育家，他对美育也有过很多极为精辟的论述，大致可以划分为对美育活动特性的认识、对美育内容的探索、对文艺如何发挥美育作用的见解、儿童美育理论等等方面，下面分而述之。

## 第一节 鲁迅对文艺社会作用的认识

鲁迅对文艺社会作用的认识与他的美育思想有着密切的联系，这主要体现在鲁迅对文艺的社会作用的直接认识、现实主义思想两个方面，其中对文艺的社会作用的认识与鲁迅美育思想直接相关，现实主义文艺思想与其美育思想的阶级性等价值趋向有直接关联，他对艺术特殊规律的深刻认识又与对美育活动自身特性的把握息息相关，下面分而述之。

### 一、重视文艺的社会作用

鲁迅对文艺的社会作用极为关切，正如许寿裳所言："鲁迅在弘文时，课余喜欢看哲学文学的书。他对我常常谈到三个相接的问题：一，怎样才是理想的人性？中国国民性中最缺乏的是什么？三，它的病根何在？"① 他希冀通过文艺对社会现实、国民性进行强有力的介入，在《呐喊·自序》中，他说："有一回，我竟在画片上忽然会见我久违的许多中

① 许寿裳：《我所认识的鲁迅》，人民文学出版社 1978 年版，第 6—7 页。

国人了，一个绑在中间，许多站在左右，一样是强壮的体格，而显出麻木的神情。据解说，则绑着的是替俄国做了军事上的侦探，正要被日军砍下头颅来示众，而围着的便是来赏鉴这示众的盛举的人们。这一学年没有完毕，我已经到了东京了，因为从那一回以后，我便觉得医学并非一件紧要事，凡是愚弱的国民，即使体格如何健全，如何茁壮，也只能做毫无意义的示众的材料和看客，病死多少是不必以为不幸的。所以我们的第一要著，是在改变他们的精神，而善于改变精神的是，我那时以为当然要推文艺，于是想提倡文艺运动了。”① 而“改变精神”、通过文艺来变革民众的精神世界正是地道的“教育活动”，这也正是鲁迅之所以弃医从文的主要原因。

力图改变国民的“精神”或“国民性”，这是鲁迅作为一个思想家、文学家高出同一年代文人与学者的地方。在其早年的《摩罗诗力说》之中，他极富诗意地表达了塑造“精神界之战士”的渴望，他说：“今索诸中国，为精神界之战士者安在？有作至诚之声，致吾人于善美刚健者乎？有作温煦之声，援吾人出于荒寒者乎？家国荒矣，而赋最末哀歌，以诉天下贻后人之耶利米，且未之有也。非彼不生，即生而贼于众，居其一或兼其二，则中国遂以萧条。劳劳独躯壳之事是图，而精神日就于荒落；新潮来袭，遂以不支。众皆曰维新，此即自白其历来罪恶之声也，犹云改悔焉尔。顾既维新矣，而希望亦与偕始，吾人所待，则有介绍新文化之士人。特十余年来，介绍无已，而究其所携将以来归者；乃又舍治饼饵守囹圄之术而外，无他有也。则中国尔后，且永续其萧条，而第二维新之声，亦将再举，盖可准前事而无疑者矣。”② 这正是他对中国文艺界的呼吁与期待，也表达了他对文艺界、文化界、教育界现状的不满。

从上述文字可以看出，他对于文艺的精神、情感的陶养作用是极为推重的，并且上升到了以文艺来改换国民精神面貌的高度。从字面上来

① 《鲁迅全集》第一卷，人民文学出版社 1981 年版，第 416 页。
② 《鲁迅全集》第一卷，人民文学出版社 1981 年版，第 100 页。

看，好像鲁迅关于文艺作用的思想有夸大或者过于理想化的成分，但是就鲁迅的具体论述来看，这一思想非但没有丝毫的夸张与过誉之处，而且他对文艺作用的状态或者审美活动的呈现状态做了极为精彩的描述。他说："然吾人乐于观诵，如游巨浸，前临渺茫，浮游波际，游泳既已，神质悉移。而彼之大海，实仅波起涛飞，绝无情愫，未始以一教训一格言相授。顾游者之元气体力，则为之陡增也。"① 也就是说，鲁迅是始终把握住了审美活动作为一种愉悦活动的兴发性与涌现性特征，这是审美活动之所以能够与科学活动、道德活动、宗教活动等区别开来的最重要的本质特征，其中最为质朴的、原发性的特征就是愉悦感或者美感的流畅性，而且在美感或者审美活动的构成要素之中就自然而然地包含了思想、理性、教化等方面，而且这些思想、理性、教化方面的因素并不是生硬地夹杂在美感之中，而是其原初的呈现状态就是流畅的、兴发的、愉悦的感性过程，因而它们都毫无例外地带上了其所归属的审美活动这一整体所具有的所有特性，思想、理性、教化既是自身，同时又是愉悦的、涌动的，就像鲁迅所描述的那样——欣赏者在审美活动的过程中不知不觉地陶养、提升、改变了自己的精神境界。

正确而合理地把握文艺的社会作用与合理而正确地理解审美活动自身的本质特性是一脉相承的，另外一个可以直通此理的途径便是——把审美活动与人类所创造的其他几种最为主要的价值活动进行比较。鲁迅就曾经对审美活动与科学活动进行了生动的对比。在为译作《月界旅行》所写的辨言中，鲁迅说："盖胪陈科学，常人厌之，阅不终篇，辄欲睡去，强人所难，势必然矣。惟假小说之能力，被优孟之衣冠，则虽析理谭玄，亦能浸淫脑筋，不生厌倦。彼纤儿俗子，《山海经》《三国志》诸书，未尝梦见，而亦能津津然识长股，奇肱之域，道周郎，葛亮之名者，实《镜花缘》及《三国演义》之赐也。故掇取学理，去庄而谐，使读者触目会心，不劳思索，则必能于不知不觉间，获一斑之智识，破遗传之

① 《鲁迅全集》第一卷，人民文学出版社 1981 年版，第 71 页。

迷信，改良思想，补助文明，势力之伟，有如此者！我国说部，若言情谈故刺时志怪者，架栋汗牛，而独于科学小说，乃如麟角。智识荒隘，此实一端。故苟欲弥今日译界之缺点，导中国人群以进行，必自科学小说始。”① 在此，鲁迅的观念主要体现在两个方面，其一，把艺术欣赏活动与科学活动或者对科学读物的阅读活动相对比，指出了艺术欣赏活动的愉悦性以及愉悦的流畅性，而科学活动则不然，因为它是一个纯粹理智的概念活动，虽然在科学活动之中也会出现一些伴随性的情感体验，但是这些情感体验与所要研究的对象无关。其二，鲁迅认为科学与艺术可以实现完美的融合，比如科学与小说的融合，在感性的愉悦里消融进理性与科学的因子，就可以启迪民智，起到科学教育的作用。

在这种精神境界、情感世界业已改变的情况下，文艺的社会作用又可以与其他社会活动相结合，尤其是更为与直接的社会政治、经济、军事的活动相结合，鲁迅说：“大同的世界，怕一时未必到来，即使到来，像中国现在似的民族，也一定在大同的门外。所以我想，无论如何，总要改革才好。但改革最快的还是火与剑，孙中山奔波一世，而中国还是如此者，最大原因还在他没有党军，因此不能不迁就有武力的别人。近几年似乎他们也觉悟了，开起军官学校来，惜已太晚。中国国民性的堕落，我觉得并不是因为顾家，他们也未尝为‘家’设想。最大的病根，是眼光不远，加以‘卑怯’与‘贪婪’，但这是历久养成的，一时不容易去掉。我对于攻打这些病根的工作，倘有可为，现在还不想放手，但即使有效，也恐很迟，我自己看不见了。”② 这表明，在革命时代，鲁迅的思想是随着历史潮流而动的。不过，鲁迅重视文艺的社会作用的思想并没有过时，也并没有改变。

鲁迅对时代的精神状况所作出的响应是直接而迅捷的，在需要以文艺作品作为斗争、教化的工具时，他同样表达了深刻而精辟的思想。他

① 《鲁迅全集》第十卷，人民文学出版社 1981 年版，第 152 页。

② 《鲁迅全集》第十一卷，人民文学出版社 1981 年版，第 39—40 页。

认为，虽然不可抹杀文艺的愉悦、享乐的功能，但是这一功能同样不能成为“为艺术而艺术”的口实，他说：“地球上不止一个世界，实际上的不同，比人们空想中的阴阳两界还利害。这一世界中人，会轻蔑，憎恶，压迫，恐怖，杀戮别一世界中人，然而他不知道，因此他也写不出，于是他自称‘第三种人’，他‘为艺术而艺术’，他即使写了出来，也不过是三只眼，长颈子而已。‘再亮些’？不要骗人罢！你们的眼睛在那里呢？”① 针对自己最为钟爱与擅长创作的杂文，鲁迅说：

> 我是爱读杂文的一个人，而且知道爱读杂文还不只我一个，因为它“言之有物”。我还更乐观于杂文的开展，日见其斑斓。第一是使中国的著作界热闹，活泼；第二是使不是东西之流缩头；第三是使所谓“为艺术而艺术”的作品，在相形之下，立刻显出不死不活相。我所以极高兴为这本集子作序，并且借此发表意见，愿我们的杂文作家，勿为虎伥所迷，以为“人言可畏”，用最末的稿费买安眠药片去。②
>
> 现在大概也如此。惟方法巧妙得多了，竟至于看不出来。今日文学最巧妙的有所谓为艺术而艺术派。这一派在五四运动时代，确是革命的，因为当时是向“文以载道”说进攻的，但是现在却连反抗性都没有了。不但没有反抗性，而且压制新文学的发生。对社会不敢批评，也不能反抗，若反抗，便说对不起艺术。故也变成帮忙柏勒思（Plus）帮闲。为艺术而艺术派对俗事是不问的，但对于俗事如主张为人生而艺术的人是反对的，则如现代评论派，他们反对骂人，但有人骂他们，他们也是要骂的。他们骂骂人的人，正如杀杀人的一样——他们是刽子手。③

① 《鲁迅全集》第六卷，人民文学出版社 1981 年版，第 219 页。
② 《鲁迅全集》第六卷，人民文学出版社 1981 年版，第 293 页。
③ 《鲁迅全集》第七卷，人民文学出版社 1981 年版，第 383 页。

以上所说正是鲁迅的“为人生而艺术”的思想，这既是他一贯的思想，也是他在自身创作上的追求，通过《伤逝》《孔乙己》《阿Q正传》《狂人日记》等等作品，鲁迅践行了作为一位伟大的启蒙者的价值与理想。他说：“灌输正当的学术文艺，改良思想，是第一事。”① 因而，就整体而言，鲁迅能够把重视文艺的社会作用与文艺的社会教化结合起来，这正是他的美育思想的开端。

## 二、现实主义文艺思想

鲁迅在创作上以及在文艺思想上具有浓郁的现实主义色彩，其中最为主要的体现便是反对“瞒和骗”的文艺。这些观念直接关涉鲁迅美育思想中的现实主义文艺教育论。

鲁迅的“现实主义”文艺思想中的“现实”并不就是所谓艺术的“真实性”，这一“现实”的内涵是特定的，也就是针对文学史上的现实主义文艺作品而言的，其具体含义是审美主体在欣赏文艺作品时所得到的“现实感”，比如对于《红楼梦》的阅读，就可以让读者感受到封建家庭中对于爱情自由的扼杀等等现实感，而对于古龙《多情剑客无情剑》的阅读则会引发“浪漫感”，让读者会对小李飞刀李寻欢的命运魂牵梦绕，但是绝对不能说浪漫主义就是虚假的。现实主义文艺作品与其他类型的文艺作品相比，更加强调描述细节的真实，在描述中强调事出有因，而不是侧重于离奇、浪漫、荒诞等等，鲁迅的现实主义文艺观就是从这里出发的。

对于“瞒和骗”的文艺，鲁迅一直是持强烈的批判态度，他说：

> 我并未实验过，但有时候想：倘将一位久蛰洞房的老太爷抛在夏天正午的烈日底下，或将不出闺门的千金小姐拖到旷野的黑夜里，大概只好闭了眼睛，暂续他们残存的旧梦，总算并没有遇到暗或光，

① 《鲁迅全集》第七卷，人民文学出版社1981年版，第35页。

虽然已经是绝不相同的现实。中国的文人也一样，万事闭眼睛，聊以自欺，而且欺人，那方法是：瞒和骗。①

有时遇到彰明的史实，瞒不下，如关羽岳飞的被杀，便只好别设骗局了。一是前世已造夙因，如岳飞；一是死后使他成神，如关羽。定命不可逃，成神的善报更满人意，所以杀人者不足责，被杀者也不足悲，冥冥中自有安排，使他们各得其所，正不必别人来费力了。

中国人的不敢正视各方面，用瞒和骗，造出奇妙的逃路来，而自以为正路。在这路上，就证明着国民性的怯弱，懒惰，而又巧滑。一天一天的满足着，即一天一天的堕落着，但却又觉得日见其光荣。在事实上，亡国一次，即添加几个殉难的忠臣，后来每不想光复旧物，而只去赞美那几个忠臣；遭劫一次，即造成一群不辱的烈女，事过之后，也每每不思惩凶，自卫，却只顾歌咏那一群烈女。仿佛亡国遭劫的事，反而给中国人发挥“两间正气”的机会，增高价值，即在此一举，应该一任其至，不足忧悲似的。自然，此上也无可为，因为我们已经借死人获得最上的光荣了。②

可以看出，鲁迅反对逃避社会生活中的冲突、黑暗、斗争、悲哀之处，这种主张并不是针对所有的文艺创作，而是针对那些本应该是纯粹的现实主义文艺作品，却在作品中对现实进行粉饰、歪曲、掩盖，这就导致现实主义精神的不彻底或者消沉、湮灭。

鲁迅认为，现实主义文艺作品不仅要在揭示真实上有所追求，而且要在真实的显现上全力以赴，因为现实主义文艺作品之中的“现实”绝不可能只是对历史事件的机械摹写与照相，否则艺术永远在逼真性上无法与历史、现实相提并论，鲁迅说：“艺术的真实非即历史上的真实，我

① 《鲁迅全集》第一卷，人民文学出版社 1981 年版，第 238 页。
② 《鲁迅全集》第一卷，人民文学出版社 1981 年版，第 240 页。

们是听到过的，因为后者须有其事，而创作则可以缀合，抒写，只要逼真，不必实有其事也。然而他所据以缀合，抒写者，何一非社会上的存在，从这些目前的人，的事，加以推断，使之发展下去，这便好像预言，因为后来此人，此事，确也正如所写。”① 因而作品中的“现实”是隶属于审美活动的，而且必定要遵循审美活动自身的特殊规律与要求。

因而，文学作品之中的“现实”或者“真实”就会最终落实在“怎样写”之上。他说：“作者的意思，大略是说凡文学家的作品，多少总带点自叙传的色彩的，若以第三人称来写出，则时常有误成第一人称的地方。而且叙述这第三人称的主人公的心理状态过于详细时，读者会疑心这别人的心思，作者何以会晓得得这样精细？于是那一种幻灭之感，就使文学的真实性消失了。所以散文作品中最便当的体裁，是日记体，其次是书简体。”② 在这个案例中，鲁迅针对的就是既把生活中的真实与作品之中的真实进行必要的区别，又要在作品之中充分运用艺术的特性进行新的创造。这表明鲁迅对文艺的真实性的要求是与文艺自身的特性以及以“真”育人相联系的，所以，从现实主义文艺思想到现实主义文艺教育论的过渡就是自然而然的。

## 第二节　对美育活动特性的认识

鲁迅美育思想的特色极为鲜明，他往往不是在美育理论的学理上进行系统探讨，而是倾向于以辛辣、深刻的现实主义倾向，来强有力地介入对国民精神的教育，他在美育理论上的深刻见地就是融汇在这些具体而微的文艺思想或者文艺批评实践之中的。

---

① 《鲁迅全集》第十二卷，人民文学出版社 1981 年版，第 302 页。

② 《鲁迅全集》第四卷，人民文学出版社 1981 年版，第 22—23 页。

## 一、文艺的阶级性与现实主义文艺教育论

鲁迅对于文艺之于社会的作用有着极为精到的认识，尤其是针对机械的反映论文艺思想，他认为文艺能够起到重大的教育作用，但是这种作用不是对现实世界的机械的摹写，而是虽出自于现实，但绝不是一种低劣的仿品，而是一种全新的创造、美的创造。他经常喜欢使用“麻油”与“芝麻”的比喻，用来说明文艺与现实、历史之间的关系，他说：“文艺是国民精神所发的火光，同时也是引导国民精神的前途的灯火。这是互为因果的，正如麻油从芝麻榨出，但以浸芝麻，就使它更油。倘以油为上，就不必说；否则，当参入别的东西，或水或硷去。中国人向来因为不敢正视人生，只好瞒和骗，由此也生出瞒和骗的文艺来，由这文艺，更令中国人更深地陷入瞒和骗的大泽中，甚而至于已经自己不觉得。世界日日改变，我们的作家取下假面，真诚地，深入地，大胆地看取人生并且写出他的血和肉来的时候早到了；早就应该有一片崭新的文场，早就应该有几个凶猛的闯将！”① 在这里，鲁迅一方面袒露出强烈的现实主义美育精神，认为文艺应该从现实中生出，对现实产生教育与引领的作用，另一方面，他又认为文艺与现实之间的关系不是一一对应的、相符式的简单关系，而是文艺自身应该发挥自己才拥有的特殊力量，才能起到相应的教育作用。

在 1933 年给徐懋庸的信中，鲁迅也使用了“麻油”与“芝麻”的比喻，他说：“文学与社会之关系，先是它敏感的描写社会，倘有力，便又一转而影响社会，使有变革。这正如芝麻油原从芝麻打出，取以浸芝麻，就使它更油一样。”② 这意味着艺术与生活之间是一种花蜜与花的关系，既不能在两者之间做简单的比附，也不能切断两者之间的血脉关联。如果只是在两者之间进行简单的比附，那艺术就会丧失效用；如果认为两

---

① 《鲁迅全集》第一卷，人民文学出版社 2005 年版，第 240—241 页。

② 《鲁迅全集》第十二卷，人民文学出版社 2005 年版，第 302 页。

者之间没有血脉上的联系，那艺术就会闭门造车，虽然这样的艺术也是好的艺术，但是鲁迅本人更喜欢那种在现实生活之中产生重大作用尤其是对国民产生教育作用的艺术。

鲁迅的现实主义美育思想在中国现代美育思想史上最为突出的特色之一就是——在阶级社会中的文学艺术具有阶级性。他说："唯物史观的理论，岂是这样简单的。它的理论并不否认个人性，因此，也不否认思想，道德，感情，艺术。但以性格，思想，道德，感情，艺术，都是受支配于经济的。林氏的文章是着意于个人性，我们就以个人性而论。譬如农村经济宗法社会里拿妻子为男子的财产，但是文化进步到今日的社会，就承认妻子有相当的人格。这个观念，当然是有产者和无产者所共同的。虽然是共同，却并非天赋的，仍然逃不了经济的支配。有产者和无产者物质生活上受经济的影响而有差等，个人性同样地受经济的影响而却是共同的。"① 在此所说的"林氏"之说即林葵未夫所言——"有产者与无产者只是有阶级性，而全然缺少个人性的"②。也就是说，在人性与阶级性之间要做辩证的、具体的分析，不能一说阶级性就没有了共同的人性，也不能只讲共同的人性而忽略了阶级性。他还认为梁实秋所说的——"文学就是表现这最基本的人性的艺术"，在根本上是"矛盾而空虚的"③，他以风趣而辛辣的笔触说：

> 既然文明以资产为基础，穷人以竭力爬上去为"有出息"，那么，爬上是人生的要谛，富翁乃人类的至尊，文学也只要表现资产阶级就够了，又何必如此"过于富同情心"，一并包括"劣败"的无产者？况且"人性"的"本身"，又怎样表现的呢？譬如原质或杂质的化学底性质，有化合力，物理学底性质有硬度，要显示这力

① 《鲁迅全集》第四卷，人民文学出版社 2005 年版，第 125—126 页。

② 《鲁迅全集》第四卷，人民文学出版社 2005 年版，第 125 页。

③ 《鲁迅全集》第四卷，人民文学出版社 2005 年版，第 203 页。

和度数，是须用两种物质来表现的，倘说要不用物质而显示化合力和硬度的单单“本身”，无此妙法；但一用物质，这现象即又因物质而不同。文学不借人，也无以表示“性”，一用人，而且还在阶级社会里，即断不能免掉所属的阶级性，无须加以“束缚”，实乃出于必然。自然，“喜怒哀乐，人之情也”，然而穷人决无开交易所折本的懊恼，煤油大王那会知道北京捡煤渣老婆子身受的酸辛，饥区的灾民，大约总不去种兰花，像阔人的老太爷一样，贾府上的焦大，也不爱林妹妹的。“汽笛呀!”“列宁呀!”固然并不就是无产文学，然而“一切东西呀!”“一切人呀!”“可喜的事来了，人喜了呀!”也不是表现“人性”的“本身”的文学。倘以表现最普通的人性的文学为至高，则表现最普遍的动物性——营养，呼吸，运动，生殖——的文学，或者除去“运动”，表现生物性的文学，必当更在其上。倘说，因为我们是人，所以以表现人性为限，那么，无产者就因为是无产阶级，所以要做无产文学。①

因而，鲁迅所主张的是一种在合理的、具体的现实事件中来谈论文艺的阶级性，不可进行抽象的、整体性的武断论述。他说：“文学家要自由创造，既不该为皇室贵族所雇用，也不该受无产阶级所威胁，去做讴功颂德的文章。这是不错的，但在我们所见的无产文学理论中，也并未见过有谁说或一阶级的文学家，不该受皇室贵族的雇用，却该受无产阶级的威胁，去做讴功颂德的文章，不过说，文学有阶级性，在阶级社会中，文学家虽自以为‘自由’，自以为超了阶级，而无意识地，也终受本阶级的阶级意识所支配，那些创作，并非别阶级的文化罢了。例如梁先生的这篇文章，原意是在取消文学上的阶级性，张扬真理的。但以资产为文明的祖宗，指穷人为劣败的渣滓，只要一瞥，就知道是资产家的斗争的‘武器’，——不，‘文章’了。无产文学理论家以主张‘全人类’

---

① 《鲁迅全集》第四卷，人民文学出版社 2005 年版，第 203—204 页。

‘超阶级’的文学理论为帮助有产阶级的东西，这里就给了一个极分明的例证。”[①] 在这里所说的正是不能用阶级出身、血缘、职业来对文学中的阶级性进行简单粗暴的设定，因而，鲁迅在此只是指出，不同的文学艺术作品对人们的影响是不同的，他着力倡导并身体力行的是那种唤醒民智、鼓舞士气等具有强烈教育、教化作用的文艺，而不是只是躲进唯美的象牙塔里。

鲁迅还说：“麻醉性的作品，是将与麻醉者和被麻醉者同归于尽的。生存的小品文，必须是匕首，是投枪，能和读者一同杀出一条生存的血路的东西；但自然，它也能给人愉快和休息，然而这并不是‘小摆设’，更不是抚慰和麻痹，它给人的愉快和休息是休养，是劳作和战斗之前的准备。”[②] 虽然在这里仅仅就小品文而言，但是这正反映了鲁迅在文艺社会作用上的一贯取向，也就是他强烈地主张与倡导那些具有高度教育作用的、使人清醒而不是“麻醉”的作品。

## 二、文艺教育作用的独特性

从上述鲁迅对文艺的独特价值以及文艺的阶级性论述来看，鲁迅对于文艺的教育作用的认识是极为深刻的，他认为必须在尊重文艺的特殊规律与基本特性的基础上，才能合理地谈论文艺的教育作用，他说：

> 美国的辛克来儿说：一切文艺是宣传。我们的革命的文学者曾经当作宝贝，用大字印出过；而严肃的批评家又说他是“浅薄的社会主义者”。但我——也浅薄——相信辛克来儿的话。一切文艺，是宣传，只要你一给人看。即使个人主义的作品，一写出，就有宣传的可能，除非你不作文，不开口。那么，用于革命，作为工具的一种，自然也可以的。

① 《鲁迅全集》第四卷，人民文学出版社 1981 年版，第 205—206 页。

② 《鲁迅全集》第四卷，人民文学出版社 1981 年版，第 576—577 页。

但我以为当先求内容的充实和技巧的上达，不必忙于挂招牌。“稻香村”“陆稿荐”，已经不能打动人心了。“皇太后鞋店”的顾客，我看见也并不比“皇后鞋店”里的多。一说“技巧”，革命文学家是又要讨厌的。但我以为一切文艺固是宣传，而一切宣传却并非全是文艺，这正如一切花皆有色（我将白也算作色），而凡颜色未必都是花一样。革命之所以于口号，标语，布告，电报，教科书……之外，要用文艺者，就因为它是文艺。①

在论及“木刻”的作用时，鲁迅说：

木刻是一种作某用的工具，是不错的，但万不要忘记它是艺术。它之所以是工具，就因为它是艺术的缘故。斧是木匠的工具，但也要它锋利，如果不锋利，则斧形虽存，即非工具，但有人仍称之为斧，看作工具，那是因为他自己并非木匠，不知作工之故。②

这都表明文艺的宣传教育作用是在一个完美的审美活动之中才能自然而然地发生的，生硬的、直接的、直白的宣传虽然是必要的，但是就入人之深、动人之久，就无法与文艺所起到的作用相提并论了。虽然鲁迅并没有对文艺作品所达成的宣传教育效果及状态做具体的分析与陈述，但是他对审美活动自身形象、生动、直觉、吸引等等特性认识的深刻程度，一见可知。

在《摩罗诗力说》一文中，鲁迅则对审美教育活动的根本特性、呈现状态做了极为具体、深刻且汪洋恣肆的论述，此文堪称鲁迅美育思想最有代表性的专论性著作。

① 《鲁迅全集》第四卷，人民文学出版社 1981 年版，第 84 页。
② 《鲁迅全集》第十三卷，人民文学出版社 1981 年版，第 151 页。

### （一）美育活动作为质朴的实际生活经验

在《摩罗诗力说》一文中，鲁迅不仅对文艺教育的特殊性做了极为具体、深刻的阐述，而且，他是从与科学活动、科学教育活动进行比较的宏观视野来入手与论述的，这样既能够更清晰地把握审美教育自身的特性，也能够在更高的教育哲学的视野，把审美教育、科学教育与人的全面发展相联系。

其中尤为值得关注的是他对文艺教育或者审美教育活动呈现状态的描述，而核心体现就在于把其状态理解为绽放的时间性状态，比如鲁迅把文艺欣赏活动描述为“河流之泳”。他说：“然吾人乐于观诵，如游巨浸，前临渺茫，浮游波际，游泳既已，神质悉移。而彼之大海，实仅波起涛飞，绝无情愫，未始以一教训一格言相授。顾游者之元气体力，则为之陡增也。”[①] 这个在“巨浸”里游泳的过程无疑是最佳的时间性或者内时间意识的喻体之一，就像詹姆士称之为“意识流”、孔子称之为“逝者如斯夫”一样，而“前临渺茫”不啻是胡塞尔所云内时间意识构成之“前摄”。胡塞尔曾说：“每一个源初的构造过程都由前摄赋予灵魂（beseelt），前摄对将要来临之物进行空乏地构造、聚合并使之充实。”[②] 他还说：“在每一个源初地构造起内在内容的原阶段（Urphase）上，我们对于同一内容都有先行阶段的滞留和即将来临阶段的前摄。只要内容在持续，这些前摄就会得到充实。”[③] 也就是说，比如在小说阅读的过程中，读者就可以看出，鲁迅所言的文艺欣赏过程也正是一个注意力被吸引而不断地涌向将来的时间意识，而且更为重要的是，鲁迅不仅把审美活动描述为一个涌现的过程，而且在这一过程中实现了意义与价值的增值、提高，正如他所说——“神质悉移”“元气体力陡增”。

接着，鲁迅对审美教育活动与科学教育活动之间的差异进行了对比，

---

① 《鲁迅全集》第一卷，人民文学出版社 1981 年版，第 71 页。

② 载倪梁康等编著：《中国现象学与哲学评论》第六辑，上海译文出版社 2004 年版，第 167 页。

③ 载倪梁康等编著：《中国现象学与哲学评论》第六辑，上海译文出版社 2004 年版，第 167 页。

他说："盖世界大文，无不能启人生之閟机，而直语其事实法则，为科学所不能言者。所谓閟机，即人生之诚理是已。此为诚理，微妙幽玄，不能假口于学子。如热带人未见冰前，为之语冰，虽喻以物理生理二学，而不知水之能凝，冰之为冷如故；惟直示以冰，使之触之，则虽不言质力二性，而冰之为物，昭然在前，将直解无所疑沮。惟文章亦然，虽缕判条分，理密不如学术，而人生诚理，直笼其辞句中，使闻其声者，灵府朗然，与人生即会。如热带人既见冰后，曩之竭研究思索而弗能喻者，今宛在矣。昔爱诺尔特（M. Arnold）氏以诗为人生评骘，亦正此意。故人若读鄂谟（Homeros）以降大文，则不徒近诗，且自与人生会，历历见其优胜缺陷之所存，更力自就于圆满。此其效力，有教示意；既为教示，斯益人生；而其教复非常教，自觉勇猛发扬精进，彼实示之。凡苓落颓唐之邦，无不以不耳此教示始。"① 可以看出，其中的绝大部分文字所着力的正是鲁迅对审美活动作为过程本身的精微描述。

在这一过程中，那些在科学里或者在日常生活中被陈述为范畴、概念、本质的因素，比如——"理想""教示""理性"等等，都是直接以直观的面貌与状态出现的，而不是在审美过程结束之后，才被总结出来的一种孤立的存在，因而，这些极富"教育性"的"理想""教示""理性"因素既然是审美活动过程中的一个因子，那么，其存在的状态就必然带有整体的所有特性，比如审美活动的愉悦、迷人、吸引、直观、流畅性等等最为主要的特性，也就是上述"教育性"因素——"理想""教示""理性"自身呈示的状态，而且这一状态并不是附加的、附属的，而是就其原发性、质朴性的状态而言正是如此。

在这里所说的"閟机"正是那种前理论的、质朴的、涌动的、主客不分的审美活动自身，也正是因为审美活动是一种吸引人的注意力的愉悦过程，因而它才呈现为一个不断涌现的、内时间意识生成的过程。"閟机"的状态正是"直语其事实法则"之中的"直"，这意味着审美活动

① 《鲁迅全集》第一卷，人民文学出版社 1981 年版，第 71—72 页。

的构成不是主客二分的，而是审美主体始终指向审美对象的完整活动，这是一种原发性的、时间绽出性的活动，因而“直”就是审美主体具身投入审美活动之中，陶醉于其中的、兴发性的状态，其间时间性的状态正是一种实际生活经验的形式显示；而且，鲁迅之所以说这种“直语其事实法则”是科学所做不到的，就是因为这种兴发的、涌动的、绽出性的实际生活经验本身，不带有任何来自于概念、逻辑的规定性，完全是一种非概念的状态，自然是“科学所不能言者”。正如鲁迅本人在此段话语中所列举的冰的冷，只有在切身体会之时，也就是在手始终放在冰块之上的时候，“冷”才会真实地、持续地生发出来。

因而，鲁迅认为，文艺的教育作用有着科学无法取代的卓绝之处，也就是把思想、道理、事实、法则等理性的内容完全消融于前理论的审美生活之中，而科学活动之中的概念、术语、命题等都是抽象的、客观的、冷静而中立的，尽管在科学活动过程之中的科学家也会有喜怒哀乐，也有科研的绵绵不绝的动力与冲动，但是这一切都无妨知识的客观性绝对超然于主体之外。当然，科学的教育自有其特定的贡献与价值，而文艺所起到的教育在鲁迅看来是“非常教”，其优点就在于——“自觉勇猛发扬精进，彼实示之。凡苓落颓唐之邦，无不以不耳此教示始”[①]。其中的原因就在于，在这样一种读者或者审美主体主动地兴发的愉悦之中，就会自然而然地接纳了作品中的思想、立场、情感、意蕴、观念，而后就会自然而然地发现自己的不足之处与优秀之处，这样就可以发扬自信，改变不足，以至于达到“圆满”，这就是一个最为完满的自我教育的产生过程。

而且，鲁迅在《摩罗诗力说》中所说的审美教育或者文艺教育是一种广义的、更加准确的意义上的教育活动，因为鲁迅并没有把“教育”只是理解为“教育活动”，或者只是理解为由国家在上层建筑、意识形态领域推进的、在“学校”里进行的“教育活动”，而是把教育理

① 《鲁迅全集》第一卷，人民文学出版社 1981 年版，第 72 页。

解为一般性的提升、养成、教化、更新、学习、提高、具有“教育性”的活动。这个活动有可能是在学校中有组织、有计划地进行的，也有可能是个体的审美活动，只要能够满足或者具备以上所说的“教育性”，那就是十足的、完满的“教育活动”。自此而言，美育活动、文艺的教育活动与文艺的功用、审美的功能之间就既有相通之处，又有着根本的差异。相同之处自不必说，比如直感、形象、生动、愉悦、流畅等等，根本的差异或者文艺教育、审美教育的特殊之处就在于其“提高性”与“教育性”。

（二）文艺只能通过美感起到教育作用

正如鲁迅上述所言，文艺的教育作用实现于一个完美的、完善的且已经完成的、质朴的审美活动之中。他在很多文章、著述中都极为强调这一思想，也就是作家、艺术家在创作时，一定要把观念、思想、理想等等范畴性内涵溶于作品的整体之中。通俗地说，就是只有通过艺术形象生动地呈示思想与观念，才能合理地发挥其各种作用。如果脱离生动的艺术形象去宣讲思想、观念，那就会把思想、观念等范畴性的内涵置于审美活动之外，这样的审美活动一定不是完善的、完美的。

鲁迅认为，文艺作品“既为教示，斯益人生”①，但是它“未始以一教训一格言相授”②。可见，鲁迅既重视文艺作品的教育作用——尤其是把文艺作为唤醒国民、启蒙去昏的津逮，同时他更为重视要使这一教育作用完美地实现，就必须尊重文艺活动、审美活动作为一种独特价值与意义活动的特殊性。“教训”虽然在道德活动之中能起到训诫、惩戒、命令的作用，但是其弱点在于——不能使人信服或相信。鲁迅说：“不负责任的，不能照办的教训多，则相信的人少；利己损人的教训多，则相信的人更其少。‘不相信’就是‘愚民’的远害的堑壕，也是使他们成为散沙的毒素。然而有这脾气的也不但是‘愚民’，虽是说教的士大夫，相

① 《鲁迅全集》第一卷，人民文学出版社 1981 年版，第 72 页。

② 《鲁迅全集》第一卷，人民文学出版社 1981 年版，第 71 页。

信自己和别人的，现在也未必有多少。例如既尊孔子，又拜活佛者，也就是恰如将他的钱试买各种股票，分存许多银行一样，其实是那一面都不相信的。”① 而且“教训”却完全不能照搬在文艺活动、审美活动之内；“格言”虽然简洁精辟，还具有一定的形象性，但是却不能像在文艺作品的阅读中做到体味道理、思想、观念，即如同鲁迅所言的“游巨浸，前临渺茫，浮游波际，游泳既已，神质悉移”② 之类的作用。因此，鲁迅尤其反对那种“教训文学”，他说：

“怎样写”的问题，我是一向未曾想到的。初知道世界上有着这么一个问题，还不过两星期之前。那时偶然上街，偶然走进丁卜书店去，偶然看见一叠《这样做》，便买取了一本。这是一种期刊，封面上画着一个骑马的少年兵士。我一向有一种偏见，凡书面上画着这样的兵士和手捏铁锄的农工的刊物，是不大去涉略的，因为我总疑心它是宣传品。发抒自己的意见，结果弄成带些宣传气味了的伊孛生等辈的作品，我看了倒并不发烦。但对于先有了“宣传”两个大字的题目，然后发出议论来的文艺作品，却总有些格格不入，那不能直吞下去的模样，就和雒诵教训文学的时候相同。③

因而，“写什么”与“怎么写”都是同等重要的问题。鲁迅在“教训”之于文艺教育或审美教育关系的思想更多地出自于两个方面，其一是在自己的创作中，他力图避免这种抽象的、居高临下的说教；其二是鲁迅作为一位杰出的中国文学史学者，他对中国文学史尤其是小说史上“教训”之于文学、小说的消极意义有着深刻的体会，因而，在本节中，鲁迅关于“教训”的论述就大多来自于中国文学史。

① 《鲁迅全集》第六卷，人民文学出版社 1981 年版，第 51 页。
② 《鲁迅全集》第一卷，人民文学出版社 1981 年版，第 71 页。
③ 《鲁迅全集》第四卷，人民文学出版社 1981 年版，第 20 页。

鲁迅对唐宋小说及传奇做了对比，认为两者之间的差别就在于唐代传奇小说少“教训”而宋代小说则多教训，所以他认为到了唐代灭亡的时候，小说传奇也就随之灭亡了，他说：

> 传奇小说，到唐亡时就绝了。至宋朝，虽然也有作传奇的，但就大不相同。因为唐人大抵描写时事；而宋人则极多讲古事。唐人小说少教训；而宋则多教训。大概唐时讲话自由些，虽写时事，不至于得祸；而宋时则讳忌渐多，所以文人便设法回避，去讲古事。加以宋时理学极盛一时，因之把小说也多理学化了，以为小说非含有教训，便不足道。但文艺之所以为文艺，并不贵在教训，若把小说变成修身教科书，还说什么文艺。宋人虽然还作传奇，而我说传奇是绝了，也就是这意思。①

因而，在艺术中的“教训”越多，对于艺术的戕害也就越大，因为在根本上，“教训”毁掉的是审美活动之为审美活动的价值与意义——它是一种审美主体始终指向审美对象的兴发的、涌动的、流畅性的愉悦活动，因为即使在一个大体上完美的作品中掺入一些生硬说教的内容，也会影响审美主体感受的纯粹性与流畅性。他喜欢的是《诗经》之中的“美感”与“教训”并重且交融为一的作品。他说：“《诗》三百篇，皆出北方，而以黄河为中心。其十五国中，周南召南王桧陈郑在河南，邺鄘卫曹齐魏唐在河北，豳秦则在泾渭之滨，疆域概不越今河南山西陕西山东四省之外。其民厚重，故虽直抒胸臆，犹能止乎礼义，忿而不戾，怨而不怒，哀而不伤，乐而不淫，虽诗歌，亦教训也。”②

可以看出，鲁迅之所以对《诗经》如此钟爱，就是因为在《诗经》中的“教训”已经完全演化为作品的整体之中的一个有机组成部分，已

---

① 《鲁迅全集》第九卷，人民文学出版社1981年版，第319页。
② 《鲁迅全集》第九卷，人民文学出版社1981年版，第356页。

经融会于审美活动之中。也就是说，尽管在如此精美的作品内容或者意蕴里的确存在“教训”，但是作品之为文学作品的存在就是为了愉悦、享乐、怡情、悦目的，也只有达成愉悦、享乐、怡情、悦目之时，或者说，只有愉悦、享乐、怡情、悦目作为一个完整的审美活动正在持存、绵延、流变之时，“教训”的存在才是合理的、完满的。因而，鲁迅也就同样主张文学、艺术的作用在于愉悦，他说：“言美术之目的者，为说至繁，而要以与人享乐为臬极，惟于利用有无，有所牴牾。主美者以为美术目的，即在美术，其于他事，更无关系。诚言目的，此其正解。然主用者则以为美术必有利于世，傥其不尔，即不足存。顾实则美术诚谛，固在发扬真美，以娱人情，比其见利致用，乃不期之成果。沾沾于用，甚嫌执持，惟以颇合于今日国人之公意。”[①] 鲁迅在《摩罗诗力说》之中更是对这一思想反复申说：

由纯文学上言之，则以一切美术之本质，皆在使观听之人，为之兴感怡悦。文章为美术之一，质当亦然，与个人暨邦国之存，无所系属，实利离尽，究理弗存。故其为效，益智不如史乘，诫人不如格言，致富不如工商，弋功名不如卒业之券。特世有文章，而人乃以几于具足。[②]

就鲁迅的思路来看，他是把文学或艺术与人类所创造的其他几类最为主要的价值相对比，而后才自然而然地显露出文学或艺术的价值所在，也就是文学在对历史真实的认识上不如历史著作，在道德教训上不如道德格言，在致富生财上不如工商，在功名的追求上不如现实人际之中的奋斗。虽然他并没有系统、全面地探究文学、艺术与另外几种最为主要的人类价值形态——如宗教等之间的差异，但是他业已雄辩地阐明了人

① 《鲁迅全集》第八卷，人民文学出版社 1981 年版，第 47 页。
② 《鲁迅全集》第一卷，人民文学出版社 1981 年版，第 71 页。

类之所以创造包括文学、艺术在内的审美对象，就是为了感官的愉悦与幸福，这同样是一个人类所创造的最为重大的价值之一，而且其价值不能为其他价值所取代、僭越。但是在事实上，人们往往认为文学与艺术在感官愉悦性上的价值不是那么必须，不是那么重大，不是那么伟大，因而就会赋予文学与艺术过多、过重且不堪重负的价值与意义，最终就会导致两败俱伤。

因而，鲁迅认为应该在对国民的审美教育上突出审美自身的价值，而且这一自身的价值绝不是唯美而在的，而是一个如前节文字所述，审美活动自身应该是一个兴发的、涌动的愉悦活动，在此审美活动之内，真、善、历史、宗教都是可以欣然安足的，就像鲁迅所赞许的《诗经》里的作品那样——既是“诗”，又是“教训”。鲁迅美育思想在审美活动实施上的重要观点之一就是——要“起国人之美感”。他说：“美术之用，大者既得三事，而本有之目的，又在与人以享乐，则实践此目的之方术，自必在于播布。播布云者，谓不更幽秘，而传诸人间，使与国人耳目接，以发美术之真谛，起国人之美感，更以冀美术家之出世也。”[①] 因而，把以上所言“教训”与“美感教育”相联系沟通，就可以更加清晰地看到，鲁迅既重视审美教育活动自身的价值，又同时注重把道德、思想的因素消融进审美教育活动之中，实现兼美并善。

（三）“非常教”之中的“情”与“理”

鲁迅对文艺的教育和思想的教育、科学的教育都极为重视，认为只有做到诸方面和谐均衡的发展，才能真正有利于人的身心健康，并且对它们之间的差异进行了比较。他说：“顾犹有不可忽者，为当防社会入于偏，日趋而之一极，精神渐失，则破灭亦随之。盖使举世惟知识之崇，人生必大归于枯寂，如是既久，则美上之感情漓，明敏之思想失，所谓科学，亦同趣于无有矣。故人群所当希冀要求者，不惟奈端已也，亦希诗人如狭斯丕尔（Shakēspeare）；不惟波尔，亦希画师如洛菲罗（Rapha-

① 《鲁迅全集》第八卷，人民文学出版社 1981 年版，第 48 页。

elo)；既有康德，亦必有乐人如培得诃芬（Beetnoven）；既有达尔文，亦必有文人如嘉来勒（Garlyle）。凡此者，皆所以致人性于全，不使之偏倚；因以见今日之文明者也。”[①] 就其思路而言，鲁迅认为无论是个体的人格发展，还是社会的文化价值取向，都必须兼顾情感与理性两方面的齐头并进、互济互美，否则就会造成顾此失彼。比如，作为理性形态之一的科学可以给人类带来光明——“故科学者，神圣之光，照世界者也，可以遏末流而生感动”[②]，但是如果只是任由科学一端进行绝对发展，那就会带来虚无——“人生必大归于枯寂，如是既久，则美上之感情漓，明敏之思想失”[③]。因而，鲁迅说，康德与贝多芬作为人类在理性与感性、理与情或者理性与审美两端的最为辉煌的代表，都是必要的，都是必需的。

就审美活动与科学活动的区别来看，人类生活如果侧重于寻求客观，就会导致科学。在科学活动中，科学家追求的是最终的对于客观对象的认知结果。尽管在科学研究的过程中，科学家对于科学探索的热情、理想、想象、展望甚至梦想都会参与其中，但是在科学研究的最终结果之中，却不允许出现任何科学家个性化的、主观化的、人格化的因素。科学要求科学家绝对忠实于客观世界与客观真理，科学研究的结果只能是对客观规律的抽象认知，只能是冷冰冰的绝对规律。正如海德格尔所说：“在理论性行为中，我定向于某个东西，但我并不（作为理论自我）向这个或者那个世界性的东西而生。”[④] 也就是说，在这一主客不分的过程之中，科学家要始终保持其研究对象的客观性。

审美生活却是一个持续兴发的直观生活过程，不像科学活动那样依靠抽象的概念与公式来进行简化与概括。如果说对于科学活动而言，世

① 《鲁迅全集》第一卷，人民文学出版社 1981 年版，第 35 页。

② 《鲁迅全集》第一卷，人民文学出版社 1981 年版，第 35 页。

③ 《鲁迅全集》第一卷，人民文学出版社 1981 年版，第 35 页。

④ ［德］海德格尔：《形式显示的现象学：海德格尔早期弗莱堡文选》，同济大学出版社 2004 年版，第 12 页。

界的感性面貌显得过于芜杂或者无关紧要的话，那么对于审美生活而言却是恰恰相反，因为任何一个审美对象带给审美主体的快乐都是独一无二的，也都是不可替代的。对于审美主体来说，他所面对的任何一朵玫瑰花都是独一无二的，因为独特的感受奠基于独特的对象之上；一个人在看这一朵玫瑰所得到的快乐不同于他看其他任何玫瑰所得到的快乐，而且，一旦不再看这一朵玫瑰花，那么，这个快乐的“过程”也就随之结束，因而，在这里不存在任何审美过程之外的抽象的、具有普遍性的“结果”可言。

因而，鲁迅历来主张审美活动在“情感”“感性”上的特出之处，他说：“试稽自有文字以至今日，凡诗宗词客，能宣彼妙音，传其灵觉，以美善吾人之性情，崇大吾人之思理者，果几何人？上下求索，几无有矣。第此亦不能为彼徒罪也，人人之心，无不泐二大字曰实利，不获则劳，既获便睡。纵有激响，何能撄之？”[①] 在此，鲁迅期望借艺术之在情感感染上的强力，来拯救那些沉湎于实利而蝇营狗苟的心灵。与本章第一节第一、二部分相联系，鲁迅所说的在审美活动之中的“性情气质之转移”“国民精神前途之引导”等等，都是审美活动在情感教育方面——“非常教”所起的重要作用。

进而，鲁迅认为，在审美教育活动之中的情感与理性的存在状态是辩证的、深刻的，也可以说，这种“非常教”并不是像纯粹的理性教育那样的立竿见影，清晰明澈，而是理性因素化为情感、感性状态，在潜移默化中起作用。鲁迅说：“夫云将以诗移人性情，使即于诚善美伟强力敢为之域，闻者或哂其迂远乎；而事复无形，效不显于顷刻。”[②] 这句话说出了两个方面的道理，其一，文艺所起的教育、教化作用往往是无形的、潜隐的，而不是显著的、外在的，因为文艺作品作为审美对象，其作用的区域不在于纯粹的理智、逻辑、推理乃至于强迫式的教育，而是

① 《鲁迅全集》第一卷，人民文学出版社 1981 年版，第 69 页。
② 《鲁迅全集》第一卷，人民文学出版社 1981 年版，第 69 页。

在于更为深层的心理、心灵、情感、气质、精神、性格，所以他说——“事复无形，效不显于顷刻”。其二，正是因为文艺作品的教育、教化作用是在人的情感深处兴起并兴发的，因而这一作用又是极为辉煌重大的，因为只有一个人在情感的好恶上对一些事物、人伦有所指向，才会决定其行为、思想、态度的价值取向，因而鲁迅才认为文学艺术作品可以移人性情，引领人们至“诚善美伟强力敢为之域”。鲁迅曾在《摩罗诗力说》之中列举一个事例，用来说明文艺教育所起的“民族凝聚力”“民族认同感”“民族性格之刚劲”之上的重大作用，他说：“使举一密栗之反证，殆莫如古国之见灭于外仇矣。凡如是者，盖不止笞击縻系，易于毛角而已，且无有为沉痛著大之声，撄其后人，使之兴起；即间有之，受者亦不为之动，创痛少去，即复营营于治生，活身是图，不恤污下，外仇又至，摧败继之。故不争之民，其遭遇战事，常较好争之民多，而畏死之民，其苓落殇亡，亦视强项敢死之民众。”①

而且，在鲁迅看来，这种教育作用不是在“顷刻”之间就能发挥“显著”之作用，因而他又说：“顾实则美术诚谛，固在发扬真美，以娱人情，比其见利致用，乃不期之成果。”② 因而，鲁迅是一直极为重视美感教育之中“理性”因素如何更完美地发挥作用这一问题的。

## 第三节　审美教育的内容及功能

鲁迅对审美教育内容的看法是极为深刻与宽广的，他不仅强调审美教育自身作用的独特性，而且在这一前提下，同样强调美育内容的具体性，也就是说，美育的作用不仅仅局限于“审美”自身，而是在审美活动或者审美教育活动之中自然而然地包含了认识因素、道德因素等等，因而美育的内容也可以分为认识作用与道德教育作用等等方面。

---

① 《鲁迅全集》第一卷，人民文学出版社 1981 年版，第 69 页。

② 《鲁迅全集》第八卷，人民文学出版社 1981 年版，第 47 页。

## 一、审美教育的认识作用及内容

鲁迅说:“美术可以表见文化　凡有美术，皆足以征表一时及一族之思维，故亦即国魂之现象；若精神递变，美术辄从之以转移。此诸品物，长留人世，故虽武功文教，与时间同其灰灭，而赖有美术为之保存，俾在方来，有所考见。他若盛典侅事，胜地名人，亦往往以美术之力，得以永住。”①

在这段话中，鲁迅主要指出了三个值得关注的思想：

其一，艺术作品创作所采纳的媒介主要是符号，而符号的性质之一是只能适用于视觉与听觉器官，这两者感官的最明显的特性便是不从事消耗性的活动，当审美主体在阅读《红楼梦》的时候，只是针对印刷在纸张之上的铅字，也只是由此获得了《红楼梦》之中林黛玉的性情与心理，虽然在我们的心目中林黛玉是如此动人，但是她的存在却是由语言的特殊组织所造就的，是缺乏切实的质感的。当然，林黛玉完美的艺术形象还须由读者的阅读来最终完成，因而，那些艺术作品便能具有永恒性的生命力，这也是艺术美超出或者高出自然美的地方。

其二，那些经典的艺术作品具有保存“意义”与“存在”的作用，这些“意义”与“存在”就是既与历史的具体真实有相似之处，又在对本质的揭示上超越了具体历史，因为那些具体的历史史实往往是零碎的，在时间的单向度的进程中灰飞烟灭了，而那些带有普遍性的、内在本质性的“真”却会在艺术中得以保全，正如鲁迅在上述所提及的——“一时及一族之思维，故亦即国魂之现象；若精神递变，美术辄从之以转移”②。其中所说的正是艺术不会在具体的、此时此地的史实纪录或者研究上有所擅长，也不会在这个方面与历史写作一较高低，艺术所擅长的是对历史与现实中“意义”的表征与呈现，而且这些“意义”并不只是

① 《鲁迅全集》第八卷，人民文学出版社 1981 年版，第 47 页。
② 《鲁迅全集》第八卷，人民文学出版社 1981 年版，第 47 页。

对外在的历史事实的照相式的呈现，也不是把艺术之中的“真”与外在的客观历史真相进行对比与比对，而是在欣赏者对艺术作品进行欣赏的过程中，涌现性地绽放出来的，也可以说，艺术作品之中的“真”是自行设置入作品之中的，正是在这个意义上，才是可以成立的。

第三，把自行设置入艺术作品中的“真”与艺术作品的“永恒性”结合起立，便造成了艺术作品中的“真”也是永恒的，而且这一“永恒性”并不是一种抽象的时间性因素，而是说艺术品作为符号性的构成物，在被欣赏的过程中，符号不会受到任何的损坏，而且，在欣赏者对艺术作品的每一次欣赏中，“意义”“存在”作为“真”的呈现都是具体可感的、兴发的审美活动过程本身，因而，在鲁迅审美教育思想中的美育所起到的“认识作用”就是实现于艺术或者审美自身的力量之中的。

鲁迅说，在艺术作品里虽然没有那些历史事实或者“存在者”的陈列，但是更多的是对于历史的“意义”与“存在”的保留与持守。比如，他认为，在当时中国儿童所观赏、阅读的画本中，就透露出其时中国的某些气氛或者气象。他说：

> 现在总算中国也有印给儿童看的画本了，其中的主角自然是儿童，然而画中人物，大抵倘不是带着横暴冥顽的气味，甚而至于流氓模样的，过度的恶作剧的顽童，就是钩头耸背，低眉顺眼，一副死板板的脸相的所谓“好孩子”。这虽然由于画家本领的欠缺，但也是取儿童为范本的，而从此又以作供给儿童仿效的范本。我们试一看别国的儿童画罢，英国沉着，德国粗豪，俄国雄厚，法国漂亮，日本聪明，都没有一点中国似的衰惫的气象。观民风是不但可以由诗文，也可以由图画，而且可以由不为人们所重的儿童画的。①

如果把这一观念与上述鲁迅对审美教育活动自身特性的把握结合起

① 《鲁迅全集》第四卷，人民文学出版社 1981 年版，第 565—566 页。

来，正可以看出，鲁迅把审美教育的认识作用视为在一个完整的审美活动中才能完成的，而不是只把审美教育中的认识因素仅仅归属于艺术作品的内容，或者把审美教育的认识作用完全孤立地等同于作品之中的内容，比如，鲁迅认为《儒林外史》之中的认识作用就是在欣赏过程之中自然而然地呈现出来的，他说："敬梓之所描写者即是此曹，既多据自所闻见，而笔又足以达之，故能烛幽索隐，物无遁形，凡官师，儒者，名士，山人，间亦有市井细民，皆现身纸上，声态并作，使彼世相，如在目前，惟全书无主干，仅驱使各种人物，行列而来，事与其来俱起，亦与其去俱讫，虽云长篇，颇同短制；但如集诸碎锦，合为帖子，虽非巨幅，而时见珍异，因亦娱心，使人刮目矣。"[①] 也就是说，是在读者感觉到——"娱心""刮目"之时，认识性的审美教育作用才会发生。

因而，鲁迅尤为重视在质朴的、原发性的审美活动之中来实现审美教育的认识性因素，他的思想并不囿于那种对文学作品所进行的狭隘的"内容—形式"的两分法，而是对两分法作了扬弃，只是保留了原有的术语。也可以说，艺术作品的"内容"与"形式"虽然是一种合理的分析作品的方式，但是只有在一个最为基本的前提下才是合理的——两者都存在于一个完整的审美活动或者完整的审美教育活动之中，而不是僭越于审美活动、审美教育活动之外，或者与审美活动、审美教育活动是一种并列的关系。"内容—形式"的文学作品划分方式其实正是"镜子式的反映论"的一个自然而然的推导结果。此说认为文学作品应该是对生活的反映，反映的是否正确的标准就是与那外在的物——生活、历史进行比较，如果相符那就是正确，就是好的反映，就是好的作品，反之则不然。因而持这种观念的人就自然对文学作品的内容极为关注。什克洛夫斯基曾说："革命诗人们的伟大诗章被剪断分割成语录、口号，使马雅可夫斯基的诗失去了运动，失去诗的联系和动力。"[②] 而马雅可夫斯基在诗

① 《鲁迅全集》第九卷，人民文学出版社 1981 年版，第 221 页。

② ［俄］什克洛夫斯基：《散文理论》，百花洲文艺出版社 1994 年版，第 160 页。

歌上的伟大贡献就在于“带来了思想的节奏，为此他才把诗行打散。他改变了诗行的运动负荷，使诗行有声调，吸取民间诗的经验，创造了节奏——句法排比，创造了新的诗歌分节法”①。什克洛夫斯基在此雄辩地阐述的意义的运动性，其实也就是审美价值的实现，也就是审美感受过程本身的完整性、流畅性。文学作品之中的“内容”或“意义”就是在这样一种“阅读生活”，而且是在充满冲力、强度被加强、长度被延长、愉悦被延缓的“感受过程本身”中得以现身，并始终保持这一时间性的运动性或者兴发性。什克洛夫斯基说：“结构应该为读者——听众所领悟。但丁长诗中的话——‘所有的歌曲如同星辰’由此而产生读者的期待，——愈往后愈多。”这种对阅读过程的内时间意识构成的精彩描述，正如他所说：“艺术比聪明而落后的结构主义者们所希望的更简单，更易理解。”② 所以，鲁迅为文学作品的“意义”找到了其赖以寓居的坚实之所，并描述了其运动性的存在形态。

## 二、美育为思想道德教育之“辅翼”

鲁迅在《摩罗诗力说》中曾对文艺的道德教育功用大加赞赏，他说：

> 盖缘人在两间，必有时自觉以勤劬，有时丧我而惝恍，时必致力于善生，时必并忘其善生之事而入于醇乐，时或活动于现实之区，时或神驰于理想之域；苟致力于其偏，是谓之不具足。严冬永留，春气不至，生其躯壳，死其精魂，其人虽生，而人生之道失。文章不用之用，其在斯乎？约翰穆黎曰，近世文明，无不以科学为术，合理为神，功利为鹄。大势如是，而文章之用益神。所以者何？以能涵养吾人之神思耳。涵养人之神思，即文章之职与用也。③

① ［俄］什克洛夫斯基：《散文理论》，百花洲文艺出版社 1994 年版，第 160 页。

② ［俄］什克洛夫斯基：《散文理论》，百花洲文艺出版社 1994 年版，第 128 页。

③ 《鲁迅全集》第一卷，人民文学出版社 1981 年版，第 71 页。

在这里所说的艺术对于“神思”的“涵养”作用正是针对美育的德育作用以及情感的陶养作用而言的，鲁迅期待的是使人的精神、魂魄、品德能像生动、涌现的生命冲动那样，得到完美的、完善的发展与体现。因而，在这段话里，鲁迅既指出了人的精神、品德、魂魄在存在上的问题，比如易于消沉、堕落、散乱，又指出了对科学与功利的过度追求给精神、品德发展造成的负面影响。

鲁迅的确道出了人在情感与理性或者感性冲动与理性冲动关系方面的困顿之处。感性冲动与理性冲动都是人生内在价值与意义的体现，只不过这两种冲动虽有存在的必要，但是各有其弊端。比如感性冲动的必要在于生存之中对于物质的必需与苛求，在时间性上的体现是易于变化——其实是主体对于物质对象寻求的变化，其弊端在于只是满足于眼前的、瞬间的、现在的需要与冲动。也就是说，感性冲动的价值与意义虽然绝对必要，但是这些冲动是基本的、来自于天赋与本能的冲动，在时间性上的体现就是没有可待提升的境界，没有可供修养的余地。在此所使用的“境界”与“余地”在字面上来自于空间，其真正的含义在于时间性，因而也就没有充裕的未来，最为根本的根源就在于其价值与意义虽然必不可少，其可能性却是极其贫乏的。席勒把感性冲动在时间性上的贫乏称为“瞬间”，他说：“凡是存在于时间之中的事物都是一前一后，因而某物的存在就把其他的一切事物都排除在外了。当人们在一件乐器上奏某个音时，这件乐器可能发出的所有音当中唯有这个音是现实的。当人感觉到眼前的事物时，他的无限可能的规定就被限制在这唯一的存在方式上面去了。所以，那里仅仅是这种冲动在活动，那里就必然受到最高程度的限制；人在这种状态中只不过是一个量度单位，是充实了内容的时间当中的一个瞬间——或者更确切地说，他并不存在，因为只要人受感觉支配，被时间拖着走，在此期间他的人格性就被废弃。”①这段描述感性冲动的文字充满了来自时间性的术语，他既描述了感性冲

① ［德］席勒：《审美教育书简》，北京大学出版社 1985 年版，第 62 页。

动作为一种绵延着的活动所具有的持存特性，又描述了如上所述感性冲动做具有的促逼感、促迫感等特性。

而理性冲动则不然，在理性冲动之中，虽然其在感性外观上也体现为一种时间性的行为，但是，与感性冲动不同，理性冲动之中的“理性”即“法则”却完全超越了欲望或者感性欲求，既可以说在形式冲动作为一种持续、持存的行为之中，“法则”“形式”自身以比较纯粹的方式存在着，也可以说是形式冲动对感性冲动的克服、战胜、超越，而且这种超越、克服与战胜决不是在抽象、含糊、含混的意义上来陈述的，而是植根于一个主体统整的行为，且是一个持续、持存的时间性、过程性的行为，尤其是在心理学上作为一种内时间意识来存在的情况下，其构成之中形式冲动与感性冲动的对立就更加清晰了。可以看出，理性冲动之中的“形式”“法则”完全不同于感性冲动对不同的欲望对象的千变万化的渴求，因而，感性冲动之中的因果消长的时间之链在形式冲动之中就消失了。这在根本上是时间性的丧失，是反时间的，因为“理性”与“法则”不是相对的，而是绝对的，它们的产生无待乎前提与条件，也不会因不同的主体而变化，更不会因同一主体的变化而变化，它们在根本上就没有被激发—延续或持存—终结等这些时间的属性，当然，也可以把这种状况视为时间性的一种独特状态——“永恒”——“永远的现在”。

因而，鲁迅既期待道德的养成与审美教育之间能达成合理且理想的融合，又特别指出更要关注与尊重审美活动以及审美教育活动自身的特性。他认为“美术可以辅翼道德”①，其中的“辅翼”二字用得极好。他说：“美术之目的，虽与道德不尽符，然其力足以渊邃人之性情，崇高人之好尚，亦可辅道德以为治。物质文明，日益蔓延，人情因亦日趣于肤浅；今以此优美而崇大之，则高洁之情独存，邪秽之念不作，不待惩劝

① 《鲁迅全集》第八卷，人民文学出版社 1981 年版，第 47 页。

而国乂安。”① 这样，既指出了感性冲动与理性冲动之间的差异，又把感性冲动与理性冲动融合于审美教育活动之中，而且这种融合完全是自然而然的，其中的枢机就在于审美活动自身之中的“理性”并不是以纯粹的“概念”“数字”等形态存在的“理性”，而是就理性自身直接呈现状态而言就是如此——直观的、感性的。所以鲁迅说：“言美术之目的者，为说至繁，而要以与人享乐为臬极，惟于利用有无，有所牴午。主美者以为美术目的，即在美术，其于他事，更无关系。诚言目的，此其正解。然主用者则以为美术必有利于世，傥其不尔，即不足存。顾实则美术诚谛，固在发扬真美，以娱人情，比其见利致用，乃不期之成果。”② 只有做到让“道德”或者“理性”因素在审美活动之中自然而然地呈现，才能够真正实现审美的“道德教育”作用，做到审美与道德的双赢互美，而不是两败俱伤。

既然已经对审美教育活动之中的德育内容做了如此合理、深刻的阐述，那么，接下来最为重要的就是对德育内容的设定。鲁迅认为，在业已实现审美教育活动自身特性的前提下，要在德育内容上进行提高性的设计，也就是艺术家的作品要在人格与思想上高出现实中的一般水准，而且鲁迅对此的要求显然是极高的。他说：“美术家固然须有精熟的技工，但尤须有进步的思想与高尚的人格。他的制作，表面上是一张画或一个彫像，其实是他的思想与人格的表现。令我们看了，不但欢喜赏玩，尤能发生感动，造成精神上的影响。我们所要求的美术家，是能引路的先觉，不是‘公民团’的首领。我们所要求的美术品，是表记中国民族知能最高点的标本，不是水平线以下的思想的平均分数。”③ 也就是，艺术品自身之中的人格、思想的境界应该是比欣赏者高的，在潜移默化的熏陶之中，在情感上引发共鸣、认同的活动之中，其人格、思想的提高

① 《鲁迅全集》第八卷，人民文学出版社 1981 年版，第 47 页。
② 《鲁迅全集》第八卷，人民文学出版社 1981 年版，第 47 页。
③ 《鲁迅全集》第一卷，人民文学出版社 1981 年版，第 330 页。

就是必然的。因而，鲁迅本人极为鄙视那些思想、人格上低劣的作品。他说："近来看见上海什么报的增刊《泼克》上，有几张讽刺画。他的画法，倒也模仿西洋；可是我很疑惑，何以思想如此顽固，人格如此卑劣，竟同没有教育的孩子只会在好好的白粉墙上写几个'某某是我儿子'一样。可怜外国事物，一到中国，便如落在黑色染缸里似的，无不失了颜色。美术也是其一：学了体格还未匀称的裸体画，便画猥亵画；学了明暗还未分明的静物画，只能画招牌。皮毛改新，心思仍旧，结果便是如此。至于讽刺画之变为人身攻击的器具，更是无足深怪了。"①

### 三、审美能力的提高

鲁迅对审美教育活动之中审美能力提高的论述是极为丰富的，其中自然而然地也包含了上述他在美育的认识作用、道德教化作用方面的思想，因为美育的认识作用、道德教化作用都是包含在一个完整的审美教育活动之中的因子而已，如果没有相应的审美能力及其审美能力的提高，包含上述两种因素在内的所有内容是不可能找到栖身之处的。

在对"美术"一词所做的知识考古中，鲁迅就指出，从实用到审美的发展正反映出人类在审美能力发展上的进步。他说："美术为词，中国古所不道，此之所用，译自英之爱忒（art or fine art）。爱忒云者，原出希腊，其谊为艺，是有九神，先民所祈，以冀工巧之具足，亦犹华土工师，无不有崇祀拜祷矣。顾在今兹，则词中函有美丽之意，凡是者不当以美术称。"② 其中所云"美丽"就是人类的审美能力从原始先民的"崇祀拜祷"中独立出来的、成熟的审美能力，而在其中所涉及的中国自古不言"美术"之论，又反映出鲁迅对于中国古代审美文化过于受制于伦理、实用文化倾向的认识。

接着，他对"何为美术"进行了深入探讨，他说："希腊之民，以美

---

① 《鲁迅全集》第一卷，人民文学出版社 1981 年版，第 330 页。

② 《鲁迅全集》第八卷，人民文学出版社 1981 年版，第 45 页。

术著于世，然其造作，初无研肄，仅凭直觉之力，以判别天物美恶，惟其为觉敏，故所成就者神。盖凡有人类，能具二性：一曰受，二曰作。受者譬如曙日出海，瑶草作华，若非白痴，莫不领会感动；既有领会感动，则一二才士，能使再现，以成新品，是谓之作。故作者出于思，倘其无思，即无美术。然所见天物，非必圆满，华或槁谢，林或荒秽，再现之际，当加改造，俾其得宜，是曰美化，倘其无是，亦非美术。故美术者，有三要素：一曰天物，二曰思理，三曰美化。缘美术必有此三要素，故与他物之界域极严。刻玉之状为叶，髹漆之色乱金，似矣，而不得谓之美术。象齿方寸，文字千万，核桃一丸，台榭数重，精矣，而不得谓之美术。几案可以弛张，什器轻于携取，便于用矣，而不得谓之美术。太古之遗物，绝域之奇器，罕矣，而非必为美术。重碧大赤，陆离斑驳，以其戟刺，夺人目精，艳矣，而非必为美术，此尤不可不辨者也。”①

在这段话里，鲁迅的思想主要包括三个方面，第一，艺术美与自然美的不同之处在于它是人类全新的创造，在艺术美上集中地体现了审美能力的广度与深度。第二，艺术美的长处与价值在于弥补自然的不足，在艺术美之中的世界是一个自足的、更加美化的世界。第三，在艺术作品之中存在的“意义”“存在”或者“真”是完全消融在愉悦的感性活动形态之中的，由此，审美教育的认识作用与道德教化作用才会是合理的。因而，鲁迅在审美教育方面的眼界是极为宽广的，针对如何提高艺术创作的能力，他就是从此着眼的。他说：“凡是有志于创作的青年，第一个想到的问题，大概总是‘应该怎样写？’现在市场上陈列着的‘小说作法’‘小说法程’之类，就是专掏这类青年的腰包的。然而，好像没有效，从‘小说作法’学出来的作者，我们至今还没有听到过。有些青年是设法去问已经出名的作者，那些答案，还很少见有什么发表，但结果是不难推想而知的：不得要领。这也难怪，因为创作是并没有什么秘诀，

① 《鲁迅全集》第八卷，人民文学出版社 1981 年版，第 45—46 页。

能够交头接耳，一句话就传授给别一个的，倘不然，只要有这秘诀，就真可以登广告，收学费，开一个三天包成文豪学校了。以中国之大，或者也许会有罢，但是，这其实是骗子。”① 虽然其论述的重点在于如何从经典艺术作品中汲取创造的灵感与力量，但是这对于审美教育而言同样适用。因为在此鲁迅实际上指出了审美教育所培养的审美能力是不能进行量化、测定的，审美能力不同于科学与技术的能力，因为后两者都是可以在实验、实践中得到证实或者证伪的，而且其在表述上最终体现为客观而抽象的数字、符号等构成的原理、结论、命题等等，而审美能力虽然毋庸置疑地是一种鲜活的能力，且质朴地体现为兴发的、涌现的愉悦生活过程，但是它不能进行如上述所言自然科学一般的、固定的测试、测量与考核，这表明审美能力作为一个有待进行专门地、自觉地、系统地培养、修行的人类教养形态之一，其根本特性是主客不分的，与其他几种最为主要的教养形态——科学、道德的构成是极为不同的。

鲁迅给出的提高审美能力的建议之一是向经典的艺术作品学习。他说：“在不难推想而知的种种答案中，大概总该有一个是‘多看大作家的作品’。这恐怕也很不能满文学青年的意，因为太宽泛，茫无边际——然而倒是切实的。凡是已有定评的大作家，他的作品，全部就说明着‘应该怎样写’。只是读者很不容易看出，也就不能领悟。因为在学习者一方面，是必须知道了‘不应该那么写’，这才会明白原来‘应该这么写’的。”② 因为经典的艺术作品往往凝聚了最为天才的艺术价值，含金量极高，通过对经典作品的接受与欣赏，才可以真正地提高审美能力。

---

① 《鲁迅全集》第六卷，人民文学出版社 1981 年版，第 311 页。

② 《鲁迅全集》第六卷，人民文学出版社 1981 年版，第 311 页。

# 第六章　陶行知的美育思想

陶行知（1891—1946），我国现代伟大的教育家、思想家、教育理论家、美育理论家，诗人，在我国近现代史上享有崇高的声誉。他倾其一生，投身于我国教育事业，改革旧教育，创建新教育，在教育思想上有很多系统的贡献与建树。

## 第一节　生活教育思想与美育的联系

陶行知教育思想最为伟大的建树就是生活教育思想。陶行知的这一思想源自于杜威，并在本土化的基础上有所创新，而且，这一思想与美育有着更为天然的、自然的、密切的联系。

### 一、源出于杜威的教育思想

杜威是美国实用主义哲学家、教育家、教育理论家。实用主义哲学最为显著的特点就是强调思想对于人生的实际效果，也就是说人生的实际效果既决定了思想、概念、观念等的含义，也决定了它们的价值、意义与效用的多寡。因而，这种哲学在其基本宗旨上是强调人生世界或者经验的完整性，这一完整性就体现在对主客不分状态的把握上，体现在对“行为”“行动”“事件”“时间性”等原发性状态的把握上。如果以此来研究教育，那就会把教育活动理解为一个完整的对象，并且理解为一个处在不断提升、提高、更新、丰富中的生命过程。

美国学者加里森曾把杜威称作——“历史上用英语写作的最重要的

教育哲学家”[①]。而且他对杜威教育哲学的把握也是十分中肯的，他说：“也许我们应该停止试图把杜威视为教育哲学家。也许把他看做是回答了关于人的生存的三个重大问题会更好些。生命是什么？我们应该如何生活？人生意味着什么？任何一套完整的哲学体系都必须力求回答这些问题。”[②] 就杜威本人的教育观来看，他的卓越之处不是在于仅仅就教育来进行思考，而是就哲学之所为哲学来进行思考，他说：

> 事实上，在社会实践中，人们普遍感到有各种困惑，由此产生了哲学问题；但这个事实被掩盖起来了，因为哲学家成了专业群体，他们使用一种不同于陈述直接困难的专门语言。但是，只要一个体系具有影响力，人们总能发现围绕它出现的各种利益冲突，因而需要一个社会性的调整方案。正是在这一点上，哲学与教育之间的紧密联系展现出来了。实际上，教育使哲学探讨深入到对人生的意义中去，这和哲学探讨的专门意义是完全不同的。研究哲学“本身”的学者往往处于这样一种危险中，即把哲学视为非常敏锐或严肃的理智运用，视为哲学家们所说的、只与他们有关的东西。但是，如果人们从哲学问题所对应的精神倾向，或者从这些问题在教育实践中造成的不同影响出发去研究问题，那么，不难看出，这些问题所表达的生活情境。如果一种哲学理论对教育上的努力没有影响，它必定是虚假的。教育观念使人们能够做到：哲学问题在哪里产生、发展或被阐释，就在哪里思考它们；对哲学问题的认可或拒斥在哪里产生了实际影响，就在哪里思考它们。如果我们愿意把教育视为对自然和人类的基本理智和情感倾向的过程，那么，甚至可以把哲

---

① ［美］拉里·希克曼主编：《阅读杜威：为后现代做的阐释》，北京大学出版社 2010 年版，第 75 页。

② ［美］拉里·希克曼主编：《阅读杜威：为后现代做的阐释》，北京大学出版社 2010 年版，第 75 页。

学定义为教育的一般理论。①

就上述杜威的哲学思想来看，其特别之处正在于——把“哲学”直接阐释为“教育哲学”，也就是对哲学之所以值得存在的意义与价值在“教育”的根基上做出了回答。这种思想无疑是极为独到与精辟的，在他看来，只有通过哲学的教育活动，或者更为准确地说，只有在教育活动之中才会形成与发现真正的哲学问题，才能使哲学真正在亿万大众人生的意义中发挥实实在在的作用，因而教育学与哲学就这样完全是一体的。而且，在他看来，如果哲学只是由极少数专业人员所进行的面壁玄思，如果哲学在对人实践能力的教育上不能产生作用，那么，这样的哲学就是虚假的。因而，杜威把哲学定义为“教育的一般理论”，既是在哲学上的创新，也是其哲学运用于具体教育理论的体现。同时，这也是杜威哲学及其教育思想能够在现代中国得以大行其道的最为根本的原因之一，因为中国传统哲学与文化的最为根本的特征之一就在于思与行、效用的统一。杜威正是从这一思想出发来建构其教育哲学的。

杜威的教育思想首先体现在对教育民主的呼吁上，他认为民主社会应该以社会成员分享利益的多寡为尺度，不能由少数人专享与垄断受教育的机会与权力，而要通过教育使每个人发挥其潜能，而教育民主同样体现在群体的公共生活上。他说：“教育是一种社会功能，是通过确保未成熟者参与他们所从属的群体的生活而获得指导和发展的过程，实际上等于说，只要群体中流行的生活样式不同，教育就会随之而不同。必须指出，下面的情况是实际存在的：有的社会不只是变化着，而且有着改变以完善其自身的理想，这样的社会与纯粹旨在因循守旧的社会比较起来，在教育的标准和方法上确实存在着很大的差异。”②

其次，杜威的教育思想回答了教育与学校应该是什么的问题。他认

① ［美］杜威：《杜威全集·中期著作》第九卷，华东师范大学出版社2012年版，第261页。
② ［美］杜威：《杜威全集·中期著作》第九卷，华东师范大学出版社2012年版，第69页。

为教育生活，而且杜威把“生活”的积极状态陈述为一个生生不息的、不断更新的、涌动的时间性过程，人的生活只有体现出这一意义及其状态，才能在“生命体”与“非生命体”之间进行区分。他说：“生命体与非生命体最显著的差别，在于生命体通过更新来保持自身。一块石头在受到击打时，只是一味承受。当它的承受能力大于受击打力度时，它就维持在外形上不变。否则，它就会被打碎成小块。石头永远不会试图作出反应，从而在抗击打时维持自身，甚至让这个击打变成促进它自身下一步行动的一个有利因素。……只要生命体持续下去，它就会想方设法为自己的利益而运用周围的各种能量。它使用光、空气、水分和土壤。所谓使用它们，是指把它们转化为保持它自身的手段。……生命体能够为自身的持续活动而抑制和控制各种能量，否则，它自身就会被消耗殆尽。生命是一个通过作用于环境以实现自我更新的过程。”①

而教育正是人类社会生活与经验得以延续的手段。他说：“对人类来说，各种信念、理想、希望、快乐、困苦及实践的再创造，都是随着物理存在的更新而实现的。任何经验，通过社会群体的更新而得以延续，这是一个毫不夸张的事实。教育，在其最广义的层面上，就是这种生活的社会性延续的手段。无论在现代城市里，还是在原始部落中，一个社会群体中的每一个组成要素生来都不成熟，无力无援，没有语言、信念、理念或者社会规范。每个个体，每个单位，作为其群体的生活经验的载体，迟早会消逝；但这个群体的生活仍然会延续下去。”② 因而，杜威把生活理解为自我更新的过程，而“更新”正是“教育”的全部真谛与含义，他说：“教育之于社会生活，就像营养和繁殖之于生理学上的生命。教育主要是通过交流得以传递的，交流是一个分享经验、直到经验为人们所共同拥有的过程。它改变了分享经验的双方原有的性情倾向。人们联合起来的每一种方式，其深层意义在于有助于提升经验的品质。当人

① ［美］杜威：《杜威全集·中期著作》第九卷，华东师范大学出版社2012年版，第4页。
② ［美］杜威：《杜威全集·中期著作》第九卷，华东师范大学出版社2012年版，第5页。

们在与未成熟者打交道时，这一事实最为一目了然。也就是说，尽管每一种社会安排实际上都有教育意义，但教育的影响首先在与长幼相关的联合的目标中发挥了重要的作用。”①

正是从上述实用主义哲学、哲学即教育的一般理论、教育民主、教育是人类经验更新的主要手段等思想出发，杜威才系统地提出了诸如——“教育即生活”“教育即改造”“教育即指导”“教育即生长”“学校即社会”“在做中学”等等教育思想，这些思想对陶行知的影响是极为深刻与全面的。

## 二、陶行知的生活教育思想

关于什么是生活教育，陶行知的回答完全是杜威式的，也就是不把生活与教育看作两种事物之间的事后连接或者联系。他说：“生活教育是以生活为中心之教育。它不是要求教育与生活联络。一提到联络，便含有彼此相外的意思。倘使我们主张教育与生活联络，便不啻承认教育与生活是两个个体，好象一个是张三，一个是李四，平日不相识，现在要互递名片结为朋友。联络的本意原想使教育与生活发生更密切的关系，不知道一把它们看作两个个体，便使它们格外疏远了。生活与教育是一个东西，不是两个东西。在生活教育的观点看来，它们是一个现象的两个名称，好比一个人的小名与学名。”② 这段话极清晰地表露出陶行知教育哲学的整体观念——其一，在学校中的教育应该是一种活的生活，充满生机与活力；其二，包括学校之内外的人的整体生活都应该是带有教育性的。具体来看，陶行知生活教育思想又可以分为三个方面：生活即教育，社会即学校，教学做合一。

### （一）生活即教育

“生活即教育”思想是陶行知对杜威的“教育即生活”思想进行积

---

① ［美］杜威：《杜威全集·中期著作》第九卷，华东师范大学出版社 2012 年版，第 11 页。

② 《陶行知全集》编委会编：《陶行知全集》第二卷，湖南教育出版社 1985 年版，第 288 页。

极改造的成果。陶行知除了继承杜威此思想中的卓越之处，还根据中国教育的现状，把杜威的教育思想进行充分的本土化。

就陶行知此说针对的问题而言，与杜威此说所针对的美国教育状况是有根本区别的。美国的教育比较发达，普及率较高，现代性程度也较高，只是在教育中需要进行教育与生活关联度的提高；而中国的教育在整体上则较为落后，普及率很低，现代性程度也很低。因而，所面临的问题是，既需要在教育活动之中强调教育与生活的关联度，又需要在学校之外的更为广阔的生活内容领域加强教育。

陶行知说：

> 生活即教育。是生活便是教育，不是生活便不是教育。分开来说，过什么生活便是受什么教育：过康健的生活便是受康健的教育；过科学的生活便是受科学的教育；过劳动的生活便是受劳动的教育；过艺术的生活便是受艺术的教育；过社会革命的生活便是受社会革命的教育。从此类推，我们可以说：好生活是好教育；坏生活是坏教育；高尚的生活是高尚的教育；下流的生活是下流的教育；合理的生活是合理的教育；不合理的生活是不合理的教育；有目的的生活是有目的的教育；无目的的生活是无目的的教育。反过来说，平日过的是少爷小姐的生活，便念尽了汗牛充栋的劳动书，也不算是劳动教育；平日过的是奴隶牛马的生活，便把《民权初步》念得透熟，熟得倒过来背，也算不了民权教育。①

在这段话中，极为关键的一句话便是，“过什么生活便是受什么教育”，其内涵就在于把教育的原本的、原初的意义、价值及其呈现状态，用最为简洁平易的话语，毫不含糊地表露出来，其价值与贡献就在于突破了人们在日常对于教育的狭隘的理解，比如教育只是存在于学校，只是存在

① 《陶行知全集》编委会编：《陶行知全集》第二卷，湖南教育出版社1985年版，第288—289页。

于家庭，只是那些有计划、有组织、有具体考核且具备量化指标的狭义的教育活动，甚至完全会发生这样一种以狭义、局部的教育活动来掩盖、掩饰广义的、整体的教育活动的趋势与状况，尤其是当上述这样一种狭义的、局部的教育活动沦为纯粹的智力游戏、小圈子里的蝇头小技、书斋里的闭门造车这样的活动，教育就会丧失其原本的意义、状态。

就上节对杜威教育思想的介绍来看，教育的原本意义及其存在状态正是向着真、善、美、信行进且真、善、美、信正在实现的主客不分的人生过程，这才是一个有意义、有价值的且涌现的人生或者生活。如若不然，那就是抽象的、死的教育，这样的教育就不能名其为教育了。陶行知说：

> 没有生活做中心的教育是死教育。没有生活做中心的学校是死学校。没有生活做中心的书本是死书本。在死教育、死学校、死书本里鬼混的人是死人——先生是先死，学生是学死！先死与学死所造成的国是死国，所造成的世界是死世界。①

而他所希冀的，是那种充满真、善、美、信的向上的、自我更新的创造生活，他说：

> 罗丹说："恶是枯干。"汗干了，血干了，热情干了，僵了，死了，死人才无意于创造。只要有一滴汗，一滴血，一滴热情，便是创造之神所爱住的行宫，就能开创造之花，结创造之果，繁殖创造之森林。②

这便是"生活即教育"的真谛。

---

① 《陶行知全集》编委会编:《陶行知全集》第二卷,湖南教育出版社 1985 年版,第 289 页。
② 《陶行知全集》编委会编:《陶行知全集》第三卷,湖南教育出版社 1985 年版,第 486 页。

### （二）社会即学校

陶行知所提出的“社会即教育”同样是针对教育的时弊而发，而且更为重要的是针对在教育现代性进程中，学校愈来愈专业化、形式主义化、与社会、生活相脱节的弊病而做出的倡导。

陶行知认为，当时中国教育组织的弊病之一在于不能创造，他对此进行了具体分析，分成两种情况，他说：

> 第一种是，学校是学校，社会是社会。他们认为学校是求知的地方，社会是行动的地方；他们说读书不忘救国，救国不忘读书。日本人的炮弹已经飞到他们面前，还是子曰子曰读他的书，这种教育是亡了中国还不够的。第二种，他们已经觉得学校是离不开社会的，所以他们主张“学校社会化”，他们想把社会的一切，都请到学校里来，所以学校里什么都有：公安局啦，卫生局啦，市政厅啦，什么都有。但是他们所做的与社会依旧是隔膜的。况且学校有多么大？能够包罗万象？他们的学校好象大的鸟笼，把鸟儿捉到笼里来养；又好象一只大缸，把鱼儿捉到缸里来养。结果鸟儿过不来鸟笼的生活，死了，鱼儿过不来鱼缸的生活，死了。①

第一种情况是死读书，完全不把国家社稷的现实放在眼里，使得学校教育完全变成象牙塔；第二种情况则是矫枉过正，只把一些社会的机构或者功能搬进学校里，事实上仍然是把学校变成了一个大鸟笼与大缸，鸟儿与鱼儿在这里是无法活下去的。因而，陶行知把这种教育的时弊称作“不自然的”“虚伪的”“无力量的”②，而他理想中的学校与社会的沟通——“创造的教育是怎样呢？就是‘以社会为学校’‘学校和社会打成一片’，彼此之间，很难识别的。社会含有学校的意味，学校含有社会

① 《陶行知全集》编委会编：《陶行知全集》第二卷，湖南教育出版社1985年版，第617页。
② 《陶行知全集》编委会编：《陶行知全集》第二卷，湖南教育出版社1985年版，第617页。

的意味。我们要把学校的围墙拆去，那么才可与社会沟通。这种围墙不是真的围墙，是各人心中的心墙。各人把他的感情、态度从以前传统教育那边改变过来，解放起来”①。这样的话，就会把学校与社会之间的隔膜彻底拆除，其用心之处就在于改造社会、教育社会。

从根本上看，陶行知“社会即学校”思想是对杜威“学校即社会”的本土化发展。杜威的这一思想认为，学校应该是一个小型的社会，应该把各种社会生活浓缩简化起来，这样学校就能起到改良调节的功能，以适应改造社会；另外，学校还可以发挥延续与传承社会文化、培养学生个体及其在社会之中与他人共同生活的能力。而陶行知的这一思想则既是对杜威思想的本土化发展，又是一个极大的创新，因为他所说的学校既包括专门的、狭义的学校，也包括了更为广阔的社会——城市、农村、社区、公共空间等等，不仅要在学校里实现与生活、社会相沟通的教育，而且要在更为广阔的社会领域之中强化教育，比如，陶行知针对“大夏大学”附近的村庄，陶行知说：“庄上的人，都是散漫的，无教育的。假使我们把学校与村庄沟通，大学生都负责去创造新村，村上的人，都接受到知识，形成活泼的有力量、有生命的村庄，再把全中国所有的村庄联合起来，构成一个有大生命的中国，民众的力量可以集中，国难也可共赴。这样做去，要普及教育，一年就可以成功。我们自近而后远，先小而后大，着手办去，把小孩子、农人、工人都培养起来，这才是创造教育的目的。”② 因而，由一个个村庄的教育做起，才会真正形成创造性的教育，才会有利于国家的未来建设。

可见，“社会即学校”思想的精义正在于打破这些教育现代性进程中的固有观念——学校是教育活动的核心，甚至是教育活动唯一存在的场所，等等。

---

① 《陶行知全集》编委会编：《陶行知全集》第二卷，湖南教育出版社 1985 年版，第 617 页。

② 《陶行知全集》编委会编：《陶行知全集》第二卷，湖南教育出版社 1985 年版，第 617—618 页。

（三）教学做合一

“教学做合一”是陶行知生活教育理论的重要组成部分。如果说“社会即学校”“生活即教育”思想解决了教育内容、教育对象、教育领域等这些根本问题，那么，“教学做合一”思想则解决了教育活动如何实施的根本问题。如果没有教、学、做的合一，“生活即教育”与“社会即学校”就会成了空话。

陶行知在1927年于晓庄师范孙中山纪念会上说，有这样三等小朋友，分别是：“活人读活书，字字如珍珠”“活人读死书，愈读愈变迂”“活人不读书，不如老母猪”，显然，第一等小朋友的境界是最理想的。

陶行知认为，所学的知识必须运用于实际生活，才会发挥知识的价值，因为必须把知识与运用相结合。他说：“文明是人类用头脑和双手造成的。只会劳心而不会劳力和只会劳力而不会劳心的人，都是没有希望。何况爱用空嘴说白话的人，那是更不可救药了。如果肯得用手去做，用心去想，那么，留学生、大学生也有希望。否则两只手儿拢在袖里读死书，死读书，读书死，那么，连中学生、小学生也有一天要叫人失望咧。”①

上述两段文字所说的“死”指的正是把书本知识变成了纯粹的记忆游戏、文字游戏、做题的游戏、应试的智力游戏，完全丧失了知识或者书本赖以呈现的原初的、鲜活的、主客不分的状态，造成了——要么就是单纯的死教，不与学相结合；要么就是孤立地学，不与做相结合的恶果。因而，这样的书本也就不可能成为原本的“生活”，也就不可能对社会造成任何有益的影响与价值，“生活即教育”“社会即学校”就根本无从谈起。

因而，陶行知对教师提出了极为具体而辩证的要求，他说：

一，先生的责任在教学生学；二，先生教的法子必须根据学的

① 《陶行知全集》编委会编：《陶行知全集》第二卷，湖南教育出版社1985年版，第405页。

法子；三，先生须一面教一面学。这是教学合一的三种理由。第一种和第二种理由是说先生的教应该和学生的学联络；第三种理由是说先生的教应该和先生的学联络。①

可以看出，“教”与“学”不仅仅是在教师与学生之间进行的活动，而且更为重要的是教师自身的“教”也应奠基于自身的“学”。在教师与学生之间，如此丰富的层次在“教”与“学”之中得以体现出来，这反映出陶行知对教学活动认识的深刻与精微。

陶行知更为重视的是“教、学、做”的统一。针对师范生的培养，他说：

教法、学法、做法是应当合一的。我们对于这个问题所建议的答语是：事怎样做就怎样学；怎样学就怎样教；怎样教就怎样训练教师。②

他认为，只有这样去做，才能把书本、课堂与实际生活完全结合起来，在书本、课堂与实际生活之间建立一条完全无碍的直接通道，以至于相互之间不是一种先相互区别，尔后再进行联结、联系的关系，而是一个事物的两个名称，是一种完全一体的关系。由此看来，“教”“学”“做”之间就不再是一种泾渭分明的区分，而是完全交融于一个鲜活的生活过程之中，就像陶行知所描述的：

这种学校是有根的；他的根安在环境里，吸收环境的肥料、阳光，化作自己的生命；所以他能长大，抽条，发叶，开花，结果。这种学校是与自然生活、社会生活联为一气的。他能适应环境的生

① 《陶行知全集》编委会编:《陶行知全集》第一卷,湖南教育出版社 1984 年版,第 89 页。
② 《陶行知全集》编委会编:《陶行知全集》第一卷,湖南教育出版社 1984 年版,第 638 页。

活，也能改造环境的生活。他是本地的土壤里产生出来的，他自能在相类的环境里传播。①

综上所述，陶行知的教育思想虽然来自于杜威，但是他更是在继承杜威教育思想精华的基础上，进行了完全本土化的创造。

## 三、"生活教育"视野中的美育

在陶行知"生活教育"思想的视野中，美育从来都是其内在之意。就陶行知这一思想所包含的各种教育活动的形态来看，与道德教育、审美教育的关系更加密切，因为科学活动自身的特点必然由其所追求的目标所决定，其目标就是得到正确的、客观的、抽象的科学规律或真理。在科学活动的过程之中，科学工作者尽管也会全身心投入，为了自己所追求的科学梦想，尝尽喜怒哀乐，酸甜苦辣，但是，这些情绪与感觉只能是寄生性的、伴随性的，因为就整体而言，科学活动之中的主体理应保持冷静、客观、中立、理性的情绪，这正是由于科学研究对象的客观性所决定的。而在道德活动与审美活动之中，尤其是在积极的、主动性极强的道德活动之中，人们的行为状态本身就是主客不分的、原始的、愉悦的，在这两种行为之中，状态就是行为自身。因此，"生活教育"思想与美育思想之间有着天然的、本然的直通之处或者亲近之处。

通过陶行知在"生活教育"思想中的陈述与文字，就可以发现其中大量存在的美育因素或者审美因子，尤其是在育才学校的构建中，他更是形成了系统的、具有浓郁生活气息的美育理论。

与这一时期我国美学发展的状况相比，陶行知的美育思想并没有受到太多西方美学的影响，比如只是把美学看作是对艺术作品的研究等等，他的思想还是延续了我国古典美学的优秀传统，也就是从愉悦性的、兴发性的原发体验出发，既不像康德美学那样更为高扬主体性，也不像神

① 《陶行知全集》编委会编:《陶行知全集》第一卷,湖南教育出版社1984年版,第640页。

学美学那样高扬心灵与神圣，更没有像狭隘的反映论美学那样只是苛求反映结果的客观性，以上这种倾向虽然有其合理性的一面，但是就其作为美学或者美育思想的根基而言，无疑是极端偏狭的。因而，在陶行知“生活教育”的思想与实践中，他很坦然地面对着教育活动之中的所有美的因子。

比如，针对“烧饭”，他说：

> 烧饭是一种美术的生活。做一桩事情，画幅图画，写一张字，如能自慰慰人就叫做美。一餐饭烧得好，能使自家吃得愉快舒服，也能够使人家愉快舒服，岂不是一种艺术吗？①

关于“扫地”，他说：

> 扫地抹桌，是养成扫除肮脏的习惯。我们还可以把扫地抹桌的魄力，推出去扫除全国的、全世界上的、一切的肮脏东西！我们要能随时随地，见肮脏就除，见污秽就扫，必使家庭无肮脏，社会无肮脏，国家无肮脏，世界无肮脏而后已。②

关于培养乡村人民儿童所敬爱的导师，他说一定要具备以下几点要求：

> 1. 康健的体魄。
> 2. 农人的身手。
> 3. 科学的头脑。
> 4. 艺术的兴味。

---

① 《陶行知全集》编委会编：《陶行知全集》第二卷，湖南教育出版社 1984 年版，第 167 页。

② 《陶行知全集》编委会编：《陶行知全集》第二卷，湖南教育出版社 1984 年版，第 167 页。

5. 改造社会的精神。[①]

关于小学教师的日记，他说：

你们的日记，便是学做文章的一个最好方法！日记是我们一天心灵的写真——每天不同的生活，要我们写出来；我们要应付这种要求，便自然地产生出活的文章。我们做小学教员的人，将来是要做些儿童文学给儿童看，做些民众文学给民众看，都是要此时练习成功的。所以每天日记，要把亲耳所听，亲目所见，亲手所做的发表出来。每天的生活不同，就能够使每天的文字不同。要有活的日记，就要有活的文字记载。进步一定比以前死的“作文”当然好得多。[②]

不管是烧饭，还是扫地，还是教师自身的提高与养成，都是与美育密不可分的，而且都能够体现出陶行知的“生活即教育”“社会即学校”“教学做合一”的教育思想，正如他自己所说：“既称为教学，往往把做字忘掉，便与教学做合一不符。行这个方法的学校，往往从先生脑袋里设出计划来，也有时与学生的生活渺不相关。教学做合一乃是生活法。有意义的生活自必有计划。但是，教的计划是根据学的计划，学的计划是根据做的计划。设计是为生活。设计教学做是生活法的一部分。”[③] 这不仅指出了审美生活在构成上的纯然状态——审美生活就是未经分析的或者前分析的愉悦状态，陶行知称之为“自慰慰人”或者“自娱娱人”，而且更指出了审美生活之于生活本身的意义与价值，也就是——不能因为是小事、微事或者与艺术作品无关，就熟视无睹，就被美学的视野、

① 《陶行知全集》编委会编:《陶行知全集》第二卷，湖南教育出版社 1984 年版，第 163 页。
② 《陶行知全集》编委会编:《陶行知全集》第二卷，湖南教育出版社 1984 年版，第 165 页。
③ 《陶行知全集》编委会编:《陶行知全集》第二卷，湖南教育出版社 1984 年版，第 167 页。

美育的视野所忽视，更为重要的是要身体力行——把饭烧好，把地扫干净、把自身的艺术修养提高、把自己的日记写好等等。

以上所列举的只是陶行知生活教育思想的一些鳞爪而已，其美育思想在以下诸节文字中可以得以清晰、具体的呈现。

## 第二节　全面发展教育思想中的美育

### 一、本土化的美育——乡村教育运动时期

陶行知的生活教育理论一贯重视人的全面发展，在陈述中都是强调德智体美劳的并列，这其中自然包括了审美发展。

在陶行知的全面发展教育论述中，也是经历了一个历史过程的，在平民教育运动时期，他所说的全面发展，就其内涵与内容而言还不是很具体，比如他说："身体和精神，要全体顾到，不可偏于一面。譬如在体育上，耳目口鼻手足，统要使他健全；在智育上，既要使他自知，又要使他能够利用天然界的事物；在德育上，公德和私德，都不可欠缺的。"①

在乡村教育教育运动时期，尤其是在旗帜鲜明地倡导生活教育理论时，陶行知开始对全面发展教育的内涵、内容进行了具体陈述。

在对乡村小学、师范学校标准的要求上，他针对所培养的乡村儿童与乡村教师提出了必须达到的四个目标：

1. 农人的身手；
2. 科学的头脑；
3. 艺术的兴趣；
4. 改造社会的精神。②

---

① 《陶行知全集》编委会编:《陶行知全集》第一卷,湖南教育出版社 1984 年版,第 125 页。
② 《陶行知全集》编委会编:《陶行知全集》第二卷,湖南教育出版社 1985 年版,第 98—99 页。

针对中国学生所存在的“愈学愈弱，愈教愈懒”的状况，他又提出必须明定小学教育目标，“以为小学教育方法之指导，并树立一切教育的基础”[①]。他所列出的儿童成长目标是：

1. 康健的体力，
2. 劳动的身手，
3. 科学的头脑，
4. 艺术的兴趣；
5. 团体自治的精神。[②]

针对乡村幼稚园教师的培养，陶行知认为其目标如下：

> 乡村幼稚园教师应按照下列目标训练之：1. 看护的身手；2. 科学的头脑，3. 艺术的兴趣，4. 儿童的伴侣；5. 乡村妇女的朋友和导师。[③]

可以看出，虽然乡村教育的条件远远比不上城市，但是不管对是乡村小学的学生与教师，还是乡村对幼稚园的教师，陶行知都无一例外地把“艺术的兴趣”标举其中。

他还进一步明确地提出了生活教育的五个目标。他说：“生活教育的目标，分析开来，在乡村小学里，应当包含五种：一，康健的体魄；二，农人的身手；三，科学的头脑；四，艺术的兴趣；五、改造社会的精神。我主张以国术来培养康健的体魄，以园艺来培养农人的身手，以生物学来培养科学的头脑，以戏剧来培养艺术的兴趣，以团体自治来培养改造

---

① 《陶行知全集》编委会编:《陶行知全集》第二卷,湖南教育出版社 1985 年版,第 110 页。
② 《陶行知全集》编委会编:《陶行知全集》第二卷,湖南教育出版社 1985 年版,第 110 页。
③ 《陶行知全集》编委会编:《陶行知全集》第二卷,湖南教育出版社 1985 年版,第 118 页。

社会的精神。园艺、生物、团体自治已稍有成效可睹。国术与戏剧，尚待试行。”① 而全面发展的教育则是以上五种能力的具体呈现，陶行知说：

> 我说：“我们的五种生活是：一、康健的生活；二、劳动的生活；三、科学的生活；四、艺术的生活；五、社会改造的生活。前三种，我可以担保不会闹乱子。您如果要过艺术的生活，便难免有浪漫虫混进来叫您伤风。您若想改造社会，处处会和土豪劣绅、贪官污吏短兵相接，有时咳几声就完了，有时会受重伤，甚而至于吐血。”②

在此之所以会提出以戏剧来进行艺术教育，就是因为陶行知还是从教育的实际出发，而不是从笼统的表述——“德智体美劳全面发展”——这样过于学院化的思想出发，因为“戏剧”在当时或许是最为方便的、最有可能做到的，而且或许存在更深层的原因，那就是——我国民间戏曲艺术的发达，使得戏剧更能够普及于民间乡里，比如，在他谈及南国社来晓庄学校演出的盛况时说：

> 南国社同志第一次到晓庄来的那一天是最可纪念的。那天晚上我们看见革命的艺术初次下乡与革命的教育携手。不久，我们便成立了晓庄剧社，把农民生活捧上舞台。阴历正月从元旦起演了五天。连赌博烟馆的民众，都被我们吸收来了，这是多么痛快的事啊！而且受着公演的压迫，演员对于音乐、文学、国语、应对以及种种人生艺术，都可藉以一日千里的前进。我们深信戏剧有唤醒农民的力量。从心头滴下来的眼泪是能感动人的。③

---

① 《陶行知全集》编委会编:《陶行知全集》第二卷,湖南教育出版社 1985 年版,第 132 页。
② 《陶行知全集》编委会编:《陶行知全集》第二卷,湖南教育出版社 1985 年版,第 701 页。
③ 《陶行知全集》编委会编:《陶行知全集》第二卷,湖南教育出版社 1985 年版,第 133 页。

可见，陶行知在美育在全面发展教育理论之中的地位及其施行都是充分本土化的，既要在教育的基本内容与方针上有全面的把握，又要把这些基本理念完满地运用于特定环境、特定文化之中的受教育对象，这也是其生活教育思想落在实处的精彩体现。

## 二、美育与其他诸育的关系——创办育才学校时期

在创办育才学校时期，陶行知在表述全面发展教育理念时较多采纳的是与“知、情、意”相对应的“真、善、美”的说法。

1939 年 6 月，陶行知在《育才学校教育纲要草案》中提出了“抗战教育”与“建国教育”相结合的思想，这充分表现出他的既脚踏实地，有高瞻远瞩的教育思想境界。当时有人提出离开“抗战教育”而提出“建国教育”，陶行知不赞成这种观点。他说：“今天的建国教育必须是抗战教育，而今天真正把握中国抗战全面需要的抗战教育，必然是建国教育。育才学校从某些人的眼光看来，是‘建国教育’（因为他们以为它只是培养未来的人才）；但我们认为这并不保证它就是建国教育。保证它是建国教育的是在于它同时就是抗战教育。今天育才学校的儿童必须过战时生活，必须为抗战服务，必须在抗战洪炉中锻炼。否则，我们便没有理由希望他们成为未来的建国人才。育才学校的教育，不是挂名的建国教育，而是抗战与建国的统一教育，抗战建国教育。”① 因而，陶行知的教育思想就避免了因为迫近的功利需要而对教育采取急功近利的鼠目之见，又避免了不顾眼前的实际利益而过于高蹈凌虚的虚幻之见，因为审美教育作为教育内容的分支之一，由于其功利性比不上其他教育内容，在很多时空或很多人的思想中都是可有可无，甚至是可以被割舍、被驱使的。

因而，陶行知提出：

① 《陶行知全集》编委会编:《陶行知全集》第三卷，湖南教育出版社 1985 年版，第 366 页。

育才学校办的是人才教育，分音乐、戏剧、绘画、文学、社会、自然等组。但和传统的人才教育办法，有所不同。传统的人才教育，一般的是先准备普通的基本教育，然后受专门的高等教育。我们的办法是不作这样严格的时间上的划分，我们选拔具有特殊才能的儿童，在开始时便同时注意其一般基础教育与特殊基础教育。前者所以使儿童获得一般知能及优良的生活习惯与态度；后者所以给予具特殊才能之儿童以特殊营养，使其特殊才能得以发展而不致枯萎，并培养其获得专门知能之基础。表面上看来，这是一般基础教育与专科基础教育之过早的区分，但根据我们的办法，这是及早防止一般基础学习及专科基础学习之裂痕。我们要及早培养儿童对于世界和人生一元的看法。①

就上述陶行知所提出比较全面且切合不同教育对象的教育内容、教育方法来看，既能保证全面发展，因为正如他所说，要防止一般基础学习的割裂以及要形成儿童对于世界与人生“一元的看法”，又能顾及、关切到个体的天赋能力的不同。因而，他所提倡的针对人类智能三种能力——“知情意”所进行的教育就不只是单独进行的“知”“情”“意”的教育，尔后各自完成之后，累加起来就是全面发展的教育了，陶行知反对这种机械的教育观念，他说：

育才学校办的是知情意合一的教育。中国数十年的新教育是知识贩卖的教育，有心人曾慨然提倡感情教育，知情意并重的教育。这种主张，基本上是不错的，但遗憾的是没认清知识教育与感情教育并不对立，同时知情意三者并非从割裂的调练中可以获取。书本教育也许可以使儿童迅速获得许多知识，神经质的教师也许可以使儿童迅速地获得丰富的感情，专制的训练也许可以使一个人获得独

① 《陶行知全集》编委会编:《陶行知全集》第三卷,湖南教育出版社1985年版,第366—367页。

断的意志，但我们何所取于这样的知识，何所取于这样的感情，何所取于这样的意志？知情意的教育是整个的，统一的。知的教育不是灌输儿童死的知识，而是同时引起儿童的社会兴趣与行动的意志。情育不是培养儿童脆弱的感情，而是调节并启发儿童应有的感情，主要的是追求真理的感情；在感情之调节与启发中使儿童了解其意义与方法，便同时是知的教育；使养成追求真理的感情并能努力与奉行，便同时是意志教育。意志教育不是发扬个人盲目的意志，而是培养合于社会及历史发展的意志。合理的意志之培养和正确的知识教育不能分开，坚强的意志之获得和一定情况下的情绪激发与冷淡无从割裂。现在我们要求在统一的教育中培养儿童的知情意，启发其自觉，使其人格获得完备的发展。①

如果没有对人格心理学的深刻而丰富的见解，尤其是对“自我”心理构成的深入把握，是不可能做出以上人格构成之“知情意”三方辩证关系的精彩分析的，因为“知情意”教育所分别指向的“真善美”教育尽管在内涵、性质、方法上各有侧重，但是就人格的完整性而言，又不能对人格进行隔离的划分，也就是说，人格构成的因素之间是一种相互为用、相互影响的动态关系。因而，在大敌当前的局势下，陶行知在尤为关切且更为突出育才学校的“政治教育”的同时，也同样注重包括艺术教育、审美教育在内的文化教育，他说：“育才学校之集体生活在其总的意义上说来，一方面是政治教育，另一方面又是文化教育。此二者与集体生活是互为影响的。集体生活愈丰富，则政治教育愈充实；政治教育愈充实，则集体生活之政治认识的水平愈提高。同样地，集体生活愈丰富，则文化教育愈充实；文化教育愈充实，则集体生活之文化水平愈提高。”② 通过包括图画等艺术来对儿童进行教育，当然就会形成完整的

① 《陶行知全集》编委会编：《陶行知全集》第三卷，湖南教育出版社 1985 年版，第 367—368 页。
② 《陶行知全集》编委会编：《陶行知全集》第三卷，湖南教育出版社 1985 年版，第 370—371 页。

人格，情感就会更加浑厚深远，才会形成如陶行知所言“智仁勇”的完满人格。

1943年10月，陶行知在育才朝会上宣读了《创造宣言》，在其中，陶行知更是在“真善美”的角度直接提出教育者存在的意义与责任。他说：“教育者不是造神，不是造石像，不是造爱人。他们所要创造的是真善美的活人。真善美的活人是我们的神，是我们的石像，是我们的爱人。”① 而且在对学生进行全面发展教育中进行真善美的协同、协调，陶行知称之为“集体的创造”。他说：“在一个集体当中，每一个活人之塑像，是这个人来一刀，那个人来一刀，有时是万刀齐发。倘使刀法不合于交响曲之节奏，那便处处是伤痕，而难以成为真善美之活塑像。在刀法之交响中，投入一丝一毫的杂声，都是中伤整个的和谐。”②

而在1947年所作《育才学校校歌》中，陶行知则以诗的语言歌颂了真善美全面教育的宗旨：

……
稳步迈进，
稳步迈进，
走到天明，
迎接东升的太阳；
得到光，
得到热，
得到力，
创造幸福的新中国、新世界。
真即善，
真即美，

① 《陶行知全集》编委会编：《陶行知全集》第三卷，湖南教育出版社1985年版，第482页。

② 《陶行知全集》编委会编：《陶行知全集》第三卷，湖南教育出版社1985年版，第482—483页。

真善美合一。
让我们歌颂真善美的祖国，
真善美的世界，
真善美的人生，
真善美的创造。①

## 第三节　学校美育的实施

学校是实施美育活动最集中、组织性最强的场所，这里有专门的空间、设备、人员与教材教法，因而，甚至提及美育就会自然而然地与学校美育相等同。陶行知毕生倾心于教育事业，很多学校美育的心得与思想都是来自于亲力亲为，而且不乏丰富、卓著的识见，与蔡元培先生对学校美育、胎教美育的精彩设计可堪比肩。

### 一、学校环境美的营造

对于学校美育，最容易引起误解的就是把学校美育完全等同于艺术教育或者艺术教育的教材、教法之研究，这显然是一个极大的误解与曲解，而且这些误解与曲解的原因正在于美育实施者自身所接受美育的程度、范围与境界，因为从事某一具体艺术门类教育的教师往往只是画地为牢的，只以自己的专业素养、职业范围为生计的桎梏，而且，另外一个重要的原因是在美学层面，对于审美对象的理解也往往限定在纯粹的艺术作品之上，缺乏对于日用品、自然空间环境以及人自身的审美必要关切，这正是一种审美超越主义在作祟。如果把人类审美领域之中的对象大致划分为纯粹的艺术作品、日用品、自然空间环境、人自身这四大类的话，把美育理解为艺术教育就把另外三大类别或者三大领域给切除、驱逐了，这种美学观念大多来自于康德，在我国本土

① 《陶行知全集》编委会编:《陶行知全集》第四卷，湖南教育出版社1985年版，第599页。

的传统美学中是没有的。事实上，以上所述四大类审美对象只是人们在不同时间、空间中的不同需求而已，其各自的价值与意义本身绝不能进行孰高孰低的比较。这表明，美学研究的视角首先应该是以现象尤其是以第一人称亲历亲为的现象作为出发点，并在研究中始终保持这一对象的完整性，而不是从教条出发，并以此对审美对象存在的整体性进行歪曲、割裂、缩小。

在此方面，陶行知虽然没有直接在美学上进行具体的探究与表述，但是他是从自身的审美体验出发的，比如，身处学校之中，那给予自己的审美体验是什么，来自于何处，对此就应该忠于自身的体验并进行保全。那么，在对于学校空间环境的体验上，环境是否优美是最重要的，甚至可以说是绝对重要的，因为一个人作为一个生命体是绝对不能须臾离开由空气、水分、森林等等所构成的空间环境的，如果一个人处在一个空气污浊、水被污染、泥沙弥漫的环境之中，那就直接对一个人的生存造成了严重影响，这意味着人对良好环境的需要在时间性上的体现是贯穿人的一生，从来也不可能中断或者有什么片刻的闪失，在空间环境中的美感自然与身体的感受与需求密不可分。在对于学校环境美的营造上，陶行知就是持这样的态度的。

在1923年所撰写《杭州大学之天然环境——一封公开信》中，他描述了学校美丽的环境，他说："未来的杭州大学校址，在凤凰山下面，是从前的敷文书院。大学范围，并不限于书院旧址。凡左近之山脉，都包括在内，约有一两千亩的面积。后面四五个山峰，并立如掌扇；东边的之江，西边的西湖，都近在咫尺。登高一望，杭、嘉、湖、绍四属数百万的生灵，还有那无边无际的东海，都在眼中，不住的引人向那远处、大处默想。我一面看，一面问，中国还能找出第二个象这样好的大学校址吗？不独在中国，就在世界上，象这样的校址，能有几处呢？我方到敷文书院面前的时候，还不觉得十分奇特，但越走上去，越觉得它的妙处。选择这个校址的人，能从敷文书院大胆地将它一直伸到凤凰山顶，包到凤凰山后，这是何等的魄力，何等的目光！”①

除此之外，陶行知还极为系统地阐述了为学校选址的五个目标，他说：

> 我心里所悬的目标有五：一要雄壮，可以令人兴奋；二要美丽，可以令人欣赏；三要阔大，可以使人胸襟开拓，度量宽宏；四富于历史，使人常能领略数千百年以来之文物，以启发他们光大国粹的心思；五便于交通，使人常接触外界之思潮，以引起他们自新不已的精神。②

在这五个目标之中的前三个不仅就其内涵而言直接就隶属于审美教育，而且陶行知对“雄壮”“美丽”“阔大”的要求正反映出美感或者审美生活的窈窕多姿，或者更准确地说，他所关切是一个人在校园里审美生活或者美感的变化，而这种变化的根源就在于意义与价值形态的差异及其置换与交织、交替、交错，因为如果校园环境所引发的只是某一种美感形态，或者只是某一种风格与形态的环境，那就会造成感受的麻木、倦怠与单一，而“雄壮”“阔大”作为“振奋性的美”与“美丽”作为“溶解性的美”正是可以互补的，而且其间并不仅仅是一种单纯的互补性的关系，而是当学生与教师徜徉其中的时候，能够在壮美感与优美感之间交替换位，而且两者之间更是一种彼此互为因果、彼此互相激发，更在时间上前后相续、交替、交织的关系，或者更为准确地说，是两种审美形态作为内时间意识的前后相续与持存。另外，第四条的“富于历史”与第五条的“便于交通”更与以上学校的选址交相辉映，这无疑是一个理想的学校环境设置。

在陶行知所撰写的《杭州市教育局创办西湖中心小学计划书草案》

① 《陶行知全集》编委会编：《陶行知全集》第五卷，湖南教育出版社 1985 年版，第 20 页。

② 《陶行知全集》编委会编：《陶行知全集》第五卷，湖南教育出版社 1985 年版，第 21 页。

一文中，他还提出了乡村小学选址的标准：

> 甲、自然环境壮丽；
> 乙、人民多数务农；
> 丙、学龄儿童充分；
> 丁、交通便利。①

在陶行知对“西湖中心小学”的描述中，他非常具体地把学校选址进行了确定，他说：

> 以灵隐寺前之地点最为相宜。此地为西湖第一名胜，以北高峰为背景，前面为小涧，山青水秀，有声有色，自成局势，不与庙宇相混。学生四分之三来自农家。欲在西湖开办乡村小学，实以此地为第一。②

以上所列举的事例还只是侧重自然环境本身的造化，更为重要的是师生对学校环境的爱护、呵护与创造、补充，这同样是陶行知生活教育理念的具体表现，他把学校生活看作是一个和谐的、充满生气的整体，认为学校生活由师、生、环境之间共同作用，尤其是师生更要发挥主动的作用。他说：“学校生活只是社会生活一部分。学校不是道士观、和尚庙，必须与社会生活息息相通。要有化社会的能力，先要情愿社会化。”③那么，改造与美化学校环境就是生活教育的一部分，把学校的环境美化好了，这样一种能力就会自然而然地延伸到社会，延伸到对于社会与生活的改造。他说：

---

① 《陶行知全集》编委会编：《陶行知全集》第二卷，湖南教育出版社 1985 年版，第 14 页。

② 《陶行知全集》编委会编：《陶行知全集》第二卷，湖南教育出版社 1985 年版，第 14 页。

③ 《陶行知全集》编委会编：《陶行知全集》第八卷（增补），湖南教育出版社 1992 年版，第 195 页。

学校生活是社会生活的起点。远处着眼，近处着手；改造社会环境，要从改造学校环境做起。全校师生应当以美术的精神共同改造学校环境。凡应当改造的，一丝一毫都不肯轻松放过，才能表现真精神。师生不能共同改造学校环境而侈谈社会改造，未免自欺欺人。①

陶行知对教育事业的热爱是全方位的，这取决于他在真善美诸方面全面而和谐的造诣与境界，而学校环境及其中的一草一木都是他所热爱的，在对1943年育才学校的描绘中，就能够看出他的赤子之心：

古圣寺依旧是可留恋。虽然我的人生观是不恋，其实要说一定不恋也不对，更近情理是恋而不恋，不恋而恋。紫薇花是盛开了，被豇豆架包围。好象是几位美人被人群中的高个子遮住，我立刻为它们解了围，还了它们的自由。葡萄藤也长得茂盛，给它造了梯子，使它攀上棚子去完成庇荫的任务，同时长得好些。灯笼草，去岁下了十颗种子，活了四窝，伏在地上象杂草一样，象征一个人倒了霉。我们弄了几根麻绳吊起来，它们不久便可以攀上屋顶，象一串一串的翡翠小灯笼垂下来，那是多么的好看啊。仙人掌也开了一枝花，不知被谁窃去，还有一个小蕊，不久会开的。白荷花也有一两枝象白衣仙子在绿波上跳舞。最美的是，昨夜正要睡的时候，月亮从树林的缝里射出温和的银光，待我出来看时，它已升上树尖。升上半天，显出至美至善的姿态。②

这种诗意地栖居的情怀以及田园般的自然景致，比起今天把最美的

---

① 《陶行知全集》编委会编：《陶行知全集》第八卷（增补），湖南教育出版社1992年版，第195—196页。

② 《陶行知全集》编委会编：《陶行知全集》第五卷，湖南教育出版社1985年版，第839页。

山水与土地都交付于地产项目、商住楼盘、政府大楼，其境界之差异可谓天壤之别。

## 二、礼乐相生的校容与校风

校容与校风既是学校规章制度的体现，也更是美育的凸显。自校容与校风作为规章制度而言，往往体现为强制性的伦理规范或者教条，但是如果同时作为美育的内容而言，这些规章制度就会演化为生动活泼、充满愉悦体验的仪式化的行为，当然，并不是所有的学校规章制度都可以演化为审美行为的，但是这些礼乐相生、美善并举的行为与仪式可以为整个学校的道德规范提供一种理想的根基，也就是把写在册子上的道德规章律令演化为理性与感性完美融合的、充满愉悦感的行为，这会促使师生自觉地、主动地、积极地履行学校的规章制度与各种规范，尤其是通过这些系统的、无所不在的审美化仪式及其行为，养成一种道德行为的自发性能力。也就是说，不是在消极的行为出现之后，再使用这些印制成册的规章制度去进行更正、惩罚、规劝，而是利用道德与审美的天然交叉、融合之区域，以愉悦性的、美化的仪式与行为去进行道德教育与养成，使师生都能够乐于做学校规章制度的呈现者，身体力行，把来自于道德规范的需要内在地演化为审美冲动，或者更为准确地说，其道德规范自身作为一种具体行为的实现状态正是愉悦的、兴发的。

陶行知深谙此道，他主张创建艺术化的学校环境，他说："我们要教整个的环境表示出艺术的精神，使形式与内容一致起来。这不是要把古庙制成一座新屋，老太婆敷粉擦胭脂涂嘴唇是怪难看的。但是阵有阵容，校有校容，有其内必形诸外，我们首要重艺术化的校容。"① 这里所说"艺术化的校容"正是规章、规则、制度自身作为行为自身而不是仅仅作为抽象教条的体现。因而，他说："我们所要的校容不是浪费的盛装，而

---

① 《陶行知全集》编委会编:《陶行知全集》第三卷,湖南教育出版社 1985 年版,第 442 页。

是内心的艺术感所求的朴素的表现。”[1]

就学校之中的“排队”来看，陶行知就作了详尽的描述，从中不难体会到“整齐”“秩序”的美感，他说：

> 我们的校容要井然有条，秩然有序，凛然有不可侵犯之威仪。什么东西应该摆在什么地方或只许摆在那个地方，应该怎样摆也只有那样摆，而不许它不得其所。无论什么东西，已经成群，就得排队：草鞋排队、斗笠排队、扫帚排队、畚箕排队、锄头排队、文具排队，手巾排队、脸盆排队、桌排队、椅排队、凳排队、床排队、被排队、书排队——一切排起队伍来！物也排队；人也排队。静要排队，动要排队。排队而进；排队而出。排队之前，排队之时，排队之后，通身以朴素之艺术精神贯彻之，便成了抗战建国中应有之校容。[2]

在“整齐”“秩序”之中体现出的正是如陶行知所言“凛然不可侵犯之威仪”，或者更为准确地说，“威仪”自身原发性的、本身的呈现方式或状态正是“排队”这一行为本身，而且可以看出，在这种境域之中，绝没有一种现成的、不变的“整齐”“秩序”或者“威仪”，而是随着时机的变化而变化的，因为生活的意义与价值正是在生活之流中因缘而变的，那么，上述“整齐”“秩序”“威仪”也就要顺时而变，每一次的状态都是不同的，因而其构成的状态就是处在不断的生成过程之中。

对于那些不遵守学校规章制度的人，陶行知说，其大多属于不遵循以上所述“艺术化校容”，而这些人正是要通过“艺术化校容”所要训教、克服的。他说：“捣乱这校容的有少爷、小姐、名士派、浪漫派、个

① 《陶行知全集》编委会编：《陶行知全集》第三卷，湖南教育出版社 1985 年版，第 442 页。

② 《陶行知全集》编委会编：《陶行知全集》第三卷，湖南教育出版社 1985 年版，第 442 页。

人主义、自由主义之遗孽，我们是努力的感化而克服着。”①

陶行知不仅关注学校整体环境的美化以及校容的美化，而且连一些最为细微的环节也都考虑到了，比如对于学校里教师与学校办事机关的办公室的美化就是如此，他认为，中国人的办公室往往是最不讲卫生的，他说：

> 猪槛马厩，望而生厌。是以办公处不能不稍事讲究，以求适于美的观念。吾人在办公室八小时占全时约三分之一，若物质环境太劣，实至痛苦。②

对于办公室的美化，陶行知提出的原则是既要美观，又要经济，他说：

> 所谓美者，固不应流于奢侈，金碧辉煌，玑珠满架，美则美矣，然失之奢。苟能布置适宜，错落有致，清雅幽静，几净窗明，亦能使人心怡目悦，恋恋而不肯去。次之，所办之事，亦宜有美术。表格，最贵整洁；信件，亦宜雅致。第三，办公室不仅为物质环境，同时仍有人的环境，若办公者囚首垢面，衣履乖张，虽玉堂椒房，亦使人不乐。第四，美术尚条理，重秩序，当作不作，不当作而作，皆不美。③

在这段话里，不仅对办公室的审美设计进行了周到的陈述，而且对教师、校工的仪表以及办公用品都悉心提出了审美的要求，从中可以看出陶行知对于校园环境、校容的深刻思考，其中最值得关注的地方就在

---

① 《陶行知全集》编委会编:《陶行知全集》第三卷,湖南教育出版社 1985 年版,第 442—443 页。
② 《陶行知全集》编委会编:《陶行知全集》第一卷,湖南教育出版社 1984 年版,第 273 页。
③ 《陶行知全集》编委会编:《陶行知全集》第一卷,湖南教育出版社 1984 年版,第 273 页。

于——他把宏观的、物的空间环境的营造与充满美感的礼制或者秩序的养成，以及空间之中的人、人所使用的日用品等等，都视作一个完整环境的有机构成部分。

尤其是陶行知为育才学校制定的礼节与公约更能显现礼乐合一、美善相兼的状态，比如：

室内见师长：

（一）立正；（二）鞠躬；（三）请益，报告；（四）坐下，退出。

室外相见：

（一）立正；（二）脱帽；（三）鞠躬；（四）随行；（五）避道。

会场中：

（一）依据民权初步，学习运用民权基本原则；
（二）争辩是非正义，不动意气；
（三）一切集会，都要做到迅速、整齐、安静；
（四）集合预备钟响，即把坐凳送到会场摆好；
（五）分队长检查人数后，后来者即算迟到；
（六）集合时，精神集中，注意口令，口令后即不得说话；
（七）让客坐高（前）位；
（八）遇友来，注目点头，无声招呼；
（九）开会前，休息时，邻座可以低声说话；
（十）检点仪容；
（十一）轻步进出；
（十二）会未毕，不退；离开会场，必得值日分队长之允许；
（十三）不大声咳嗽，随地吐痰，瞌睡；
（十四）端正而坐多；
（十五）脱帽；

（十六）不看书报；

（十七）有意见发表，先举手，得主席允许而后发言。

……

穿衣：

（一）衣不违时；

（二）整洁；

（三）纽扣扣起；

（四）破烂即补；

（五）衣服洗晾晒干后，即折叠收存。

……

饮食：

（六）吃饭要细嚼，喝汤吃稀饭，不使出声；

（七）需要说话，必须音轻；

……

居住：

（一）四度整洁；

（二）不在校内乱跑、乱叫；

（三）按时起床、安眠；

（四）吐痰入盂；

（五）纸屑入篓；

（六）卧室中以安静为主；

……①

以上只是对陶行知学校行为规范的片段引用，但是从中可以看出中国传统文化作为礼义见长的优良基因及系统性，更可以看出美与善两种价值之间的区分往往只是在抽象分析上才可能成立。因为在很多情况下，

① 《陶行知全集》编委会编：《陶行知全集》第三卷，湖南教育出版社1985年版，第496—499页。

这两种价值是体现于一种行为之上的，只是这种行为在道德视角看来是善的，在审美或者感官的视角看来是美的、愉悦的，比如在吃饭之时对于声音的控制、穿衣的整洁、尊敬老师时的身体履礼之实践、卧室之中的安静等等，本身既是善的，又是美的，而且这绝不是以美的形式来体现善，而是就善的原本的呈现状态来看是令人愉悦的。在这里，善就成为一种发自内心的、主动性的实现或践行的冲动，而且就善的构成来看也是在主体与对象、主体与主体之间而“居间”展开的。这种礼乐教化的美学曾是中国文化与文明的悠久传统，其优良之处正如陶行知所说：“人有团体，有个人，在这团体和个人中，便发生相对的关系。此种关系，应互相联络，以发展人性之美感。”① 对于美学而言，社会交往美学或者社会美学自然是其中最为重要的形态之一，与艺术美学、日用品美学、自然美学、环境美学相并列。就西方美学对中国近现代美学的影响而言，绝大多数中国美学家把美学研究的对象集中在艺术作品之上，对于社会美学或社会交往美学完全交付于伦理学，只是对伦理道德规范进行抽象的研究，而没有对道德规范呈现的愉悦性状态进行保全与研究，在此，陶行知的美育思想可谓树立了一个极好的范例。

除此之外，陶行知还特别强调了校容美化与健康、卫生的结合。他说：“办事有美术的意味，则精神上得无限安慰，若再能合卫生原则，则心身并受其益矣。中国办公者，多在湫隘卑湿之小屋中，既无日光，亦无空气，又复椅桌之高低，不合人体，办公者更则随地吐痰，随时吸烟，于是办公室内之空气，污浊而不堪问。故近视有之，驼背者有之，病肺者有之，患脑者有之。疾病时生，人无宁日，而公事遂亦因之而减其效率。是以办公室，必合卫生，椅桌之高低，光线之强弱，空气之通塞，墙壁之颜色，皆宜配合适宜，总以能使人舒畅而安为是。又，作事继续一二小时，休息数分钟以恢复疲劳，亦是好事。为办公人员稍置体育设

① 《陶行知全集》编委会编：《陶行知全集》第一卷，湖南教育出版社1984年版，第259页。

备，亦促进体育之一端。”[1] 从陶行知对学校环境、校容、办公室、日用品及卫生、休憩的完整描述来看，所呈现的正是一个鲜活的、健康的、愉悦的且礼乐相生的教育环境体验。

## 三、艺术教育论

### （一）艺术教育、正当休闲、休息权与避免“恶事”

之所以要对人进行艺术教育，陶行知除了在人格之中的知情意三种能力的全面发展上进行论述，他还从人生时间——“休息”或者“闲”出发，来更加深入地、内在地论述艺术教育的价值、必要性。

陶行知说：

> 人不能没有休息，但休息是人最险之时。人无论怎样忙，都没有损害，倘若休息，则魔鬼立至。我们可以看出社会上许多恶事，都是在休息时候做的。所以学校里有音乐，便是给学生以正当的娱乐，使学生不致在休息时间做出恶事。可是学生回到家里，既无教员同学和他盘桓，又没有经济设置音乐去助他的娱乐，难免不发生其他的事来。所以学校应当使学生在休息时有正当的愉快。[2]

在这里所说的“休息”正是人们在闲暇时间所要做的各种活动，其含义是——“闲暇时间”是一把双刃剑，它既为人们的享受、享乐、受教育、消遣、娱乐提供了可能性，因为没有闲暇时间的话，以上这些更能够给人带来幸福感的活动就无从开展。但是它同时也会带有危险性、消极性，尤其是对于那些没有接受过良好教育、审美教育的人们来说。他们在闲暇时间里就因为没有审美生活的能力，就不能把闲暇时间里的意识、精力、情感寄托在一个合理的、合适的、美好的对象之上，那就

---

① 《陶行知全集》编委会编：《陶行知全集》第一卷，湖南教育出版社 1984 年版，第 273 页。

② 《陶行知全集》编委会编：《陶行知全集》第一卷，湖南教育出版社 1984 年版，第 261 页。

势必把过剩的时间与精力去做一些无意义的、丑陋的、粗俗的事情，甚至去做一些恶事。

所以，陶行知是想通过学校的艺术教育使得学生具有在闲暇时间里进行正当娱乐的能力，以此安然地享有闲暇。就此而言，艺术教育显然具有致善的功能与作用。但是就陶行知的论述来看，他并不是通过在艺术作品之中诸如对善的内容与题材的表达，或者通过艺术作品对人进行劝善、劝教，从而实现美育的德育或者道德养成作用，而是从艺术欣赏活动是一个时间性过程而且是一个愉悦性的时间性过程出发，尤其是从人的精力以及注意力的呈现与实现的状态出发。因为人的精力、注意力自身的状态正是时间性的，如果人们把注意力放置在像艺术这样的不会引发利害冲突的对象之上，那自然就没有精力、时间去做其他事情，尤其是那些恶事与坏事。因而，由此看来，陶行知的这一美育思想是极为深刻、独到的。

陶行知还尤其关注人权或者公民权之中的“休息权”。1936 年，陶行知撰文介绍了苏联宪法草案之中的公民权情况，而且集中介绍了其中的工作权、休息权与教育权。

关于工作权，他说：

> 做工的人知道为什么要做这工作，知道他的工作在整个工作中所占的地位。工作者必须知道工作之价值，那工作才能成为他所要求的权利。在苏联的两个五年计划中，每个工人是知道他的一部分工作对于总体的贡献。如果他是在做一个螺丝钉，他知道这个做螺丝钉的工作，不是为做螺丝钉而做螺丝钉，是为一部机器而做螺丝钉；也不是为做机器而做机器，而是为创造一个国家而做机器；也不是为着创造一人与他自己没有关系的国家而工作，而是为着创造一个社会主义国家而工作，在这个国家里面，一切都有他的一份。他知道是这样，他才要求工作，他才做得起劲：工作才成了工作权。在那“民可使由之，不可使知之”的社会里，工作只是义务而不能

成为权利。

做工的人知道工作的报酬是属于他自己。他知道他的报酬是没有人分肥，没有人剥削。他知道他是为自己的利益而工作，而不是为别人的利益而工作。他知道他的工作的结果是为自己，他才要求工作，他才做得起劲：工作才成了工作权。如果他知道他的工作是为了有钱人造幸福，或是为有权者造政绩，那么，工作只是一种义务，只是用劳动力来纳税而不能成为自发要求的工作权。①

关于休息权，他说：

苏联宪法草案第一百十九条说："苏联公民有休息权。休息权受下列事实保证：即绝大多数工人之减至七小时工作；职工每年假期，且仍获得工资以及劳动者广大疗养院、休息家庭及俱乐部网络之建立。"

……

苏联人民是拿到了全世界所没有的休息权。但是他们没有辜负这个权利。他们是运用休息的时间来充实并丰富自己的生活。攀山、游水、唱歌、读书、踢球、演戏、逛公园、看电影、集体跳舞是休息时过的生活。从这种生活里我们可以推想他们是如何的兴高采烈啊！②

正是工作权的实现使得人类既拥有了丰富的物质文明、精神文明，也使得个人获得了生活与生存的条件与前提，尤其是社会分工的细化更使得物质文明与精神文明的产品愈来愈丰厚，也更使得个体只需付出更少的时间去进行必要劳动，因而，闲暇时间的获得不仅是必需的，而且

① 《陶行知全集》编委会编：《陶行知全集》第三卷，湖南教育出版社 1985 年版，第 143 页。
② 《陶行知全集》编委会编：《陶行知全集》第三卷，湖南教育出版社 1985 年版，第 144 页。

会越来越多。那么，如何休闲与休息就成为一个攸关人生根本意义与价值的重大问题。

陶行知认为有些人显然是得到了“过分的休息”，他说：“得到过分休息的人叫做闲阶级。他们是无需做工。他们是摆起小姐、少爷、太太、老爷的架子，把自己应该做的事也推给别人做。他们整天的生活是陶醉在抽烟、赌博、喝酒、男女的迷魂阵里。他们是拼命享福。他们是死于安乐。他们会被‘休息’淹死。”[①] 而有些人则与此相反，休息的权力根本没有得到起码的、最低限度的实现，他说：

> 那绝大多数的劳苦大众是一天做到晚，一年做到头，一世做到老，很难找到一点休息。那个“一天做到晚”的“晚”字在现代的中国里是必得修正了。我们的工人有的是从早做到深夜了。在上海的日本工厂里，一天要做十三小时工；到了换班的日子，是要做十八小时工。在香港我知道有一个印刷所，每天要做十六小时工。我为他们写了四首诗，其中的一首是写他们的时间分配，题目是：《也是三八制》：
>
> 做了八点钟，
> 再做八点钟，
> 还有八点钟，
> 吃饭、睡觉，
> 撒尿、出恭。[②]

面对劳苦大众休息权的被剥夺，陶行知说：“休息权是多么重要的一个权啊！其实，休息权就是生存权。一个人没有休息，还能活下去吗？”[③]

---

① 《陶行知全集》编委会编：《陶行知全集》第三卷，湖南教育出版社1985年版，第144—145页。
② 《陶行知全集》编委会编：《陶行知全集》第三卷，湖南教育出版社1985年版，第145页。
③ 《陶行知全集》编委会编：《陶行知全集》第三卷，湖南教育出版社1985年版，第145页。

因而，陶行知说："为自己的幸福而休息才算是休息权。这种休息权才是我们自发的要求。为着要充分行使休息权，必须有广大的机会使人民可以在休息的时候能过一些有意义的生活。倘使没有这种广大机会的保证，休息权又会落空。在上海，一个休息的工人奔到公园戏院门口是碰着'无钱莫入'的钉子。有好些地方是应该开放给大家的，但是挂着'闲人莫入'的招牌。其实，闲人个个可入，不得其门而入的偏偏都是忙得要命的劳苦大众。这种广大的娱乐与文化的机会是休息权的兑现所。有了这种机会休息，就不但恢复工作力并且在工作以外能叫人的生活有着丰富的意义来。这种休息才是我们一致要求的休息权。"① 因而，虽然有了客观上的、事实上的休息或者休闲时间还不是真正的或者理想的休息与休闲，"为了幸福而休息"且在闲暇时间里"过一些有意义的生活"，如果没有这样"时机"或者"机会"的保证，如果在休息的时候没有显示出人生丰富的意义来，那就是休息权的丧失或者堕落。

在基于休息权、工作权以及人生休闲时间之中艺术欣赏能力深入考察的基础上，陶行知认为，这正显露出教育尤其是艺术教育的时机、价值，因为只有艺术教育才能赋予人们完善的鉴赏能力以及由此而形成的生活习惯或者情趣。陶行知在论及教育时机之时，曾大声疾呼——不要等候机会，不要丧失机会，不要看不见机会，不能空想机会。②

### （二）艺术教育的内容

陶行知对艺术教育内容的探索与实践与中国教育现代化的过程密切相关，他本人也是极为关切教育现代化的，并且极为重视形成本土化的教育体制。他说："在 1919 年以前，中国教育还处在模仿外国的十字路口。他时而模仿日本制度，时而模仿德国制度，时而模仿美国制度。这种从外国搬来的教育制度，不论它们在本国多么富有成效，经这样照搬过来，是不会结出成功之果的。直到最近，中国的教育界人士和一般群

---

① 《陶行知全集》编委会编：《陶行知全集》第三卷，湖南教育出版社 1985 年版，第 146 页。

② 《陶行知全集》编委会编：《陶行知全集》第一卷，湖南教育出版社 1984 年版，第 261—262 页。

众才开始清醒地认识到：他们只有透彻地研究自己的需要和问题，才能确有把握地制定出一套真正适合中国国情并为中国服务的教育制度来。”①而中国教育现代化最为直接的原因与影响就是“中国的文艺复兴”——1917 年开始的“文学革命”，据陶行知所描述的“文学革命”之于教育现代化的具体影响是——“对中国人民来说，这种活的语言的重新被发现，就使与新时期相适应的新文学的产生成为可能，也使小学的教材和教法得到了彻底改革，同时还使以扫除文盲为内容的平民教育运动能够继续进行下去”②。而艺术教育内容正是其中最为主要的表征之一。

在 1925 年所撰写的《民国十三年中国教育状况》一文中，陶行知对小学、中学的艺术教育课程进行了罗列，在小学的艺术教育课程之中，主要包括国语、形象艺术、音乐、美术；中等学校的艺术教育课程则包括语言文学、艺术两门课，在艺术课程中又包含图画、手工、音乐三门课程。而他所创办的育才学校中的课程组则包括 7 个，分别是音乐、绘画、戏剧、文学、舞蹈、自然科学与社会科学。自此而言，陶行知对艺术教育课程的设置是极为全面的，既关注到艺术教育，同时又没有忽视手工等等课程，尤其是舞蹈课程的设立更是具有前瞻性与创造性，比如他认为学校里的早操就应该包含舞蹈，他说：“早操由舞蹈指导员指导，不但艺术各组，而且宜行之于全体。”③

对于艺术教育内容，陶行知始终秉持与时俱进的态度，随着局势、对象、文化而变化。就音乐教育而言，在 1936 年，陶行知针对中国大众教育问题，就提出倡导大众歌曲，这正是针对这一特定对象而进行的改变。针对什么是大众歌曲，陶行知说：“大众的歌曲是大众的心灵的呼声。它是用深刻的节奏喊出大众最迫切之内心的要求。少数天才之创作必定是符合了这个条件，才为大众所欢迎而成为大众的音乐和大众的诗

---

① 《陶行知全集》编委会编:《陶行知全集》第一卷,湖南教育出版社 1984 年版,第 510 页。

② 《陶行知全集》编委会编:《陶行知全集》第一卷,湖南教育出版社 1984 年版,第 510—511 页。

③ 《陶行知全集》编委会编:《陶行知全集》第五卷,湖南教育出版社 1985 年版,第 708 页。

歌。大众的歌曲是要唱出大众的心中事，从大众的心里唱出来再唱进大众的心里去。它来，是从大众的心里来；它去，是到大众的心里去。”①而要创造出真正的大众歌曲来教育与提高大众的审美能力，并在抗战之时发挥其鼓舞士气的作用，就必须让艺术家们放下身段，全身心投入到大众中去。他说：“那少数的音乐和文学天才怎么会知道大众的心事呢？他们如果老是坐在沙发椅上享现成福，那是永久不会知道的。可是，他们也无须学孙悟空要钻进人家肚皮里才知道人家肚皮里的事。他们只须站在大众的战线上来做斗士，便能感觉大众的艰难，了解大众的需要，说大众要说的话语，唱大众要唱的歌曲。一个脱离了大众生活的天才决写不出大众的歌曲来。因此，大众的歌曲可以说是大众运用天才写起来的，简单可以说，是大众共同创造起来的。”②

在陶行知看来，艺术教育的内容首先应该注重的就是受教育对象的提高，而且这一提高要针对受教育对象的根本特性才可以做到。用他的话说，艺术教育就是要使“种子”开花结果，他说：“音乐是大众心灵的呼声。大众欢喜唱歌，那是无可怀疑的。每一个大众的心灵里都潜伏着音乐的种子。但是在那伟大的音乐气候未到以前，他们只能唱几套小调儿过过瘾，表现不出很大的力量。这好比是一种子在地下吸收一些潮湿时所发出的低微的声音。现在是伟大的时代的前夜，大众是预备开口了。春天到了，你能叫桃花不开吗？夏天到了，你能叫荷花不开吗？秋天到子，你能叫菊花不开吗？冬天到了，你能叫梅花不开吗？大众的时代到了，你能叫大众的口不开吗？”③

从陶行知所列举的大众歌曲的题材来看，就比较集中地体现了艺术教育内容变化的合理性，其一，针对日本帝国主义的侵略，此时最为迫切的大众歌曲内容便是战斗性，他说：“世界上最伟大的音乐是战斗的音

① 《陶行知全集》编委会编:《陶行知全集》第三卷,湖南教育出版社 1985 年版,第 93 页。
② 《陶行知全集》编委会编:《陶行知全集》第三卷,湖南教育出版社 1985 年版,第 93 页。
③ 《陶行知全集》编委会编:《陶行知全集》第三卷,湖南教育出版社 1985 年版,第 94 页。

乐，最伟大的文学是战斗的诗歌。中国是在发动一个空前的民族解放的伟大战斗，在这个时候，是自然而然地会跑出最伟大的战斗的音乐与战斗的诗歌。”① 其二就是“工歌”，很显然，这一题材会让大众对歌曲更有兴趣。陶行知说：“工歌也是战歌的一种。它是与自然界和剥削者战斗之呼声。武装的工歌当然是有它的伟大，也当然是大众欢喜吃的家常便饭。”② 上述这些艺术教育的内容都是积极的、充满正能量的，而那些麻醉的靡靡之音则要避免进入对大众的音乐教育之中。陶行知说：“唱歌是最能启发人的心灵也是最厉害的迷魂汤。从前的宗教家和现在的法西斯都用唱歌来麻醉人。那个德国的福井范格勒便是用音乐代替纳粹党去麻醉大众的所谓音乐家。美国大众上月听说他要到纽约来做乐队总指挥，大家都起来抵制，不听他所指挥的音乐，乐队里的队员也表示不愿接受他的指挥。一个麻醉人的音乐家是这样受大众的鄙弃，我们看了这件事，是格外明白大众音乐所应该走的路。在我们提倡用大众歌曲来唤起大众的时候，说不定有人也想用假的大众歌曲来叫大众再睡睡，睡到亡国再起来。我们要一致留心这种麻醉的策略，先给它打一支预防针。大众的时代快来到。小众的靡靡之音应该走开，麻醉大众的歌曲是格外应该走开。”③ 从以上陶行知对艺术教育内容进行选择、抵制的不同态度可以看出，他是始终从教育家的眼光与境界来看待艺术教育内容的变化与取舍的。

① 《陶行知全集》编委会编：《陶行知全集》第三卷，湖南教育出版社 1985 年版，第 94—95 页。
② 《陶行知全集》编委会编：《陶行知全集》第三卷，湖南教育出版社 1985 年版，第 95 页。
③ 《陶行知全集》编委会编：《陶行知全集》第三卷，湖南教育出版社 1985 年版，第 99—100 页。

# 第七章　丰子恺的美育思想

丰子恺（1898—1975），中国现代著名的漫画家、文学家、翻译家、艺术教育家、美学家，也是著名的美育理论家、思想家。日本文学评论家谷琦润一郎曾引用日本汉学家吉川幸次郎对丰子恺的评价，从中可见出丰子恺作为一位艺术家、美育践行者的风范，他说：“《缘缘堂随笔》著者丰子恺的名字，在我国差不多没有人知道，我也还是于接到这本书的时候初听到的。这随笔是中国丛书中的一册，译者是吉川幸次郎。在《译者的话》之中，有这样的话：‘我觉得，著者丰子恺，是现代中国最像艺术家的艺术家，这并不是因为他多才多艺，会弹钢琴，作漫画，写随笔的缘故，我所喜欢的，乃是他的像艺术家的真率，对于万物的丰富的爱，和他的气品，气骨。如果在现代要想找寻陶渊明、王维那样的人物，那么，就是他了吧。他在庞杂诈伪的海派文人之中，有鹤立鸡群之感。’”[①] 这段话极为准确地传达出了丰子恺本人之审美素养及境界就是美育实践所要达成的楷模之意。

当代学者叶朗对丰子恺的评价则更为深刻、全面。他说：“丰子恺是大画家，同时又是音乐教育家、文学家。他在美育、美术教育、音乐教育等方面写了大量的普及性的文章和著作，哺育了一代又一代的青少年。丰子恺的一生是审美的一生，艺术的一生。他影响青少年最深的是他洒落如光风霁月的胸襟，以及他至性深情的赤子之心。”[②] 可见，丰子恺是

---

① 载丰陈宝等编：《丰子恺文集》第六卷，浙江文艺出版社 1992 年版，第 112 页。

② 叶朗：《美学原理》，北京大学出版社 2009 年版，第 9—10 页。

把艺术创作、个人风格、审美追求与美育思想紧密地联系在一体的。

## 第一节　丰子恺的美学思想及其与美育思想的关系

丰子恺的美学思想与美育思想有着密切的关系，尤其是他对艺术即宗教、艺术与情趣、艺术与人生苦闷之疏解等等的思考，深刻地影响到他关于美育的目的、本质、内容以及如何进行美育实施等思想。

### 一、艺术即宗教

在人类所创造的精神文化财富中，科学、审美、道德与宗教是最为主要的形态，丰子恺的美学思想就是从这一宏观的视野入手的，他把审美活动与其他活动进行对比，从而自然而然地凸显出审美活动的价值与意义。当然，就整体来看，丰子恺的美学思想同时受到佛教思想、西方美学、日本美学、国内诸多师友学者们的影响，但是在根本上，他还是把艺术作品的超乎功利的根本特性作为其美学思想的基本出发点，以此来统率自己在美学上的知识系统。从艺术作品的超乎功利的特性来看，与宗教尤其是佛教的超离于世的教义是极为接近的，甚至是基本相通的。当然，这同时也反映出丰子恺的美学思想是我国传统审美文化的自然延续，因为在以“乐感文化”为主要特性的中国传统文化或者审美文化之中，人们尤其是文人对审美、艺术的兴趣完全可以与其他文化对彼岸世界的兴趣相提并论，但是这一对艺术的兴趣在根本上是令人愉悦的或者是一种对现实人生的自信与悦乐的精神，而不是要超离于此岸世界或者现实世界之外。

#### （一）视觉、听觉艺术之超越性

在丰子恺论及李叔同何以出家时，他就对尘世之纯粹的感官愉悦、精神愉悦以及灵魂愉悦进行了对比。他说：

他怎么由艺术升华到宗教呢？当时人都诧异，以为李先生受了什么刺激，忽然“遁入空门”了。我却能理解他的心，我认为他的出家是当然的。我以为人的生活，可以分作三层：一是物质生活，二是精神生活，三是灵魂生活。物质生活就是衣食。精神生活就是学术文艺。灵魂生活就是宗教。“人生”就是这样的一个三层楼。懒得（或无力）走楼梯的，就住在第一层，即把物质生活弄得很好，锦衣玉食，尊荣富贵，孝子慈孙，这样就满足了。这也是一种人生观。抱这样的人生观的人，在世间占大多数。其次，高兴（或有力）走楼梯的，就爬上二层楼去玩玩，或者久居在里头。这就是专心学术文艺的人。他们把全力贡献于学问的研究，把全心寄托于文艺的创作和欣赏。这样的人，在世间也很多，即所谓“知识分子”，“学者”，“艺术家”。还有一种人，“人生欲”很强，脚力很大，对二层楼还不满足，就再走楼梯，爬上三层楼去。这就是宗教徒了。他们做人很认真，满足了“物质欲”还不够，满足了“精神欲”还不够，必须探求人生的究竟。他们以为财产子孙都是身外之物，学术文艺都是暂时的美景，连自己的身体都是虚幻的存在。他们不肯做本能的奴隶，必须追究灵魂的来源，宇宙的根本，这才能满足他们的“人生欲”。这就是宗教徒。世间就不过这三种人。①

在这个关于弘一法师的案例中，“宗教”还是一种彻底的、地道的“宗教”——佛教，因为佛教与世界上其他宗教一样，都是寻求彼岸世界的信仰与满足的，其追求的是绝对的主观，因而要抛却世间的一切欢愉。那么，丰子恺把艺术与宗教进行沟通的思想之中的“宗教”却不是或者不完全是这种最为彻底的宗教，而是在“超乎功利”上是相通的。他说：

儿童对于人生自然，另取一种特殊的态度。他们所见、所感、所思，都与我们不同，是人生自然的另一方面。这态度是什么性质

① 丰陈宝等编:《丰子恺文集》第六卷，浙江文艺出版社 1992 年版，第 399—400 页。

的呢？就是对于人生自然的“绝缘”（“isolation”）的看法。所谓绝缘，就是对一种事物的时候，解除事物在世间的一切关系、因果，而孤零地观看。使其事物之对于外物，像不良导体的玻璃的对于电流，断绝关系，所以名为绝缘。绝缘的时候，所看见的是孤独的、纯粹的事物的本体的“相”。①

在这里所说的“相”正如同柏拉图所说的“理念”，在丰子恺看来，在儿童的世界里，对于事物或者人与人之间的功利、利害方面的考虑是阙如的，只是留下了事物或者人的“相”或者“理念”——其实正是事物或者人的外观、形式或者结构而已。虽然丰子恺在这里只是阐述儿童对人或者世界的超越功利的心念，其实这也同时完全适用于纯粹的艺术作品，因为绝大多数艺术作品都是使用“符号”来进行创作的。“符号”最本质的特征便是它只是指称对象而本身并不是对象，所以使用“符号”制作而成的艺术作品也只能是用来看与听的，也就是只能使用视觉与听觉来进行把握。所以，对艺术作品的欣赏可以最大限度地克服人的占有欲，因为《红楼梦》之中的林黛玉、薛宝钗虽然可爱、美丽、聪慧，但是她们只是用字、词、句或者讲故事的手段构成起来的，其本身是没有质感的，因而，林黛玉与薛宝钗只是传达出了一个“典型”“理念”或者“相”而已。虽然就整体而言，丰子恺对儿童的性格与心理有明显的过誉之处，但是他还是把艺术美最为关键的特征描画得毫发毕现。

因而，当他进一步把儿童与成人进行比较的时候，其侧重的也是借“童心”来传达对纯粹的艺术作品的认识，他说：

孟子说：“大人者，不失其赤子之心者也。”所谓赤子之心，就是前文所说的孩子的本来的心。这心是从世外带来的，不是经过这世间的造作后的心。明言之，就是要培养孩子的纯洁无疵，天真烂

① 丰陈宝等编：《丰子恺文集》第二卷，浙江文艺出版社1990年版，第250页。

漫的真心。使成人之后，能动地拿这心来观察世间，矫正世间，不致受动地盲从这世间的已成的习惯，而被世间所结成的罗网所羁绊。故朱子的注解说：“大人之心，通达万变；赤子之心，则纯一无伪而已。然大人之所以为大人，正以其不为物诱，而有以全其纯一无伪之本然。是以扩而充之，则无所不知，无所不能，而极其大也。”所谓“通达万变”，所谓“不为物诱”，就是能动地观看这世间，而不受动地盲从这世间。常人抚育孩子，到了渐渐成长，渐渐尽去其痴呆的童心而成为大人模样的时代，父母往往喜慰；实则这是最可悲哀的现状！因为这是尽行放失其赤子之心，而为现世的奴隶了。①

大人们的一切事业与活动，大都是卑鄙的；其能庶几仿佛于儿童这个尊贵的“赤子之心”的，只有宗教与艺术。故用宗教与艺术来保护，培养他们这赤子之心，当然最为适宜。②

在这里，丰子恺所表达的既是对儿童或者童心的崇拜与热爱，也是把“童心”理解为审美的化身——审美超乎功利，也就是人针对纯粹的艺术作品的鉴赏不会引发人与人之间的利害冲突，而且这些纯粹的艺术作品还是可以在人与人之间分享的、共有的。在这个意义上，丰子恺认为人们对纯粹的艺术作品的欣赏所得到的超乎功利的、自由的愉悦感，与佛教徒所追求的“毕竟空”的境界是相通的，他说：

“非功利的”，便是说艺术创作须全由真心的感动而来，并非为了何种功利的目的而工作。这种事业，在中国称为“净行”，在西洋称为“无目的的”，“无关心的”。何谓净行？例如僧人刻苦修行，并非为求现世的福报，乃是真心信仰佛法之故。这种行为至为清净，故曰净行。艺术的工作，也是真心爱美，欲罢不能的，同这僧人的

① 丰陈宝等编:《丰子恺文集》第一卷,浙江文艺出版社 1990 年版,第 79 页。

② 丰陈宝等编:《丰子恺文集》第一卷,浙江文艺出版社 1990 年版,第 79 页。

行为相似，故也称为“净行”。……但这是艺术创作的最高原则，不是说一切艺术皆非如此不可。例如建筑，工艺，便是有目的的，有关利益的。①

在比较含混的意义上，艺术作品的超功利特性与宗教或者佛教的超越性有相通的地方，但是这只是在字面上的相通而已，其精确之处不能不辨。因为艺术作品就整体而言，还是追求视觉与听觉的愉悦的，而这种感官的愉悦在绝大多数宗教里都是不相容的，而且这同时牵涉到儒佛两者在丰子恺美学思想中的关系问题，这正是下一小节所要探究的。

（二）儒家“悦乐”艺术精神的延续

通过以上丰子恺对艺术欣赏活动的无功利性的愉悦感与佛教的空无之境界的描述，不难发现其对“艺术即宗教”的论述是需要具体分析的。也就是这一“宗教”并不是严格意义上的宗教活动，也不是偏向佛教的宗教，而是中华传统文化尤其是审美文化之中“悦乐”精神的自然延续，值得关注与阐发的有以下几点：

其一，丰子恺所说的艺术其实是指如前文所述的纯粹的、主要以“符号”作为材料或者治疗的艺术作品，比如文学、音乐、书法、戏剧、舞蹈、绘画等等，因为他是把满足实用目的的“日用品”排除在外的，比如建筑、“工艺”（即经过审美设计或者工艺美术设计的日用品）的首要价值就在于——“一定要有用”，而且对于日用品的使用也绝不仅仅限于“视觉”与“听觉”器官，而是更多地与触觉等等身体感官相关联，而且其所使用的材质或者材料是具有第一度真实感的，比如茶杯就是使用石头、金属或者塑料做成的，这些特性都决定了造物美学的商品特性，因而是处在功利领域之中的。

其二，丰子恺只是关注到了以纯粹的艺术作品为对象的审美活动的超功利性与佛教教义之“空无”在表面上的相似性，并没有认识到两者

① 丰陈宝等编:《丰子恺文集》第四卷,浙江文艺出版社 1990 年版,第 88 页。

在本性上根本是不相容的，因为即使是以纯粹的艺术作品作为审美对象的审美活动在根本上还是一种感官的愉悦而已，其所追求的正是彼岸世界的欢愉，而不是彼岸世界的天堂，更不是万念俱寂的禁欲。当然，在审美活动与宗教活动之间也是存在相通之处的，比如在佛教之中就存在宣扬、赞美教义的文艺作品，但是这些作品与那些纯粹的、以感官愉悦为特质或目的的艺术作品之间存在着根本的差异，因为宣扬佛教教义的文艺作品只是一种工具与手段而已，只要能够达到对教义的宣扬与表达，文艺作品本身就是可有可无的了。

钱鍾书先生在《谈艺录》中，就曾针对“禅”与“诗”——“宗教”与“文学”“文字”之间的关系作了精辟的总结：

> 禅于文字语言无所执着爱惜，为接引方便而拈弄，亦当机煞活而抛弃。故“以言消言”。其以“麻三斤”“干矢橛”等“无意义语”，供参悟，如《朱子语类》卷一百二十四、一百二十六所谓“呆守”“麻了心”者，祈向正在忘言。既“无意义”，遂无可留恋。①

也就是说，一旦宗教信仰的“目的”达成，那么原来“主客不分”的信仰“过程”就不重要了。因而，禅宗可以利用“麻三斤”“干矢橛”以及陶渊明的“悠然见南山”来进行悟道，但是作为“审美生活”来说，所有人都喜欢陶渊明的“悠然见南山”，有谁会喜欢把“麻三斤”“干矢橛”吟咏得珠圆玉润呢？对于审美生活来说，只有现在的快乐，而且只是体现为“时间性”的“过程”自身，没有对“未来”欢愉的期待，因为这个“未来”是绝对不可能经由“现在”来达到的。

其三，在根本上，丰子恺“艺术即宗教”的思想还是更倾向于以儒家文化或儒家审美文化为主流的中国传统文化，因为儒家文化作为中国

---

① 钱鍾书:《谈艺录》,中华书局1986年版,第412页。

传统文化最为主要的形态之一，在以血缘关系为纽带的封建社会现实生活以及教育获得之中显然是处在主流地位的，而儒家文化虽然也带有一定的宗教色彩，但是相比于世界其他宗教——尤其是基督教、伊斯兰教、佛教而言，其宗教色彩是较为淡薄的。也可以说，儒家文化在处理主观与客观的关系时，并没有在主客之间的分立、分离上高歌猛进，而是采取了侧重于主客不分离、不分立的态度，因而，儒家文化不强调对于神的信仰，也不强调对于客观世界的科学探究，而是执着于伦理世界的实践与感官世界的享乐与流连，尤其是感官世界的享乐的流连造就了中国传统审美文化的辉煌与发达，因而，中国文人对于审美、艺术、日常生活美化的热衷甚至会带有宗教性的情愫，但是归根结底，对于艺术的欣赏活动还是隶属于感官享乐范畴之内的，而不是纯然的、与宗教信仰完全一致的、禁欲主义的超功利、超利害活动。所以，丰子恺所云艺术即宗教在根本上是儒家审美文化思想在中国近现代的延续。

## 二、艺术与情趣

与上述美学思想相联系，丰子恺在艺术与情趣的关系上一直在倡导艺术超功利的态度，在他看来，艺术的热爱与教育可以养成一种美好的情趣，有了这样的情趣就可以形成相应的生活态度，而且能够给苦闷的人生以慰藉。

### （一）艺术、无用、情趣

在丰子恺看来，艺术的用处显然与科学、道德是不同的。他说："马路里墙上的广告画中有香烟罐，啤酒瓶，展览会里的静物画中也有香烟罐，啤酒瓶。但前者的目的是要诱人去买，后者并不想为香烟公司及酿造厂推广销路。大厦堂前的立幅，试问有什么实用？诸君手中的扇子上画了花，难道会多一点凉风？展览会里的作品，都是这类的无目的的、无用的绘画。——无用的绘画，才是真正的美术的绘画。"①

---

① 丰陈宝等编：《丰子恺文集》第二卷，浙江文艺出版社 1990 年版，第 586 页。

在这里所说的“无用”指的是纯粹的艺术作品所共有的超越功利的特性，因为纯粹的艺术作品只能被视觉与听觉所把握，所以不会造成所欣赏对象的任何损伤，在这个意义上，丰子恺把艺术作品的“无用”与科学、道德区别开来，他说：“美是感情的，不是知识的，是欣赏的，不是实用的。所以画家但求表现其在人生自然中所发见的美，不是教人一种知识；看画的人，也只要用感情去欣赏其美，不可用知识去探究其实用。真的绘画，除了表现与欣赏，没有别的实际的目的。前述四种实例，遗像、博物图、名胜图、广告画，都是实用的，或说明的。换言之，都是为了一种实际的目的而画的。所以这种都是实用图，都不是美术的绘画。但我的意思，并非说实用图都没有价值。我只是说，实用图与美术的绘画性质完全不同。看惯实用图的人，一旦走进展览会里，慎勿仍用知识探究的态度去看美的绘画。”① 在他看来，这种对超乎功利的纯粹的艺术品的兴趣或者爱好正是人生中最为美好的情趣之一，也是人们精神最可依赖与寄托的行为之一，他说：

> 人类倘然没有了感情，世界将变成何等机械、冷酷而荒凉的生存竞争的战场！世界倘没有了美术，人生将何等寂寥而枯燥！美术是感情的产物，是人生的慰安。它能用慰安的方式来潜移默化我们的感情。
>
> 所以说“真的绘画是无用的，有用的不是真的绘画。无用便是大用。”用慰安的方式来潜移默化我们的感情，便是绘画的大用。②

据上述文字来看，丰子恺深刻地认识到了纯粹的艺术作品的无关功利的特性，当然，他并没有直接涉及视觉与听觉两者感官，这在很大程度上削弱了论述的深度与准确程度，因为即使是纯粹的艺术作品，其内

① 丰陈宝等编:《丰子恺文集》第二卷,浙江文艺出版社 1990 年版,第 586 页。
② 丰陈宝等编:《丰子恺文集》第二卷,浙江文艺出版社 1990 年版,第 587 页。

涵或者题材之中是包含有功利因素的，所以只有在视觉与听觉两种审美感官的角度才能对无关功利的愉悦感或者美感进行合理的论述。

丰子恺还深刻地关注到了美育尤其是艺术教育在现实中所存在的问题，这些问题集中体现在狭隘的功利主义的横行与蔓延，这使得美育之中的艺术教育受到了排挤、压迫，其存在的空间不仅愈来愈小，而且甚至连存在的合理性都没有了，他说："学校的一切课业中，音乐似乎最没有用。即使说得它有用，例如安慰感情，陶冶精神，修养人格等，其用也似乎最空洞。所以有许多学校中，除音乐教师而外，大都看轻音乐，比图画尤其看轻。甚至连音乐教师也看轻音乐，敷衍塞责地教他的功课。这是因为向来讲音乐的效果，总是讲它的空洞的方面，而不讲实用的方面。所以大家不肯起劲。这好比劝人念南无阿弥陀佛十遍百遍或千遍可获现世十种功德，人皆不相信。又好比只开支票，不给现洋，人皆不欢迎。"① 因而，社会与现实之中的大众陷于科学与实用的泥潭之中而不自知，在丰子恺看来，这必将导致情感自身的干枯与片面，这与丰子恺关于儿童心理的推崇与探究又连接在一起。他认为儿童心理最为主要的特性就是为游戏而游戏，当然也就是不带丝毫的功利之心了。他说：

在这里我们不得不赞美儿童了。因为儿童大都是最富于同情的，且其同情不但及于人类，又自然地及于猫犬，花草，鸟蝶，鱼虫，玩具等一切事物，他们认真地对猫犬说话，认真地和花接吻，认真地和人像〔玩偶，娃娃〕（doll）玩耍，其心比艺术家的心真切而自然得多！他们往往能注意大人们所不能注意的事，发见大人们所不能发见的点。所以儿童的本质是艺术的。换言之，即人类本来是艺术的，本来是富于同情的。只因长大起来受了世智的压迫，把这点心灵阻碍或销磨了。惟有聪明的人，能不屈不挠。外部即使饱受压

① 丰陈宝等编:《丰子恺文集》第二卷，浙江文艺出版社 1990 年版，第 622 页。

迫，而内部仍旧保藏着这点可贵的心。这种人就是艺术家。①

这痴呆就是童心。童心，在大人就是一种“趣味”。培养童心，就是涵养趣味。小孩子的生活，全是趣味本位的生活。他们为趣味而游戏，为趣味而忘寝食。在游戏中睡觉，在半夜里要起来游戏，是我家的小孩的常事；推想起来，世间的小孩一定大致相同。为趣味而出神的时候，常要做自己所做不到的事，或不可能的事，因而跌交，或受伤，也是我家的小孩子的常事。然这种全然以趣味为本位的生活，在我们大人自然不必，并且不可能。如果有全同小孩一样的大人，那是疯子了。然而小孩似的一点趣味，我们是可以有的。我所谓培养，就是做父母、做小学先生的人，应该乘机助长，修正他们的对于事物的看法。助长其适宜者，修正其过分者。②

### （二）情趣之于疏解人生苦闷之意义

因而，儿童对于“游戏”“艺术”全神贯注、全身心的热爱，在丰子恺看来就不仅仅是在儿童这一阶段特有的心理特征，也是在成人阶段更亟须保存、保藏的可贵天赋，因为在他看来在成人阶段的压抑与苦闷会越来越多，对此人生的苦闷，丰子恺描述道：

原来吾人初生入世的时候，最初并不提防到这世界是如此狭隘而使人窒息的。只要看婴孩，就可明白。他们有种种不可能的要求，例如要月亮出来，要花开，要鸟来，这都是我们这世界所不能自由办到的事，然而他认真地要求，要求不得，认真地哭。可知人的心灵，向来是很广大自由的。孩子渐渐长大起来，碰的钉子也渐渐多起来，心知这世间是不能应付人的自由的奔放的感情的要求的，于是渐渐变成驯服的大人。自己把以前的奔放自由的感情逐渐地压抑

① 丰陈宝等编:《丰子恺文集》第二卷,浙江文艺出版社 1990 年版,第 583—584 页。
② 丰陈宝等编:《丰子恺文集》第二卷,浙江文艺出版社 1990 年版,第 254—255 页。

下去，可怜终于变成非绝对服从不可的“现实的奴隶”。这是我们都经验过来的事情，是谁都不能否定的。我们虽然由儿童变成大人，然而我们这心灵是始终一贯的心灵，即依然是儿时的心灵，不过经过许久的压抑，所有的怒放的炽盛的感情的萌芽，屡被磨折，不敢再发生罢了。这种感情的根，依旧深深地伏在做大人后的我们的心灵中。这就是“人生的苦闷”的根源。①

他还说：

我们谁都怀着这苦闷，我们总想发泄这苦闷，以求一次人生的畅快，即“生的欢喜”。艺术的境地，就是我们大人所开辟以泄这生的苦闷的乐园，就是我们大人在无可奈何之中想出来的慰藉、享乐的方法。所以苟非尽失其心灵的奴隶根性的人，一定谁都怀着这生的苦闷，谁都希望发泄，即谁都需要艺术。我们的身体被束缚于现实，匍匐在地上，而且不久就要朽烂。然而我们在艺术的生活中，可以瞥见“无限”的姿态，可以认识“永劫”的面目，即可以体验人生的崇高、不朽，而发见生的意义与价值了。故西谚说：“人生短，艺术长。”艺术教育，就是教人以这艺术的生活的。②

上述两段话一是传达出了人生苦闷的来源以及不可避免，因为人生在世就要积极地进取，要有所为，但是在人世间总是充满了阻碍；二是传达出了艺术之所为艺术的价值所在，即有所不为，而且艺术所给予人的超乎功利的愉悦正是在现实功利世界孜孜以求的，尽管艺术作品所带来的愉悦与现实功利世界的愉悦是两类事物，但是在人生或者生活作为一个整体之于价值与意义的寻求上，两者又是统一的。

① 丰陈宝等编:《丰子恺文集》第二卷,浙江文艺出版社 1990 年版,第 225—226 页。

② 丰陈宝等编:《丰子恺文集》第二卷,浙江文艺出版社 1990 年版,第 226 页。

通过丰子恺对艺术趣味的特殊性以及艺术趣味之于疏泄人生苦闷的论述，已然可以清晰地看出，艺术趣味实际上是人在情感或者感官上寻求愉悦、幸福的能力，这种能力之于人生的意义是极为重大的。从人格的构成或者从人格构成因素的和谐来看，真、善、美、信都是人生不可或缺的；从艺术作为一种趣味在现实人生中的价值来看，其存在的状况、状态关乎人类幸福的终极价值，因而，丰子恺对于艺术即宗教的思想、艺术趣味与人生关系的思想实际上是为审美教育活动尤其是为艺术教育活动奠定了价值论上的根基，包括艺术教育在内的审美教育活动就是为形成、养成人生的艺术趣味而存在的。所以，正如丰子恺在上述最后一段引文中所说："艺术教育，就是教人以这艺术的生活的。"①

## 第二节　丰子恺对美育基本特征的认识

### 一、"真在艺术作品中的涌现"——艺术教育与科学教育之比较

#### （一）对师范艺术教育的关注

在丰子恺审美教育思想中，艺术教育是核心所在。他对于艺术教育的思想，一方面是针对儿童、青少年的，一方面又是针对实施艺术教育活动的教师的。就这两方面的关系而言，只有教师本人受到了完备的艺术教育或者审美教育，才有可能对学生进行相应的教育，因为教师本身所接受艺术教育的内涵与境界在根本上决定了学校艺术教育的质量与水平。对此，丰子恺一直耿耿于怀，他说："我是一个图画教师，我曾担任过好几个普通学校的图画科，觉得中国现在普通学校的艺术科，都不能奏它的效果。这恐是因为办学人和艺术科教师对于艺术科的误解的缘故。不要说内地，就是通都大邑的普通学校的艺术科，也大半是误解着。"②可以看出，在艺术教育的现实问题之中，不仅仅是对学生进行教育的问

① 丰陈宝等编：《丰子恺文集》第二卷，浙江文艺出版社1990年版，第226页。

② 丰陈宝等编：《丰子恺文集》第一卷，浙江文艺出版社1990年版，第11页。

题，而且更是首先对教育者进行教育与提高的问题，丰子恺的美育思想之所以一直对师范教育之中的美育较为关切，这就是其中的缘由。

在他看来，作为对学生进行艺术教育的教师以及教育管理者们之所以会对艺术教育产生误解，其中最为主要的原因就在于对科学的过度崇拜，他说："我看来中国一大部分的人，是科学所养成的机械的人；他们以为世间只有科学是阐明宇宙的真相的，艺术没有多大的用途，不过为科学的补助罢了，这一点是大误解。"① 从这个实例可以看出，在中国进入近现代以来，科学对中国文化的启蒙的确起到了重大的积极作用，这对中国文化在科学素质上的先天不足与缺乏的确是一个划时代的弥补，但是对于科学的过度崇拜也会导致重大的弊端，就像丰子恺所说的，科学注定在功利性、实用性上远远胜出审美或艺术，因而艺术与审美就会因为"无用之用""超越性"被冷淡或者放弃。

针对过度崇拜科学而冷淡审美与艺术，丰子恺还列举了生动的案例，他说：

> 我从前曾在两个有体操专科的学校担任图画科，主任者聘我的时光对我说道：画材要选择体操用具或动作姿势的，可以使学生得着实用。这样宗旨，不是图画科，却是"体操插图画法"了；还有一个学校要我用博物标本当画材，说道可以使学生得着实用；还有一个学校，主任先生看见学生画的木炭画，说道这龌龊的东西，有什么好处？又说道这种画一文也不值，它的纸倒费去七八分大洋。②

从这一现实问题出发，丰子恺把对艺术教育特性的探寻与对科学价值的比较连接在一起。他说："就我所感受到的三个证据，可以推想一般主持教育者都有把艺术科想作科学的补助品的误解的；不但图画，手工

① 丰陈宝等编:《丰子恺文集》第一卷,浙江文艺出版社 1990 年版,第 11 页。
② 丰陈宝等编:《丰子恺文集》第一卷,浙江文艺出版社 1990 年版,第 11—12 页。

科的误解也不少。我曾听见说：有人参观某校，这校中的会客室中的椅子都是学生们木工课内自制的，便赏赞不已；这种观念都是艺术科的误解。要订正这种误解，须要使得明白艺术教育的原理；要明白艺术教育的原理，请先讨论艺术与科学的分别和艺术教育的意义。”① 所以，丰子恺极为重视师范的艺术教育与他对科学与艺术之间区别进行的思索是完全一致的。

即便是在攸关民族存亡的抗战时期，丰子恺仍对抗战胜利之后的师范艺术教育念兹在兹。他渴望在胜利之后，能够在教育、艺术教育上大展宏图，为我国及民族的教育事业励精图治，他说：“予谓最近中国之艺术家，有许多已变成西洋人。他们学得西洋艺术之皮毛，欲硬把此皮毛种植于中土，而浑忘其为中国人，诚可笑也。艺术如此生吞活剥，艺术教育遂游离人生，而成为一种具文。普通中学校之图画，见者皆说‘我们外行看不懂’。普通中学之音乐，闻此皆说‘我们外行听不懂’。此是何等不合理、不调和状态！实非改革不可。我前日与彬然谈最近拟草一文，题曰《改良中国艺术师范教育刍议》，亦是为此。乘此抗战建国之期，我欲使中国艺术教育开辟一新纪元：扫除从前一切幼稚，生硬，空虚，孤立等流弊，务使与中国人生活密切关联，而在中国全般教育中为一有机体。”② 从中既可以看出他对本土艺术的渴望，反对对西方艺术的生吞活剥，又可以看出他把艺术本土化、民族化的重任交付于艺术教育的初衷，因为如果只是重视艺术创作的提高，那还不能把艺术与生活尤其是与民众的生活完全结合、融合起来，所以作为艺术教育者培养摇篮的师范教育就是极端重要的。

### （二）艺术之“真”的时间性涌现状态——对科学之真与艺术之真的比较

丰子恺对于科学研究或者历史研究之中的“真”的认识是极为深刻、

① 丰陈宝等编：《丰子恺文集》第一卷，浙江文艺出版社1990年版，第12页。

② 丰陈宝等编：《丰子恺文集》第七卷，浙江文艺出版社1992年版，第68—69页。

精辟的，他认为这种“真”只是一种“相符性”的“真”，而真的本貌及其存在的原初状态如何才是最为根本的问题，也就是说，虽然科学与历史研究都以“真”为最高的目标与准则，但是它们本身也只是把握“真”的途径之一，其“真”的程度如何是另外一个问题。他说：“科学固然说是给我们人类幸福的，又是阐明宇宙真相的，然而所谓真相两个字，非常难讲，到底怎么样可叫做真相，还是一个问题。科学都是从假定（presupposition）上立论的：譬如物理学者，一定先假定世间确有分子的物质的存在，然后可以立脚得住，实行他的研究。这基本的假定一动摇，物理学全部便推翻了；他如研究历史的，也必先假定人类是大皆有意识（consciousness）的，他们看见了人的表情的变化，以为这种物的现象的背面，确有意识存在；又如研究社会学者，使人们勤职务，计幸福，他们假定幸福确是可企图的，尽自己的义务确是有价值的。这种假定是否正确，还是一个问题，就是科学者所谓宇宙的真相，到底是不是真相也是一个问题。”①

丰子恺对科学尤其是自然科学的理解有很大的偏差，比如对于自然科学研究中常见的“假说”的理解就是如此。假说的提出、论证是通向科学之途中的必要一环，因为不是所有的规律都能够在现象之中得到完全的体现，因而，假说既不是毫无根据的臆说、臆测，也不是科学的真理，而是还需要进行科学活动的进一步检测、验证或者证实。但是就整体而言，丰子恺还是指出了科学自身的价值及其局限。当科学的价值体现在对真理的追求及其得到验证、证实、应用之时，这就是其价值的实现，但是，当科学一旦在人们的运用中超越了其合理的界限，那就会走向片面，就会带来负面的影响。正如丰子恺所言，科学活动作为一个纯粹客观的、冷静的、中立的、普遍性的人类活动，其特定的规则不可能适用于那些主客不分的领域，比如人生的幸福就是绝对不可能使用科学的数据来进行测量并验证的，因为人生或者生活在构成上的特性正是意

① 丰陈宝等编：《丰子恺文集》第一卷，浙江文艺出版社1990年版，第12页。

向性或者主体始终指向对象的，这也正是审美活动在构成上的最根本的特性。同理，审美教育、艺术教育活动也是如此。

按照丰子恺对人生幸福探究的思路进行下去，人生或者生活本身最为原初的、质朴的状态正是兴发的、涌现的、具有第一度真实性的"真"，这种"真"不是自然科学、历史学科等所要寻求的那种"相符性"的"真理"。这种真理往往体现为自然科学之中的命题或者历史研究之中的历史事实，但是这些真理或者事实本身不一定显示出意义与价值来。而在审美活动中，比如在艺术的欣赏活动之中，观众对于一幅画的激赏、流连、凝视是一个原发性的、原始性的、愉悦的行为，且画中所传达的意蕴或者"真"是有价值、有意义的，因为此画作之所以如此吸引观众，就是因为其作为一个整体对观众有所超越、有所提升、有所更新。丰子恺就对审美活动的这种状态与科学活动进行了对比。他说："科学是根据了一种假定来阐明宇宙的真相的，艺术却是不根基于假定来阐明宇宙的真相的：譬如一张海的画，这是用艺术的方法来说明海的真相。但科学者却不以为然，一定说要把海水蒸发了变成盐分和水分等，或又把波浪的运动用物理的方法说明起来，然后说是海的真相。又如一块石，艺术者画了一块石，表示石的真相。科学者定要把石打得粉碎，说明它含着云母长石等成分，以为是石的真相。如今且看，到底画中的海和石是真相呢？还是水分盐分和长石云母是真相？这可以说科学的不是真相，因为一则科学所谓真相，是从假定上立脚的，假定的正确与否，还没晓得，二则科学把海水分作水分盐分，把石子分作云母长石，这时候不是表示海和石子的真相，是从海和石子移到了别种的东西盐分水分云母长石上去。艺术的画，倒是表示当时所看见的海和石子的真相的。"① 这意味着在对艺术作品的欣赏过程中，艺术作品之中的意蕴是兴发的，且具有审美活动作为一个整体性活动的所有特性，而不是像在科学活动之中的对象那样是绝对客观与中立的，审美活动自身就是一种兴发的、涌现

① 丰陈宝等编:《丰子恺文集》第一卷,浙江文艺出版社 1990 年版,第 12—13 页。

的、原发性的“真”。

因而，绝不能使用科学活动之中的真理来描画艺术活动之中的真，丰子恺认为，如果来拿科学之真来衡量艺术之真，就自然而然地产生偏见，他说：“科学者看见海的画和石的画，说道这不是真相，只有科学所表示的是真相，艺术所表示的和实际的世界相去甚远，用这样偏见的头脑来排斥艺术，也是一个大误解，原来科学和艺术，是根本各异的对待的两样东西，艺术科的图画，有和各种科学一样重大的效用，决不是科学的补助品，决不可应用在植物标本画或体操姿势图上，同科学联关于实现的。”①

他对艺术活动、审美活动作为一种兴发的、涌现的愉悦活动的概括——

> 凡事有没有真的价值，都要经过最高法庭的审判的，这最高法庭便是哲学。科学和艺术的争论，也要拿到这最高法庭去审判过。审判的结果，可以分明科学所示的，并不是事物的真相。譬如一块石，科学者把它打得粉碎，分出云母长石来，科学者以为是明示石的真相了，其实石是石，云母长石是云母长石，它们是两件事物，不过有关系的，决不是长石云母可以说明石的真相的；又如科学者依定理测知水是由汽变成的，水再冷将变冰的，这也不是水的真相，是水的未来和过去的变化或者水的原因结果。原来最高的真理，是在乎晓得物的自身，不在乎晓得它的关系或过去未来或原因结果，所以物的真相，便是事物现在映在吾人心头的状态，便是事物现在给与吾人心中的力和意义。②

在这里，丰子恺所说的“哲学”上的“真”便是如上述所言质朴性

① 丰陈宝等编:《丰子恺文集》第一卷,浙江文艺出版社 1990 年版,第 13 页。
② 丰陈宝等编:《丰子恺文集》第一卷,浙江文艺出版社 1990 年版,第 13 页。

的、原发性的、主客不分的生活或者体验的状态，而且这种状态是带有冲力的、兴发的、涌现的，在审美活动的状态中，还带有愉悦性这一根本特质。更为重要的是，丰子恺从时间性的视角阐述了艺术之“真”存在的状态——“不在乎晓得它的关系或过去未来或原因结果，所以物的真相，便是事物现在映在吾人心头的状态，便是事物现在给与吾人心中的力和意义”①。显而易见，其中的“力”所指的正是审美主体为审美对象所吸引，全神贯注地具身投入欣赏过程中，且注意力被强有力地牵引、持续，尤其是把这一句话之中的最为关键的文字——“力”“意义”“现在”——放在一起考究，关联在一起，就会自然而然地发现艺术之“真”正是一个延续、延伸着的过程或者视域，而且这一过程或者视域是涌现的——“力”其实就是注意力被吸引及其延续的状态。

因而，尽管丰子恺没有把“现在”理解为一个前牵后挂的过程，或者理解为一个生成着的、兴发的内时间意识过程，这的确是有些遗憾，因为在与科学之中的时间性状态——因果关系的对比中，丰子恺把艺术之真理解为“现在”很有可能是一种在物理空间意义上的一个点，但是根据上下文来理解，还是可以发现其所言艺术之真的存在状态——“现在”正是一个涌现的审美行为的开展。

所以，丰子恺对艺术之真与科学之真的比较为其美育思想做了最为根本性的奠基，也就是审美教育活动也必将呈现为涌现的愉悦状态，且只能如此。

### （三）“使心安住在画中”——艺术教育的目的及效果

由上述对科学之真与艺术之真的比较出发，丰子恺一再申述科学与艺术在“时间性”之上的根本差异，他认为，科学把事物的关系指引向因与果，也就是指向过去与未来，因而，在科学世界之中所存在的逻辑关系便是因果关系，也就是因果性的时间性关系；而在艺术作品之中的“物”“事”“人”只是一个与现实世界绝缘的状态，与现实世界之中的

① 丰陈宝等编:《丰子恺文集》第一卷，浙江文艺出版社1990年版，第13页。

因果相续没有任何关联。他说：

我们想求事物的真相，科学并不把事物的真相来示我们，却把这事物的关系或过去未来或原因结果来示我们。这非但不是向事物的真相走近来，却是把我们从事物的真相上拉远去，把我们拉到别的事物的身上去。

这样看来，科学者非但不示物的真相，而且遮蔽物的真相，可以断定一句：科学所示，不是物的真相。

然则宇宙的真相是怎么样的呢？依哲学的论究，是"最高的真理，是在晓得事物的自身，便是事物现在映于吾人心头的状态，现在给于吾人心中的力和意义"——这便是艺术，便是画。①

丰子恺在这里事实上是指出了科学活动自身作为一种思维过程或者内时间意识过程的特性，这些特性可以从两个方面进行理解：

其一，在这里所说的"拉远"所指的正是在科研活动中，科学家必须保证所研究对象的绝对客观、冷静与中立。尽管在科学研究的过程中，科学家的情感体验是极为丰富的、活跃的，而且这些情感往往体现为对科学研究的动力、热情、渴望、追求等等，但是这些情感体验不能直接渗透到科学研究的对象之中，在对象之中也绝无可能体现出科学家的主观情感，不管在科学研究的过程及其成果里凝聚了科学家多少的心血与劳动。这就是所谓的行为与状态的分离，在这里，"行为"所指的是纯粹的科学活动，是在科学活动之中的那些对象以及围绕或者指向这些对象所进行的纯粹抽象而客观的意识活动，"状态"则是指在科研活动之中所滋生的、伴随性的科学家的情感体验。

其二，在这里所说的科学活动之中的"过去"与"未来"正是科研对象在逻辑上存在的因果链条，不仅仅是因果是前后相继的，由前因决

---

① 丰陈宝等编：《丰子恺文集》第一卷，浙江文艺出版社 1990 年版，第 14 页。

定后果，而且会形成因果的链条，这就是“过去”与“未来”在科学活动之中的体现，因而丰子恺既揭示了科学自身在数理逻辑上的严谨、严密、客观，同时又揭示了科学家在对这样的对象进行研究之时，其内时间意识构成上的理性特性，这一理性特性使得科学家的思维与意识只能跟随科研对象的因果链条亦步亦趋。

而艺术作品之中的人、事、物则不然，其存在绝不是纯粹客观的、中立的、冷静的，而是只能在读者业已完成或者正在进行的欣赏活动过程之中才会存在，而且这些人、事、物的存在状态正是——“事物现在映于吾人心头的状态”。在这里，“现在”绝不是一个空间上呈现绝对匀速运动的一个点，而是一个延伸着的时间视域，当然，这一时间视域自身绝不是一个孤立存在的主体或者主体的意识，而是主体始终指向对象或者主客不能分离、分开的状态。在丰子恺的描述中，这一状态正是一个注意力被艺术作品所吸引，而后注意力持续地得以持存的过程，用他的话说，那就是——“力”。

丰子恺精微地描述了艺术欣赏过程的兴发或者生成，他说：

> 因为艺术是舍过去未来的探求，单吸收一时的状态的，那时候只有这物映在画者的心头，其他的物，一件也不混进来，和世界一切脱离，这事物保住绝缘的（isolation）状态，这人安住（repose）在这事物中；同时又可觉得对于这事物十分满足，便是美的享乐，因为这物与他物脱离关系，纯粹的映在吾人的心头，就生出美来。①

在丰子恺对艺术作品可以使时间停留在现在的描述中，其语言与思路与叔本华的思想极为相似。在叔本华看来，艺术就可以很完满地承担认识“理念”的重任，而且本色当行，自有其不可替代之处。之所以得出这样的结论，叔本华是基于与自然科学的比较。叔本华认为，自然科

① 丰陈宝等编：《丰子恺文集》第一卷，浙江文艺出版社1990年版，第14页。

学比如数学研究的是那些赤裸裸的形式，在这些形式中，对于作为个体的主体的认识，理念就分化为杂多，因而，所研究的就是时间和空间。因而，叔本华总结说："这一切以科学为共同名称的〔学术〕都在根据律的各形态中遵循这个定律前进，而它们的课题始终是现象，是现象的规律与联系和由此发生的关系。"[①] 这表明科学尤其是自然科学的价值在于始终要追求最新的成果，而且这一成果就是体现于对新的"关系"——由"时间"参与其中并造成的"关系"的发现。当然，这里所说的时间是自然科学意义上的时间，而且新的发现一定要取代旧的，而科学活动的过程自然也是受到这样一种价值的推动才是可能的，才是有意义的。科学活动一刻也不能停留，因为新的现象一定会在新的时间关系之中产生，叔本华说："科学追随着四类形态的根据和后果〔两者〕无休止，变动不尽的洪流而前进的时候，在每次达到目的之后，总得又往前奔而永无一个最后的目标，也不可能获得完全的满足，好比人们〔向前〕疾走以期达到云天和地平线相接的那一点似的。"[②] 因而，在这里，叔本华直接提出了一个问题——与自然科学无法摆脱"时间"、无法摆脱"关系"相反的维度："然则在考察那不在一切关系中，不依赖一切关系的，这世界唯一真正本质的东西，世界各现象的真正内蕴，考察那不在变化之中因而在任何时候都以同等真实性而被认识的东西，一句话在考察理念，考察自在之物的，也就是意志的直接而恰如其分的客体性时，又是哪一种知识或认识方式呢?"[③] 他的回答非常简捷明确——"这就是艺术"[④]。

因而，既然艺术与科学的区别业已在"时间性"的维度得到了解决，从而更加凸现了艺术活动自身的价值及其状态。那么，在丰子恺看来，审美教育或者艺术教育的状态及其本质也就迎刃而解了。他说：

---

① ［德］叔本华:《作为意志和表象的世界》,商务印书馆 1982 年版,第 258 页。
② ［德］叔本华:《作为意志和表象的世界》,商务印书馆 1982 年版,第 258 页。
③ ［德］叔本华:《作为意志和表象的世界》,商务印书馆 1982 年版,第 258 页。
④ ［德］叔本华:《作为意志和表象的世界》,商务印书馆 1982 年版,第 258 页。

本了这理论来实施艺术教育的手段，便是要使学生了解艺术的绝缘的方法，譬如描写图画的模型 model，第一要使他们不可联想到实用上去，但使描出当时瞬间的印象。看画的时候，也要注意使心安住在画中，但赏画的美，决不可问画中的路通哪里，画中的人姓甚，画中的花属何科，否则他们仍旧不算懂得艺术科。而且他们所描的画，所看的画，都值得一幅历史地理博物的插图，变了科学的一部分，还有什么艺术的价值呢？这个话似乎欲望太奢，又似太近理想，其实我仔细想来，非这样办法，不能满足地奏艺术教育的效果的。①

因而，丰子恺认为，轻视艺术教育，尤其是拿实用的科学来替代艺术，用科学教育来替代艺术教育，势必会引发教育的危机、人格成长的危机与中国社会之前途的危机。

丰子恺还进一步把艺术活动之中的“美”与“真”做了统一性的论述，也就是艺术作品之中的“真”的存在状态是“美”的，而且在这里所说的“美”也绝不是只是一种含混的、情感上的诗意表达与抒写，而是正如上述对丰子恺美学思想中时间性之思的分析那样，“美”所指的正是作为一个完整的统一体存在的审美活动自身，其最为根本的构成是主客不分的，且其最为原始的存在状态是兴发的、涌动的、如丰子恺所言充满“力”的过程，而且他还把“真”的这种涌现着、兴发的存在状况的保存称为——“哲学论究的最高点”②。他说：

科学所示不是真相，艺术所示，确是真相，又生出一个美字来，因此我们就分了知的和美的两个世界。科学和艺术非但不相附属，而且是各一世界的，有关系的是知的世界，绝缘的是美的世界，所

① 丰陈宝等编:《丰子恺文集》第一卷,浙江文艺出版社 1990 年版,第 14 页。
② 丰陈宝等编:《丰子恺文集》第一卷,浙江文艺出版社 1990 年版,第 15 页。

以我们看一幅风景画时候，完全的灌注精神在这画中，并不想起画以外的东西，画的镜框，简直是把人世隔绝的东西，我们但在画里鉴赏它的美，并不问画中的山路通哪处，画中的农夫是怎样的人，画中的山的背面有否住人，更不想这画的材料怎么样，值多少钱了。又我们作画时，眼前的风景，我们但感得它的形状、调子、色彩和表情，决不想到这地方是属何省何县的，这山有什么出产等关系的事体的，因为我们看画作画时，已迁居到另一个世界——美的世界——上去，这世界和别的世界完全断绝交通的。[①]

其中，丰子恺所提到艺术欣赏过程之中的“灌注精神”正是一个审美主体的注意力被强有力地吸引，而艺术作品之中的“真”的呈现状态正在其中或者正是如此，在此，丰子恺还专门把艺术与科学的差异列出如下九条：

(1) 科学是连带关系的，艺术是绝缘的；
(2) 科学是分析的，艺术是理解的；
(3) 科学所论的是事物的要素，艺术所论的是事物的意义；
(4) 科学是创造规则的，艺术是探求价值的；
(5) 科学是说明的，艺术是鉴赏的；
(6) 科学是知的，艺术是美的；
(7) 科学是研究手段的，艺术是研究价值的；
(8) 科学是实用的，艺术是享乐的；
(9) 科学是奋斗的，艺术是慰乐的。[②]

因而，通过上述深刻透辟的论述，丰子恺认为，艺术与科学都是人

① 丰陈宝等编：《丰子恺文集》第一卷，浙江文艺出版社1990年版，第15页。
② 丰陈宝等编：《丰子恺文集》第一卷，浙江文艺出版社1990年版，第15—16页。

生修养中两个不可或缺的方面。如果仅仅把艺术看作是科学的辅助品，在教育上就会自然而然地造成重大的缺陷。丰子恺说：“学生的精神上，缺少了一项艺术的享乐的和安慰的供给，简直可说变成了不完全的残废人，不可称为真正的完全的人。因为这种艺术的安慰，实际上可以不绝地使我们增加作事上的努力。譬如图画、唱歌、游戏，不明白艺术教育的人都以为是模仿小孩子的嬉戏罢了，没有多大的价值，删除了这种功课，使他们专心攻究正课，看来好像得益的，其实损失多了。”① 这些思想与上一节丰子恺对艺术功用的论述相联系，就可以发展他在艺术教育、审美教育思想上的完整性与系统性，具体体现在——艺术教育之所以必须与必要，正是因为艺术是人生不可或缺的慰安，艺术作品之中的“真”在存在状态上是涌现的、时间性的，人们通过艺术作品可以直接把握住事物之真，而且养成和谐的、开豁的人格境界。

## 二、艺术教育的目的

### （一）美育（情育）对人生的助益及人的全面发展

在丰子恺看来，教育就是教人以对世界与人生的看法，他说：“教育，简言之，就是教儿童以对于人生世界的理解，即教以对于人生世界的看法，换言之，即教以人生观、世界观。人生非常崇高；世界非常广大。然看者倘然没有伟大的心眼，所见就局限于一面，必始终不能领略这崇高的人生与广大的世界，而沉在黑暗苦恼之中，相与造成黑暗苦恼的社会与世界了。这崇高、广大的人生与世界，须通过了真善美的理想而窥见。”② 换言之，教育就是人在真善美三个方面理想的实现。而真善美的人生与世界的理想与人格中的三大力量——知情意——是相对应的，所以在丰子恺的陈述中，教育之中的真善美与人格之中的知情意是统整在一起的，他说：“教育是教人以真善美的理想，使窥见崇高广大的人世

① 丰陈宝等编:《丰子恺文集》第一卷,浙江文艺出版社 1990 年版,第 16 页。

② 丰陈宝等编:《丰子恺文集》第二卷,浙江文艺出版社 1990 年版,第 224—225 页。

的。再从人的心理上说，真、善、美就是知、意、情。知意情，三面一齐发育，造成崇高的人格，就是教育的完全的奏效。倘有一面偏废，就不是健全的教育。”[①] 他还说：“真善美三位一体，不能分割。好比一个鼎必须有三只脚，方能立稳。缺了一只脚，鼎就要翻倒的。”[②] 这就是丰子恺对于人的全面发展教育的整体观念。

在这一和谐完整人格发展的基础上，丰子恺着重论述了美育或者艺术教育在其中的意义与价值。他说：“科学是真的、知的；道德是善的、意的；艺术是美的、情的。这是教育的三大要目。故艺术教育，就是美的教育，就是情的教育。学校中各种知识的学科都是真的方面的；各种教训都是善的方面的。所谓艺术科，就是美的方面的。故艺术科在全体学科中，实占有教育的三大要目之一，即崇高的人格的三条件之一。这是人生的很重大而又很广泛的一种教育，不是局部分的小知识小技能的教授。如何重大，如何广泛，可从人生的根本上考察而知。”[③] 在对人格完整和谐发展的陈述上，丰子恺一种冠之以“崇高”“重大”之语，尤其能够传达人格发展完整的严肃及其不易。丰子恺着重论述的艺术教育就是从“情的教育”开始的，但是他并没有平铺直叙地进行言说，而是采取了把“情”放在人的成长历程中的方式，在“情”的成长问题中生发出“情育”的意义，这样“情育”——美育的产生就更为自然与质朴。

与丰子恺对儿童以及上述艺术之功用的理解相联系，他认为人从幼年到成年，在“情”上遭遇了从“自由”到“驯服”、从“广大”到“狭隘”、从欢畅到“苦闷”的境地，因而，艺术的教育就在于使人获得一种圆满的疏泄苦闷、突破狭隘、脱离驯服等的能力。他说：

---

① 丰陈宝等编：《丰子恺文集》第二卷，浙江文艺出版社1990年版，第225页。
② 丰陈宝等编：《丰子恺文集》第四卷，浙江文艺出版社1990年版，第75页。
③ 丰陈宝等编：《丰子恺文集》第二卷，浙江文艺出版社1990年版，第225页。

原来吾人初生入世的时候，最初并不提防到这世界是如此狭隘而使人窒息的。只要看婴孩，就可明白。他们有种种不可能的要求，例如要月亮出来，要花开，要鸟来，这都是我们这世界中所不能自由办到的事，然而他认真地要求，要求不得，认真地哭。可知人的心灵，向来是很广大自由的。孩子渐渐大起来，碰的钉子也渐渐多起来，心知这世间是不能应付人的自由的奔放的感情的要求的，于是渐渐变成驯服的大人。自己把以前的奔放自由的感情逐渐地压抑下去，可怜终于变成非绝对服从不可的"现实的奴隶"。这是我们都经验过来的事情，是谁都不能否定的。我们虽然由儿童变成大人，然而我们这心灵是始终一贯的心灵，即依然是儿时的心灵，不过经过许久的压抑，所有的怒放的炽盛的感情的萌芽，屡被磨折，不敢再发生罢了。这种感情的根，依旧深深地伏在做大人后的我们的心灵中。这就是"人生的苦闷"的根源。我们谁都怀着这苦闷，我们总想发泄这苦闷，以求一次人生的畅快，即"生的欢喜"。艺术的境地，就是我们大人所开辟以发泄这生的苦闷的乐园，就是我们大人在无可奈何之中想出来的慰藉、享乐的方法。所以苟非尽失其心灵的奴隶根性的人，一定谁都怀着这生的苦闷，谁都希望发泄，即谁都需要艺术。我们为身体被束缚于现实，匍匐在地上，而且不久就要朽烂。然而我们在艺术的生活中，可以瞥见"无限"的姿态，可以认识"永劫"的面目，即可以体验人生的崇高、不朽，而发见生的意义与价值了。①

因而，像这样的表述是可爱的、活泼的、亲切的、雄辩的，因为给美育或者情育找到本源性的原因与动机，就给美育或情育的存在奠立了坚实的基础，原来艺术之存在是为了人生的根本目的——幸福与享乐，而且艺术本身还是需要养成的一种生活的能力与方式。他说："艺术教

① 丰陈宝等编:《丰子恺文集》第二卷,浙江文艺出版社 1990 年版,第 225—226 页。

育，就是教人以这艺术的生活的。知识、道德，在人世间固然必要；然倘缺乏这种艺术的生活，纯粹的知识与道德全是枯燥的法则的纲。这纲愈加繁多，人生愈加狭隘。即如前面所述，知识、道德、艺术，三者共相造成崇高的人格，一面偏废，就不健全。故学校中有知识科、训育科，同时必有艺术科。所以说：艺术教育，是人生很重大的一种教育，非局部的小知识、小技能的教授。”① 这与丰子恺对纯粹艺术品的理解是分不开的，因为如上文所述，纯粹的艺术品给人以最大的自由感，因为制作艺术品的材质大多来自于符号，只能够听与看，所以这种超越功利与利害的自由感对于人类而言是极为可贵的，因为科学羁绊于自然，道德羁绊于人际，虽然真与善都是人类所必须的价值与文化，但是有了艺术的参与，这个世界与人生就显得既谨严又活泼了，所以，艺术在这里就显得极为重要与必要。

可以看出，丰子恺是从人生的根本意义上来审视艺术教育或者审美教育的价值的，在他对“艺术的生活”的描述中，尤为突出了艺术之于科学的差异。他说：“所谓艺术的生活，就是把创作艺术、鉴赏艺术的态度来应用在人生中，即教人在日常生活中看出艺术的情味来。对于一朵花，不专念其为果实的原因；对于一个月亮，不专念其为离地数千万里的星；对于一片风景，不专念其为某县某村的郊地；对于一只苹果，不要专念其为几个铜板一只的水果。这样，我们眼前的世界就广大而美丽了。在我们黄金时代，本来不曾提防到这世界里的东西是这样枯燥无味的，所以初见花的时候要抱它、吻它，初见月的时候要招呼它、礼拜它，哪晓得它们只是无知的植物的生殖器，与无情的岩石的大块。如今我们在艺术的世界中，即‘美的世界’中，可以重番梦见我们的黄金时代的梦。倘能因艺术的修养，而得到了梦见这美丽的世界的眼，我们所见的世界，就处处美丽，我们的生活就处处滋润了。一茶一饭，我们都能尝到其真味；一草一木，我们都能领略其真趣；一举一动，我们都能感到

① 丰陈宝等编:《丰子恺文集》第二卷,浙江文艺出版社 1990 年版,第 226 页。

其温暖的人生的情味。艺术教育，就是授人以这副眼睛，教人以这种看法的。所以说，艺术教育是人生的很广泛的教育，不是局部分小知识、小技能的教授。”①

在这段话里，“艺术”既包括了纯粹的艺术作品，也包括了日用品——“一茶一饭”，虽然丰子恺在此并没有着重强调日用品的审美特性，但是与本章第四节论及的丰子恺日用品美育思想相联系，就可以对丰子恺的美育思想进行全面的把握，也就是“艺术的生活”除了对纯粹的、超越性的艺术品的欣赏，还包括对功利性的、实用性的日用品的使用，因为如“一茶一饭”等日用品的使用才是一个人更为漫长与广阔的生活天地。

### （二）培育爱美的“同情心”——美育与生态主义、环境伦理

虽然就丰子恺美育思想所论及的审美对象来看，首先主要是针对艺术作品的，其次是针对日用品的（详见本章第四节），但是就其美育思想的内涵来看，其意欲通过审美教育所形成的审美能力、审美价值观不仅仅限于以上两个领域，而是涉及对人自身的审美、人与人之间的审美、人对自然物的审美、空间环境的审美等等领域。就审美对象所存在的领域而言，丰子恺论述所及的对象是极为全面、完备的，其中最为值得关注的就是通过审美教育形成爱美之心、爱美之力，并进而体现在爱护美、同情与呵护美的事物的行为上，可见，这已经远远超出了艺术品与日用品的范围。

丰子恺在论及审美“同情心”时说：

一片银世界似的雪地，顽童给他浇上一道小便，是艺术教育上一大问题。一朵鲜嫩的野花，顽童无端给它拔起抛弃，也是艺术教育一大问题。一只翩翩然的蜻蜓，顽童无端给它捉住，撕去翼膀，又是艺术教育上一大问题。我们所惜的，不是雪地本身，不是野花

① 丰陈宝等编：《丰子恺文集》第二卷，浙江文艺出版社1990年版，第226—227页。

本身，不是蜻蜓本身，而是动手毁坏或残杀心的人的“心”。雪总是要溶化的，花总是零落的，蜻蜓总是要死亡的，有什么可惜呢？所可惜者，见美景而忍心无端破坏，见同类之生物而忍心无端虐杀，是为“不仁”，即非艺术的。①

在这段话中所凸显的既包括对于自然界美好事物的爱，对于自然环境的爱，也包括对于生命、动物爱护、呵护的生态保护的热心，这既包含了生态伦理与环境伦理，也包含了对世界之美的整体性关爱，因为上述雪地、野花、蜻蜓既是自然之物，也是美丽之物，所以，丰子恺的这一思想就远远超出了纯粹的艺术作品的教育与日用品的美育，而是直接进入到更为深远、利害感更强的生态伦理与生态美学领域。让一片银世界的雪地、一朵鲜嫩的野花、一只翩翩然的蜻蜓等等自然而然地存在，而不是去破坏、掠夺、断送，这既是在生态伦理上的对环境与自然的保护，也更是一种对待环境与自然的积极生态美学主义的态度。这些教养与素质的达成必须经由教育——审美教育或者生态审美教育、环境审美教育。

因而，在很大程度上，丰子恺只是在术语上使用“艺术教育”，而没有更多地使用“审美教育”或者更为细化、具体化的“环境教育”，但是其真正用心与具体内涵已然是昭然若揭，那就是他所言的“艺术教育”一词，只是在论及纯粹的艺术作品，如文学、书法、音乐、雕塑等等之时，才是狭义的、在美学知识系统中约定俗成的、真正的“艺术教育”，而在论及日用品、人及自然物、自然环境之时，“艺术教育”就已然是一个宽泛的、广义的术语了，因而，绝不能把丰子恺论及日用品、人自身、自然物或者自然环境之时的美学思想或者美育思想，笼统地称为“艺术思想”或者“艺术教育”了。换言之，在论及上述对象时，都要把“艺术”置换为人、自然、自然物或者自然环境。

---

① 丰陈宝等编:《丰子恺文集》第四卷,浙江文艺出版社 1990 年版,第 15 页。

这种“同情心”在“艺术家”身上的体现正是所有人都应有的一种对待自然与人的情怀，丰子恺说：

画家所见的方面，是形式的方面，不是实用的方面。换言之，是美的世界，不是真善的世界。美的世界中的价值标准与真善的世界中全然不同。我们仅就事物的形状色彩姿态而欣赏，更不顾问其实用方面的价值了。所以一枝枯木，一块怪石，在实用上全无价值，而在中国画家是很好的题材。无名的野花，在诗人的眼中异常美丽。故艺术家所见的世界，可说是一视同仁的世界，平等的世界。艺术家的心，对于世间一切事物都给以热诚的同情。①

故普通世间的价值与阶级，入了画中便全部撤销了。画家把自己的心移入于儿童的天真的姿态中而描写儿童，又同样地把自己的心移入于乞丐的病苦的表情中而描写乞丐。画家的心，必常与所描写的对象相共鸣共感，共悲共喜，共泣共笑，倘不具备这种深广的同情心，而徒事手指的刻划，决不能成为真的画家。即使他能描画，所描的至多仅抵一幅照相。②

他更把这种“同情心”由人拓展至一切生物及无生物，他说：

艺术家的同情心，不但及于同类的人物而已，又普遍地及于一切生物无生物，犬马花草，在美的世界中均是有灵魂而能泣能笑的活物了。诗人常常听见子规的啼血，秋虫的促织，看见桃花的笑东风，蝴蝶的送春归，用实用的头脑看来，这些都是诗人的疯话。其实我们倘能身入美的世界中，而推广其同情心，及于万物，就能切实地感到这些情景了。画家与诗人是同样的，不过画家注重其形色

① 丰陈宝等编:《丰子恺文集》第二卷,浙江文艺出版社 1990 年版,第 582 页。
② 丰陈宝等编:《丰子恺文集》第二卷,浙江文艺出版社 1990 年版,第 582 页。

姿态的方面而已。没有体得龙马的泼力，不能画龙马，没有体得松柏的劲秀，不能画松柏。中国古来的画家都有这样的明训。西洋画何独不然？我们画家描一个花瓶，必其心移入于花瓶中，自己化作花瓶，体得花瓶的力，方能表现花瓶的精神。我们的心要能与朝阳的光芒一同放射，方能描写朝阳；能与海波的曲线一同跳舞，方能描写海波。这正是"物我一体"的境涯，万物皆备于艺术家的心中。①

他还对中国传统文化及审美文化中的生态主义进行了精辟的总结，他说：

所谓拟人化，所谓感情移入，便是把世间一切现象看作与人同类平等的生物。便是把同情心范围扩大，推心置腹，及于一切被造物。这不但是"恩及禽兽"而已，正是"万物一体"的大思想——最伟大的世界观。

"万物一体"是中国文化思想的大特色，也是世界上任何一国所不及的最高的精神文明。②

因而，这种"同情心"又被丰子恺称为"众生心"，这种尊重自然、尊重他人、顺应自然、爱护环境、合乎生灵的个性正是一种人格的修养，是需要通过审美教育来养成的修养功夫。如果在这些方面的修养功夫不够，就会做出像丰子恺所抨击的恶行来。他说："公园的游客中，有许多人要攀花折柳，有许多人要殃及池鱼，有许多人要践踏草地，还有许多人要无心或有心地毁坏公园中的设备。……又曾亲眼看见安闲地坐在'禁止洗涤'的牌子下面洗涤裤子的人。又曾屡屡看见悠然地站在'禁止

① 丰陈宝等编：《丰子恺文集》第二卷，浙江文艺出版社 1990 年版，第 582—583 页。

② 丰陈宝等编：《丰子恺文集》第四卷，浙江文艺出版社 1990 年版，第 14 页。

小便’的大字下面放小便的人。对于这种人，即使一连挂了十张‘禁止’的标札，也无效用；即使把‘禁止’两字写得同‘酱园’或‘当’一样大，也不相干。”①

既然这些恶行不容易通过外在的规则、条令等被禁止，那么，丰子恺的建议是通过引发民众的“同情心”来激发他们对环境、人、众生与自然物的爱惜、呵护，也就是经由内在的情感教育，使得民众获得主动性的“同情心”，而这“同情心”既是道德伦理的，同时又是审美的，他说：

> 要警告游人勿折花木，用勿着模仿军政法政，板起脸孔来喊“禁止”。不妨描一张美丽的漫画，画中表示一双手正在攀折一朵花，而花心里伸出一个人头来，向着观者颦蹙哀号，痛哭流涕。这不但比“禁止”好看，据我想来实比禁止有效得多。花木虽然不能言语，但它们的具有生机，人类可以迁想而知。有一种花被折断了创口中立刻流出一种白色的滋水来，叶儿立刻软疲下来。看了这光景，谁也觉得凄惨。因为这种滋水可以使人联想到血，这种叶儿可以使人联想到肢体。那幅漫画所表现出来的，便是这种凄惨的光景。向人的内心里要求同情，自比强横的禁止有效得多。又如要警告游人勿伤害池鱼，也可用同样的方法来要求同情，画一个大鱼，头上包着纱布，身上贴着好几处十字形的绊创膏，张着口，流着泪，好像在那里叫痛。旁边不妨再画几条小鱼，偎傍在大鱼身旁，或者流着同情之泪，或在用嘴吻他的创口。②

当然，丰子恺本人对于美育的这些养育“同情心”作用的实际效用如何是很理智、冷静的，他说很多人看到这些艺术品也未必就会受到教

---

① 丰陈宝等编：《丰子恺文集》第三卷，浙江文艺出版社1990年版，第309页。
② 丰陈宝等编：《丰子恺文集》第三卷，浙江文艺出版社1990年版，第310页。

育，也未必会有“同情心”，不过这也正是说明了审美教育与其他的教育形态一样，既要有积极教育的准备与实施，也是要看具体机缘的。

（三）诸育的协同

丰子恺既着重探讨了审美教育或艺术教育的特性，又极为重视审美教育、艺术教育与智育、德育之间的关系，他主张应在各种教育形态之间进行互通与协同。他说：“善与美，即道德与艺术，是人生的全般的修养，是教育的全般的工作，不是局部的知识或技能。故分立一修身科，似乎其他的教育与道德无关；分立一艺术科，也似乎其他的教育与艺术无关。循流忘源，终于大悖教育之本旨与设科之初意，于是产生了一种机械的、不合理的图画音乐科的现象。先生都应该负训育的责任，善的教育可以融入一切各科中，这是合理的教育法。同样，描画与唱歌弹琴的练习尽管有，但先生照理也应该都负艺术的陶冶的责任，艺术科不限于图画音乐，艺术教育也应该融入一切各科中，方为合理的教育法。”①就丰子恺的具体论述来看，他并不是在抽象地谈论诸育之间的互通交融的关系，而是从具体的文艺现象、教育现象出发，尤其是在文艺现象、审美教育现象的合理范围之内，来谈论艺术教育之于德育、智育的促进关系，所以他说：“试翻阅教育部所规定的课程标准，或各学校的学科细则等，在艺术科的宗旨的项下，必定有‘涵养美感’‘陶冶身心’‘养成人格’一类的话。这原是正当的、堂堂的艺术教育的宗旨。”②

一方面，丰子恺认为诸育之间的关联首先是为了整体的人生或生活服务的，每一种教育的价值都是重大的，而且互相不能离开，否则人生的整体价值就会出现缺失。他说：“艺术教育，就是教人以这艺术的生活的。知识、道德，在人世间固然必要，然倘缺乏这种艺术的生活，纯粹的知识与道德全是枯燥的法则的纲。这纲愈加繁多，人生愈加狭隘。即如前面所述，知识、道德、艺术，三者共相造成崇高的人格，一面偏废，

① 丰陈宝等编：《丰子恺文集》第二卷，浙江文艺出版社 1990 年版，第 224 页。
② 丰陈宝等编：《丰子恺文集》第二卷，浙江文艺出版社 1990 年版，第 224 页。

就不健全。故学校中有知识科、训育科，同时必有艺术科。所以说：艺术教育，是人生很重大的一种教育，非局部的小知识、小技能的教授。”①

另一方面，丰子恺认为，由于艺术作品所表现的内容或题材是包罗万象的，比如本章以上各章节对于艺术作品之中“真”“善”的独特保存与持守就是如此。因而，丰子恺认为艺术欣赏活动所具有的启真、储善的作用实在是艺术教育的内在之意。他说：“艺术教育是很重大很广泛的一种人的教育。所以如前所述，课程标准或各学校的学科细则等，在艺术科宗旨的项下，必用‘涵养美感’‘陶冶身心’‘养成人格’一类的堂堂的话，原是十分正当、十分远大、十分认真的宗旨。”② 对于认为艺术教育只是限于“艺术”的态度与做法，丰子恺是反对的。如前所述，他所说的“艺术教育”往往是包括艺术品、日用品、自然美在内的，所以，他的视野就远远超出了纯粹的艺术品与纯粹的感官享乐，而是通达更为广阔的生活领域，比如他说：“然而在现今的学校中，这点是不行的。他们只有图画音乐，除了图画音乐——假定这图画音乐的先生是真懂得艺术及艺术教育的——一校中全无艺术的香味，与‘爱’的面影。不美的校舍，丑恶的装饰，功利的先生，哪里去找寻‘爱’的面影呢？故图画音乐的不举真的教育效果，原是难怪的事。”③ 所以，他认为艺术教育绝不仅仅限于音乐与绘画两科，而应该关注人生与生活的各个方面的美化及其美育。

## 第三节　儿童美育思想

### 一、丰子恺的儿童观

丰子恺的儿童美育思想奠基于他的儿童观，就宏观的社会文化思潮

---

① 丰陈宝等编:《丰子恺文集》第二卷,浙江文艺出版社 1990 年版,第 226 页。

② 丰陈宝等编:《丰子恺文集》第二卷,浙江文艺出版社 1990 年版,第 227 页。

③ 丰陈宝等编:《丰子恺文集》第二卷,浙江文艺出版社 1990 年版,第 228 页。

而言，这也是五四新文化运动期间，个人解放、个人价值重获肯定的流行观念在丰子恺思想上的体现，尤其是对封建传统文化过于强调“子为父纲”价值观的批判。著名媒体学者尼尔·波兹曼说过：“童年的概念是文艺复兴的伟大发明之一，也许是最具有人性的一个发明。”① 其中的就在于——“如果说在西方文明中人的移情和情感，即单纯的人性，有所成长的话，那么它始终是跟随童年的脚步一起成长起来的”②。这些批判涉及儿童心理特性、成长规律、儿童价值、童权等等方面。具体来看，丰子恺的儿童观大概可以分为以下两个方面：

（一）热爱儿童

丰子恺创作了大量的儿童散文与儿童绘画。他在论及自己创作动机时说：“我作这些画的时候，是一个已有两三个孩子的二十七八岁的青年。我同一般青年父亲一样，疼爱我的孩子。我真心地爱他们：他们笑了，我觉得比我自己笑更快活；他们哭了，我觉得比我自己哭更悲伤；他们吃东西，我觉得比我自己吃更美味；他们跌一交，我觉得比我自己跌一交更痛……我当时对于我的孩子们，可说是‘热爱’。这热爱便是作这些画的最初的动机。”③

以上话语透露出他作为父亲对孩子深切的爱，而且他的艺术创作的题材也是由此而来，他说：“由于‘热爱’和‘亲近’，我深深地体会了孩子们的心理，发见了一个和成人世界完全不同的儿童世界。儿童富有感情，却缺乏理智；儿童富有欲望，而不能抑制。因此儿童世界非常广大自由，在这里可以随心所欲地提出一切愿望和要求：房子的屋顶可以要求拆去，以便看飞机；眠床里可以要求生花草，飞蝴蝶，以便游玩；凳子的脚可以给穿鞋子；房间里可以筑铁路和火车站；亲兄妹可以做新官人和新娘子；天上的月亮可以要它下来……成人们笑他们‘傻’，称他

① 尼尔波兹曼：《童年的消逝》，广西师范大学出版社2004年版，第2页。
② 尼尔波兹曼：《童年的消逝》，广西师范大学出版社2004年版，第92—93页。
③ 丰陈宝等编：《丰子恺文集》第四卷，浙江文艺出版社1990年版，第545—546页。

们的生活为‘儿戏’，常常骂他们‘淘气’，禁止他们‘吵闹’。这是成人的主观主义看法，是不理解儿童心理的人的粗暴态度。我能热爱他们，亲近他们，因此能深深地理解他们的心理，而确信他们这种行为是出于真诚的，值得注意的，因此兴奋而认真地作这些画。”①

可见，丰子恺的儿童观首先是立足于家庭的，因为对于儿童来说，家庭是人生中第一个、也是首要的成长园地。儿童受到爱护、呵护乃至于被热爱，首先就是体现在家庭之中的，体现在父母等长辈对后代的态度上。这也正是封建传统文化之中对儿童态度及思想最为集中的所在，传统的儿童观往往只是把儿童当作有待接受成人文化、理性文化尤其是礼乐教化的未成品。因而，其弊端就在于在保证了成人文化、理性文化、礼乐教化的同时，失去了儿童的本位，也就失去了儿童的童权。因而，丰子恺对待儿童的态度是平等的，儿童的游戏、幼稚、幻想、主客不分非但不是弱点与缺点，更不是有待被克服的劣根性，而是一种来自于美好天性的行为与体现。在他看来，如果不尊重儿童的上述这些其实很美好、很迷人的天性，那就会粗暴地褫夺本来属于他们的权利。在他给自己的《幼幼画集》所写的序言中，他说：

> 这些集子里所描写的，半是儿童生活。因为那时候我家里孩子很多。而我欢喜赞颂儿童生活的天真，所以笔底下写出来的都是儿童。经过了二十年的忧患和丧乱之后，我已垂垂向老；我家的孩子已经变成大人。但我仍旧喜欢描写儿童。②

这种把成人的威权转化为对儿童的尊重、欣赏、热爱，都显示出丰子恺深入到了儿童世界的深处，在那里发现了儿童的世界乃至境界是如此广大、可爱、迷人、自由、单纯，相对于封建传统文化对儿童的严厉、

---

① 丰陈宝等编:《丰子恺文集》第四卷,浙江文艺出版社 1990 年版,第 546 页。
② 丰陈宝等编:《丰子恺文集》第四卷,浙江文艺出版社 1990 年版,第 408 页。

粗暴、高压，丰子恺的思想可谓对儿童心灵的解放。

（二）崇拜童心

丰子恺对“童心”是崇拜的，而且在他的创作与思想中，都是力图保持纯真、善良、幻想、幼稚的儿童世界。他说：“我作漫画由被动的创作而进于自动的创作，最初是描写家里的儿童生活相。我向来憧憬于儿童生活。尤其是那时，我初尝世味，看见了所谓‘社会’里的虚伪矜忿之状，觉得成人大都已失本性，只有儿童天真烂漫，人格完整，这才是真正的‘人’于是变成了儿童崇拜者，在随笔中（见《缘缘堂随笔》）漫画中，处处赞扬儿童。现在回想当时的意识，这正是从反面诅咒成人社会的恶劣。这些画我今日看了，一腔热血还能沸腾起来，忘记了老之将至，这就是《办公室》《阿宝两只脚凳子四只脚》《弟弟新官人，妹妹新娘子》《小母亲》《爸爸回来了》等作品。这些画的模特儿——阿宝，瞻瞻，软软——现在都已变成大学生，我也垂垂老矣。然而老的是身体，灵魂永远不老。最近我重描这些画的时候，仿佛觉得年光倒流，返老还童。”① 在丰子恺的心里，成人文化往往是良莠混杂的，充满了虚伪、恶劣，而儿童则是美好的、纯粹的、完整的；在他的作品之中，也存在着成人世界与儿童世界的对立，因而正如上述所论，他在文艺作品题材上倾向于儿童世界，而且要在作品中保持住儿童世界的本真。

丰子恺认为，这样美好的童心或者本真的儿童世界实质上就是人应该追求的最为真善美的精神境界，也就是说，“童心”并不仅仅是儿童才具有的，也不是所有的儿童所必定拥有的。因而，成人世界应该向儿童与童心学习，应该尊崇童心，这样才能把清纯的天性和状态保留下来。他说：

> 艺术教育就是教人这种做人的态度的，就是教人用像作画、看画的态度来对世界；换言之，就是教人绝缘的方法，就是教人学做

① 丰陈宝等编：《丰子恺文集》第四卷，浙江文艺出版社 1990 年版，第 389 页。

小孩子。学做小孩子，就是培养小孩子的这点“童心”，使长大以后永不泯灭。申说起来：我们在世间，倘只用理智的因果的头脑，所见的只是万人在争斗倾轧的修罗场，何等悲惨的世界！日落，月上，春去，秋来，只是催人老死的消息；山高，水长，都是阻人交通的障碍物；鸟只是可供食料的动物，花只是结果的原因或植物的生殖器。而且更有大者，在这样的态度的人世间，人与人相对都成生存竞争的敌手，都以利害相交接，人与人之间将永无交通，人世间将永无和平的幸福、“爱”的足迹了。故艺术教育就是和平的教育、爱的教育。①

可以看出，丰子恺把对童心的尊崇与艺术教育、审美教育是相贯通的，把“童心”等同于“美感”或者“审美能力”，或者把“美感”与“审美能力”的内涵置换成了“童心”。在他的眼里，儿童在气质、神韵上是高于成人的。他说：“你们的孩子，不是常常与狗为友，对猫说故事，为泥人啼笑，或者不问物的所有主，擅取邻儿的东西，或把自己家里的东西送给他人的么？宇宙万物，在他们看来原是平等的，一家的。天地创造的本意，宇宙万物原是一家人，人与狗的阶级，物与我的区别，人与己的界限……这等都是后人私造的。钻进这世网而信受奉行这等私造的东西，至死不能脱身的大人，其实是很可怜的、奴隶的‘小人’；而物我无间，一视同仁的孩子们的态度，真是所谓‘大人’了。夫人们！这不是虚饰或夸张的话，请各拿出本心来，于清夜细思，一定可以相信天地的灵气独钟于孩子。而他们天天傍在你们的身边，夜夜睡在你们的怀里。你们的幸福何其深呢！”② 在这里，丰子恺表露出对儿童的赞美与崇拜，从中既可以看出他尊重儿童天性的深刻之处，又可以看到有些过于浪漫的对人生理想状态的期待。

---

① 丰陈宝等编：《丰子恺文集》第二卷，浙江文艺出版社1990年版，第253—254页。

② 丰陈宝等编：《丰子恺文集》第一卷，浙江文艺出版社1990年版，第77页。

## 二、游戏与美育

### （一）“游戏是儿童的职务”

丰子恺之所以提出“游戏是儿童的职务”①、“儿童的游戏，犹之成人的事业”②，既是出自于对儿童天性、身心特性的深入探究，也是出自于对儿童苦痛的思考与观察。

就前者而言，他是从时间的角度——“闲”来说的，在此，他表述了极为深刻、透辟的思想，至今看来仍旧充满了活力，他认为“闲”在过去是一个可爱的字眼，现代则变成了一个可恶的字眼，比如失业者的赋闲，不劳而食者的有闲等等，都被看作是社会的病态，但是儿童作为有闲阶级是“非奢侈，非颓废的”③。丰子恺说：“儿童，尤其是十岁以前的儿童，不论贫富，大都是有闲阶级者。他们不必自己谋生，自有大人供养他们。在入学，进店，看牛，或捉草以前，除了忙睡觉，忙吃食以外，他们所有的都是闲工夫。到了入学，进店，看牛，或捉草的时候，虽然名为读书，学商或做工，其实工作极少而闲暇极多。试看幼稚园，小学校中的儿童，一日中埋头用功的时间有几何？试看商店的学徒，一日中忙着生意的时间有几何？试看田野中的牧童，一日中为牛羊而劳苦工作的时间有几何？除了读几遍书，做几件事，牵两次牛，捉几根草以外，他们在学校中，店铺里，田野间，都只是闲玩而已。”④

上述列举的是儿童广泛的“闲”现象，而儿童“闲”的本质则在于精力的旺盛与所做事务的微小之间的强烈对照，丰子恺风趣地对成人与儿童的“闲”进行了对比，他说：

在饱尝了尘世的辛苦的中年以上的人，“闲”是最可盼的乐事。

① 丰陈宝等编:《丰子恺文集》第五卷,浙江文艺出版社 1992 年版,第 38 页。
② 丰陈宝等编:《丰子恺文集》第五卷,浙江文艺出版社 1992 年版,第 428 页。
③ 丰陈宝等编:《丰子恺文集》第五卷,浙江文艺出版社 1992 年版,第 426 页。
④ 丰陈宝等编:《丰子恺文集》第五卷,浙江文艺出版社 1992 年版,第 426 页。

假如盼得到，即使要他们终生高卧空山上，或者独坐幽篁里，他们也极愿意。在有福的痴人，“闲”也是最可盼的乐事。假如盼得到，即使要他们吃饭便睡，睡醒便吃，终生同猪猡一样，在他们正是得其所哉。但在儿童，“闲”是一件最苦痛的事。因为“闲”就是“没事”。没事便静止，静止便没有兴味；而儿童是兴味最旺盛的一种人。①

在兴味最旺盛的儿童，“没心相”似乎比“没饭吃”更加苦痛。为了“没心相”而啼哭，为了“没心相”而作种种的恶戏；因了啼哭和恶戏而受大人的骂和打，是儿童生活上常见的事。他们为欲避免“没心相”，不绝地活动，除了睡眠，及生病以外，孩子们极少有继续静止至半小时以上者。假如把一个不绝地追求生活兴味的活泼的孩子用绳子绑缚了，关闭在牢屋里，我想这孩子在“饿”死以前一定先已“没心相”死了。②

假如强迫这种孩子学习因是子静坐法，所得的效果一定相反。在儿童们看来，静坐法和禅定等，是成人们的自作之刑。而在有许多成人们看来，各种辛苦的游戏也是儿童们的犯贱的行为。有的老人躺在安乐椅中观看孩子们辛辛苦苦地奔走叫喊而游戏，会讥笑似地对他们说：“看你们何苦！静静儿坐一下子有什么不好？”倘有孩子在游戏中跌痛了，受伤了，这种老人便振振有词：“教你覅，你板要，难（现在）你好！”其实儿童并不因此而懊悔游戏，同成人事业磨折并不懊悔做事业一样。儿童与成人分居着两个世界，而两方互相不理解的状态，到处可见。③

可以看出，以上丰子恺对儿童游戏本性的探究既是出自于心理学的，

① 丰陈宝等编:《丰子恺文集》第五卷,浙江文艺出版社 1992 年版,第 426—427 页。
② 丰陈宝等编:《丰子恺文集》第五卷,浙江文艺出版社 1992 年版,第 427 页。
③ 丰陈宝等编:《丰子恺文集》第五卷,浙江文艺出版社 1992 年版,第 428 页。

也更是出自于生理心理学的，雄辩地证明了游戏之于儿童生活的必要性以及重要性的程度，尤其是丰子恺对于儿童的“闲”的探究更显出“闲”并不仅仅是客观时间，而是一种出自于旺盛精力的、生动的主观时间。在丰子恺对其的描述中，较多地使用了“兴味”一词，而“兴味”正凝聚了“游戏”与“闲”或者在“闲”之中必然有“游戏”的冲动性、涌现性状态。

儿童的精神生活不仅确切无疑地存在，而且其内涵全在于——“游戏”，正如成人的“职务”在于——勤勉的工作与奋斗，正如商人需要计算及算盘、木工需要斧子一样。丰子恺明确地说——自己所要做的就是为了儿童的游戏去申诉、宣传、要求，“以促世间一般大人的注意”[①]。对游戏之于儿童的重要性，他说：

> 游戏是儿童的职务，玩具是游戏的工具。在大人们看来以为“玩具已耳”，但儿童的视玩具，与木工的视斧斤，商人的视算盘，画家的视画箱，音乐家的视乐器同样重大。一个家庭里，为大人的设备已经很多了；为儿童设备一点玩具，原非份外的要求。[②]

丰子恺说，即便是在极为贫困的环境、家境里，儿童都有强烈的热爱游戏的冲动与行为。他说：“在贫民窟的环境中，这可说是一种十分优异的游戏设备了。我想象这两个穷小孩各据板凳的一端而一高一低地交互上下的时候，脸上一定充满了欢笑。因为他们是无知的幼儿，不曾梦见世间各处运动场里专为儿童置办的种种优良的幸福的设备，对于这简陋的游戏已是十分满足了。这种游戏的简陋，和这两个小孩的穷苦，只有我们旁人感到，他们自己是不知道的。”[③]

---

① 丰陈宝等编：《丰子恺文集》第五卷，浙江文艺出版社 1992 年版，第 38 页。
② 丰陈宝等编：《丰子恺文集》第五卷，浙江文艺出版社 1992 年版，第 38 页。
③ 丰陈宝等编：《丰子恺文集》第五卷，浙江文艺出版社 1992 年版，第 350 页。

就后者而言，他在为自己翻译的日本关宽之所著《儿童的年龄性质与玩具》一书所写的序言——《儿童苦》中，提到自己深感世间儿童的苦痛，这些苦痛主要体现于两个方面：

一是体现在家庭中，具体的表现是成人不了解、不尊重儿童特有的身心特征。

他说："试看现在的家庭里，桌子都比小孩子的头高，椅子都是小孩子所坐不着的，门都是小孩子开不着的，谈的话与做的事都是小孩子所听不懂又感不到兴味的。设身处地地想来，假如我们大人到了这样一个设备不称身而言行莫名其妙的异人的家庭里去生活，我们当感到何等的苦痛！这是儿童苦的证据，也是大人虐待小孩子的证据。我回想所见的大多数的家庭，为父母者差不多全然不承认小孩子在家庭里的地位，一切日常生活诸事，都以大人自己为本位，把小孩子当作附属物，全不参考小孩子的意见，顾到小孩子的方便，或征求小孩子的同意。"①

二是成人对孩子的打骂、拒绝以及社会对儿童教育的失职，他说："尤为甚者，小孩子的主张、意见与大人冲突的时候，大人不讲理地拒绝、斥骂，甚至殴打。其实小孩子们也自有感情，也自有其人生观、世界观及其活动、欲求、烦闷、苦衷，大人们都难得理解。我以前不曾注意于此，近来家里的孩子们都长到三四岁以上，我同他们天天接近，方才感到，不禁对他们发生了深切的同情。推想世间一切小孩子，定然也如此。设身处地为他们想起来，颇为代抱不平。近来革命军光复上海，我常从小孩子口中听到'革命革命成功，革命革命成功'的唱歌声，我想：青天白日之下，一切压迫都得解除，一切冤屈都得伸展，你们这样高唱，莫非也要运动组织小孩子公会，对大人们提出条件，或打倒大人吗?"

在他看来，这既是对儿童权利的侵害，也更是对儿童心理特性、成长规律的漠视，而且，在很大程度上，是因为对儿童心理特性、成长规

① 丰陈宝等编:《丰子恺文集》第五卷,浙江文艺出版社 1992 年版,第 37 页。

律的无知，才会导致对儿童权利的侵害，因为普天下的父母都是发自本能地爱着自己的孩子的。丰子恺认为，这种对儿童身心特点的无知集中地体现在对于儿童游戏的理解上，他说：

> 他们视小孩子为家庭的附属物，为妨碍他们的生活的赘疣。从来的大人，尤其是男的大人，大多数厌恶小孩子，不准小孩子到客堂上、书房里，说他们要捣乱；不准小孩子弄较贵的东西，说他们要伤坏。小孩子是很龌龊、很野蛮的东西，一向被委于奴仆之手。大人的养小孩子，讲得严酷一点，竟同养鸡养猪一样，差不多不承认小孩子有精神生活。因之对于小孩子的职务的"游戏"，非但不加维护，且常常摧残、禁止，名之曰"闹"，曰"吵"，曰"儿戏"；二三十年前的私塾先生看见小孩子折纸、弄泥，要打手心，固然岂有此理；然而二三十年后的今日，也难得有几个家庭注意于小孩子的精神生活。①

### （二）"专注"——儿童游戏心理

对于儿童身心特性的探究是对儿童进行美育的基础与前提，在"游戏"与儿童的审美教育关系上，丰子恺对儿童在游戏之中的"专注"心理进行了深刻的探究，其新意在于突破了学界往往以成人的角度研究儿童心理尤其是"注意"心理的局限。因为儿童的活泼、好动以及儿童的理性思维能力发展尚不完善等等特性，往往是很多学者所共同认可的，而丰子恺则认为，儿童在游戏时，其精力是专注的，是全神贯注的。

他说："我家没有一个好凳，不是断了脚的，就是擦了漆的。它们当凳子给我们坐的时候少，当游戏工具给孩子们用的时候多。在孩子们，这种工具的用处真真广大：请酒时可以当桌子用，搭棚棚时可以当墙壁用，做客人时可以当船用，开火车时可以当车站用。他们的身体比凳子

---

① 丰陈宝等编：《丰子恺文集》第五卷，浙江文艺出版社1992年版，第38页。

高得有限，看他们搬来搬去非常吃力。有时汗流满面，有时被压在凳子底下。但他们好像为生活而拼命奋斗的劳动者，决不辞劳。汗流满面时可用一双泥污的小手来揩摸，被压在凳子底下时只要哭脱几声，就带着眼泪去工作。他们真可说是‘快活的劳动者’。哭的一事，在孩子们有特殊的效用。大人们惯说‘哭有什么用?’原是为了他们的世界狭窄的缘故。在孩子们的广大世界里，哭真有意想不到的效力。譬如跌痛了，只要尽情一哭，比服凡拉蒙灵得多，能把痛完全忘却，依旧遨游于游戏的世界中。又如泥人跌破了，也只要放声一哭，就可把泥人完全忘却，而热衷于别的玩具。又如花生米吃得不够，也只要号哭一下，便好像已经吃饱，可以起劲地去干别的工作了。总之，他们干无论什么事都认真而专心，把身心全部的力量拿出来干。哭的时候用全力去哭，笑的时候用全力去笑，一切游戏都用全力去干。干一件事的时候，把除这以外的一切别的事统统忘却。”① 可以看出，丰子恺对于儿童游戏心理之“专注”现象的观察是来自于第一度真实的家庭生活，也正是由于丰子恺满怀一颗与儿童平等的痴爱之心，才会对儿童的生活尤其是对儿童的游戏生活观察得如此仔细、完整。

很显然，对儿童进行游戏教育与艺术教育，就要利用儿童在游戏之中的专注心理，这样才能够调动其全部的精力与兴趣。他说：“一旦拿了笔写字，便把注意力全部集中在纸上。纸放在桌上的水痕里也不管，衣袖带翻了墨水瓶也不管，衣裳角拖在火钵里燃烧了也不管。一旦知道同伴们有了有趣的游戏，冬晨睡在床里的会立刻从被窝钻出，穿了寝衣来参加；正在换衣服的会赤膊来参加；正在洗浴的也会立刻离开浴盆，用湿淋淋的赤身去参加。被参加的团体中的人们对于这浪漫的参加者也恬不为怪，因为他们大家把全精神沉浸在游戏的兴味中，大家入了‘忘我’的三昧境，更无余暇顾到实际生活上的事及世间的习惯了。”②

① 丰陈宝等编:《丰子恺文集》第五卷,浙江文艺出版社 1992 年版,第 465—466 页。
② 丰陈宝等编:《丰子恺文集》第五卷,浙江文艺出版社 1992 年版,第 466—467 页。

在丰子恺看来，成人在“专注”心理上表现的就比较差，尤其是在进行游戏的时候，其中的原因在于——“成人的世界，因为受实际的生活和世间的习惯的限制，所以非常狭小苦闷”①。而儿童的世界则不受这种限制，他们的世界是广大、自由的，因而，丰子恺由衷地羡慕儿童们对待游戏的天真与专注，他说：“我企慕这种孩子们的生活的天真，艳羡这种孩子们的世界的广大。或者有人笑我故意向未练的孩子们的空想界中找求荒唐的乌托邦，以为逃避现实之所；但我也可笑他们的屈服于现实，忘却人类的本性。我想，假如人类没有这种孩子们的空想的欲望，世间一定不会有建筑、交通、医药、机械等种种抵抗自然的建设，恐怕人类到今日还在茹毛饮血呢。所以我当时的心，被儿童所占据了。我时时在儿童生活中获得感兴。玩味这种感兴，描写这种感兴，成了当时我的生活的习惯。”②

### （三）“艺术即教育”——儿童艺术教育与游戏之关系

既然游戏之于儿童的生活如此重要，且在时间上几乎占据了儿童时期的大部分时光，那么对于儿童的教育也就应该集中在游戏以及如何游戏之上。

丰子恺对中国当时的儿童游戏教育或艺术教育的状况是极为不满的，完全满足不了儿童对于游戏的需要——对“兴味”的需要。另外，在城乡之间等等也存在着艺术教育、游戏教育的极端不平等现象。他说：

> 儿童的游戏，犹之成人的事业。现世的成人与儿童，大家多苦痛：许多的成人为了失业而苦痛，许多的儿童为了游戏不满足而苦痛。住在都会里的孩子可以享用儿童公园；有钱人家的孩子可以购买种种的玩具。但这些是少数的幸运的孩子。多数的住在乡村里的穷人家的孩子，都有游戏不满足的苦痛。他们的保护人要供给他们

---

① 丰陈宝等编:《丰子恺文集》第五卷,浙江文艺出版社 1992 年版,第 467 页。

② 丰陈宝等编:《丰子恺文集》第五卷,浙江文艺出版社 1992 年版,第 468 页。

衣食，非常吃力；能养活他们几条小性命，已是尽责了。讲到玩具，游戏设备，在现今的乡村间真是过分的奢求了。孩子们像猪猡一般地被豢养在看惯的破屋里。大人们每天喂了他们三顿之外，什么都不管。春天，夏天，白昼特别长；儿童的百无聊赖的生活状态，看了真是可怜。无衣无食的苦是有形的，人皆知道其可怜；“没心相”的苦是无形的，没人知道，因此更觉可怜。人的生活，饱食暖衣而无事，远不如为衣为食而奔走的有兴味。①

与丰子恺上述游戏、教育的思想相联系，很多儿童的“游戏不满足的苦痛”也同时就是教育不满足的苦痛，其中的原因一方面是由于物质生活的极端贫困，一方面也由于成人对于儿童身心特性认识的偏狭、浅薄。尤其是丰子恺对于“春天，夏天，白昼特别长”的描述，与儿童百无聊赖的生活状态相对照，更显示出成人的苦痛实在比不过儿童的苦痛，因为很多成人的苦痛在于为衣食而奔走，但是这还是能够体现出生活的积极意义来的，而儿童的那种“没心相”的苦痛则是变本加厉的。因为正如上文所述，儿童精力旺盛超乎成人，但是这些旺盛的精力没有一个可以安然托付的游戏对象。在此，丰子恺更是着重指出儿童心理有强烈“兴味”之必然。他说：“人的生活大半是由兴味维持的；儿童的生活则完全以兴味为原动力。热衷于赌博的成人，输了还是要赌。热衷于游戏的儿童，常常忘餐废寝。于此可见人类对于兴味的要求，有时比衣食更加热烈。”②

丰子恺是把儿童之于游戏的热爱、必须与艺术教育作为一种游戏活动放在一起思考的，因为在儿童身心之中的“游戏”及其“兴味”在呈现状态是如此纯粹、完美，在很大程度上代表了人生较完满的状态。而且在成人的世界里，往往是为了生活、奋斗、功利而牺牲了游戏的天性，

① 丰陈宝等编:《丰子恺文集》第五卷,浙江文艺出版社 1992 年版,第 428 页。

② 丰陈宝等编:《丰子恺文集》第五卷,浙江文艺出版社 1992 年版,第 428—429 页。

所以丰子恺极为重视儿童的游戏教育与艺术教育。因而，艺术教育与游戏、游戏教育往往是混融在一体的，比如这一思想会衍生出多种不同的陈述方式——艺术教育活动自身就是一种游戏活动，艺术教育的目的是为了更好地游戏，最佳的游戏对象之一便是艺术作品等等。

丰子恺说：

> 有人谓艺术教育乃游戏的教育，意谓人类惟在游戏时最显露其真实之人性。故希腊全盛时代，乃游戏最盛的时代。而伟人最多产生，无非艺术教育之结果也。有人谓艺术与科学之教人，性状完全相反：科学说的因果，艺术离因果而任直观。譬如对海，科学者研究水之结晶而得盐。分解水之成分而得瓦斯。计算波之运动而得公式，所得非海之本身，而是另一种关系物。艺术家描写海景，为海赋诗，为海作曲，乃为海本身之表现。故人类活动中以少量劳力获得多量效果者，其惟艺术。又有人谓，日用品之美化，其效果等于寺院建筑与大壁画之效果。故艺术教育有统一社会思想之力。又有艺术至上主义者，谓艺术乃真游戏，艺术家乃大儿童，故艺术即教育。①

上述文字史论交融，境界开阔，就其所论——“艺术教育乃游戏的教育”而言，应该是出自于席勒，因为在丰子恺随后对艺术与科学的比较中，可以看出艺术教育作为一种最佳的游戏活动之一，其呈现的状态便是理性与感性的完美融合，即在游戏活动之中的理性因素最原初的存在状态正是感性的、兴发的，而不是把理性因素生硬地强加于感性活动之上。

就席勒美育思想而言，他完全不像康德那样是从一个被过度高扬了的主体性出发的，而是从一个不受扭曲的、完整的现实出发，尤其是从

① 丰陈宝等编:《丰子恺文集》第四卷,浙江文艺出版社 1990 年版,第 55 页。

"意义"与"价值"寻求所自然而然导致或生发的现实出发的，那么，"自然性格"与"伦理性格"就是由"意义"生发的，这两者皆有其内在的、不可取代的价值。只是席勒是出于把两者相融合的角度，才提出应该发展"第三性格"。很显然，这种想法是对审美教育活动的过誉，虽然审美活动或者审美教育活动的确能够极为理想地把感性与理性相融合。因而，席勒的美育思想带有很强的空想色彩，不过，这种空想也带有美丽的诗意，尤其是在他那颗诗人的心中以及美妙的语言之中，这种空想显得那么可爱。事实上，在绝对的或者极端的感性与理性之间，还存在着一个不偏不倚的领域，而且无法使用出自单纯的感性领域或者理性领域之中的概念与术语或者知识体系对其进行描述、阐释，这个领域在席勒看来就是"游戏"。

就席勒所处时代及此前的西方文化与学术来看，一直是在绝对的主观与客观之间来回地剧烈摇摆，而且在这两个方向上都发展出了极为辉煌灿烂的文化，最为典型的理想文化形态就是科学文化与宗教文化。在哲学上也发展出极为发达的神学哲学与科学哲学，但是这种过于偏向绝对主观与绝对客观的哲学以及其滋生的美学知识系统——神学美学系统与认识论美学系统，无法对处在"主客之间"的审美活动做出适当的描述与分析。也就是说，科学活动与宗教活动本身虽然在其构成上是主客不分的，其意义与价值却在于寻求绝对客观的知识与绝对主观的神灵。而审美活动则只能是主客不分的，即只有当我们把注意力放在对《红楼梦》的阅读之时，那种特定的、独一无二的审美活动才会诞生并持存；当阅读过程结束之后，审美活动也就结束了。西方的文化与学术在理性与感性之间同样是一个在两者之间来回剧烈摇摆的情势，要么是单纯地倾向感性，要么是单纯地倾向理性。当然，从主导的方面来看，一般是主张理性活动是对感性活动的提升与压制，对于感性活动以及处在感性活动与理性活动之间的这一活动领域的"意义"缺乏必要的认识，因而，就更谈不上对感性活动以及这一感性与理性不分离的活动领域的构成形态进行具体而深入的分析了，尤其是从"意义"祖露的"时间性"

视域。

丰子恺正是在以上这个意义上，把艺术家称作“大儿童”，把艺术称为“真游戏”，因而“艺术即教育”。

而且，在审美教育的内容上，丰子恺的见解也是极为深刻的。他说：“故学校中宜励行眼的教育，耳的教育，以及触觉的教育（即筋觉的教育）。其科目即图画，音乐，手工，与演剧也。学校设此种科目，盖自此始。惜乎此种教育入中国后，行之不得其正。三十年来，常为具文。旧教既没，新教未兴。中国艺术教育盖在青黄不接之中。”① 也就是说，审美教育的内容不能仅仅局限于以纯粹艺术品为对象的艺术教育，而是应该把“筋觉”或者“触觉”等等纳入审美教育的视野，而“筋觉”或者“触觉”的审美教育显然业已跳出了纯粹的艺术活动之外，涉及日用品、自然空间以及人与人之间等等更为广泛的审美对象。只有这样，审美教育才是完全的，才是与游戏活动完全沟通的。

## 第四节　日用品审美设计的美育思想

丰子恺对日用品的审美设计极为关切，同时，他也把这一关切延伸到对审美教育及国民的日用品使用美感素质的培养上。在美学思想上，可以把丰子恺的这些探究归之于人生的美学或者人生的艺术化。通过以下探讨可以发现，丰子恺对“人生艺术化”“艺术的人生”“人生的艺术”② 的提法绝不是一种含混的、比喻化的或者纯粹文学化的语言，而是仅仅指日用品的美化以及由使用美化的日用品所形成的趣味，而且趣味是可以被提高的，这正是丰子恺关于日用品的美学论述在美育思想上的合一或者完全并轨。

在中国近现代以来的美育思想中，既重视艺术教育，倡导艺术作品

① 丰陈宝等编:《丰子恺文集》第四卷,浙江文艺出版社 1990 年版,第 55 页。
② 丰陈宝等编:《丰子恺文集》第四卷,浙江文艺出版社 1990 年版,第 400 页。

或者艺术欣赏活动的超功利、无关利害特性，以此拉开与功利世界的距离并安慰人生之苦闷；又同时关切日用品的审美设计，并提高国人在日常生活中所使用日用品的素质，像这样的美育思想家或者理论家，非丰子恺莫属。因为绝大多数美学家、美育理论家往往只是极端重视纯粹的艺术教育，其侧重的对象是纯粹的艺术作品，因而，这就会造成把审美教育活动范围缩小、缩减为艺术教育，而且也只是更多地强调由艺术作品的超功利性、无利害感等滋生的精神层面的愉悦，而没有均衡地注意、关切、重视“造物”的美学——对日用品的审美设计。如果说纯粹的艺术作品大多使用“符号”来进行创作，其特性不可避免地与视觉与听觉相牵连，且必定是超乎功利与利害的话，那么，日用品则纯粹是为了实用与功利目的的，其所使用的媒介虽然也包含有“符号性”的因素，但是这些“符号性”的因素只能附着在第一度真实的“物”之上。

## 一、“灵肉一致的快适”——日用品与人生趣味

丰子恺对日用品审美设计的关切丝毫不亚于对艺术品的重视，而且其论述同样是极为精彩的，在根本上，他把日用品之“实用”与“美感”完全结合起来，把人类对美好的日用品的需要看作是生活与人生的必需。他说：“人类自从发见了‘美’的一种东西以来，就对于事物要求适于‘实用’，同时又必要求有‘趣味’了。讲究实质以外，又要讲究形式。所以用面包与肉来果腹，同时又要它们包成圆形而有花样的馒头；用棉来蔽体，同时又要制成有格式的衣服；要场所来栖宿，同时又要造成有式样的房屋。”[①] 就以上他所列举的案例来看，“衣”“食”“居”都是功利性最强的、人类生存绝对必需的活动与事物，而且人对“衣”“食”“居”的美化也是出自天然与本能，毫无造作与人为。

当然，在很多情况下，丰子恺还没有完全把日用品作为一个独立的审美对象与领域，比如他往往只是把日用品作为艺术之中地位最低的一

① 丰陈宝等编:《丰子恺文集》第一卷,浙江文艺出版社 1990 年版,第 53 页。

种，他说："工艺，是实用为主的一种艺术。例如文具，茶壶茶杯，桌子凳子等一切日用器什，都是工艺美术。这种艺术，是在合实用之外，又必求其美观。因为实用的条件太苛刻，美术家不能自由发挥其创作欲，故与照相同样，在艺术中为地位最低的一种。然而它的美术的效果，却是最大。因为日用器什，旦暮在人眼前，其形式的美丑，给人心情以很大的影响。"[①] 他还说："工艺美术，如器具，纺织，日用品之类的制造，属于工业的；但其形式的美，是属于艺术的。故工艺与建筑同为羁绊艺术或应用艺术。这两种艺术，都受实用条件的拘束。所以在艺术的园中，这二境位在大门口最浅显的地方。"[②] 在此更把"实用艺术"或"应用艺术"称作"羁绊艺术"，略有拔高纯粹艺术品而轻视日用品之意，但是就总的论述与思想来看，丰子恺还是鲜明地指出了纯粹的艺术品与日用品之间的区别与联系，在事实上，他是把日用品作为一个独立的审美对象来看待的。

因而，在他看来，美感的发达尤其是社会美感的发达同样且合理地体现在日用品审美设计的程度上。他说："所以在美欲发达的社会里，装潢术，图案术，广告术等，必同其他关于实用的方面的工技一样注重。在人们的心理上，'趣味'也必成了一种必要不可缺的要求。从饮食上，也可证明这是事实：据实验过的人说，方糖比白糖不甜，在糖中，要算焦黄而夹杂草叶的次白糖最甜。但我们看见方糖先自整整地陈列在盆子内，自己用瓢舀起来，放下去，看它像白衣人跳在黑海里地没入咖啡中，自己调匀来吃，滋味比放次白糖一定好得多。其实用的'甜'原来一样，也许不及一点，但感觉的趣味是好得多了。丁香萝卜其实并不好吃，但切成片子，橙黄而圆圆地浮在第一盆菜的 soup〔汤〕中，滋味自然好起来。巧格力有了五色而有光的锡包纸，滋味也好一点。苹果的滋味，是暗中借重于其深红嫩绿的外皮的。荔枝的滋味，也是暗中借重于其玉洁

---

① 丰陈宝等编:《丰子恺文集》第四卷，浙江文艺出版社 1990 年版，第 82—83 页。

② 丰陈宝等编:《丰子恺文集》第四卷，浙江文艺出版社 1990 年版，第 353 页。

冰清的肉色的。”①

通过他对饮食中设计之美极为精彩的描述，已极传神地证明了造物美学的价值与体现，那就是满足日常生活中频繁的衣食住行所需，这既是资生的，又是悦目怡神的，而且就丰子恺所乐意列举的饮食之例来看，对于日用品的审美就完全不像对艺术品的欣赏那样——只是使用视觉与听觉，其涉及的感官更为丰富多样，到底有多少感官参与其中，这要取决于某一日用品在“物”上的构成因素、特性或者层次，比如对于“巧格力”的使用就同时与视觉、味觉、触觉相关联，比如丰子恺说：“用具是给人用的，故用具的形式必须适合人体；换言之，即工艺品的形式必须写实。”②“适合人体”正是使用日用品之时的“舒服”，这种舒服感的来源正如丰子恺所说，是灵肉不分的，完全不像对纯粹的艺术作品的欣赏，只是使用视觉与听觉两种感官就够了，丰子恺以“椅子”与“衣服”作为案例来说明对日用品的审美或者使用，在感官上必然超出了视觉与听觉，他说：“衣服是身体穿的，椅子是身体坐的。故越是适合身体，就是越适合于目的及用途，就是越美。故西洋工艺实在比中国工艺更美观。”③ 可见，日用品与人的身体感受尤其是与多感官的感受是密切联系的。

为了身体感受的舒适，丰子恺还对“椅子”的案例进行了更为详细的评说，他认为日用品虽然首要地要满足身体的愉悦与舒适，但是又不能拘泥于完全“适体”，不能机械地把身体理解为一个僵化不动的骨骼，而要从身体的活动与运动出发来理解设计的真谛，否则，“椅子”就会从“工具”变成了“刑具”，他说：

中国家具不适体，所以不好；西洋家具很适体，所以好。中国

① 丰陈宝等编:《丰子恺文集》第一卷,浙江文艺出版社 1990 年版,第 53—54 页。
② 丰陈宝等编:《丰子恺文集》第四卷,浙江文艺出版社 1990 年版,第 373 页。
③ 丰陈宝等编:《丰子恺文集》第四卷,浙江文艺出版社 1990 年版,第 373 页。

人悟到这一点后，就拼命地求其“适体”。于是在椅子的坐板上，雕出屁股的阴模型来。这些椅子，到处都有。有的地方，堂皇的讲坛上，会议室里，也都陈列着许多屁股的模型。而且这屁股的阴模型的中间，还凸起一条，把两只大腿隔开。这样子真讨厌！我每次看到，必吃一惊。因为这好似一种刑具。创造这种椅子的人真笨！人坐椅子，是要转动的。不比菩萨坐庙堂，一直呆坐到底的。你把人的屁股的形状刻在坐板上，教他的身体如何转动呢？即使不转动，他的腿也不是一直并放到底的；有时要架起来，（交腿，在古代为不敬，应该戒除的。但我以为未免道学臭。燕居之时，两条腿架起来，舒服些，有何不可呢?）架起来的时候，底下的腿就搁在凸起的木条上，多少难过呢？故即使不讲形式的美不美，样子的讨厌不讨厌，单就实用而言，这椅子也不及格。这创造者定是笨伯，购买而受用的人，倘是出于真心欢喜的，也一定是笨伯之流亚了。①

中国有着悠久的、辉煌的重视日用品审美设计的历史传统，丰子恺对其中的一个案例——“扇子”进行了精细的分析。他说：

在中国画中，扇面占据特殊的地位。书画家的润例中，大都备有“扇面”一格，而且有的润笔特别贵；裱画店的壁上，常常粘着扇面裱成的画轴，这种画轴在厅堂书房的装饰中被视为特别雅致的一种。这足证在过去的中国，绘画艺术特别发达，不但堂室中处处挂画，连夏日的实用品的扇子都被划作画家的用武之地；因此把这实用品“艺术化”，使成为一种脱离实用而独立的艺术；一种“为扇面的扇面”。又足证在过去的中国，人的生活特别悠闲，不但有工夫摇扇，又必摇描着绘画的扇，以求身体与精神两方的慰安，灵肉一

① 丰陈宝等编:《丰子恺文集》第四卷,浙江文艺出版社 1990 年版,第 375 页。

致的快适。[1]

在这里所说的“身体与精神的慰安”以及“灵肉一直的快适”所指的正是对日用品的审美已经远远超出了对纯粹艺术作品进行欣赏的精神性层面——更多地使用视觉与听觉来进行审美活动，其所需的感觉、感官与身体就有着更为复杂与多层次的关系，比如扇子的使用就要首先考虑到手的人体工程学，考虑到性别的差异、人种的差异，甚至职业、气质的不同等等，而且日用品对于人来说，需求的强度与频率更强、更高，因为没有日用品的合理使用，一个人的日常生活就会受到强烈的影响；如果日用品没有经过精致的、精心的审美设计，也同样会影响人在日常生活中的情绪与感受，因而，如果人们在日常生活中经常使用精致、优美的日用品，其生活就必定是美好的，这正是“人生艺术化”的真谛与具体内涵，这也是丰子恺在日用品审美设计思想上的理想，正如他所说：

这可说是“为人生的椅子”了！但是我情愿站着，不要坐这把椅子。世间爱用这种椅子的人恐怕极少吧。可知为衣服的衣服，为人生的衣服，都不是好衣服；为椅子的椅子，为人生的椅子，也不是好椅子。

我们不欢迎“为艺术的艺术”，也不欢迎“为人生的艺术”。我们要求“艺术的人生”与“人生的艺术”。[2]

在对英国诗人、西方艺术设计理论上的先驱莫里斯所作的评价中，丰子恺最为明白无误地阐明了“人生的艺术”的真正内涵就是对美好的日用品的使用，他说：

---

① 丰陈宝等编:《丰子恺文集》第三卷,浙江文艺出版社 1990 年版,第 326 页。
② 丰陈宝等编:《丰子恺文集》第四卷,浙江文艺出版社 1990 年版,第 400 页。

> 英国工艺美术革命者莫理士〔莫里斯〕(William Morris) 曾以提倡“生活的艺术化”著名于世。他同王尔德一样，叹息世间大多数的人只是“生存”而已，极少有真个“生活”的人。他同卡本德〔卡彭特〕一样，主张生活是一种艺术。但他的主要事业是改良工艺美术品。因此他的所谓“艺术化”，偏重了外生活的方面，尤其是日用器物等的形式方面。他说生活的美化，并非奢侈的意想，只要合乎两个条件：即“单纯”与“坚牢”。故美的器物，就是单纯而坚牢的器物。这话实在很对！现今我国大多数的人，大家把“艺术的”及“美的”等字误解，曲解，认为奢侈，浮靡，时髦，甚至香艳的意思。这种人真可谓“不知趣”。①

莫里斯在西方审美设计思想史上的地位是很显耀的，因为他不堪忍受当时英国人所设计产品之粗陋，意欲实行艺术与手工艺运动，并且身体力行，力图改变其国人使用日用品的品味，也相应提高审美设计的水准，而莫里斯所倡导的“艺术与手工艺运动”既是一个审美设计思想史事件，同时又是一个对民众进行社会审美教育的经典案例。丰子恺说：“英国有莫理斯（William Morris）者，提倡艺术教育而致力于日用品之美化。与诗人画家洛赛蒂〔罗赛蒂〕（Rossetti）等合组‘美术商社’，改良各种家具用品之缺点，创造全新的样式，由此诱导民众爱美之趣味。可谓艺术教育之社会化。”②

## 二、日用品之优劣与审美教育

就审美主体的所需对象来看，可以划分为四大方面，其一是纯粹的艺术品，其二是日用品，其三是自然环境的美，其四是人与人之间的审美生活。其中，纯粹的艺术品指的是文学、音乐、舞蹈、电影、书法、

① 丰陈宝等编:《丰子恺文集》第五卷,浙江文艺出版社 1992 年版,第 523 页。

② 丰陈宝等编:《丰子恺文集》第四卷,浙江文艺出版社 1990 年版,第 55 页。

绘画、雕塑、戏剧等在一般意义上称为艺术的门类。它们的实用性最弱，超越性或者非功利性最强，符号性最强，这意味着艺术作为意义与价值的寻求对象在时间性上的体现是——人只是在特定的时间与空间才需要艺术品，仅限于一时一隅，且常常只与视觉、听觉相关联。日用品的功利性与实用性比较强，“日用”一词本身就意味着在人的一生中的每一天、每一时段以及在任何空间的活动都与日用品须臾不可分，大到城市设计、环境营造等，小至衣饰、鞋袜、桌椅、碗筷、鼠标等等，离开了它们，人类就无法正常地生存生活，而且日用品除了与视觉听觉有密切的关系，还与具体使用这些日用品的身体感官相关联。自然环境的美好是功利性最强的，甚至可以说是绝对的强大，因为一个人作为一个生命体是绝对不能须臾离开由空气、水分、森林等等所构成的空间环境的。如果一个人处在一个空气污浊、水被污染、泥沙弥漫的环境之中，那就直接对一个人的生存造成了严重影响，这意味着人对良好环境的需要在时间性上的体现是贯穿人的一生，从来也不可能中断或者有什么片刻的闪失，在空间环境中的美感自然与身体的感受与需求密不可分。人与人之间的审美生活的功利性仅次于对自然环境的需要，但其交互主体性最强，这在集团性的活动中体现得极为显著。

因而，就丰子恺的论述来看，其所强调的日用品的审美设计正是“人生艺术化”或者“实用品的美术化”的具体呈现，这样的论述是极为精到与精细的，而不是笼统地、含混地说“人生”被“艺术化”了。他说：“这种扇中所有的‘美术品的实用性’与‘实用品的美术化’，却不限定于扇。纯粹的独立的美术，固然具有高贵的艺术价值；可是在生活烦忙的现世，只限于少数人能够领略欣赏。倘要使美术这种香味普遍于人类，提倡纯正美术没有用，只有提倡实用美术或有希望。提倡之法，就是使美术品具有实用性，使实用品美术化。这仿佛在家常便菜上撒几点味精，凡有口的人，大家感觉快美。”①

① 丰陈宝等编：《丰子恺文集》第三卷，浙江文艺出版社 1990 年版，第 329 页。

在1926年所撰《工艺实用品与美感》一文中，丰子恺列举了四件自己极不满意的工艺品——

> 我在永安公司楼上看见过一种象牙雕的裸体女子，大概雕的人不是像外国雕刻家地习过人体木炭写生，研究过艺用解剖学的，故雕得很难看：只是把乳房，腹部，臀部作得肥胖胖；姿势的权衡，身体各部的尺寸，筋肉凹凸的表现，全然乖误，狞恶而没有人相，看了不但要"作三日呕"，而且怕得很。
>
> 我在无锡——以产泥人形著名的无锡——看见过泥做的叫花子，鸦片鬼，做得非常逼真。蓬蓬的发，青面獠牙的脸，伛偻的腰，使人见了毛骨悚然，不敢逼近去看。
>
> 看了觉得很好的景泰窑的质料，为什么要这样无聊地像乡下姑娘绣鞋地、抄美孚牌煤油箱上的字母来作装饰？真是可惜得很！
>
> 我又在上海的大银楼里看见过银制的黄包车，轿子，船，洋房，纤细得很，周到得很。工夫一定很费，卖给惊叹其细巧而贪爱其为银的太太们，也一定很值钱。所惜不过是一味的徒然的纤巧，大体全然不玲珑，人物尤其无神气。①

他认为，这些物品不仅不能给人以美感，而且会让人觉得乏味、反感。他说："考察上述四种东西的制造者、购买者的心理，可知象牙裸女是模仿西洋的皮毛，或是取其色情的。叫化子与鸦片鬼由于丑恶的、残忍的好奇心。洋字的瓶与匣是幼稚的恶俗的趣味。银黄包车出于盲目的弄富的心理。在我们所日常接触的工艺品，实用品中，这类的东西还有不少，又大概是出于这一类的心理的。这种心理，明明是全然与'美感'无关系的。"② 而且，对这些日用品的使用，往往能够直接决定一个人乃

① 丰陈宝等编:《丰子恺文集》第一卷,浙江文艺出版社1990年版,第52—53页。

② 丰陈宝等编:《丰子恺文集》第一卷,浙江文艺出版社1990年版,第53页。

至一个民族的生活方式、生活风格的高下，他对日本现代的审美设计情有独钟，而且喜欢购买来自日本的物品，并在此与国人的日用品设计进行对比，他说：“日本的一切东西普遍地具有一种风味；在其装潢形式之中暗示着一种精神。这风味与精神虽然原是日本风味与日本精神，无论是小气，是浮薄，总有一个系统，可以安顿我的精神。回顾向来用惯的我国的物品，有一部分是西洋的产物，一部分是东洋的产物，又有一部分是外国人迎合中国人心理而为中国人特制的，又有一部分是中国人模仿外国的皮毛而自制的，还有一部分是中国旧有而沿用至今的东西，混合而成。混合并非一定不好。混合中也许可以寻出多方的趣味。可惜我们的只是‘混乱’，是迎合，模仿，卑劣，和守旧的混乱的状态，象征着愚昧，顽固等种种心理。”①

因而，丰子恺认为，亟须提高与强化日用品审美设计的教育以及使用日用品趣味、能力的教育，他说：

> 不良的工艺品，实用品，逐日的产出，大批的销行，可见一定是有人欢喜而购买的。这原是国民美育程度的根本问题，但从工艺品促进改良上促进国民的美育，以工艺品改良为艺术教育的一端，也是可能的事。十九世纪末的英国德国的艺术教育运动，便是发轫于工艺品改良的。英国为了其工艺的出品在巴黎大博览会遭失败而提倡艺术教育，德国为了其工艺的出品在一八五一年的伦敦大博览会遭失败而开艺术教育大会。我国艺术专门学校已经林立，而独无人注意于工艺品的改良，坐使商人利用民众的幼稚的鉴赏力的弱点，而源源地产出恶劣的物品，不可谓非艺术教育者对于社会方面的疏忽。②

由于现今我国艺术文化不发达，展览会稀少，音乐会尤罕，工

① 丰陈宝等编：《丰子恺文集》第一卷，浙江文艺出版社1990年版，第54页。

② 丰陈宝等编：《丰子恺文集》第一卷，浙江文艺出版社1990年版，第62页。

艺品恶化，一般美育废弛，社会人们不得认识艺术对于人生的切实的效果，遂轻视艺术研究。①

因而，从上述文字可以看出，原来在日用品审美设计上的发达是审美教育尤其是普通国民审美教育的发达，而在日用品审美设计上的缺憾则正是审美设计教育尤其是国民审美设计教育上的失败。

## 三、日用品美育的机制

从丰子恺对世界现代审美设计思潮的把握来看，充满了深厚的历史感，因为在人类进入大机器时代之后，随着社会分工的不断细化，劳动生产率不断提高，越来越丰富的物质产品被生产出来，这是人类物质生产的巨大进步。但是随之而来的问题就是——由机器生产出来的产品很可能是粗糙而丑陋不堪的，因而，尤其是德国包豪斯学校的兴起为德国的产品设计带来了重大的提升。所以，如丰子恺所说，英国之所以重视艺术教育，向德国的艺术教育尤其是设计艺术教育学习，原因就在这里。针对当时我国艺术教育只是针对纯粹的艺术作品或者纯粹艺术作品创作进行教育，而忽略了针对日常所需的日用品的审美教育，这也正是他所提出的解蔽之道。对于当时我国日用品的设计与生产状况，丰子恺是极为失望的。他说："起码货之工艺品，则可怜而不可笑。彼等'救死而恐不赡'，奚暇治美术哉。故其衣但求蔽体，其器但求不漏，其屋但求蔽风雨，其床但求不倒。初民尚在石刀柄上雕花，苗瑶尚知文身求美，吾国穷民之家，竟绝无美之踪迹，言之可痛。工厂出品者，数量最多，需要改良亦最亟。近代资本主义侵入中国以后，此等物品大都偷工减料，因陋就简，而施以恶劣之装饰，以迎合低级之趣味。例如家具摩登者唐突可嫌，洋化者幼稚可笑，细致者噜苏而不合用，旧式者又泥古不化。古家具与摩登家具并置，形成时代错误之感。他如服装，器什，玩具，以

① 丰陈宝等编:《丰子恺文集》第三卷,浙江文艺出版社 1990 年版,第 25 页。

至火柴之小，无不如是。莫理史之革命，可见英国当时亦有此种现象。”[①]因而，如丰子恺所述，如果生活空间之中，充斥着这般龌龊、粗糙、粗鄙的日用品，生活的乐趣从何谈起呢？即便是居住在这样居室的人能够欣赏《红楼梦》与莫扎特的小夜曲，但是在整体上，生活的趣味与风格又显得何等驳杂可笑呢。

所以，日用品既然首先要满足功利性的需要，又要美观、悦目怡神，并进而成为生活中的一种乐趣或者趣味。那么经过了审美设计的日用品在其被使用的过程之中，就自然而然地会对使用者产生提高、教育的作用，丰子恺对这一点尤为关切。他说：

> 日用品之美化，其效果等于寺院建筑与大壁画之效果。故艺术教育有统一社会思想之力。[②]

就西方审美设计思想史的典型现象而言，丰子恺关注较多的是英国诗人、思想家莫里斯，丰子恺评价他说：“英国艺术教育者莫理史〔莫里斯〕谓提倡艺术教育，须从改良工艺美术入手。曾在伦敦创办制造厂，大事宣传。英国民间生活，至今受其惠赐，此实为社会的艺术教育之急务。”[③] 在这段话里，丰子恺尤为突出了莫里斯审美设计思想在审美教育活动上的价值与意味。这的确抓住了审美设计教育与艺术教育之间的区别，因为日用品在日常生活使用中的迫切性、功利性、频繁性远远超出了对纯粹的艺术作品的需要。另外，这也才是生活的常态。所以，进行审美教育活动既要在艺术教育、日用品的审美设计教育上齐头并进，又要看到日用品在使用上的这一特性，或许可以优先进行审美设计教育，从日常生活所必需的日用品入手，因为这样做能够更直接、迅捷地提高

① 丰陈宝等编:《丰子恺文集》第四卷,浙江文艺出版社 1990 年版,第 52 页。

② 丰陈宝等编:《丰子恺文集》第四卷,浙江文艺出版社 1990 年版,第 55 页。

③ 丰陈宝等编:《丰子恺文集》第四卷,浙江文艺出版社 1990 年版,第 51 页。

审美主体的素质。

关于莫里斯所提倡的“艺术与手工艺运动”之于审美教育的意义，丰子恺还说：“英国十九世纪艺术教育者莫理斯（William Morris）说，民众的艺术趣味的高下，与工艺美术的美丑大有关系。故欲提倡艺术教育，首先要改良工艺美术。他自己开一爿卖家具器什美术品的商店，叫做‘莫理斯公司’。所发卖的工艺品，都很讲究美观。英国人至今还受着他的惠赐。”①

如前所述，一个人只是在特定的时空之中才需要纯粹的艺术作品，但是对于日用品的需要是不限于一时一隅的，而且所谓“日用”正是在“时间”上指明了日用品的根本特性所在——每天都要使用、每天都要重复进行、每天的使用都是自始至终的，从丰子恺对日用品的美育作用所做的形象而生动的描述来看，正是深刻地体察了日用品的这一特性，他说：“因工艺品广行于世间，其形色之美丑，及于人目之影响甚大。故吾人一切感觉，皆可由眼翻译为视觉。故形式之美丑，可影响于全部身心。仁者乐山，智者乐水，即环境形式影响人心之一证况。工艺什用之品，旦暮于前，其潜移默化之力，当更大也。礼堂使人肃然，□□使人整襟，洞房使人促膝（旅馆老板利用此力以招徕顾客），实例不可胜举也。”②从其所言“旦暮”等来看，所揭示的既是日用品在审美活动上的特性，同时也是日用品所起到的审美教育作用的基本机制——那就是在“时间性”之上迫切、悠长与频繁。

如果不重视日用品的审美设计及其使用中的优劣状况，那就会产生如丰子恺所惯常或反复描述的不良后果。比如他说：“但请看今日之民间工艺日用之品，形式如何？据吾所见，计有三种：一种富人所用者，质贵而形丑。一种穷人所用者，但求实用，不顾形式，所谓起码货是也。

① 丰陈宝等编：《丰子恺文集》第四卷，浙江文艺出版社1990年版，第83页。
② 丰陈宝等编：《丰子恺文集》第四卷，浙江文艺出版社1990年版，第51页。

又一种中人所用者，则任工厂发落。莫理史所从事改良者也。"[1] 就丰子恺对艺术品及日用品的态度来看，其观念与态度是极为高远、宽广的，审美设计上的缺憾不仅仅会导致生活风格的丧失，而且也会导致美感的丧失——这在根本上是一个教育问题，也就是民众的审美素养会下降与丧失。丰子恺说："看见物象本身有什么好处呢？浅而言之，大家能够看见物象的本身，世间的工艺美术一定会大大地进步起来。只因多数人只讲实用，茶杯但求盛茶不漏就好，椅子只要是红木的便贵，对于形式的美恶全不讲究。于是社会上就有许多恶劣的工艺品流行，破坏人生的美感。常见好好的瓷器，只因样子塑得不好，花纹描得难看，而给人恶劣的印象。好好的木器，只因形式造得不好，漆饰涂得难看，而引人不快的感觉。都是为了多数人看不见物象的本身，因而工业者忽略美术的研究所致。进而言之，吾人对物象能看其本身的姿态，眼前的世界便多美景，我的心便多慰乐。所谓'美的世界'并非另有一个世界，便是看物象本身时所见的世界。"[2]

因而，要对普通国民进行美育，要把艺术教育普及于民间，就要特别关注、关切日用品的审美设计及其使用，他说："欲求艺术教育之普及于民间，第一须请艺术进工厂，改良工艺品，使合实用而又美观，方有美化人生之望。专门艺术家往往不屑为此，或不能为此。故吾国今日，不要求增加专门艺术家，而要求增加理解美与人生之 dilettante〔业余艺术爱好者〕，以其立于艺术家与民众之间，便于宣传也。"[3]

---

① 丰陈宝等编：《丰子恺文集》第四卷，浙江文艺出版社 1990 年版，第 51 页。
② 丰陈宝等编：《丰子恺文集》第四卷，浙江文艺出版社 1990 年版，第 74 页。
③ 丰陈宝等编：《丰子恺文集》第四卷，浙江文艺出版社 1990 年版，第 52 页。

# 第八章　吕凤子的美育思想

吕凤子（1886—1959），江苏丹阳人，我国著名书画家，美术教育家，曾于1939年在四川璧山创建正则艺术专科学校，自任校长，长期从事艺术教育、美术教育，有着极为丰富、精辟的艺术教育、审美教育思想。

其美育思想首先体现为一种广义的社会美学，其注重的是人与人之间关系在个人“各尽其能”之上的和谐。在此基础上，融汇中国传统心性之学、佛教哲学中对内时间意识的卓越分析、西方美学等于一体，创设出境界全新的美育理论，这在中国近现代美育思想史上是极为独异的现象。

## 第一节　“好美恶恶是人们天性，所以美育才有实施可能”

在1915年于扬州中学所做的演讲——《美育与美术制作》中，吕凤子从审美活动的原初、质朴的状态开始讲起，从这一美学思想之中最为根本的问题入手，来进行美育之思，这是吕凤子美育思想特别高妙的地方。

就整体而言，吕凤子是紧紧把握住了审美活动最为根本的存在状态——一种主客不分离的、兴发的、涌动的愉悦活动。

首先，就其所说的审美活动是一种兴发的、涌现的愉悦行为而言，吕凤子称为“生”——取其生生不息、绵绵不绝之意，而且他是从意义与价值寻求及其实现来理解“生”的，也就是说只有体现了意义或者价值的人类活动或者正在体现着意义或者价值的人类活动才是“实在”的，也才是“生”的，他说：

> 一切在外的现象起灭无常，我们不承认它是实在。一切在内的心象倏忽起灭，我们也不承认它是实在。但我们却常说，一切非实在的客观现象、主观心象是生力的幻变，生力不减，便假认这是最后的实在。便分别名生的法则为真，生的意志为善，生的状态为美。①

也就是说，那些虽然在事实上存在着的客观事物或者主观因素，却因为没有体现出意义与价值，从而没有获得自己的地位或者位置，因而是“兴灭无常”的，这大概类似海德格尔所说的没有体现出存在意义的“存在者”。而“真”“善”“美”则是虽不显见，但是坚实地存在着的意义或者价值，而且是“生力的幻变”“生力不减”的，“生”字所传达正如上述所言——生生不息的、兴发的、涌现的时间性过程，而“力”字所传达的则是对意义与价值的寻求，或者更为准确地说是意义或价值在行为中的具体体现——行为之所以“生”的源源不断的动“力”。

耐人寻味的是，吕凤子把真、善、美都称作“生”与“力”的行为或者兴发的过程，这意味着真与善就绝不是在抽象意义上的存在，而是就其存在的原初的状态来说，其本身正是涌现的实际生活经验。而且，吕凤子把“真”称作“法则”，把“善”称为“意志”，这与传统的或者时下约定俗成的对真与善的称谓是一致的——“真”所指的是科学，“善”所指的是意志领域之中的伦理道德，其中更加耐人寻味的是吕凤子把“美”称作“状态”，这就不仅仅意味着“美”或者“情”自身是一种尤为典型的兴发的、涌现的愉悦过程，而且连同“真”与“善”的存在状态也是“美”的，抑或在审美活动之中的“真”与“善”作为审美活动的一个构成因子，其自身当然也就必然带有所在整体的性质与状

① 吕去病主编:《吕凤子集》,天津人民出版社2005年版,第1页。

态——是“美”的，是“生”的，充满着“力”的，是绽放着的时间性的。因而，吕凤子所说的“真”与“善”就绝不是独立存在的命题式的“真”（即知识）与人际伦理道德规范的呈现，而是在审美活动视域之内的“真”与“善”。

但是，吕凤子的美学思想在整体上来看，属于一种宏观的社会美学，也就是说他把人类最为美好的社会现实称为“美”，他说：

> 我们又尝解释生是尽变竭能，必也一切生不相侵害，才能各尽其变、各竭其能，这便是生的法则。而要一切生各尽其变各竭其能便是生的意志。生的自然状态便是生的意志遵循生的法则的表现。所以我们说美在异，美在一切生的谐和幻变。①

可以看出，“真”所指的是单一个体的生存状态所体现出的可能性，即如其所言“各尽其变”“各竭其能”，也就是个体在意义与价值的可能性的实现状况；而“善”则指的是所有个体的“各尽其变”“各竭其能”，因为个体彼此之间都不以各自价值与意义来侵害他人的价值与意义的实现，而是达到了彼此之间的高度和谐。吕凤子认为，如果能够达成这样的众“生”之“生”的状态，那就是“美”——“美在异”，在这里的“异”既是指和而不同或者不同而和，更是指每一个体在生存状态上的兴发性、涌现性。

因而，吕凤子所期待的美育的理想正是这样——即使每个人的可能性、丰富性得以尽情的发展，又不因此妨害、侵害另外所有个体的可能性与丰富性，这正是他提倡美育的初衷，他说：

> 我们现在提倡美育，便是要构成社会的任何个人都能各尽其变各竭其能，而在谐和状态中，便是因现在社会愈演愈不谐和，愈变

---

① 吕去病主编:《吕凤子集》,天津人民出版社2005年版,第1页。

愈丑恶，原因在少数强者强要他人信仰己说，服从己命，以便私图，强把社会分成若干阶层、若干集团，而导之相互残杀，致使人们好杀成习，致使人好权威好享受暨好做人上人的欲求，浸成普遍而又最强烈的要求。这样的演变下去恐怕人类会绝灭吧。①

人对艺术的欣赏与钟爱是人与艺术之间的和谐，人对自然的欣赏与钟爱是人与自然之间的和谐，人对日用品的使用与喜爱是人与日用品之间的和谐，而人与人之间的和谐不仅同样是美学研究的对象——因为人与人之间的相互爱护、相互取悦所造成的感受、情绪的愉悦，显然是人活在这个世界上最为根本的目的。从这个角度讲，美即善，善即美，也就是说“人”作为一个审美对象与艺术品、自然物、日用品是并陈并列的，而且，人作为审美对象与其他三类审美对象之间有着鲜明的特性或者区分，在其根本特质上表现为——人与人之间的审美生活的功利性仅次于对自然环境的需要，但其交互主体性最强，这在集团性的活动中体现得极为显著。在他看来，真正的教育理应是“顺生”的，而不是“戕生”或者“逆生”的。他说：“动变无极，斯曰生。生万斯殊，斯相待而异其动姿其变。故曰：生有能焉，竭其能曰顺生。曰：己，化之枢也。曰：欲，生之几也。动莫不有欲，变莫不有己。欲务争，己导之，斯成化矣。”②

在这里所说的“生”更融入了意义与价值在时间涌出上的特性，具体地说，“生生不息”本就是人与人的美好前途。就吕凤子所说的美育来看，主要所侧重的是以纯粹的艺术作品为对象的审美活动，而艺术品作用于视觉与听觉的特性使得审美活动带有强烈的超越性，吕凤子认为这是去除“我执”的最佳途径，他说：

① 吕去病主编:《吕凤子集》,天津人民出版社 2005 年版,第 1—2 页。

② 吕去病主编:《吕凤子集》,天津人民出版社 2005 年版,第 68 页。

教行乎自然，止于尽性。行动情生，亦尽情焉而已。

性惟生，竭生之能曰尽性。情惟爱生，竭生之爱曰尽情。

生有则，惟求适，适益求适。生之能终不可竭，生之爱亦终不可竭也。

生谓动变无极，适谓因动变而动变，变应变，应隘变纡，应泛变亟。生之则如是，爱生者爱是则。

相应斯和。独应众，和。众应独，和。众应众，和。独应独，和。和斯美，不相应斯乱。爱生者爱美，教止乱而尽爱，是为美育。

执，和之障，乱之源也。美育有序：观和，平执；观爱，止执；观执，绝执。①

在我国的传统美学中，“礼乐教化”“美善相兼”历来是重要的传统，正像吕凤子所说的那样，“礼”“善”就其自身呈现的状态而言是“乐”与“美”，也就是“礼”与“善”绝不是抽象的教条，而是在实践、履行、行为之中显露出来的。而实践、履行、行为自身的状态正是如吕凤子所言是“生”的——生生不息的、兴发的、涌现的，所以，在我国古典美学传统中，向来没有把艺术品作为唯我独尊的审美对象，而轻视其他的审美对象——如日用品、自然美、人自身等等。

从这一基本的美学立场出发，吕凤子对中国古典美学史与中国古典审美文化史的一些典型个案的解读是极为深刻的，比如对魏晋六朝审美文化中较为关注、爱好自然，他说：

在我国两晋南北朝时，有不少感觉敏锐的人宁与木石居、鹿豕游而不愿与人伍，去而歌咏自然，摹写自然。我们与其责备这些自然诗人、画家，舍弃对社会应负的责任为不义，或不敢正视现实为无勇，不如说这些人还有点人样子、人气息，还不失为一个有心人。

---

① 吕去病主编:《吕凤子集》,天津人民出版社 2005 年版,第 69 页。

社会既愈变愈丑恶，又谁能强人舍美而好丑呢？就因好美恶恶是人们天性，所以美育才有实施可能。[1]

正是在这里，吕凤子提出了人生美育或者社会美育的本源之处，即“就因好美恶恶是人们天性，所以美育才有实施可能”[2]。当然，很显然，吕凤子的美育思想远远超越了只是把美育理解为艺术教育的界限，他把美育理解为——“就异成异”——正如上文所言，既是个体在自己潜能、可能性上的完满体现，也是所有个体在主体间性状态之中所达成的和谐，既然个体在这一“生”的过程中渐趋完满，而且人与人之间在“共生”的过程中也是美美与共，这正是一个美育达成的最高境界。

他说：“美育是就异成异，美术制作也是就异成异。不过美术制作所成者是作者自己的异，美育所成者是一切被成者自己的异，这是最要弄清楚的。尽管说成人就是成己，但用成物方法去成人那就大错特错了，用成人方法去成物也一无是处。”[3] 他还说：“爱者，顺之本，争所依也。爱以已著，已成于爱。爱可鉴，已可观也，斯曰美。鉴惟爱，斯行乎爱而无悖义。契夫义，斯行乎公而无违仁。美育始于无为，终于无为也。为无为，善之至也。”[4] 因而，“顺生”与美育就这样完美地、自然地融汇在一起。

教育的根本意义在于寻求生生不息的文化与生活的动力，只有做到个体的各尽其能与个体之间的和谐才能达到。他说：“动而有，曰生。生不已，若有欲焉，我们叫它做生欲。欲溺于物，则叫它做物欲或私欲。生复生，若有争焉，惟溺于物者争必害生，这就叫做物障。必也欲复自动，争才可以无害生，生才可以无碍争，我们的力量才得因争生而构成

① 吕去病主编:《吕凤子集》,天津人民出版社 2005 年版,第 2 页。
② 吕去病主编:《吕凤子集》,天津人民出版社 2005 年版,第 2 页。
③ 吕去病主编:《吕凤子集》,天津人民出版社 2005 年版,第 2 页。
④ 吕去病主编:《吕凤子集》,天津人民出版社 2005 年版,第 68 页。

文化而永生。"[1] 吕凤子还说："思，谓在内有组织的活动。事，谓在外有组织的活动。思之则，缘异立异，缘异穷异。事之则，尊异集异，尊异成异。思与事间有距离，然其则则一，其趋则一。异谓生力变幻，变幻无尽，异亦无尽。异在，己在，己亦无尽。穷异，即创造文化之谓。成异，即获致福利之谓。最合理教育云者，即穷异成异、穷己成己之谓。是即吾侪谋在此实施之美育。"[2]

就吕凤子美育思想的整体而言，他把"抑欲"的道德修养与审美活动的超越性完全沟通起来，认为经由美育可以做到"就异成异"，他说：

> 一切异和，一切异因自和而和，一切异罔不因兢异而变而和，也就因兢和而变而异。异无既极，变极自由，而依于和，而基于和，而俱生俱成于和。美哉，美哉，这理想境界便是我们希求实现的美的境界。
>
> 附说，我们一向倡导的美育便是这回事，便是就异成异，还人为人的非物教育，但不是造就人上人的教育。[3]

可见，艺术虽然也是追求个性，追求个性的创新，但是艺术创作是物的创新，而他所主张的美育则是在人与人之间，且与每一个体的意义寻求与实现密切相连，因而，自此而言，吕凤子的美育思想既与中国古典美学、美育思想有相似之处，又显得独异之极，在中国近现代以来的美育思想史中也是极为特别的。

## 第二节　美育作为"绝缘教育"

在吕凤子的美育思想中，存在着浓郁的中国传统哲学的修身之道色

---

① 吕去病主编：《吕凤子集》，天津人民出版社2005年版，第83页。
② 吕去病主编：《吕凤子集》，天津人民出版社2005年版，第69页。
③ 吕去病主编：《吕凤子集》，天津人民出版社2005年版，第88页。

彩，尤其是从性命之道来理解美育的意义与价值。他认为性命存在的理想状态并不是把“欲”直接从人格之中完全排除、消灭，而是要从人格构成的诸因素出发——从真我、欲、智、情出发，尤其是对“情”与“智”进行充分的培育，让“欲”之“火”失去“情”“智”作为“风”的助力，而“情”的澡雪与养成正是审美教育的根本目的与意义。因而，吕凤子的美育思想往往是先从人性讲起，来确定教育的根本目的与意义，并由此出发进行“性命”之道的深入阐发，来自然而然地滋生出美育思想。

## 一、美育何以无济于事，直如“演剧”？

在1919年7月所撰写的《图画教法》一文中，虽然名为“图画的教法”，但是就此文大部而言，所探讨的则是美育的“主旨”与“本意”问题。只要解决了这些根本的问题，美育的实施与方法才是合理的，才会是有源之水。他说：“主旨，犹言做事之本意。本意做善男子，斯用种种方法，向善男子做去。善男子目的也，种种方法为达目的之途径。本意属行者，即行此途径之人。凡名为事，必备三者，否则无意识之举动耳。三者相联，有目的斯有本意，有本意斯对于种种方法知所抉择，有善良方法斯可径达目的。学者诸君非急欲知小学校图画教授之方法乎，则请先寻图画教授之本意，更先索图画教授之目的。”①当他论及教育的意义与价值之时，其思想与上节所述美育思想是一致的，且更加具体化了。

就其一致的方面而言，吕凤子认为，教育所能够给人类带来的福祉是“人类教育绝对的目的”②，这就是为了“人类完全幸福之一”应有的途径与方法之一。但是教育本身也有自身的目的与本意，如果对这些目的与本意把握不清，甚至走向邪道，就会造成人与人之间的争斗乃至战争。他认为教育愈来愈把“功利”作为自身的目的，其后果便如上节所言人与人之间的互相倾轧。他说：

---

① 吕去病主编:《吕凤子集》,天津人民出版社2005年版,第3页。
② 吕去病主编:《吕凤子集》,天津人民出版社2005年版,第3—4页。

人类教育至今渐统一矣，将共出一道向目的而进。吾所虑者，共行弥众，因生活需要而启之争战亦弥烈。学者诸君亦尝深思自有人类至今，不绝争战之直接原因，即在各谋完全幸福之不得乎。而为争战直接凭藉者，厥唯智力与体力，智力体力愈发育，争战之祸愈烈。虽有消极之法律、积极之德目，为群动之限制之标准，根本制裁之宗教，赫然以绝对势力之上帝临之，莫解其纷，转益其扰。以是知后此微论以国家为单位或直接以个人为单位，共集一途，苟不先抑乱原，争祸必益猛烈，完全幸福云乎哉。①

可以看出，这是吕凤子一贯的思想，那就是人与人之间的和谐——所有个体的“各尽其变”“各竭其能”，这就是教育最为根本的目的与意义，如果脱离了这个正途，不仅仅会引发人与人的争战，而且连教育之中的智育、体育都会使得争战愈演愈烈。

因而，“乱原”就在于——“无厌之生欲是也”②。吕凤子给出两条解决的途径，那就是道德教育与审美教育，他说：

本无厌之欲，求若所谓完全幸福，譬诸汲海而求涸，求吾兹所谓完全幸福，譬诸辕南而辙北。盖吾兹所谓完全幸福，根本在抑无厌之欲。何以抑之，或倡道德教育，或倡美感教育。③

但在吕凤子看来，虽然时下学校里已然开设了道德教育、审美教育的科目，但是其效果不佳。他说：“然吾见一般学校以某学科属德育，某学科属美育，亦既久久，莫见其效。何也?”④ 他认为原因就在于学校里的道德教育、审美教育只是在人性之外的末节上下功夫，只是对来自人

① 吕去病主编:《吕凤子集》,天津人民出版社 2005 年版,第 4 页。
② 吕去病主编:《吕凤子集》,天津人民出版社 2005 年版,第 4 页。
③ 吕去病主编:《吕凤子集》,天津人民出版社 2005 年版,第 4 页。
④ 吕去病主编:《吕凤子集》,天津人民出版社 2005 年版,第 4 页。

性之中的欲进行外在的、消极的强力限制，而没有在人性的内在机制上进行有效的、积极的培养，这个人性的内在机制就是教育所要起作用的根本之处。他说：

> 昔之学者谓生欲为性（德儒某主此说，忘其名），谓生性至恶（荀卿），谓非遗世莫能抑欲（老庄均主此说，为消极派哲学），谓欲世治唯任天演之自然（斯宾塞绍述达尔文天演说，谓任天演之自然，人必日进于善，世必日趋于治）。亦有谓肉体之我。既与一切现象同被缚于不可避之理，并受制于真我，真我为吾人高等生命，为一切道德之所由出，不生不灭，非托生于虚空与永劫之间，无过去未来，而常现在者也（此说康德倡之，微近佛说真如）。然在教育方面，将用何述得此？真我恒以道德责任临命吾心，使不为无厌之欲所迫而作一切孽，又语焉不细，徒认道心足以克欲。则今之学校佥晓以得目诏诰学者，不已，更使实地演习，冀有以显发其道心，习成其德行，卒至愿者视同演剧，黠者且藉道德以济其恶。无他，由外输入教训之力，不敌潜欲抵抗之强也。凡事必积极消极两方面进行，障碍不空，事必无济。①

由第一节所说之“生”到这里所言之“性”，可以看出吕凤子对中国古典哲学、佛教哲学的把握与运用已是轻车熟路，虽然那康德所言“物自体”与佛教之“真如”来称谓“性”未必恰当，但是在整体上还是可以看出，吕凤子所言“性”所指的是——“生”的意义及其可能性，尤其是以佛教之“真如”来理解“性”，就势必导致把“性”之中的意义的可能性——也就是意义的“时间性”给取消掉了。比如吕凤子说：“不生不灭，非托生于虚空与永劫之间，无过去未来，而常现在者

① 吕去病主编:《吕凤子集》,天津人民出版社 2005 年版,第 4—5 页。

也。”[①] 正是如此。不过，吕凤子还是指出了“性”的意义及其可能性对于人生的引领作用。如果不在人的“性命”之上进行根本的培育，那就会把道德教育、审美教育当作“演剧”，而没有入心入魂，只是经眼过目而已。因此，吕凤子主张在道德上应该对人性的根本处进行培养，这也正是教育的根本目的与意义。他说：“道德为吾兹所谓完全幸福之本原，即为吾兹所谓完全幸福之实体。人类教育绝对的目的在此，岂容疑议。特根本障碍不空，即不先抑无厌之欲，谋获善果，势终有所不能耳。”[②] 换言之，必须扫除“根本”障碍，才能使得道德回归其“本原”，这一障碍就是“无厌之欲”。

## 二、天演论“抑欲之法”不可行

性命既为可能性，那么，好与坏的可能性都是存在的，那么，上文所述“无厌之欲”就是坏的人性的可能性。吕凤子论述的中心就是围绕如何在根本上积极地消除“无厌之欲”，而且其所采取的是事先的作为，而不是消极地在“无厌之欲”发作、生事之后再去拿道德、法律进行克制与惩罚。

吕凤子对此做了很多阐释。他说：“曰生欲为性，是也，唯非本性。程明道曰：气质之性，君子有弗性者焉。曰：生性至恶，亦是也。欲生之性，随情智发育靡有限极，其先天的知之作用，又唯我无他，安得不为至恶。消极派哲学者谋根本绝之，是也。曰：待天演之自趋于善，则吾不敢谓是。何也？其辞虽顺，其意实违也。一切现象，自然之分体也。善，自然之本体也。自然分体之所在，即自然本体分体之所在。”[③] 可见，性命之“性”是需要进行培养、引导的，因而就“性”的存在而言，正是一个充满了可能坏或者可能好的、时机化的行为，在此，吕凤子尤其

① 吕去病主编：《吕凤子集》，天津人民出版社 2005 年版，第 4 页。
② 吕去病主编：《吕凤子集》，天津人民出版社 2005 年版，第 5 页。
③ 吕去病主编：《吕凤子集》，天津人民出版社 2005 年版，第 5 页。

珍视周敦颐的见解，他说：

> 此辩论，以濂溪《太极图说》为最精。曰：五行一阴阳也，阴阳一太极也，太极本无极也。五行之生也，各一其性。无极之真，二五之精，妙合而凝，乾道成男，坤道成女，二气交感，化生万物，万物生生，而变化无穷焉。西方学者唯康德能见及此，然其说自然本体与真我之关系，犹未能如濂溪之透彻痛快也。[1]

周敦颐的“太极”之说之所以深刻，正因为他没有把“性”理解为纯粹的主观或者客观，而是理解为“阴阳”之间的互动所达成的良好状态，这样“阴”与“阳”不仅作为个体如同吕凤子所言都“各尽其能”，且两者共同作用成为一个和谐的整体，更为重要的是这个整体并不是静止的，而是始终处在兴发的过程之中的，在这个过程之中或者说“太极”自身呈现的状态就是时间化的过程，“太极”也处在不断生成、提高、“进化”之中。

吕凤子不赞成达尔文在人性上的“进化”之说，他认为人性的提高是“真我”的不断提高，而不是通过“率欲”之行，尤其是通过对他物、他人的消灭、争斗来实现的。他说：“一切现象所以进化者，自然本体及本体分体之作用，当然日即于绝对善也，则易其辞曰，天演日趋于善，夫岂不可。无如彼谓天演，兼该率欲而行之人事言之。”[2] 如果按照达尔文的天演论或者进化论来看待人性的演化，那就是把人看作是极为消极的存在了，就不能把握住人性之中最为根本的所在，尤其是把握住人性修养中最需要做的事情，他说：

> 如达尔文说人事淘汰，引畜犬为例，其大意曰：家畜之犬，有

① 吕去病主编:《吕凤子集》,天津人民出版社 2005 年版,第 5 页。
② 吕去病主编:《吕凤子集》,天津人民出版社 2005 年版,第 5—6 页。

以猎者，有以卫者，有以为他畜之牧者，各具特异之智巧，适人嗜好，供人驱使，然非其祖种生而即然也，人力为之也。又如引古代斯巴达杀其国人之残弱者，俾无传种，为人事淘汰之例是。①

所以，吕凤子认为，以上这些说法只是率欲而为，并不是率性而为，在率欲与率性之间有着根本的区别，在“率欲而为”上，其后果是人性中优良的基因不可能得以进步，也就不会日趋于善，他说：

率欲而行，不得谓为现象本体之作用，即不得谓之日趋于善。如曰欲本赋诸自然，率欲并非违德。则予以欲者，又予以抑欲之责与权与力，何独违之而不顺耶。原夫欲之发也，情为媒，智为相，利己为目的（心理学者名此心的状态曰欲望）。及其既纵，媒相降而为奴，真我主权悉为侵夺（心理学者名此心的状态曰情欲）。譬诸佃攘主田，违乎顺乎，违则其说将根本不能成立。何也？天演应指自然受制本体之现象而言，不应兼该率欲之现象而言也。何也？天演指自然受制本体之现象而言，斯日进于善也。②

因而，在吕凤子对人格构成的理解中，他认为人格由欲、情、智、真我来构成的，其因素之间的关系是动态的，当人率欲而行时，“真我”便消失，“情”作为“媒”与“智”作为“相”都化身为奴。就整体而言，吕凤子认为，“欲”的存在不是纯粹恶的，也不是纯粹好的，而是不可或缺的，其存在的状况如何取决于其他因素的存在状况，应该通过对其他因素的培养、呵护、成长来抑制“欲”，从而使得构成人格的各部分之间也都能够各美其美。

而且，吕凤子还批评了在学校德育里中所施行的斯宾塞学说。这一

---

① 吕去病主编:《吕凤子集》,天津人民出版社 2005 年版,第 6 页。
② 吕去病主编:《吕凤子集》,天津人民出版社 2005 年版,第 6 页。

学说同样把人性理解为消极的存在，对于人格之中优良部分的培养只是通过事后的惩罚等来进行的。他说：“某县某小学校训育法，即全根据斯宾塞之自然教训说，令儿童受自然惩罚，嬉者头破血出，教者令往医院医治，他之嬉者如故无禁也。叩以设受自然惩罚过重，致伤生命将奈何？答曰：果尔，全校儿童得此教训，将没世不敢忘矣。异哉极端纵欲而曰是德育也。又今之谈教育者，多重实用知识及体育，对于德育亦同斯宾塞漠然置之，更无人念及教育绝对的目的之所在，是可伤也。”①

也就是说，这种“抑欲之法”虽然“惑人至易”，但是完全看不到教育的意义与目的何在，其后果只能是任由“欲”的一再发作，然后再由消极之法则进行抑制，而不是在事先对人格的各个构成部分进行不同的修养，使得人格处在一种和谐的状态之中，不管人格处在何种时机，遭遇何种情境，都能够做出灵活的、合理的应对。

## 三、对“情”的内时间意识分析与“抑欲”——美育作为心性功夫

与其先纵“欲”而后制“欲”，那就远远不如制“欲”在先，而且让“欲”在人格之中处在一个合适的、合理的位置上，这个合适的位置就是由上述“情”“智”及其他们与“欲”的关系来决定的。在这个方面，艺术尤其是纯粹的艺术作品充当的就是一个极为重要的作用，因为吕凤子把艺术作品称作“情”的最佳寄托物，而且吕凤子在利用佛教哲学对“情”所做的内时间意识构成分析的基础上，把审美尤其是对艺术作品的审美活动演化为了一种植根于传统心性之学的修养功夫。

吕凤子说：“欲之不戢其诸同乎火之燎原乎？情智无明风也。风益扇斯火益烈，然则抑欲非先去其助不可亦明矣。”② 很明显，风与火的结合——“情智无明”，也就是情与智的愚昧无知才使得“欲火”得以燎原，因而，抑欲必先去其助力。

---

① 吕去病主编：《吕凤子集》，天津人民出版社 2005 年版，第 6 页。

② 吕去病主编：《吕凤子集》，天津人民出版社 2005 年版，第 7 页。

在对待“情”与“智”上，吕凤子显然集中论述的是“情”与“欲”的关系，因为两者之间的关系是更为紧密甚至是一体的，他说：

> 虽然，情为介风为因，智为相风为缘，火非介风不接于物，虽有相而无害，则但去因之风可矣。情之感于物而动也，始一刹那，感快否？既一刹那，欲生，曰二刹那一瞥耳（佛者说一念间九十刹那；一刹那间九百生灭，其说细密，万非寻常心理学者所能道）。其相因依之切如是，而谋间之，不亦难乎？

这段话既指出了“情”与“智”对于“欲”的不同作用，因为“情”为“欲”之“介”，也就是“因”、凭借、依靠的意思，因而“抑欲”就要去掉“因之风”；又指出了“情”作为一种流畅的内时间意识所具有的不间断特性，也就是说，当“情”勃发之时，如果以“理”来限制“情”，那么“情”就会消逝或者中断；当“情”又勃发之时，“理”就又会中断，也就是说两者之间是一种不相容的关系，这种情的呈现状态不仅是流畅的，而且是兴发的、涌现的、不可遏止的，在前牵后挂中持续绵延，“情”感于物而“动”之“动”正是阐明了“情”作为内时间意识是兴发的、涌动的，吕凤子称为“因依之切”——“情之感于物而动也，始一刹那，感快否？既一刹那，欲生，曰二刹那一瞥耳（佛者说一念间九十刹那；一刹那间九百生灭，其说细密，万非寻常心理学者所能道）”[①]。其中最为关键的关于“情”作为内时间意识流畅性的思想就是——不可“间”，与“因依”相对的正是“间”，也就是与流畅相对的是间隔或者间断。

吕凤子对“情”作为内时间意识的分析是极为深刻超拔的，正如他所言——“万非寻常心理学者所能道”[②]。其中最为直接的原因就是对佛

---

① 吕去病主编:《吕凤子集》,天津人民出版社 2005 年版,第 7 页。

② 吕去病主编:《吕凤子集》,天津人民出版社 2005 年版,第 7 页。

教哲学中心理学思想的运用，比如吕凤子所言“一刹那”“二刹那”就来自于佛教哲学的“五蕴”学说，约略相当于“五蕴”之“色、受、想、识、行”之中的“受”与“想”，梁启超在论及五蕴心理学时说：

“受”训领纳，即是感觉，一种现象到跟前，我感受他，或觉苦，或觉乐，或觉不苦不乐。

“想”于境界取种种相，《阿毗昙杂心论》说：“想蕴于境界能取像貌。”《墨子·经上篇》说：“知者以其知过物而能貌之。”即是此义。我们遇见一种现象，像用照相镜一般把他影照过来，形成所谓记忆，做“诸言说”的资粮，便是想。①

因而，通过梁启超的精彩解读，可以知道吕凤子所言“一刹那”“二刹那”正是对意识或者心理现象过程的分析，“情之感于物而动”就是感觉的初始领纳，是内时间意识的原印象或者起点，这是“一刹那”；继之而起的“二刹那”则是“想”，在“二刹那”兴起时，“一刹那”并没有消失，且在两者之间绝没有一个断裂的鸿沟，而是仍在意识的视域之内，隶属于一个简捷的“情”之行为，且由于这一“情”本身是愉悦的快乐体验，内在的冲力就使得“情”继续“生”——兴发、延续、绵延、涌现下去。以上所述都只是对“情”作为一个“行为级”的行为所做的构成分析，正如梁启超所言——“五蕴或译五阴，或译五聚，‘蕴’是什么意思呢？《大乘五蕴论》说：‘以积聚义说名为蕴，谓世相续，品类趣处差别，色等总略摄故。’什么是‘世相续’？谓时间的随生随灭，继续不断。什么是‘品类趣处差别’？谓把意识的表象分类。佛家以为从心理过程上观察，有种种观念在时间上相续继起，而且内容像很复杂，很混乱，但可以用论理的方法分为五类，每类都是状态和状态联构而成，一聚一

① 吴松等点校：《饮冰室文集点校》，云南人民出版社 2001 年版，第 3001 页。

聚的，所以叫做聚，又叫做蕴”①。

既然“情”作为内时间意识的构成如此流畅、完整、不可阻隔中断，那么，对“情”所做的最佳选择就是改变“情”的性质或者说让另外一种性质的“情”兴发、涌现出来，吕凤子说：

> 有二人焉，同时于同地同感一物，一则情动欲生，心境顿呈骚乱；一则视若无睹，心境转暂静寂。无他，一感实在物为实在，一感实在物若非实在而若虚也。感物实在，感亦实在，快否亦实在，斯欲生焉。感物若虚，感亦若虚，快否亦若虚，斯欲息焉。然则凡人之感有二，一实在，一若虚。②

两人同感一物，感受之情迥异，就说明“情”是可以改变的、可修养的、可教育的，吕凤子从这里走向了美学与审美教育，其中的焦点便是“实在”与“虚”的一连串的衍生物，且其中的机杼在于主体在“情”或者心性上的修养功夫，由此来决定感受的“虚”与“实”，即便是“实在物”也可以感受为“虚”，因而，“欲”就会由“生”而转为“息”。

> 凡物之相亦二，一实在，一若虚。感果若虚，欲自敛抑，夫岂难哉。更细言之，实在感者，感而即生实在物我之利害关系于实在意识界之谓，利则谋所以取纯欲之事也。若虚感者，感而唯觉快否之谓，快则即合若虚物我于若虚意识界别成一合体焉，所谓美是也(近世美学者所谓美之假象，即指此合体而言)。实在相者，实在物之生灭相也。若虚相者，实在相之映象也。映象所在，即实在物之所以为实在物者之所在。实在物之所以为实在物者，实在物之本体也。然则若虚物即实在物本体之谓，而若虚我者，亦即实在我本体

① 吴松等点校:《饮冰室文集点校》,云南人民出版社 2001 年版,第 2997 页。

② 吕去病主编:《吕凤子集》,天津人民出版社 2005 年版,第 7 页。

之谓矣。我之本体曰真我，物之本体曰真物，真我由若虚感而发见，真物由若虚相而发见。然则感果若非实在而若虚者，不第欲自敛抑，且得由此认识真我真物，何自邦嘉尔典以还（邦嘉尔典，德人，为始创美学者），治美学者均未尝见及此也。[①]

因而，对于“欲”的抑制的奥秘就在这里，“实在感”就是“实在物”所引发的“物我”之“利害关系”在意识的反映，这就是谋利的纯欲之事；“若虚感”就是纯粹的、脱离于谋利的愉悦感，在“若虚感”之中，“若虚”之“物我”在意识中完全合为一体。吕凤子把“若虚物”与西方近代美学所说的“美的假象”相等同，而且，吕凤子进一步把审美活动之中的“若虚物”称为“若虚相”，因为一般的“实在相”是“实在物”的“兴灭相”，而“若虚相”则是“实在相”的“映像”而已，进而，“真我”系于“若虚感”，“真物”系于“若虚相”。很明显，“若虚物”与“若虚相”正是大多由符号作为材质所创造的艺术作品，且大多艺术作品都是虚构的、虚拟的。鲍姆嘉通就曾说过：“不管在美的思维的对象中有什么样的史实年代的错误，不管人们会看到这些对象多么缺乏历史的真，只要理性类似物能清楚地意识到有误，那就是审美意义上的假。”[②] 就吕凤子对鲍姆嘉通以来西方美学史对“审美假象”的探究的总结来看，大体是符合历史事实的。

而且，在吕凤子看来，通过对“情”的积极养成，尤其是通过对“情”之于“若虚物”“若虚相”——纯粹的艺术作品的爱好，可以达到对“欲”的抑制，但并不是取消与歧视“欲”的存在，他把这种在心性之上的培养与教育称为人性的优异之处。他说：“欲赋于自然，尘为无厌性，唯人可以抑之而故纵之，斯过而已。”[③] 这既指出了“欲”出于自

① 吕去病主编:《吕凤子集》,天津人民出版社 2005 年版,第 7 页。
② [德]鲍姆嘉通:《美学》,文化艺术出版社 1987 年版,第 70 页。
③ 吕去病主编:《吕凤子集》,天津人民出版社 2005 年版,第 9 页。

然，却不可不抑，也指出了“欲”存在于自然，不可不尊重，尤其是因势利导。

## 四、“因缘断绝”与美育作为“抑欲之方便法门”

吕凤子把道德修养与美育功夫视为一体，认为美育绝不仅仅是道德修行、修养的工具与手段，而是一种最佳的途径与选择。

在他对道德的基本陈述中，与一般的道德论述并无区别。他说：“道德云者，一切纵生一切行事应循之理法也。”① 值得关注是他对“理”与“法”关系的看法。他说：“理法者，条理法式之谓也。条理，内也；法式，外也。内者，质；外者，形也。无内焉有外，有质斯有形也。”② 内有良知，外有行为，这才是真正的善。

在吕凤子看来，道德所要做的就是抑欲与息争。他说：“争而欲厚其生，争而转促其生，何如息争而安其生。安斯顺，顺斯全，全斯乐，何如息争而乐其生，此第一转念也。如此如此，庶几争可抑乎，如此如此，庶几争可息乎，此第二推想，一切道德一切理法所由成也。第一转念，起于经验。第二推想，所谓成于人心也。”③ 并且认为，这种道德的要求在古今中外都是相似相通的，他说：“我国一切道德，以仁为体，即以仁为纲（《北溪字义》曾详言之）。西洋一切道德以正义为归，即以正义为主。孔子曰：克己复礼为仁。非明明曰克去己之无厌之欲，而复其爱人利己之心，与本此心所定之一切仪文之为仁乎（晦庵释克己复礼，谓克去己私，复乎天理，意亦犹此）。正义犹云正理，犹云正当之法则，其事则利己利他与夫利他所以利己，非更明明以利为义乎。”④

因而，他认为，人在道德上的修行、修养要能够达到抑欲、息争，这是衡量道德水准的最为重要的标准，也是道德的本原。他说：

---

① 吕去病主编:《吕凤子集》,天津人民出版社 2005 年版,第 11 页。
② 吕去病主编:《吕凤子集》,天津人民出版社 2005 年版,第 11 页。
③ 吕去病主编:《吕凤子集》,天津人民出版社 2005 年版,第 11 页。
④ 吕去病主编:《吕凤子集》,天津人民出版社 2005 年版,第 11—12 页。

道德为完全幸福之本原，即为完全幸福之实体，舍道德无所谓幸福，舍抑欲无所谓道德，道德所在，即真我所在。故曰真我有抑欲之权，抑欲所以尽我实之用，我之用即自然之用，岂有他哉，生生而已。抑我欲以尽自然之生生，顺也，顺曰善。故曰善者自然之本体也。否曰不善，不善者，不道德也。不道德者，不能自抑其欲而妨人之生也。人类教育，非以尽人之用为本意乎？故曰绝对的目的在此绝对善的全道德也。全道德谓道德之全体，今兹所谓一切道德，犹是全体之一片段，非已臻绝对善也。必也一切心之作用不为欲用，而后全道德始获渐再发见。何也？一切心不为欲用，始获自用其用。无有挂碍，始获发无尽藏；无有挂碍，始获发无尽之自然现象，自然理法；无有挂碍，自然之用尽，斯道德全体睹也。此吾对道德起原与道德本质之见解也。①

既然抑欲与息争是道德的本原，那么，如何抑欲与息争就是最为重要的事情了，在这个方面，有两条基本的选择，第一是强行抑制，第二是自行抑制，强行抑制是利用外力来抑制或者来惩罚事后的不良行为，而自行抑制则是利用主体先前的道德修养来避免不良行为的发生，显然，第二种途径是最佳的选择。对此，吕凤子把道德上的这两种抑欲的思想称为“他律”与“自律”，并进行了史论高度结合的言说。他说：

于外假定一种法则范人之行曰他律，为此说者曰他律说。反之，谓此种法则本具于人心者，曰自律说。由自律说构成之伦理学，论定人生理想又有二种说，曰快乐说、严肃说。快乐说又分别个人快乐即利已说，公众快乐即功利说二者。大哲康德即主张严肃说者也，其言曰：道德上称为善者，唯此善意，意苟善，其人与行自无不善。善意者，人之理性服从其所自定先天的道德法则之谓也。若意志中

① 吕去病主编:《吕凤子集》,天津人民出版社 2005 年版,第 12 页。

稍有快乐之要求混入即堕于恶孽。认道德有无上权威，称其命令为断言的命令，说非不细，惜乎命令虽峻，竟不能慑无厌之欲而抑快乐之要求。①

因而，在道德的“自律论”之中，吕凤子最为中意的还是快乐说。快乐说是基于个体或者个体之间“各尽其能”以及“乐生”来施行道德行为的。“自律论”没有把人看作是消极的存在，看作是受严厉道德教条与戒律强压之下的可怜存在，而是把人的道德律令看作是主动的选择，是顺生、益生的，既是顺益他人，同时又是顺益自身，因而是主动的、积极的、乐进的。

而要进行道德的自律，其中最佳的途径就是利用对于“若虚物”或者“若虚相”的爱好——审美活动，来达到使人对“实在物”或者“实在相”的“因缘断绝”。吕凤子说：

强抑不抑，空言无益。因缘断绝，斯庶几郁若蔓生者，息若山泉之伏匿耳。实在欲息，斯若虚欲兴。若虚欲者，美欲也（自来美学者未立美欲之名，唯郝智尔曾有美的欲望之称谓）。美欲盛，斯美感强，斯无往而不感物之若虚相，斯一切之自然理法自然现象获由感而发见其若虚，无异乎由智而发见一切自然理法自然现象之非妄。故余曰：真我由若虚感而发见，即道德获由美感发见其若虚也。若虚者道德之质，无妄者道德之形，若虚者美，无妄者真，合美与真之谓善。故余曰：自自然本体言之美即真，真即善，善即美也。美者真与善之若虚质，真与善者美之实在形也。②

如何把“郁若蔓生”之“欲”平息为“隐匿之山泉”？通过上述文

① 吕去病主编:《吕凤子集》,天津人民出版社 2005 年版,第 13 页。
② 吕去病主编:《吕凤子集》,天津人民出版社 2005 年版,第 13 页。

字，吕凤子给了我们以坚实的答案，那就是通过对纯粹的艺术作品的爱好，也就是对由符号所造就的虚拟、虚构、本身不具备“物”的第一度真实性的艺术品的爱好、欣赏、入迷、陶醉，来强有力地抑制人的占有欲，并形成心性上的习惯。如此，美育就是德育，德育就是美育。所以，吕凤子说：

> 美育者不但为抑欲之方便法门，亦即德育之所以为德育。舍美育而言德育，吾见其徒劳而无益也。[①]

因而，既然教育要以创造永在的“力量”为己任的，如他所说：“这里所说的力量，就是宇宙所由构成的实质或本体。宇宙是这个力量的幻变总和，换句话说，宇宙就是这个力量的表现。一切现象都是力，物是力，人也是力。力是整个的，不可剖分。但为各异形象所限，其表现方式和范围常各不同。一动万动，任何一动都会影响一切动，也就是任何一动都会受一切动的影响，而成动的法则。惟人，可能超越动则而可彻动因及其空幻，而止于不动。然此非世间教育之事。世间教育仅希做到循动则扩展动的范围和方式以至于无尽，创造所谓人间文化，则第一步须从祛除物障做起。”[②]

## 第三节　美育与德育的分野及实施

### 一、德育与美育的分野

尽管在吕凤子的美育思想中，往往把德育与美育合流，认定完满的德育一定就其自身而言就是美育，认为这样的美育所养成的人格或心性才是充满着悦乐之情与无私之心的，但是就整体而言，他还是把德育与

① 吕去病主编:《吕凤子集》,天津人民出版社 2005 年版,第 13 页。
② 吕去病主编:《吕凤子集》,天津人民出版社 2005 年版,第 83 页。

美育进行了必要的、清晰的区分，当然，这是建基于道德活动与审美活动区分之上的。

与上述对审美活动尤其是艺术欣赏活动之中的“若虚物”“若虚相”“若虚感”的分析大多来源于康德一样，吕凤子对于真、善、美三种价值之间的联系与区分也大多来源于康德。只不过，他比康德更多地强调了三种价值之间的统一性。他说：“自感之方面说明自然本体曰绝对美，自知之方面说明自然本体曰绝对真，自意之方面说明自然本体曰绝对善。名因说明方便别而为三，其实一也。又一切心有若虚作用，有实在作用，实在作用恒为现在之实在所缚，凡不为现在之实在所缚者，名之曰若虚作用，此其分别一。若虚作用以感为基，即以感为主；实在作用以感为基，以知或意为主，此其分别二。”① 在这里，虽然他指出了真、善两种价值的根本特质在于其“实在感”（即真、善与感——美的区别），但是他还是更为深刻地指出，即便是真、善这等充满“实在感”的事业，如果没有一颗超越的、“若虚感”的心灵投入其中，那就不可能取得丰硕的成果。而且，他认为，在“实在物”与“若虚物”“实在感”与“若虚感”之间要进行均衡的发展，才是合理的，当然，“真”与“善”的事业要在“若虚感”——审美精神的统领之下前进。他说：

> 以感为主，其感始得脱离实在而若虚；不以感为主，而以知意为主，其感即不得脱离实在而若虚。知意作用，亦即不得脱离实在而若虚，弊必至于为现在之实在所缚，而不能尽心之用。故欲尽心者，必使心之若虚作用实在作用同量发展，而若虚作用恒为实在作用发展之导因焉。故曰美育即德育之所以为德育，德之所以为德者，德之质。故曰若虚者道德之质，德之质由若虚心之作用而发见，德之形则待实在心之作用而发见。②

① 吕去病主编:《吕凤子集》,天津人民出版社 2005 年版,第 14 页。

② 吕去病主编:《吕凤子集》,天津人民出版社 2005 年版,第 14 页。

在这里，吕凤子以“感”来对应知、意——心灵的三种能力，分别对应与创造美、真、善三种文化价值。在汉字用字的角度而言，尤其是在汉语哲学或者汉语美学的角度而言，“感”字远远比“情”更为恰当。“感”字渊源于《周易》之中的“咸卦”，其所传达的正是生活哲学或者人生哲学的主客不分的构成特性，这是“情”字不堪相比与承担的。从上述论述可知，吕凤子一方面强调真、善、美的各尽其能，一方面又强调真、善的最终导因在于“若虚作用”，而且他对美育与德育关系的描述更加具体入微，认为“若虚者”乃“道德之质”或者本性、根本，也就是说道德的根本之处——“抑欲”——须由“若虚之心”发现，这就是吕凤子所说的道德之“理法”之“理”，而道德之“法”则由“实在心之作用而发现”，可见，吕凤子对德育与美育之间关系的看法与惯常的以美育佐德育、以美育促德育的思想是完全不同的，原因就在于他把道德的内在本质理解为脱离私人之欲的“理”，而这种“若虚”之“理”则在以纯粹艺术品为对象的审美活动之中体现得最为彻底。这正是吕凤子美育与德育关系思想的机杼所在。因而，吕凤子认为在美育与德育之间的区别与联系正在于此。他说：

故但曰美育即德育之所以为德育，不曰美育即德育，此等处最宜辨别清楚。①

艺术教育，绝缘之教育也。夫于外断绝一切实在关系，即断绝一切物缘；于内完全为美的观照，即完全为若虚意识作用之为绝缘。绝缘之相，曰：美相；绝缘之感，曰：美感；绝缘之教育，曰：美的教育。曰：美的教育，合美相美感言之；曰：美感教育，则但从主观方面言之。则吾兹谓图画教育为艺术教育之一，即绝缘教育之一，亦即美感教育之一而决定其教授本义如上云云。岂不然哉，岂

① 吕去病主编：《吕凤子集》，天津人民出版社 2005 年版，第 14 页。

不然哉。[1]

在论及美育与德育区别之时，吕凤子更为具体地论述了“审美假象”问题。他说：“若虚感感若虚相，而生若虚快焉，快则即合若虚之真我真物，于若虚意识界之谓美。此吾说也。曰：客观之实在，适合于主观之理想内容，即抽离焉，而成假象之谓美。”[2] 而且，他还改造了黑格尔所言“美是理念的感性显现”之说。他说：“自邦嘉尔典创立美学，及今百数十年，或持主观的观念论，谓美全属于主观，即全为主观的精神作用。或持单纯实在论，谓美为物之客观的属性，存在吾人感觉之外。或持先天实在论，调和二者之说，谓物之为物，无所谓美，唯对观者之意识内，起有主观的写象，美斯在焉。然此主观的写象之起，实起于客观的实在，即主观现象中之美。实由对境与对观者二者相交互而生，舍对观者固无所谓美，舍对境亦无所谓美也。根据此说，更求美于所谓假象之中，即现世盛行之具象理想论。”[3] 他认为，以上这两种说法没有什么区别，他所要强调的是其中审美对象——艺术作品的“虚”与“假”的维度。他说：

> 无以异而易假曰若虚者，美在若虚意识中明明有象，假不得也。假者真之反，美非真之反也。若虚非实在之反，若虚实在，体一而用殊也。体一而用殊者，实在与实在交而辨真假，若虚与若虚交而别美丑也。若虚与若虚交感若快焉，斯谓美感，若不快焉，斯谓丑。斯谓美者，若虚物我交而契也。交而契者，客观之实在，适合于主观之理想内容也。彼不知理想内容有若虚焉，发见于若虚意识界也。[4]

① 吕去病主编:《吕凤子集》,天津人民出版社 2005 年版,第 24 页。
② 吕去病主编:《吕凤子集》,天津人民出版社 2005 年版,第 14 页。
③ 吕去病主编:《吕凤子集》,天津人民出版社 2005 年版,第 14—17 页。
④ 吕去病主编:《吕凤子集》,天津人民出版社 2005 年版,第 17 页。

在此，他特别着重指出，“若虚相”或者“若虚物”只是超越性之“虚”，而并不是“假”，尤其不是与“真”相对的“假”，按照吕凤子的话说，“真”与“美”是不矛盾的，因此，即便如黑格尔所言“理念”或者“理想”本身也是“若虚”的。

在美育与德育之间的关系上，美育之所以能够对德育发挥如此巨大的作用，吕凤子认为正是因为“自我”之“实我”与“若虚我”是一个“我”，而“自我”的注意力的能量是有限的，或者内时间意识的构成是前后相续的，因而，如果把注意力放在纯粹的艺术作品之上，那就自然而然会产生“若虚我”，因而，美育之同时作为德育就在起作用。正如他所言：

> 投入美的假象之实我，乃乐乎美之实我。非寻常具得实际的或理论的性质之实我，则大谬不然矣，实我岂容有二个哉，夫亦曰合而已矣。合者，若虚合于实在则若虚消，实在合于若虚则实在失也。引者，若虚先，实在后，相别而不相悖，相依而不相淆也。引之合之，美育之事也。①
>
> 今之一般谈美育者曰：美育之成立，本于二个原则。一关于一般之美，即修养美的嗜好，由中正和平理想等感化，而引起其道德的趣味是也。一关于特殊之美，即含有葛藤美中，凡一切道德势力之胜利，有可见为美者。积此等经验，在实际上无异涵养道德之情操是也。认美育为德育之方便，与吾兹所谓引之合之，辞异而意实同。②

因而，在美育与德育之间既存在着明显的区别，又不能把两者的差异、差别之处理解为不相干。如果在美育与德育之间能够架起一条桥梁，

① 吕去病主编:《吕凤子集》,天津人民出版社 2005 年版,第 22 页。
② 吕去病主编:《吕凤子集》,天津人民出版社 2005 年版,第 22 页。

那么这个桥梁就是“欲”的抑制与削弱，这也是吕凤子一再所强调的。他说：“真我为主，实在我与一切客观实在为宾。真我为君，实在我与一切客观实在役于君而为臣也。我相既泯，执着自化，此实在我之同情，所以易与若非实在之美感合也。合而谋尽其用，真之事也；谋尽其欲，善之事也，由是而造真善之极焉。便之至也，非由是则无以造真善之极。我相不除，执着不破，欲终不可抑也（以前所谓抑欲，纯指私欲）。是故引者合之缘，合者引之便，变无害常，常引便合，便合常引，以至于无穷尽。美哉善乎，真之谓欤。学者诸君于此，可知一切学术之名指之界说，均方便的，非绝对的。即一切学术莫不有相互关系，相因作用，岂唯美育德育无从立绝对的区别已哉。”① 这应该是吕凤子对美育、德育之区别与联系最为简捷明了的回答了。

## 二、美育的实施

吕凤子特别重视儿童的美育，因而也就尤其重视小学中的美育或艺术教育。他说：“我们负的最大责任是指导儿童学习做合理的儿童。应该时刻注意他们身体的发育而祛其障碍，时刻注意他们情意的偏向而指导辅导助其发展，并教以怎样学怎样思的方法。时刻注意他们整个心的活动是否不绝的循合理的途径在进展，抑已止于过程中某一点，而防其有所执而病。如已有所执，应亟设法导发其爱异及好奇情绪，恢复其健康。”②

在论及自己的美育学说往往得不到完整而准确的理解时，他认为其中的问题并不在于自己说得不好，而是这些言论所针对的对象都是没有经受过良好艺术教育的“成人”，因而招致误解等等是可以理解的。他说：“教旨既明，复次，当述教材教法。费矣，为教旨二言，啰唆至此，学者诸君得毋议其好辩已甚乎。则吾有说，忆吾与学者诸君处，三年于

① 吕去病主编：《吕凤子集》，天津人民出版社 2005 年版，第 23 页。

② 吕去病主编：《吕凤子集》，天津人民出版社 2005 年版，第 73 页。

此，尽我力未能引起学者诸君乐乎美之情，俾无往而不感物之若虚相。固由吾力微薄，亦由学者诸君自幼感物之实相，已成习惯，解脱斯难。假令吾与处者非成人而儿童，则吾敢信吾力决不虚掷。即学者他日苟用吾力教育儿童，必获相当效果。”①

这些见解凸现了吕凤子对儿童心理、儿童教育心理的深刻理解，儿童的世界观尚未形成，接受能力极强，因而是施行美育的最好时机。他说：

> 盖儿童富感性作用，于时培养其美感，顺且易也，于时使立德之基，易且固也。教育事业，纯粹道德事业也。教育儿童，允为道德事业之根本事业。于时不能培养其美感，使立德之基，不道德之甚也。教育事业，福人之事业也。宜乎首绝祸根，意在人人，宜乎首抑兽性的无厌之欲。不则日谋息争，而争自若；高谈道德，而俗益薄。②

而且，他更认为在小学美育之中尤其要牢牢把握住美育与教育的根本宗旨，而不能随功利之心，在实施上朝三暮四。他说：“惑于现象，头痛医头，脚痛医脚，莫悉病根之所在，但朝易一方，夕换一药，譬庸医以人为戏，此其行违道悖德为何如。而致此之由，则全在未悉人类教育本意之谓何，目的之所在，与夫德育美育之关系，并德育美育与小学校之关系。”③ 因而，他倡言应该在美育上从早抓起，由教师身体力行，践行美育与教育的根本意义。他说：“此吾所以不惜词费，啰唆至此，亦欲学者诸君于此知负责之重。立定脚跟，放开眼界，化除我相，从道德根本上做去。先自无往而不感物之若虚相，庶几可以艺术诏人乎。先自无

---

① 吕去病主编：《吕凤子集》，天津人民出版社 2005 年版，第 24—25 页。

② 吕去病主编：《吕凤子集》，天津人民出版社 2005 年版，第 25 页。

③ 吕去病主编：《吕凤子集》，天津人民出版社 2005 年版，第 25 页。

往而不引起同情，庶几可以道德勖人乎。行勉矣，学者诸君，吾岂好辩哉。”①

就对美育的实施而言，他还特别强调“欣赏”之于美育的根本意义，他说：“我们要从鉴赏一切认识一切。我们不是要在这里讨论认识的可能性。我们只是说：凡是可鉴赏者皆可认识，凡是不可鉴赏者皆不可认识。可鉴赏者变异之综，变异之容；可认识者变异之质，变异之则。可鉴赏者不限于方在事象，凡可入意识而构成意象者皆可鉴赏。我们要由鉴赏而认识，由认识而鉴赏。我们反对崇鉴赏者忽认识，尊认识者遗鉴赏。我们要知一切变异之质而鉴赏之，要知一切变异之则而鉴赏之。要鉴赏未经认识之一切，更要鉴赏既经认识之一切。”② 而且，鉴赏也绝不是泛泛意义上的欣赏，而是与他自己一再倡导的人与人之间“兼爱”“就异成异”的美育思想完全一致的，他说：“我们要鉴赏一切可鉴赏的自然行为，更要鉴赏一切自然行为既成人间行为而仍为鉴赏对象如初的行为。如成己成异的爱的行为，本属自然行为，所谓化的行为，既被认为义的行为，而行为者实仍行乎仁未尝稍涉勉强，这便叫做始终基于鉴赏的行为。我们尝分人间善的行为为自然行为与返于自然行为两类，自然行为是止于爱的，返于自然行为是由义而仁，仍是止于爱的。我们以为离开爱的鉴赏无所谓美，离开爱的行为无所谓道德。所以我们便认始终基于鉴赏的行为为人间最有价值的行为了。”③

就吕凤子的美育思想而言，自始至终充满着强烈的浪漫主义色彩，因为他的美育思想既是彻底的德育主义，又是彻底的美育主义。他认定了美育与德育的合流与统一，而且这种合流与统一不是把美育视为德育的手段与工具，而是通过对人性、道德、心性、欲、情的深刻分析，所得出的深刻结论。当然，需要指出的是，吕凤子只是看到了美育之中涉

① 吕去病主编:《吕凤子集》,天津人民出版社 2005 年版,第 25 页。
② 吕去病主编:《吕凤子集》,天津人民出版社 2005 年版,第 84 页。
③ 吕去病主编:《吕凤子集》,天津人民出版社 2005 年版,第 85 页。

及纯粹艺术作品的一个领域，并不涉及日用品、空间自然环境以及对人自身的审美活动。而且在伦理学的领域，在人性道德修养与养成上，最为主要的还须通过道德自身的修养功夫。在德育与美育的关系上，应该通过德育与美育的重合之处，或者通过道德与审美的重合之处，来探究美育与德育之间交互作用的内在机制。我国古典哲学与文化教育之中的礼乐教化就是如此。如果把道德的一切修行、修养活动都看作是应该禁止或者抑制的“欲”，那就太过消极了，也就会以偏概全。不过，这种浪漫主义的情怀以及不遗余力开展审美教育的决心无疑是值得尊重的。

# 第九章　陈鹤琴的儿童美育思想

陈鹤琴（1892—1982），浙江上虞人，我国现代著名教育家，儿童教育家，我国现代幼教事业的奠基人。他所从事的儿童美育理论的研究，既有深刻透辟的理论概括与清醒的本土问题意识，更有来自于本人的对儿童的热爱。作为父亲，作为儿童教育研究者、组织者的他常常在著作中精确地描述、记录自己孩子的成长经历。他说："我素来很喜欢小孩子，小孩子也很喜欢我。不但喜欢小孩子，我也常常同小孩子一起玩，一起生活，所以小孩子的性情习惯在未研究儿童心理以前，我已略知一二。"①

## 第一节　儿童心理研究中的美育思想

### 一、儿童心理特性中的美育因素

在我国以儒家文化为主流的教育思想中，对儿童的教育与认识不可谓不重视，但是其中的弱点也是极为严重的，比如认为儿童在"父父子子"的血缘伦常体系中，应该对家长绝对服从，盲目地听命于父辈的教诲，儿童只是传宗接代的一种工具，对于儿童的教育只是采纳较为含混的、模糊的方式、方法，不能与成人的教育进行清晰的区分，尤其是在对儿童的美育中融进了过多、过于沉重的封建伦理观念，这都是在传统文化中不良因素在儿童教育、儿童观中的最主要的体现。

---

① 北京市教育科学研究所编:《陈鹤琴全集》第一卷,江苏教育出版社 1987 年版,第 11 页。

在晚清以来，我国知识分子对于儿童的教育极为重视，把儿童视为国家的未来，尤其是引进国外自文艺复兴以来的儿童观、教育观，来改进传统的童蒙教育。陈鹤琴在1921年所撰写的《儿童心理及教育儿童之方法》一文中，就鲜明地指出了自古而来，延续至今的儿童教育存在的问题：

常人对于儿童的观念之误谬，以为儿童是与成人一样的，儿童的各种本性本能都同成人一色的，所不同的，就是儿童的身体比成人小些罢了。若诸君以为这句话未免太过，那末我举几个例，来证实证实。我们为什么叫儿童穿起长衫来？为什么称儿童叫“小人”？为什么不准他游戏？为什么迫他一举一动要象我们成人一样？这岂不是明明证实我们以为儿童同成人一样的观念么？儿童既然同成人一样，所以他亦应当穿成人的长衫马褂，不晓得长衫马褂与他的行动大生妨碍，并很违逆他的好动本性。至于叫他端端正正地坐在家里，不得往外游戏，这是愈不对了。但以上所说的误谬观念、误谬教育，到了今天仍是如此。假使我们要收教育的良果，对于儿童的观念，不得不改变；施行教育的方法，不得不研究。①

可以看出，陈鹤琴是要对儿童自身的身心特点做教育学与心理学的研究，树立一个正常的、健康的、文明的儿童观，并在儿童教育之中进行贯彻实施。在陈鹤琴的一生中，都在为适合儿童的教育辛勤探索。他说：“儿童不是成人的缩影，而是有他独特的生理、心理特点的。幼儿期是身体和智力发展的极为重要的时期，必须掌握其特点，掌握其生长发展的科学规律，才能把幼儿教好、养好。儿童心理学的知识对于进行幼儿教育是异常重要的。特别要重视对幼儿从初生到学龄前这一段的心理发展和各年龄的心理特点的研究（包括心理活动的生理机制，心理活动

① 北京市教育科学研究所编：《陈鹤琴全集》第一卷，江苏教育出版社1987年版，第1页。

和生理变化的关系），掌握幼儿的特点和心理发展的规律，把幼儿教育的工作建立在科学的基础上。”① 从儿童教育所需书籍材料的角度，他说：“现在我们中国，要言教育儿童，第一困难的，就是没有儿童用的书。各处书坊，虽不乏此项出版物，而求其适合儿童需要者寥寥无几。”② 因而，儿童用书的缺乏实际上也是儿童观落后的一种典型体现形态。

具体来看，他把儿童的心理归结为以下四类：

1. 好动心

> 儿童生来好动的，他喜欢听这样，看那样；推这样，攫那样；忽而玩这样，忽而弄那样；忽而立，忽而坐；忽而跳，忽而跑；忽而哭，忽而笑。没有一刻的工夫能象成人坐而默思的。你要叫他象成人的样子穿了长衫，规规矩矩坐起来，他实在觉得精神上痛苦不堪。你要问我：“儿童虽然生来好动的，但坐坐有什么难处呢？”咳，你不晓得他的心理嘎！儿童为什么好动呢？因为他的感觉与动作很连通的，若他一想到吃，他就去寻东西吃。他一觉得痛，他就哭。他一听得门外欢呼声，会即刻跑出去看。总之，儿童还没有养成自制力，他的行动完全为冲动与感觉所支配。③

因而，儿童的心理是没有什么自制力的，但是这种自制力的缺乏是儿童学习的一个最大的良机，因为儿童在与世界广泛的接触中学到了真实的、具身投入的人生经验。

2. 模仿心

> 儿童学习言语、风俗、技能等等，大大依赖这个模仿心。他生

① 北京市教育科学研究所编：《陈鹤琴全集》第二卷，江苏教育出版社 1989 年版，第 661—662 页。

② 北京市教育科学研究所编：《陈鹤琴全集》第四卷，江苏教育出版社 1991 年版，第 1 页。

③ 北京市教育科学研究所编：《陈鹤琴全集》第一卷，江苏教育出版社 1987 年版，第 1—2 页。

来不能说方言，到了 1 岁的时候，就咿唔的要说起来了。到了 3 岁的时候，一乡的方言就学会了。假使他生在英国，他就能讲英语了；假使生在德国，他就会说德语了。儿童的模仿力实在是大，不仅对于言语是如此，对于一国风尚文化亦莫不如此。这样说来，寻常儿童的优劣智愚，虽有先天的基础，亦决定于后天环境的影响。倘若儿童处的环境是卑鄙龌龊的，那末难望其光明正大的了；倘若环境是奢侈繁华的，难望其能节俭朴实的了。①

因而，在美育活动内容、教材、对象的选择上就要考虑到儿童模仿的天性，在内容的真、善、美方面进行仔细斟酌，尤其是要利用儿童道德成长心理的中的模仿冲动使美育达到道德教化的目的。

3. 好奇心

好奇心关于儿童之发展，文化之造就，具莫大势力的。儿童凡对于一切新的东西就生出好奇心。一好奇，就要与新的东西相接近。一接近，那就晓得这个东西的性质了。假使儿童与新的境地相接触愈多，他的知识愈广。虽然由好奇心所得的知识，一时不发生效力，但后来于实用上很关紧要的。比方他以好奇心的缘故，知道木能浮水，蜂能刺人，火能烧，刀能割，这些经历，这些知识，于他将来很有用处。②

4. 游戏心

儿童好游戏乃是天然的。近世教育利用这种活泼的本能，以发展儿童之个性与造就社会之良好分子。幼稚园教育，即根据游戏本

① 北京市教育科学研究所编:《陈鹤琴全集》第一卷,江苏教育出版社 1987 年版,第 2—3 页。
② 北京市教育科学研究所编:《陈鹤琴全集》第一卷,江苏教育出版社 1987 年版,第 3—4 页。

能。中小学校亦以游戏为施教之良器。但是吾国社会对于游戏不加注意，甚有以为学校不宜让儿童游戏的。普通人常以游戏为顽皮。[①]

通过上述“四种心”的论述与描述，可以看出，“游戏心”是儿童心理尤其是美育心理的核心所在，其他“三心”都可以围绕“游戏心”来进行活动，或者可以把“游戏心”演化为各自活动的呈现状态，比如模仿心的模仿内容可以包括绘画、戏剧、文学等等的游戏活动等等；“好奇心”又可以呈现为通过文学、绘画等再现性较强的艺术作品，增强与扩展对世间万物的认识与掌握。

在陈鹤琴对自己孩子自出生以来800多天的观察中，就可以看到游戏中的音乐等内容的具体呈现。比如他说：“近来他喜欢上下跳跃：你抱他立在膝上，两手扶着他的两胁，并提他一提，他就上下跳跃，以后一抱他立在膝上，他就要跳了。”[②] 在这里所指的就应该是游戏之中所包蕴的节奏、音乐的元素。到了第65星期，陈鹤琴记录说：“他能欣赏音乐的节奏：素来他听音乐的时候很多，近两星期来一听见留声机的音乐，他就在地上跳跃并且能符合节奏，音乐的节奏快些，他跳得也快些，音乐的节奏慢些，他跳得也慢些。”[③] 这体现出音乐给孩子的成长带来的快乐。而66周则是——“缺少音乐的影响：近几个月来，他没有听见什么音乐，他父母也没常教他唱歌，他的态度好象没有从前的快乐”[④]。这便是没有了音乐游戏所导致的生活的索然了。这些出自于第一人称的成长记录对于美育的研究而言可谓最生动的、切实的、珍贵的材料。

除了以上“四种心”，陈鹤琴认为还存在群居心、竞争心、畏惧心、

① 北京市教育科学研究所编:《陈鹤琴全集》第一卷,江苏教育出版社1987年版,第6页。
② 北京市教育科学研究所编:《陈鹤琴全集》第一卷,江苏教育出版社1987年版,第70页。
③ 北京市教育科学研究所编:《陈鹤琴全集》第一卷,江苏教育出版社1987年版,第78页。
④ 北京市教育科学研究所编:《陈鹤琴全集》第一卷,江苏教育出版社1987年版,第80页。

争斗心、嘉许与谴责心等。

## 二、"游戏心"之于美育的具体呈现

在陈鹤琴 1925 年所著《儿童心理之研究》一书中，他对"游戏"之中的审美因素以及美育因素进行了更为具体的研究。在此著中，除了引述自己对孩子成长的切身观察之外，他更是把视野转向国外的众多游戏学说，进行了深入的探讨与消纳，并进而提出独具新意的看法。

首先，他深入地探讨了游戏的价值。

第一，他认为游戏是一种自然的、充满兴趣的、活泼的运动，这对于儿童身体的成长是极为重要的。他说："游戏的时候儿童不知不觉的会将他的全副精神拿出来的。因此游戏可以锻炼他的筋骨，辅助他的消化，促进他的血液循环，增加他的肺之呼吸。"①

第二，他认为游戏可以培养高尚的道德，他说，在游戏中会有很多很多的系统的规则，否则游戏便无法进行，这些规则包括自治、克己、忠信、独立、共同作业、理性的服从、纪律、公平、信实、尊敬他人等等，都可以在游戏中以生动的状态呈现出来。他说："游戏是一种发展儿童道德之利器，吾人万不可忽略。"②

第三，他认为游戏可以让儿童"脑筋锐敏"③。他说："游戏亦能发展智力。如判断力、知觉力、观察力、想象力、创作心、冒险心，皆能从游戏中渐渐养成的。"④

第四，他认为游戏是让人得到休息的灵丹。他说："人之精神有限，不能经年累月的勤劳。休息与放弛是必需的，比方某儿童在学校读了 6 点钟的书，他一定觉得有点困疲。那么，最好的休息方法是什么？我们可简直说，除了游戏之外，没有好的灵丹。一游戏，他的脑筋就得放松；

---

① 北京市教育科学研究所编:《陈鹤琴全集》第一卷,江苏教育出版社 1987 年版,第 200 页。
② 北京市教育科学研究所编:《陈鹤琴全集》第一卷,江苏教育出版社 1987 年版,第 201 页。
③ 北京市教育科学研究所编:《陈鹤琴全集》第一卷,江苏教育出版社 1987 年版,第 201 页。
④ 北京市教育科学研究所编:《陈鹤琴全集》第一卷,江苏教育出版社 1987 年版,第 201 页。

他的心思，就到游戏上去了。总上说来，假使我们要发展儿童活泼的精神，非介绍适当的游戏不可。”①

其次，他对国外的许多游戏理论进行了深入研究。

游戏产生的“力量剩余”学说的主要代表人物是席勒、斯宾塞等等，陈鹤琴对他们的学说进行了极为简洁的总结。他说：“动物将一部分的力量，花费于保持生命的动作，余剩的力量要激起动物作各种无谓的动作。愈是低级的动物，所费于保持生命的力量愈多，所余的力量愈少，所以游戏亦愈少。愈是高级的动物，所费于保持生命的力量愈少，所余的力量愈多，所以游戏亦愈多。”② 他还说：“这个学说，确实有点道理，游戏当然要靠力量发生的，力量是游戏的主因。”③ 针对游戏产生的“休养”学说，陈鹤琴认为，该说不能成立，因为如果说游戏的产生出自于用它来恢复身体与精神上的各种损失，那么实际上只有睡眠与饮食可以恢复。他说：“游戏只可以调剂疲劳，不能恢复损失；游戏的功能，不过使人减少疲劳的感觉，却不能减少疲劳。”④

他认为，游戏活动出自“生活预备”的说法也是不能成立的。因为“本能是依现在的环境而发生用处的。他说男孩喜欢玩兵，女孩喜欢玩洋囡囡，这全是后来环境的影响，作兵的当然是男子，作母亲的当然是女子。儿童对于性别方面没有了解的时候，也有时乱玩的，如 2 岁的男孩喜欢抱洋囡囡，自作母亲的样子，女孩子也有作当兵游戏的。所以女子玩洋囡囡，男子玩兵，也不是一种固定的事实，常常依环境而变迁的。试问，儿童作狗、作猫的化装游戏，是不是预备他将来做狗做猫的？”⑤

---

① 北京市教育科学研究所编：《陈鹤琴全集》第一卷，江苏教育出版社 1987 年版，第 201—202 页。

② 北京市教育科学研究所编：《陈鹤琴全集》第一卷，江苏教育出版社 1987 年版，第 202 页。

③ 北京市教育科学研究所编：《陈鹤琴全集》第一卷，江苏教育出版社 1987 年版，第 204 页。

④ 北京市教育科学研究所编：《陈鹤琴全集》第一卷，江苏教育出版社 1987 年版，第 204 页。

⑤ 北京市教育科学研究所编：《陈鹤琴全集》第一卷，江苏教育出版社 1987 年版，第 205 页。

再次，也是最为重要的，陈鹤琴根据以上对游戏的学术史及其价值的研究，提出了自己全新的见解，并对游戏之于美育的意义及其呈现方式做了具体的阐释。

他认为，游戏的发生需要两个主要条件以及两个附加条件，这些条件按照各自重要性的不同，依次是：

1. 游戏的力量（energy）。
2. 游戏的能力（ability）。
另外，也有两个附加的条件：
1. 要有快感。
2. 好动的天性。①

在对以上四个条件的分析中，他着重分析了游戏的“快感”：

1. 生理上的快感：（1）觉官的：各种觉官与事物相接触，都可以发生感觉，感觉不外乎快乐与不快乐两种，如儿童喜欢把东西放在口里，喜欢听音乐的声音，喜欢看鲜明的图画，这皆是快感的表示。（2）身体上各种动作，除了激烈的之外，差不多都能发生一种快感，如跳、跑、舞拳、摇摆等动作，都能发生很浓厚的快感。

2. 心理上的快感：儿童玩球得胜了，就觉得很快乐，这是因比赛而得胜的快感。还有因成功而快乐的，如小孩用木块搭成宝塔，用泥土做成人形，儿童因为看见做成功了，就显出很快乐的样子。游戏不外团体和个人两种，团体游戏发生比赛的快乐，个人的游戏就发生成功的快乐。

3. 社交上的快感：人和动物都喜欢合群的，小孩也是喜欢同别人和物（狗猫）玩的。同人玩而发生的快感，就是所谓社交上的快

① 北京市教育科学研究所编：《陈鹤琴全集》第一卷，江苏教育出版社1987年版，第215页。

> 感。为什么与人玩会发生快感呢？这是因为两方面都有刺激和反应的缘故，而且人的刺激同反应是变化的，活的，所以发生的快感格外多；如果刺激同反应来得少，快感也少。比方一个小孩同一个年龄相似的小孩玩，两方都很活泼，都有无穷的刺激同反应，发生的快感也是无穷了，游戏的时间也能持久了。①

就上述征引的两段文字来看，陈鹤琴既忠实地对游戏快感的分层状态进行了清晰的构成划分，这种划分是从相对抽象的意义上来进行的，比如从身体、精神与群体出发进行分类，而且更为重要的是把游戏作为一种整体的行为来看待。比如对于社交游戏之中主体间性的快感描述，陈鹤琴的描述可谓精微，也就是说，这种游戏活动发生在主体之间的互相吸引、激发、逗弄中，而且他还特别指出了游戏作为一种愉悦行为的时间性。这些对游戏活动的生动描绘可能在字面上看是很简单的，或者更为准确地说，是很质朴的，但是对于美育理论来说，陈鹤琴指出了这一学科得以逻辑性地立足的根本之处——包括审美活动在内的游戏活动是一个包括了主体与客体，主体始终指向客体或者主体始终指向主体的时间性过程，且这一游戏过程是一个充满冲动、注意力凝结、向前涌动的愉悦过程，陈鹤琴的文笔总是如此鲜活、生动，把游戏活动质朴、原始的状态描绘的显露无遗。

尤其是陈鹤琴把“游戏”的能力单列为最重要的两个条件之一，更能显示出“游戏”虽名为“游”与“戏”，但是游戏本身是一个严肃的、理性的且需要进行学习、呵护、养成、训练、教育的高尚事业，既需要严肃地对待游戏本身，遵守游戏的规范，又要进行专门的学习、提高，获得从事游戏的能力，并在进行游戏的活动中持续地提高能力。陈鹤琴曾经引述帕尔默对于游戏所做的五种分类，其中每一类游戏都与审美有

① 北京市教育科学研究所编：《陈鹤琴全集》第一卷，江苏教育出版社 1987 年版，第 214—215 页。

着直接的关联：

（一）关于发展身体的游戏，这又分为两小类：

1. 觉官游戏——如听的，看的，触的，嗅的各种游戏。

2. 动作游戏——如儿童自己动作的游戏。

（二）关于发展社交的游戏——凡各种团体游戏如捉迷藏及各种比赛。

（三）关于发展言语的游戏，又分两小类：

1. 言语游戏——讲故事、读童谣等游戏。

2. 歌唱游戏——如表情唱歌。

（四）关于发展手的游戏，这又分为两小类：

1. 手工游戏——如积木、图画、折纸等游戏。

2. 球戏——如各种颜色球、皮球、木球等游戏。

（五）关于发展人生观的游戏，这又分为两小类：

1. 化装游戏——如装作父母，装娶亲的游戏。

2. 手指游戏——如以手指在灯光下作各种形状的游戏。①

对于游戏活动之中音乐的作用，陈鹤琴尤其关注。他说："游戏最好有音乐为之鼓兴：节奏动作，儿童非常喜欢的。音乐是有节奏的，儿童素来喜欢听的。假使把儿童的游戏同音乐结合起来，儿童的兴趣一定格外的浓厚。这个原则，近来幼稚园已经采用了。"② 这正是陈鹤琴把"儿童以游戏为生活"这一思想在美育上的最典型体现。

① 北京市教育科学研究所编:《陈鹤琴全集》第一卷,江苏教育出版社 1987 年版,第 215—216 页。

② 北京市教育科学研究所编:《陈鹤琴全集》第一卷,江苏教育出版社 1987 年版,第 231—232 页。

## 第二节　儿童艺术教育思想

### 一、倡导创造性的、个性化的艺术教育

陈鹤琴在1930年所撰写的《创造的艺术》一文中，集中阐述了对于儿童艺术教育的观念——倡导进行创造性的、体现受教育者个性的艺术教育。

他认为，虽然图画是小孩子生来就喜欢看的，但是普通的小孩子在家庭里得不到相当的教育机会来发展自己的能力。而在学校进行的艺术教育也存在很多弊病，比如，“中国现在普通的学校，对于艺术一科并不注意；教师也不晓得怎样去教。艺术本是一种很有生气的科目，现在把它教得干燥乏味，一点没有什么意思。有的教师在黑板上画一个图，教小孩子依样画葫芦地画了一张。有的教师拿一张名画教小孩子临摹。好一点的教师，拿一些实物，如茶杯、砚台、笔架、花瓶等等教小孩子写生。小孩子在上课以前，一点不晓得要画什么；一进了教室，承了先生的意志，随便地涂了一张。这种机械的教法，模仿的画法，无非是埋没他的想象，抹杀他的思想，摧残他的个性”①。也就是说，其中的问题在于，一是不重视，二是艺术教育中存在着对创造性活动的抑制，而审美活动的特性就在于自由与创造性。

陈鹤琴借鉴了美国哥伦比亚大学师范学院教师道（A. W. Dow）以及芝加哥大学教育学院教师沃尔特·沙尔金在艺术教育上的积极见解，这包括：

> 第一，搜集关于艺术讨论的各种材料，依照各级学生的程度，编成有系统的教材及各种教科书。
>
> 第二，将各种艺术的原质，如结构、图案、曲线、匀称、调和

① 北京市教育科学研究所编:《陈鹤琴全集》第四卷,江苏教育出版社1991年版,第115页。

等，用各种古今简单的例子表白出来，以便教师实地应用。

第三，将图案的应用，色学的原理，推行到自然界、工艺界、科学界，使艺术教育在日常生活中占一个重要的地位。[①]

因而，以上所述对美育、艺术教育的意义在于，其一，应制定艺术教育的教材，按照年龄段的差异进行具体编写，并使之系统且可操作性极强，陈鹤琴举例说，在一年级所做的——“教一年级生画麻雀，老师给小孩子一张麻雀轮廓画，一张空白纸，中间叫他衬着一张复写纸，用铅笔依轮廓画一只麻雀。画好之后，依轮廓剪下来，着了色，放在桌上。这种教法——印画、着色、剪贴，使小孩子可以知道麻雀的形状；不过小孩子可以不要多加思索，只要模仿现成的图形，这样画法是没有什么个性的，也没有什么创造的”[②]。到了二年级就可以有所提高——“教师按部就班地教他各种技能、各种知识，如配景远近、敷色、取景，等等，依儿童的年龄逐步教授，使儿童在短期间内充分了解，实地绘画”[③]。因而，从中可以看出审美能力的发展与提高。其二，应该按照艺术门类的差异，把各类艺术之中的最基本的元素反映到艺术教育的教材以及各种参考材料之中，给予教师教学上的充分准备与辅助。其三，应该把艺术教育中的元素、价值、意义延伸至生活世界，且自然而然地延伸至日常生活世界，使艺术教育走出学校之外，实现其真正的价值与意义。

在此基础上，陈鹤琴进一步指出，虽然以上这种艺术教育理念与操作有很多益处，儿童的审美能力也有一定的提高，但是这种提高主要是体现在“知识”层次上，儿童的个性、创造性、气质并没有受到足够的重视。因为奥地利三位画家——西石克、西特、罗西则对儿童的个性、创造性有着更深更多的了解，受到陈鹤琴的青睐。他认为他们的教法非

① 北京市教育科学研究所编:《陈鹤琴全集》第四卷,江苏教育出版社 1991 年版,第 116 页。
② 北京市教育科学研究所编:《陈鹤琴全集》第四卷,江苏教育出版社 1991 年版,第 116 页。
③ 北京市教育科学研究所编:《陈鹤琴全集》第四卷,江苏教育出版社 1991 年版,第 116—117 页。

常“美满”[①]，而他们进行艺术教育的成果就是，“他们的学生所画的图画，都表现出特异的个性，创造的技能，非以上两位所可比拟”[②]。这三位画家的具体做法可以总结为：其一，不主张干涉儿童的自由，不主张修改儿童的绘画作品，不管是把头部画的巨大无朋，还是把成人的胳膊画的柔弱无双，都应该听从儿童的感觉，而且主张不去模仿古人的名画。石西克说：“我愿教贫家子弟。因富家的子弟，经验较丰富，所看见的美术品较多，这些经验，这些东西，就影响他们的意见和思想。”[③] 其二，先教儿童观察对象的性质与环境，参考关于对象的古画与名画，再加以探讨与自由发挥，而不要进行出自于成人眼光的束缚，尊重儿童的个性，维护儿童的天真。其三，要把儿童的情绪生活充分地表达出来，而不要过多地考虑艺术上的技能与知识，充分激发儿童创造性的想象，保护儿童所画作品的浪漫、奇特，甚至古怪。

在1943年陈鹤琴所撰《奥国儿童画家》中，详细地描述了他到奥地利拜访画家西石克的场景，而且记述了西石克对于儿童画教学的10条原则。在今天看来，这些出自于陈鹤琴实习考察的材料在理论上的价值还是十分重大的：

一、男小孩女小孩不应当在花园里发育，应当在旷野里生长的。儿童应得着自由，不受环境的束缚，不受社会的支配，应当很自然地很自由地发育滋长。

二、小孩子象花草一样，他的发育，也依照永久不变的公律，花草需要日光、雨水、空气、营养，儿童需要自由，需要自然发展。做教师的，做父母的，不要束缚他的思想，不要压迫他的生长。

三、小孩子获得知识，必须经过各种的感官，一种感官是不够

---

① 北京市教育科学研究所编:《陈鹤琴全集》第四卷,江苏教育出版社1991年版,第117页。
② 北京市教育科学研究所编:《陈鹤琴全集》第四卷,江苏教育出版社1991年版,第117页。
③ 载北京市教育科学研究所编:《陈鹤琴全集》第四卷,江苏教育出版社1991年版,第118页。

的。比如研究一只牛，不但用眼睛看它的形状，还要用耳朵听它的声音。你要用手摸摸它的身体，也许你要用脚和它比赛跑路，看看牛究竟跑得快不快。这样一来，你对于牛的认识，格外深切了，若是你只听得它“哞！哞！哞！”的声音，而没有看见它的形状，一旦在路上看见它，你会不认识它是牛的。

四、小孩子并不知道比例，所以他画起图画来，就画得不对，但是我们不必去校正他。

五、埃及、巴比伦和中国的艺术，好象小孩子生长那样自由发展的。

六、艺术是艺术，科学是科学，艺术不应该受科学的影响，一受科学的影响，就不是艺术了。所谓大是大，小是小，大小是不能够相同的。

七、现代的艺术是算术是生理，其实艺术是情感。亚洲有艺术，欧洲还没有得到，欧洲所得到的是科学。中国应当小心防备，不要把古代所留存下来的艺术，被欧洲的科学所侵蚀。

八、小孩子的作品，不要修改，工作要让小孩子自己做的。

九、要注意小孩户的创造性，是他所画的东西，都要有创造的意味。

十、要发展人类的本质，要注重真理，注重现实。①

另外，陈鹤琴还总结了两条艺术教育所必需的条件，其一是“艺术的材料非常丰富。从前在学校艺术科是很简单的，蜡笔画、铅笔画或水彩画几种而已。现在呢？除了上面几种之外，还有染色、木工、皮工、黏土、石膏、油画、漆画、木炭、雕刻、石印、用器画、做地图、做玩

① 北京市教育科学研究所编:《陈鹤琴全集》第四卷，江苏教育出版社 1991 年版，第 124—125 页。

具、肥皂雕刻……各式各样的材料，可说是应有尽有”[①]。其二是“艺术一科已经与各科有相当的联络。从前教图画，与各科是没有什么关系的。现在则不然，艺术科在课程中占很主要的地位。比如在社会科，他们做一个城池的小模型；在地理科，他们计划一张地理图；在历史科，他们画一张战争的图画；在工艺科，他们画一张发明经过的事实图；在演戏剧时，他们自己做衣、染色、制作布景，等等；在表现艺术的精神”[②]。从艺术教育中创作媒介的变化以及艺术教育向生活的拓展与延伸，都可以看出，艺术教育绝不是仅仅局限于学校之内，其手段也不是仅仅局限于纯粹的艺术作品媒介，而且更为重要的是——对艺术教育成效的测试也不能仅仅使用由艺术教育课程制定者所指定的测试指标，这些指标虽然是必要的，但是只能是测试的一种手段而已，因为艺术教育所形成的能力是一种“活”的能力与潜能，它完全应该延伸至日常生活之中，在艺术教育与日常生活之间绝不应该有一道高墙，这才是“创造性”美育特定内涵的真正体现。

陈鹤琴认为，在艺术教育的技能教育与个性、自由等创造性因素之间并没有一条鸿沟，如果没有相当的技能，就不可能画出很好的画来，只是应该具体地探讨技能教育与创造性教育之间的关系及其实际状况。他说：“大概在九岁十岁以前，要注重想象一方面，就是注重儿童天真的作品，就是尊重儿童的个性；那时候儿童自己所要发表的，也不过是发挥他自己的意思，至于画得象不象，他是不管的。但是到了九岁十岁以后，他自己觉得许多意思而不能用艺术工具发表出来；在那时候，我们就可以乘机慢慢地教导他，可是不能过分地注重艺术技能，而忽略思想；也不要只顾收效，而不顾儿童能不能够领会你的教法。所以我们要教他艺术的时候，要顾到他们的能力，所谓‘循循善诱’‘因材施教’

① 北京市教育科学研究所编:《陈鹤琴全集》第四卷,江苏教育出版社 1991 年版,第 119 页。
② 北京市教育科学研究所编:《陈鹤琴全集》第四卷,江苏教育出版社 1991 年版,第 119 页。

是了。"①

所以，陈鹤琴艺术教育的整体理念在于从艺术教育出发，继而进入到更为宽广的日常生活领域以及审美设计领域。其实，日常生活中所使用的日用品正是审美设计最为重要的对象，而且这种注重个性、主观性、气质表达的美育思想正传达出了审美活动与其他人类最主要的几种活动——科学活动、伦理道德活动之间的根本区别，因为在科学活动中的知识教育讲究的正是客观真理的抽象性、客观性与正确性，在伦理道德教育活动中追求的是伦理道德规范自身的普遍性、超越性，而只有审美活动不可能被化约，不可能被标准化，其中的缘由就在于审美活动是一种主客不分的涌动过程，且审美活动的快感是被特定对象的独一无二的构成所奠基的，不同的审美主体对同一对象的感受是不同的，这在审美活动之中都是正常的、合理的现象。陈鹤琴自己所说的话恰恰为此做了最好的注解，他说：

> 他们的口号是发展个性，尊敬自由，注重创作。他们的方法是供给充分的教材，布置丰富的环境，联络各种科目与艺术打成一片。他们主要的意思，是以儿童为中心，智慧与技能都要受儿童支配，不应该让知识、技能来支配儿童。我们中国应当采取这种创造的新精神来改进陈腐、呆板的"艺术教育"。②

## 二、美育首先应该体现为整体性的行为与生活

陈鹤琴对儿童的艺术教育始终怀有一颗生动的心灵，认为艺术教育虽然在其存在的社会领域之内只是属于教育与学校，而且艺术教育本身也是按照艺术门类来划分的，但是由此而养成与提高了的审美能力不会

---

① 北京市教育科学研究所编：《陈鹤琴全集》第四卷，江苏教育出版社1991年版，第119—120页。

② 北京市教育科学研究所编：《陈鹤琴全集》第四卷，江苏教育出版社1991年版，第121页。

局限于学校以及某些特定的艺术门类之内。

陈鹤琴此论可谓正中美育理论最重要的命题之一——美育活动的价值是什么以及审美能力的显现状态是什么。对于美育、艺术教育的理解，往往被限定在特定的艺术门类的教育或者某些特定审美对象领域——比如自然美、社会美、环境美的教育之上，这样做的好处在于使得艺术教育与美育清晰透彻，可以制定适合于每一类审美领域的教育指标、教育内容及其考察的方法、手段，但是其弱点也是极明显的，那就是各自画地为牢，把审美能力理解为仅仅适用于特定的对象与领域，而没有把审美能力的发展理解为一个在不同情境之中呈现的鲜活的生活过程，或者理解为日常生活之中的行为。事实上，审美能力往往就是与审美需要凝结在一起的，也可以说，审美需要不是一种抽象的、笼统的冲动，而是一种能力的具体表征——需要什么样的审美对象，往往是由当下审美能力所决定的。而审美能力则往往不会只是表现在某一特定的生活领域，或者只是针对某一特定的审美对象，而是体现在生活的很多领域，体现为对不同的审美对象之上，这些对象可能是艺术品，也可能是人在日常生活之中的行为，也可能是人与人之间的活动。

他在《音乐在儿童生活中的重要性》（1949）一文中，就以生动的笔触描绘了音乐之于人类的重要性，而且他完全是从人类生活之中的音乐生活的价值与意义来描述的。他说：“音乐是儿童生活中的灵魂。生后几个月的小孩，他会听母亲哼着催眠曲，而恬静地入睡；再大一点，他喜欢听各种优美动听的声音；到二三岁的时候，他能用手和腿，做节奏的动作，如拍手跳跃等。等到进幼稚园的时候，他对于音乐的需求，范围更来得广大，他听见人家唱歌，看见他人奏乐，已由扰攘混浊空气里，走到优美悦耳的音乐世界来。再见到黄鸟儿在树枝上吱喳吱喳地叫着，听见微风把叶儿吹得哗啦哗啦地响，更是充满了乐的动律，歌的抑扬的曲调。不由地他常常模仿，而不停地叫着唱着，还爱哼着不成调的曲子。到小学阶段的儿童，他更知道怎样利用他那天赋的歌喉和节奏的能力，而参加各种音乐活动。不单儿童如此，就是中年人老年人对于音乐，还是一样的喜欢。譬如码头上的工人，他一面抬着东西，一面发出‘杭育杭育’的歌声；深山的樵夫，也常常在夕阳西斜，群雀归巢的时候，高唱着山歌归来；就是劳心的人，也是如此，每当他工作完毕的时候，也常常以轻松愉快的心情，来唱着自己爱唱的歌。所以，音乐是人生不可缺少的一种发抒情感的活动，不管年龄性别，都有热烈的爱好和自发的需要。”①

这种描述看似只是极感性的、印象化的，却是深入美育理论与美学理论的肌理之中、血肉之内的。就整体而言，他所描述的音乐完全是音乐生活，而不是单纯从音乐作品出发，孤立地分析作品中的思想内容、意蕴意境、技巧风格。事实上，任何对作品的合理的分析都是就一个完整的审美活动或者审美行为之中的整体或者整体之中的因素进行评说而已，但是这种评说不管其出发点是什么，不管其方法是什么，都不能破坏与扭曲审美生活、审美行为自身的完整性。就陈鹤琴对人们音乐生活的描述来看，这一完整性就体现为——音乐生活是一个意义与价值——欣赏或者演唱会音乐、歌曲时发生的、凝神的愉悦——正在产生中、兴发着、涌动的行为。这种美育理论、美学理论才是真正的、可爱的美育理论、美学理论，原因就在于如上所述——保全了审美活动与美育活动的完整性。

因此，陈鹤琴主张应该把对儿童的音乐的教育与上节所述“创造性”的美育完全沟通起来，他说：

> 我们知道，大凡健康的儿童，无论是游戏、散步或是工作，他们本能地都爱唱着歌，表现出音乐的律动。因此，我们在教育上，就利用音乐来改善儿童的意志，陶冶儿童的情感，使儿童表现真实的自己，导向于创造性的发展。②

① 北京市教育科学研究所编：《陈鹤琴全集》第四卷，江苏教育出版社1991年版，第457页。
② 北京市教育科学研究所编：《陈鹤琴全集》第四卷，江苏教育出版社1991年版，第458页。

但是，在当时的儿童音乐教育中，存在很多不尽如人意的地方，比如陈鹤琴认为——“大都以音乐作为娱乐科”①。他认为，音乐的娱乐性当然是存在的，但是音乐教学的目的却不仅限于此，还有“更伟大的意义”。这些音乐教学的“伟大意义”主要有两点：

第一，他认为，音乐教学除了技能的教学，更应该把教学的目的完全放在对音乐的“欣赏”上，那么，音乐教学的过程在陈鹤琴看来就应该是——“欣赏指导是让儿童由听觉所感到音乐的节奏、和声、旋律等，而引起儿童对歌曲有自发的要求的一个教学过程；再由歌曲来表现儿童的情感，并使儿童的情感通过音乐的洗炼，而得到至精至纯的陶冶，以至于引导儿童以快活的精神来创造自己的生活”②。在此，他尤其强调音乐教学过程的时间性，也就是音乐教学应该体现为学生具身投入的、沉浸其中的欣赏过程，而不是对受教育者的个体特性、背景、志趣不管不顾，只是进行整齐划一的“技能教育”，陈鹤琴说：

> 我觉得目前一般学校的音乐教学，大都以“唱”为主，着重在技术的陶冶。其实，所谓唱歌，有二方面的意义：一是肌肉运动的歌唱技术；一是从内心而发的精神活动。我们就儿童实际唱歌的情形来观察，好象唱歌的技术是次要的，而所谓从内心而歌的精神活动是第一要义。所以，以儿童为中心来说，所谓唱歌，不单是技术。再以着重个性发展的教育观点来看，对于许多环境不同、素质不同的儿童，用同一方式，强制他们去学习关于音乐的特殊技术，这是很不合理的。所以，以“唱”为主的教学法，很显然是一种谬见。③

因而，这种“技术陶冶”就起不到音乐教育的理想作用，只有遵循

---

① 北京市教育科学研究所编：《陈鹤琴全集》第四卷，江苏教育出版社1991年版，第458页。
② 北京市教育科学研究所编：《陈鹤琴全集》第四卷，江苏教育出版社1991年版，第458页。
③ 北京市教育科学研究所编：《陈鹤琴全集》第四卷，江苏教育出版社1991年版，第458页。

审美活动的基本特性及审美价值呈现的特殊状态，才能使音乐教育成为“创造性”的审美教育，成为儿童乃至于成人鲜活生活中的一个因子，而不是仅仅停留于音乐教育的课堂或者学校之中。

第二，陈鹤琴认为，音乐教育应该跟生活直接相通，他认为，现在的一般学校里实施的音乐教育与生活过于脱节，他说：

> 学校音乐仅仅是音乐教室里面的“唱歌”和舞台上的“演奏”。殊不知音乐的真正价值，在于我们和音乐接触，可由节奏的美，使肉体和精神起共鸣共感，而表现节度的行动；由和声的美，使人感到调和统一，而养成调和性；再由旋律的美，使人感到永久的统一，而养成统一性。因此，我们要凭着音乐的生气和兴味，渗透到儿童生活里面去，使儿童无论在工作、游戏或劳动的时候，都能有意志统一，行动合拍，精神愉快的表现，使儿童生活音乐化。[1]

在这段话里，陈鹤琴既指出了音乐教育存在的问题——囿于学校、教材、技法，又指出了音乐教育的“伟大意义”之所在，其中最值得关注的是他所使用的“生气”“兴味”等带有浓郁民族美学气息的词汇，这些词汇都是中国古典美学尤其重视审美活动自身兴发性、涌现性特征最为典型的体现之一，他的深意就在于指出——在学校里所接受的音乐教育或者审美教育中所获得、提高的审美能力，应该自然地延伸至学校之外的自身生活之中。要达到这种理想状态，就必须先从音乐教育、审美教育的教材、教法、内容做起。他说：“首先，我们要注意教材的选用，最优良的材料，是取自儿童的生活经验，与他所学习的各项科目取得联系。譬如说国语科，我们可以取课文中的诗歌而配以曲谱；再如地理科，我们可以依课文所讲述的地域，而选用当地的民歌；其他如劳美，体育，更是非与音乐取得联系不可。此外，便是家庭和大众生活的材料，

① 北京市教育科学研究所编：《陈鹤琴全集》第四卷，江苏教育出版社1991年版，第459页。

也是不可忽视的。不然音乐又陷于学校的囹圄中，而一出校门，便失去了生命，所以我们一定要使家庭音乐、学校音乐、社会音乐熔于一炉，而使儿童整个生活，达于音乐的境界。”①

只有使音乐教育、审美教育自身实现了生活化，也就实现了音乐教育与生活之间的自然沟通，而且陈鹤琴所说的“生活音乐化”并不是一个比喻性的语言，而是指在生活之中的很多行为与情境之中就原初地含有音乐的元素，因而，从音乐教育课堂上的“兴味”到生活之中的“生气”，就完全不是两个事件的前后相继，而是一个审美主体完整的、沆瀣一气的生活。

## 三、对儿童玩具与儿童绘画的研究

### （一）对儿童玩具的研究

陈鹤琴是中国近现代以来研究儿童玩具的先驱。他曾经说，儿童玩具在一般人看来不过就是很幼稚的儿童娱乐品而已，没有什么研究的必要，但是深究起来，玩具对于儿童有着直接的关系，是很值得研究的。②

在他看来，玩具不单单指的是“街坊上所卖的供儿童玩的东西”，“大凡把儿童看的听的接触的，笼统可以叫做玩具”③。他从自己孩子成长的经历，列举了玩具的作用。他说：“我有一个孩子，当他生后第5天，竟能盯眼似的看着灯光，后来渐渐的能追看人物移动，到了后来，非常喜欢到外边去在路上看行人和各种动物，同时也很喜欢看彩色的图画。这是就他的视觉一方面说。至于听觉一方面，普通小孩子喜欢听音乐，即是平常玩的摇铃，小孩子也是喜欢听的。关于动的一方面，小孩子到了四五个月的时候，一看见东西，立时就要用手来拿，倘若拿不到，就显出不快活的样子；一拿到了，就显出很高兴的样子。到了八九个月

① 北京市教育科学研究所编：《陈鹤琴全集》第四卷，江苏教育出版社1991年版，第459页。

② 北京市教育科学研究所编：《陈鹤琴全集》第一卷，江苏教育出版社1987年版，第234页。

③ 北京市教育科学研究所编：《陈鹤琴全集》第一卷，江苏教育出版社1987年版，第235页。

的时候，小孩子很喜欢拿了东西敲敲。到了 1 岁光景的时候，很喜欢用手去推凳子和去拉椅子。照这样看起来，上面所说的灯光、人们、物件、凳子、椅子和声音都是孩子拿来当作玩具看待的。”① 从中不难看出，玩具对于儿童的审美教育、审美发展所起到的重要作用，就像他所描述的那样，小孩子喜欢玩往往超过喜欢吃。

他认为，好的玩具应该是适合儿童的心理特性及其需要的，对这些心理特性与需要进行深入研究，才能真正做到对儿童成长的促进作用，不能依据成人理性的、道德的心理来要求儿童。他说：“儿童六七个月的时候，看见一种玩具在他的面前，没有不用手来拿的；如果不用手来拿，这种儿童，绝对不是普通的，因为儿童的天性本来好动，所以我们给他种种好的玩物，教儿童实地去练习，使他们的视觉、听觉、嗅觉、味觉、触觉，种种的机能以及智力和身体得有发展之机会。”② 具体而言，在陈鹤琴看来，玩具所带来的快乐主要有两种：

> “玩”可以给小孩子一种快感，这种快感有两种来源：一种是从与事物直接接触得来的，一种是从与周围的伴侣共“玩”中得来的。小孩子看见有彩色的竹圈，就要比没有颜色的木块有兴趣得多。小孩子与四五个小朋友一起玩，要比独自玩，或跟一个小朋友玩有兴趣得多。③

这些宝贵的见解都来自于他对儿童的爱，尤其是来自于他对儿童教育的观察与实践，他在《教孩子玩什么》一文中，他介绍了诸如小网圈、彩色竹圈、傀儡戏、活动影戏、儿童图案木戳、基本图案木戳、空心积木等玩具的玩法，并进而把这些经验提升为宏观的道理，他说：“小孩子

---

① 北京市教育科学研究所编：《陈鹤琴全集》第一卷，江苏教育出版社 1987 年版，第 234—235 页。

② 北京市教育科学研究所编：《陈鹤琴全集》第一卷，江苏教育出版社 1987 年版，第 235 页。

③ 北京市教育科学研究所编：《陈鹤琴全集》第三卷，江苏教育出版社 1990 年版，第 1 页。

是以游戏为生命的，多给小孩子玩的机会，身体就容易强健，心境就常常快乐。小孩子很少空着手玩，必须有许多玩的东西来帮助，才能满足玩的欲望。比如一个小孩子玩骑马游戏，至少要有一条带子或一根竹竿，才好跑来跑去地玩；才能玩得有趣。玩，固然重要，玩具更为重要。”①

陈鹤琴对当下流行的儿童玩具存在的问题进行了阐述，比如有的玩具容易损坏并且不能洗刷，有些则有毒并会产生危险，有些容易堆积灰尘不卫生，有些做的不牢靠，而且更为值得重视的问题是玩具缺失变化，不能满足儿童的兴趣，也不会对他们的教育起到理想的作用。他说欧美在儿童玩具上的做法值得借鉴：

> 现在欧美的教育家把玩具视为儿童的生命和小学教育上的必需品，所以他们都拿它实施到小学教学上面去。细考他们所制的玩具，虽大部分也实是不好，但其中确有许多玩具是合乎儿童生理和心理的，不仅仅能够使儿童快乐和嬉笑罢了。②

陈鹤琴对优等玩具提出了如下7点标准：

> （1）可以引起儿童发生兴趣的。如洋囡囡、活动物等是。
>
> （2）质料坚固不易损坏的。如木类、橡皮类等是。
>
> （3）可以刺激儿童想象力和发展儿童创造力的。如象棋、积木等是。
>
> （4）儿童自己玩弄而能拆开的。如弓、机械等是。
>
> （5）能适应儿童的能力，发展儿童的智力和发生兴趣的。如纸鸢、地铃等是。
>
> （6）能洗濯而颜色不退，形状也不丑陋，足以发抒儿童美感的。

① 北京市教育科学研究所编：《陈鹤琴全集》第二卷，江苏教育出版社1989年版，第540页。
② 北京市教育科学研究所编：《陈鹤琴全集》第一卷，江苏教育出版社1987年版，第236页。

如赛璐璐（Celluloid）所做的各种小孩，鸡、马等是。

（7）有变化而活动的。如皮球、琴、沙盘等是。[1]

可以看出，以上标准所围绕的中心就是玩具的教育性或者教育意义，陈鹤琴进一步解释说，儿童玩具要做到不让儿童玩起来生厌，而且这种活玩具要随着儿童的成长而变化，用这样的富有教育性的玩具激发儿童的创造力、发明心。如果要给玩具提出更高的要求。陈鹤琴说："玩具的目的不仅娱乐儿童之身心，也要使他因此得着自动。"[2] 在这里所说的"自动"就是玩具所带来的兴发的愉悦状态。陈鹤琴说："我们在街坊所买的玩具，大抵只能娱乐儿童之身心。譬如竹做的、洋铅皮做的、泥土做的、木头做的种种玩具，大半都是使儿童快乐快乐罢了。因为儿童要哭要吵，我们成人遂买了一二玩物给他们玩玩，使他们不哭不吵。这种玩物没有多大的价值，所最要紧者就是玩物能激起儿童的自动心，如皮球、豆囊、洋囡囡等等都能使儿童发生种种动作。如洋囡囡，儿童得了后，就给他食，给他穿，同他沐浴，同他游戏，以引起种种动作，在动作中儿童可以得着许多的快乐。我们知道儿童是喜欢做东西的，不单就喜欢看看罢了，并且做成之后，他又是一种快乐，还有做成了之后，能够发展他的自信和自尊。"[3]

从陈鹤琴的玩具论可以看出他对儿童的重视，这在中国美育思想史上是极为重要的思想，完全可以说是具有开创性的，其中所蕴含的美育思想丰富而深厚，且奠基于美育心理科学的研究之上，比如他对玩具与年龄就进行了具体的研究，其中的美育因素是极为生动的，比如——"发生文字上的兴趣：做诗谜、双关戏语""表演个人美感上的天然能

① 北京市教育科学研究所编:《陈鹤琴全集》第一卷,江苏教育出版社1987年版,第237页。

② 北京市教育科学研究所编:《陈鹤琴全集》第一卷,江苏教育出版社1987年版,第238页。

③ 北京市教育科学研究所编:《陈鹤琴全集》第一卷,江苏教育出版社1987年版,第238—239页。

力”“修饰：装饰花样，个人装饰”“歌唱的游戏”[①] 等等，这些思想至今都是值得学习与重视的。

（二）对儿童绘画教育的研究

陈鹤琴一直极为关注儿童绘画教育的研究，而且这种关注绝不是一种艺术专业教育意义上的关注，而是由儿童的心理特征出发，从儿童心理成长的角度来进行的，在整体上与他所倡导的创造性艺术教育思想、艺术教育与生活完全沟通的美育思想是一脉相承的。

在他看来，绘画教育对于儿童来说尤其重要。他说：“凡属人种都有图画之贡献，凡属儿童都有绘画之兴趣。绘画是言语的先导，表示美感之良器。要知儿童心理，不可不研究儿童的绘画。”[②] 而且，他认为我国对于儿童绘画的专门研究是极为欠缺的：

> 考诸欧美，研究儿童绘画者，已有多人，惟独吾国研究的人很少。所以我们宜急起直追，以助教育儿童之不及。[③]

关于绘画的价值，陈鹤琴做了简洁的陈列：

> （一）绘画可以表现儿童的美感。
> （二）绘画可以发展儿童的思想。
> （三）绘画可以增进儿童的知识。
> （四）绘画可以练习儿童的目力与手力。[④]

关于儿童绘画，他也进行了简洁的概括：

---

① 北京市教育科学研究所编：《陈鹤琴全集》第一卷，江苏教育出版社 1987 年版，第 244—245 页。

② 北京市教育科学研究所编：《陈鹤琴全集》第一卷，江苏教育出版社 1987 年版，第 437 页。

③ 北京市教育科学研究所编：《陈鹤琴全集》第一卷，江苏教育出版社 1987 年版，第 437 页。

④ 北京市教育科学研究所编：《陈鹤琴全集》第一卷，江苏教育出版社 1987 年版，第 437 页。

（一）儿童起初所画的，就是人形和动物。

（二）对于万物，儿童先注意能动的、有生命的，所以绘画能动的和有生命的东西。

（三）儿童的图画大概不完全、不均匀、不适度的，兼乏远景的。

（四）儿童的图画不受约束而独出心裁的。

（五）年幼的儿童多图形的绘画而少装饰的绘画。

（六）绘画与性别之关系：男女儿童所画的图画，其特点有无区别。①

在陈鹤琴随后所进行的幼稚教学理论研究以及幼稚教学实践中，他对幼儿、儿童的心理进行了更加深入、细腻、切身的观察，而且其观察的对象还是自己的孩子——一鸣的画画成长经历。比如：

儿童初步之字画与普通成人不同。儿童初步之字画为自左上方右行而渐卷入内心，不象成人写字之顺序。此事今日虽为极不引人注意之事，将来必为教育上极重要之问题，我国字画笔顺大概自左而右，自上而下，究竟合于儿童心理否，亦属问题。②

身外之物是否比身内之物迟发达，此为一问题。例如衣服之发现，竟能早于手；手中所执物件亦能早于足趾、头颈之发现等。然而某部身外物之发现，必迟于某部之本身，或同时发现，如手中执花，手必早于花之发现，或手指与花同时发现。唯各物所发现者必先为大概的轮廓，然后渐及小的部分，如衣服之发现早，而其中之纽扣则甚迟。③

① 北京市教育科学研究所编：《陈鹤琴全集》第一卷，江苏教育出版社 1987 年版，第 437—438 页。

② 北京市教育科学研究所编：《陈鹤琴全集》第二卷，江苏教育出版社 1989 年版，第 48 页。

③ 北京市教育科学研究所编：《陈鹤琴全集》第二卷，江苏教育出版社 1989 年版，第 49 页。

记忆画发现甚早，故儿童最初学画时不必有临本，亦不必有标本以写生，然而儿童记忆非常容易错误，当就其已成之记忆画，与以实物或范本之对较，则其效甚大。①

这些得之于实际观察的美育思想对于美育理论而言具有重大的意义，第一，这些经验虽然不是像自然科学的原理那样可以适用于所有的儿童，但是陈鹤琴对于儿童审美心理发展的分类与总结至少是中国美育理论尤其是我国美育心理研究的先驱，在具体的贡献上体现为提供了儿童审美能力自幼稚、粗糙到复杂、风格化阶段的发展脉络。尤其是上述对儿童作画心理中的“记忆”现象的分析，对身外之物、身内之物先后发展的分析等，都深入到了美育心理研究的深处。

第二，陈鹤琴切身投入的观察法、实践法对于美育理论研究具有重要的意义。他投入到具体的学校教学之中，为了推行包括艺术教育在内的儿童教育，1928 年他向由国民政府大学院院长蔡元培主持召开的全国教育会议上提交了重视幼教的方案，1929 年起草并实施了我国第一个统一的《幼稚园课程暂行标准》，并在南京鼓楼幼稚园进行课程教学实验。在对课程教学经验进行总结时，他主要从美育、艺术教育的角度谈了自己的看法。他说：“与课程有密切关系的是教材，我们的教材从哪里来的呢？有一小部分是从书本上来的，如歌谣、故事等等。大部分是自然界、社会上日常所见的万事万物。这个原因很容易明白，因为课程是根据那些地方来的，教材当然也从那些地方去采取。所以自然、图画、游戏、读法、手工、常识等等，没有一科不从那些地方来的，我们只知道给儿童生活，并不主张给他儿多成人的知识或技能。”②

陈鹤琴把这些多年来具身投入得来的经验，进一步提升为理论性的原则与标准，衍化为具体的教材、教法，其最大的贡献是在实践中发展

① 北京市教育科学研究所编：《陈鹤琴全集》第二卷，江苏教育出版社 1989 年版，第 52 页。
② 北京市教育科学研究所编：《陈鹤琴全集》第二卷，江苏教育出版社 1989 年版，第 7 页。

真正的问题，尤其是发现本土的问题，因为中国儿童与外国儿童尤其是西方儿童在很多方面存在着历史与现实的差异，比如在小学语文教材中的插图，在他看来就是为了吸引儿童学习的注意力，因为对儿童来说，长时间的保持注意力是不容易的。

## 第三节　“活教育”中的美育思想

### 一、何谓“活的教育”及与杜威教育思想的关系

陈鹤琴自1940年就开始精心研究并实施“活的教育”，可谓满腔热血、聚精会神，他常常引用陶行知先生对中国当前教育腐化所说的话——“教死书，死教书，教书死，读死书，死读书，读书死”。并立志至于做到——“我们应当怎样使得这种腐化的教育，变为前进的、自动的、有生气的教育？怎样使教师教活书，活教书，教书活？怎样使儿童读活书，活读书，读书活？”[①]

什么叫“活的教育”？陈鹤琴对此问题虽然没有给予简洁的概括式的回答，但是他还是以自己一贯的、生动的、讲故事式的方式，精彩地回答了这个问题。

在《什么叫做“活的教育”》一文中，他说：“今天我们实在太惭愧(当然连我也在内)，我们不会教小孩，不知贻误了多少聪明的儿童，埋没了多少天才的儿童。没有合理的教育去教过我们的小孩，没有把我们小孩的聪明与天才发展出来，这真是太可惜了！”[②] 没有合理地教育儿童，这就是“死教育”，而“活教育”则是“所以我可这样的肯定说，要了解儿童心理，认识儿童，才能谈到教育儿童，这就是我们今天所讲的‘活的教育’，而不是死的教育”[③]。正如上述两节文字所述，陈鹤琴对创

---

① 陈秀云、陈一飞编:《陈鹤琴全集》第五卷,江苏教育出版社2008年版,第1页。
② 陈秀云、陈一飞编:《陈鹤琴全集》第五卷,江苏教育出版社2008年版,第15页。
③ 陈秀云、陈一飞编:《陈鹤琴全集》第五卷,江苏教育出版社2008年版,第16页。

造性审美的倡导，对艺术教育与日常生活之间直接贯通的思想以及对儿童心理的卓越观察，再加上他身体力行的艺术教育、美育实践，这一切其实已经是“活教育”的鲜活例证，所谓“活教育”就是奠基于正确的儿童观之上并对儿童心理发展进行的合理教育。只是他在 1940 年之前，还没有专门地进行活教育的探讨。

在“活教育”的理论渊源上，陈鹤琴与杜威教育思想有着紧密、直接的联系。他认为杜威才是现代小学教育的真正开创者，他说：“真正建立小学教育的是美国的教育家杜威博士（John Dewey，1859—1952），他有理论，也有方法，有理想的假设，也有实验的园地。自杜威博士的教育新主张提出以后，各种新教育方法如雨后春笋般地产生。在美国的如华虚朋的文纳特卡制，派克赫斯金的道尔顿制；在欧洲的如德可乐利的教育低能儿童，蒙台梭利的学前儿童到普通幼稚园，都是受着新潮流的影响，虽然没有能够指出他们和杜威的关系，但他们的学说却正和杜威的相同。”[①] 而且认为杜威所创办的实验学校是其哲学与心理学理论的极其自然的涌现，是一个自然而然的积极成果。

在陈鹤琴对杜威的阐释中，最为关注是就是其作为实用主义哲学的代表人物所持的远离教条，回归活生生的时间性现实之中的思想，把价值与意义理解为涌现的、兴发的、绵绵不绝的现实行为过程，当然，也可以说把意义与价值理解为时间性的，而不是进行抽象的谈论，把现实的生动涌现的显现状态及过程抽象掉，因而，凌空蹈虚是实用主义哲学最忌讳的大敌。陈鹤琴把杜威哲学中的时间性思想总结为——“因为他认为必须在实际的过程中来研究人类知识、理解和品格的发展，这样的研究，才是发掘真知识的道路”[②]。其中，“实际的过程”所指的就是避免教条、有成见地把握任何现象，应该如其所是地把握其存在的原始、质朴状态。

由此来理解杜威的教育思想，就在根本上抓住了其思想的核心，在

① 北京市教育科学研究所编：《陈鹤琴全集》第四卷，江苏教育出版社 1991 年版，第 350 页。
② 陈秀云、陈一飞编：《陈鹤琴全集》第五卷，江苏教育出版社 2008 年版，第 115 页。

对杜威“教育即成长”的解释中，陈鹤琴说：

> 所谓生长，乃是生命的本质，教育即在生长之中，教育除了其本身之外，没有任何终极的标的，它进行于各个人整个生命的过程之中，随时随地，帮助与指导个人，使他们能正确地改造和适应其自然的与社会的环境，这便是教育的过程，也就是真正教育的结果。
>
> 当我们提到生长的时候，很容易会联想起“未成熟”来，因为常人每以为未成熟便需要生长，于是，生长变成了消极的名词，在它的后面，似乎还有一个“成熟”来作为生长的终极。实际上，成熟与未成熟都是相对的名词。儿童的成熟与否，不能用成人的标准来衡量，我们应当用儿童的成熟阶段来衡量儿童。就儿童的立场来说，未成熟便是一种生长之力，积极的力，以往人们每以为教育在引发儿童的能力。现在，杜威提出，儿童自身的力亦即教育之力，儿童生活之所在，也就是儿童能动的生长之所在。教育即生长，在当时确是崭新的学说，同时又没有一个学校是追随着这种理论来进行教育的改革，因此，杜威创立自己的实验室，以研究儿童在生长过程中与环境之间的关系，并探求促进儿童生长的有利条件与方法。①

在上述第一段话中，陈鹤琴指出了杜威教育思想中的时间性思想，认为这种生长就是意义与价值的绽露过程，而且这一过程是一个动态的、处在时时调整的人生。在第二段话中，陈鹤琴着重分析了必须以儿童成长的眼光看待一个人的成长，尤其是指出了“成熟”并没有终极的目标，即便是成人的教育与成长也同样如此。在对杜威实验学校的介绍中，陈鹤琴认为主要包括以下几个方面，第一，儿童应该积极、主动、集体性地且慢慢地自然成长，打破由教师作为主导的班级教学制。第二，课程

---

① 陈秀云、陈一飞编：《陈鹤琴全集》第五卷，江苏教育出版社2008年版，第115页。

是有条件的，要适应儿童的需要与兴趣，并且要经常随之变化，不能采纳通用的教材。第三，儿童的学习是团队式的，应该培养学生集体生活的习惯。第四，学习的方法是——在做中学，与社会保持经常性的接触，学校生活也应与家庭生活打成一片，学校生活应是家庭生活的自然延续，而不是存在一条不可沟通的鸿沟。[①] 第五，课程内容包括："（1）烹饪、木工、缝纫……生活课程。（2）从家庭日常生活研究社会经济生活，譬如6岁的儿童研究家庭生活，7岁就研究工业，研究'住'就从树居人到现住宅的进化。（3）研究科学是由引起儿童好奇心，培养儿童研究的兴趣，然后再使儿童明了科学的道理。不是为了使他们获得多少知识的。（4）文学作为社会的表现，文学的发表不是最后的目的。（5）团体精神为学校的重要关键。"[②] 经过陈鹤琴改造之后的"活教育"精神则侧重在做人（做人，做中国人，做现代中国人），"活教育"的方法也在"做"——在做中教，做中学，做中求进步。"活教育"的教材在于大自然、大社会。

陈鹤琴在1946年提出了"活教育"的12条原则，在1948年提出了17条原则：

原则一　凡是儿童自己能够做的，应当让他自己做
原则二　凡是儿童自己能够想的，应当让他自己想
原则三　你要儿童怎样做，就应当教儿童怎样学
原则四　鼓励儿童去发现他自己的世界
原则五　积极的鼓励胜于消极的制裁
原则六　大自然大社会是我们的活教材
原则七　比较教学法
原则八　用比赛的方法来增进学习的效率

① 北京市教育科学研究所编：《陈鹤琴全集》第四卷，江苏教育出版社1991年版，第352页。
② 北京市教育科学研究所编：《陈鹤琴全集》第四卷，江苏教育出版社1991年版，第352页。

原则九　积极的暗示胜于消极的命令

原则十　替代教学法

原则十一　注意环境，利用环境

原则十二　分组学习，共同研究

原则十三　教学游戏化

原则十四　教学故事化

原则十五　教师教教师

原则十六　儿童教儿童

原则十七　精密观察①

就以上原则来看，当然不是仅仅适用于艺术教育或者审美教育的，但是以上这些普适性的“活教育”原则对于艺术教育、美育而言同样是更为重要的，因为审美活动与科学活动、道德活动的区别就在于它是一个奠基于特定对象之上的、兴发的、涌动的愉悦过程，因而以美育能力提高与发展为目的的审美教育或者艺术教育活动，自然应该责无旁贷地体现出自身的特性。上述原则之中的大自然原则无疑是主要针对自然美的，注意环境的原则也主要包括了教育环境的美化，教学游戏化与教学故事化无疑主要指的是艺术活动的参与，而且，适用于儿童身心特征的教育也应该把艺术教育、美育作为最重要的组成部分之一。

## 二、“活着”的美育——“活教育”之中的美育理论

在“活教育”之中，自然少不了艺术教育与美育。就整体而言，陈鹤琴在对“活教育”的整体特征、要求、原则、必要性以及与传统教育的区别等方面做了较多理论性的深刻论述之后，其要做的就是把以上这些宏观的理念与理想实现于具体的教育实践中。他侧重探讨的就是如何实施的问题，在艺术教育、美育上同样如此。从“活教育”在艺术教育

① 陈秀云、陈一飞编:《陈鹤琴全集》第五卷,江苏教育出版社 2008 年版,第 66 页。

与美育上的实现状态来看，陈鹤琴最为注重的是保持审美活动自身的生动性、涌动性、愉悦性，并以此作为唯一的逻辑出发点，从而对这一活动的功能、构成等进行合理的阐述。

在1940年所撰写的《松林中新生的幼师》一文中，他记述了在江西创建一所实验幼稚师范学校的经过，其中记载了江西省立实验幼稚师范学校的校歌：

> 幼师！幼师！美丽的幼师！松林中响的是波涛来去，山谷间流的是泉水清漪。放鹤亭、鸣琴馆是我们的新伴侣。更有那古塔斜阳、武山晚翠，陶冶我们的真心灵，培养我们的热情绪。幼师，幼师，美丽的幼师！
>
> 幼师！幼师！前进的幼师！做中教，做中学，随作随习。活教材，活学生，活的教师。大自然，大社会是我们的工作室。还要有手脑并用，文武合一。建设我们的新国家，教导我们的小天使。幼师，幼师，前进的幼师！①

其中校歌中的核心意蕴就是“活教育”。在该文中不难发现美育活动正在“活跃”着诸多例证：

其一，勘定地址：

> 幼师怎样产生的？产生的地点，当初着实费了心血去斟酌的。选来选去，选了好几个地方，最后决定在大岭山上，那儿到处都是参天的松树，一刮风松涛澎湃，犹如万马奔腾，势甚雄伟，山脚下有田二十余亩，可辟农场。泰和在左，武山在右，四面环抱着的都是青山，风景优雅秀丽，求学很适宜。②

---

① 陈秀云、陈一飞编：《陈鹤琴全集》第五卷，江苏教育出版社2008年版，第2—3页。

② 陈秀云、陈一飞编：《陈鹤琴全集》第五卷，江苏教育出版社2008年版，第3页。

其二，安排校舍：

房子的方向，当然要朝南，或者朝东南。山上既然有密密的松林，我们应当如何利用？房子若是建在没有树的地方，恐怕冬天太冷，夏天太热；建在树林太密的地方，恐怕春天潮湿太重，夏天凉风吹不进来。还有，所有的房子要互相联系，宿舍要和厕所、厨房相近，办公室要和教室相连，礼堂要做中心，所以，每所房子的建筑，要顾到地形、方向、环境，以及互相的关系。①

其三，最为关键的是怎样对师范生的教学：

工艺室已经建筑了，木工、藤工、竹工都是我们要做的。现在教室里的藤做的纸篓、竹子做的花瓶，都是学生自己做的。②

关于普通的人物、花卉，如人及猫、狗、鸡、牛、羊、花草、树木、房屋等各种活动和形态，都能画得像。能应用美术的原则，来丰富日常的生活，提高审美的观念。③

能唱得悦耳动听，能弹普通歌曲，能引起儿童爱好音乐的兴趣。④

从上述文字，可以得见陈鹤琴为了实施“活教育”的苦心，又可以看到其中的诗意的工作与生活。在1940年所撰写的《什么叫做“活的教育”》一文中，他对“活的教法”进行了深入阐述。比如对于“国语教法”，他提出不要使用文言的读法，因为小孩子的欣赏能力还不够。他还说：“凡读国语，不必有调子，只须用口语如普通讲话一样的照着文字读

① 陈秀云、陈一飞编:《陈鹤琴全集》第五卷,江苏教育出版社2008年版,第5页。
② 陈秀云、陈一飞编:《陈鹤琴全集》第五卷,江苏教育出版社2008年版,第12页。
③ 陈秀云、陈一飞编:《陈鹤琴全集》第五卷,江苏教育出版社2008年版,第13页。
④ 陈秀云、陈一飞编:《陈鹤琴全集》第五卷,江苏教育出版社2008年版,第13页。

出来就好了。但是声音也不可过高，过高会影响左右隔壁教室。”① 关于作文的教学，他也主张学生要写自己熟悉的生活。他说：“作文要根据儿童的经验，训练他们的思想，培养他们的情感和启发他们的想象。比如养了小鸡和小鸭的，就可将他养小鸡和小鸭的方法和喂食的方法以及小鸡、小鸭生长的程序详细地写出来；做了豆腐的，可将买豆、浸豆、磨豆、煮豆浆、下石膏等的过程及其中的得失，详细地写出来。最要禁止的，是凭空出题目去苦恼儿童。”② 关于“美术科教法”，他说：“最重要的是发挥儿童自己的天才，让儿童自己去体验，表现他自己的意思。……我们教小孩画画，如果孩子养了小鸡和小鸭的，可以教他细心观察，将小鸡和小鸭的形状画出来，做了豆腐的，可以叫他将磨豆子的姿势画出来，这样才切合实际，不呆板。”③ 以上这些见解虽然看似浅易，但是作为一位教育家具有如此广博的知识、修养与胸怀是极为不易的，况且以上见解都是要在实际的教学中得到贯彻的。

在1948年所撰《活教育的教学原则》一文中，他对“活教育”的17条原则进行了深入、具体的阐述，其间设计的艺术教育、美育案例是极为丰富的，在论及“比较教学法”时，他以音乐与美术的教学为例。说：“有的人唱起歌来，用喉音的，声音从喉咙里榨出来的。要校正这错误，你应当唱给他听两种声音，一种从胸部腹部发出来的，一种从那喉咙里榨出来的。小孩子听见了这两种不同的声音，就能明白声音应当怎样发的。假使你不用这种比较的方法去教他，你也不唱给他听，只单教他不要从喉咙榨出声音来，你尽管说，尽管骂，他还是不懂的。但是你把两种声音一比较，他就能听出好坏来了。这样小孩子学起音乐来就便当得多了。颜色也要用比较法去教的。各种颜色一比较，颜色的特质就格外来得显著。中国有句话，‘万绿丛中一点红’。这一点红经绿一衬显

---

① 陈秀云、陈一飞编：《陈鹤琴全集》第五卷，江苏教育出版社2008年版，第19页。
② 陈秀云、陈一飞编：《陈鹤琴全集》第五卷，江苏教育出版社2008年版，第19页。
③ 陈秀云、陈一飞编：《陈鹤琴全集》第五卷，江苏教育出版社2008年版，第20页。

得格外红，绿同红一比显得格外绿了。没有红，不容易显出绿的美，没有绿，不容易显出红的艳。红绿两色互相为用呢。”①

尤其是在论及“暗示教学法”时，更是涉及美育的德育功能、认识功能、历史功能等美育理论之中的宏大命题。陈鹤琴认为，积极的暗示胜于消极的命令。他说：“小孩子看了《西游记》，想上西天；看了《七剑十三侠》，想做神仙；看了《三国演义》，想做鞠躬尽瘁的诸葛亮；看了《岳传》，想做精忠报国的岳武穆，这是文字的暗示。小孩子听了孙中山革命40年的奋斗史，就想建设新国家；听了林肯解放黑奴的故事，就想打倒奴隶制度，这是语言的暗示。看了一张可爱的小孩子图就快乐，看了一张可怕的暴行图就痛恨我们的敌人。这种种的图画，已经有很大的暗示力量。所以世界各国都爱美术，都利用图画来做宣传工具。”② 而且，他认为“动作的暗示性”应是各种暗示中效用最大的。他说：“动作是富于暗示性的。动作愈激烈，暗示性当然愈大。小孩子看了戏剧电影，回到家里就要去表演。戏剧电影是活动的，有很大暗示性的魔力，因此我们要利用戏剧，利用电影，去实施儿童教育，实施社会教育。”③ 陈鹤琴不仅看到了美育、艺术教育的德育作用，而且更为重要的是，他深入到了美育的德育功能的深层机理，从此来探讨这些作用的合理性。总之，他是在强调审美活动自身完整性的前提下，来谈论其中所存在的各种因素的，从其所说的“暗示”一词，就可以知晓美育的德育功能何以自然而然地产生。按其上述所列举的例子，这种德育在美育之中的状态就是“活着”的，因为美育活动作为一种提高性的审美活动自身就是“活着”的。

特别值得关注的是陈鹤琴在论述“活教育”的第十四条原则——“教学故事化”，就其所列举的教学内容来看，这一原则是纯粹的审美教育原则，也可以说是中国近现代以来对儿童文学的教育作用所做的最深

---

① 陈秀云、陈一飞编:《陈鹤琴全集》第五卷,江苏教育出版社 2008 年版,第 76 页。

② 陈秀云、陈一飞编:《陈鹤琴全集》第五卷,江苏教育出版社 2008 年版,第 85 页。

③ 陈秀云、陈一飞编:《陈鹤琴全集》第五卷,江苏教育出版社 2008 年版,第 85 页。

刻的论述之一。

陈鹤琴认为这一教学原则是从“儿童爱好故事”这一天赋出发的，这一天赋所体现出的冲动使得一个说故事、听故事的行为是“鲜活”的。他说：

> 第一，故事与儿童的情感有交流作用。很明显，故事中所描述的对象，大都是有生命的。尤其是“拟人”或“拟儿童”的方式最为普遍。人性的表现，往往使故事中的人物与读者、听者或讲者之间，发生情感上的交流。这种情感的接近与交流，把故事中人物的喜怒哀乐，他的奇遇，他的危险，他的成功，他的失败，所有这一切，都转化为我们自己的喜怒哀乐，自己的奇遇，自己的危险，自己的成功与失败。把自己的情感投射到故事之中，便是儿童乃至成人所以爱好故事的原因之一。
>
> 第二，故事情节的神奇，能满足儿童的好奇心。儿童富于好奇心，事物的新异能激起儿童的好奇心。
>
> 故事在儿童的心目中是新异的，这新异不仅存在于故事的人物身上，同时，故事情节的错综复杂，其所相涉范围的广泛，关系的神奇，都是满足儿童好奇心理的资料。儿童之所以爱好故事，这自然也是重要的原因之一。
>
> 第三，故事能激起儿童的想象力。儿童有儿童自己的思想。儿童的想象力不论在数量上、与实际相符的程度上或性质上都跟成人不同。但儿童有自己丰富的天真思想，那是毫无疑问的。故事结构的曲折、描述的生动，实有引人入胜的功效。而且，每一个故事，都具有猜想的成分，把儿童导入无限推论的境界之中，致使儿童获得很大的快乐，这便是儿童所以爱好故事的又一原因。
>
> 第四，故事组织的完整，适合于儿童的学习心理。儿童对于组织完整、意义连贯的事物，容易学习，容易了解。而对于那些零星破碎、漫无组织、孤立片断的事物，不易学习，不易了解。凡愈容易了解的，

儿童愈喜欢去学。换言之，就是组织完整，意义连贯的事物，儿童便喜欢它。故事的组织，正合于这个要求。因此，每个儿童总喜欢故事。同时，故事的描述是活动的、常变的，它每以儿童年龄的差异来变更它的内容与组织，使它更适合于每个儿童的情感。[①]

从陈鹤琴以上对故事的巨大作用的描述来看，其对美育理论的最大价值在于——鲜活地描述了一个完整的、主客不分的且愉悦感体现为注意力高度集中并兴发的审美活动过程，其中最为精彩的就是对于审美活动之中“注意力”的时间性描述。“注意”本身不是一个独立的心理现象，它是很多心理现象所共有的一种特质——集中精力专注地、更加有效地处理一个或者一个系列之中的某一个事或物的信息。之所以要“一心一意”“全神贯注”“心无二用”，就是因为一个人的心理能量与资源实在有限，存在心理能量与资源的瓶颈，而且从与什克洛夫斯基所说“日常语言”的“耗费与节约规律”相连接来看，显然与注意的“自动加工”与“控制加工”直接相通。“自动加工”的注意不需要有意识地进行控制，消耗极少的心理能量与资源，在整体上可以进行并行加工，其完成的速度较快，就其所完成的任务而言通常是那些熟悉的、日常的且必须重复地去做的稳定信息，不需要复杂的分析与综合，难度较小；但是注意的“控制加工”则相反，它需要有意识地努力才能完全地进行信息加工，消耗的心理资源与能量较多，必须严谨地按照序列进行，所需时间较长，就其所完成的任务而言通常是那些新鲜的、较少重复的信息，就其加工层次而言属于相对较高层次的认知加工，需要复杂的、高级的综合与分析，难度较大。而“故事”正如陈鹤琴所说的那样，其“新奇”“奇异”“曲折”“动人”“神奇”都使得儿童的愉悦感作为注意力得以凝神，并且流畅地持续下去。

陈鹤琴对故事作用的上述描述中的第四条，正是对审美活动作为一

① 陈秀云、陈一飞编：《陈鹤琴全集》第五卷，江苏教育出版社 2008 年版，第 94—95 页。

种内时间意识构成的精彩描述，其中的核心就在于“流畅性”。就审美生活绵延的“内时间意识”的最显著的特性而言，莫过于其“流畅”的呈现。“流畅”意味着一个审美生活事件质量较高，完成的过程完美，“流畅”是审美生活在“内时间意识”呈现为简捷性的关键所在，使得对构成审美对象中各个不同质料的感知都在“一个行为级”中实现。同时，“一个行为级”意味着：这一感知本身所具有的结构在最高的意义上是错综复杂的。这样，审美感受的简捷性所指的就不是行为结构本身的简捷性，反过来也一样，流畅的审美体验的多层级性也并不排除：这一行为是简捷的。或者可以说，审美生活的完整性最为显著的特征之一就在于它是“一个”行为、“一个”事件的延续与绵延，尽管构成这一整体的“质料”是复杂多样的，这一“质料”来自于审美主体与审美对象所具有的各种因素的特性。正是由于审美生活作为一种愉悦感是“流畅”的，因而，构成这一“流畅感”的“内时间意识”的所有“质料”都带有“流畅感”的整体特性，也就是说，所有质料都是通过整体认同的统一而得到定义的，而且是被定义为在一个审美生活的行为中的那些作为认同基础而起作用的东西，比如，《红楼梦》之中的反封建的主题与意蕴只是构成阅读《红楼梦》这一阅读行为（审美生活之中的文学生活）的一个质料或者因子，只是构成这一“流畅”的“内时间意识”之“流”中的一滴水，或者说，《红楼梦》中的这一主题与意蕴是“时间化”的。在儿童欣赏“故事”的时候，“故事”的意蕴本身就是时间化的，更准确地说是——其体现为内时间意识的“活着”的状态。在这个状态兴发的过程中，自然能够克服儿童注意力涣散的弊端。

因而，就“活教育”之中的美育思想而言，尤其是陈鹤琴在其中对儿童文学——故事欣赏中“流畅性”内时间意识的描述，使得他成为除教育家之外的杰出的儿童文学理论家。

# 第十章　赵廷为的美育思想

赵廷为（1900—2001），浙江嘉善人，1922 年毕业于北京高等师范学校英语系，1924 年毕业于北京师范大学教育研究科。新中国成立后任华东师范大学教育学系教授。赵廷为先后出版了《小学教学法通论》（商务印书馆，1931）、《教育心理学》（开明书店，1933）、《教育概论》（大华书局，1935）、《小学教材及教学法》（一、二册，商务印书馆，1935）、《教材及教学法通论》（商务印书馆，1944）、《小学教材及教学法通论》（商务印书馆，1948），并有译注多部。

赵廷为关于美育理论的贡献主要体现在对“欣赏”理论及其在各科艺术教育中如何切实施行的研究上。

## 第一节　“欣赏”教育的必要及现实问题

### 一、欣赏教育中的美与善

在一个完善的、完满的美育活动中，教师与学生既是一个引导与被引导、教育者与受教育者之间的关系，也更是一个完全平等的共享同一审美对象的主体间性关系。赵廷为对教师与儿童在日常教学之中的角色及其情境差异做了对比。对于教师而言，他说：“至于教师日常的教学，往往集中注意于功课目标和单元目标。这些是教师直接寻求的学习结果。这些直接寻求的学习结果，就是前面所说的行为方法的获得。”[①] 对于儿

① 赵廷为:《教材及教学法通论》,福建教育出版社 2007 年版,第 11 页。

童而言，则应该划分为以下三类：

> （一）习惯与技能
>
> 这些都是对于一定的刺激所作的异常迅速而机械的一定的反应。习惯较属简单，如默读时的认字和眼的移动，朗读时的发音，算术四则的基本九九等等，皆属之。技能可说是由数种特殊习惯互相调和适应而成。①
>
> （二）知识
>
> 知识包括各种事实、概念、原则、法则、公式等，着重在意义的了解和实际的应用。②
>
> （三）欣赏和理想
>
> 这些学习的结果，具有二种主要的特征：1. 浓厚的情感色彩，2. 价值的承受。各种态度、兴味、嗜好、情操、偏见、信仰皆属于此类。本书将采用欣赏一辞为总称。③

很明显，第三类中的欣赏与理想分别指的是审美教育——对艺术作品的欣赏，以及道德教育——获得道德准则及其在此过程中的情感体验。

至于为何要把这两种教育活动合并为一类，并且还要以“欣赏”这一显然是专属于审美活动的词汇来统称“欣赏与理想”，赵廷为在著作中并没有给予直接的回答，当然，更详尽的展开与分析更没有了，但是自《教材及教学法通论》中所列举的“理想教育”——道德教育的事例而言，已清楚地表明出了赵廷为之所以如此这样把两种教育并列的原因：

---

① 赵廷为:《教材及教学法通论》,福建教育出版社 2007 年版,第 11 页。

② 赵廷为:《教材及教学法通论》,福建教育出版社 2007 年版,第 11—12 页。

③ 赵廷为:《教材及教学法通论》,福建教育出版社 2007 年版,第 12 页。

例如孙中山先生的革命这一个单元，又可规定目标如下：使儿童欣赏孙中山先生伟大的革命精神，使儿童了解孙中山先生革命的意义和必要，使儿童记忆孙中山先生若干重要革命的事迹。①

从上述事例可知，赵廷为认为，道德教育之中的那些正面的、积极的案例——比如英雄、偶像、君子、贤达等所引发的正是在美学之中所惯言的“崇高”之情，儿童对这些人物形象所触发的尊敬、景仰、赞叹等情绪，正是一种与审美活动完全交叉、融合的“欣赏”之情，而且，更为重要的是——道德教化或者道德活动之中的审美因素，并不是来自外部世界的外铄，当然，也不是来自审美活动这一外力的支援，更不是所谓的美育的德育功能，而是在积极的道德行为或者道德教化行为之内，其间涌动的正是肯定自身的愉悦感或者对上述人物形象行为发自内心的认同、赞赏、欣赏，因而，赵廷为把来自于美与善的教育合成为一体，这就是其中最为本源的缘由。

## 二、欣赏教学的现状及问题

赵廷为在教育学上最为擅长的是对教法或者教学技术的研究。在论及与学习内容或者学习结果相适应的时候，赵廷为认为同样要去深入探讨与之相对应的教学手段或者方法，因为学习内容的构成特性是一切学习或者教学方法的唯一的逻辑出发点，所以，赵廷为在这里为教学方法设立了一个合理、合法的具体情境，而不是含混地、茫然地或者武断地拿出一些所谓的普适性的教学方法，并加以毫无区别的运用。

赵廷为认为，与知识、技能教学方法发展的日新月异相比，“欣赏、态度、理想等的教学，迄今尚极幼稚”②。

欣赏教学之所以显得“极幼稚”，他总结出了两条理由：

---

① 赵廷为：《教材及教学法通论》，福建教育出版社2007年版，第48页。
② 赵廷为：《教材及教学法通论》，福建教育出版社2007年版，第89页。

第一，心理学理应为包括欣赏教学在内的审美活动或者审美教育活动提供学理上的系统支持，但是目前心理学的进展完全不能满足这个基本要求。赵廷为说：“这一半是由于情感的心理学尚未十分发达，随便翻开一部心理学的著作来看，我们就可发现情感的讨论总不及思想或记忆的讨论那样的充分。”①

尽管在这段话中，他并没有对心理学史尤其是西方心理学史进行系统的总结与反思，但是就字面上的意思来看，还是传达出了他的真知灼见。在这里所说的“情感心理学”，显而易见，指的是对包括审美活动在内的那些主客之间不能分离或者分开的心理现象的研究，简洁的表述就如现象学的发端者或者意动心理学创始人布伦塔诺所说的，这些心理现象之中总有一个所意指的对象或者客体内在地寓于其中，由于主体与客体在构成上的差异，由于主体自身的流动不居，同一主体在面对同一对象时，其心理感受是不同的；不同的主体在面对同一对象时，其感受也更是千差万别的。因而，这种心理现象是无法使用科学的方法尤其是使用自然科学的方法来进行研究的。赵廷为所说的那些大行其道的主流心理学——“思想与记忆的心理学”——正是西方自冯特以来所开创的实验心理学、科学心理学或者“生理心理学”，这种心理学在自己专属的特定领域取得了辉煌的成就，但是用自然科学的方法去研究上述主客不分的心理现象，则势必会造成对研究对象的伤害与僭越。

因而，尽管赵廷为对现行的心理学体系所表现出的遗憾看似出自印象与直觉，但是的确指出了心理学尤其是审美心理学发展的不足，当然，他没有专门进行系统的探究。

第二个理由是：

还有一半是由于欣赏教学本身的困难。一个概念的学习或一种技能的获得，都可以规定在一天、一周或一月内学毕的。可是欣赏

① 赵廷为：《教材及教学法通论》，福建教育出版社2007年版，第89页。

的学习，就不能够这样的规定。因为欣赏的教学非常幼稚，所以一般教师往往偏重知识或技能的教学，而忽视情感的教学结果。更有甚者，情感的教学结果，是不容易测验的。知识或技能，要加以正确的测验，是比较容易的。一般教师就重视可加以测验的知识和技能，而把不易测验的情感的教学结果完全加以轻忽，这自是一种必然的趋势。①

在这里，从字面上来看，赵廷为只是对教学活动尤其是对小学教学活动之中的知识、技能、审美方面的教育进行比较，但是，在其思想的实质上，他是在对科学知识、技能与审美活动之间进行宏大的比较。就上述三种活动对于人类的价值而言，都是毋庸置疑的，但是在其呈现的构成状态上有极大的差异，自然科学活动所追求的是纯粹客观的、正确的结论，而且这一结论往往体现为高度抽象的科学原理、命题、概念，这些科学规律及其原理、概念等等虽然也是在科学活动之中产生的，但是即使是在这样一个主体始终指向客体的科研活动之中，概念、符号、原理等等也始终要保持自身的客观、中立，否则那就不是自然科学了，而且，科学的这种绝对的客观性还带来了一个特别大的福音，那就是科学知识可以进行无损耗的传播与教育，并且可以进行完全客观的测试。而技能的学习与教学，与科学知识的学习与教学，其道理是完全相通的。

但是对于审美活动而言，其构成特性是主体始终指向对象，不仅审美主体的审美能力、审美爱好、趣味、态度决定了其对客体的选择与好恶，而且审美对象的构成也完全决定了审美过程中是否纯粹、流畅、完满，这意味着审美价值或者审美活动的体现是极具个性化、主观性、时机化的，比如不能武断地说贝多芬的《第五交响乐》就是美的，比如一个人在餐厅就餐的时候欣赏此曲就是不恰当的，这意味着审美活动不具有像科学知识那样绝对稳定的、无损的可交流性，也不像科学教育那样

① 赵廷为：《教材及教学法通论》，福建教育出版社 2007 年版，第 89 页。

讲究学习的效率——如赵廷为所说，科学的学习可以在一天、一周之内完成，而且更为重要的是审美教育不可能像科学教育、技能教育那样可以进行客观的、准确的、可操作性最强的测试，因为人类是无法把一个爱乐者欣赏贝多芬《第五交响乐》的美感用生理学、脑科学等的数据测试出来的，也无法使用科学的、实证的、量化的手段去测试不同的审美主体在欣赏贝多芬《第五交响乐》的能力、美感的差异，更无从进行评分、划分等级。

但是，包括欣赏教学在内的审美教育活动无疑是一种教育活动，审美能力的提高需要审美教育，但是在制定教学目标、教学计划、教学方法以及测试的时候，要与科学教育、技能教育清晰地区分开来，重视其价值及其呈现状态的特殊性。

## 第二节　欣赏教学作为内时间意识的构成

### 一、“同时学习”中的美育

赵廷为认为，对于欣赏、态度、理想的教学，虽然可以直接进行，但是——“我们大部分的情感的反应，是逐渐养成的。每次的上课，每次的学习经验，对儿童的理想、态度、兴味等，都发生若干的影响”①。也就是说，教学要针对欣赏活动的特殊性。

当然，赵廷为并没有把欣赏教学完全等同于审美教育或者艺术教育，因为即便是自然科学知识的学习与教学过程，同样是一个态度与理想获得的过程，或者说，在科学教育、技能教育作为一个时间性的活动过程中，情感体验正是其不可或缺的因素之一，因为少了对科学知识寻求的热情，缺了对科学知识客观性的尊重，科学活动就无从展开。赵廷为说：“在学习算术、历史或地理时，儿童同时获得勤学、节俭、正确、忍耐等

---

①　赵廷为:《教材及教学法通论》,福建教育出版社 2007 年版,第 90 页。

重要的理想（或获得懒惰、敷衍、不诚实、依赖等态度）。”① 但是相对而言，他还是把科学教学活动之中的情感体验称作“理想”，当然，他没有对科学活动之中出现的情感体验与审美活动之中的情感、美感的体验进行对比。在科学活动之中的情感体验是正常的、必要的、积极的，但是这种情感体验与一个数学题之中的符号、数字没有任何关联，那些符号、数字不管科学家的好恶、激动还是沮丧，它们都始终保持其绝对客观性。

他还生动地描述了听杜威在中国上课的经历，以此描述教学过程中的情感体验：

> 我们对于杜威的讲演，也能直接听懂十分之四五（因有许多教育名词，故较难懂）。杜威把旧教育批评，有许多话我觉得很恰当。我曾受了十多年的旧教育，我的体格和知识均未得尽量的发育，我听时就回想到从前受教育的经过。我想像自己是一个教师，教一个像我幼时一样的儿童，我应该怎样去变更教学的方法。我对于杜威的演讲，实在听明白时不及1/4。后来我完全在座位内思想，有时偶然去听他一二句比较着重的话。到了第二天，我就等待着去看报上登出的杜威讲稿，我立刻到玻璃厂买了一本杜威著的《民本主义与教育》。自此以后，我每日去读教育的书籍，从未一日间断，甚至把正课也稍加忽略了。②
>
> 像这一类强烈的情感的经验，大概任何人都在一生之中遇到过几次。如今让我分析情感的教学，到底应该注意些什么？③

上述文字描述了在听课过程之中的各种情感体验，比如对学术的热

---

① 赵廷为：《教材及教学法通论》，福建教育出版社2007年版，第90页。
② 赵廷为：《教材及教学法通论》，福建教育出版社2007年版，第91页。
③ 赵廷为：《教材及教学法通论》，福建教育出版社2007年版，第91页。

情、听课时的懵懂、深入学习的决心等等，这些情感体验是整个听课活动过程的一个有机的组成部分。在《教材及教学法通论》一书中的第四章，当论及教学方法所根据的重要原则——“同时学习原则”时，他对历史课程作为内时间意识过程的构成进行了分析。

何谓“同时学习”？他说：“所谓同时学习，就是说儿童在同一时间内所学习的事物，不止一项。例如教甲午战役时，在一般教师看来，以为要儿童学习的事物，只有甲午战役的史实而已。因此教师也仅仅希望儿童学会甲午战役的史实，却不再注意到其他的事项。但在事实上，儿童所同时学习到的事物，除了甲午战役的史实之外，还有种种的态度和习惯，例如对于历史功课的态度，对于教师的态度，不注意的习惯，懒惰等等。这种种态度和习惯的学习，常常是不能避免的，因此教师也应该加以注意。简单说来，同时学习原则的要义，就是教师不应仅注意于所要教的事物，而应注意到儿童学习活动的全部。”① 并且他把他说学习分为三类：

> 第一类叫做主学习，即指直接寻求的教学结果而言。上面所述的甲午战役的史实，就是主学习的一种。主学习或为一项技能，或为一项知识，或为一种欣赏，视教师的目的和功课的性质而定。……第二类叫做副学习，便是指和所研究的功课有关系的思想和观念。……第三类叫做附学习。这类最属重要。儿童在上课时所养成的重要理想和态度，如清洁、正确以及对功课、教师或同学所抱的态度皆属之。所谓道德教育或品性训练；大部分是偶然教学的结果，所以教师对于附学习，也要负很大的责任。②

因而，赵廷为所主张的就是保全一个教学活动中所出现的各种因素

① 赵廷为:《教材及教学法通论》,福建教育出版社 2007 年版,第 29—30 页。

② 赵廷为:《教材及教学法通论》,福建教育出版社 2007 年版,第 30 页。

的完整性，以上这些因素在学习过程中是“同时”出现的，而且这种“同时性”不是指两个毫无关联的事件在同一时间发生，而是指在一个完整的人类活动之中，“同时性”地出现了众多构成因子或者因素，所以不能因为“主学习”，就忽视了其中伴随的“副学习”和“附学习”因素，否则就会破坏与扭曲教学活动的完整性。赵廷为此论的价值在于指出了各种课程之间既存在价值以及状态上的区别，同时在构成状态上又有相似之处，也就是说，对于历史等课程而言，“主学习”意味着该课程的基本性质在于求真，“附学习”与“副学习”则同样是附着于、依寓于求真活动之中的有效构成因素；对于“欣赏教学”而言，其基本性质在于愉悦的体验、赏玩过程，而“附学习”与“副学习”也同样存在。

## 二、欣赏教学的三个环节

就整体而言，赵廷为还是更倾向于把欣赏教学与文学、音乐、美术等艺术教育的科目等同起来，或者在论及欣赏教学时，其所采纳的事例基本上是取自于对艺术作品的教学，其中的缘由就在于文学、音乐、美术、舞蹈等给人提供的是一种纯粹的愉悦感，而不是以认识价值、思想价值等为主。他说：“其对于文学、音乐、艺术等科目的兴味，其对于教师或学校所抱的态度，也刻刻受到改变。”①

具体来看，他对欣赏教学的分析完全是从审美活动作为一种内时间意识的构成角度来进行的：

第一，准备。

他说：

> 如果要直接教学欣赏，我们的第一步手续，是使儿童准备——是要儿童起适宜的心向。要是儿童的心向不适宜，我们就无法引起所希望的情感的反应。但有了适宜的心向，要使儿童欣赏，就比较

① 赵廷为：《教材及教学法通论》，福建教育出版社2007年版，第90页。

的容易了。心向的引起固然在任何种教学上都很重要，而在欣赏的教学上，尤属必需。因为心向和欣赏，都是情感的反应。[①]

其用意在于——为儿童的欣赏教学创设一个适宜的时空环境，更要创设容易引发审美活动的时机，因而要针对儿童的审美能力、审美心理需要的特质进行教学准备，因为这种准备直接涉及、关涉审美活动自身的质量如何，更为准确地说，这种准备本身就是一种审美活动，它与所要激发的、引发的审美活动之间是完全同质，而且在作为内时间意识的构成上完全是前后相续的，而不是作为一种导入课程的工具或者手段存在的。

第二，强烈的情感反应。

他说：

至于我们的第二步手续，是要使儿童发生强烈的情感反应。自然，我们要利用儿童的本能和兴味。但重要之点，乃是使儿童直接参加情感的经验。童子军的训练是一种最好的情感的训练。因为童子军直接参加社会的服务，直接参加合作的生活。学校中举行国语周、礼貌周、公德周等，也是训练情感的善良的方法。因为这些方法都供给儿童以直接参加活动的机会。可是有的时候，儿童要直接参加经验，是一件不可能的事。例如读一篇《鲁滨生漂流记》时，儿童不能直接去经验一种荒岛的生活。然而他们虽不能直接参加这种经验，却也未常不可在想像上参加鲁滨生的种种活动。他们可以想像自己是鲁滨生本人或鲁滨生的同伴，身受种种孤寂生活的痛苦。这一种想像的参加，我们在一生之中，不知道经验过多少次。记得我幼时读《三国志》时，仿佛自己就是赵子龙，仿佛自己拿了一枝枪在长坂坡救出阿斗，仿佛自己听到刘备“一身都是胆”的奖语。

① 赵廷为：《教材及教学法通论》，福建教育出版社 2007 年版，第 91 页。

到了欣赏的极点时，我们常想像自己就是小说或传记中的英雄，和他共尝安乐甘苦。有时我们想像自己就是小说的作者，仿佛自己写了一种极得意的描述。有时我们看了一张美的图书，好像我们自己是图书中的人物。[1]

总之，要有强烈的情感反应，我们须直接参加强烈的情感经验，或在想像上去参加这种的经验。在直接教学欣赏时，我们的第二步手续——最困难的手续——在引起儿童作这一种直接的或想像上的情感的参加。[2]

从列举的例子来看，其一是来自于完全礼乐合一的“童子军”训练，其二是来自于对小说、故事的阅读。

对于“童子军”的训练来说，上述一些精心安排的仪式活动自身正是美德的体现状态。在这里，并不是以美育的手段进行德育的操作，更不是以生动、形象的手段来进行伦理道德规范的说教，而是“美德”自身的存在状态本身就是“兴发着”的内时间意识过程；如果把这些充满美感的仪式活动取消，那么“美德”就会被抽空，成为一个抽象的教条，或者成为一个严厉的、居高临下的训教。而在经过美化的仪式化的活动进行之时，如赵廷为所言的“情感的善良”才会在被“欣赏”着的、带有冲力的、涌动的过程中显现出来，很显然，“善良”就是时间性的，且是一个愉悦的、具身投入的、发自内心赞赏的过程，是不断兴发的意义寻求与实现的过程。这完全是中国古典礼乐教化传统的再现。

对于小说与故事中人物形象的呈现，在赵廷为看来，也是在欣赏之中，以生动、感人至深的状态出现的，在这个凝神的审美活动过程中，读者与作品中的人物及其命运共欢乐，同悲泣，以上那些传神的、真切

① 赵廷为:《教材及教学法通论》,福建教育出版社 2007 年版,第 92 页。
② 赵廷为:《教材及教学法通论》,福建教育出版社 2007 年版,第 92 页。

的描述都反映出欣赏过程才是欣赏教学的最核心价值所在，完全可以体验到赵廷为本人在阅读过程中的喜怒哀乐，这正是审美价值的活生生的体现，而且在这个欣赏过程中，读者是始终指向作品的，也就是说欣赏活动自身具有纯然的、质朴的完整性，而没有分裂为两个可以孤立存在的因素——审美主体与审美客体，尤其是仅仅对作品中的人物、意蕴、内容作孤立的分析。

第三，此后活动的指引。

他说：

> 我们的教学的第三步，是指引儿童作更进一步的活动，以使这种情感充分的表现，并得到更多的满足。我们可指引儿童去读书，去创作，去组织俱乐部……可是这一步手续，不一定是必需的。我们要自然的加以指引，却不可带一点强制。①

可以看出，以上三个阶段正是一个完满的审美教育活动的构成，既有准备，又有完美的实现过程，最后还有这一欣赏过程在生活之中的自然延续，其中最为关键的时段——正如赵廷为所说——在第二个阶段的“情感直接参加”。他在最后一个阶段所说的——“自然”“不可带一点强制”等等，都是为了更好地保持、呵护、维系欣赏教育活动或者审美活动作为一种内时间意识的纯然、流畅，简单地说，就是为了保持、保全人生活本身的幸福，当然其中自然包括了审美生活。

## 第三节　欣赏教学的具体操作

赵廷为指出，虽然欣赏教学的构成相对简单，比如上述三个阶段的

① 赵廷为:《教材及教学法通论》,福建教育出版社 2007 年版,第 92—93 页。

前后相续，但是在具体实行时，却“至为不易”[①]，因为正如上文在对科学教育、技能教育与欣赏教育或者审美教育的比较中所言，审美活动自身的价值及其存在状态是一个主客不分的、时间性的愉悦过程，且这一愉悦感只能由特定的审美对象所奠基，或者说这种愉悦性本身也是独一无二的，因而，审美教育不可能像科学教育、技能教育进行量化的、客观的教学，也不可能进行量化的、客观的考核与测评。赵廷为对审美教育活动的认识可谓深刻。他说：“欣赏教学的技术，没有一种公式或法则可资遵循。”[②]

在他所列举的欣赏教学的要点中，从整体上来看是要保证审美教育活动作为审美活动形态之一的完整性、原发性、纯粹性，而不是干扰其构成上的完满状态，鉴于这些要点都非常生动、深刻、精粹，故全部摘录如下：

> （一）不要教儿童去欣赏我们自己不能欣赏的事物　我们自己能欣赏文学、音乐或艺术，才可以教儿童去欣赏文学、音乐或艺术。要是自己不能欣赏，我们就不配去教欣赏。情感反应的引起，常是模仿教师的结果。在教学欣赏时，教师的强烈的情感一定要自然的流露，却不可带一点虚伪或矫作。教师的享乐、态度、兴味、自然会得反映到全班的儿童。
>
> （二）知识是欣赏的基础　要是我们完全不懂一首诗的意义，我们对于这首诗就不能够欣赏。知识是欣赏的基础，所以在教学欣赏时，教师一定要供给儿童以必须的知识。
>
> （三）要避免过多的分析　知识固是欣赏的基础，但欣赏毕竟是一种情感的反应。要是教师把一首诗或一张画加以过多的理智的分析，情感的元素就要减少，而欣赏的原来目的也就归于消失了。例

---

① 赵廷为：《教材及教学法通论》，福建教育出版社 2007 年版，第 93 页。

② 赵廷为：《教材及教学法通论》，福建教育出版社 2007 年版，第 93 页。

如读书时研究文法的结构，游山玩水时研究自然的现象，都足以破坏欣赏的目的。

（四）欣赏的材料要适合儿童的年龄和发育的程度　欣赏的发展是很缓慢的。故欣赏材料的程度，不可骤然提高，却也不可过低。有许多人反对儿童文学，就是由于不明这个要点的缘故。就本身的价值言，有许多儿童文学固多缺点，但对于未成熟的儿童，却很适合其欣赏的程度。

（五）欣赏要由儿童自己去选择　欣赏是儿童直接经验的结果。让儿童自己去发现真美善。例如教师教诗歌时，让儿童自己去选择最美的一段来记忆。

（六）要明了个别的差异　各人的嗜好不同，所以同是教一首诗，各人所得的欣赏也大相殊异。所以在教学欣赏时，我们不能希望大家得到相同的结果。

（七）技术的学习是手段而非目的　要创造一种艺术的作品，一定要有相当的技术。但创造艺术的作品，欣赏艺术的作品，完全是两件事。纵然儿童没有创造艺术作品的能力，他们仍能够对于艺术作品起一种欣赏。如果儿童要发表一种美的观念，他们才需要技术的学习。技术的学习，应该当作一种手段，不要当作目的。

（八）技术的学习不要带一点强制　技术的学习固可增进儿童的欣赏，但这是手段而非目的，所以千万不要带一点强制。如果我们强制儿童去学习技术，儿童便要发生不合宜的态度，妨碍正当的欣赏和兴味的发展了。①

就以上所述的整体而言，赵廷为所要达到的理想目标——一个由教师与学生共同参与完成的、内时间意识极为流畅地欣赏课堂或者欣赏行为的产生。在此，最为重要的就是审美活动最为重要的特质之一——

① 赵廷为:《教材及教学法通论》,福建教育出版社 2007 年版,第 93—94 页。

“流畅性”的产生及其在绵延中的保持、持存。首先，要完善地呵护审美活动的直观、感性、生动的特性，避免过多的分析尤其是理智的分析，比如上述提及的在阅读文学作品时，停顿下来分析文法结构等等，都会破坏审美活动自身作为时间流的流畅性，其实也就破坏了审美活动自身。其次，更为深刻与巧妙的是，赵廷为提出针对儿童的身心特点，要选择那些在审美能力上稍微高于儿童现有水准的作品进行欣赏教学，因为如果难度过低，对于儿童来说构不成挑战，也就会出现乏味、不屑一顾；如果难度过高，挑战太大，就会产生畏惧心理，难以进入欣赏的情境之中。以上所述皆是为了保持、维护、呵护审美活动自身作为内时间意识的兴发性、涌动性、流畅性，可谓赵廷为欣赏教学思想与审美教育思想之中最为精彩的部分。

对于这个群体性的欣赏教学而言，其构成的复杂性远远超出了某一审美个体的审美活动，因为在其中存在着三重主体间性关系，即艺术作品与教师之间、教师与学生之间以及学生、教师与作品之间的关系。之所以说存在三重主体间性关系，其原因就在于从这一已经完成的审美生活或者欣赏教学出发，根据其先行存在的相关项之间的时间性构成状态，自然地而不是教条地，划分出以下三个状态：

其一，就作品与教师的关系而言，这是三重主体间性关系中的前提，也是在时间性的欣赏教学活动发生的起点。因为，教师只有受到文学作品的感动之后，只有喜欢某一文学作品，才可能把这一作品带入欣赏教学。在很多情况下，一些美育观念与欣赏教学活动只是把作品当作欣赏的对象，当作一个客体来看待，而没有更深刻地看到其中内在的状态，比如，作家在进行文学创作之时，他所创立的文学作品的结构，事实上是为了造成读者的快乐，或者更准确地说，是为了使得读者获得一种与作品的结构或构造相适应的快乐，而且这样一种快乐是一种独一无二的快乐，即某一作品带来的快乐完全而且也必定是完全不一样的，也就是说，此作品的独特肌质构成了完全不同的内时间意识，当然，内时间只是这一快乐的属性，但是对这一内时间意识进行精微细腻的分析与描述，对作为从事欣赏教学的教师尤为重要。因而赵廷为一再强调，不要去教儿童连我们自己都不喜欢的事物，因为一个欣赏教学行为的产生，实际上是一个教师的此前曾发生的审美活动在课堂上的重现，只不过审美主体增加为儿童或者学生。

从作品何以诞生的角度而言，它注定是要求有意义的，而且这一意义完全绝对不可能属于作者自身，即使一个作者完全是为了自己而写作，但是他在写作的时候所运用的语言，已经是一个属于公众，而且有着特定游戏规则的语言，当作者在写作的时候，其实本身也在分享着这一属于主体之间的快乐。而且，当读者在领略作品的美不胜收时，也就实现了先行地存在于作品之中的主体间性，即意欲实现交流、沟通、理解，乃至于触发注意、持续绵延、充满了意想不到的快乐，这种先行存在的“意义”与“价值”因而在阅读过程中，而且只能在阅读过程之中实现，即这一内时间意识的被奠基、被构成。这是一位教师在进入课堂之前，首先要具有的体验，即看起来是第一人称的私有体验，事实上本身就是主体间性的。

其二，教师与学生之间是一种主体间性关系。教师作为一种职业，显然要在知识学养道德的储备上高于学生，但是对于文学教学活动而言，却是很特殊的。一个教师首先应该做到的是与学生分享自己曾经得到的快乐。那个曾经得到的快乐当然已然逝去，但是对于教师而言，完成这样两个活动才是称职的：

第一个活动——对自己的过往的体验进行保鲜，曾经有过的阅读的快乐只有在回忆中才会浮现，即对快乐的过程进行反思。如前所属，在快乐的过程中，读者与作品之间的关系是绝对不可能进行分离、隔离，然后各自孤立地存在，这是第一重意向性。在反思中，阅读的快乐虽然已经尽失其原始性的状态，但是其构成的方式能够在反思中得以保存，这是第二重意向性。在第一个活动里，显然针对的是第二重意向性，也就是说，教师的素养首先要表现在自己的文学回忆更加丰富，当然，这一记忆绝对不是心理学意义上的平均状态，而是一个活生生的生活过程。在回忆里，才能对以往阅读过的作品进行比较，其实在对作品引发的快乐进行比较，在比较中，有些作品会形成深刻的记忆，有些作品则被遗忘；其实，遗忘本身也是回忆的一个重要构成。这要求教师欣赏的作品在体裁上更丰富，在古今上无偏狭，在中西方的选择上更广泛，等等，即在博观的基础上才可能生出精细、专门的学问来，其实这些学问无一不是奠基于那些曾经有过的快乐经历的回忆。一个不博观的教师，原始性的经验就必然匮乏，在回忆与反思中也就不可能有坚实而丰富的材料，也就不可能在此反思过程中生发出范畴直观式的鉴赏力来，所以，一个狭隘的教师往往是常见的。

第二个活动是，教师在反思的基础上，还要职业性地带领学生一起获得对作品的快乐感受。作为一种职业，教师需要把反思之后得到的对于作品的解释，带回到课堂中去，重新对学生进行解释，在这个意义上，教师既是引领者，更是一个与学生完全无异的普通的读者，都是欣赏教学活动的平等的游戏参与者。

因而，赵廷为一再要求教师的情感流露应该是自然的，不可带一丝虚伪与做作。引领者与游戏参与者之间如何保持角色的均衡，是教师在课堂上应该注重解决的。在第二个活动中，师生与作品之间的关系往往最容易能够被认同为主体间性的关系，因为在一个文化形态之中，如果缺乏了人与人之间的“同时性”的快乐、痛苦、抑郁、希望、恶心、喜好等等情感，这种文化注定是一个价值观撕裂、扭曲的文化，当然，这种文化体现在每一个具体的个体心理活动之中，比如，道德败坏的恶棍往往更能保持心理的健康，因为他对自己做过的坏事特别善于遗忘。其实，在审美生活、欣赏教学上的表现同样是这样，教师与学生所进行的应该是“一种”“一个”而且完整的审美生活，有效的标准就是教师与学生“同时”得到了快乐，当然是在对作品进行“阅读之时”。一个数学教师可以在完全理性的推导中，引导与启发学生掌握数学知识；一个思想品德教师可以在道德律令的训教中，树立普遍的道德观念；但是一个教师不能强行让学生在对作品的阅读中，得到审美的愉悦，因而，师生之间如何在欣赏教学上达成“同时性”的愉悦，对教师而言就是一个非常困难的问题。

其三，最终得到的是一个学生、教师与作品之间的主体间性关系，即一个理想的欣赏教学的出现，也就说一个群体性的文学公共生活的理想完成。

就赵廷为的美育思想来看，其擅长分析的欣赏教学及其思想，对中国现代美育理论建构的贡献是巨大的，这一贡献就在于对审美教育活动自身作为一个内时间意识的完整构成，如何在实际操作的过程中保持其原初的质朴特征，赵廷为给出了极为细腻的描述和极为深刻的分析。在他的行文中，最值得关注的是他对来自我国古典美学语言传统的继承，这集中体现在赵廷为既在美育理论的精神上保持了我国古典美学侧重对审美活动自身进行主客不分的整体分析的优秀传统，又在术语与概念的使用上顺承其脉络，比如在其著作中论及欣赏活动、欣赏教学活动的流畅性、涌动性时，总是始终频繁地使用“兴味”一词，这在根本上承续了中国古典美学中最为精粹的部分，因为要描述审美活动的流畅性、涌动性，在汉语里的最好、最佳的选择就是“兴”字。这一切都使得赵廷为的美育思想显得风格独具，贡献非凡。

# 第十一章　孟宪承的美育观

孟宪承（1894—1967），江苏武进人，我国著名教育理论家，早年留学美国华盛顿大学，专攻教育学，后又留学英国。关于美育，他有很多极为重要的见解，而且他的美育理论、艺术教育理论带有鲜明的“教育”色彩——倾向于把美育活动理解为在学校里可以施行的具体行为。

## 第一节　艺术活动、审美活动的价值何在？

孟宪承的美育思想与美学思想是一致的，在美学思想中，他完全是站在艺术活动与审美活动在人类的意义图景或者价值系统之中的地位，来对其作用、功能进行审视的，并进而确立其在教育系统之中的价值与地位。

他对人类社会活动的描述是这样的：

> 只要两个人以上为共同的活动而有的团体，便是一个社会组织。社会是一个概括的名词，包含着无数种类的人和人的组织和共同的活动。人类最初为饮食、眠息、御寒、取暖，而满足其最简单的生理的需要，便不能不以共同的劳力，使用共同的工具和技能，而有家庭（家庭同时是原始的生产组织）、牧场、田庄、作坊、行会、工厂、商店等的组织，与其生产、交换、分配的诸般活动。为调整其各个人的统御、斗争、抵拒、屈服、赞许、轻蔑等分歧矛盾的行为，而有一种共同的秩序，便不能不有氏族、部落、国家等的组织，与

其法律政治的活动。为了好奇、求知、同情，满足快感和生活的趣味，便不能不有种种宗教、艺术、道德、哲学、科学，凡所谓文化的组织和活动。①

从上述话语中，可以清晰地看出孟宪承关于社会、生理需要、社会组织以及包括宗教、艺术、道德、哲学、科学等文化活动的简洁而深刻的描述，而教育的目的就在于——把具有一定价值的人类经验输入成人或者儿童的经验之中，从而能够使其自由完满地发展他的能力，并为社会造福。

他还引用了美国哥伦比亚大学小学教育专家邦瑟的观点，认为艺术活动与审美活动属于闲暇期间所需进行的、更美好的活动，他说：

我们试纵览人类的需要和活动，便可发现我们生活中时间和精力大部分都用来维持生命，增进健康，取得衣食住的资料。为欲达此目的，必须凭藉适当的技能、工具和正确的知识，而做分工、专业、合作的活动，对于生产、运输、分配、消费各尽其责任。此外，还有关于调节人与人的关系和动作，以及人们所发生的政治的活动，共同遵守法律、惯例和风俗，以谋共同的幸福。以上都是我们必定要做的工作，可是工作之外，我们也要游戏——也有休闲的活动。这种活动不在取得活动以外的结果，只在活动本身所生的快感。我们在闲暇的时候，常欲从事各种的游戏，如看书，欣赏音乐、艺术和游览，以及其他本身发生快感的事。②

所以，他说，人类所要进行的有价值的活动就有这样四类——健康、职业、公民、休闲，而且把休闲活动视为——“利用闲暇，使生活向上

① 孟宪承：《教育概论》，福建教育出版社2006年版，第21页。
② 孟宪承：《教育概论》，福建教育出版社2006年版，第30页。

而且丰富”① 的活动。

而且，孟宪承还从个体艺术能力、审美能力发展与起源的角度论述了艺术活动的必然性。他说：“婴儿生来本是幼小而无能的，因为学习的结果，便无所不能了。在生理需欲方面，他养成了饮食起居作息的习惯和礼仪。他不断地试探和玩弄事物，获得了‘空’‘时’‘数’‘形’‘结构’‘颜色’‘因果’等观念。思考（心理的试探）和想像（心理的玩弄）的逐渐发达，对于科学的发明与艺术的欣赏也有浓厚的兴趣了。”② 这一思想无疑同时就是美育理论中的审美发展思想。

在《教育通论》之中，孟宪承更把艺术的需要置于更高的人类心理需求层次。他说：“个人必需营养和安全才能维持个体的生命；又得靠生育繁殖来延续种族的生命。群体的统制包括一切道德、政治和法律的活动，对内维持秩序，对外防御强敌。至于艺术和宗教等活动，便都属于趣味的满足了。”③

另外，孟宪承还借鉴了马林诺夫斯基在人类学理论中给人类活动进行价值划分与归类的方法。他说：“文化的结构，分物质基层（material basis）、社会组织（social organization）和精神生活（spiritual realm）。物质基层包括一切器物、房屋、工具和武器，是文化构成的基础。人类创造器物工具来获取食料；构造帐幕或建筑房屋来避寒冷；运用武器来防御敌人。社会组织介于物质基层和精神生活的中间，包括家庭、邻里、职业团体、文化组织和国家等制度。精神生活是物质基层和社会组织的上层结构，包括语言、习惯、风俗、道德、科学、哲学、艺术、宗教。每层的文化结构又有文化的功能。物质基层有技术（technology）和经济（economies）；社会组织有政治（political organization）、教育（education）和法律（law）；精神生活有知识（knowledge）、宗教（religion）、艺术

① 孟宪承：《教育概论》，福建教育出版社2006年版，第30页。
② 孟宪承、陈学恂编：《教育通论》，福建教育出版社2010年版，第54页。
③ 孟宪承、陈学恂编：《教育通论》，福建教育出版社2010年版，第65页。

(art) 和娱乐 (recreation)。各种文化功能和其他各层的文化结构也有交互的作用，关系错综复杂。"①

以上来自于儿童心理发展尤其是儿童审美心理发展、文化人类学之中对于艺术、审美功能的观念，都在很大程度上拓宽了我国现代美学尤其是现代美育理论的视野，丰富了美学与美育理论研究的视角，尤其是把审美活动、艺术活动置于人类整体的生存活动之中，这一看似寻常的美学思想却包含着对——美学研究对象到底为何这一问题的极为深刻的思考，因为在孟宪承的陈述中，他是始终把审美活动、艺术欣赏活动作为一个整体加以把握的，并没有只是片面地强调审美主体或者审美对象，尤其是强调审美对象之中的认识论因素。

因而，孟宪承的美学思想是中国现代美学史上的重要成果。

## 第二节　美育的疆域在哪里?

1921 年前后，在教育学界、美学界对于美育的认识一度出现了混乱、含混的现象。比如李石岑认为："美育运动，在最近二十年间，随人类本然性之自觉而日益扩大；此诚吾人精神向上之表征，抑亦教育价值增进之显例也。夫教育上德智体三育之说，由来已久；经最近两世纪之试验，知未足予吾人以最后之满足，于是有美育之提倡。美育研究之范围，由学校美育进而至于家庭美育，社会美育，更进而至于人类美育，宇宙美育。美育之力，遂隐隐代德智体三育而有之；岂惟德智体三育，并隐隐代宗教以及其他精神界之最高暗示力而有之。此可以觇美育之功用矣。"②他还认为："美育之解释不一，然不离乎审美心之养成。进一步言之，即为美的情操之陶冶。情操有知的情操，意的情操，美的情操三者之别；

① 孟宪承、陈学恂编:《教育通论》,福建教育出版社 2010 年版,第 69 页。

② 李石岑:《李石岑哲学论著》,上海书店 2010 年版,第 101 页。

然美育实摄是三者而陶冶之。”[①] 李石岑的这些观点可谓把美育的功能与价值扩展到了其他德智体三育，在根本上是对美育观念与价值的过誉，也就是说，尽管在德智体诸育之中也存在美育的因素或者说存在审美的因子，各种教育形态之间却理应首先是一种并驾齐驱的平等关系，否则相互的僭越势必会伤害教育的整体。孟宪承专门论及美育问题，即由此而起。

在1922年，他撰写了《所谓美育与群育》一文，集中探讨了美育问题。他认为，应该在更加准确的含义上去理解美育，因为“美育”在当时还是一个比较新的名词，因而在人们心目中对美育的理解就容易理想化，进而导致含混的理解，他说：“在普通文字里，人提到他们，总当是种教育的理想或主义。我们知道，教育是社会的功能，教育标准，要依着社会客观的需要而定，不能凭个人主观的兴趣或态度。因此与其称‘美育’‘群育’为主观的教育理想或主义，不如认他们是两类客观的教育目标（Objectives）。”[②] 比如，一些人就把“美育”理解成了“美术教育”“美学教育”。

因而，孟宪承主张，既然“美育”一词在汉语里出现的时间还不是很长，那么，就要对其做可操作性很强的研究与推广，比如“就是除了他们以外，教育是否还有别种目标？如有的，各类目标相对的地位是怎样？只为这两个名词，不幸还没有共同了解的意义，大家虽然是唱和同声，其实命意各别，反成了空空洞洞的玄谈。所以我先要把这些名词的意义说明，再求上列问题的解答”[③]。这意味着，美育理论不仅要研究自身的问题，还要把它与教育目标之中的其他教育进行比较研究，以便在整体性的教育中，为诸育找到各自的价值与地位。

孟宪承认为，美育就是“美的教育（Aesthetic education）”[④]。他的具

---

① 李石岑:《李石岑哲学论著》,上海书店2010年版,第102页。
② 孟宪承:《孟宪承教育论著选》,人民教育出版社1997年版,第1页。
③ 孟宪承:《孟宪承教育论著选》,人民教育出版社1997年版,第1页。
④ 孟宪承:《孟宪承教育论著选》,人民教育出版社1997年版,第1页。

体解释是：

> 美的教育有二义，第一，特殊的“独立设施”的一种教育目标；第二，普通教育中的一种目标。如吕澄先生说的“悬美的人生以为正鹄的之教育……必完全独立，而后获尽其用”，我看就指第一义说的。李石岑先生说，“美育之力，隐隐代德智体三育而有之”，是指第二义说的。好多人很囫囵很笼统的提倡“美育”，无从知道他们是指特殊的美的教育，还是指普通教育中美的目标。至于教育学者所谓“美的教育”，多指第二义，拿普通教育中艺术的创作和欣赏做他的对象，是有一定课程，一定教学法的一个目标。①

从上述文字可以看出，孟宪承主张廓清笼罩于美育的迷雾、疑云的决心是迫切的。在整体上，他认同吕徵的美育观，即“吕先生因为没有承认这‘美育’的第二义，所以很透辟的说，‘普通教育，既未能与美育合其目的……所有美术科目，任其自与其教育目的相调和，正不必强蒙以美育之名，而至于非驴非马’。其实将两种不同的意义说明了，即知普通教育，自有其‘美育’的目标，正不必靳以‘美育’之名，而斥为非驴非马啊”②。所以，孟宪承认为，李石岑的美育观其实是把美育作为——“笼罩一切教育目标”的标准来看待的。他进一步利用“体育”作为逻辑推理的案例，他说：

> 他那“美育隐寓德智体群诸育”之说，私意以为未尽妥当。教育目标的用处，原在分析，特定（Specific），不在隐寓。若以隐寓言，那么提倡体育的人可以说，体育中间包含“武士道”，机智，

① 孟宪承:《孟宪承教育论著选》,人民教育出版社 1997 年版,第 1—2 页。
② 孟宪承:《孟宪承教育论著选》,人民教育出版社 1997 年版,第 2 页。

"形态美"的训练，团体协同训练等等，隐寓德智美群诸育了！[①]

可以明确地看出，孟宪承美育观的思维逻辑在于——在整体之中存在的因子或者因素绝不能僭越于整体之上，也就是说，在整体之中所存在的因子都是构成此整体的一个必不可少的部分，而且这些因子作为部分也必然带有整体所具有的所有特质。这一保持研究对象整体性的思维方式无疑是极为深刻、辩证的，施之于美育思想与教育思想也是这样，并不能因为在德育之中存在着美育的因素，就把美育与德育完全等同起来，否则的话，对美育、德育都是不利的。

对于"美育笼罩一切教育目标"思想的具体论述，他指出了这种观念自认为成立的两个理由：

（一）"美育"给我们精神最后之满足，而"教育第一义，即在诱导人生使之向于精神发展之途以进"；（二）"美育"给我们道德上一种涵养和感化，如蔡先生说的，"纯粹之美育，所以陶养吾人之感情，使有高尚纯洁之习惯，而使人我之见，利己损人之观念渐消沮"。[②]

对于以上两点理由，不管是出自于一般学者，还是出自于当时的文坛巨擘蔡元培，孟宪承认为都应该对其进行理性且冷静的分析，具体来看，他一共提出两点疑问与三个否定的理由，分别是：

否认"美育"为统罩或过重的教育目标的人，对于以上两点，先有疑问。第一，在现在的时代，社会讲教育，是否以精神发展为惟一正鹄？第二，"美祇为美"的运动，原在使艺术中不

① 孟宪承：《孟宪承教育论著选》，人民教育出版社 1997 年版，第 3 页。
② 孟宪承：《孟宪承教育论著选》，人民教育出版社 1997 年版，第 4 页。

搀杂理知和道德分素；所以艺术家，也尽多非科学非道德的。美情涵养，是否必常有道德的效果?①

他们所以否认这教育观的理由有三：（一）这目标是主观的。“吾人生活于此自然美人类美艺术美之中”，实不能一刹那间不受美之刺激，但是人生环境的刺激，不限于美；对于美的刺激的反应，也人各不同。成年人感受的美，儿童未必同样感受；艺术家欣会的美，凡眼未必能同样欣会。这样主观的一个东西，不能作为教育全体客观的目标。（二）这目标是畸形的。人生活动，职业的居了大半。“美育”是种“暇逸教育”（Education for Leisure），不能概括教育的全部。(三）单提这目标，是不合现在中国的时代和社会的。西洋美育论，是实利主义过盛的危言，是文明过于机械化的反响。若现在的中国，资财但见消亡，生计濒于破裂，教育家若不肯忘情于社会，也该快设法用教育来改造物质的环境，图谋物质的乐利了。教育家眼看着可怜的中国人，祷祝他们能“希求兴趣之人生”，却不由得垂涕而道的向他们说：你们快先“努力正大之人生”，是要紧啊!②

其中值得关注的美育理论在于：

第一，美育不是教育目标的全部，只是教育目标之中不可缺少的一个部分，因而，不能对美育的作用、功能、价值做过于诗意的、理想化的发挥，比如蔡元培所说的，美育可以使人达到无私的道德养成的效果与境界，其实只是就以纯粹的艺术作品为对象的审美活动而言的，因为这些纯粹的艺术作品只适用于人们的视觉与听觉，这样的话，艺术作品就可以在被欣赏的过程中不受损伤，因而，艺术作品是可以进行分享的。

---

① 孟宪承:《孟宪承教育论著选》,人民教育出版社 1997 年版,第 4 页。

② 孟宪承:《孟宪承教育论著选》,人民教育出版社 1997 年版,第 4 页。

在这个特定的情境之中，艺术品是这个世界上可以进行分享的少有的财富或者对象之一，但是如果说通过艺术品的分享活动就完全可以做到使人无私，那就未免太简单幼稚了，当然，这一分享的行为无疑是美德的体现之一。

就整体而言，孟宪承认为，不能拿美育作为整个教育的目标，这不仅在逻辑上、道理上说不过去，而且在中国的现实情境中也没有这种学说扎根的理由。

第二，美育是“闲暇教育”或者“暇逸教育”。这是在中国近现代教育思想史以及在美育思想史之中，较早提出美育的独特功能与价值问题，也就是把美育的价值、意义与人生对意义、价值的寻求完全对接起来，尤其是从“时间”的角度出发，把美育活动的价值理解为——为了让人安然地、完满地度过闲暇时光，这样既没有忽略人生在职业活动等等方面的价值，又没有忽视在闲暇时间之内的娱乐活动。此外，这种把审美教育活动自身作为一种人生活动，尤其是作为一种提高性的娱乐消遣的思想，在根本上抓住了美育活动自身的主客不分特性，也为美育理论作为一种知识体系存在奠定了基础，因为美育理论研究的对象就是完整地存在着的审美教育活动。

第三，孟宪承认为，美育活动在西方和中国的处境各不相同，因而，不能把产生于西方特定情境的美育或者美育理论，不加分析地、生硬地运用于中国的现实情境。比如说席勒的美育思想，很大程度上出自于对西方感性文明与理性文明分裂开来反思或者反拨，尤其是自从工业革命以来社会分工日益细化，导致学校教育过于重理轻文的结局。因而，即便是蔡元培先生在大力引进西方美育理论思想的时候，也没有侧重引进席勒的美育思想，而是着重引进康德的美学思想，其中的原因就在于康德的主体性美学有助于克服中国传统审美文化的审美价值过于被道德价值所僭越的实际问题。

孟宪承在此问题上的态度是极为辩证的，所以他说：“西洋美育论，是实利主义过盛的危言，是文明过于机械化的反响。若现在的中国，资财但见消亡，生计濒于破裂，教育家若不肯忘情于社会，也该快设法用教育来改造物质的环境，图谋物质的乐利了。教育家眼看着可怜的中国人，祷祝他们能‘希求兴趣之人生’，却不由得垂涕而道的向他们说：你们快先‘努力正大之人生’，是要紧啊!”① 虽然他没有对中国的具体问题进行详细论述，但是他已经把这一问题的核心坦露出来——中国的教育有着更为迫切的任务，比如物质文明的建设、社会文明的建设等等，当然，同时既不能忘记了美育，也不能把美育的意义与价值捧得太高太远。

因而，从整体来看，尽管孟宪承并没有在美育理论研究上投入太多的精力，也没有在美育著述上有太多的笔墨，但是其为美育价值与功能进行清晰定位，并与把美育理论与中国当下现实相联系的思想，是中国现代美育思想史的一个杰出成就。中国当代教育学家瞿葆奎曾对孟宪承的美育观进行过如此评价与定位：“提倡美育到了这里，把它的政治意义、道德意义可以说是全抽空了的。美呀，美的教育呀，美的人生呀，虚玄极了！什么学校美育、家庭美育、社会美育、人类美育，还有宇宙美育，悠渺极了！美育好象《庄子》书中‘藐姑射之山’的神仙一样。它真是成了一个‘空幻的王国’！当其时，唯有孟宪承独辟众议，似乎是说他们闭着眼睛空想，并且批评他们不懂得：‘西洋美育论，是实利主义过盛的危言，是文明过于机械化的反响。’”② 这样的评价是极为中肯的。

## 第三节　孟宪承的艺术教育思想

在上述对美育价值与功能进行清晰界定的基础上，孟宪承对美育的陈述可以分为两个方面，其一是在宏观上对美育特性的认识，其二是在艺术教育课程以及教法上的思想。

---

① 孟宪承:《孟宪承教育论著选》,人民教育出版社 1997 年版,第 4 页。

② 瞿葆奎主编:《〈教育学文集〉美育卷》,人民教育出版社 1991 年版,第 110 页。

就第一方面来看，孟宪承对蔡元培的美育学说极为重视、推崇，在其所著《教育通论》（1948 年由商务印书馆出版）中，他曾列举出十位大教育家的思想进行专章论述，在六位中国大教育家之中就有蔡元培。在论及蔡元培“以美育代宗教”之说时，不仅对其思想进行了简明透辟的概括，而且在此章所列的思考题之中，还专为此设立一个问题。他对蔡元培此说的概述是：

宗教起于精神的三种作用——知识、意志、感情。初民视一身与万物，均不可思议。生自何来，死将何往，创造之者何人，管理之者何术？皆以宗教解答之。现代人求其解答于科学，不复以宗教为知识。道德之规律，古人亦托之于天命或神示，现代人类学、社会学，说明道德习惯，随时随地而变迁，则道德的意志亦与宗教脱离了。于是宗教所余者，只一感情之作用，或美感。凡山水之胜，花木之茂；峻秀之塔，崇闳幽邃之殿堂，精致瑰丽之壁画与造象，微妙入神之音乐与歌词，皆美术作用而已。然以此美术作用，附丽于宗教，则徒以刺激感情、束缚思想，故美术之进化亦有脱离宗教之趋势。欲免除刺激感情之弊，而专尚陶冶感情之功，只有舍宗教而代以纯粹之美育了。①

他所设立的问题是：

说明蔡孑民的教育思想。宗教为什么要被替代，怎样说美育可以代宗教？②

可见，孟宪承对蔡元培美育思想理解之深刻、透彻，因为如前章所

---

① 孟宪承、陈学恂编：《教育通论》，福建教育出版社 2010 年版，第 43—44 页。
② 孟宪承、陈学恂编：《教育通论》，福建教育出版社 2010 年版，第 48 页。

述，“以美育代宗教”正是蔡元培在中国近现代以来中国人文科学学术界对世界做出的最重大贡献。

就第二方面来看，这才是孟宪承美学、美育理论落在艺术教育实处的最主要贡献。

## 一、艺术教育、审美教育机构设置的必要性

孟宪承的美育思想、艺术教育思想受到杜威的影响极大，尤其是关于儿童的教育活动，他认为应该以“游戏与劳作”为中心。他说：“从这些活动中，儿童会领悟人类在他的进化史上，所有科学和艺术的成就是怎样的艰难，怎样的珍贵；也会养成社会生活所必需的分工、互助、负责任、守秩序的习惯，和自由活泼、亲爱平等的精神。含有这种活动的一个学校，不只是家庭的扩大，也是未来社会的雏形了。”① 这些见解事实上道出了审美教育在教育之中的重要性；与上述他的美育、美学思想相联系，这些话还道出了审美教育、艺术教育在整个教育系统之中的独特价值与领域。

另外，孟宪承还指出了在社会上设置审美教育机构的必要性，因为在学校等教育机构之外的领域可能是美育被忽视的空间，而这些空间是针对已经离开学校等教育机构的、更为广泛的成年人。他说：“文化组织包括宗教、科学和艺术的组织，博物馆、图书馆与戏剧、电影、音乐、无线电、新闻事业、出版事业等。现在许多国家都利用了这许多组织来推行成人教育。”②

在这里，孟宪承对西方教育史上审美教育机构的设置进行了回顾，他说：

> 欧洲的大学，直到16世纪还在宗教的氛围中。思想没有自由，

---

① 孟宪承、陈学恂编：《教育通论》，福建教育出版社2010年版，第46—47页。

② 孟宪承、陈学恂编：《教育通论》，福建教育出版社2010年版，第48页。

科学不能滋长。所以最早的科学者并不是学校的教师。英国化学家波义耳于1662年在伦敦组织皇家学会，为科学者结集研究的最高机关，一时称为“无形的大学”，艺术教育在中世纪也只在行会的制作室里进行。无论绘画、雕刻、音乐、戏剧，都是由名师传授于学徒，并没有学校。最早的巴黎美术学校，是于1648年才成立的。现代科学和艺术已经普遍地成为学校的课程。可是科学者和艺术作家的许多团体，依然是最高的教育的源泉呢。①

至于博物馆，最初只是科学和艺术的库藏，现在则渐成为教育的组织。凯因说：博物馆的功用，已经过三步的演变，其始是珍奇的府库，其次是被当作学术研究的场所，最后，则被利用为教育的工具了。以博物馆为研究场所的观念，到19世纪达尔文的生物研究后才为人们所确认。至于把它作为一般人教育的工具，那只是近30年来的事情。②

从以上所引述的史实来看，正可以看出，审美教育正在日益摆脱小群体、权贵的权力分配领域，走向公共化、大众化的趋势；而且，从中也可以看出历史与文明的进步，因为在他看来，一个现代文明国家必须保障艺术工作者的正常生活，并提高其待遇等等。在《教育概论》中，他更是把电影院、音乐厅、广博等等称为广义的“美育机构”——“凡戏剧、电影、音乐、无线电、新闻事业、出版事业等的组织，都可以说是广义的教育机关。它们虽然只满足欣赏、娱乐和求知的需要，而并不认定什么教育的目标；并且它们的影响，也会和学校教育相抵触。但是比照着它们控制的程度怎么多，它们的教育力量就怎么大”③。

---

① 孟宪承、陈学恂编:《教育通论》,福建教育出版社2010年版,第67—68页。

② 孟宪承、陈学恂编:《教育通论》,福建教育出版社2010年版,第68页。

③ 孟宪承:《教育概论》,福建教育出版社2006年版,第42页。

## 二、"欣赏教育"作为内时间意识的构成状态

在《教育通论》中，孟宪承把欣赏教育列为与技能教育、知识教育并列的三种学习类型之一，并与"理想教育"合为一类。他说："伴随着感情和情绪的反应。一般以欣赏表示对于艺术价值的感觉，理想表示对于道德价值的感觉。这种价值的感觉，或情绪的反应，也会决定个人的外表的行为。学校里所谓'品格''操行'，就指理想的学习结果。"①

他认为，在教育者存在着很多问题，比如"学校里对于欣赏教学非常忽略。教育书籍，关于欣赏教学的原则和方法也很少讨论。欣赏教学的目标，在发展儿童爱美的情操，培养他们的艺术的趣味"②。

对于"欣赏"的构成状态如何显现，孟宪承从"内时间意识"构成的角度进行了深刻分析，他说：

> 一切艺术，最重要的特质是"节奏（rhythm）"与"和谐（harmony）"。自然现象有节奏，如昼夜的交替，寒暑的往来。人类的需欲和行为也有节奏，如呼吸循环的起伏，与注意的张弛。艺术返照自然，所以音乐、图画、诗歌和舞蹈，都离不了节奏。如音乐靠抑扬、高下和疾徐，构成音调的和谐；图画靠长短、大小的错杂，和深浅、浓淡的配合，形成形体与颜色的和谐。诗歌和舞蹈，也有音调、姿态的节奏与和谐。幼小的儿童，使喜欢节奏的游戏和舞蹈；爱唱重复和节奏的歌谣曲调；喜听情节重复的故事。节奏是欣赏教学最根本的原则。③

尽管在他的陈述中并没有出现"内时间意识"之类的现象学术语，但是他所描述的无疑是一个正在兴发的、涌动的、持存着的、绵延着的

① 孟宪承、陈学恂编:《教育通论》,福建教育出版社 2010 年版,第 99—100 页。
② 孟宪承、陈学恂编:《教育通论》,福建教育出版社 2010 年版,第 104 页。
③ 孟宪承、陈学恂编:《教育通论》,福建教育出版社 2010 年版,第 104 页。

审美生活或者审美活动过程，而且审美生活或者审美活动之所以能够与其他人类活动——科学活动、道德活动、宗教活动区别开来，其中最为重要的标准或者审美生活的特性就在于——它作为一个主客不分离的愉悦活动所独具的“流畅性”。

如果使用上述孟宪承美育思想中的术语，我们就可以把这一流畅的审美活动作为一种内时间意识的构成，描述为——当“欣赏者”的“注意”一旦被审美对象所激发，“浓淡”“起伏”“抑扬”“高下”“疾徐”“深浅”等等便构成了“节奏”——“内时间意识”作为“时流”或者“时晕”的构成，特别值得关注的是，孟宪承对于以上内时间意识构成的分析是奠基在对审美对象构成的分析之上的，而这正是审美活动在构成上的最为本质的特性——欣赏者在欣赏过程中始终一指向审美对象。

除了对欣赏活动作为一种过程或者内时间意识进行精彩的构成分析，孟宪承还着重对欣赏活动的意向性构成进行了分析，他说：

> 美的欣赏，最重要的成分，是移情作用（empathy），和内摹仿作用（inner imitation）。朱光潜说：“凝神观照之际，心中只有一个完整的孤立的意象（image）；无比较、无分析、无旁涉，结果常致物我由两忘而同一。我的情趣（feeling）与物的意象遂往复交流，不知不觉之中，人情与物理互相渗透。比如注视一座高山，我们仿佛觉得它从平地耸立起，挺着一个雄伟峭拔的身躯，在那里很镇静地庄严地俯视一切。同时，我们也不知不觉肃然起敬，竖起头脑、挺起腰干，仿佛在摹仿山的那副雄伟峭拔的神气。前一种现象，是以人情衡物理，称为移情作用；后一种现象，是以物理移人情，称为内摹仿作用。”举欣赏音乐来说，高而缓的曲调容易引起欢欣鼓舞的心情；低而急的曲调，容易引起抑郁凄恻的心情；便因为音乐曲调，引起了全部心境的同调共鸣。①

① 孟宪承、陈学恂编：《教育通论》，福建教育出版社2010年版，第104—105页。

尽管在上述具体的陈述中，对审美活动的一些心理现象并没有进行全面合理的分析，比如移情与内模仿等等未必适用于所有的审美活动，但是从整体上来看，孟宪承对审美活动构成特性的分析还是深刻的，完全把握住了审美活动的整体性，即审美主体始终指向审美对象。就心理学而言，审美活动是一种作为注意的延续或绵延的愉悦情绪，上述文字同样极为准确、生动地把握住了这一特性。

尤其是，当把以上对欣赏作为内时间意识的构成分析与对欣赏活动作为体验活动的意向性构成分析联系起来，就可以完整地把握孟宪承对“欣赏”及其“欣赏教学”的整体把握，那就是——“欣赏”活动自身的价值与构成特性就在于——它是一个主客不分的、涌动的、兴发的、流畅的愉悦过程。这为孟宪承对欣赏教育或者欣赏教学进行进一步深入、具体的可操作性分析奠定了坚实的基础。

## 三、如何进行欣赏教学

孟宪承认为：“教学欣赏最重要的步骤是引起动机、指导和习作。”①他对于这三个方面或者环节的具体陈述是：

> 1. 引起动机：
>
> 儿童对于各种节奏的游戏、曲调，本来就感觉兴趣，同时也喜欢用彩色涂画，用泥土塑造。所以在教学欣赏的时候，教师只要按照儿童的需要布置适当的环境，就很容易引起学习的动机。②
>
> 2. 指导：
>
> 艺术的欣赏是一种完整的经验，例如一幅画的美丽，在完整的图形；一首歌的和谐，在完整的曲调。所以教师应该指导儿童凝神

① 孟宪承、陈学恂编：《教育通论》，福建教育出版社2010年版，第105页。
② 孟宪承、陈学恂编：《教育通论》，福建教育出版社2010年版，第105页。

欣赏完整的艺术作品。除了事先用简短生动的说明，介绍艺术家的生平和艺术品创造的经过，来增加儿童欣赏兴趣以外，应该竭力避免繁琐的解释。欣赏以后，教师和儿童可以共同讨论艺术品的价值。①

3. 习作：

音乐的歌唱、图画的摹绘和诗歌的习作，都可以帮助欣赏。教师应该鼓励儿童自由想像，练习创作。关于练习的问题，在技能教学里已经讨论过了。②

就以上三个欣赏教学的环节来看，其中最为根本的意旨还是如上所述——保持审美活动——“欣赏活动”或者“欣赏教学活动”自身作为一个内时间意识的流畅性。

具体来看，“动机”的触发是极为重要的，它意味着一个审美教育行为的开始，更意味着一个审美教育行为能否完满地被激发。就孟宪承的描述来看，欣赏动机的激发与我国古典美学之中的“兴”的手段的采取是一脉相承的。就欣赏活动作为内时间意识的构成来看，“原印象”——欣赏活动的开始是极为重要的，因而，孟宪承强调针对儿童的欣赏教学，就应该认真地以儿童为本位，来布置环境、设置欣赏对象。就“指导”来看，孟宪承尤其强调欣赏活动是一种“完整的经验”，其实在这里所说的“完整”并不是针对“部分”而言的，其真实的含义是——审美活动作为内时间意识的构成，其特征正是在于流畅性，而流畅性正是体现为欣赏活动或者审美活动的“纯粹”——在审美活动之中没有出现任何的阻滞、停顿、过度的联想、隔断，因而，孟宪承一直在围绕着审美活动作为内时间意识构成的纯粹性、流畅性，对作为欣赏教学活动施教者的

① 孟宪承、陈学恂编：《教育通论》，福建教育出版社 2010 年版，第 105 页。

② 孟宪承、陈学恂编：《教育通论》，福建教育出版社 2010 年版，第 105 页。

教师提出要求。比如，使儿童“凝神”，事先只需进行“简短生动的说明”，“竭力避免繁琐的解释”等等，而且，在欣赏结束之后，教师也同时作为一个审美对象的欣赏者，与儿童一起来进行审美主体之间的交流与互动。而习作的完成，则可以使儿童强化对于欣赏的态度、能力、状态的认可与提高。

综上所述，孟宪承对于审美活动价值独立性的强调、对于审美教育活动在教育体系中的清晰定位以及对于欣赏活动、欣赏教学活动所进行的内时间意识构成的卓越分析，与其美育思想的内在脉络是完全一致的，而且是相辅相成的，这使得孟宪承成为一位在中国现代美育思想史上成就卓著的思想家。

# 第十二章　朱光潜的美育思想

朱光潜（1897—1986），又名孟实，安徽桐城人，我国现代以来最为著名的美学大师，他在进行美学研究及译介的同时，一直极为关注并参与教育实践，其美育思想在美学思想之中占有极为重要的地位。

## 第一节　美育的基本特性及其施行

朱光潜对美育基本特性及其如何施行的探讨带有鲜明的教育理论或教育哲学色彩，同时也具有浓郁的哲学美学情调，尤其是受到康德哲学及其美学观念的强烈影响，朱光潜美育思想的出发点便是康德的人格构成的知情意之说，且康德的审美无关功利说也全面深刻地影响了朱光潜对美育活动基本特性的论述与话语。可以说，朱光潜美育思想的基本话语状态与其以“趣味”为核心的文艺教育思想有着显著的差异，因为后者所侧重的是那些相对具体的审美教育现象。这就在朱光潜的美育思想中形成了极为丰富的内涵与层次。

### 一、美育在诸育之中的位置及其相互关系

#### （一）源出于康德的美育思想

朱光潜对教育内容的看法与康德有着密切的关系，不仅在宏观上直接承袭了康德对于人格构成内容的基本态度，而且在美学上也是与康德如出一辙。朱光潜说：“世间事物有真善美三种不同的价值，人类心理有知情意三种不同的活动。这三种心理活动恰和三种事物价值相当：真关

于知，善关于意，美关于情。人能知，就有好奇心，就要求知，就要辨别真伪，寻求真理。人能发意志，就要想好，就要趋善避恶，造就人生幸福。人能动情感，就爱美，就欢喜创造艺术，欣赏人生自然中的美妙境界。求知、想好、爱美，三者都是人类天性；人生来就有真善美的需要，真善美具备，人生才完美。”① 从其思路来看，朱光潜如同康德一样，首先是从人格构成的知、情、意三大功能，推导出或者生发出人类生活领域或者文化领域的三大价值，即科学活动、道德活动、审美活动。

康德哲学力图批判传统形而上学，因为传统古典形而上学着重讲的是灵魂不灭和神学问题，在《纯粹理性批判》中，他认为知识只存在于经验的领域，而传统形而上学的僭越体现在：理性在知识领域超越经验的界限，用经验知识的形式把握超越经验之外的无限，只能得到一些理念，但是绝不可能在经验界找到对象与其对应。在批判了传统形而上学的僭妄之后，康德集中阐述了经验知识何以可能与合法。这也是康德美学走向现代的一个基本的特征。

现代美学或者说现代性的美学诞生于现代性学术思想的整体之中，而现代性最为重要的标志之一就是对于某一事物主体性的寻求。自文艺复兴以来，主体性就一直是现代哲学的奠基石，尤其体现在最为典型的政治领域之中，现代主体性往往就是个体主义，即不仅把自我作为理论认识的中心，而且把自我作为社会政治行动的中心。这种个体主义正是西方现代文化传统中最核心的特征之一，不仅体现在社会政治上，而且也体现在思维、哲学上。比如，在一个完整的事物之中，可以划分为 A、B、C 三大领域，A 必须区别于 B，B 也必须区别于 C，彼此界限清晰，A、B、C 各完成其界限内的事情，互不越界，互不干扰，而且 A、B、C 三者之间互相支持协调，共同为这一完整的事物服务。这也正是康德哲学与康德美学的基本理论。

这一基本理论同样体现在对于审美判断力进行分析的《判断力批判》

---

① 《朱光潜全集》编委会编：《朱光潜全集》第四卷，安徽教育出版社 1987 年版，第 143 页。

的导言之中。他说：“对于理性认识诸原理指定的属于它们的对象的诸概念就必须是显然互异的，否则，它们将没有资格来从事分类。这分类经常是以理性认识中属于一门科学不同部分的诸原理的相互对立为前提的。”① 而且，“它的领域所依以树立的和它的立法权力所执行的基地却永远限于一切可能经验的对象的总和，即不超过现象的范围，因为若不是这样，悟性在这方面的立法就是不能思维的”②。

因而，康德美学所要做的首要的一件事，就是对美学研究对象的构成性做出清晰界定。因为在他看来，“介于悟性与理性之间的中间体，判断力是否也为它自己的领域具有着先验原理呢？这个原理是构成性的还是调节性的——‘就是不证明它有自己的领域’的呢？”③ 而且，既然康德认为，“调节性原理”是“永不能达到的，却推动一切知识向往着最后的目标”④，那么，美学的对象就理应在理性的角度找到自己的合法的边界。

对于所要研究的事物必须进行界限的划分，使其主体性更加突兀地显露出来，舍此别无他途，在他看来，超感觉的区域对于我们的认识能力来说是无法接近，也无从进行研究、解释，但是对于事物之间的区别在表面上是以我们的感觉、感受为限，事实上，在进行划分的时候，除了一部分事物最能体现出这一理想的主体性，还有很多事物无法进行纯粹的划分，一旦进行了更纯粹的划分，从而会在根本上、在逻辑上取消这一事物，顾及了理想状态的、纯粹的主体性，但是有可能失去现实的主体性。在如此严谨的形而上学的推动下，康德自然为美学找到了合法的界限，这基于他对于审美即属于快感之一种的界定：

因为心灵的一切机能或能力可以归结为下列三种，它们不能从

① ［德］康德：《判断力批判》上卷，商务印书馆 2009 年版，第 8 页。
② ［德］康德：《判断力批判》上卷，商务印书馆 2009 年版，第 11—12 页。
③ ［德］康德：《判断力批判》上卷，商务印书馆 2009 年版，第 21 页。
④ ［德］康德：《判断力批判》上卷，商务印书馆 2009 年版，第 2 页。

一个共同的基础再作进一步的引申了，这三种就是：认识机能，愉快及不愉快的情感和欲求的机能。[①]

因此，对于我们全部认识能力而言，存在着一个没有界限的但也无法接近的地区，即超感觉的地区，我们在那里面找不到一块地盘，即既不能为悟性诸概念也不能为理性诸概念在它上面据有理论认识的领域。这一个地区，我们固然必须为了理性的理论运用一如为了理性的实践运用拿诸观念来占领它，但是，对于这些观念在联系到自由概念诸规律时，“我们除了实践的实在性以外不能提供别的。因此，我们的理论认识决不能通过这个扩张到超感觉界去”[②]。

按照这个思路，康德就必须把审美的界限与认识、欲求清晰的区别开来，“愉快的情绪和自然的合目的性的概念的联结”[③]，“合目的性是先行于对客体的认识的，甚至于为了认识的目的而不用它的表象时，它仍然直接和它结合着，它是表象的主观方面的东西，完全不能成为知识的组成部分。所以对象之被称为合目的性，只是由于它的表象直接和愉快及不快结合着：而这个表象自身是一个合目的性的美学表象”[④]。也就是说，康德认为，一切意图的达成都和快乐的情绪结合着；这个意图的达成有一先验表象作为其条件，像在这里对于所有反思着的判断力有一个原理一样，快乐的情绪也是被一个先验的和对每个人都有效的根据所规定：并且也仅仅是由客体联系到认识机能，合目的性的概念在这里丝毫没有涉及欲求的机能，它和自然界的一切实践的合目的性完全区别开来。

因而，朱光潜与康德的思想一样，把由此而来的超功利的审美愉悦称为纯粹的、标准的审美理想，并由此进而提出审美即对艺术的品味，

① ［德］康德：《判断力批判》上卷，商务印书馆 2009 年版，第 15 页。
② ［德］康德：《判断力批判》上卷，商务印书馆 2009 年版，第 13 页。
③ ［德］康德：《判断力批判》上卷，商务印书馆 2009 年版，第 24 页。
④ ［德］康德：《判断力批判》上卷，商务印书馆 2009 年版，第 28 页。

因为只有纯粹的艺术作品才具备这种特性——因为只能使用视觉与听觉从事欣赏活动，而且这两种感官是不可能对所欣赏的对象造成任何损害的，从而艺术品就是可以分享的，因而艺术作品不会造成人与人之间的利害冲突。

就整体而言，朱光潜的美育思想其实是关于艺术教育的思想，这从他著述之中的着眼点也可以清晰地看出这一倾向，而其他的审美对象在他的美育思想中是阙如的，当然，在他的论述中，并没有在这个阙如之上显示出过多的缺陷，因为他还只是把论述的重点放在了艺术尤其是文学之上的，当然，在很多情况下，朱光潜的美育思想由于受到艺术教育、审美超功利思想的固有影响，他还是更多地强调“审美教育”的“超功利”倾向，而没有适当地顾及其他审美对象的教育——比如日用品的审美设计、自然环境空间的美以及人自身的美。

（二）美育的遭际——受“轻视”与受“仇视”

可以看出，朱光潜美育思想受到康德美学的极大影响，而后他由此出发，提出了教育内容以及美育方面的思想，具体表现在——针对教育的功能、价值，他从知、情、意三个方面进行了论述。他说：

> 教育的功用就在顺应人类求知、想好、爱美的天性，使一个人在这三方面得到最大限度的调和的发展，以达到完美的生活。“教育”一词在西文为 education，是从拉丁动词 educare 来的，原义是“抽出”，所谓“抽出”就是“启发”。教育的目的在“启发”人性中所固有的求知、想好、爱美的本能，使它们尽量生展。中国儒家的最高的人生理想是“尽性”。他们说：“能尽人之性则能尽物之性，能尽物之性则可以赞天地之化育。”教育的目的可以说就是使人“尽性”，“发挥性之所固有”。①

① 《朱光潜全集》编委会编：《朱光潜全集》第四卷，安徽教育出版社 1987 年版，第 143 页。

因而，在朱光潜看来，教育是对人的天性、本性之中的优良因子的培养、培育与养成，这种把教育出自于“天性”之发展的思想显然是极为深刻的，因为良好的教育自然就是顺应天性，而片面的、忤逆的教育自然就是违背天性。由此，他对德育、智育、美育三者的描述——“物有真善美三面，心有知情意三面，教育求在这三方面同时发展，于是有智育，德育，美育三节目。智育叫人研究学问，求知识，寻真理；德育叫人培养良善品格，学做人处世的方法和道理；美育叫人创造艺术，欣赏艺术与自然，在人生世相中寻出丰富的兴趣”①。

他对德、智、美三育之间关系的看法是——“三育对于人生本有同等的重要”②。但是在现实中，德智美三育各自的遭际有很大的差异，他说：“流行教育中，只有智育被人看重，德育在理论上的重要性也还没有人否认，至于美育则在实施与理论方面都很少有人顾及。二十年前蔡孑民先生一度提倡过‘美育代宗教’，他的主张似没有发生多大的影响。”③虽然朱光潜并没有直接对智育、德育得到重视与垂青的原因进行探讨，但是可以看出，他的确揭示出这一历史性的普遍规律——教育的内容，如智育、德育、美育、体育之间的关系，虽然在义理上是平等的，而且诸育之间和谐均衡的发展才可以导致人格发展的完善，但是在其各自的内在价值上有着迫切与超越、功利与非功利之分，很显然，人类对智育、德育、体育的需求是最为迫切、功利的，而对审美的需要则要超越的多，而且对艺术作品的需要更是体现出“非动机性”，也就是说，科学的发达可以带来物质生活的丰饶、人类的健康与长寿等等，而伦理道德规范则可以协调人与人之间的利害关系，体育则直接给人类的身体带来福祉，而审美需要尤其是对于纯粹的艺术品的需要则要微弱的多，因而，在历史上往往存在忽视美育的事实。

① 《朱光潜全集》编委会编:《朱光潜全集》第四卷,安徽教育出版社 1987 年版,第 143—144 页。
② 《朱光潜全集》编委会编:《朱光潜全集》第四卷,安徽教育出版社 1987 年版,第 144 页。
③ 《朱光潜全集》编委会编:《朱光潜全集》第四卷,安徽教育出版社 1987 年版,第 144 页。

朱光潜继上述美育在历史上常常遭遇“轻视”的事实之后，又进一步列举了美育遭遇“仇视”的状况。他说：

还有一派人不但忽略美育，而且根本仇视美育。他们仿佛觉得艺术有几分不道德，美育对于德育有妨碍。希腊大哲学家柏拉图就以为诗和艺术是说谎的，逢迎人类卑劣情感的，多受诗和艺术的熏染，人就会失去理智的控制而变成情感的奴隶，所以他对诗人和艺术家说了一番客气话之后，就把他们逐出“理想国”的境外。中世纪耶稣教徒的态度很类似。他们以倡苦行主义求来世的解脱，文艺是现世中一种快乐，所以被看成一种罪孽。近代哲学家中卢梭是平等自由说的倡导者，照理应该能看得宽远一点，但是他仍是怀疑文艺，因为他把文艺和文化都看成朴素天真的腐化剂。托尔斯泰对近代西方艺术的攻击更丝毫不留情面，他以为文艺常传染不道德的情感，对于世道人心影响极坏。他在《艺术论》里说：“每个有理性有道德的人应该跟着柏拉图以及耶回教师，把这问题从新这样决定：宁可不要艺术，也莫再让现在流行的腐化的虚伪的艺术继续下去。”①

如果说“轻视”美育是来自于人们过于强盛、迫切的功利心，那么对美育的“仇视”则来自于对感官欲望及其享乐的恐惧，就朱光潜所列举的事例来看，都是来自于西方文化或哲学，其中柏拉图、中世纪、托尔斯泰等等都是禁欲主义美学或者神学美学的典型代表，其中尤以柏拉图与中世纪为最。

仅就柏拉图的美学思想而言，鉴于审美活动构成的“始终—指向”特性是在主客之间的一种“主客不分”关系，不同于在主观与客观之间两相分离的科学与宗教，如果想要尽可能地与“主客二分”的科学与宗教相靠近，乃至于最终达到科学知识、灵魂或者神一般的绝对客观与绝

① 《朱光潜全集》编委会编：《朱光潜全集》第四卷，安徽教育出版社 1987 年版，第 144 页。

对主观的境地，事实上，这两者都是以寻求那唯一且普遍的“本质”为己任的，柏拉图所做的也正是依循了审美活动构成上“主客不分”或者“（主体）始终—指向（客体）”的特性，意图从主体与客体两个方面尽力减弱审美活动的“丰富性”：一方面让主体的能力较为单一，尤其是限制主体在身体感官上的接触面；另一方面，就是客体的存在较为单一，尤其是限制客体在外观、形式方面的丰富性。他说：“最成功的人就是那个尽可能接近每个对象的人，他使用的理智没有其他感官的帮助，他的思考无需任何视觉，也不需要把其他任何感觉拉扯进来，这个人把他纯洁的、没有玷污的思想运用于纯洁的、没有玷污的对象，尽可能切断他自己与他的眼睛、耳朵以及他的身体的其他所有部分的联系，因为这些身体器官的在场会阻碍灵魂获得真理和清理思想?”① 这样的话，剩下的就是没有身体感的、只会用理智来思维的纯粹主体，还有那不会引发身体感的纯粹对象。

在《斐多篇》之中，柏拉图列举了很多引发快感的对象，比如饮食、性事、漂亮衣裳和鞋子以及其他身体的装饰品、耳边轰鸣的诗歌等等，认为这些事物的共同特征就是与“身体”有密切干系，或者更直接地说，与身体感官的享乐有密切关系。以上他所列举的种种事物，在他看来，都会引发哲学家“注意力”的分解、涣散。柏拉图认为，真正的哲学家会轻视它们，“哲学家并不关心他的身体，而是尽可能把注意力从他的身体引开，指向他的灵魂”②。还说：“事情很清楚，在身体的快乐方面，哲学家会尽可能使他的灵魂摆脱与身体的联系，他在这方面的努力胜过其他人。”③ 柏拉图主张哲学家不要关心自己的身体，而是要尽可能把“注意力”从其身体引开，指向他的灵魂。在他眼里，哲学家致力于寻求让灵魂摆脱与身体的关系，其在这方面的禀赋异乎常人。如果带着身体

① ［古希腊］柏拉图：《柏拉图全集》第一卷，人民出版社 2002 年版，第 63 页。
② ［古希腊］柏拉图：《柏拉图全集》第一卷，人民出版社 2002 年版，第 61 页。
③ ［古希腊］柏拉图：《柏拉图全集》第一卷，人民出版社 2002 年版，第 61 页。

进行知识的探究，身体就会成为重重障碍，因为人的视觉与听觉没有“确定性”。他说：“它们就像一直在我们耳边轰鸣的诗歌那样，我们既不可能听到，也不可能看到任何确定的东西，是吗？如果这些感觉是不清晰的和不确定的，那么其他感觉也几乎不可能是清晰、确定的，因为其他感觉比视觉和听觉还要低劣。”① 因而，“美本身”也正是对于审美丰富性的否定，这一否定恰恰能够与柏拉图鄙弃身体的态度完全吻合，因为在人类所创造的四大价值——审美、科学、道德、宗教之中，只有审美活动才具有不寻求普遍性、单一性的倾向。

因而，朱光潜所揭示的这一西方美学史与西方美育思想史重大现象的意义是极为重要的，他认为其中的机杼就在于——“这些哲学家和宗教家的根本错误在认定情感是恶的，理性是善的，人要能以理性镇压感情，才达到至善。这种观念何以是错误的呢？人是一种有机体，情感和理性既都是天性固有的，就不容易拆开。造物不浪费，给我们一份家当就有一份的用处。无论情感是否可以用理性压抑下去，纵是压抑下去，也是一种损耗，一种残废。人好比一棵花草，要根茎枝叶花实都得到平均的和谐的发展，才长得繁茂有生气。有些园丁不知道尽草木之性，用人工去歪曲自然，使某一部分发达到超出常态，另一部分则受压抑摧残。这种畸形发展是不健康的状态，在草木如此，在人也是如此”②。这些论述都体现出朱光潜美育思想的深刻性与厚重的历史感。

（三）诸育之间的关系——礼乐相和

在对人格的全面构成以及对美育活动的历史遭际做了深入论述之后，朱光潜认为诸育之间是一种互相依赖的关系，如果其中一方面得不到正常的、合理的发展与养成，就会造成人格构成的整体失衡，最终影响的是一个人整体的生活，而不是生活之中的某一部分；也可以说，对于人格之知情意三个方面的划分只是在抽象的意义上对其进行的价值或者功

① ［古希腊］柏拉图：《柏拉图全集》第一卷，人民出版社 2002 年版，第 62 页。
② 《朱光潜全集》编委会编：《朱光潜全集》第四卷，安徽教育出版社 1987 年版，第 144—145 页。

能的分类，在现实生活之中，人格自身是整体性地发挥作用的，比如人的某一种行为可能同时涵盖了知情意三个方面或者因素，但是这种行为本身是整体性的。

朱光潜认为，在中国社会正处于剧烈的新旧交替之际，对于青年的教育尤其要注意全面的发展，因为青年们由于心理的单纯，往往对现实与未来显示出失望、惊异、悲观，而且人生观、世界观尚未成熟与稳定，因而也容易随波逐流，不能明辨是非，在身心方面都体现出很大的弱点。他说："目前环境对于纯洁的青年是一种恶性刺激，对于意志薄弱的青年是一种恶性引诱。加以国家处在危难的局面，青年人心里抱着极大的希望，也怀着极深的忧惧。他们缺乏冷静的自信，任一股热情鼓荡，容易提升到高天，也容易降落到深渊。一个人叠次经过这种虐疾式的暖冷夹攻，自然容易变成虚弱，在身体方面如此，在精神方面也如此。"① 因而，全面发展的教育就显得尤为迫切。他说："教育必以发展全人为宗旨，德育、智育、美育、群育、体育五项应同时注重。"②

朱光潜认为，执着于人格之中的某一种因素进行孤立、片面的发展，只会带来人格发展的病态。他说："这种畸形发展是不健康的状态，在草木如此，在人也是如此。理想的教育不是摧残一部分天性而去培养另一部分天性，以致造成畸形的发展；理想的教育是让天性中所有的潜蓄力量都得尽量发挥，所有的本能都得平均调和发展，以造成一个全人。所谓'全人'除体格强壮以外，心理方面真善美的需要必都得到满足。只顾求知而不顾其他的人是书虫，只讲道德而不顾其他的人是枯燥迂腐的清教徒，只顾爱美而不顾其他的人是颓废的享乐主义者。这三种人都不是全人而是畸形人，精神方面的驼子跛子。养成精神方面的驼子跛子的教育的无可辩护的。"③ 在这里，朱光潜又一次批判了禁欲主义美学及美

---

① 《朱光潜全集》编委会编:《朱光潜全集》第四卷,安徽教育出版社 1987 年版,第 28 页。
② 《朱光潜全集》编委会编:《朱光潜全集》第四卷,安徽教育出版社 1987 年版,第 28 页。
③ 《朱光潜全集》编委会编:《朱光潜全集》第四卷,安徽教育出版社 1987 年版,第 145 页。

育观的可憎、黑暗之处。

在对诸育之间关系的具体论述中，朱光潜集中论述的是美育与德育的关系，因为在诸育之中，美育与智育、体育之间的关系是最容易得到厘清的，而且就历史的发展来看，德育与美育之间的关系也是最为错综复杂的，其中最为根本的原因就在于——审美价值及其活动与道德价值及其活动之间的交叉、重合之处太多、太广阔了。

朱光潜把审美教育称为“情感教育”，继而就延伸到美育之于德育的交叉、重合及影响，他说：“美感教育是一种情感教育。它的重要我们的古代儒家是知道的。儒家教育特重诗，以为它可以兴观群怨；又特重礼乐，以为‘礼以制其宜，乐以导其和’。《论语》有一段话总述儒家教育宗旨说：‘兴于诗，立与礼，成于乐。’诗、礼、乐三项可以说都属于美感教育。诗与乐相关，目的在怡情养性，养成内心的和谐（harmony）；礼重仪节，目的在使行为仪表就规范，养成生活上的秩序（order）。蕴于中的是性情，受诗与乐的陶冶而达到和谐；发于外的是行为仪表，受礼的调节而进到秩序。内具和谐而外具秩序的生活，从伦理观点看，是最善的；从美感观点看，也是最美的。儒家教育出来的人要在伦理和美感观点都可以看得过去。”①

在这里，朱光潜选择的是最具有中国特色的传统礼乐文化，在他所做的分析中，最为值得关注是——他并没有把“礼”与“乐”完全分割为两个截然无关的活动，也更没有在此基础上把“礼”安置于“乐”之上。他始终把礼乐的教化活动看作是一个行动或者一个行为，在这样一个行为之中，“礼”的呈现状态本身就是“时间化”“视域化”的生动、迷人、吸引人的“乐”，而且这样一种状态是前理论、在反思之前的、质朴的、原发性的。而且，更为重要的是，中国传统文化以“亲子”“血缘”之爱作为治国、立身、齐家之本，这种道德或者道德感是一种发自情感深处的，而不是来自理性的强迫或者道德律令的强制，因而，这便

① 《朱光潜全集》编委会编:《朱光潜全集》第四卷,安徽教育出版社 1987 年版,第 145 页。

是礼乐文化之本源，也就是说，“礼”与“德”自身就是一种兴发的、涌现者的、来自于本能与天赋的一种时流性的存在，以“乐”“诗”“文”来兴发它们，正是切合其自身的构成与呈现状态的。

因而，朱光潜在此高扬了儒家文化之中的“礼乐并举”，并把这个优良的传统与西方美育思想史进行了比较，他说：

> 这是儒家教育思想中最值得注意的一点。他们的着重点无疑地是在道德方面，德育是他们的最后鹄的，这是他们与西方哲学家宗教家柏拉图和托尔斯泰诸人相同的。不过他们高于柏拉图和托尔斯泰诸人，因为柏拉图和托尔斯泰诸人误认美育可以妨碍德育，而儒家则认定美育为德育的必由之径。道德并非陈腐条文的遵守，而是至性真情的流露。所以德育从根本做起，必须怡情养性。美感教育的功用就在怡情养性，所以是德育的基础工夫。①

当然，朱光潜并没有在礼乐文化何以融合，尤其是在“礼”如何体现为感性的“乐”的状态上进行深入探究，这也显示出他在美育的德育作用问题上的含糊之处，他只能把美善之间的相通之处归为一种含混的“美”即“善”或者“善”即“美”的逻辑。他说：“严格地说，善与美不但不相冲突，而且到最高境界，根本是一回事，它们的必有条件同是和谐与秩序。从伦理观点看，美是一种善；从美感观点看，善也是一种美。所以在古希腊文与近代德文中，美善只有一个字，在中文和其他近代语文中，‘善’与‘美’二字虽分开，仍可互相替用。真正的善人对于生活不苟且，犹如艺术家对于作品不苟且一样。过一世生活好比做一篇文章，文章求惬心贵当，生活也须求惬心贵当。我们嫌恶行为上的鄙卑龌龊，不仅因其不善，也因其丑，我们赞赏行为上的光明磊落，不仅

---

① 《朱光潜全集》编委会编:《朱光潜全集》第四卷,安徽教育出版社 1987 年版,第 145—146 页。

因其善，也因其美，一个真正有美感修养的人必定同时也有道德修养。”①

但是，就整体而言，朱光潜还是在美育之于德育作用的内在机制上提出了别具一格的观点。他说：“换句话说，道德起于仁爱，仁爱就是同情，同情起于想象。比如你哀怜一个乞丐，你必定先能设身处地想象他的痛苦。诗和艺术对于主观是情境必能‘出乎其外’，对于客观的情境必能‘入乎其中’，在想象中领略它，玩索它，所以能扩大想象，培养同情。这种看法也与儒家学说暗合。儒家在诸德中特重‘仁’，‘仁’近于耶稣教的‘爱’、佛教的‘慈悲’，是一种天性，也是一种修养。仁的修养就在诗。儒家有一句很简赅深刻的话：‘温柔敦厚诗教也。’诗教就是美育，温柔敦厚就是仁的表现。”② 这就是说，美育与德育的相通之处正在于“情”的兴发，这正是两者之间能够进行融合且体现为一个完整的行为或者事件的最为根本的原因。

而且，朱光潜还把美育的德育功能思想与当时的德育状况联系起来，认为在教育之中只是片面的发展智育，对于德育的施行不仅不重视，而且更为重要的是无法在德育中重现“礼乐教化”的优良传统，他说：“就目前实际状况说，德育在一般学校等于具文，师生的精力都集中于上课，专图授受知识，对于做人的道理全不讲究。优秀青年感觉到这方面的缺乏而彷徨，顽劣青年则放纵恣肆，毫无拘束。即退一步言智育，途径亦多错误，灌输多于启发，浅尝多于深入，模仿多于创造，揣摩风气多于效忠学术。”③ 在这里，德育所丧失的正是其自身应有的兴发、涌现的呈现状态，其实，这也正是美育之失。

## 二、美育的内涵及其实施

### （一）美育的三种功能

在朱光潜看来，美育虽然对德育的实施有着极为重要的作用，其基

① 《朱光潜全集》编委会编:《朱光潜全集》第四卷，安徽教育出版社1987年版，第146页。
② 《朱光潜全集》编委会编:《朱光潜全集》第四卷，安徽教育出版社1987年版，第146页。
③ 《朱光潜全集》编委会编:《朱光潜全集》第四卷，安徽教育出版社1987年版，第28—29页。

本特性与内涵却是不容忽视的，在他看来，美育的内涵与功用是完全一致的，因为美育的本质特性最终必定通过其特殊的价值与概念体现出来。他认为，美育的功用主要分为三个方面：

1. “本能冲动和情感的解放”

朱光潜对这一美育功能的论述可以分为两个层次：其一是审美教育可以提高艺术欣赏的能力，从而疏解本能冲动的压抑；其二是审美教育作为情感教育是寄寓情感的最佳途径与对象之一。

就第一个层次来看，朱光潜认为，人类的本能与冲动大多是要受到文明社会的压抑的。他说：“人类生来有许多本能冲动和附带的情感，如性欲、生存欲、占有欲、爱、恶、怜、惧之类。本自然倾向，它们都需要活动，需要发泄。但是在实际生活中，它们不但常彼此互相冲突，而且与文明社会的种种约束如道德宗教法律习俗之类不相容。我们每个人都知道，本能冲动和欲望是无穷的，而实际上有机会实现的却寥寥有数。我们有时察觉到本能冲动和欲望不大体面，不免起羞恶之心，硬把它们压抑下去；有时自己对它们虽不羞恶而社会的压力过大，不容它们赤裸裸地暴露，也还是被压抑下去。”[①] 在此，他还大量引述了弗洛伊德关于性欲之受压抑的思想，比如认为性欲的过度压抑会导致心理的变态与精神疾患，尤其是由此形成的“情结”更会导致严重的后果——“这些情意综潜蓄着极强烈的捣乱力，一旦爆发，就成精神上种种病态”[②]。

正是由于审美教育之中的艺术教育提高了艺术鉴赏的能力，树立了对于艺术作品的兴趣与爱好，而艺术作品的特性正在于不会引发人与人之间的利害冲突，所以一旦人们把注意力或者精力置于对艺术作品的欣赏之中，来自现实世界的压抑与冲动便会受到最大限度的遏制。朱光潜说：“这种潜力可以藉文艺而发泄，因为文艺所给的是想象世界，不受现

---

① 《朱光潜全集》编委会编：《朱光潜全集》第四卷，安徽教育出版社 1987 年版，第 147 页。

② 《朱光潜全集》编委会编：《朱光潜全集》第四卷，安徽教育出版社 1987 年版，第 147 页。

实世界的束缚和冲突，在这想象世界中，欲望可以用‘望梅止渴’的办法得到满足。文艺还把带有野蛮性的本能冲动和情感提到一个较高尚较纯洁的境界去活动，所以有升华作用（sublimation）。有了文艺，本能冲动和情感才得自由发泄，不致凝成疮疖酿精神病，它的功用有如机器方面的‘安全瓣’（safety volve）。”① 可以看出，艺术教育所培养的艺术鉴赏能力及其施行，所占据的正是人的全部身心活动，而人的精力总是有限的，总要有所为，有所不为，既然精力为艺术欣赏活动所占据，那么，艺术欣赏活动有益心理健康的作用就是确定无疑的。

就第二个层次来看，朱光潜认为，“文艺确有解放情感的功用，而解放情感对于心理健康也确有极大的裨益，我们通常说一个人情感要有所寄托，才不致苦恼烦闷，文艺是大家公认为寄托情感的最好的处所。所谓‘情感有所寄托’还是说它要有地方可以活动，可得解放”②。在此，朱光潜对艺术功能的分析虽然与第一个层次有着一脉相承的联系，但是在侧重点上又有极大的差异，因为他对“情感有所寄托”的论述其实是对审美活动基本构成状态——意向性特性的深刻把握，即人类的心理活动虽然不全是意向性的活动——主体始终指向对象或者客体，但是作为一个自觉、自由行动的人，其绝大部分行为或者心理活动都应该是主动地寻求意义与价值实现的，因而，“情感”寄托于此就无法寄托于彼，而且，很显然，如朱光潜所示的艺术活动或者那些精致、高雅的艺术对象是情感寄寓的最佳对象或者最佳途径之一。

2. “眼界的解放”③

在这里，朱光潜所论“眼界的解放”指的是两个含义，第一是艺术作品是易于遮蔽的意义或者“存在”的发现者与保存者。第二是欣赏者在对艺术作品的欣赏之中自然而然地提高了自身的意义或者“存在”，或

---

① 《朱光潜全集》编委会编:《朱光潜全集》第四卷,安徽教育出版社1987年版,第147—148页。

② 《朱光潜全集》编委会编:《朱光潜全集》第四卷,安徽教育出版社1987年版,第148页。

③ 《朱光潜全集》编委会编:《朱光潜全集》第四卷,安徽教育出版社1987年版,第148页。

者是人生眼界、境界的提高。

对于人生意义与存在的被遮蔽，朱光潜论道：“宇宙生命时时刻刻在变动进展中，希腊哲人有‘濯足急流，抽足再入，已非前水’的譬喻。所以在这种变动进展的过程中每一时每一境都是个别的、新鲜的、有趣的。”① 在他看来，虽然美感经验并无深文奥义，但是其功能就在于——把必然被遮蔽的意义或者“存在”开启出来，让其置于澄明的状态之中。他说：“它只在人生世相中见出某一时某一境特别新鲜有趣而加以流连玩味，或者把它描写出来。这句话中‘见’字最紧要。我们一般人对于本来在那里的新鲜有趣的东西不容易‘见’着。这是什么缘故呢？不能‘见’必有所蔽。我们通常把自己囿在习惯所画成的狭小圈套里，让它把眼界‘蔽’着，使我们对它，以外的世界都视而不见，听而不闻。”②

可见，“见”与“蔽”之间就是这样一种相互依存的关系，而且是一种流动着的互相变异的关系。人生的修养、境界的绽放与提高就是这样，在“见”与“蔽”之间相互交织、消长。朱光潜列举了极为生动的例证，他说：

> 比如我们如果囿于饮食男女，饮食男女以外的事物就见不着；囿于奔走钻营，奔走以外的事就见不着。有人向海边农夫称赞他的门前海景美，他很羞涩地指着屋后菜园说：“海没有什么，屋后的一园菜倒还不差。”一园菜囿住了他，使他不能见到海景美。我们每个人都有所囿，有所蔽，许多东西都不能见，所见到的天地是非常狭小，陈腐的、枯燥的。诗人和艺术家所以超过我们一般人者就在情感比较真挚，感觉比较锐敏，观察比较深刻，想象比较丰富。我们“见”不着的他们“见”得着，并且他们“见”得到就说得出，我们本来“见”不着的他们“见”着说出来了，就使我们也可以

① 《朱光潜全集》编委会编：《朱光潜全集》第四卷，安徽教育出版社1987年版，第148页。
② 《朱光潜全集》编委会编：《朱光潜全集》第四卷，安徽教育出版社1987年版，第148—149页。

“见”着。像一位英国诗人所说的，他们“借他们的眼睛给我们看”。[①]

艺术作品之所以能够“见”出人生之所“蔽”，正是在于经典的艺术作品能够以固定的、精美的形式把意义与存在保留下来，形式与意义的完美结合正是艺术的魅力所在，人们一旦进入到艺术所塑造的世界之中，就会为生动呈现着的意义与存在所打动、所占据并被改变，所以，在这个角度，朱光潜说艺术是人生的导师。他说：“中国人爱好自然风景的趣味是陶谢王韦诸诗人所传染的。在 Turner 和 Whistler 以前，英国人就没有注意到泰晤士河上有雾。Byron 以前，欧洲人很少赞美威尼斯。前一世纪的人崇拜自然，常咒骂城市生活和工商业文化，但是现代美国俄国的文学家有时把城市生活和工商业文化写得也很有趣。人生的罪孽灾害通常只引起愤恨，悲剧却教我们于罪孽灾祸中见出伟大庄严；丑陋乖讹通常只引起嫌恶，喜剧却教我们在丑陋乖讹中见出新鲜的趣味。Rembrandt 画过一些疲癃残疾的老人以后，我们见出丑中也还有美。象征诗人出来以后，许多一纵即逝的情调使我们觉得精细微妙，特别值得留恋。”[②]通过他所列举的这些丰富的、来自于古今中外的案例，极为雄辩地证明了美感教育之于人生境界提高的作用与价值。

因而，“眼界”的“解放”所指的正是意义或者“存在”的提高或者增值，这正是美感教育尤其是艺术教育魅力之所在，朱光潜对此一再强调、申说：

文艺逐渐向前伸展，我们的眼界也逐渐放大，人生世相越显得丰富华严。这种眼界的解放给我们不少的生命力量，我们觉得人生有意义，有价值，值得活下去。许多人嫌生活干燥，烦闷无聊，原

① 《朱光潜全集》编委会编:《朱光潜全集》第四卷,安徽教育出版社 1987 年版,第 149 页。
② 《朱光潜全集》编委会编:《朱光潜全集》第四卷,安徽教育出版社 1987 年版,第 149 页。

因就在缺乏美感修养，见不着人生世相的新鲜有趣。这种人最容易堕落颓废，因为生命对于他们失去意义与价值。“哀莫大于心死”，所谓“心死”就是对于人生世相失去解悟与留恋，就是不能以美感态度去观照事物。美感教育不是替有闲阶级增加一件奢侈，而是使人在丰富华严的世界中随处吸收支持生命和推展生命的活力。[①]

美感教育给我们的就是“源头活水”。[②]

3. “自然限制的解放”

关于美感教育之于“自然限制的解放”[③] 的功能，朱光潜的思想既非常深刻入微，又显得有些空想化或者理想化。

就深刻的方面来说，朱光潜的确揭示了艺术欣赏活动带有自由性的特质，因为正如上文所述，朱光潜的美学思想、美育思想受到康德的影响极大、极深，而康德的美学虽以普适性的美学面貌示人。但实际上它是一种纯粹的艺术美学，或者说，“审美超功利”所带来的“自由感”只是针对以那些纯粹的艺术作品为欣赏对象的审美活动才有解释与陈述的效力。朱光潜使用了极为精练的语言对此进行了总结。他说：“自然世界是有限的，受因果律支配的，其中毫末细故都有它的必然性，因果线索命定它如此，它就丝毫移动不得。社会由历史铸就，人由遗传和环境造成。人的活动寸步离不开物质生存条件的支配，没有翅膀就不能飞，绝饮食就会饿死。由此类推，人在自然中是极不自由的。动植物和非生物一味顺从自然，接受它的限制，没有过分希冀，也就没有失望和痛苦。人却不同，他有心灵，有不可压的欲望，对于无翅不飞绝食饿死之类事实总觉有些歉然。”[④] 这段话之中的机杼正在于“因果律”所造成的客观时间的相续相连，在此期间人的存在感是被迫的、无能为力的。因而，

---

① 《朱光潜全集》编委会编:《朱光潜全集》第四卷,安徽教育出版社 1987 年版,第 149—150 页。

② 《朱光潜全集》编委会编:《朱光潜全集》第四卷,安徽教育出版社 1987 年版,第 150 页。

③ 《朱光潜全集》编委会编:《朱光潜全集》第四卷,安徽教育出版社 1987 年版,第 150 页。

④ 《朱光潜全集》编委会编:《朱光潜全集》第四卷,安徽教育出版社 1987 年版,第 150 页。

朱光潜认为，在自然面前，人就成为双重的奴隶。

> 人可以说是两重奴隶，第一服从自然的限制，其次要受自己的欲望驱使。以无穷欲望处有限自然，人便觉得处处不如意、不自由，烦闷苦恼都由此起。专就物质说，人在自然面前是很渺小的，它的力量抵不住自然的力量，无论你有如何大的成就，到头终不免一死，而且科学告诉我们，人类一切成就到最后都要和诸星球同归于毁灭，在自然圈套中求征服自然是不可能的，好比孙悟空跳来跳去，终跳不出如来佛的掌心。①

而艺术作品及其所建立的世界却是在自然世界或者自然规律之外的，他说："在艺术创造中可以把自然拿在手里来玩弄，剪裁它、锤炼它，从新给以生命与形式。每一部文艺杰作以至于每人在人生自然中所欣赏到的美妙境界都是这样创造出来的。美感活动是人在有限中所挣扎得来的无限，在奴属中所挣扎得来的自由。在服从自然限制而汲汲于饮食男女的寻求时，人是自然的奴隶；在超脱自然限制而创造欣赏艺术境界时，人是自然的主宰，换句话说，就是上帝。多受些美感教育，就是多学会如何从自然限制中解放出来，由奴隶变成上帝，充分地感觉人的尊严。"②

因而，既然艺术作品是人的全新的精神创造，在对艺术作品的欣赏中，就能够超越于自然律及其因果相续相连的时间性，归根结底，这种自由感也正是美感教育所能达成的效用之一。

就这一思想的过于理想化或者空想化的角度而言，正如上文对康德美学不足之处的阐述那样。朱光潜与康德美学一样，把艺术美的特性当成了所有审美对象的共有特征，或者更为准确地说当成了所有审美对象的唯一标准，而艺术美最为主要的共同特性就是审美超功利，也就是由

---

① 《朱光潜全集》编委会编:《朱光潜全集》第四卷,安徽教育出版社 1987 年版,第 150 页。

② 《朱光潜全集》编委会编:《朱光潜全集》第四卷,安徽教育出版社 1987 年版,第 151 页。

艺术作品所带来的美感是与利害感无关的，艺术欣赏活动既不是科学的求知活动，也不是伦理范畴之内对仅供个人享受与占有之物的愉悦，更不是来自于除视觉、听觉之外感官的快乐，这都表明艺术欣赏活动是自由的愉悦，而不是来自于科学、道德、官能的强迫，但是，朱光潜的论述只是关注了美感之中艺术美感部分的特性，也只是关注了来自于自然之物的强迫，而没有关注到艺术作品之外的其他审美对象——日用品、空间环境、人自身等等，也没有关注到来自于自然物的馈赠与积极价值，而日用品、空间环境、人自身作为审美对象，其美感特性既与艺术美有相通之处，又有着极大的差别。

就审美主体的所需对象来看，可以划分为四大方面，其一是纯粹的艺术品，其二是日用品，其三是自然环境的美，其四是人与人之间的审美生活。其中，纯粹的艺术品指的是文学、音乐、舞蹈、电影、书法、绘画、雕塑、戏剧等在一般意义上称为艺术的门类，它的实用性最弱，超越性或者非功利性最强，符号性最强，这意味艺术作为意义与价值的寻求对象在时间性上的体现——人只是在特定的时间与空间才需要艺术品，仅限于一时一隅，且常常只与视觉与听觉相关联，但是其引发的美感不仅仅限于视觉与听觉；日用品的功利性与实用性比较强，“日用”一词本身就意味着在人的一生中的每一天、每一时段以及在任何空间的活动都与日用品须臾不可分，大到城市设计、环境营造、汽车设计等等，小至衣饰、鞋袜、桌椅、碗筷、鼠标等等。离开了它们，人类就无法正常地生存生活，而且日用品的设计要适用、美观、经济，又要怡神悦目，可以说，人的生活方式在极大程度上是由使用怎样的日用品决定的。它首先体现为造物的美学，但也有很多日用品带有一定程度的符号性，除了与视觉听觉有密切的关系，还与具体使用这些日用品的身体感官相关联；自然环境的美好是功利性最强的，甚至可以说是绝对的强大，因为一个人作为一个生命体是绝对不能须臾离开由空气、水分、森林等等所构成的空间环境的，如果说一个人一年甚至十年不看《红楼梦》，他的生活已然能够照常持续，丝毫不会受什么影响；如果一个人对日用品不是那么讲究，掰个树枝当筷子，照样吃饭，对生活也没有致命的影响；如果一个人离群索居，不在乎衣饰美化与行为的优雅，事实上也可以质量不高地生活下去；但是，如果一个人处在一个空气污浊、水被污染、泥沙弥漫的环境之中，那么这个人的生存就受到了严重影响，这意味着人对良好环境的需要在时间性上的体现是贯穿人的一生，从来也不可能中断或者有什么片刻的闪失，在空间环境中的美感自然与身体的感受与需求密不可分。其四是人与人之间的审美关系，其功利性仅次于对自然环境的需要。人与人之间的审美关系与以上三种对象对比来看，其交互主体性最强，体现为人自身的美化是为了给他人带来快乐，这在集团性的活动中体现的极为显著。

因而，朱光潜的这一美育思想带有相当程度的理想化，对艺术教育或者艺术欣赏活动的价值过誉了。

### （二）美育的实施——“博学守约”与“情理并重”

在关于美育的实施上，朱光潜有很多极为重要的论述，就整体而言，朱光潜既重视专门的事业与学问的重要，更强调人生自身的整体价值；另外，朱光潜还很注重具体艺术门类教育的指导，其重点是诗学、文学与写作等等。

就第一个层面而言，朱光潜认为美育的实施要与实际的功利追求拉开距离，应该追求人生整体意义的提升与实现，而不应该仅仅把精力与时间都花费在学问与事业之上。在此，他的观点极为合理与大度，既关注到了极为迫切的人生实际生存问题，又关注到了更为根本与高远的人生目的与意义。关于在大学期间如何选择课程与专业，他说：“升学问题，跨进大学门限以后，还不能算完全解决。选科选课还得费你几番踌躇。在选课的当儿，个人兴趣与社会需要尝不免互相冲突。许多人升学选课都以社会需要为准。从前人都欢迎速成法政；我在中学时代，许多同学都希望进军官学校或是教会大学；我进了高等师范，那要算是穷人末路。那时高等师范里最时髦的是英文科，我选了国文科，那要算是腐儒末路。杜威来中国时，哥伦比亚大学的留学生把教育学也弄得很热闹。

近来书店逐渐增多，出诗文集一天容易似一天，文学的风头也算是出得十足透顶。听说现在法政经济又很走时了。朋友，你是学文学或是学法政呢！‘学以致用’本来不是一种坏的主张；但是资禀兴趣人各不同，你假若为社会需要而忘却自己，你就未免是一位‘今之学者’了。任何科目，只要和你兴趣资禀相近，都可以发挥你的聪明才力，都可以使你效用于社会。”① 也就是说，为了个人的生计与生存，为了个人学习的兴趣，一个学生完全应该自主地选择人生的方向，完全应该随着时代、时机的变化来调整自己的教育。

但是，朱光潜同时不失时机地强调，学问与事业诚然重要，它们却只是人生整体的一个部分。他认为：“做学问，做事业，在人生中都只能算是第二桩事。人生的第一桩事是生活，我所谓的‘生活’是‘享受’，是‘领略’，是‘培养生机’。假若为学问为事业而忘却生活，那种学问事业在人生中便失其真正意义与价值。因此，我们不应该把自己看作社会的机械。一味迎合社会需要而不顾自己兴趣的人，就没有明白这个简单的道理。”② 可以看出，其中的原因就在于事业与学问只是“专业”，只是为了在社会分工系统之中分得一杯羹，而如此的在事业与学问上的追求，其根本的目的还是在于人生的享受、领略与生机的培养，否则事业与学问就成为了事业与学问自身，也就丧失了人生赖以不断奔涌向前的生机与动力。所以，朱光潜说：“我把生活看做人生第一桩要事，所以不赞成早谈专门；早谈专门便是早走狭路，而早走狭路的人对于生活常不能见得面面俱到。”③ 就对人类智能的探究来看，专业只是意味着某一种技能或者智能，而且这种技能与智能与人的全面潜能的丰富性相比，是极为微小的、局部的，因而，朱光潜在此虽然还没有对美育的实施做出最直接的判断，但是他已经指出，专业与事业往往只是人生或者人类

① 《朱光潜全集》编委会编:《朱光潜全集》第一卷,安徽教育出版社 1987 年版,第 32 页。
② 《朱光潜全集》编委会编:《朱光潜全集》第一卷,安徽教育出版社 1987 年版,第 32—33 页。
③ 《朱光潜全集》编委会编:《朱光潜全集》第一卷,安徽教育出版社 1987 年版,第 33 页。

智能的局部，在选择职业、教育内容的时候，不能因小失大。他选择一个观看瀑布的例证进行了分析，他说：

> 有一天，一个中国人一个印度人和一位美国人游历，走到一个大瀑布前面，三人都看得发呆；中国人说："自然真是美丽！"印度人说："在这种地方才见到神的力量呢！"美国人说："可惜偌大水力都空费了！"①

朱光潜对此的分析是，"这三句话个个不同，各有各的真理，也各有各的缺陷。在完美的世界里，我们在瀑布中应能同时见到自然的美丽，神力的广大和水力的实用。许多人因为站在狭路上，只能见到诸方面的某一面，便说他人所见到的都不如他的真确。前几年大家曾象煞有介事地争辩哲学和科学，争辩美术和宗教，不都是坐井观天诬天渺小么?"②因而，朱光潜在此实际上指出了人的感受在构成上的完整性，即对于真、善、美的划分只是在抽象意义上对价值或者意义的形态所进行的划分，事实上，真、善、美可以在一个事物之上聚集起来，而且这种聚集绝不是一种机械的累加或者事后进行的追加，而是一个事物固有的特性，只不过这种特性是符合性的而已，因而，对于这一事物的感受就必定在构成上是复杂的，但是在体验的形态上又是简捷的，因而，感受的简捷性与复杂性就这样奇妙地融为一体。如果只是看到了瀑布的某一个侧面，那就是教育的片面性所造成的了。

所以，朱光潜说，他是最怕专门谈专业的书呆子在一起，他认为书呆子既是一个个体在文化上单薄的体现，也是一种社会文化肤浅偏狭的表征。他说："你同他谈话，他三句话就不离本行。谈到本行以外，旁人所以为兴味盎然的事物，他听之则麻木不能感觉。象这样的人是因为做

① 《朱光潜全集》编委会编:《朱光潜全集》第一卷,安徽教育出版社1987年版,第33页。
② 《朱光潜全集》编委会编:《朱光潜全集》第一卷,安徽教育出版社1987年版,第33页。

学问而忘记生活了。我特地提出这一点来说，因为我想现在许多人大谈职业教育，而不知单讲职业教育也颇危险。我并非反对职业教育，我却深深地感觉到职业教育应该有宽大自由教育（Liberal education）做根底。倘若先没有多方面的宽大自由教育做根底，则职业教育的流弊，在个人方面，常使生活单调乏味，在社会方面，常使文化肤浅褊狭。”① 因而，他主张在青年选课受教育的时候，必须进行全面的发展。他说：“自然和学问都是有机的系统，其中各部分常息息相通，牵此则动彼。倘若你对于其他各部分都茫无所知，而专门研究某一部分，实在是不可能的。哲学和历史，须有一切学问做根底；文学与哲学历史也密切相关；科学是比较可以专习的，而实亦不尽然。比方生物学，要研究到精深的地步，不能不通化学，不能不通物理学，不能不通地质学，不能不通数学和统计学，不能不通心理学。许多人连动物学和植物学的基础也没有，便谈专门研究生物学，是无异于未学爬而先学跑的。我时常想，学问这件东西，先要能博大而后能精深。”② 在大学选课的态度上，朱光潜一直是主张与倡导全面发展，并且要尤其注重对人文学科、艺术学科的选择。他说：“朋友，你就是升到大学里去，千万莫要染着时下习气，侈谈高远而不注意把根基打得宽大稳固。我和你相知甚深，客气话似用不着说。我以为你在中学所打的基本学问的基础还不能算是稳固，还不能使你进一步谈高深专门的学问。至少在大学头一二年中，你须得尽力多选功课，所谓多选功课，自然也有一个限制。贪多而不务得，也是一种毛病。我是说，在你的精力时间可能范围以内，你须极力求多方面的发展。”③

他还说：

“博学守约”，真是至理名言。亚理斯多德是种种学问的祖宗。

① 《朱光潜全集》编委会编：《朱光潜全集》第一卷，安徽教育出版社1987年版，第33页。
② 《朱光潜全集》编委会编：《朱光潜全集》第一卷，安徽教育出版社1987年版，第34页。
③ 《朱光潜全集》编委会编：《朱光潜全集》第一卷，安徽教育出版社1987年版，第35页。

康德在大学里几乎能担任一切功课的教授。歌德盖代文豪而于科学上也很有建树。亚当·斯密是英国经济学的始祖，而他在大学是教授文学的。[①]

究其根源，这与朱光潜的情理并重的教育思想是密切相关的，他说：“我们应该知道理智的生活是很狭隘的。如果纯任理智，则美术对于生活无意义，因为离开情感，音乐只是空气的震动，图画只是涂着颜色的纸，文学只是联串起来的字。如果纯任理智，则宗教对于生活无意义，因为离开情感，自然没有神奇，而冥感灵通全是迷信。如果纯任理智，则爱对于人生也无意义，因为离开情感，男女的结合只是为着生殖。我们试想生活中无美术，无宗教（我是指宗教的狂热的情感与坚决信仰），无爱情，还有什么意义？”[②] 也就是说，情感与理智之间并不是理智必然指引情感的关系，两者应该是各有所有，因为情感本身就自具辩证，自有其产生、激发与延续、发展的规律，因而，过于迷信理智，只会导致对情感的忽视与对理智自身的损害。他说：“我们可以知道在事实上理智支配生活的能力是极微末，极薄弱的，尊理智抑感情的人在思想上是开倒车，是想由现世纪回到十八世纪。开倒车固然不一定就是坏，可是要开倒车的人应该先证明现代哲学和心理学是错误的。不然，我们决难悦服。更进一步，我们姑且丢开理智是否确能支配情感的问题，而衡量理智的生活是否确比情感的生活价值来得高。迷信理智的人不特假定理智能支配生活，而且假定理智的生活是尽善尽美的。”[③] 因而，就总体而言，把朱光潜关于美育是情感教育、情理教育并重、全面发展教育的思想结合起来，可以看出，他是既重视对美育基本理论的研讨，又重视美育的具体实施的。

---

① 《朱光潜全集》编委会编：《朱光潜全集》第一卷，安徽教育出版社 1987 年版，第 34 页。
② 《朱光潜全集》编委会编：《朱光潜全集》第一卷，安徽教育出版社 1987 年版，第 43 页。
③ 《朱光潜全集》编委会编：《朱光潜全集》第一卷，安徽教育出版社 1987 年版，第 43 页。

文学教育、诗歌教育是朱光潜审美教育思想中极为重要的组成部分，就朱光潜美育思想中美育实施的部分来看，其最为侧重的、看重的就是文学与诗歌的教育，在他论及审美能力、审美禀赋时，也大多以文学、诗歌作为案例，比如关于文学“资禀”的养成。他说：“资禀是与生俱来的良知良能，只有程度上的等差，没有绝对的分别，有人多得一点，有人少得一点。所谓‘天才’不过是在资禀方面得天独厚，并没有什么神奇。莎士比亚和你我相去虽不可以道里计，他所有的资禀你和我并非完全没有，只是他有的多，我们有的少。若不然，他和我们在智能上就没有共同点，我们也就无从了解他、欣赏他了。除白痴以外，人人都多少可以了解欣赏文学，也就多少具有文学所必需的资禀。不单是了解欣赏，创作也还是一理。文学是用语言文字表现思想情感的艺术，一个人只要有思想情感，只要能运用语言文字，也就具有创作文学所必须的资禀。”①

而且，他说，我们与莎士比亚在文学才能上的差距虽然巨大，但是这种差距只是在文字表达上的，在欣赏的能力上完全是可以养成的。他说：“除白痴以外，人人都多少可以了解欣赏文学，也就多少具有文学所必需的资禀。不单是了解欣赏，创作也还是一理。文学是用语言文字表现思想情感的艺术，一个人只要有思想情感，只要能运用语言文字，也就具有创作文学所必须的资禀。就资禀说，人人本都可以致力文学；不过资禀有高有低，每个人成为文学家的可能性和在文学上的成就也就有大有小。我们不能对于每件事都能登峰造极，有几分欣赏和创作文学的能力，总比完全没有好。要每个人都成为第一流文学家，这不但是不可能，而且也大可不必；要每个人都能欣赏文学，都能运用语言文字表现思想情感，这不但是很好的理想，而且是可以实现和应该实现的理想。”②所以，在他看来，通过后天的修养与教育来提高欣赏文学的能力才是真正值得考虑的途径，而不要考虑文学创作的问题。

---

① 《朱光潜全集》编委会编：《朱光潜全集》第四卷，安徽教育出版社 1987 年版，第 164—165 页。

② 《朱光潜全集》编委会编：《朱光潜全集》第四卷，安徽教育出版社 1987 年版，第 165 页。

在文学教育上，朱光潜尤为强调通过扩大眼界来提高文学趣味。他说："你玩索的作品愈多，种类愈复杂，风格愈分歧，你的比较资料愈丰富，透视愈正确，你的鉴别力（这就是趣味）也就愈可靠。"① 并且，他通过自己的文学教育经历，生动地阐明了这个文学教育的道理。他说："人类心理都有几分惰性，常以先入为主，想获得一种新趣味，往往须战胜一种很顽强的抵抗力。许多旧文学家不能欣赏新文学作品，就因为这个道理。就我个人的经验来说，起初习文言文，后来改习语体文，颇费过一番冲突与挣扎。在才置信语体文时，对文言文颇有些反感，后来多经摸索，觉得文言文仍有它的不可磨灭的价值。专就学文言文说，我起初学桐城派古文，跟着古文家们骂六朝文的绮靡，后来稍致力于六朝人的著作，才觉得六朝文也有为唐宋文所不可及处。在诗方面我从唐诗入手，觉宋诗索然无味，后来读宋人作品较多，才发现宋诗也特有一种风味。我学外国文学的经验也大致相同，往往从笃嗜甲派不了解乙派，到了解乙派而对甲派重新估定价值。我因而想到培养文学趣味好比开疆辟土，须逐渐把本来非我所有的征服为我所有。"② 其实，这种文学趣味的拓展，同时又是审美能力的提高。

## 第二节　"趣味""能力"与审美教育

### 一、闲暇与趣味

朱光潜极为关切教育问题，比如对青年学子的身心发展、人生观的发展尤为关注，其中就自然而然地包括了审美以及美育问题。在《给青年的十二封信》中，朱光潜着重论述的就是学校、教育、审美教育以及美育在人生观中的地位等问题。就所谓"青年必读书"而言，朱光潜认为我国的青少年都比较老成，他说："这些书在国外虽流行，给中国青年

① 《朱光潜全集》编委会编：《朱光潜全集》第四卷，安徽教育出版社 1987 年版，第 176 页。
② 《朱光潜全集》编委会编：《朱光潜全集》第四卷，安徽教育出版社 1987 年版，第 176 页。

读，却不十分相宜。中国学生们大半是少年老成，在中学时代就欢喜象煞有介事的谈一点学理。他们——你和我自然都在内——不仅欢喜谈谈文学，还要研究社会问题，甚至于哲学问题。这既是一种自然倾向，也就不能漠视，我个人的见解也不妨提起和你商量商量。十五六岁以后的教育宜注重发达理解，十五六岁以前的教育宜注重发达想象。所以初中的学生们宜多读想象的文字，高中的学生才应该读含有学理的文字。”① 在这里，朱光潜对青少年身心发展的阶段性指标与目标进行了论述，认为十五六岁之前应该注重发展想象力，其后应该注重发展理性与理解的能力，在这里的“想象力”就自然而然与审美教育活动的主要任务与内涵相对接。

虽然朱光潜并没有对审美教育或者想象力教育进行直接的论述，但是他用诗意的回忆对此进行了微妙的回答。他说：“老实说，我没有能力答复，我自己便没曾读过几本‘青年必读书’，老早就读些壮年必读书。比方在中国书里，我最欢喜《国风》《庄子》《楚辞》《史记》《古诗源》《文选》中的书笺、《世说新语》《陶渊明集》《李太白集》《花间集》、张惠言《词选》《红楼梦》等等。在外国书里，我最欢喜济慈、雪莱、柯尔律治、布朗宁诸人的诗集、索福克勒斯的七悲剧、莎士比亚的《哈姆雷特》《李尔王》和《奥瑟罗》、歌德的《浮士德》，易卜生的戏剧集、屠格涅夫的《处女地》和《父与子》、陀思妥也夫斯基的《罪与罚》、福楼拜的《包法利夫人》、莫泊桑的小说集、小泉八云关于日本的著作等等。”② 这个长长的、贯穿古今中外的书单让人叹为观止，反映出朱光潜自身所接受审美教育的深广境界。

朱光潜希望在学校里所接受的教育不要跟社会与生活绝缘，而且不能只是接受来自于理性知识的教育。他还提到，虽然在当时救国的运动与斗争是最为迫切的，但是同时也不要忘记了教育与读书，因为救国的

---

① 《朱光潜全集》编委会编:《朱光潜全集》第一卷,安徽教育出版社 1987 年版,第 8 页。

② 《朱光潜全集》编委会编:《朱光潜全集》第一卷,安徽教育出版社 1987 年版,第 8—9 页。

力量要想长远且深厚、坚强的话，就必须依赖教育。他说："学校与社会绝缘，教育与生活绝缘，在学理上就说不通。若谈事实，则这一代的青年，这一代的领袖，此时如果毫无准备，想将来理乱不问的书生一旦会变成措置咸宜的社会改造者，也是痴人妄想。固然，在秩序安宁的国家里，所谓'天下有道，则庶人不议'，用不着学生去干预政治。可是在目前中国，又另有说法：民众未觉醒，舆论未成立，教育界中人本良心主张去监督政府，也并不算越职。总而言之，救国读书都不可偏废。蔡孑民先生说：'读书不忘救国，救国不忘读书，'这两句话是青年人最稳妥的座右铭。"[①] 这表明，朱光潜既关切到了最为迫切的救亡斗争与运动，又关注到了教育事业的持续进行，这样的思想无疑是圆融的、不偏不倚的。

在《给青年的十二封信》中，最为核心的美育观之一——在闲暇时间之中，获得寄托心神的审美趣味，而审美的趣味实在就是审美能力本身，如果没有审美能力的提高与养成，又何谈审美趣味的高下呢？而且，在术语或者概念上使用审美的"趣味"而不是使用审美的"能力"，更能够显示出审美活动作为一种以纯粹的过程性愉悦为根本意义或者价值活动的特性，或者说，正是因为有"趣"与"味"作为兴发着、涌动的、带有冲力的或者审美主体注意力被持续地吸引着的活动，审美活动才会流畅地、纯粹地开显出来，或者说，"能力"一词是可以适用于包括审美、科学、道德、宗教等等活动的，而且我们在汉语中一般情况下不会把抽象的、客观的、冷静的科学活动，充满利害冲突、伦理规范压制的道德活动以及充满神人对立、神圣高高在上的宗教活动，称作有"趣味"的活动，当然，仅仅就局部而言，有些科学活动、道德活动、宗教活动可能是有趣味的。

由此而言，朱光潜的美育思想与美学思想是一脉相承的，因为主客观统一的美学观的根本之处正在于——把握住了审美活动或者审美生活

---

① 《朱光潜全集》编委会编:《朱光潜全集》第一卷,安徽教育出版社 1987 年版,第 19 页。

作为一种有意义、有价值的行为自身的构成特性——审美主体始终指向审美对象，且审美主体与审美客体作为这一行为的相关项隶属于这一整体性的行为本身，因而，朱光潜所说的闲暇时间并不只是就钟表上的客观时间而言，而是在说一段不劳动、不工作的生活本身，而要安然地度过闲暇时间，就必须把自己的心神安置在一个美好的对象之上，朱光潜说：

> 你如果没有一种正常嗜好，没有一种在闲暇时可以寄托你的心神的东西，将来离开学校去做事，说不定要被恶习惯引诱。你不看见现在许多叉麻雀抽鸦片的官僚们绅商们乃至于教员们，不大半由学生出身么？你慢些鄙视他们，临到你来，再看看你的成就罢！但是你如果在读书中寻出一种趣味，你将来抵抗引诱的能力比别人定要大些。这种兴趣你现在不能寻出，将来永不会寻出的。凡人都越老越麻木，你现在已比不上三五岁的小孩子那样好奇、那样兴味淋漓了。你长大一岁，你感觉兴味的锐敏力便须迟钝一分。达尔文在自传里曾经说过，他幼时颇好文学和音乐，壮时因为研究生物学，把文学和音乐都丢开了，到老来他再想拿诗歌来消遣，便寻不出趣味来了。兴味要在青年时设法培养，过了正常时节，便会萎谢。①

可以看出，朱光潜在这段话中鲜明地指出了审美教育活动培养的是一种审美生活的能力，而且审美生活最为质朴的、原初的呈现状态是“时间性”的，当然，这一“时间”正如上文所说——正是“生活”本身，其构成特性或者基本的结构便是主客不分——主体始终把注意力放在对象之上，而且他还更深刻地指出——当一个人不把注意力或者兴趣安放在一个美妙的对象之上的时候，那就必定会把注意力或者兴趣安置在那些拙劣的对象上，也就是如朱光潜所说的那些“恶习”。就朱光潜对

① 《朱光潜全集》编委会编:《朱光潜全集》第一卷，安徽教育出版社 1987 年版，第 6 页。

生活之“良习”或者“恶习”的陈述而言，他绝没有把生活划分为孤立存在的主观或者客观，而是就审美活动或者审美生活在构成的根本特性上作整体性的把握与论述，而没有把思想之维偏向作品或者偏向主体，比如对作品之中的内容或者形式进行孤立的分析，或者把作品之中的内容片面地理解为只是对于生活或者现实的反映与写照。在朱光潜看来，不管是什么样的作品，都是要为人生的快乐服务的，审美活动最为根本的特质就是一个兴发的、涌动的愉悦过程而已。尽管朱光潜并没有对审美活动或者审美生活的构成，尤其是作为一种内时间意识的构成进行具体而深入的探讨，但是他至少保证了审美活动的完整性，也只有保证了或者保全了审美活动自身的完整性，才可能对其进行合理性的分析与论述，才有可能在此基础之上，生发出美学与美育理论的合法知识体系来。

在这一基本美育观念的指引下，朱光潜才会提出在年轻的时候要格外重视对于审美能力的养成与提高。

## 二、何谓“好趣味”与“坏趣味”？

既然“趣味”之于审美生活的意义或者“趣味”自身就是审美生活的真相业已得到揭示，那么，“趣味”的好坏就是审美教育所要面对的问题与挑战，朱光潜首先表达了对坏的趣味的反感，他认为那些坏趣味的产生很大程度上可以归之于那些在社会上、公共空间里恶俗艺术的泛滥。他说：“寂居文艺之宫，固然会象不流通的清水，终久要变成污浊恶臭的。可是十字街头的叫嚣，十字街头的尘粪，十字街头的挤眉弄眼，都处处引诱你汩没自我。臣门如市，臣心就决不能如水。名利声势虚伪刻薄肤浅欺侮等等字样，听起来多么刺耳朵，实际上谁能摆脱得净尽？所以站在十字街头的人们——尤其是你我们青年——要时时戒备十字街头的危险，要时时回首瞻顾象牙之塔。”[①] 在此，朱光潜既指出了在社会的公共空间里弥漫的、放任自流的恶俗文艺自身就是一种坏的审美教育，

① 《朱光潜全集》编委会编:《朱光潜全集》第一卷，安徽教育出版社 1987 年版，第 23 页。

又指出了在学校里进行审美教育的可贵之处。也就是说，在一般情况下，学校里的审美教育是由在审美或文化上的精英分子有计划、有组织、有系统地进行的，在这种活动中才有可能形成自觉的审美能力以及由审美能力所衍生的审美价值观。正如他说："欣赏全是价值意识的鉴别，艺术趣味的高低全靠价值意识的强弱。趣味低，不是好坏无鉴别，就是欢喜坏的而不了解好的。趣味高，只有真正好的作品才够味，低劣作品可以使人作呕。艺术方面的爱憎有时更甚于道德方面的爱憎，行为的失检可以原谅，趣味的低劣则无可容恕。"①

朱光潜认为，如果不对社会上恶俗的艺术教育进行阻隔与有效应对，那么，就会形成审美或文化上的恶习或者习俗。他说："十字街头上握有最大权威的是习俗。习俗有两种，一为传说（Tradition），一为时尚（Fashion）。儒家的礼教，五芝斋的馄饨，是传说；新文化运动，四马路的新装，是时尚。传说尊旧，时尚趋新，新旧虽不同，而盲从附和，不假思索，则根本无二致。社会是专制的，是压迫的，是不容自我伸张的。比方九十九个人守贞节，你一个人偏要不贞，你固然是伤风败俗，大逆不道；可是如果九十九个人都是娼妓，你一个人偏要守贞节，你也会成为社会公敌，被人唾弃的。因此，苏格拉底所以饮鸩，伽利略所以被教会加罪，罗曼罗兰、罗素所以在欧战期中被人谩骂。"② 在此，朱光潜对包括审美在内的"习俗"进行了深刻分析。他一方面指出"习俗"的积极之处——那些积极的习俗可以维系历史与现实的真善美系统，一方面又指出那些消极的"习俗"往往会更加顽固地维持一种顽劣的文化价值体系。他说："习俗是守旧的，而社会则须时时翻新，才能增长滋大，所以习俗有时时打破的必要。人是一种贱动物，只好模仿因袭，不乐改革创造。所以维持固有的风化，用不着你费力。你让它去，世间自有一般

---

① 《朱光潜全集》编委会编:《朱光潜全集》第四卷,安徽教育出版社 1987 年第 139 页。

② 《朱光潜全集》编委会编:《朱光潜全集》第一卷,安徽教育出版社 1987 年版,第 23 页。

庸人懒人去担心。可是要打破一种习俗，却不是一件易事。”① 因而，朱光潜就希冀那些对美好习俗的养成者能对中国当下的现状有重大的改观或者作用。他希望那些美好的、高雅的文艺能够走向社会，进而形成一种新的、强大的教育、教化的氛围。他说：

> 从前学士大夫好以清高名贵相尚，所以力求与世绝缘，冥心孤往。但是闭户读书的成就总难免空疏虚伪。近代哲学与文艺都逐渐趋向写实，于是大家都极力提倡与现实生活接触。世传苏格拉底把哲学从天上搬到地下，这是“走向十字街头”的一种意义。
>
> 学术思想是天下公物，须得流布人间，以求雅俗共赏。威廉·莫里斯和托尔斯泰所主张的艺术民众化，叔琴先生在《一般》诞生号中所主张的特殊的一般化，爱迪生所谓把哲学从课室图书馆搬到茶寮客座，这是“走向十字街头”的另一意义。②

朱光潜认为，好的趣味来自于刻意的、自觉的、系统的“修养”活动，他以“静的修养”为例论述了审美教育的必要性与迫切性。他说：“能处处领略到趣味的人决不至于岑寂，也决不至于烦闷。朱子有一首诗说：‘半亩方塘一鉴开，天光云影共徘徊，问渠那得清如许？为有源头活水来。’这是一种绝美的境界。你姑且闭目一思索，把这幅图画印在脑里，然后假想这半亩方塘便是你自己的心，你看这首诗比拟人生苦乐多么惬当！一般人的生活干燥，只是因为他们的‘半亩方塘’中没有天光云影，没有源头活水来，这源头活水便是领略得的趣味。领略趣味的能力固然一半由于天资，一半也由于修养。大约静中比较容易见出趣味。”③在此，朱光潜明确地把“趣味”与“能力”进行了比较与沟通，在这里

① 《朱光潜全集》编委会编：《朱光潜全集》第一卷，安徽教育出版社 1987 年版，第 24 页。
② 《朱光潜全集》编委会编：《朱光潜全集》第一卷，安徽教育出版社 1987 年版，第 22 页。
③ 《朱光潜全集》编委会编：《朱光潜全集》第一卷，安徽教育出版社 1987 年版，第 15 页。

的“静”并不是空无，而是在闲暇时间里，人的心神有所寄托，有所安置，因而，这就是一种滋润的、生动的、愉悦的“静”，而不是在闲暇时间里心无所及或所寄，那就只能如朱光潜所言——生活必定是“干燥”的。因而，必须要在审美活动的“能力”上大加提升与养成，成熟的审美能力才会绽放为“趣味”。

他还说：

> 静与闲也不同。许多闲人不必都能领略静中趣味，而能领略静中趣味的人，也不必定要闲。在百忙中，在尘市喧嚷中，你偶然丢开一切，悠然遐想，你心中便蓦然似有一道灵光闪烁，无穷妙悟便源源而来。这就是忙中静趣。①
>
> 静的修养不仅是可以使你领略趣味，对于求学处事都有极大帮助。释迦牟尼在菩提树阴静坐而证道的故事，你是知道的。古今许多伟大人物常能在仓皇扰乱中雍容应付事变，丝毫不觉张皇，就因为能镇静。现代生活忙碌，而青年人又多浮躁。你站在这潮流里，自然也难免跟着旁人乱嚷。不过忙里偶然偷闲，闹中偶然觅静，于身于心，都有极大裨益。你多在静中领略些趣味，不特你自己受用，就是你的朋友们看着你也快慰些。②

因而，在朱光潜看来，在“闲”之中的人要想获得“静”的能力，就必须进行自觉的审美教育的养成活动，而且在这里所说的“静”带有明显的康德美学的印记，也就是康德认为审美无关功利只是针对那些只能够听和看的纯粹艺术品而言的，那么，朱光潜所说的审美活动之中的“静”其实也就是只是针对艺术作品欣赏所带来的静观、超功利的愉悦感。另外，朱光潜在这段话中还指出，审美能力一旦得到提升与养成，

---

① 《朱光潜全集》编委会编：《朱光潜全集》第一卷，安徽教育出版社 1987 年版，第 15 页。
② 《朱光潜全集》编委会编：《朱光潜全集》第一卷，安徽教育出版社 1987 年版，第 16 页。

那么审美活动就会在任何时空中生成，而不仅仅局限于“闲”，这表明审美生活又不仅仅局限于艺术欣赏活动。

在朱光潜对于“趣味”养成的美育思想中，透露出他强烈的忧患意识与介入教育现实的家国情怀，对于在抗战期间教育的各种弊端，他痛彻心扉，针对美育之于趣味的养成。他说：“美育的重要不但在事实上被忽略，即在理论上亦未被充分了解。我国先民在文艺上造就本极优越，而子孙数典忘祖，有极珍贵的文艺作品而不知欣赏，从事艺术创作者更寥寥。大家都迷于浅狭的功利主义，对文艺不下工夫，结果乃有情操驳杂、趣味卑劣、生活干枯、心灵无寄托等种种现象。”① 而且，朱光潜把这种恶劣的、低级的审美趣味视为民族生命力的降低。他说：“我经过几个大学和中学，看见大部分教员和学生终年没有一点消遣，大家都喊着苦闷，可是大家都不肯出点力把生活略加改善，提倡一些高级趣味的娱乐来排遣闲散时光。从消遣一点看，我们可以窥见民族生命力的低降。这是一个很危险的现象。它的原因在一般人不明了消遣的功用，把它太看轻了。”② 这些对艺术趣味、审美趣味等审美能力发展上的真知灼见，往往被一些人认为是脱离实际的，其实，这正是朱光潜所针对的狭隘的功利主义弊端的体现。

## 三、趣味的养成及其时间性构成

既然趣味之于人生的意义——尤其是在时间性上的意义如此重要，而且在现实中人们趣味上有如此高低、雅俗之间的剧烈差异，那么，如何养成良好的审美趣味呢？朱光潜认为可以通过如下方式实现趣味的提高与养成：

### （一）“从年轻时下手”

在《给青年的十二封信》中，朱光潜就提出应该在人的幼年、青少

① 《朱光潜全集》编委会编:《朱光潜全集》第四卷,安徽教育出版社 1987 年版,第 29 页。
② 《朱光潜全集》编委会编:《朱光潜全集》第四卷,安徽教育出版社 1987 年版,第 128 页。

年时期就重视并实施审美教育。正如上文所说，朱光潜认为闲暇时间对于人来说是一把双刃剑，一方面它给予人享受、享乐的机会，一方面人自身却有可能不把自己的心神寄托在一些美好的对象之上，比如恶俗的、低级的趣味便是如此，所以他大力呼吁——一个人应该趁早进行全方位的教育，尤其是在审美教育上不能有任何懈怠。他说："你不看见现在许多叉麻雀抽鸦片的官僚们绅商们乃至于教员们，不大半由学生出身么？你慢些鄙视他们，临到你来，再看看你的成就罢！但是你如果在读书中寻出一种趣味，你将来抵抗引诱的能力比别人定要大些。这种兴趣你现在不能寻出，将来永不会寻出的。凡人都越老越麻木，你现在已比不上三五岁的小孩子那样好奇、那样兴味淋漓了。你长大一岁，你感觉兴味的锐敏力便须迟钝一分。达尔文在自传里曾经说过，他幼时颇好文学和音乐，壮时因为研究生物学，把文学和音乐都丢开了，到老来他再想拿诗歌来消遣，便寻不出趣味来了。兴味要在青年时设法培养，过了正常时节，便会萎谢。比方打网球，你在中学时欢喜打，你到老都欢喜打。假如你在中学时代错过机会，后来要发愿去学，比登天边要难十倍。养成读书习惯也是这样。"① 在这段话里，尽管没有对幼年、青少年时期的审美心理发展特性进行专业的、来自于学理上的分析，但是他还是指出了三个铁的事实，其一，幼年与青少年时期的身心特点是活泼好动的，对于审美的需要是尤为迫切的；其二，审美趣味如果在幼年、青少年时期没有得到理想的培育与养成，那么平庸的、恶俗的审美能力与趣味就会在一生之中占据上风，这个时候想要再改变就很难了；其三，要养成好读书，读好书的习惯，就朱光潜所列举自己所喜欢阅读的书目来看，其中绝大多数都是文艺作品，而且都是经典的文艺作品，这正是审美教育的最佳示范。

在《谈美感教育》一文中，他同样阐述了相同的立场，他说："爱美是人类天性，凡是天性中所固有的必须趁适当时机去培养，否则象花草

① 《朱光潜全集》编委会编：《朱光潜全集》第一卷，安徽教育出版社 1987 年版，第 6 页。

不及时下种及时培植一样，就会凋残萎谢。达尔文在自传里懊悔他一生专在科学上做工夫，没有把他年轻时对于诗和音乐的兴趣保持住，到老来他想用诗和音乐来调剂生活的枯燥，就抓不回年轻时那种兴趣，觉得从前所爱好的诗和音乐都索然无味。他自己说这是一部分天性的麻木。这是一个很好的前车之鉴。美育必须从年轻时就下手，年纪愈大，外务日纷繁，习惯的牢笼愈坚固，感觉愈迟钝，心里愈复杂，欣赏艺术力也就愈薄弱。”①

在这里，朱光潜对“注意力”作为一种心理现象，从审美教育与审美发展的角度进行了论述，也就是说，“注意力”是人利用有限的心理资源，在特定的时间里集中精力来处置并陈的诸多信息中的一种信息的能力。朱光潜所说的“感觉愈迟钝”指的就是注意力之中的“自动加工”，也就是人在日常生活中日积月累所形成的“习惯化”能力。“自动加工”的注意不需要有主体进行意识地进行控制，消耗极少的心理能量与资源，在整体上可以进行多种任务或操作的并行加工，而且自动加工其完成的速度较快，就其所完成的任务而言通常是那些熟悉的、日常的且必须重复地去做的稳定信息，不需要复杂的分析与综合，难度较小；但是注意的“控制加工”则相反，它需要主体集中心理能量，有意识地努力去进行加工，才能完全地进行信息加工，消耗的心理资源与能量就比较多，必须严谨地按照序列进行，所需时间较长，就其所完成的任务而言通常是那些新鲜的、较少重复的信息，就其加工层次而言属于相对较高层次的认知加工，需要复杂的、高级的综合与分析，难度较大；对于审美活动中的控制加工而言，它体现为相应的审美能力，更体现为愉悦的、流畅性的、涌现性的过程。所以，朱光潜说随着人的逐渐成长历程中审美教育没有得到理想的完成，那么，审美能力的钝化与习惯化就会根深蒂固，难以改变。

在谈及青年的审美发展时，朱光潜给出了很多中肯的建议，比如他

---

① 《朱光潜全集》编委会编:《朱光潜全集》第四卷,安徽教育出版社 1987 年版,第 151 页。

说："总而言之，考据不是欣赏，批评也不是欣赏，但是欣赏不可无考据与批评。从前老先生们太看重考据和批评的功夫，现在一般青年又太不肯做脚踏实地的功夫，以为有文艺的嗜好就可以谈文艺，这都是很大的错误。"① 他还说："许多青年腻味了，索性一切不管，只抱着一条道理，'有文艺的嗜好就可以谈文艺'。这是'以不了了之'，究竟'谈'不出什么来。留心文艺的青年，除这等难处外，怕更有一个切身的问题等着解决的。新文化是'外国的影响'，自然不错；但说一般青年不留余地地鄙弃旧的文学艺术，却非真理。他们觉得单是旧的'注''话''评''品'等不够透彻，必须放在新的光里看才行。但他们的力量不够应用新知识到旧材料上去，于是只好搁浅，并非他们愿意如此。"② 在此，朱光潜强调，青年仅仅有对审美的兴趣还是不够的，而要根据审美活动与审美对象自身的要求，进行深度与广度上的提升，才能做一个合格的欣赏者。

（二）文学教育与精致趣味的时间性构成

对于文学教育何以提高与养成精致的趣味，朱光潜给出了三条途径，第一是把趣味提高到"雅"或"精致"，第二是"博雅"或者广博，使得精致的趣味能够"开疆辟土"；第三是在提高与拓展、丰富上融合为一，并最终演化为一个意义与价值增值的涌现的审美活动过程，这正是积极的、美好的人生时间或者就是人生自身的绽放性的展开或绵延。

首先，朱光潜主张并倡导一种精致的趣味养成观。

朱光潜偏好"雅"的趣味，在文学上的体现就是对"诗"的喜爱或者偏爱。针对自己在文学教育中遇到的只爱听故事而不喜欢诗的现象，他说：

据我的教书经验来说，一般青年都欢喜听故事而不欢喜读诗。

① 《朱光潜全集》编委会编：《朱光潜全集》第二卷，安徽教育出版社 1987 年版，第 41 页。
② 《朱光潜全集》编委会编：《朱光潜全集》第二卷，安徽教育出版社 1987 年版，第 99 页。

记得从前在中学里教英文，讲一篇小说时常有别班的学生来旁听；但是遇着讲诗时，旁听者总是瞟着机会逃出去。就出版界的消息看，诗是一种滞销货。一部大致不差的小说就可以卖钱，印出来之后一年中可以再版三版。但是一部诗集尽管很好，要印行时须得诗人自己掏腰包作印刷费，过了多少年之后，藏书家如果要买它的第一版，也用不着费高价。①

他认为这是审美趣味低下的体现，因为在他看来诗歌的文学性更强，形式感也更精美。他说："从此一点，我们可以看出现在一般青年对于文学的趣味还是很低。在欧洲各国，小说固然也比诗畅销，但是没有在中国的这样大的悬殊，并且有时诗的畅销更甚于小说。据去年的统计，法国最畅销的书是波德莱尔的《罪恶之花》。这是一部诗，而且并不是容易懂的诗。"② 在解释这一原因时，朱光潜说："一个人不欢喜诗，何以文学趣味就低下呢？因为一切纯文学都要有诗的特质。一部好小说或是一部好戏剧都要当作一首诗看。诗比别类文学较谨严，较纯粹，较精致。如果对于诗没有兴趣，对于小说戏剧散文学等等的佳妙处也终不免有些隔膜。不爱好诗而爱好小说戏剧的人们大半在小说和戏剧中只能见到最粗浅的一部分，就是故事。所以他们看小说和戏剧，不问他们的艺术技巧，只求它们里面有有趣的故事。他们最爱读的小说不是描写内心生活或者社会真相的作品，而是《福尔摩斯侦探案》之类的东西。爱好故事本来不是一件坏事，但是如果要真能欣赏文学，我们一定要超过原始的童稚的好奇心，要超过对于《福尔摩斯侦探案》的爱好，去求艺术家对于人生的深刻的观照以及他们传达这种观照的技巧。第一流小说家不尽是会讲故事的人，第一流小说中的故事大半只象枯树搭成的花架，用处只在撑扶住一园锦绣灿烂生气蓬勃的葛藤花卉。这些故事以外的东西就

---

① 《朱光潜全集》编委会编:《朱光潜全集》第三卷,安徽教育出版社 1987 年版,第 349 页。

② 《朱光潜全集》编委会编:《朱光潜全集》第三卷,安徽教育出版社 1987 年版,第 349 页。

是小说中的诗。读小说只见到故事而没有见到它的诗，就象看到花架而忘记架上的花。要养成纯正的文学趣味，我们最好从读诗入手。能欣赏诗，自然能欣赏小说戏剧及其他种类文学。”①

在此朱光潜对于诗歌的艺术性更高、更精致、更纯粹的解释显然有失公允，因为对小说的评价太低了，而小说与诗歌一样同样有极为经典的、精致的作品，也有一些通俗的、平庸的作品，这些状况也同样体现在诗歌之中。当然，他认为诗歌的形式更为困难、精粹，确实是道出了诗歌语言作为一种戴着镣铐跳舞的语言在创造上的难度与境界，而且在整体上，朱光潜还是从文学教育根本任务的角度来强调务必养成精致之趣味，而不是把文学教育的精力与时间放在文学史中一些知识性的史料与知识上。他说：“趣味是可以培养的。真正的文学教育不在读过多少书和知道一些文学上的理论和史实，而在培养出纯正的趣味。这件事实在不很容易。培养趣味好比开疆辟土，须逐渐把本非我所有的变为我所有的。”② 他还以自身所接受的文学教育为例，阐释了“开疆辟土”的体现。他说：“在这种变迁中我又征服了许多新领土，对于已得的领土也比从前认识较清楚。对于中国诗我也经过了同样的变迁。最初我由爱好唐诗而看轻宋诗，后来我又由爱好魏晋诗而看轻唐诗。现在觉得各朝诗都各有特点，我们不能以衡量魏晋诗的标准去衡量唐诗和宋诗。它们代表几种不同的趣味，我们不必强其同。”③ 因而，在朱光潜对于文学教育中趣味养成的论述中，他是把能力、趣味的“提高”与“广博”放在一个整体中加以审视的。

其次，朱光潜提出在趣味得以提高与养成的基础上，更应该做到“广博”。

对于精致的审美趣味之养成，朱光潜给出的最为可靠的途径就是

---

① 《朱光潜全集》编委会编:《朱光潜全集》第三卷,安徽教育出版社 1987 年版,第 349—350 页。
② 《朱光潜全集》编委会编:《朱光潜全集》第三卷,安徽教育出版社 1987 年版,第 351 页。
③ 《朱光潜全集》编委会编:《朱光潜全集》第三卷,安徽教育出版社 1987 年版,第 351—352 页。

“广博”，他认为在文学教育的过程中很容易形成门户之见，在这里当然存在审美上的不同爱好与价值取向，但是同样存在囿于一孔之间，而不见异量之美的情况，如何克服这种在趣味上的偏狭？他说：“对于某一种诗，从不能欣赏到能欣赏，是一种新收获；从偏嗜到和他种诗参观互较而重新加以公平的估价，是对于已征服的领土筑了一层更坚固的壁垒。学文学的人们的最坏的脾气是坐井观天，依傍一家门户，对于口胃不合的作品一概藐视。这种人不但是近视，在趣味方面不能有进展；就连他们自己所偏嗜的也很难真正地了解欣赏，因为他们缺乏比较资料和真确观照所应有的透视距离。文艺上的纯正的趣味必定是广博的趣味；不能同时欣赏许多派别诗的佳妙，就不能充分地真确地欣赏任何一派诗的佳妙。趣味很少生来就广博，将比开疆辟土，要不厌弃荒原瘠壤，一分一寸地逐渐向外伸张。”① 朱光潜一方面指出了文学教育乃至于审美教育中所存在的偏执之处，比如可能会局限于某一种艺术门类或者某一艺术门类之中的某一题材甚至某一风格，使人念兹在兹，虽然在趣味上得以养成与提高，但是同时造成了新的局限与狭隘。

最后，朱光潜把趣味养成与提高的活动视为一个超越性的、意义与价值增值的活动，这样的活动自然是一个涌现的时间性过程，也就是一个鲜活的意义实现并提高的过程。他认为良好的文学教育应该实现自身趣味的新陈代谢，既要提高自身的审美能力，又要在眼界上放宽放远，做到提高与广博的完美融合。

他说：“趣味是对于生命的澈悟和留恋，生命时时刻刻都在进展和创化，趣味也就要时时刻刻在进展和创化。水停蓄不流便腐化，趣味也是如此。从前私塾冬烘学究以为天下之美尽在八股文、试帖诗、《古文观止》和了凡《纲鉴》。他们对于这些乌烟瘴气何尝不津津有味？这算是文学的趣味么？习惯的势力之大往往不是我们能想象的。我们每个人多少都有几分冬烘学究气，都把自己囿在习惯所画成的狭小圈套中，对于这

① 《朱光潜全集》编委会编：《朱光潜全集》第三卷，安徽教育出版社 1987 年版，第 352 页。

个圈套以外的世界都视而不见，听而不闻。沉溺于风花雪月者以为只有风花雪月中才有诗，沉溺于爱情者以为只有爱情中才有诗，沉溺于阶级意识者以为只有阶级意识中才有诗。风花雪月本来都是好东西，可是这四个字联在一起，引起多么俗滥的联想！联想到许多吟风弄月的滥调，多么令人作呕！'神圣的爱情''伟大的阶级意识'之类大概也有一天都归于风花雪月之列吧？这些东西本来是佳丽，是神圣，是伟大，一旦变成冬烘学究所赞叹的对象，就不免成了八股文和试帖诗。"① 以上所提及的作品或者文学现象不可谓不经典，但是这些经典都会故步自封，这些流派与风格都会孤立排异，因而，这些文学现象的发展说明了必须进行新陈代谢、开阔眼界与胸襟的必要性，既要风花雪月，又不回避政治上的阶级斗争，但是，事实上，这是很难做到的，因而在文学史会出现上述这些现象。

对于个体审美趣味的培养，朱光潜认为，上述现象之中的道理或者教训同样是适用的，必须在审美活动之中善待那些带有超越性的审美对象，也就是超出自身目前审美能力的新对象或者新境界、新风格、新手段，这样审美活动自身才是本真的，因为不具有超越性意义或者价值的审美活动只会停留在原地，那么，审美教育与审美发展就丧失了其存在的意义或者基本状态。他说：

> 艺术和欣赏艺术的趣味都与滥调是死对头。但是每件东西都容易变成滥调，因为每件东西和你熟悉之后，都容易在你的心理上养成习惯反应。象一切其他艺术一样，诗要说的话都必定是新鲜的。但是世间哪里有许多新鲜话可说？有些人因此替诗危惧，以为关于风花雪月，爱情，阶级意识等等的话或都已被人说完，或将有被人说完的一日，那一日恐怕就是诗的末日了。抱这种顾虑的人们根本没有了解诗究竟是什么一回事。诗的疆土是开发不尽的，因为宇宙

① 《朱光潜全集》编委会编：《朱光潜全集》第三卷，安徽教育出版社 1987 年版，第 352—353 页。

生命时时刻刻在变动进展中，这种变动进展的过程中每一时每一境都是个别的，新鲜的，有趣的。①

就朱光潜对“趣味”之兴起尤其是对“趣味”之养成中生生不息且境界渐趋更新的论述来看，其兴起系于闲暇时间的心神所寄托、行为处作，其养成的具体状态呈现为质朴的、原发性的、超越性的且主客不分的审美活动，这正是最佳的、带有“教育性”的审美活动的存在状态，其中的机杼便是“时间性”，朱光潜由此把审美活动作为一个整体来看待，因为审美活动一旦产生或者正在涌现的时候，我们绝对无法把审美主体与审美对象之间进行分离操作的，一旦两者分离，审美主体不再指向审美对象，那么，审美活动就会终结。在这里朱光潜对“趣”“味”所作的意义呈现状态的分析——时间性的超越或者意义的增值或更新，完全把审美教育活动的最为根本的呈现状态——涌现的、提高性的愉悦活动，描画的淋漓尽致，这便是朱光潜美育思想最大的贡献之一。一如他这样说：

生命生生不息，他们的发见也生生不息。如果生命有末日，诗总会有末日。到了生命的末日，我们自无容顾虑到诗是否还存在。但是有生命而无诗的人虽未到诗的末日，实在是早已到生命的末日了，那真是一件最可悲哀的事。“哀莫大于心死”，所谓“心死”就是对于人生世相失去解悟和留恋，就是对于诗无兴趣。读诗的功用不仅在消愁遣闷，不仅是替有闲阶级添一件奢侈；它在使人到处都可以觉到人生世相新鲜有趣，到处可以吸收维持生命和推展生命的活力。②

---

① 《朱光潜全集》编委会编：《朱光潜全集》第三卷，安徽教育出版社 1987 年版，第 353 页。
② 《朱光潜全集》编委会编：《朱光潜全集》第三卷，安徽教育出版社 1987 年版，第 354 页。

# 第十三章　朱谦之的美育思想

朱谦之（1899—1972），字情牵，福建福州人，我国当代著名的历史学家、哲学家和东方学家。朱谦之在美育思想上有很多建树，比如对中国古代乐教思想的研究、性美育的提出、宇宙美育的提出等等，其间又涉及对中西方美育、艺术教育的比较。

这些成就和建树与其哲学观息息相关，其中最为典型与集中的体现就是他在“无元哲学”中的“直觉”思想、“唯情论”哲学中的“真情之流”思想。这些思想都为其美育思想提供了最为原初的、最为根本的视野与基点，尤其是朱谦之对“直觉”之中“进化”“创化”“理想性”等意义与价值的强调，以及在“真情之流”中对周易哲学时间性思想的卓越分析，使得“兴发”“涌现”“绵延”等标示时间特性的术语与概念成为分析与把握其美育价值、意义及其呈现状态的最可靠手段与依据，由此出发，朱谦之对知识教育的弊端及其僭越进行了痛快淋漓的批判，不仅使得美育活动作为一种提高性、理想性的价值与意义得以呈现，而且在此基础上，朱谦之对我国悠久而深厚的礼乐教化、乐教、诗教的优良传统进行了全新的立足于时间性的阐释，对彰显与弘扬中华美育实践及美育思想做出了极为重大、突出的贡献。

尤其是在中国近现代以来，在西方美学、哲学、美育理论、教育思想的影响下，像朱谦之这样坚守美好传统并孜孜创新的美育理论家，更是弥足珍贵的，并且其思想在深度与广度上都达到了极高的境界。

# 第一节　无元主义哲学与美育思想

## 一、痛陈知识教育僭越之弊端

朱谦之激烈地批判现代教育的僵化、机械、生硬、割裂，倡导一种出自于“情”之自然流动的鲜活教育，这既出自于他的“无元哲学”，也与他的“唯情论”思想中的“真情之流”倾向密切相关。

他所主张的“无元哲学”，其机杼与核心就在于倡导一种“真”的原发性存在状态——出离于理论化、没有任何观念教条的渗入、切身的或者具身投入的、亲熟的生活原本状态。他说：“无元哲学是从‘无知’立根，所谓当体即是，动念即乖，在寻常感觉和论理以外的形而上学方法，自然和实际逻辑与科学方法，大不相同了。因感觉除了接触于感官的状况，无从知道，而形而上学的对象，又超过寻常的认识，所以要知道事物的实相，不可不赖证会的方法，以游神于物的内面，而亲与其绝对无比不可言状的本体融合为一，这就是‘直觉’了。”① 在此所说的“无知”“当体即是”“直觉”正是所谓“元”与“无”。他还说：“因为宇宙的元始问题和究竟问题，都是不二而最初，不能用逻辑去推证其所以然，所以只能用这种直觉方法，直接把捉之。”②

因而，在此，他所主张的是与现代教育弊端完全不同的不学之学，他说：

> 试看现代的教育，那个不是人工的，圈套的，反自然的，阻抑人的本性自然性的？大胆一句话，除了给政治家利用去实行愚民政策外，简直没有什么！所以我本无元主义的见地，大唱“绝学无忧”，因为学问和真理背道而驰，求学问的是向外驰求，求真理的是

① 朱谦之:《朱谦之文集》第一卷,福建教育出版社 2002 年版,第 407 页。

② 朱谦之:《朱谦之文集》第一卷,福建教育出版社 2002 年版,第 407 页。

直下见性，所以“为学日益，为道日损”，我们只须向“心”上做工夫，何必以言语文字为要，一定要把知识灌到脑袋去呢？虽然如此，我一面固然反对学问，一面却主张不学的学，也唯有不学的学，才能把学打破。何则？学都是形式的，虚伪的，所以不学的学，是要打破那形式的，虚伪的，不自然的学问，而主张任情主义，自然主义，可以说是教育上的无元主义。①

在这段话，他所说的“学”只是那种完全把主体的喜怒哀乐弃之不顾而进行的纯粹智力大脑游戏的教育，这种教育只能把完全客观、中立的知识灌输进头脑内，因而，这种学习以及这种知识就只能是僵死的存在，而不是一种鲜活的、涌动着、绽出性的且主客之间完全混融一体、须臾不可分离的生活体验。究其根源，还是由于在现代教育中，科学主义的过度发展与发挥，最为典型的体现，就是把仅属于科学活动的规律、规则运用于科学之外的领域，从根本上说，这并不是科学自身的错误，而是人对科学错误运用的结果。朱谦之所主张、倡导的正是一种鲜活的、涌现的、绽出性的、基于那绵绵不绝的意义之寻的真正的学，以他的“无元哲学”来命名，那就是“无”或者“元”的教育。他还说，如果从狭隘的科学观来看，这种“无元哲学”无疑是玄虚、难以把握的，其实，这正是科学自身固有领域——纯粹客观领域的自然体现，只是如果把来自于纯粹客观领域的准则运用于绝对主观、主客不分的领域，那自然就是悖谬之极。

朱谦之最为欣赏的是通过直觉而获得的“知”，通过他的描述，把这种“知”称为“超于知识的直觉”，他说：

超于知识的直觉，我特别叫他作“无知”的知，因他之所知，正是知识之所不知的，知识是特别能够分析，对于经验上矛盾不相

① 朱谦之：《朱谦之文集》第一卷，福建教育出版社2002年版，第425页。

容而并存的不可思议体，实假想不到，如动和静，一和多，变和不变，由推知看来，决不会相容无碍，而由“无知”的直觉看来，却是最凡庸的道理，因为无知的知，不受三段论法限制住，不管科学和常识如何，既违反一般浅薄的知识，怪不得那些科学家反疑到直觉学者是专任虚玄的道理，教人难以捉摸了。①

而且，这样的直觉在其存在的状态上完全是时间化的，或者说这种直觉本身是时间性的。他说：“无元学者以为‘无’是本体，也唯有‘无知’才能知‘无’，这个‘无’虚而无形，动而愈出，当其动的时候，就成永不间断的绵延，就是柏格森所谓‘真的时间’了。当其静的时候，就要向空间顿时发散，而成其为分段生命了。但无论动静，动亦无，静亦无，这个超越动静的一个‘无’，就是绝对的本体了。所以‘无’是流行于已发的时候（动静都不过已发当中的两趋势，静是包括在已发中的），而敛藏于未发的时候，当其未发时寂然不动，那是‘无’的体，已发时感而遂通，那是‘无’的用，如柏格森所谓直觉，只看见已发一边事，其实绵延创化都只是一动而已，有动必有静，所以绵延创化也只是一静而已。”② 在这里所描述的“无”也就是“直觉”未发生之前的那样一种鲜活的能力，也是直觉得以产生的可能性，虽然还没有直接呈现为具体而微的动与静，但是，它的确已然存在于人心里，虽然看似神秘、玄妙，但是很鲜活，以至于无法使用语言进行指称，他还说：

要说直觉，是不可说不可说的，因会说的只能体会事物的关系，和生命的皮相，所以全实在的认识，除直觉外没有方法表出，而直觉之为直觉，也不是言语文字所能形容出来，因直觉方法要发之为言语文字，便在那里凝固了，却不是现证得的本体了。所以“禅那

① 朱谦之:《朱谦之文集》第一卷,福建教育出版社 2002 年版,第 410—411 页。
② 朱谦之:《朱谦之文集》第一卷,福建教育出版社 2002 年版,第 411 页。

才下一语，便恐一语成尘，连忙又下语扫之，扫之又恐扫尘一语复成尘，连忙又下一语扫扫尘”，说话的便是错误，我又怎能把直觉方法来告诉大家呢？万不得已我只能说，直觉方法是一种无知的知，如能扫除意见，废绝思想，将四方八面路头一齐塞住，那时候默而识之，由这不可思议的感通，便见虚无的本体，常在眼前，而浑浑融融如万象毕见于水鉴之中——这便是直觉，也就是顿悟了。①

可以看出，朱谦之所向往的就是一种主客不分的、浑然的、跃动着的生活形态，这种形态往往受到了科学过于严酷的对待，因为只要使用纯粹客观的方式去分析主客不分的领域，势必就会导致这一领域的土崩瓦解。

因而，由此出发，朱谦之就认为现代教育完全被知识教育所占据，这种知识教育的好处在于可以进行精确数量化的操作与实验，可以使用语言进行精准的描述与解释，而且可以进行精确的考试与测量。就总体而言，朱谦之对知识教育的态度也有偏颇之处，比如他说：“知识是不能发现真理的”“知识是不进化的”“知识是不能创造的”“知识就是罪恶”“知识是自无而有”“知识与本性相违”②，很显然，这与知识对其他领域的僭越一样，同样是主客不分领域对其他领域的僭越。

虽然在其思想的整体上有所偏颇，但是，朱谦之的杰出贡献就在于深刻地体察到了纯粹知识教育给人性带来的弊端。一方面，知识教育的内涵与模式被僭越式地运用于道德教育、审美教育；另一方面，知识教育本身也缺乏其最基本的意义寻求冲动，使得知识教育变成毫无意义的灌输活动，因而，朱谦之大力呼吁完满教育活动的产生，他说：“我很可惜那些除读书外无能事的人。白白枉费了工夫，他们虽不把读书为求名誉的手段，然沉溺在‘糟粕’当中，也无有是处。我们呢？

① 朱谦之:《朱谦之文集》第一卷,福建教育出版社 2002 年版,第 411 页。
② 朱谦之:《朱谦之文集》第一卷,福建教育出版社 2002 年版,第 423 页。

思想好了！读书还是第二段的事，因为前人的书，不过前人思想的结果；我们看古人的书，古人又看更古人的书，更古人又看最古人的书，由此反本穷原，最初的思想者看谁的书呢？可见书本子的学问，总是在外边转，无如真理之不在外边何？晓得真理只在心中，都是把存在于自我中的真情做根据的，那末我们‘当下便是’只管向外驰逐做什么？”①因而，不管是求真、求善还是求美的教育，都要首先觅得那产生真、善、美的原初的、本能的冲动，才能顺势进行引导、培养，使其臻于活泼流转、自然通体流行的轻快、洒脱境界，这才是出自于“真情”之“流”的好教育。

## 二、施之于直觉的美育

朱谦之的美学思想与他自己的无元主义哲学、唯情论哲学之中对直觉、情的推崇是完全一致的，或者说，在人类所创造的四大价值之中，美与善与直觉、情的联系最密切、最亲近，而真与信与直觉、情的联系则要疏阔的多。

而朱谦之的美育思想则不仅同样是直觉思想的直接体现，而且其特殊之处在于，其一，审美活动之体现为直觉，最为典型的特性之一就在于其“理想性”，这一“理想性”作为地地道道的超越者，正是教育性最为集中的体现。其二，朱谦之在对礼乐教化、乐教的陈述中，直接付诸“直觉”的视野之中。

朱谦之认为，美同样是直觉的体现，只不过其所言“美”并不是作为名词的“美”，也更不是持唯心论的、理念的“美”，而是指一个完整的审美生活或者行为自身，在这个生活与行为之中，审美主体是始终指向审美对象的。他说：“依美学者说，我们所以能够证明美的存在，是因为有美感的缘故；但既有美感，就不能没有能感的主体，和所感的客体，似这样把能所分得怎样分明，实在不美极了。我以为真正的美，只是绝

① 朱谦之:《朱谦之文集》第一卷,福建教育出版社 2002 年版,第 425 页。

对之精神映象，所以没有主观和客观，能感和所感的区别。换句话说：美的存在，是超出相对的感觉之外，所以我们要理会真美，也非用直觉的方法不可。直觉的方法是什么呢？就是把能感的主体，加入所感的客体当中，由是能所浑融，虽为恍惚之境，这才是‘绝对美’，才是真正的美。”① 其含义有三，其一，不能单纯地就美感之中的主观与客观进行孤立分析，而是要遵从美感或者审美生活自身的完整性，并在这一前提之下，才可能对审美生活中的主体与对象要素进行分析。其二，所谓直觉正是朱谦之在无元主义哲学、唯情论哲学中所说的那种涌现的、亲熟的愉悦生活过程本身，这是朱谦之美学思想的核心。其三，美学有适合自身的独特研究对象以及由此而生成的研究方法，其所述“恍惚”并不是含混、模糊的意思，而是就审美生活的整体性而言的，其构成的基本特性是主客不分离的。

至于审美活动作为一种直觉的领域，朱谦之不赞成西方美学尤其是西方近现代美学以来对于真、善、美三种价值的绝对划分。他说：“从前讲美学的，多把‘美’和‘真’‘善’分离，如最先采用美学一语的Banmgartem，就是如此。他以为我们有感觉，有意志，有理性，善是意志的目的，真是理性的目的，而感觉则以‘美’为极致。似这样说法，我以为不对！因为真美善推到极端，是要融洽而成一体的，何则？真美善都是以宇宙的理想本体为标准，故此真美善的一致，是在本体上自然一致，而美的价值，也只为他能够到完全无缺的境界，不达于光明灿烂的超绝世界而不止。”② 也可以说，真、善、美只是对人类文化世界价值整体的分类或者与人类知、情、意三种心理机能相对应，但是世间万物绝不能以这种方式进行划分，因为某一个对象可能同时具有真、善、美、信的属性与价值，而且其构成更是变化莫测的。在此，与朱谦之对中国古代礼乐教化传统的精深研究以及大力倡导相联系，完全可以看出这一

① 朱谦之:《朱谦之文集》第一卷,福建教育出版社 2002 年版,第 431 页。

② 朱谦之:《朱谦之文集》第一卷,福建教育出版社 2002 年版,第 431—432 页。

思想的渊源。

朱谦之不遗余力地宣示审美的理想，而这正是美育的实质。他说："真正的美就是我的本体，本体是绝对的，完全的，所以这种美也一样是绝对的，完全的。至于自然便不然了，因'自然'是从'美'的本体分散出来，坠落下来的，所以自然便是'美'的弛缓，也就是'美'的反面了。固然，在自然中有'美'的本性存在，然同时就有非美和丑，也一样存在，所以这种美是相对的，若'绝对美'便不然，因为'无美'，所以无不美，这就是最圆满的'美'了。今姑退一步，以平常审美的眼光，认自然是比较的美，然自然虽美，而究其所以美的原故，也不过因自然能够唤起人们的空想假像，由此去契合本体罢了。故此自然的，并不在自然本身，也正是为着接近本体的'美'而有意义。"① 虽然在他的美学思想中，对于艺术美较为歧视，较为偏激，但其总体观点还是强调审美活动作为一种直觉的存在，其根本的价值体现就在于——通过不断进行的、涌现的、流动着的审美活动使得审美主体提高自身的审美素养与能力，而这种能力正是"直觉"的体现形态之一，他说：

> 理想美和现实美的区别，只在一者是宇宙极致圆满之发现，一者是根据于一定的现实事物的发现，所以前者是创造的，是根据于吾们创化的本能，由个人性格中所发现的灵机的美；而后者是保守的，是本于模仿的本能罢了。晓得这些分别，就可见理想美是向前活动，正好似橐龠之"虚而不屈，动而愈出"，因其虚无，所以能够生生，能够进化，却不是那死的，极无意思晦滞的"美"了。②

因而，与朱谦之广义的创化、进化的直觉论哲学相联系，他的美学思想同样是一种教育性的美学，而且从其所采纳的术语而言，无疑具有

① 朱谦之：《朱谦之文集》第一卷，福建教育出版社2002年版，第434页。
② 朱谦之：《朱谦之文集》第一卷，福建教育出版社2002年版，第433页。

鲜明的周易哲学色彩，同时这也是中国整个古典审美文化乃至美学的鲜明特色——强调生生不息、积极向上、踏实、稳当、快乐的生活方式。

在对儒家礼乐教化、乐教思想的研究与把握上，朱谦之一直认为其优越之处就在于把礼与乐完全演化为一种涌自内心深处的、愉悦性、主动性的直觉性活动。在他对日本儒学家徂徕的礼乐教化思想的陈述中，就完全演化为直觉活动，他说：

徂徕哲学首先是他关于道的认识，他不谈天道，以为天道不可知。他以为道即孔子之道，而孔子之道又即先王之道，先王之道乃先王所造，故又称圣人之道；先王所造之道，实际即礼乐刑政，也就是术，所以先王之道称道术；道术之中最重要的是礼乐，道即礼乐，也是仁术，因此先王之道主仁；孔子之道即先王治天下之道，故论仁也从治天下讲起，一言一动一事一物皆欲与先王安民之德相应，故先王之道归结即安民之道。徂徕看不起道学家们平日只以讲学为事，以为圣人之道止此。他指出“夫道者，所以平治天下也，所以陶冶天下也”，把道的地位提高到为仁者安民之道，同时又指出“君子以安民为己任”，这当然有其实际的意义。既然先王之道归于安民，则学者所学或不同于先王之道，或不归于安民，即不足以为道，也不足以为学。所以他以为孔门教育宗旨，首先要学者立志学先王之道，他教人亦以信圣人之言为先。他迷信圣人，尤以为圣人之教存于诗、书、礼、乐，学先王之道即是学此。“诗、书，义之府”，“书”为古圣贤大训所在，是学政治者必读书，学先王之道即是学尧、舜、文、武以至孔子历数千载众圣人所积的智慧。“礼、乐，德之则”，这所谓德，即学礼、乐以成其德。礼、乐是就各人所学的道艺而言。“礼、乐者，道艺也。道艺在此，学而成德于我，故曰得于身。古书之言，一字不可易者如此”。礼、乐可称为文，学礼、乐又称“学文”。孔门以文为教，即以诗、书、礼、乐为教。至于学习的方法，徂徕所重不在智力，而在默识的直觉方法。[1]

在孔子、孟子的仁学思想中，他们都把人性的善良看作是发自内心的冲动，而不是把人性视为消极、有待压制与惩罚的恶劣天性，因而，他们也往往认为应该着重培养、提高这一积极的、善良的天性，而这一教育与培养活动绝不是在“知识”层面上进行的，而是在鲜活的、涌现的活动中实现的，尤其是把“仁义”与“礼乐”完美地交融起来，这样，就把德育与美育完全整合为一个行为，因此，徂徕的思想同样是儒家礼乐教化哲学的典型代表。

另外，朱谦之还把礼乐教化、乐教、诗教的直觉特性与音乐自身的中和性结合起来，他说：“因为乐的作用，在刚柔疾徐之间，很能够养人心的谐和，所谓中和祗庸孝友，都只是谐和中事，都只是音乐性的充分发达。如舜命夔典乐教胄子，‘直而温，宽而栗，刚而无虐，简而无傲’，如暴慢鄙，邪秽渣滓，有一毫没有融化，都算不得乐德，这不是以音乐教育为道德教育的一个例吗?”[2] 可以看出，朱谦之不仅没有把道德活动理解为“思考性”的知识活动，也没有在真、善、美之间进行界限分明的划分，而是从具体的现象出发，尤其是从乐教、诗教、礼乐教化活动的直觉特性出发，把审美活动的直觉性视为一个整体，从而也就为把握“真”“善”在审美活动之中的呈现状态提供了合理的视野。

## 第二节　论乐教

朱谦之尤为重视与钟爱乐教，究其原因，与他对于“时间”或者“时间性”的理解有着密切的关系，这集中体现在朱谦之对《周易》哲学的卓越解释上，并且朱谦之在对中国古典乐教的研究过程中，对西

① 朱谦之:《朱谦之文集》第九卷，福建教育出版社 2002 年版，第 84 页。
② 朱谦之:《朱谦之文集》第一卷，福建教育出版社 2002 年版，第 540 页。

方同一时期的乐教思想、美学思想、美育思想进行了深刻比较，从中可以见出我国乐教传统的卓越之处；朱谦之还对孔子乐教精神、乐教的中和传统等进行了深入探讨。下面分而述之。

## 一、《周易哲学》中的“唯情论”及时间性思想

朱谦之的“唯情论”及其相关的时间性思想是其美育思想的本源之处，原因就在于朱谦之把美育活动理解为“情”的活生生的、涌现的、充满冲力与活力而不断向前流溢着的状态之一，尤其是在对中国古典乐教传统的理解上更是如此。他的思路是——从论《周易》的时间哲学过渡到儒家哲学、儒家教育哲学以及儒家的道德修行、礼乐教化学说；其思想的贡献在于——使“乐教”作为一种审美生活或者审美行为获得最原初的存在状态。

当然，在这里的“唯情”并不就是字面上的含义——只是存在绝对纯粹主观的“情”自身，而是一种主客不分离的一种行为、情绪或者感觉。朱谦之在《周易哲学》一书中，也一再申述“情”的这一构成特性——“无分别的境界”。他说：“‘真情’是真实的，不坠分别境界的，所以由此流出来的宇宙万物，也都真实的，不坠分别境界的。因宇宙万物无一不为‘真情’所摄。故此大宇宙的真相，就是浑一的‘真情之流’，浩然淬然的在那里自然变化，要间断都间断不了的，程明道说得好：‘仁者以天地万物为一体’，于此若有丝毫拣择的心便叫做不仁，便不成本体，本体本自现成，本自实现，并不是超出我意识中的现象世界，即此意识中的现象世界便是——当下更是。”①

在朱谦之关于“唯情论”的论述中，最为集中的文本是《周易哲学》，而使用较为频繁的一个字词便是“流”或者“真情之流”，“流”字最能凸显“情”的原本的、原初的存在状态——比如变动不居、灵动的、绵延的、前牵后挂的、自然而然的时间性或者时间特性，比如，

① 朱谦之：《朱谦之文集》第三卷，福建教育出版社2002年版，第101页。

他说：

> 只有信仰使人生充满了生意，互相连结着，鼓舞着，不识不知，完全听凭真情之流，这是何等的汪洋甜蜜呀！[①]
>
> 要问弟近来思想的下落，只有稳当快活四字，从前的宇宙是有广袤的物质充塞住，现在看起来，却是浑一的“真情之流”，浩然淬然，一个个的表示都是活泼泼地，都是圆转流通的，但不能执为物质，而认作有形有体，而一切有形有体的东西，都还没于“真情之流”了。这时宇宙哪！万物哪！都和我一体，我和天地同流，何等的稳当快活！不错呀！动也快活，静也快活，自家一笑一哭，都和流水一样轻快，手之舞之足之蹈之，把大地山河作织机，可谓痛快极了，自由极了，反之从前否定一切，打破一切，把自已闭在狭窄的围墙里，那也是自由吗？痛快则痛快矣，只可惜痛而不快，可见以怀疑看世间，则充天塞地无非间断，以信仰看世间则照天彻地，无非“真情之流”，要间断都间断不了的啊！[②]

而且，这一“真情”之“流”不仅仅是一个兴发的时间性状态，而且其中所蕴含的正是人生意义的进取、进步与修养的提升，或者说，正是由于对人生意义的追求，才使得“真情”呈现出兴发的绽出状态。就道德而言，就是良知与德性的持续性的完整与统一，自此而言，这个“真情”的“流”又是一个十足的价值评价标准，一旦在此“流”中出现了“迟钝”，那就是“恶”的产生，因而，“真情之流”又实在是教育性的、提高性的，他说：“我更相信，人们自有生以来，‘真情之流’是没有间断的，所以‘人性’绝对是善，渊渊浩浩地都是要求快活，要求平衡，都能自找安心立命的路走的，但为什么有恶呢？原来善才迟钝些

① 朱谦之：《朱谦之文集》第三卷，福建教育出版社 2002 年版，第 99 页。
② 朱谦之：《朱谦之文集》第三卷，福建教育出版社 2002 年版，第 99 页。

子，便觉妨碍生机，便叫作恶，其实恶是不可能的，恶只是小善，只须一任扩充便得，也不能不扩充的。由此可见世间根本没有坏人，他们一时不自知罢了，才自知便接续了，便扩充了，所以《周易》说：‘复以见天地之心。’”① 由此可见，“真情之流”所指的正是一个“自我”在持续不断地寻求完善自身的过程。因而，周易哲学完全可以被视为教育哲学。

在朱谦之对“真情之流”进行诗意描绘的时候，他关注到了“自我”在时间性上的主要特性——“注意”，或者说，“自我”正是体现为“注意”的持续性的保存。他说：“会得时则上看下看内看外看，都莫不是汪洋一片的‘真情之流’，就是真生命了！就是神了！何等乐观！何等轻快！所以我们要实现本体，实在用不着什么工夫，只须一任其自然流行便得。只须自己一刹那一刹那间，都能乐于此，聚精会神于此，‘勿忘勿助’的契合于此，就自然而然的把宇宙万物都归于浑一的‘真情之流’，就自然而然的化理智的生活，复归于真情的生活，而实现我的本体在人间上了！”② 在这里所说的“自然流行”“勿忘勿助”正是“情”作为最为本真的时间得以绽出、涌出的原初状态。

朱谦之认为，前人对于《周易》核心思想的解释太过玄妙，诸如“太极”“乾元”等等，他认为应该归之于“情”，他说：“为方便起见，不妨确指给大家，本体不是别的，就是人人不学而能不虑而知的一点‘真情’，就是《周易》书中屡屡提起而从未经人注意的‘情’字。我敢说这‘情’字便是孔学的大头脑处，所谓千古圣学不传的秘密，就是这个。把他来解释‘六经’，无不头头是道，于此益见我的学和孔学相同：我见得真的是这‘情’字，却早就是《周易》的究竟话头了！”③

他继而对“情”的状态作了具体描述。他说：“因为天地万物的本体——情——永远在那里变化，没有间断的，好像滔滔不绝的流水一般；

① 朱谦之：《朱谦之文集》第三卷，福建教育出版社2002年版，第100页。
② 朱谦之：《朱谦之文集》第三卷，福建教育出版社2002年版，第101页。
③ 朱谦之：《朱谦之文集》第三卷，福建教育出版社2002年版，第102页。

所以我特别立一个表记，叫做‘真情之流’。这‘真情之流’是有体么？实在没有定体，所以说：‘神无方而易无体’，(《系辞》) 所以说：‘为道也屡迁，变动不居，周流六虚，上下无常，刚柔相易，不可为典要，唯变所适’。(《系辞》) 因为天地间‘真情之流’都不是由安排思索出来，都正是行其所无事，所以‘寂然不动，感而遂通天下之故’，这话极是。要在永远变化中，讨个客观呆定的本体是没有的，只有这个自然随感而应的‘真情之流’而已。”① 这更清晰地表明了，“情”的存在状态正是主体始终指向对象的统整性的且绵延着、变化着的行为本身，并且，这个行为本身也是处在意义与价值不断寻求与提高之中的，因而，在朱谦之眼中，“情”既不是面向彼岸世界的“涅槃”，也不是那呆定的客观本体，而是主体出于对意义与价值的寻求，从而不断地与所交接的对象或者客体形成的生活本身，而且这一生活本身最为根本的、原初的呈现状况正是积极的、绽出的、涌现的时间性过程。

因而，朱谦之采纳的正是“易以感为体”，他说：“‘真情之流’本是无思无为，随感而应，无不恰好。所以万物化生，无非天则的流行，在流行中，虽然千变万化，却不失其为至善。推之圣人是和本体胖合无间的，故其日用间种种应酬，也是纯然真情流露，当其随感而应的时候，本体也自然沛然流出来了？总而言之，‘真情之流’就是本体，周行于宇宙万物之中而无所不在；若就其作用上看，却是至大至刚的，是非常纯正的，这种极大壮的状态，人们默识心通可也。”②

尔后，他便直接从时间角度点出《周易》的法则，也就是点出“唯情论”的核心，他说：

> 《周易》这本书，无非要发现那自己如此的法则，本进化的眼光，去思考宇宙间的变化。你看那浑一不可分的时间——就是那滔

① 朱谦之:《朱谦之文集》第三卷,福建教育出版社 2002 年版,第 102—103 页。
② 朱谦之:《朱谦之文集》第三卷,福建教育出版社 2002 年版,第 103 页。

滔不绝的“真情之流”。[1]

知道静极复动，可见才静便动，静是不能停在无论何处，必须进行，他必须变成动，同理一感一应，感则必有应，所应便是静，然应又必复为感，这一感一应之理，便可见一动一静之妙，只此一动一静之妙，便括尽了天下事物，若推其所从来，只是先有这个“情”，情便自然随感而应，感也只是这点情，应也是这点情，情不是别有一个东西，即存于一感一应之中。没有这一感，就“情”也不可见，情搭于一感一应而行，才感便是动，才应便是静，感的时候就是永不间断的绵延，就是周易所谓“时”（时间）了。[2]

更为深刻的是，朱谦之提出了“真的时间”思想，他说：

时间本是整个的，不可分析的，唯因实际上需要，始为时间立准则，一爻一爻接着变换的，都是时间的分位，而这分位的时间，又实成立于一个永久流行没有间断的“真的时间”之上。所谓宇宙，就是从“真的时间”，时时流出分位，复趁这分位而扩充发达，把分位的静止相，都给打碎了；那当下就发见“真的时间”了！可见真的时间和分位非二；流则是止，止即是流，断不能强为斩截，说什么是过去，什么是现在，什么是未来，其实只就当下！早已通摄过去了！未来了！早已现成完备而无欠无余了！所以时间本身，只有现在，时间的意义就是现在《尔雅·释诂》“时是也”，《广雅·释言》“是此也”。时，是，此，声义相近，而都有“当”下的意思，可见时间本只有现在，过去是现在之积，将来是现在之续，只要我们守着这当下，便是真的时间了！便是无穷的、完全的、不间断的

① 朱谦之:《朱谦之文集》第三卷,福建教育出版社 2002 年版,第 125 页。
② 朱谦之:《朱谦之文集》第三卷,福建教育出版社 2002 年版,第 128 页。

流行进化了!①

在此，朱谦之既指出了“真情之流”的浑然一体特性，也就是作为主客不分离的、涌动的行为本身的原初状态是不可分析、不可命名的，也指出了在时间特性上具有的“现在感”，虽然他并没有对“现在”进行细致、具体的分析，但是通过他的前后论述，已然能够理解其时间性思想的核心之一——“现在”不是一个“点”，而是一个“流”或者是一个“视域”，因而，他把《周易》的哲学思想归结为“时”。他说：“全部《周易》，即是一个时字，孔子与时而消息，也只成个‘圣之时也’，时是何等大事！就是本体，就是实在，就是真情之流。”② 而且，朱谦之把儒家哲学与对《周易》的分析结合起来，认为儒家教育哲学的精彩之处就在于“时”，他说：

> 本来时间这句话，在孔家形而上学上最为重要，即谓孔家得力全在于此，也无不可！所以《论语》开卷便说学而时习之。罗近溪《盱坛真诠》谓其“便将一生精神全付打出，可见浑然一团仁体，顷刻便充塞天地，而贯彻古今!”又说：“圣人的确见得时中分明，发明时中透彻，时中即是时出，时时中出即是浩然无疆，实藏无尽，卒铺于日用之间。”只一个时字，便自然“浩浩其天”，这是何等家风！何等滋味!③

通过以上所述，可以看到，《周易》之中的“时”既能够透出乐观的、活泼泼的、乐在当下的生活态度，也能够显露出其在教育哲学之上的内在魅力，当然，其中就包括在德育、美育之上的自然契机，因为儒

① 朱谦之:《朱谦之文集》第三卷,福建教育出版社 2002 年版,第 131 页。
② 朱谦之:《朱谦之文集》第三卷,福建教育出版社 2002 年版,第 130 页。
③ 朱谦之:《朱谦之文集》第三卷,福建教育出版社 2002 年版,第 129—130 页。

家思想中的礼、乐的教化往往在根本上是一体的。朱谦之认为，孟子所言——“充实之谓美”的含义——“这就是孔门重美的本体的证据了。然本体即寓于现象，现象即含有本体而为美”[①]。这正是朱谦之由《周易哲学》、“唯情论”通向乐教之论的内在途径。

## 二、“稳当快活”[②] ——对中外乐教、美育思想的比较

“稳当快活”出自朱谦之写给李石岑的信件，后来朱谦之把此信件作为《周易哲学》之序，完全可以代表他对周易哲学、“真情之流”及中国古典乐教思想的评价与总结。他说：“要问弟近来思想的下落，只有稳当快活四字，从前的宇宙是有广袤的物质充塞住，现在看起来，却是浑一的‘真情之流’，浩然涔然，一个个的表示都是活泼泼地，都是圆转流通的，但不能执为物质，而认作有形有体，而一切有形有体的东西，都还没于‘真情之流’了。”[③] 这等哲学语言、文体是何等诗意啊！

朱谦之认为，中国文化中的艺术精神集中地体现于音乐以及乐教之上，他说：

> 如以为西洋文化只是科学精神所渗透，中国文化则艺术精神弥漫于各方面，这么说，便未免浅薄了，事实何尝如此？在过去世界上没有纯粹艺术本位的文化，但也没有一种文化不是隐藏着艺术精神，而以艺术文化为理想境。不过说到艺术文化，实有时间艺术与空间艺术的不同，时间艺术源头上活泼泼地，只有浩然一片的音乐世界，而在音波返复曲折的地方，却成了绘画的假象而表现，这就是绘画世界。音乐世界是动的，是用时间感觉的，是一波一波接着流于“真的时间”上面的，所以叫做“时间艺术”，绘画是静的，

① 朱谦之:《朱谦之文集》第三卷，福建教育出版社 2002 年版，第 141 页。
② 朱谦之:《朱谦之文集》第三卷，福建教育出版社 2002 年版，第 99 页。
③ 朱谦之:《朱谦之文集》第三卷，福建教育出版社 2002 年版，第 99 页。

是用空间感觉的，是一形一色反射在平面的空间上面的。所以叫做“空间艺术”。①

这段话的内涵极为丰富：

第一，西方文化往往在绝对主观与绝对客观的方面过于发展、发挥，这导致西方文化尤其是西方传统文化在科学与宗教方面极为发达，而中国文化则是一种主客不分离的典型文化形态，而主客不分离在文化创造上最典型的形态之一便是审美活动、艺术活动。在这里，朱谦之所说——西方文化偏于科学精神，是符合这一文化事实的。

朱谦之说：“然则中国文化的本身是什么呢？依我考察中国文化历史的结果，以为中国文化的特质，就在‘人生’。中国没有真正的宗教，也没有真正的科学，而只有真正的人生哲学，就是一种‘教养的知识’，一种‘哲学的文化’。从文化之分播上说，中国的宗教是从印度传来的，科学是由西洋输入的，而真正可称为中国独立发展的文化，只有这种哲学的文化。”② 其深刻、精辟之处正是看到了中西文化的根本差异在于对待心物关系的不同态度，中国文化的优长在于其根本上是一种“教养的知识”，其长处在于是一种乐观、积极、现世享乐的文化，弱点——“然这种偏重教养的知识文化，只管谈心说性，其流弊乃至于造成妥协的，中庸的，守旧的习惯，因此不求改造和进步；因而大大地耽误了科学，乃至于左冲右突跳不出‘复古’的圈套”③。

第二，在对音乐艺术与绘画艺术的比较上，朱谦之把音乐艺术划归为“时间艺术”，认为音乐之中旋律、乐音的流动、绵延、持存才是“真的时间”，这一观念的深刻之处是把握住了音乐艺术最为根本的特性——旋律与乐音的运动是一种充满愉悦性冲力的、涌现的时间性过程，这为

① 朱谦之：《朱谦之文集》第二卷，福建教育出版社2002年版，第146页。
② 朱谦之：《朱谦之文集》第六卷，福建教育出版社2002年版，第358页。
③ 朱谦之：《朱谦之文集》第六卷，福建教育出版社2002年版，第359页。

朱谦之的乐教思想奠立了最根本的前提与基础，因为中国古典乐教思想的最为根本之处就在于——在以亲子之爱为核心的道德行为自身在其存在的原初状态上正是愉悦性的、涌现性的时间性过程，因而，在“礼”与“乐”之间就可以进行本然性的沟通，或者说“礼”本身存在的状态就是“乐”的，而且“礼”与“乐”之间并不是首先相互区别，尔后再进行两者之间的连接，比如以“乐”的形式去表现或者呈现“礼”的内容，而是“礼”自身原初的呈现状态就是一个如前所述愉悦性的、涌现性的过程，这一生活、生存的过程也同时就是“乐”本身。

但是其欠缺之处在于——没有把涌动的、愉悦的、兴发的时间性特征视为一切艺术欣赏活动或者审美生活的基本存在状态，即便是对画作的一瞥、一瞬间的欣赏，也同样是一个有始有终的过程，在这一点上，与对音乐的欣赏没有任何区别，因而，把“绘画”艺术称为“静”，只能说明朱谦之仅仅把绘画作品看成了一个可以孤立存在的、自足的客体。事实上，没有任何审美客体是可以孤立地离开审美主体，更为准确地说，可以离开审美生活这一整体而存在的。可见，应该把音乐艺术、绘画艺术都理解为在一个审美生活之中存在的、审美主体始终指向的对象，才是合理的。不过，从朱谦之这一思想整体而言，他的确是看到了中西方文化在时间性上的差异，而时间性上的差异则来自于中西方文化对待心与物、主观与客观态度的差异，因为绝对的主观与绝对的客观都是没有时间性可见的，前者比如所信仰的神祇，后者比如科学规律。

尤其是在宗教的神祇信仰上，西方文化往往把人生的乐趣、意义寄之于彼岸世界，否定现世与世俗的享乐，这其中自然就包括了审美愉悦，而且这种基本的文化态度也必然体现于审美教育活动之上。朱谦之在《周易哲学》中论“神”时说：“‘神’在时间上势力之大，我们实难否认，然神根本是绝对的原理，不可以时空言，因为时间是息息变化，息息增长，而‘神’却是至尊不变，是一位‘动而无动，静而无静’的运动者，他在‘真情之流’中，引动了全部历程，自身却无在无不在，没有逐渐发展的历史，便早永远绝对的存在了。”[1] 因而，宗教信仰之中的“神”是无时间性的，而审美活动则与此完全相反，其根本价值及其呈现状态只是一个时间性的愉悦过程，舍此根本价值及其呈现状态，审美活动就会被连根拔起，冰消云散了。

朱谦之根据教育与文化类型的关系，同时又考虑到教育文化的地理分布，把教育文化的全部体系划分为三种教育类型，他说：

> （一）宗教的教育型——以印度为代表（解脱的教育）
> （二）哲学的教育型——以中国为代表（本质的教育）
> （三）科学的教育型——以西洋为代表（实用的教育）[2]

而且，他对这三种教育文化类型的内涵及其实施状况做了极为深刻、准确的介绍，他说：

> 如以教育为一种爱力，则宗教的教育型为对于神的爱力，其教育社会是以教会或宗教团体为中心；哲学的教育型为对于自我的爱力，其教育社会是以学派为中心；科学的教育型为对于社会的物质的爱力，其教育社会是以大学校学士院为中心。[3]

由此进行推理，中国古代的礼乐教化、乐教、诗教活动所面向的就是社会大众，而且悦乐的人生观是贯穿其中的，相比之下，印度作为解脱教育的典型，其具体呈现则是禁欲主义的。他说：“至于这种宗教教育宗旨，则无非力说那解脱的教义和实践，印度《圣训》所谓‘大海水波有同一之味，即咸味是也，一切教学有唯一之的，即解脱是也’。印度任

① 朱谦之：《朱谦之文集》第三卷，福建教育出版社2002年版，第133页。
② 朱谦之：《朱谦之文集》第六卷，福建教育出版社2002年版，第542页。
③ 朱谦之：《朱谦之文集》第六卷，福建教育出版社2002年版，第542页。

何宗派均以解脱的知识为教育第一义，解脱的实现方法则所谓‘禅定’，所谓‘瑜伽’（以上参考武田丰四郎：《印度古代文化》第四章第五章），甚至于苦行外道修行苦行，如赴火投渊等外道执此苦行以为得果之因，惟瑜伽或禅定则为任何宗派所修，其方法见《奥义书》与《瑜伽经方法品》各书，此处无详述必要。但可注意的，就是任何一种宗教的教育型都把人生看作罪恶的象征，他告诉我们‘现在的生活是为将来赎过去的罪恶而生活，并不是为现世而生活，我们应该抛弃现世的快乐，而克己绝欲，把自身的一切贡献于神的面前’，这种教育，实无异于教育上的自杀主义。”①

从此基本观念出发，朱谦之直接把“音乐教育”称作“中国教育”的理想境界，他说：

> 以教育言，中国教育实以音乐教育为理想境。陈旸《乐书》卷八、卷四十曾说及“古者教人之法，未尝不始终以乐，夔教胄子必始于乐，文王世子曰三王之教世子，必以礼乐，孔子曰成于乐，则乐者，固教之始终欤”我们读周礼春官大司乐，内则，王制，乃至朱载堉《律吕精义》卷十八、李之藻《頖宫礼乐疏》卷八、俞理初《癸巳存稿》卷四、龚元玠《周礼客难》等著作，均述及此点，中国文化实即涵泳于此音乐教育的环境中。②

以上所说正传达出中国古典乐教传统的两大优点，其一，乐教是针对广大民众的，具有鲜明的平民精神；其二，乐教具有鲜明的悦乐精神，是典型的现世享乐型的文化形态，而且这一悦乐精神是中庸的、中和的，不是张扬的、极端的。他说：

---

① 朱谦之:《朱谦之文集》第六卷,福建教育出版社 2002 年版,第 542 页。

② 朱谦之:《朱谦之文集》第二卷,福建教育出版社 2002 年版,第 146 页。

西洋当柏拉图（《共和国》第十章）提倡“艺术虚伪”，要把诗人荷马驱逐出“共和国”之外的时候，我们中国竟然出一个大天才的孔子，他在二千几百年前，不但不反对艺术，而且高举着“民众艺术化”的大旗，积极高唱第一义的音乐的人生。我们现在仅从《礼记》和《论语》两书，已可完全看出他那审美的情操、艺术批评的高超，无论何点都比西洋文学批评的元祖亚里士多德还要高明得多。亚里士多德虽也偶然谈到和声与节奏的本能（《诗学》四），虽也知道歌曲在悲剧中占装饰品的主要地位（《诗学》六），但他究竟不如我们这位大天才的孔子，他是精通诗歌音乐的，他是将他所具有艺术的天才，同时向四面八方发展的。再明白说，就是他的全部学说，完全是建筑于诗的音乐之上，要说他是政治家，他有他的“音乐政治”的主张，要说他是教育家，他又有他“音乐教育”的思想，这种音乐超过一切的主义，影响很大，甚至于中国古代的法度文物，以及精神思想，几乎无一不变成音乐的。（《史记》以黄钟律管为一切度量衡的标准，可见。）这当然都是由于这位大天才对于民众音乐化的宣传的结果了。①

在这里，朱谦之对先秦孔子的乐教论与古希腊的柏拉图、亚里士多德进行了对比，其中主要是与柏拉图思想进行对比。因为柏拉图对艺术活动、审美活动基本上是持否定的态度，认为诗能助人欲，激发非理性的情绪。最为根本的原因就在于柏拉图哲学思想的基石——“理念论”的核心之一正是禁欲主义，或者说正是其宗教思想最为集中的体现。柏拉图的一切思想都是为了与“身”没有任何关系的“心”、与“现世”享乐没有任何瓜葛的“彼岸世界”服务的。针对西方中世纪的教育，朱谦之说：“那种‘宗教式的教育’，以为这只不过把人们快乐的时代白白送掉罢了……可怜悯的‘宗教教育’！我不知你除了束缚人们以外，还有

① 朱谦之：《朱谦之文集》第二卷，福建教育出版社2002年版，第439页。

什么好处呢？固然中世教育也能零零碎碎地给人们的文字上的知识。”[①]而孔子与其相反，他所秉持的是“音乐教育”的“平民主义”，在朱谦之对中国音乐文学史的研究中，他一再表明这一核心论点：

只有音乐教育，即孔门所提倡的“乐教”源流很远，和音乐文学的发生史关系最大。[②]

人性本来善的，只要自强不息发挥它底本性即所谓“能尽人之性”，能尽人之性便能尽物之性，凡与我同类之人无不为我人格所融化，自有一天成为大同的世界了。所谓“弦歌之声”，所谓“移风易俗美善相乐”，无不以此哲学的教育为出发点。因为认人初生时善原是同的，所以看重自然和自由的教育，“天何言哉，四时行焉，百物生焉，天何言哉”，“逝者如斯夫不舍昼夜”，这种取法自然的教育结果实含有至广至大的精神，宇宙即我，我即宇宙，鸢飞鱼跃，山峙川流，教育的广阔的全景涌现眼前了。[③]

孟子说“我固有之也，非由外铄我也”，会得这个本来自有的真我，便就是顶大的学问了。陆象山说“吾目能视，耳能听，鼻能知香臭，口能味，心能思，手足能运动，要甚存诚持诚”；杨慈湖说“吾目视耳听鼻嗅口尝，手执足运无非大道之用”；王阳明说“那能视听言动的便是性”；王东崖说“才提起一个学字，却是便要起几层意思，不知原无一物，原自见成，顺明觉自然之应而已，自朝至暮动作施为，何者非道，更要如何，便是与蛇画足”。只要认得我，认得这本性自然性便万感万应莫不是自然，依着他做去，自然是不会错了，这种教育上的自由主义，用一个简单的话来说，只是一个乐字，只是要复我自然的和畅求我本心的快活罢了。[④]

---

① 朱谦之：《朱谦之文集》第六卷，福建教育出版社 2002 年版，第 536 页。
② 朱谦之：《朱谦之文集》第二卷，福建教育出版社 2002 年版，第 439 页。
③ 朱谦之：《朱谦之文集》第六卷，福建教育出版社 2002 年版，第 544 页。
④ 朱谦之：《朱谦之文集》第六卷，福建教育出版社 2002 年版，第 544 页。

人生本来快活，只要人们能够处处发挥本性，天机活泼无人而不自得，这便是最完满的哲学教育了。[①]

以上话语指出了儒家尤其是孔子、孟子在人性论上的礼治、礼教思想的精微之处。孔子在《论语·为政》中说："道之以政，齐之以刑，民勉而无耻；道之以德，齐之以礼，有耻且格。"其用意就在于养成主动、积极、自动自治的、出自于个人情欲基础之上的行为。显然，这种行为最为原本的存在状态就是涌现、流畅的且愉悦的。"礼教"中的很多内容就其本身而言就是美善相兼的，而且以乐教与诗教的形式直接呈现仁义、礼义，这种参与更可以让"礼教"或者礼的践履过程变得更加愉悦、生动、摄人心魄，并且，很多音乐自身就可以使得身心舒畅和悦，悆躁雪烦。上述礼、乐、诗之教的交叉、融合、互助，正是一种悦乐精神在道德领域、审美领域的展开，礼可以使情欲、乐、诗变得节制，诗、乐可以使礼更加自然、愉悦地得以源始地涌现，朱谦之把这一切归结为"自然主义自由主义的乐育生活，实在就是中国传统的教育主义，中国教育的目的在乎要实现哲学的人生，中国教育的方法在实现乐的生活，这是何等家风何等滋味！这自和那仅仅提倡功利主义的科学的教育大不同了"[②]。他还说："中国哲学的教育型是以艺术为理想的——世界上还没有纯粹艺术本位的教育，但也没有一个教育不是以艺术型为理想的，尤其中国从哲学教育起点而倾向于艺术教育。中国正统的教育家一向看重礼乐，礼是外面行为的一种节奏，乐便是内心生活的一种和谐，礼乐都有艺术的意味。"[③] 这些总结都是极准确而精到的。

可见，孔子及其儒家乐教的真谛，正如朱谦之在"唯情论"哲学中所言，是"情"在当下、现世、世俗活动中的生生不息。他说："活泼泼

① 朱谦之:《朱谦之文集》第六卷,福建教育出版社 2002 年版,第 544 页。
② 朱谦之:《朱谦之文集》第六卷,福建教育出版社 2002 年版,第 545—546 页。
③ 朱谦之:《朱谦之文集》第六卷,福建教育出版社 2002 年版,第 548 页。

的真情之流啊！当下便是乐土，我们更何忍毁灭人生，去求那超于人间的希望的‘涅槃’？”[①] 他还说：“原来中国的一套形而上学，乃为‘唯情哲学’。古代哲人在大自然现象之前，从容潜玩，以直探到处皆有的本体，结果知道本体不是别的，就是这到处皆有的‘情’，一切山川草木都是情的化身——由真情之流而流出的。你看天空海阔，月白风清，鸢飞鱼跃，山峙川流，充塞这个宇宙内，无非本体，如果人们能够在大自然中默默体会，从感性生出的斯歌，斯咏，斯啸，斯舞，无时不一任真情，即无时不是本体，无时不与天地同流了。”[②] 他对中国古典人生哲学、审美生活哲学悦乐性的概括与总结是极为精到的，其最为强调的显然就是“悦乐”的原始状态，就是“流”。

从中可以看出，孔子在进行道德教育之时，最为依赖的途径与行为就是礼乐教化，把“礼”的呈现状态设定为愉悦性的、人人乐为的、兴发的时间性过程，尤其是把“礼”与“乐”完美地沟通起来。在对学生、民众进行教育的过程中，“礼”实现于“乐”的欢愉状态之中。或者说，“礼”作为仁学的核心，其实现的程度如何，就要看其呈现的原初状态是否是一个愉悦性的、兴发的、涌现的时间性过程，因为这个过程是奠基在音乐活动的绵延之上的。

## 三、礼乐之教与“真情之流”

如果只是抽象地谈“情”，比如只是在普泛的心理学意义上把“情”作为心理活动的一部分，那就还没有切近“情”的本貌或者存在的原本状态。

只有经由“时间”或者“时间性”才能通达对“情”的理解，或者更为准确地说，“情”之本貌正是处在涌动中的、主客之间或者心物之间相感共属的生活过程，不过，这一生活过程与“理”之作为生活过程相

① 朱谦之：《朱谦之文集》第三卷，福建教育出版社2002年版，第100页。
② 朱谦之：《朱谦之文集》第六卷，福建教育出版社2002年版，第359页。

比，“理”自身是冷静、理性、中立的，虽然同样是过程性的，但是“理”的过程是主客两分的、时常发生阻滞停顿的。

以上所述正是朱谦之《周易哲学》一书中的核心观念，也是从“唯情论”的“真情之流”通达礼乐之教的根本途径，就其整体来看，朱谦之认为，“礼”作为“仁”的具体体现者，也自然应该与“仁”作为“情”之一的存在状态一样，是“流”着的、涌现的，而且是发自最为本真的、柔软的内心深处。从《周易哲学》到《大同共产主义》，朱谦之一直认为，应该顺应人性之情进行教育与教化，比如饮食、男女之情，就不必进行压抑、控制，而是顺应其自身的如同朱谦之所言——“流”的、自然涌现的呈现状态，利用礼与乐进行教育、教化。他说：“好恶只是一个真情，所以在大同学说实行之下的生活，是一种‘真情生活’，如人有饮食男女的大欲，则因其天机之动，天籁之发，而教之以礼乐。”①

这样，礼乐之教与“情”的存在状态就是完全一致的。朱谦之说：“情就是性，恻隐之心，也只是情；羞恶之心，也只是情；恭敬之心，也只是情；是非之心，也只是情；总而言之，存在于自我的底子的；都只是情。情是非常真率的，非常纯正的；当其自然流露烂漫天真的时候，不就是至善是什么呢？可见宋儒性善情恶的说法，实和孟子相违。就是言发者是情，存者是性，也是大错。情统本性，一说情便是性了！本性之所以成为本性，就因他是活泼流通，没有间断时节，若有间断，便不是人的‘情’。所以说：‘人见其禽兽也，而以为未尝有才焉者，是岂人之情哉？’可见人的‘情’本来毫无欠缺，虽著了理知，而这天植灵根，依然存在。所以我们所能作的，只须把向外逐物的颓习，倒转下来，真情一提起，理知就沉下去，那就复归于‘真情之流’了！”② 在这里，来自于道德领域之中的“恻隐”“善恶”“恭敬”“是非”，按照朱谦之的看法，都应该在孟子思想的视野中，沿着性善论来展开，也就是理应养成

① 朱谦之:《朱谦之文集》第一卷,福建教育出版社 2002 年版,第 519 页。
② 朱谦之:《朱谦之文集》第三卷,福建教育出版社 2002 年版,第 104 页。

一个人主动地、自觉地、发自内心地向善、为善的价值观、道德感，更应该在活泼泼的、活生生的、涌现的、流畅的行为之中呈现美德本身，或者说，美德绝不是抽象的、空谈的，更不是压抑的、理智的、理性的、磕磕绊绊的，之所以能够如此，正是由于“情”的存在状态是“流”这一机杼。

因此，在这里，朱谦之认为，可以由“情”来贯通孔家的思想，而且完全把礼、乐之间也完全贯通起来。很显然，在中国古典文化之中，凡是提及礼乐的，都是在教育或者教化之中展开的，他说：

> 我们由这个根本观念——情来贯通孔家思想，都是很相合；如孔家主张孝弟为行仁根本，这难道也是私意安排思索得来吗？因在真情的发用流行中，不能没有个发端地方，自然有这个天则。所以“自然亲爱为孝，推爱及物为仁”（皇侃《义疏》引王弼注）。人们只管当下随感而应，自要迸出天则来；见父自然会孝，见兄自然会悌，见小孩抛下井里，自然会匍匐往救，这是何等的“真情”！①
>
> 又如礼乐的提倡，好以稍涉勉强扭捏，其实也只是“因人之情而为之节文”，“因人情以为田。”人的“情”是渊渊浩浩，没有休歇的；然方迟钝些子，便妨碍生机，故礼乐的好处，倒是顺其自然趋势，放开一线，使自家真诚恻怛的一点“情”，都一一流露出来，所以说：“礼之用和为贵。”只须一任天则流行，自会温良恭俭让，其所应无不恰好，这便是礼了！②

前一段文字说的是“仁”之为“情”在发生之时的流畅、无碍、自然，这是一个理想的、纯粹的“情”的原发状态，在朱谦之看来这就是“天则”。

---

① 朱谦之：《朱谦之文集》第三卷，福建教育出版社 2002 年版，第 104—105 页。
② 朱谦之：《朱谦之文集》第三卷，福建教育出版社 2002 年版，第 105 页。

后一段文字说的是礼乐教化正是自然而然地顺应了“仁”之为“情”的发生，正是有了“乐”的混融天成的感官愉悦、欢欣，才使得“仁”之为“情”获得了固定的、形式化的存在，因为在生活之中的“仁”及“情”虽然每天都在发生，但是其存在的状态只能是随机与偶然的，一旦发生就会过去的，而“乐”可以让“礼”的呈现更加形式化——以艺术的结构与形式来固化“礼”，不仅使得“礼”能够得到更为充分的体现，使得“礼”作为涌现的时间性过程得以兴发、持续，而且能够使得“礼”多次得以重现，其实，也就是使“情”之“流”更加优化、流畅、固定，使“情”入人更深，引发的注意力更强，尤其是形式的创造与创新更能使“礼”的呈现得以更新。因而，朱谦之大量引用了《乐记》中对礼乐教化的论述，诸如：

> 合情饰貌者！礼乐之事也。
>
> 先王本之情性，稽之度数。制之礼义，合生气之和，道五常之行，使之阳而不散，阴而不密，刚气不怒，柔气不慑，四畅交于中而发作于外。
>
> 吾子反情以和其志，广乐以成其教，乐行而民乡方，可以观德矣。
>
> 乐也者情之不可变者也；礼者理之不可易者也。乐统同，礼辨异，礼乐之说管乎人情矣。
>
> 礼乐负天地之情，达神明之德，降兴上下之神，而凝是精粗之体。
>
> 乐者天地之命，中和之纪，人情之以不能免也。①

他认为，礼乐堪称最好的使“情”得以“复现”的方式与途径，他说：

---

① 载朱谦之：《朱谦之文集》第三卷，福建教育出版社 2002 年版，第 105 页。

由此看起来，可见礼乐正是“复情”的一段功夫，并不为着要节制人情，倒是涵养人情，使其自然的诚于中，形于外，自然的还没于“情”的当中；极其所至，就能“负天下之情”，而完满复情的本事了！复次，就孔经来说，《书》和《春秋》都是史官之事，且不论他，单到诗教，孔子以温柔敦厚为诗教。又说：“温柔敦厚而不愚，则深于诗者也。”又说：“诗可以兴，可以观，可以群，可以怨”，可见诗三百篇都是由真情流露出来，那是不消说的！即就《论语》的“仁”字，《中庸》的“诚”字，也不过名词不同，其实只说一“情”字，就是“仁”了！就是“诚”了！儒家的书，诚然汗牛充栋，除却“情”这个观念，便没有什么！此外最难懂而最重要的，还是孔子自道的一贯之道；晓得这个统之宗，会之元，是指什么意思，那末我所说的“情”，才有了落处了！①

朱谦之所使用的术语是“复情”，这一概念所指的正是——“乐”之为“教”“诗”之为“教”能够使“礼”“仁”“情”不可遏止地、流畅地、愉悦地“兴”起来。在上述话语中，与“真情之流”的“流”完全相应的就是“诗可以兴”中的“兴”，这正是我国古典美学最为精粹的、珍贵的集中体现，也同时是我国古典美育理论体系的精华与核心。

由此，朱谦之把乐教、诗教之于“真情之流”的作用视为完美的“复情”，他一再申述，认为“情”与“复情”才是儒家哲学体系的核心与机杼所在，他说：“这个万殊而一本的真理，总而言之，只是‘情’——只是复归于‘情’，人们要复情，先不可不从自己做起；能把自己的一点‘情’，涵养得充满无缺，就自然而然的一任真情，推广到家国天下，以至‘塞于天地之间’。所以说：‘有一言而可以终身行之者乎?’子曰：‘其恕乎!’恕就如是心做去，能够复情，就自会如心来应人接物，这时不识不知，何思何虑，有的只此一以贯之的‘真情之流’，依

① 朱谦之：《朱谦之文集》第三卷，福建教育出版社2002年版，第105页。

此‘真情之流’，更没有许多事了！”①

因此，朱谦之意欲大力推行“真情之流”“唯情”于教育之中，他说：“我的意思，是要扫清旧传派的乌烟瘴气！而直接孔孟，下集诸儒之大成，把从孔孟以来被诸儒打断的形而上学系统，再接续起来，组织起来，而且应用到政治、伦理、教育、艺术各方面，用真情的默识方法，使宇宙生命化，物质精神化，这么一来，‘真情之流’才可完全实现了！神在人间可以实现了！”②

## 四、“乐教”的“中和”精神与“乐教理想国”

朱谦之对我国古典乐教、礼乐教化的传统不仅有着极为精深、准确、全面的把握，而且，更为精彩的是他从时间性维度对这一传统所做的新阐释，在上述章节中已经昭然若揭。除此之外，他认为我国古典乐教、诗教中的中和精神正是“礼义”之教中“节制”“有节”的具体呈现。可以说，如果诗乐自身不是中和的，就不可能承担这种任务或责任，或者就走向礼义的反面了。

在礼与乐、诗之间如果没有一种内在血脉上的完全亲熟、沟通，它们相互之间这种和谐的往来就不可能产生。朱谦之说：“中国正统的教育家一向看重礼乐，礼是外面行为的一种节奏，乐便是内心生活的一种和谐，礼乐都有艺术的意味。”③ 就礼之体现为美的方面来看，朱谦之是从三个层面来看的，即充实之美、均衡之美与谐和之美。他说：“礼之为礼有三说，一充实之美（《礼记·礼器》‘君子之于礼也有所竭情尽慎，致其敬而诚若，有美而文而诚若’）；二均衡之美（程子说天下无一物无礼乐，且置两只椅子，方不正便乖，乖便失和）；三谐和之美（《论语》‘有子曰：“礼之用，和为贵，先王之道，斯为美”’）。中国社会即基础

① 朱谦之:《朱谦之文集》第三卷,福建教育出版社 2002 年版,第 105—106 页。
② 朱谦之:《朱谦之文集》第三卷,福建教育出版社 2002 年版,第 106 页。
③ 朱谦之:《朱谦之文集》第六卷,福建教育出版社 2002 年版,第 548 页。

于此艺术的教育上面，子游所谓‘人喜则斯陶，陶斯咏，咏斯犹，犹斯舞；愠斯戚，戚斯叹，叹斯辟，辟斯踊矣，品节斯斯之为礼’（《檀弓》）。大家欢欣鼓舞，生趣盎然，这是何等一个伟大的艺术教育的理想境。所以讲到中国教育，终究含有艺术教育的意义，这个道理宋陈旸、明李之藻、朱载堉、清俞理初等根据《周礼》《礼记》等书，讲得很详尽。”① 在这三个层面之中的“美”并不是就艺术美而言的，而是就“礼”在践履之中的最直接、最自然的呈现状态而言的，诸如“喜”则体现为“陶”“咏”“犹”“舞”，这既是一个从滋生、包蕴、生发的行为过程，也是一个逐渐被美化、形式化、节制化的审美生活过程。

朱谦之对中国乐教思想史、诗教思想史中的“中和”论极为熟稔，他总是细致地罗列自《易经》至清代典籍中的实例，在自己的著述中也常常把这些经典言论与自己的思想交叉、融合在一处，因而，史论结合是朱谦之乐教之论最为典型的风格之一。他说：“把谐和的中声看作音乐的根本，这种思想，从古代以至近代，如宋陈旸（《乐书》卷一百五十一），朱子蔡元定《律吕新书》，明李之藻《頖宫礼乐疏》卷七、朱载堉《律吕精义》，葛中选《泰律》卷六中声分，清应㧑谦《古乐书》十二，李光地《古乐经传》卷四，乾隆《律吕正义后编》卷一百十八中声，江永《律吕阐微》卷七，胡彦升《乐律表微》卷三，徐养源《律吕臆说·相生说上》，程瑶田《琴音记续编》，方成培《词尘》卷三论中声，陈澧《声律通考》卷九，虽然他们对于中声的解释不同，却都认音乐为谐和的性质拿来美教化移风俗的。”② 从这种密布于中国古典典籍中的实际论述出发，朱谦之对“乐教”的中和之美的总结是极为精到与准确的，他说：

> 中国哲学的教育型是以和谐的艺术为理想的——世界没有一种艺术教育不具有他的特殊性的，此种特殊性即附属于其特殊文化的

① 朱谦之：《朱谦之文集》第六卷，福建教育出版社 2002 年版，第 548 页。

② 朱谦之：《朱谦之文集》第六卷，福建教育出版社 2002 年版，第 550—551 页。

本身。中国文化为哲学的文化，即是和谐的文化，辩证法底对立融合法则的文化。据清代一位汉学家的考据，《易经》中讲中之数有六十二次，《中庸》则专言中（钱辛楣《潜研室集·中庸说》），中即“谐和”，实即中国文化的特质。这种特质表现在教育上面也就形成了中国艺术教育的特殊性。①

知道中国的音乐是一种谐和静定的“德音”，便可推知中国所有的艺术，都只是哲学的艺术，所有艺术的教育，都只是哲学的艺术教育。哲学的艺术教育在哲学文化的中国，造成了艺术的或文化的人生理想，由于哲学的艺术教育使人情感调和得中，能够“乐而不淫，哀而不伤”（《论语·八佾》）；使人们的内心生活，更能温柔敦厚，没有斯须不和不乐的地步。不但如此，哲学的艺术教育即在第四时期艺术的世纪，它更能涵养人心，使大同社会充满歌咏欢乐的声音，如暴慢麤鄙，邪秽渣滓，都全然冰解冻释，使全社会的男男女女都如腾空飞鸟一样的快活。②

以上既是朱谦之对中国古典乐教主要特征的阐述，也是对中国古典音乐尤其是中国古典器乐作品主要特性的精彩总结。就其总的体现而言，不管是乐还是哀，不管是动还是静，不管是理还是情，都既不可进行过度的压制与否定，也不可进行过分的纵容与放肆，而是追求种种对立、矛盾因素之间的和谐共存，在音律与旋律的体现上也要做到这一点，力求雍容、平和、节制，不追求极端、放纵恣肆的倾向。这样的音乐不仅可以使个体的情绪、心理、身体保持健康、平和、平衡的生态，而且也更容易使人借助这样的音乐实现群体之间的认同、友好。因此，这样的音乐是乐教所需要的。朱谦之说：“周濂溪说中国音乐的特性是：‘乐声淡而不伤，和而不淫，入于耳，感于心，莫不淡且和焉。淡则欲心平，

① 朱谦之：《朱谦之文集》第六卷，福建教育出版社 2002 年版，第 550 页。
② 朱谦之：《朱谦之文集》第六卷，福建教育出版社 2002 年版，第 551 页。

和则躁心释。’所以乐教的好处，在能宣畅道德，使人们因音乐的妙用，悟到谐和静定友爱的真理，以四海为兄弟。《乐记》云：四海之内，合敬同爱。《论语》孔子云：‘孝乎，惟孝，友于兄弟，施于有政。’此即孝友二字之真诂。这就是中国音乐提倡中声的好处了。”① 他还说：“中国文化中的音乐精神，是与中国文化的根本原理即哲学的文化相通的。中国哲学的特质表现于音乐上面，也形成了中国音乐艺术的特殊性，这就是一种谐和静定的‘中声’。”② 这样的概括是极为精当的。

同时，特别值得关注的还有——乐教的“中和之美”与朱谦之无元哲学、唯情论哲学之中的时间性思想的一脉相通。他说：“中庸只是‘生活的谐和态度’，但要生活谐和，谈何容易？中庸是最平常的道理，却也是顶大的工程，能够时时都是心理的和谐状态，便生活何等的甜蜜有味！反之生活不能和谐，便生机淹滞，而贪诈暴戾种种劣念，由此其兴，而心里所思所虑，都不得其正了。所以中庸是顶不容易做到，就是一时做到，也容易间断，但是中庸虽然难能可贵，却是人人本来有的，所谓中庸，就是指着人们本有的‘中’——‘真情’，这本有的‘中’，是很活泼去流行的，是自然随感而应而莫不中节的。”③ 这就明白无误地表明——“中和之美”在其存在的原本状态上正是“活泼”“流行”的——也就是时间性的。因此，朱谦之不同意朱熹对《中庸》“喜怒哀乐之未发谓之中，发而皆中节谓之和；中也者天下之大本也，和也者天下之达道也；致中和，天地位，万物育焉”的解释，他说：

这里已发未发不过形容心理生活的恰好处，朱子《章句》以未发为“性”，已发为“情”，把性情分作两截，真是胡闹！其实没有什么已发未发，也不能在未发前讨个中，把中做一物看，只要我们

① 朱谦之:《朱谦之文集》第一卷,福建教育出版社 2002 年版,第 544 页。
② 朱谦之:《朱谦之文集》第二卷,福建教育出版社 2002 年版,第 147 页。
③ 朱谦之:《朱谦之文集》第二卷,福建教育出版社 2002 年版,第 21 页。

时时刻刻心里从容自在，没有过，也没有不及，安静而不妄动，这就是“未发气象”了。①

在这里所强调的还是乐教所引发之“情”自身虽然体现为“中和”“中庸”，但是“情”还是保持自己鲜活的、涌动的、流畅的时间性，而且与朱谦之所言“直觉”思想也是完全相统一的，他说：“大概儒家有一个根本意思，就是认直觉都是好的，自然和谐的，而这种好的，自然和谐的直觉，是人人都有的，并且原非常敏锐。人类所有的一切美德，本无不出自此直觉，完全听凭直觉，他自能‘不失规矩’，自能‘动而无动’；就谓之‘中庸’，谓之‘天理’。随时随处都是直觉，便随时随处都是这一个很难形容的稳静平衡的心理状态了。《中庸》一书，其实千言万语，只是要保存这本来的‘谐和心理态度’。‘其要只在致中和，致中和只在谨独’（《传习录》）；能够致中和了，便自家心体，好比鉴空衡平，好比鸢飞鱼跃便复其天命的本性了，便是诚了，便天地位而万物育了。这是何等家风！何等气象！”②

朱谦之在《大同共产主义》一书中，曾虚拟了一个无比美好的理想社会或乌托邦，在这里，没有国家机器，没有什么强权，没有不平等，每个人都是各取所需，各尽其能，当然，乐教也是绝不可少的。可以说，朱谦之是大力地宣扬古典乐教的中和之美，并把“中和之美”作为“音乐院”的核心标准，他说：

因为所咏的是中声，所道的中德，自非心气和平不能合律，心气和平就是静，李之藻《頖宫礼乐疏》说得好：“五方之歌固殊，六律之用则一，无他缪巧，一本静定之功。倘于学问无关，后夔讵以教胄；若无中和之养，辄谓可交神明？是《周官》九变之说真诞，

① 朱谦之：《朱谦之文集》第二卷，福建教育出版社2002年版，第22页。
② 朱谦之：《朱谦之文集》第二卷，福建教育出版社2002年版，第22页。

而仪舞允谐，圣人亦欺我耳!”陈旸《乐书》卷一百五十二也说：“歌之所宜，颂则宽而静，大雅则广大而静，风则正直而静，盖歌以声为主，声以静为本。此歌风雅颂皆本于静也。《记》不云乎：声容静。”郝懿行《礼记笺》卷十九也说：“风雅颂三以静言者，静安也，乐由中出本静。又诗本性情，须具安恬之性者，乃能领会其义也。”知道中国的音乐，是一种谐和静定的“德音”，就知道我们大同社会的道德，也就是音乐的道德。我们音乐院借音乐的暗示，来开发人们的性情，《周礼》大司乐“凡建国禁其淫声，过声，凶声，慢声”；《论语·颜渊》问为邦，孔子告之以“放郑声”，郑声就是不谐和的音乐，很容易使人陷于偏激的。但在我们却要由谐和态度的音乐，使人情感调和得中，所以能够“乐而不淫，哀而不伤”(《论语·八佾》)，于是而人们的内心生活，更能够温柔敦厚了！于是而人们到了那没有斯须不和不乐的地步了![1]

从上述文字中，可以看出，朱谦之对中国古典乐教的“中和之美”特性绝不是仅仅停留在学术研究上，而是完全立足于中国社会与文化的现实与未来的建设之上，把延绵了两千年之久的乐教文化进行反思、重塑、再创造，这就不仅仅是对历史持尊重的态度这样的问题，而是要从中华文明史自身何以自生并继而生生不息的角度出发，重新认识中华文明尤其是儒家文化、儒家乐教诗教文化、礼乐教化实际上不是一个随意采纳或者不采纳的问题，而是中华文明赖以区别于其他文明，尤其是礼乐教化、乐教、诗教所传达的乐观、开朗、开明、中庸、中和、美善相兼的优良传统，既能够回避过于极端发展的宗教文明、科学文明所导致的各种痼疾，也能够为宗教文明、科学文明提供一条通向更遥远未来的美好道路，通过蔡元培、梁启超、朱谦之等思想家的探索，我们不难发现这是中国思想界在中国近现代以来为世界思想史做出的最杰出的、最

---

① 朱谦之:《朱谦之文集》第一卷，福建教育出版社2002年版，第545页。

独到的贡献。

在朱谦之《大同共产主义》之中的音乐，既是信仰的中心，也是道德的中心，更是教育的中心与理想。他一再地强调诗教、乐教在大同社会之中的强大作用。他说："诗乐就是乐语，我们要使大同社会充满歌咏欢乐的声音，必须从诗乐教育下手。"① 他还说："我们的音乐教育，是生机活泼的教育，既有钟磬筦弦的声音，则必有手舞足蹈的仪容。……我们大同社会的同胞们，没有一个不能舞的，幼而未尝不学舞，长而未尝不起舞，这种舞蹈的教育，使人们都如腾空飞鸟一样的快活！"② 由乐教、诗教到舞教，涵养身心，这是弥足珍贵的，这也是"乐教共和国"或者"礼乐教化理想国"在近现代以来得以重树的最为经典的案例。

## 第三节 宇宙美育

在朱谦之的美育思想中，最为直接地使用"美育"一词大多与两个情境密切相关，其一是与他对蔡元培"以美育代宗教"的看法有关，其二就是与他自身的"宇宙美育"思想有关，且以上两种情境中的美育思想与上述对礼乐教化、乐教的论述一样，是隶属于"唯情哲学"体系的有机组成部分。

1928 年，在朱谦之所撰《回忆》一书中，就对这个美育思想的渊源、来由进行过详述。他说："原来我数年的积极运动，本是要提倡一种'唯情哲学'，就是我的《周易哲学》之作，要开天辟地为世界的中华民族建立一新的宇宙观，也就是想大开方便，超脱那无尽无边的赴火投渊诸外道，使他们出离虚无，而回转到这世界，这在读这本书的都已会得的了。然自《周易哲学》发表以后，我便不能不努力把我所信的唯情哲学的系统，组织起来，所以第一次在南京清凉山建业大学担功任课，即

① 朱谦之:《朱谦之文集》第一卷,福建教育出版社 2002 年版,第 540 页。
② 朱谦之:《朱谦之文集》第一卷,福建教育出版社 2002 年版,第 540 页。

首提出《系统哲学导言》与《唯情政治发端》两篇论文，还有一封给石岑兄论‘宇宙美育’的信。”[①] 从此可见，他的美育思想的立意是极为高远的，可以说是其宏观社会建构的一个重要部分。

## 一、作为“本体”与“工夫”的宇宙美育

朱谦之赞成李石岑所言：“宇宙乃一大艺术品之贮藏所，所谓宇宙美育，实含有至大至广之精神，辟如天地之无不持载，无不覆帱。”[②] 李石岑所说的“宇宙美育”是一种涵盖德智体三育以及家庭、社会、人类的教育观，其主要精神是在所有的教育形态或者教育活动中注入一种发自内心欢悦的追求与动力。他说：“美育运动，在最近二十年间，随人类本然性之自觉而日益扩大；此诚吾人精神向上之表征，抑亦教育价值增进之显例也。夫教育上德智体三育之说，由来已久；经最近两世纪之试验，知未足予吾人以最后之满足，于是有美育之提倡。美育研究之范围，由学校美育进而至于家庭美育，社会美育，更进而至于人类美育，宇宙美育。美育之力，遂隐隐代德智体三育而有之；岂惟德智体三育，并隐隐代宗教以及其他精神界之最高暗示力而有之。此可以觇美育之功用矣。”[③] 而朱谦之所说的“宇宙美育”之中的“宇宙”所指的正是整个的“人生”，而且这一人生的呈现面貌正是“真情之流”，他说：

> 不觉手舞足蹈而叹教育的广阔的全景的时代，涌现眼前了。本来浑然在天地造化一团虚明活泼之中，人们和宇宙是一体的。好比长空，云气流行，没有止极；好比大海，鱼龙变化，没有间隔；这时遍体玲珑，广大无际，洞然天地人物尽在“真情之流”当中，而天地人物的变化就是人们一点“情”的变化，所以宇宙即我，我即

① 朱谦之：《朱谦之文集》第一卷，福建教育出版社 2002 年版，第 62 页。
② 朱谦之：《朱谦之文集》第二卷，福建教育出版社 2002 年版，第 123 页。
③ 李石岑：《李石岑哲学论著》，上海书店出版社 2010 年版，第 101 页。

宇宙。秋逸兄悬美的人生以为美育的正鹄，这自和我不谋而合，特弟不谓美的人生，可自有其社会耳。看呵！天空海阔，月白风清，鸢飞鱼跃，无非此体，千紫万红，可句可觞，正是充塞宇宙内，都人一声歌，这就是我心中自创的宗教，也是许是爱美的人的宗教罢！①

这充满诗意与激情的语句传达出的正是时间韵味极为浓郁的人生唯情哲学，“真情之流”不仅仅是“流”的、“涌”的，而且更是创化的、进化的、提高的，因而这才是教育活动的真谛所在，朱谦之也因此把“宇宙美育”称为“本体”与“工夫”。他说：

因为美在宇宙是无处不寄托的，所以美是本体，便是工夫，而“美育隐寓德智体群诸育”，诚如来论。我孑民先生对教育方针之意见曰“世界观教育”惟时时悬一无方体无始终之世界观为鹄这便是弟讲“宇宙美育”的起点。美哉！美哉！荡荡休休使国人“优而柔之，厌而饫之，如江河之浸，膏泽之润”，涣然冰释，群趋爱美一途。②

“本体”所指的是充溢于所有教育活动之中的“爱力”，诚如朱谦之本人在《大同共产主义》中所言：“爱的权力乃是爱之征服世界的权力，其本身乃高于一切其他之力，我们对于一种发生于爱力之完全自由之‘社会’之信仰，实际即是对于理想的教育时代的信仰。一个纯粹教育的社会，即是爱的社会，这不但和过去的政治无关，甚至于和过去的法律经济无关；爱之无权力主义乃是教育之真正类型，教师之真正理想，它不是一政治的组织原理，也不是一经济的生存条件，乃是从人类精神深

① 朱谦之：《朱谦之文集》第二卷，福建教育出版社 2002 年版，第 123 页。
② 朱谦之：《朱谦之文集》第二卷，福建教育出版社 2002 年版，第 123 页。

处之‘美’的体验而来。”[①] 而且，这种“本体”更是一种广义审美教育的理想与价值。而“工夫”所指的正是“本体”作为价值与理想得以在“真情之流”中日渐提升的教育过程，这种充满浓郁中国古典哲学意味的美育话语极富魅力。

之所以会如此认同并以更诗意的语言大力赞美“宇宙美育”，朱谦之给出了极强有力的理由与达成的途径——也就是“本体”与“工夫”。就前者而言，他说：“弟对教育上的信仰是如 Herbart 所说：‘若是文人所不描写的诗人所不歌咏的，都与教育无关。’那原始时代的诗人，从感性生出的斯歌斯咏，斯陶，斯无的‘大自然’自是占教育的人领域了。”[②] 就后者而言，美育的“工夫”或者其呈现的状态是——“宇宙万有的本体决不从人的理智得来，是只能永远缄默去证会的，所以在一切的自然现像之前，仰观俯察，以直探到处皆有的本体，这不但使人们能够享受美的欢乐，实在使人们大开真情之眼，以与无方体无始终，绝对无比的‘宇宙大神’融合为一。所以‘神’的观念实为教育究竟的大目的，而宇宙育美的方法，也不须别求，只是随处体认，便自与‘无限’‘绝对’的本体——神——渗透，和谐”[③]。这不仅指出了美育过程是一个受到审美价值与理想指引并孜孜以求的、涌现的过程，而且这一过程本身是主客之间完全混融一体的，绝不能用理性、知性尤其是使用科学实验来达到并进行测试的。此外，朱谦之所说的“随处体认”也指出了美育活动自身正如一般的审美生活一样是极其个性化的，充满了主观性与偶然，这正是审美的意义与理想体现在审美个体身上的机缘——其实，这同样是时间性的典型状态之一。

## 二、宇宙美育的效用

继上述对“宇宙美育”的“本体”与“工夫”做出深刻论述之后，

---

① 朱谦之:《朱谦之文集》第六卷,福建教育出版社 2002 年版,第 455 页。
② 朱谦之:《朱谦之文集》第二卷,福建教育出版社 2002 年版,第 123 页。
③ 朱谦之:《朱谦之文集》第二卷,福建教育出版社 2002 年版,第 123 页。

朱谦之对宇宙美育的效用以及具体呈现状态进行了描述，共分为身体气质转移、礼乐教化的人际美育、制造美好器物能力的提高三个方面。

第一，朱谦之认为，美育对于人个体方面的影响绝不仅仅限于精神层面，而是会引发身体气质的整体提升，这与中国近现代以来美学界受西方美学片面影响，尤其是受到身心二分观念的影响，总是把艺术、美育之于人的影响全部归结于精神的观念，是完全不同的。美育对于审美个体的影响是对整个人的影响，即使是较为侧重精神层面影响的纯粹的视听艺术，也注定会引发全身的反应，尤其是气质的美好更是从身体之上体现出的综合表征。朱谦之正是从自身的原初感受出发，也从对他人的观察出发，来论及美育的这一效用的，他说：

> 所谓“仁义礼智根于心，其生色也，睟然见于面，盎于背，施于四体，四体不言而喻”，这种人体的美，善看直有与天地万物上下同流各得其所之妙，虽是形体很渺小的，一任真情，便即天地之神妙万物而无不在。因此我讲美育的第二步，是在反身认识人生内界的美，和本来美性的实现。从前程子再见周茂叔，吟风弄月以归，有“吾与点也”之趣。每教人寻仲尼颜子乐处。白沙先生说：“舞雩三三两两，正在勿忘勿助之间”，似此“江汉以濯之，秋阳以暴之”。孔门提倡美的态度，把人生弄得干圆洁净，敦厚温柔，真是何等家风！何等滋味！美哉乎人生！私欲尽处，真情充塞流行，而一男一女之美——性美——尤使我赞叹不置。①

可以看出，朱维之对身心关系的论述是极为圆融的，也就是说，虽然在字面的陈述上会较多地使用“心”或者“仁义礼智”，但是这绝不是把“心”作为一个绝对自足的独体来看待，而是陈述上的方便与有所侧重而已。“心”的变化也必然同时伴随着“身体”在生理上的变化，

---

① 朱谦之：《朱谦之文集》第二卷，福建教育出版社 2002 年版，第 123—124 页。

其实，这种语言陈述上的“身心二分”甚至同样会造成实质上的身心二分，事实上，一个完整的自我虽然在其构成上无比复杂，但是一个明证性的事实是——一个自我在统整性地呈现自身，因而，必然呈现于“色”——“面”“背”“四体”，这就是朱谦之所说的“返于身”。正如同徐渭所言：“试取所选者读之，果能如冷水浇背，陡然一惊，便是兴观群怨之品，如其不然，便不是矣。”① 在艺术欣赏、审美生活过程中，出现的身体与生理的反应是自然而然的，也是极正常不过的，这也正是美感之中的构成要素之一。审美教育不仅仅会带来精神面貌层面的提高，而且同时也会对身体、气质的美产生变化与提升。

尤其是男女在性度美上的体现，更让朱维之感慨赞许不已，其含义就在于阳刚之美与阴柔之美作为美感形态中的两种最基本、最常见的状态，其在男女身上的体现正是闪耀着魅力的“性美”。

第二，美育活动会促进人与人之间的交流、交往，提高交往的频率，并且在人际交往活动之中增强对同一对象感受的同时性——其实就是“共鸣”之中所必然具有的时间性或者时间特性，这一切都源自于礼乐之间的交融，也来自于对纯粹艺术作品欣赏的无功利性。

朱谦之说：

> 人的生活方式，从本身最近的环圈扩大出来，而有“相人偶”的伦理生活，这也是和“宇宙美育”有密切的关系。何则？宇宙万有只是“美的意象”，在实际上就是一切“相人偶”的美名，如父慈、子孝、兄良、弟悌，只“慈”字便代表父对子间的大调和了。“孝”字便代表子对父间的大调和了。这“相人偶”的美的生活，凡厚薄亲疏，都各有节文，各为分内的互让互助，在亲人关系里便成“家庭美育”，在农村里便能“出入相友，守望相助，疾病相扶持”。若更把这美念扩到极致，就是最完美最愉快“美善相乐”的大

① 载于民、孙通海：《中国古典美学举要》，安徽教育出版社2000年版，第657页。

同世界了。①

就其上述文字来看，虽然朱谦之所说的基本上属于伦理道德领域，但是究其根底，还是对礼乐教化功能的论述，而且审美价值与道德价值的区分就是相对的，在这两者之间存在的共有区域显然远远超出了两者与科学、宗教之间的关联，尤其是朱谦之所说的道德行为有特定的含义与指向，这具体表现在以血缘关系为纽带的宗族社会之中的道德行为，其根本的特征之一就在于亲子之间的情感绝不是出自理性的，也不是出自强迫的，而是一种发自本能的自觉、自由且有着强大动力、向前涌动的情感，因此，这些行为如果体现为“礼”，尤其是“礼”又呈现为“乐”与“诗”的话，那么，美就是善，善就是美。

尤其是当奠基于家庭的道德与社会道德完全通融之后，小善就会变成大善，社会道德也就变成了如同发自血亲情感一般的积极性、主动性。朱谦之认为，这正是“宇宙美育”在“人际”之间的最高境界。他说：“宇宙美育到此才算归宿。Schiller 把美育看作获得政治上的自由的工具，实在先得我心的了。”②

第三，“宇宙美育”必然会提高造物之美的能力，通过提升审美设计的水平，从而设计出愈来愈美的日用品，而且，民众通过对这些日用品的使用，一方面也可以使自身的日常生活加以美化，另一方面也可以提高对审美设计的要求，因而，这对于美育而言，是一种交互为用的良性循环活动。朱谦之说：

宇宙美育，不但提高人们的美的认识力，并且引导人们去制造器具和发明物品的。因为自然欣赏的结果，制造者的美感标准提高了。一切制品都受美的评价的支配，自格外精良，格外美丽。并且

① 朱谦之:《朱谦之文集》第二卷，福建教育出版社 2002 年版，第 124 页。
② 朱谦之:《朱谦之文集》第二卷，福建教育出版社 2002 年版，第 124 页。

都是自然的模本，自然的种种意象都是美的，所以效法自然而成的产物，也都是美术品。那抽象的艺术，如音乐、诗歌，其风韵之高，不待说了！就是造形工艺如华屋、大厦、陶器、手工作物，一切都不是机械工业可比。这时艺术家和手工业，经济生活和宇宙生活浑成一片，再现一种“艺术美”的世界。从此工艺的基础在于手工，而一切生活上问题，便解决了。所以欲根本要求经济上的自由，也乐得走上“宇宙美育”一途。①

在中国近现代美育思想史或美学思想史中，对于日用品的设计美学关注较少，而朱谦之的视野不仅较为开阔，而且其前瞻性也是极为卓著的。一般的美学理论与美育理论往往对纯粹的艺术品较为关切，只要是论及“美”或“审美”，便完全归之于“超越”“无功利”“无利害”“自由”“解放”，把审美感官完全归结于视觉与听觉，这样一种美学及其相应的美育理论，不仅把艺术作品之外的其他审美对象——人自身、自然物的美、空间环境的美、日用品的美完全排除在视野之外，甚至把人自身、日用品的美进行贬低，因为它们带有极为强烈的功利性，在身体感官之于它们的关系上，远远超出了视觉与听觉。事实上，这种思想与观念不仅是表面上高扬审美的价值，事实上是对人类审美活动的捧杀，而且对我国传统审美文化及美学都产生极负面的冲击，因为中国古典审美文化与美学并没有把艺术作品视为单一的、排他的审美对象，也绝没有把视觉与听觉作为更高贵的审美器官。这在很大程度上与康德美学、黑格尔美学的强大影响及我国学者的接受有密切的关系。

而朱谦之的美学、美育思想就极为雍容大度，也极富于历史感，他不仅对遍及身边的日用品的审美设计极为关切，而且他更是看到了审美教育对于我国经济活动、经济发展水平的重大影响，因为高水准的、富有创造力的设计人才就需要审美教育进行养成。

---

① 朱谦之:《朱谦之文集》第二卷,福建教育出版社 2002 年版,第 124 页。

就朱谦之对“宇宙美育”效用的阐述来看，从对个体身体、心灵、气质美的提升，到人与人之间交往活动的美化，再到对造物艺术的提高，的确已经实现了美育的“宇宙化”。正如他自己所说：“实从宇宙观为出发点，且应用到人生、伦理、政治、艺术各方面。包括德智体群诸育，广大悉备，这自和仅仅提倡‘艺术教育’的大不同了。”[①]

### 三、性美育

朱谦之关于“性美育”的思想在其美育思想整体中，与两个方面的论述密切相关，其一是朱谦之在《大同共产主义》一书中对成立“教育院”的设想，其二是朱谦之在论及“宇宙美育”时关于“一男一女之性美”时的思想，同时，这两个方面又是完全相通与交融的。

就“性美育”的具体内涵来看，其所指的并不是狭义的或者仅仅从字面意义来理解的“性生活”或者“性爱生活的幸福指南”，而是指教育能够为男女的“性度美”养成提供怎样的帮助、途径与做法，以及男女在“性度美”的美育方面所能够达到的境界应该是什么。只有在上述这些方面通过美育有所贡献，男女之间才会获得适当的“性度美”特征，从而乾坤定位，做到“一阴一阳之谓道”，继而两情互感而相悦，生生不息。而且，朱谦之的性美育思想完全脱胎于中国古典礼乐教化传统，带有浓郁的本土色彩，同时又具有现代性。

朱谦之在论及“大同共产主义”的政治组织时，认为应该完全依据《周礼》一书来进行制定，而且要对所有的政治组织进行“艺术的管理”，而“艺术的管理”就是“礼乐并用”，其具体的设想就是——“我们理想的政治组织，是一种‘委员会式’的组织，由下各种机关组成之：（一）事务院，（二）教育院，（三）音乐院，（四）平和院，（五）礼制院，（六）工艺院”[②]。这“六院”的组织与《周礼》的“六官”相当，

---

① 朱谦之：《朱谦之文集》第二卷，福建教育出版社 2002 年版，第 124 页。
② 朱谦之：《朱谦之文集》第一卷，福建教育出版社 2002 年版，第 533 页。

性美育是“教育院”的事务，通过朱谦之对“六院”之中的“教育院”与“音乐院”来看，两者之间显然在“礼”“乐”之间，是完全相沟通的。

针对“教育院”，他说：

> 教育院，与地官大司徒相当。舜命契：“汝作司徒，敬赋五教在宽”；孟子云：“使契为司徒，教以人伦”；《王制》云：“司徒修六理，以节民性，明七教以兴民德”；《周官》云：“司徒掌邦教，敷五典，扰万民”；可见地官本是专管教育的。而乡大夫、州长、党正的艺术教育，尤与我们的理想吻合。①

关于“音乐院”，他说：

> 音乐院，与春官大司乐相当。大司乐的职分，比宗伯还要重要，如陈旸所说：“生为乐职之长，而教于成均；死为乐祖，而祭于瞽宗”。在礼式上，可算是最高的了。至如乐官之属，自乐师以下，或掌诗歌，或教舞蹈，或掌乐器，这在我们的音乐院里，也是应该照样编制起来的。②

在“教育院”之中的“院务”，朱谦之认为主要有三个——艺能教育、性美育、文化管理机关，可见性美育的重要性，而“院务”的教育方针——“这个院务，是在实施广义的艺术教育，使人人能够享受美的欢乐，人人能够有美的艺能。荡荡休休，使人们‘优而柔之，厌而沃之，如江河之浸，膏泽之润’；涣然冰释，群趣爱美一途，这就是我们对教育

① 朱谦之：《朱谦之文集》第一卷，福建教育出版社 2002 年版，第 533 页。
② 朱谦之：《朱谦之文集》第一卷，福建教育出版社 2002 年版，第 533 页。

方针的意见了”[①]。可以看出，性美育与礼乐教育是完全交织交融在一起的。

关于性美育，朱谦之说：“我们的教育院，不但教人以美的艺能，还要教人以互相亲爱。我们以为爱的发端，是发生于男女之间，所以我们爱的教育，特别注意广义的性教育。”[②] 就其在阐述中所列举的实例而言，基本来自于传统文化中的性度美教育，而且对儒家的性教育情有独钟。他说：“我们试看孔家对于性教育，是抱怎样态度？李观说孔子‘于诗则道男女之时，容貌之美，悲感念望，以见一国之风其顺人也至矣。’（《原文篇》）《礼运》更是一开口便说：‘饮食男女，人之大欲存焉’；《中庸》更分明地以夫妇为仁之本，如说：‘君子之道，造端乎夫妇，及其至也，察乎天地’；这和《周易·序卦传》里‘有男女然后有夫妇，有夫妇然后有父子’；一样地知道男女是爱的起点。”[③] 这表明在礼乐教化中，在诗教之中，对男女之情题材的采纳与描绘，都是儒家教育中的重要组成部分。

朱谦之所说的性美育的准则是，“我们的教育，也实实在在要企望一男一女的爱，所以关于恋爱所必须的虔诚和清洁，在教育期间，都应该有一个准备。恋爱！在我们的社会里，是一种公开的神圣的事情。我们教育院认恋爱是人生一椿大事，如《韩诗外传》就有一大段关于性的发达的研究，这都应该讲授给青年的男女们，使他知道。到了那青年男女情窦一开，我们教育院还可以为他们或伊们介绍性趣艺能相同的人，使他成为情人或夫妇”[④]。而且，这种性美育绝不是仅仅停留在古典时代，而是既强调自由，又强调忠贞，他说：“近人谓男女二月，群聚歌舞，自相择配，心许目成，即谐好合，但无论如何，总可见得我们教育院尊重自由恋爱自由选择的一点意思。并且是青年的男女自动的得到称心情热

---

① 朱谦之:《朱谦之文集》第一卷,福建教育出版社 2002 年版,第 537 页。
② 朱谦之:《朱谦之文集》第一卷,福建教育出版社 2002 年版,第 540—541 页。
③ 朱谦之:《朱谦之文集》第一卷,福建教育出版社 2002 年版,第 541 页。
④ 朱谦之:《朱谦之文集》第一卷,福建教育出版社 2002 年版,第 541 页。

的伴侣以后，那关于恋爱的道德，也应讲给两方知道。……要我们的社会，变成功爱与美的社会，自然不能不要男女互相协助，将拘囚的、狭隘的、自私自利的偏见和性癖，都在爱人的面前牺牲了。并且我们为要保持男女真情之纯洁，还要极力提倡两方的贞操。”[①] 在这里所说的“虔诚”“神圣”“纯洁”“清洁”等等正是性美育的标准与理想，而且在这一过程中歌舞诗乐是始终如影随形的。只有这样，才会如朱谦之所言，“制造美好的世界公民”[②]。

---

① 朱谦之:《朱谦之文集》第一卷,福建教育出版社 2002 年版,第 541—542 页。

② 朱谦之:《朱谦之文集》第一卷,福建教育出版社 2002 年版,第 542 页。

# 第十四章　贺麟的美育思想

贺麟（1902—1992），四川金堂县人，我国近代著名哲学家，西方哲学研究专家，西方哲学翻译名家，新儒学运动的代表人物之一。他早年毕业于清华留美预备学堂，先后求学于美国与德国，研习西方哲学。他在《近代唯心论简释》与《文化与人生》之中，完全从自身亲熟的、生动的思想体验出发，自然而然地在中西哲学之间进行沟通、互释与新创造，其中最为卓著的贡献就在于“儒化西学”，而其美育思想集中的体现就在对“礼乐教化”的全新诠释上，这在中国近现代以来对我国古典美育理论传统的阐释中，都是极为卓著的新成就。

具体来看，贺麟在美育思想上的建树主要体现在两个方面，第一，他不认同五四时期或者新文化运动对儒家文化及其中的诗教、乐教文化所持的极端的、全盘否定态度，认为应该采纳西方文化的积极因素，来丰富、拓展与新建新的儒教、诗教、乐教的文化。第二，贺麟在兼采中西哲学中时间性思想精粹的基础上，对礼乐教化活动进行了精彩的时间性分析。以上两个方面又是紧密地联系在一起的。

## 第一节　礼乐教化复兴的前奏

儒家诗教、乐教以及礼乐相生的教化思想是儒家文化内在的重要组成部分，在近现代以来对儒家文化腰斩式的摧残中，上述这些对象也招致抛弃。与此相反，贺麟的文化态度既具有历史的合理延续性，同时又注重在延续性上的广纳博采、境界的拓展与提升，以求与时俱进，生生不息。

就贺麟儒教复兴与儒化西学思想之间的关系而言，西学既是儒学的挑战，又是丰富、发展与更新儒学的天赐良机，其一贯主张儒学应该在应对挑战中自然而然地生存、延续、发扬光大抑或没落、消亡。就贺麟在西学中所选择的丰富、充实儒家思想的资源来看，主要包括哲学、宗教、艺术，分别对应儒家思想的理学、礼教与诗教，而儒家的理学在根本上是一种道德教育或者德性教育，它又是礼教的核心内容，而诗教与乐教在基本面上又是为礼教服务的，可见，贺麟的儒教复兴及儒化西学的主要内容之一是美育。

## 一、复兴不是复古

据贺麟在《文化与人生》一书的序言中所说，他对中西文化尤其是儒家文化与西洋文化之间的关系，绝不像所谓的文化激进派所做的——对儒家文化全盘否定，对西洋文化生吞活剥地接受，他的态度是——自中国文化而言，他说：“有渊源。虽说有我，但并非狂妄自大，前无古人。我的思想都有其深远的来源，这就是中国传统的文化和儒家思想。篇中不惟对孔孟程朱陆王有同情的解释，即对老庄杨墨亦有同情的新评价，以期发展其优点，吸取其教训。”[①] 自西方文化而言，他说：“吸收西洋思想。有渊源，发扬传统文化，却并不顽固守旧。对于西洋人的文化思想和哲学，由于著者多年来的寝馈其中，虚心以理会之，切己以体察之，期望将其根本精神，用自己的言语，解释给国人，使中国人感到并不陌生。”[②] 这正是他“儒化西学”的具体表现。

如果在文化的发展上持历史虚无主义的态度，那么，虽然在表面上这种态度往往以激进、革命的姿态出现，但是直接的结构却会导致文化的断代、腰斩，会给人类或者一个民族文化带来致命的浩劫。贺麟说：

---

① 贺麟:《文化与人生》,上海人民出版社 2011 年版,第 9 页。
② 贺麟:《文化与人生》,上海人民出版社 2011 年版,第 9 页。

“在思想和文化的范围里，现代决不可与古代脱节。任何一个现代的新思想，如果与过去的文化完全没有关系，便有如无源之水、无本之木，绝不能源远流长、根深蒂固。文化或历史虽然不免经外族的入侵和内部的分崩瓦解，但也总必有或应有其连续性。”[①] 那么，对于新时代的儒家思想，贺麟继而提出了极为鲜明的态度，他说：

> 儒家思想，就其为中国过去的传统思想而言，乃是自尧舜禹汤文武成康周公孔子以来最古最旧的思想；就其在现代及今后的新发展而言，就其在变迁中、发展中、改造中以适应新的精神需要与文化环境的有机体而言，也可以说是最新的新思想。在儒家思想的新开展里，我们可以得到现代与古代的交融，最新与最旧的统一。[②]

贺麟的思想的确不仅见解非凡，而且极富远见，尤为典型的体现——他从中华民族过去历史的发展中看到了人类道德价值的独特性与永恒性，也从更为恢宏的未来看到了中华民族赖以日新月异、源远流长的根本。这集中地凝结于儒家文化的复兴，而且这种复兴绝不是复古，而是自我的积极更新与新陈代谢。对于中华文明眼前的危机与长远未来的重建，贺麟认为这两者都很重要，但是不可只注重眼前的功利，而忘却了一个文明与文化赖以生生不息的根源。他说：“民族复兴不仅是争抗战的胜利，不仅是争中华民族在国际政治中的自由、独立和平等，民族复兴本质上应该是民族文化的复兴。民族文化的复兴，其主要的潮流、根本的成分就是儒家思想的复兴，儒家文化的复兴。假如儒家思想没有新的前途、新的开展，则中华民族以及民族文化也就不会有新的前途、新的开展。换言之，儒家思想的命运，是与民族的前途命运、盛衰消长

① 贺麟：《文化与人生》，上海人民出版社 2011 年版，第 11 页。
② 贺麟：《文化与人生》，上海人民出版社 2011 年版，第 11 页。

同一而不可分的。”[1] 通过他的论述，不难看出，切近的政治斗争、民族存亡、抗战的胜利都是迫在眉睫的，攸关中华民族的存亡；而文化、思想与教育的建设则攸关中华民族的兴衰。

## 二、儒家的危机与复兴

如上所述，贺麟并不是一个复古主义者，他对以儒家文化为主流的中国文化的危机看的极为透辟，他认为，中国近百年以来的危机，在根本上是一个文化的危机。他说："文化上有失调整，就不能应付新的文化局势。中国近代政治军事上的国耻，也许可以说是起于鸦片战争，中国学术文化上的国耻，却早在鸦片战争之前。儒家思想之正式被中国青年们猛烈地反对，虽说是起于新文化运动，但儒家思想的消沉、僵化、无生气，失掉孔孟的真精神和应付新文化需要的无能，却早腐蚀在五四运动以前。儒家思想在中国文化生活上失掉了自主权，丧失了新生命，才是中华民族的最大危机。”[2] 这说明中国文化的危机尤其是儒家文化的危机是内在的——诸如消沉、僵化、无生气等等，需要进行革新，但并不是进行革命。

贺麟认为，五四以来的新文化运动是促进儒家思想新发展的一个大转机，旧儒学必须适应新时代的变化，自我更新，尤其是贺麟更为具体地指出，五四新文化运动所反对的儒家思想并不是儒家思想的真精神，而是那些腐化的部分，他说：

> 新文化运动的最大贡献在于破坏和扫除儒家的僵化部分的躯壳的形式末节，及束缚个性的传统腐化部分。它并没有打倒孔孟的真精神、真意思、真学术，反而因其洗刷扫除的工夫，使得孔孟程朱

① 贺麟：《文化与人生》，上海人民出版社 2011 年版，第 12 页。
② 贺麟：《文化与人生》，上海人民出版社 2011 年版，第 12 页。

的真面目更是显露出来。①

在这个意义上，贺麟认为新文化运动其实是促进了儒家思想的新发展，他说："表面上，新文化运动是一个打倒孔家店、推翻儒家思想的一个大运动。但实际上，其促进儒家思想新发展的功绩与重要性，乃远远超过前一时期曾国藩、张之洞等人对儒家思想的提倡。曾国藩等人对儒学的倡导与实行，只是旧儒家思想的回光返照，是其最后的表现与挣扎，对于新儒家思想的开展，却殊少直接的贡献，反而是五四运动所要批判打倒的对象。"② 而且，从西学引入中国来看，这不仅不是儒学的危机，而是儒学的绝佳机遇，因为在历史上儒家思想就曾受到佛家思想的冲击、滋润与拓展。对于儒家而言，西学的引入既是机遇，又是挑战。贺麟的思想极为豁达与开明。他说："西洋文化的输入，给了儒家思想一个考验，一个生死存亡的大考验、大关头。假如儒家思想能够把握、吸收、融会、转化西洋文化，以充实自身、发展自身，儒家思想则生存、复活而有新的发展。如不能经过此考验，度过此关头，它就会消亡、沉沦而永不能翻身。"③

不过，贺麟还是把建设中国新文化放在了最为重要的位置上，而不是把儒家思想放在首位，一个成熟的、完善的、有自我更新能力的新文化是最为理想的，不然，亿万中华儿女的精神文化世界就会失去归宿，成为其他文化的殖民地。他说：

就个人言，如一个人能自由自主，有理性、有精神，他便能以自己的人格为主体，以中外古今的文化为用具，以发挥其本性，扩展其人格。就民族言，如中华民族是自由自主、有理性有精神的民

① 贺麟:《文化与人生》,上海人民出版社 2011 年版,第 12 页。
② 贺麟:《文化与人生》,上海人民出版社 2011 年版,第 12 页。
③ 贺麟:《文化与人生》,上海人民出版社 2011 年版,第 13 页。

族，是能够继承先人遗产，应付文化危机的民族，则儒化西洋文化，华化西洋文化也是可能的。如果中华民族不能以儒家思想或民族精神为主体去儒化或华化西洋文化，则中国将失掉文化上的自主权，而陷于文化上的殖民地。让五花八门的思想，不同国别、不同民族的文化，漫无标准地输入到中国，各自寻找其倾销场，各自施展其征服力，而我们却不归本于儒家思想而对各种外来思想加以陶熔统贯，我们又如何能对治这些纷歧庞杂的思想，而达到殊途同归、共同合作以担负建设新国家新文化的责任呢？①

那么，如何去做呢？贺麟认为，问题的关键是，"中国人是否能够真正彻底、原原本本地了解并把握西洋文化"②。贺麟说："因为认识就是超越，理解就是征服。真正认识了西洋文化便能超越西洋文化。能够理解西洋文化，自能吸收、转化、利用、陶熔西洋文化以形成新的儒家思想、新的民族文化。儒家思想的新开展，不是建立在排斥西洋文化上面，而是建立在彻底把握西洋文化上面。儒家思想的新开展，是在西洋文化大规模的输入后，要求一自主的文化，文化的自主，也就是要求收复文化上的失地，争取文化上的独立与自主。"③ 可以看出，文化上的独立与自主并不是复古、故步自封，而是在发展中适应新现实，以西洋文化中的积极因素来充实、更新儒家思想。

就贺麟对西方文化中各种价值形态的分析来看，他的选择是从哲学、宗教、艺术方面来充实、发挥儒家思想，分别针对的是儒家的理学、礼教与诗教。而对科学的态度则极为独到。他说："西洋文化的特殊贡献是科学，但我们既不必求儒化的科学，也无须科学化儒家思想。因科学以研究自然界的法则为目的，有其独立的领域。没有基督教的科学，更不

① 贺麟：《文化与人生》，上海人民出版社 2011 年版，第 13—14 页。
② 贺麟：《文化与人生》，上海人民出版社 2011 年版，第 14 页。
③ 贺麟：《文化与人生》，上海人民出版社 2011 年版，第 14 页。

会有佛化或儒化的科学。一个科学家在精神生活方面，也许信仰基督教，也许皈依佛法，也许尊崇孔孟，但他所发明的科学，乃属于独立的公共的科学范围，无所谓基督教化的科学，或儒化、佛化的科学。反之，儒家思想也有其指导人生、提高精神生活、发扬道德价值的特殊效准和独立领域，亦无须求其科学化。换言之，即无须附会科学原则以发挥儒家思想。"[①] 在此，贺麟的确深刻地认识到了科学或者科学活动的根本特性——纯粹的客观性或者中立性，科学的发展必定是追求最新的成果，一旦最新的成果得以达成，那么，它就会取代与否定以往的成果，但是对于哲学、宗教、艺术而言无疑要复杂得多，完全不能以时间上的新与旧或者内涵上的新与旧作为衡量的标准。

## 第二节　儒学作为诗教、礼教、理学三位一体的复兴

### 一、艺术化、宗教化、哲学化的复兴通道

就贺麟的儒学复兴、儒化西学思想中美育层面的体现来看，最为直接的是第三个方面——"须领略西洋的艺术以发扬儒家的诗教"[②]。他说：

> 诗歌与音乐为艺术的最高者。儒家特别注重诗教、乐教，确具深识远见。惟凡各种艺术者皆所以表示本体界的义蕴，皆精神生活洋溢的具体表现，不过微有等差而已。建筑、雕刻、绘画、小说、戏剧，皆所以发扬无尽藏的美的价值，与诗歌、音乐亦皆系同一民族精神及时代精神的表现，似无须轩轾于其间。过去儒家因乐经佚失，乐教中衰，诗教亦式微。对其他艺术，亦殊少注重与发扬，几为道家所独占。故今后新儒家的兴起，与新诗教、新乐教、新艺术

① 贺麟:《文化与人生》,上海人民出版社 2011 年版,第 14 页。

② 贺麟:《文化与人生》,上海人民出版社 2011 年版,第 16 页。

的兴起，应该是联合并进而不分离的。①

这段话所包容的意义极为丰富，既牵涉到我国古典礼乐教化传统的基本内涵，又牵涉到礼乐教化传统历史线索的总结，而且还包含了新的礼乐教化形态的建立及设想。具体内涵如下：

第一，儒家思想偏爱乐教、诗教，其来有自。

贺麟所说“诗歌与音乐为艺术的最高者”，这并不符合各艺术门类的价值状况，因为诗歌、音乐与建筑、绘画、小说一样，只不过是一种特定的艺术形态而已，这不能不说是贺麟本人的偏爱或者偏见。但是与贺麟所说儒家思想的礼乐教化维度相联系，重视诗与乐就不仅仅是个历史的事实，而且也传达出了诗歌与音乐何以成为诗教、乐教以及成为礼乐教化传统中最为钟爱的艺术门类的深层原因。

就音乐而言，尤其是就器乐作品而言，其乐音或者旋律是最为抽象的艺术媒介，因为其本身无法表现某一具体的情绪、事物或者场景。如果说要让器乐作品表达某一具体的情感，那就必须首先要表现引发这一情感的原因。比如，任何人郁闷的情感都是完全不一样的，某一个人在不同情境中的郁闷也是完全不同的，而在纯粹的器乐作品中就绝不可能表现引发郁闷的原因——比如人、事甚至是地理环境等等。在礼教活动中，礼是在身体俯仰、进退等动作之中实现的，由乐来进行配合礼，无疑能够加深、强化礼在践履之中的节奏感、愉悦感，这正是所谓——“乐无意，故能涵一切意”②。场所性极强的礼教音乐因此应运而生。

就诗歌而言，其根本特性在于抒情且篇幅相对短小，与文学的其他体裁相比，诗歌的抒情较为直接、纯粹，无须与人物关系、故事情节、思想等有过多的纠缠。诗歌的这种特性与“礼”存在着极为内在的沟通之处，即“礼”作为儒家核心思想——“仁”的具体呈现，“仁”首先

---

① 贺麟:《文化与人生》,上海人民出版社 2011 年版,第 16 页。

② 钱鍾书:《钱鍾书集》,三联书店 2001 年版。

就是由亲子之爱所奠立的，亲子之爱作为人类情感形态之一的最为本源的特性就在于——出自最为深邃的本能情感冲动，且体现为一种涌现性的、绽出性的形态特性，而不受理智、教条、利害考虑的影响。这样，两者在呈现状态上就是极为相似的或者相同的，其根源就在于“礼”之“情”与“诗”之“情”完全可以是一致的，因而，在礼教与诗教之间同样存在一种内在的、血脉相通的天然联系，在文学的各种体裁之内，诗歌显得尤为突出。

第二，儒家乐教遗失，远远不如道教。

正如贺麟所说，儒家虽然极其重视乐教，但是乐经遗失，乐教中衰，尤其是在乐教方面，远远不如道教音乐。这的确指出了一个重大的历史事实。中国古代音乐虽然大多没有乐谱进行记录，但是道教音乐在传承上往往走的是一条秘传与谨守传统的路子，而且在历史上往往受到皇室官府的制度性保护，不像儒家的乐教那样，往往因为功利性太强、太具体，就在朝代更迭中备受摧残乃至毁损殆尽，道家音乐的功利性不仅不强烈，而且还因其崇尚阴柔虚静的审美风格，有利于在乱世中存续下来。但是，从儒家乐教独特的入世品格来看，其不仅在历史上为熔铸中华民族的德性文化起到了至关重要的作用，而且重建与复兴儒家的乐教文化更是必要的、紧迫的。

第三，贺麟寄希望于新诗教、新乐教的复兴以及其他新艺术的兴起，以促进新儒家的兴起以及儒家思想的复兴，而且两者之间的关系应该是联合并进而不分离的，可见这正是礼乐教化传统的新复兴。

而贺麟之所以对儒学思想复兴尤其是礼乐教化传统的复兴如此情有独钟，原因正在于他对儒家思想整体状况的把握，他说：

> 儒学是合诗教、礼教、理学三者为一体的学养，也即艺术、宗教、哲学三者的谐合体。因此，新儒家思想的开展，大约将循艺术化、宗教化、哲学化的途径迈进。有许多人，拾起“文人无行”“玩物丧志”等语，误认为儒家轻蔑艺术。或只从表面去解释孔子“敬

鬼神而远之”，“未知生，焉知死”，“未能事人，焉能事鬼”等语的意义，而否认孔子有宗教思想和宗教精神。或误解“性与天道不可得而闻”一语，而谓孔子不探究哲学。凡此种种说法，皆所以企图将儒家偏狭化、浅薄化、孤隘化，不惟有失儒家的真精神，使儒家内容贫乏狭隘，且将使儒家思想无法吸收西洋的艺术、宗教、哲学以充实其自身，因而亦将不能应付现代的新文化局势。①

可以看出，贺麟认为，儒学根本就是一种“教”——以“仁”为核心，以“礼”为行为，以“乐”“诗”为呈现状态的一种道德教育，而且这种教育绝不是在学理上冷静地研究道德或者伦理学，而是要在直观的行为——“礼”——贺麟所言“宗教”中，而且是经过诗歌与音乐美化之后的行为状态中——贺麟所言“艺术”，尤其是在持存着的、涌现的行为中，使“仁”——也就是贺麟所言“哲学”得以呈现。以上所述正是儒家思想复兴的三个途径——艺术化、宗教化、哲学化，而且这三个路径只是在陈述上的侧重与分别，在根本上是隶属于一个完整的道德行为之中的，也就是说，这个道德行为既是以直观的行为来呈现道德理念，同时又在根本上是愉悦的，这种愉悦一方面是来自于“仁”自身的推动——因为对于儒家而言，亲子之爱是“仁”的最根本、最核心、最原始的且发自内心深处或本能的源泉；另一方面，“乐”与“诗”更助长、强化了“礼”这一行为在呈现状态上的愉悦性、形式化。由此，贺麟得出的结论是，儒家思想既是一种哲学，又是一种宗教，也是一种艺术，因而，在这些方面可以体现出儒家思想的真精神，也是据以借助西方资源丰富自身的合理通道。

在此，最为值得探究的是贺麟对于宗教以及援基督教以助儒教的看法，因为这一问题不仅牵涉到儒家思想与宗教的关系问题，而且牵涉到礼乐教化能否合一、新礼乐教化能否复兴的问题。

---

① 贺麟:《文化与人生》,上海人民出版社 2011 年版,第 16 页。

世界上的宗教千差万别，但是绝大多数宗教都是把人与神之间的关系看作是宗教活动的基本关系，且在人与神的关系之中，神是处在彼岸世界的，人是处在此岸世界的，神是绝对主观的神圣存在。为了实现对神的绝对忠诚与信仰，绝大多数或者最主要的宗教都主张实行禁欲主义，不仅存在彼岸世界与此岸世界的对立，而且存在身体与灵魂的对立，以上这两组对立还是一脉相承的，或者说——绝对的主观之说会自然而然地产生灵魂之说，而灵魂之说的充类至尽，又必定会产生宗教。就贺麟所说的儒家思想要借鉴的基督教而言，就不仅仅具有以上宗教的基本特性，而且在对待审美活动、艺术欣赏活动的态度上也同样是持禁欲主义态度的，在宗教礼仪活动中存在的大量艺术因素或者艺术作品都是为了对神的信仰服务的。

而儒家思想则与上述宗教大相径庭，其所重视的乃是人与人之间的伦理关系，尤其是源出于“亲子之爱”的血亲之“仁”，由此衍生出的伦理世界绝不可能是彼岸世界的，而是顺应人情、人欲且加以规范，并实现为“礼”的现实行为。在这样一种思想的文化态度中，审美活动就不仅不是一个被禁欲的对象，而且是一个受到积极肯定、标示悦乐生活态度的对象，同时审美活动也与道德教化活动——礼的践履活动完美地融合在一起。那么，基督教在多大程度上对新儒家的建立能够有所助益？还是胡越肝胆？这些都是贺麟需要加以回答的问题，具体来看，贺麟主要是从“仁”“诚”“儒者气象”三个方面来进行重新阐释的。

## 二、“仁”“诚”“儒者气象”与诗乐新教化

首先，就贺麟对“仁”的阐释来看，能够最为鲜明地体现礼乐教化传统新复兴的思路与内涵。

“仁”在儒家思想中是最为核心的机杼，正如上文所述，源自于亲子之爱。因而，儒家正是在人类的这一最基本的、最根本的情感上因“势”利导，这一“势”就体现在——“亲子之爱”是源出本能、冲动强大且自然而然的。张祥龙曾对“亲子之爱”之于儒家的极端重要性及其在文

化上的独特性做过极为精彩的论述。他说："这种以人间的亲子之爱为源头的学说，在世间大宗教中和哲学及伦理学中（包括中国的道教和东方的佛教），几乎是独一无二的，即便十分强调家庭关系的犹太教，也还是以人神关系为第一位。儒家的亲子源头说的长处在于最切近人生，对我们活生生的人而言最真实，直接可理解。不仅仁人君子可以理解，老百姓也闻风而化，所以孔子才有自信说，给我几年，我就能让这个事做成，让天下大治。只有儒家达到了此人类生存的源头，掌握了人类生存的锁钥，这是其他宗教根本没法比的。"① 由此看来，"亲子之爱"是一种最为纯粹的、自然的、本能的冲动，其在行为上的体现绝不可能是绝对主观或者绝对客观的，也可以说是不可能是主客之间分离的，而只能是主客不分离或者主体与主体之间不分离的。自此而言，亲子之间所达成的和睦与和谐既是善的，又是美的，或者说，如果在此把美与善作为人类独立的价值形态再进行孤立的划分，比如像西方哲学与美学那样只是把艺术作品、日用品、自然环境空间视为审美的对象，而不把人与人之间的道德行为视为审美领域之中的内在对象，那就完全不能理解儒家思想的美善相兼以及礼乐教化。因此，就只能从具体的行为出发，保持其行为本身的完整性，而不是从抽象的价值区分出发，来对这一行为的完整性进行质疑，那就是说，在以"仁"为核心的"礼"自身就是善与美的，自"善"而言，这一行为体现了"仁"的理念与价值；自"美"而言，这一行为体现了"仁"的愉悦性状态，但是，不管对这一行为如何进行分析，都只是视角的不同或者分别而已，并不影响这一行为的完整性及其存在状态上的自明性与简捷性。

自"仁"与"诗教"的关系来看，贺麟说：

仁乃儒家思想的中心概念。固不仅是"相人偶为仁"的文字学

① 张祥龙：《孔子的现象学阐释九讲——礼乐人生与哲理》，华东师范大学出版社 2009 年版，第 190—191 页。

名词，如从诗教或艺术方面看来，仁即温柔敦厚的诗教，仁亦诗三百篇之宗旨，所谓“思无邪”是也。“思无邪”或“无邪思”，即纯爱真情，乃诗教的泉源，亦即是仁。仁即天真纯朴之情，自然流露之情，一往情深、人我合一之情。矫揉虚伪之情，邪僻淫亵之思，均非诗之旨，亦非仁之德也。纯爱真情，天真无邪之思，如受桎梏不得自由发抒，则诗教扫地，而艺术亦丧失其精髓。①

“诗教”的“温柔敦厚”正是“仁”的体现，也是“礼”的具体状态——因为“礼”的根本就在于对情与欲的节制性的满足，“纯爱真情”“天然纯朴之情”“自然流露之情”“一往情深、人我合一之情”既是“仁”的根本宗旨，也是“诗三百”的基本意蕴，其与“矫揉虚伪之情，邪僻淫亵之思”是完全相反的，而健康、积极、和谐的“仁”是中和的、温柔敦厚的，“矫揉虚伪”是理性、德性对情的压抑太过，而“邪僻淫亵”则是情自身放纵太过。贺麟在对“温柔敦厚”作为“诗教”与“仁”的相通处的阐述中，还尤其突出了“仁”之情的“自由发抒”，如果受到桎梏，那么“仁”与“诗教”就受到了损害。

而“仁”作为宗教与哲学的层面，同样可以在新的挑战与机遇中得以滋养，他说：“从宗教观点来看，则仁即是救世济物、民胞物与的宗教热诚。《约翰福音》有‘上帝即是爱’之语，质言之，上帝即是仁。‘求仁’不仅是待人接物的道德修养，抑亦知天事天的宗教工夫。儒家以仁为‘天德’，耶教以至仁或无上的爱为上帝的本性。足见仁之富于宗教意义，是可以从宗教方面大加发挥的。从哲学看来，仁乃仁体。仁为天地之心，仁为天地生生不已之生机，仁为自然万物的本性。仁为万物一体、生意一般的有机关系和神契境界。简言之，哲学上可以说是有仁的宇宙观，仁的本体论。离仁而言本体，离仁而言宇宙，非陷于死气沉沉的机

---

① 贺麟:《文化与人生》,上海人民出版社 2011 年版,第 16—17 页。

械论，即流于漆黑一团的虚无论。”[①] 在此，他没有从儒家或者儒教与基督教的相异之处出发，而是从两者之间在精神上的相通之处出发，尤其是站在儒家礼乐教化思想如何复兴的角度，避免了对两者之间的复杂比较，而只是取其相似相通之处，既保持了儒家思想的基调，又凸显了儒家思想之中的宗教情怀与基督教精神的内在相通，这使得礼乐教化传统以及新的礼乐教化复兴都保持了其基本的枢机及合理性，而没有陷入一个陷阱之中——因为基督教神学美学在根本上是对审美活动持否定态度的。这都表明贺麟的思想是极为高明的。

其次，就贺麟对“诚”的阐释来看，既是对上述论“仁”的深化，因为“诚”所指的正是“仁”所能实现的、达到的境界，也是对儒学思想的提高与拓展。

贺麟认为，儒家的“仁”道德意味较多，而“诚”则哲学的意味较多。他说：“《论语》多言仁，而《中庸》则多言诚。所谓诚，亦不仅是诚恳、诚实、诚信的道德意义。在儒家思想中，诚的主要意思是指真实无妄之理或道而言。所谓诚，即是指实理、实体、实在或本体而言。中庸所谓‘不诚无物’，孟子所谓‘万物皆备于我矣，反身而诚’，皆寓有极深的哲学意蕴。”[②] 而且，他还认为，“诚”在原本的呈现状态上是时间性的，而不是一个抽象的哲学理论或术语问题。他说：“诚不仅是说话不欺，复包含有真实无妄、行健不息之意。‘逝者如斯夫，不舍昼夜’，就是孔子借川流之不息以指出宇宙之行健不息的诚，也就是指出道体的流行。”[③] 因此，在这里的“诚”所指的正是“仁”在作为一种现实的行为之中——其实也就是“正在”践履着的“礼”中的体现状态，比如纯粹、至诚等等，这也就是说，“仁”自身的构成与原初的存在状态正是这种绵延着、涌现着且纯粹至诚的时间性存在——这正是“道体”的

① 贺麟:《文化与人生》,上海人民出版社 2011 年版,第 17 页。
② 贺麟:《文化与人生》,上海人民出版社 2011 年版,第 17 页。
③ 贺麟:《文化与人生》,上海人民出版社 2011 年版,第 17 页。

"流"与"行"。

因而，"诚"不仅与宗教信仰活动之中的至真至善相通，如贺麟所说："诚亦是儒家思想中最富于宗教意味的字眼。诚即是宗教上的信仰。所谓至诚可以动天地泣鬼神。精诚所至，金石亦开。至诚可以通神，至诚可以前知。诚不仅可以感动人，而且可以感动物，可以祀神，乃是贯通天人物的宗教精神。"① 而且，"诚"与"思无邪"或者"无邪思"的诗教也是完全相沟通的，他说：

> 就艺术方面言，思无邪或无邪思的诗教即是诚。诚亦即是诚挚纯真的感情。艺术天才无他长，即能保持其诚、发挥其诚而已。艺术家之忠于艺术而不外骛亦是诚。总之，诚亦是儒家诗教、礼教、理学中的基本概念，亦可从艺术、宗教、哲学三方面加以发挥之。今后儒家思想的新开展，大抵必向此方向努力，可以断言也。儒家思想循艺术化、宗教化、哲学化的方向开展，则狭义的人伦道德方面的思想，均可扩充提高而深刻化。从艺术的陶养中去求具体美化的道德，所谓兴于诗，游于艺，成于乐是也。②

通过诗教来纯化"仁"之"诚"所指的正是孔子所言"兴于诗，游于艺，成于乐"，其中最为重要的就是"兴"。它不仅仅指的是作为修辞手法的"兴"，比如"一二一，一二一，我吃苹果你吃梨"之中的"一二一，一二一"与"我吃苹果你吃梨"之间并无意义上的实际联系。但是如果少了"一二一，一二一"，"我吃苹果你吃梨"就会变得索然无味，缺乏美感，缺乏吸引力。两句相连，则可以使一个完整的、完善的且兴发的、涌现的审美活动或者审美行为得以完成，以至于当我们熟记这两句童谣的时候，会产生如此强烈的兴发性或者涌现性的后果。比如

① 贺麟：《文化与人生》，上海人民出版社 2011 年版，第 17 页。
② 贺麟：《文化与人生》，上海人民出版社 2011 年版，第 17—18 页。

当“一二一，一二一”被单独念诵的时候，我们甚至会强制式地在内心把“我吃苹果你吃梨”默念出来。可以看出，“兴发”会对所表达的情感、思想造成直接的影响，直接关系到情感、思想呈现的质量与强度。因而，诗教所引发的、兴发起的“情”就是一种如贺麟所言——“具体美化的道德”，那么，诗教之中“情”之“诚”也就是“仁”体现为内时间意识的流畅性、纯粹性以及注意力的加强。

仅就“诚”而言，贺麟也是同样希望通过艺术化、宗教化、哲学化来进行新礼乐教化的建立，他说：“从宗教的精诚信仰中去充实道德实践的勇气与力量，由知人进而知天，由希贤、希圣进而希天，亦即是由道德进而为宗教，由宗教以充实道德。在哲学的探讨中，以为道德行为奠定理论基础，即所谓由学问思辨而笃行，由格物致知而诚正、修齐是也。而且经过艺术化、宗教化、哲学化的新儒家思想不惟可以减少狭义道德意义的束缚，且反可以提高科学兴趣，而奠定新科学思想的精神基础。”①可见，“诚”的复兴不仅有助于礼乐教化的提升、儒家思想的新建设，而且有助于科学精神的培养。

其三，美育与全面发展的“儒者气象”。

贺麟所说的“儒者气象”是其新儒学以及新礼乐教化建立的主要组成部分，就其内涵而言，与现代美育理论中的全面发展息息相关。

贺麟认为，包括美育或者艺术教育在内的人的全面发展是生活修养的必需，其思想的独到贡献就在于——赋予全面发展教育理论以浓郁的中国风度、中国气派，就儒家文化而言，那就是“儒者气象”。他说：

> 就生活修养而言，则新儒家思想目的在于使每个中国人都具有典型的中国人气味，都能代表一点纯粹的中国文化，也就是希望每个人都有一点儒者气象，不仅军人皆有“儒将”的风度，医生皆有“儒医”的风度，亦不仅须有儒者的政治家（昔时叫做“儒臣”），

① 贺麟：《文化与人生》，上海人民出版社2011年版，第18页。

亦须有儒者的农人（昔时所谓耕读传家之“儒农”）。在此趋向工业化的社会中，所最需要者尤为具有儒者气象的“儒工”“儒商”和有儒者风度的技术人员。若无多数重忠孝仁爱信义和平的道德修养的儒商、儒工出，以树立工商的新人格模范，商者凭借其经济地位以剥削人，工者凭借其优越技能以欺凌人、傲慢人，则社会秩序将无法安定，而中国亦殊难走上健康的工业化的途径。①

贺麟以上所述正是针对现代社会尤其是工业社会以来，社会分工愈来愈细愈专业，这势必导致教育也以专业教育为己任，尤其是把科学教育、职业教育、理工科教育作为最为主要的内容，这种强大的教育现代性进程势必会对道德教育、审美教育造成强烈的冲击，因而，他提出应该关注人的全面发展，而且这一全面发展应该是中国气派、中国风格的。

就“儒者”的德、智修养与教育而言，贺麟说：“最概括简单地说，凡有学问技能而又具有道德修养的人，即是儒者。儒者就是品学兼优的人。……唯有有学无品，有才无品，只有知识技能而无道德，甚或假借其知识技能以作恶者，方不得称为儒者，且为儒家所深恶痛绝之人。”②

就“儒者”的审美修养而言，贺麟认为应该具有良好的趣味与诗意。在此，他把视野与语言指向儒家的礼乐教化或者诗教传统。他说：“就意味或气象来讲，则凡具有诗礼风度者，皆可谓之有儒者气象。凡趣味低下，志在名利肉欲，不知美的欣赏，即是缺乏诗意。凡粗暴鲁莽，扰乱秩序，内无和悦的心情，外无整齐的品节，即是缺乏礼意。无诗意是丑俗，无礼意是暴乱。”③ 而且，其所言“诗礼”“礼教”“诗教”是应新时代的新现实而变的，其具体对象指的是广义的艺术或者艺术教育。

就整体而言，贺麟的美育思想是稳健积极、与时俱进的。面对工商

① 贺麟:《文化与人生》,上海人民出版社 2011 年版,第 18 页。
② 贺麟:《文化与人生》,上海人民出版社 2011 年版,第 18 页。
③ 贺麟:《文化与人生》,上海人民出版社 2011 年版,第 19 页。

业时代、个性发达的现代社会的来临，一些文人与学者极为不适应，颇有复“礼乐教化”之古的倾向，贺麟所针对的主要有两人，其一是辜鸿铭，贺麟说：“三四十年前，辜鸿铭站在儒家立场，以攻击西洋近代文明，其所持标准，即是诗礼二字。彼认为西洋近代文明的各种现象，如工商业的发展，君主的推翻，民主政治的建立，均是日趋于丑俗暴乱，无诗之美，无礼之和。”① 其二是泰戈尔，贺麟说：“又印度诗人泰戈尔，来游中国时，一到上海，即痛斥上海为‘丑俗之大魔’。因上海为工商业化的东方大都市，充斥了流氓、市侩、买办以及一切殖民地城市的罪恶，不唯无东方静穆纯朴之诗味，亦绝无儒家诗教礼教之遗风。”② 就他对以上两者的评价而言，他认为泰戈尔的感受较为合理，而辜鸿铭指斥西洋近代工业文明的民主政治，却陷于偏见与成见，他说：

> 彼只知道中古贵族式的诗礼，而不知道近代民主化的诗礼。试观近代英美民主政治的实施，竞争选举，国会辩论，政治家的出入进退，举莫不有礼。数百万居民聚处于大都市中，交通集会亦莫不有序。其工人、商人大都有音乐、戏剧可观赏，有公园可资休息，有展览会、博物馆可游览。每逢星期，或入礼拜堂听讲，或游山林以接近自然。工余之暇，唱歌跳舞，自得其乐。其生活亦未尝不可谓为相当美化而富于诗意。③

因此，贺麟主张建立的是近代民主化的“新诗礼”，其“新”就在于——审美资源与审美教育的公共化、民主化，当然，这既是现代性进程中的积极成果，又是教育现代性的辉煌呈现。他说：“总之，以诗礼表达儒者气象是甚为切当的。如谓工商化、民主化的近代社会缺乏诗礼意

① 贺麟：《文化与人生》，上海人民出版社 2011 年版，第 19 页。
② 贺麟：《文化与人生》，上海人民出版社 2011 年版，第 19 页。
③ 贺麟：《文化与人生》，上海人民出版社 2011 年版，第 19 页。

味，无有儒者气象，则未免把儒家的诗教礼教看得太呆板、太狭隘了。”①在这里，他最为看重的是儒家礼乐教化传统中的民主因素，并对这一因素进行了西式的补充与发扬，他说：“假如只认儒家思想是为专制帝王作辩护谋利益的工具，则是根本违反民主主义的。这不但失掉了儒家‘天视民视、天听民听’和‘民贵君轻’等说的真精神，而且也忽略了西洋另有一派足以代表儒家精神的民主思想。这一派注重比较有积极性、建设性的民主，其代表人物为理性主义的政治思想家。他们认国家为一有机体，人民在此有机体中各有其特殊的位分与职责。”②

关于近代民主化的“新诗礼”，他做了很多有创造性的新设想，比如对男女问题，他从能循有诗意、合礼仪、负社会国家的道德责任的角度进行了精彩论述，他说：

> 所谓有诗意，即男女关系基于爱慕与相思，而无淫猥亵渎之邪思，如关关雎鸠式的爱慕，辗转反侧式的相思，便有诗意了。所谓合礼仪，即男女交际，有内心之裁制，有社交之礼仪。其结合亦须得家庭、社会、法律之承认。所谓须负社会、国家的道德责任，即男女结合非纯为个人享受，亦非仅解决个人性欲问题，乃有极深的道德意义，于家庭、社会、民族皆有其责任。男女之正当结合，于社会、国家皆有裨益，且亦是社会、国家所赞许嘉勉的。男女关系须受新诗教、新礼教的陶冶，且须对社会、国家负道德责任，这就是儒家思想新开展中所指示的途径。现在中国许多美满的新家庭生活已于无意间遵循着、实现着、代表着此种新儒家的理想了。③

综上所述，贺麟主张对儒家的礼乐教化应随时而变，应对新时代的

① 贺麟：《文化与人生》，上海人民出版社 2011 年版，第 19 页。
② 贺麟：《文化与人生》，上海人民出版社 2011 年版，第 21 页。
③ 贺麟：《文化与人生》，上海人民出版社 2011 年版，第 23 页。

新问题与新机遇，予以合理、合情、合时的新解答，而且应该站在儒家的立场上。这种立场与策略，既保全了中国传统礼乐教化的优秀传统，又使这一传统得到新的提升与拓展，贺麟在美育思想上的贡献是重大的、独到的。

## 第三节　礼乐教化活动的时间性

在贺麟对礼乐教化活动的解释中，其整体的观点是把礼乐教化活动视为一个流畅地进行持存与绵延的时间性过程，并在阐释过程中始终保持礼乐教化活动自身的完整性，不是从极端主体性的美、善相区分的观念去强行对事物或者行为进行归类，而是从原生的、原发性的人类生活或者行为的整体性出发，既尊重美、善之间的基本区别，又充分关注到美、善因素可能共存于一个统整性的生活或者行为，这就为礼乐教化活动之中“礼”与“乐”的交织融合觅得坚实的学理基础，又对这一活动作为内时间意识的特殊性进行了卓越分析。

这一从时间性视域对礼乐教化活动的解释既是对中国古典美育传统的具体、深入的阐释，也是儒化西学的主要体现之一，其集中体现在贺麟《近代唯心论简释》一书中的“时空与超时空”一节，是其时间性思想的有机组成部分，并在论及柏格森哲学中的绵延学说等时也有所体现。

### 一、不外于“心”的时间性

在《近代唯心论简释》第二章“时空与超时空”中，贺麟集中探究了时间与空间问题，就整体陈述来看，他还是把时空问题凝聚在一起进行统一讨论，尤其是把时空理解为自然科学意义上的或者数理意义上的时空，比如他说：“大概讲来，西洋人注重时空，东方人注重超时空。（罗素素喜东方的老庄，所谓能够感觉到时间的不重要为人智慧之门，亦颇有东方意味。）古代人注重超时空，近代精神则注重时空。宗教、艺术、哲学中注重超时空，科学、政治、经济、实业则注重时空。”[①] 这些话虽不无道理，比如科学、经济等就以最新的成果、成就为标准，是一种以新否定旧的标准，而艺术则是高峰并耸，不能以创作时间的新近来决定作品的价值与水准，但是就总体而言还是显得汗漫无序，尤其是仅仅把时间理解为如此单一的向度。

从其局部来看，贺麟还是把时间问题置入具体情境之中做具体分析，其中最为主要的体现就是从意义与价值出发，考察时间在不同的价值与意义寻求活动之中的不同状态，比如他说：“把时空当作事物去研究是可以的，若硬断定说时空是实事实物，那就是未经过知识论批导研究的独断玄学。一如不管人是不是机器，科学为方便计，把人当作机器，把人的情感欲望都当作几何学上的点线面积一样去加以研究，也是可以的。但若硬断定人是机器，根本否认意志自由，那就是独断的玄学。”[②] 这就明显地显露出其业已跳脱出上述所谓的统整性时间观，也跳脱出形而上的武断论或者预设性的教条，从而做到从实事出发，对时间或者时间性存在的不同领域进行具体分析，上述文字就已经包括了知识论维度、伦理学维度、心理学维度，而且，很明显，时间在这些领域中的体现都大相径庭。

贺麟曾从以下四个方面来表达关于时间的命题，其一，“时空是理”，他说：“理是一个很概括的名词，包含有共相、原则、法则、范型、标准、尺度以及其他许多意义。就理之为普遍性的概念言，曰共相。就理之为解释经验中的事物之根本概念言，曰原理。其实理即是原理，理而不原始不根本即不能谓之为理。就理之为规定经验中事物的有必然性的秩序言，曰法则。就理之为理想的模型或规范言，曰范型或形式。就理之为经验中事物所必遵循的有效准则言，曰标准。就理之确定不易但又

① 贺麟:《近代唯心论简释》,上海人民出版社 2009 年版,第 9—10 页。
② 贺麟:《近代唯心论简释》,上海人民出版社 2009 年版,第 12 页。

为规定衡量经验中变易无常的事物的准则言，曰尺度。”[①] 其二，“时空是心中之理”。他说：“心之有理，犹如刃之有利，耳之有聪，目之有明。我们说，心外无可理解之理，犹如说，刃外无利刃，耳外无耳聪，目外无目明。换言之，理即是心的本性，一如利是刃的本性，聪是耳的本性，明是目的本性。”[②] 其三，“时空是自然知识所以可能的心中之理或先天标准”[③]。其四，“时空是自然行为所以可能的心中之理或先天标准”[④]。在这里，贺麟明确地提出，时间并不只是在空间里才存在的、自然科学意义上的时间，任何行为都是有时间性的，而且这种时间性并不是以“年月日”等度量性的标准去把握的，而是就行为自身作为一种直观性、直觉的状态而言，正是时间性的。他在这里特别指出了中国古典哲学在时间性维度上的贡献，他说：“时间与空间（特别时间）对于行为关系之重要，实不容任何哲学家忽视。且中国哲学家每提到时间空间问题时，又大都完全注重时空与行为的关系。”[⑤]

至此，贺麟明确地从人类价值与意义寻求活动差异的视角，提出了“自然行为”中时间性状态的三个领域，他说：

> 此处所谓自然行为包括三层意思，一是指基于本能要求自然欲望而产生的行为，一是指出于理智的计算为实用的目的而产生的足以适应生存且有经济实用价值的行为，一是指艺术化或美化的自然行为。盖自然本含有本能的、实用的、美的三层意思也。[⑥]

整体来看，贺麟时间性思想的构建所追求的是一种极为宏阔的天地。

---

① 贺麟:《近代唯心论简释》,上海人民出版社 2009 年版,第 18—19 页。
② 贺麟:《近代唯心论简释》,上海人民出版社 2009 年版,第 20 页。
③ 贺麟:《近代唯心论简释》,上海人民出版社 2009 年版,第 20 页。
④ 贺麟:《近代唯心论简释》,上海人民出版社 2009 年版,第 21 页。
⑤ 贺麟:《近代唯心论简释》,上海人民出版社 2009 年版,第 21 页。
⑥ 贺麟:《近代唯心论简释》,上海人民出版社 2009 年版,第 21 页。

他说："我的看法，以为'物者理也''性者理也''心者理也''天者理也'就是扩充哲学的领域，将物、性、心、天皆纳于哲学思考之内，使哲学正式成为理学的伟大见解。"① 他最为推崇的是陆象山的时空观，他说：

> 到了宋儒才将这些伟大哲学识度重新提出来，显明地、系统地、精详地加以发挥。而朱子对于心与理的关系的问题，尤甚费踌躇，而陆象山直揭出"心即理也"一语，贡献尤伟。……自陆象山揭出"心即理也"一语以后，哲学乃根本掉一方向。心既是理，理既是在内而非在外，则无论认识物理也好，性理也好，天理也好，皆须从认识本心之理着手。不从反省心着手，一切都是支离骛外。心既是理，则心外无理，心外无物。而宇宙万物，时空中的一切也成了此心之产业，而非心外之傥来物了。故象山有"宇宙即是吾心，吾心即是宇宙"之伟大见解，而为从认识吾心之本则以认识宇宙之本则的批导方法，奠一坚定基础，且代表世界哲学史上最显明坚决的主观的或理想的时空观。②

这表明，贺麟的时间性思想一如其从价值与意义角度对时间性状态进行的划分一样，他主张应从"心"出发来理解时间，当然，"心"并不是绝对自立的、纯粹的意识活动，而是意向性的人类活动，正如他所说："由'心即理也'的思想发展为认时空为吾心之理，吾心掌握着时空中事事物物的枢纽的思想，乃是自然的趋势，宋儒思想的顶点。'心者理也''宇宙即是吾心，吾心即是宇宙'，真是陆象山千古不灭的心得。"③ 而且，贺麟认为，康德的时间性思想与陆象山是相通的，他说："微妙地

---

① 贺麟：《近代唯心论简释》，上海人民出版社2009年版，第23页。
② 贺麟：《近代唯心论简释》，上海人民出版社2009年版，第23页。
③ 贺麟：《近代唯心论简释》，上海人民出版社2009年版，第23页。

指出时间与空间为心中之理则，非心外之实物，由把握住时空因而掌握住排列在时空中的事事物物的权衡。盖现象界万事万物既不能逃出时空的范围，即不能逃出此心此理的宰制也。”①

由此出发，贺麟认为，最为原始的时间观念莫过于“此时”，而“此时”所指的正是——“并非特殊的固定的实物，而乃此心所建立，用以指谓任何当前之地、当下之时的普遍概念。外界自然中，固无一地可以单独称为此地者，在事物绵延的过程中，亦无有任何刹那可单独称为此时者。是以足证此时此地乃主体固有之准则，用以排列或确指任何当前之地、当下之时者。此时所指者可以是具体的特殊的绵延”②。因此，与上述贺麟所言“艺术化或美化的自然行为”相联系，“时间”就不再是一种外于主观心理之外的“实体”或者“实物”，而是任何一种行为或者心理活动所具有的“扩张”“绵延”特性。

## 二、原发的礼乐教化活动之统整性

贺麟介绍了在道德价值与审美价值关系上的两种主要看法。关于第一种，他说：“一种观点在道德价值和美学价值之间划了一条轮廓分明的界限；另一种观点却寻求两者之间的同一性。一种观点认为，道德价值作为一个整体，总是同需要相联系的，而需要又通过我们的意志产生我们的行为；至于美学价值，是摆脱了实际生活中的欲求和期望的。这就是说，美学价值的对象就是没有任何欲望的爱的对象。个人、事物和关系，它们的价值并不依赖于它们做什么，而依赖于它们是什么以及意味着什么。道德价值和美学价值的另一个区别是，道德价值是以义务或命令（imperative）为基础的，这些义务或命令对生活中的重大问题是生死攸关的。而美学价值只是一个鉴赏的问题，仅仅涉及那些与利害无关的事物，与生活中的重大问题也毫不相干。换句话说，美学中不存在类似

---

① 贺麟:《近代唯心论简释》,上海人民出版社 2009 年版,第 25 页。

② 贺麟:《近代唯心论简释》,上海人民出版社 2009 年版,第 25 页。

道德命令那样的审美命令。”[①]

另一种观点则是认为两者之间存在着同一性，贺麟介绍了柏拉图、康德、亚历山大的观点，尤其对亚历山大思想进行了详细介绍，他说：“亚历山大说，‘道德和艺术一样，都是人类的创作。这种创作完全是经验的，其中不存在任何关于正确和错误的预先规定的标准。不过，正确的东西都是人们在经验中、在群居本能的指导下，所发现的能够满足人的感情的东西’。他接着说道，道德是满足这种群居本能的艺术，它把感情当作它的材料，再努力加工使它们与人的社会本性相一致。”[②]

如果从美育或者美育理论角度来审视上述两种看法，就会深入到一些中国近现代美学史与美育思想史重要节点——中西美学、美育思想之间交互换位、此消彼长的枢机：

第一，从第一种主张美、善分离，审美无关功利的思想来看，康德美学对中国近现代美学以及美育理论产生了至关重要的影响，其强调审美价值的独立性，强调美育自身的不可替代性。其积极价值就在于——对我国礼乐教化、美善相兼的美学传统是一个极为有效的、积极的补充与启蒙，因为这种美学传统往往会产生一种消极后果——把审美的价值完全消弭于“礼”或者“善”的视域之内，而没有自身的独立性。

但是，这一美学思想运用于美育领域也会产生消极的后果，那就是——在美、善之间设立一个鸿沟，只是对美与善进行价值划分，而后把这一划分标准作为一种先验的偏见或者成见，以此出发对事物与现象进行归类，而不是从事物、现象的原本面貌出发，因而，美育与德育就绝对分立，各行其是，最为难解的问题就是——当再论及德育与美育之间的关系时，就显得极为突兀、扞格，只能采取——以美育的形式辅助或者影响德育的内容与效果——这一惯常的方式，而且这一方式几乎已经固化为一种美育理论“语法”。另外一个极为消极的后果就是——我国

① 贺麟:《哲学与哲学史论文集》,商务印书馆 1990 年版,第 67—68 页。

② 贺麟:《哲学与哲学史论文集》,商务印书馆 1990 年版,第 68 页。

古典礼乐教化传统的丧失殆尽，不仅导致美育传统的中断，更会导致礼性文化传统、德性传统的腰斩，其恶劣影响会在历史的延续中愈演愈烈。

第二，从第二种主张来看，其在美育理论上的积极价值在于——由于不对美与善之间的界限进行绝对的划分与规定，而是从原本的审美现象出发，保持其完整性，比如柏拉图就是看到了艺术品、诗歌对情欲的助长、激发作用，从而在教育活动中，把艺术或者诗人驱逐出去。也就是说，某些行为本身同时包含了美与善的因素或者因子，因而，就不能使用善与美之间过于高扬主体性的标准去对这一统整性的行为进行强制性的划分。就贺麟所引述的亚历山大的见解来看，他就主张不对善与美进行预先规定的划分，这样，就保全了生活经验或者行为自身的完整性。

因此，如上所述，这种观点在美育活动或者美育理论中的体现也有积极或消极的可能性。就美学史与美育理论史的发展来看，其积极之处同样可以为主体性过强的美育理论进行必要的补充与启蒙。

于是，贺麟的这一思想显得尤为摇曳多姿，当然，就整体而言，他更为倾向后者，他说：

> 虽然承认我们不要过分忽视了艺术和道德的区别，但我以为，最高的艺术和最高的道德性应当是同一的。当道德不再被仅仅作为调节人们行为的规则和戒律时，而且当道德不再是关于冲突或危机或杜威所说的“道德情境”的理智分析的解决的时候，换句话说，当道德也变为一种源于自发性和内在和谐的、直觉的或本能的行为的时候，那时道德必定会变成艺术。当道德还未能超出它的命令的和强制的阶段的时候，当艺术还未具体化为道德律的时候，想得到两者的同一性是没有希望的。①

上述这段话正为儒家的“礼乐教化”奠立了最为坚实的学理根基，

① 贺麟:《哲学与哲学史论文集》,商务印书馆 1990 年版,第 68 页。

也更传达出了孔子、孟子等持性善论者之所以重视诗教、乐教的真相，那就是——一旦道德行为成为一种“源于自发性和内在和谐的、直觉的或本能的行为的时候”，道德活动与审美活动就是完全一体的，或者说善与美只是这一个行为中的两个因子而已，而且，贺麟还全面地认识到了美善相兼或者礼乐教化活动得以达成的两个必要条件——“当道德还未能超出它的命令的和强制的阶段的时候，当艺术还未具体化为道德律的时候，想得到两者的同一性是没有希望的”①。

## 三、“礼乐”之“时为大”——美育活动的兴发性与流畅性

如前所述，礼自身就是美的，就是呈现为乐（音乐）的或者诗的，而且，用西方关于惯于对真善美彻底区分、区别的思想就无法理解——美与善的重合并不是两种实体或者实物的重合，而是在一个行为、活动、举止或者意识之中，出现了道德与审美两种价值而已。当然，“礼乐教化”的传统并不是没有缺陷的，其中最为主要的缺陷就在于“善”或者“礼”往往压倒性地超越了或者僭越了“美”，比如正像蔡元培先生所言，就现代音乐教育的建立来看，就必须在礼制音乐与艺术音乐两条道路上齐头并进，而在中国“礼乐教化”的传统中，礼制音乐就在量的存在上大大超出了纯粹以感官愉悦、享受为宗旨的艺术音乐。

但是，从另外一方面来看，“礼”的教育需要“乐”，或者需要更好的“乐”，而“乐教”则同时也可以是“礼”的教育。只不过，礼乐教化往往过于强调礼，而忽视了纯粹的乐的教育。这又是西方真善美相区分之思想可以弥补中国古典礼乐教化传统的地方。因此，贺麟的美育思想在此避免了中国近现代美育理论往往片面地全盘接受康德美学思想而造成的弊端。

既然“礼乐教化”在贺麟的阐释中已然如此清晰分明，那么，对礼乐教化活动存在状态及构成方式的阐释与研究就是顺理成章的。就整体

---

① 贺麟:《哲学与哲学史论文集》,商务印书馆 1990 年版,第 68 页。

而言，贺麟是从两个方面来阐释礼乐教化活动之中的时间性或者时间特性的，其一，礼乐教化活动何以产生并持续地、兴发性地存在？这是从礼乐教化活动何以值得存在、何以可能存在的角度而言的。其二，礼乐教化活动自身作为一种时间性的存在，其内时间意识具有何种特性？这是从礼乐教化活动得以触发、延续以至于结束的完美、完善程度而言的，因为这种完美与完善的程度决定了“乐”是否能够更好地、更强烈地让“礼”呈现出来。

就第一个方面而言，贺麟提出了“礼时为大”，他说：“时与空不可分，虽‘礼时为大’即包含有‘礼空为大’之意。盖礼的行为不仅是符合理性的时间标准，且须符合理性的空间标准。不过以时间的标准为重为主罢了。礼而能不爽其时，自可不误其地。”① “礼时为大”所说的正是“礼”作为一种价值与意义的必然性，同时，这种必然性又是一种情境化的存在，或者说是一种涌现性的、兴发性的存在，之所以如此，正是“礼”的应“时”而生，而不是抽象的价值与意义，更不是矫揉造作与出于强力压迫而行之。在这里，贺麟所强调的是“礼”之所以值得存在的自然而然状态，其时间性并不是指由实体或者实物的时间来为“礼”的践履进行衡量，而是“礼”的意义与价值出于自然、必然，且体现为现实行为的涌现性——其实也就是“礼”何以体现为“时”并涌现为“时”。

而且，“礼时为大”还体现为身体的运动或者身体运动之中的空间感。因而贺麟说：“动容周旋中规矩，本质上固有指行为之合理性矩度言，但实际上仍指合于适宜的空间标准而言。盖当执礼之时，进退周旋出入立坐，均有一定的空间的矩度，一如跳舞的步伐之有节奏，且须与音乐合拍。”② 那么，在礼的践履过程中，身体运动、俯仰、回旋、进退等等不仅可以给他人呈现出诸如秩序、整体、严整、儒雅、流畅等等美

① 贺麟：《近代唯心论简释》，上海人民出版社 2009 年版，第 34 页。

② 贺麟：《近代唯心论简释》，上海人民出版社 2009 年版，第 34 页。

感形态，而且当礼的践履者自身也会在身体运动的过程中体验到上述美感，礼的践履者之间更是一种互相配合、逗引、触发、接引并使礼不断地涌现出来的不可分离关系。因此，尤其是在“乐”的配合之下，“礼教”就与“乐教”完全融化为一体或者一个行为，当然，这个行为有可能是个体身体上所发生的，也有可能是一个群体行为。即便是一个群体行为，那也只是“一个”完整的行为或者活动。这就是贺麟对礼教、礼乐教化活动之中身体律动及其空间感在美感上的卓著描述。

就第二个方面而言，贺麟提出了“乐时为大”。他着重指出了“乐”或者音乐的时间性，其实也就是同时指出了“礼”的践履活动的时间性，其特性就在于作为内时间意识的流畅性。他说：

> “礼时为大”诚道出礼之特质，但我们亦可以说“乐时为大”，盖礼乐常相须。时间为礼之主要成分，同时，时间的准则亦为任何音乐所不可缺。时间的准则，实为使音乐之为音乐、音乐之有节奏的唯一要素。但音乐上的时间乃是为理性、为审美的规范所决定的时间。有其自然处，但是美化的自然，有其权断处，但是以美为目的而权断。①

在此，贺麟所说的音乐的时间性带有很大程度上的含混性，因为所有的艺术欣赏活动或者审美活动都是内时间意识的兴发、持续、绵延，而不管其对象是音乐、语言，还是雕塑、书法、绘画。他说：“就艺术中之音乐诗歌言，以时间准则为重。就艺术中之图画雕刻建筑言，则以空间的准则为重，故此种艺术有称为空间艺术的说法，即以其注重艺术品之空间部位排列之谐和与匀称。”② 由此可见一斑。当然，音乐与语言在其自身构成的特性上又是时间性的，比如乐音、音符的前后相续以及句

---

① 贺麟:《近代唯心论简释》,上海人民出版社 2009 年版,第 35 页。

② 贺麟:《近代唯心论简释》,上海人民出版社 2009 年版,第 35 页。

子之中字词的前后相继就是如此，这是就音乐与语言作为一种媒介或者材料的性质而言的。尽管如此，贺麟还是深刻地指出了审美活动之体现为内时间意识的诸多特性，当然，其主要针对的是音乐，其最为突出的特性就是——“美感”，也就是说，只有音乐的旋律或者乐音是引人入胜的，或者更为具体地说，是能够持续地吸引欣赏者的注意力的，这样的音乐才会如贺麟所言——“以美为目的而权断”[①]，也就是说，不管是纯粹的艺术音乐，还是礼制音乐，都必须要尊重审美活动或者艺术的根本特性、独特规律与自主性，那就是感官的享受、愉悦与陶醉。

由此出发，贺麟继而强调了“礼”与“乐”的结合或者完美融合，其所说的“礼”的内时间意识的“活泼酣畅性”就是由“乐”带来的，他说：

> 道德律与时间的准则合一而产生“礼”的行为，即是道德行为音乐化、艺术化之别一种说法。盖礼与乐、礼与艺术实根本不能分开。离乐而言礼，则礼失其活泼酣畅性，而成为束缚行为桎梏性情的枷锁。离礼而言乐，则乐失其庄严肃穆之神圣性，而成为淫荡人心的诱惑品。[②]

很显然，与“活泼酣畅”相对立的正是“束缚”“桎梏”——其实也就是内时间意识的“流畅”与“阻滞”“磕绊”“滞重”的对立，在实质上，是美感与丑感的对立。在此，虽然贺麟并没有更具体地对审美活动、礼乐教化活动作为内时间意识的构成进行阐释，但是他还是简洁地指出了其基本特性——纯粹的、无杂质的、涌现的、流畅的等等——这既是音乐自身所应该达到的最高境界，也是“礼”所应该达成的最佳境地——通过与音乐的配合来达成。只有臻于如此境界，“礼”才能够真正

① 贺麟:《近代唯心论简释》,上海人民出版社 2009 年版,第 35 页。

② 贺麟:《近代唯心论简释》,上海人民出版社 2009 年版,第 35 页。

化为“自然的道德”而不是“不自然的道德”或者“强制性的道德”，他说：

> 总之，我的意思认为礼基于为道德律所决定的时间空间的准则，而艺术则基于为审美的规范所决定的时间与空间的标准。时空的准则与纯道德律合一而产生“礼”，时空的准则与审美的纯规范合一而产生艺术。礼即是艺术化的道德，而艺术化的道德，就是不矫揉造作而中矩度有谐和性的自然的本然的道德。也可以说是与时谐行随感而应的自然道德。[①]

可见，美妙的、美好的音乐才会产生“时”——“时间”才会汩汩而出，当然，在这里的“时间”只是欣赏音乐的活动自身呈现为内时间意识而已；而上述贺麟所言“随感而应”之“感”的含义正在于描述音乐欣赏活动在构成上的最基本特性——审美主体始终指向所欣赏的对象——意向性特质，这意味着，比如，只有贝多芬的《第五交响乐》才会给人带来独一无二的愉悦感，就是因为其构成是独一无二的，也就是说，审美活动尤其是艺术欣赏活动最为根本的特性就是——“形式显示”——特定的形式带来特定的、独一无二的美感。而“礼”就必须遵从“乐”的这一根本特质，如同贺麟所言——礼的“时空的准则与审美的纯规范合一”，才会产生出“艺术化的道德”——也就是愉悦的、时间性的且必定是形式显示的道德。因此，“时间性”——正是贺麟美育思想、礼乐教化思想中最为精彩的核心之一。

① 贺麟：《近代唯心论简释》，上海人民出版社2009年版，第35页。

# 第十五章　范寿康的美育思想

范寿康（1895—1983），浙江上虞人，我国著名的教育家、哲学家、美学家。

在范寿康所著《教育哲学大纲》一书中，他把美育称作“教育美学”，这一名称在今天看来，已经是不再适用的、不严谨的，而且容易引发误解，因为很有可能把这一术语理解为关于教育的美学或者在所有的教育活动中运用审美的、生动的、形象的手段，其实，就这一术语在该书中的具体内涵来看，其所指的就是教育之中的美育或者审美教育。只是由于在中国现代以来，由于很多学科知识都是从西方引进、译介而来，因此有很多术语、人名的使用尚未统一、规范，这是情有可原的。

## 第一节　“感情陶冶”的得与失

具体而言，范寿康把美育称作“感情陶冶”。在其所著《哲学及其根本问题》一书中，他把哲学研究的对象划分为真、善、美三大类，可见，其所言教育美学针对的就是审美的教育。他首先对历史上的美育理论做了极为简洁的总结，其范围从古代希腊、中世纪、文艺复兴、卢梭一直到席勒。他说：“在希腊时代，一般人士对于感情陶冶，无论理论方面，无论实际方面，都已承认它的必要，进一层说，不但承认感情陶冶的必要，并且有过重感情陶冶的倾向。在那个时代，教育的重要部分实不外乎体育及情育两部。大哲柏拉图以为美与真、善的中间没有明瞭的区别。等到中古时代，基督教为唯一的权威，而美术一项受了宗教的保护也颇有进步，但是学校之中对于情育（美育）却有轻视的趋势。文艺复兴重行提倡美育的价值，惜乎这种教育不久又随宗教改革及主知主义而消灭。”①

而且他指出，“感情陶冶”的独立全赖席勒的努力，但是他又认为席勒的美育思想之中存在把美育泛化的倾向。他说：“照他的见解，美的陶冶是教育的全部，因为美的事物也是善的事物，也是真的事物。这种主张与19世纪末的艺术教育运动者的见解相较，二者之间有些不同。为什么呢？艺术教育运动者之主张美的陶冶只因为艺术是美，决不如席勒之主张美育是因为艺术是美，所以也是善，也是真。换句话说，席勒看美育当作教育的全部，以为美育足以包括智育及意育。”② 因而，他主张，美育不是教育的全部，美育有自己的特定价值，他说：

> 因为美与真、善二者有时虽有错综的关系，但是通常的时候，美与真、善，既截然可分，而且即有错综的地方，美也自有美的特别价值的缘故。③

可以看出，其美育观受到康德的影响较多，因为康德更倾向于从主体性哲学的角度，把真、善、美三种价值之间更加清晰地区分开来，并与人心灵的三种机能相对应。他在《康德审美哲学概说》一文中说：“康德的知识论之所论究者为自然界的法则，他的道德论之所论究者则为自由的境界内的规范。自然界属于学理的知识之范围内，这毕竟系有条件的相对的境界，物本身不在于这范围之内。自由界系道德上的范围，这虽系绝对的无条件的本体界之境域，但是这却不是知识，实在是我们的一种要求或信仰罢了。所以在于康德，自然界与道德界二者乃是完全不

① 范寿康：《教育哲学大纲》，福建教育出版社2007年版，第26—27页。
② 范寿康：《教育哲学大纲》，福建教育出版社2007年版，第27页。
③ 范寿康：《教育哲学大纲》，福建教育出版社2007年版，第27页。

同的世界，其间的一致颇难被我们所发见。自然界专讲事物的‘是’的情形——现实的情形。道德界则专讲事物‘应该是’的状态——理想的状态。前者属于悟性的范围。后者属于理性的范围。我们不知在于两者之间究有何种关系。然而道德常常要求其思想之实现于自然界，所以在道德与自然二界之间终非存有多少的一致不可。康德为连合二者计，乃于二者之中间另置一判断力（Urteilskraft）的境界。”① 而范寿康之所以把美育直接称为“情感的陶冶”，其中的缘由也正在于康德在《判断力批判》中认为美感判断就是对某一事物所做的“快与不快”的情感判断，他说：

> 我们这样由判断力而知觉到一事物之适合于目的的时候，我们常起一种快感。而依据康德的心理学，快与不快的感情是位于知识力与意志力的中间。正和心理上情位于知与意的中间一样，在康德的哲学上判断力是位在悟性与理性的中间的。②

从以上他对席勒、康德的看法与态度可以看出，康德是他所推崇的，而对席勒的美育思想并没有展开论述，这实在是一个很大的遗憾，因为康德的主体性哲学本身就是一个过于高扬主体性的哲学，比如把人的心灵机能划分为知情意三个孤立的方面，本身就存在一个严重的问题——根本没有考虑到那质朴地存在着的现象本身，尤其是处在理论化、被分析之前的原初状态的现象本身，而是直接从抽象化的三个心灵机能出发，来对世间万物进行价值与意义的划分，其结论自然是与之相对应的真善美，而且进一步据此对世间万物进行划分或者划界，自然，这种划界就会强行对那些在构成上比较复杂的现象进行切割，如果不能进行切割，那就会受到蔑视、忽视，比如，如果一个事物或者现象之上同时具有真

---

① 范寿康：《哲学及其根本问题》，开明书店 1930 年版，第 332 页。
② 范寿康：《哲学及其根本问题》，开明书店 1930 年版，第 334 页。

善美三种价值的话，或者同时是善与美的话，康德就会认为不纯粹。

在美学上，康德认为审美情感是一种超功利的快感，其实，这只是针对那些以纯粹的艺术品作为审美对象的审美活动而言的，而且，即便是纯粹的、只适合于视觉、听觉的艺术作品，其所引发的感受也远远不是超功利能够涵盖的。这种美学一方面会在真善美之间的区分上有重要的贡献，会形成现代美学体系的奠基石，但是另一方面，也会造成感性与理性之间的非此即彼式的对立，至少在《判断力批判》之中，康德为知与意之间所搭的桥是徒劳的，因为他完全没有意识到并保全那些本身就是感性与理性相融合的形象的完整性。

与此相反，席勒对康德既有继承，又有革命性的超越。虽然席勒还没有直接回答真理自身何以体现为感性以及真理在自明性的意义上如何存在的问题，但是，他已经直观地、天才地预见到——在艺术作品之中存在的内容、真理或者意义是“已经发生过了”[①]，之所以是“发生过的”，正是因为曾经“发生着”，也就是在一个审美活动正在进行或持存的过程中，艺术作品之中的意义或真理已经作为观念性的合成体立足于审美活动而显现出来，而且，这些观念的合成体不是此审美活动行为的制作物，不是如席勒所言，在抽象的理性活动之中存在的主体的功能。

席勒所言正是西方哲学史上长久以来悬而未决的古老问题，也就是感性与理性之间的对立。在这里，显然他所说的理性独立于感性之外，所指的正是康德。海德格尔在论及现象学三大发现的第二大发现——“本质直观”或者“范畴直观”时认为：“如果人们坚持使用形式与质料这一对概念，那么可能就会这样来解决这一对立：感性属性将被规定为接受性而理智则被规定为自发性（康德），感性之物被看成质料而范畴之物被看成形式，这样，理智的自发性就将成为接受性质料的构形（formenden）原则。”[②] 并且坚定地认为，由于行为自身构成的意向性特征，

① ［德］席勒：《审美教育书简》，北京大学出版社1985年版，第134页

② ［德］海德格尔：《时间概念史导论》，商务印书馆2009年版，第92—93页。

本质或者范畴是可以在行为中依凭自身就可以见出的对象。其实，席勒之所以能够得出真理栖身于艺术作品并在艺术作品中自行持守，就是因为他始终把审美活动之中的主客体之间的“始终—指向”构成关系保持在自己的视野之中，他说：“当享受美或审美统一体的时候，在材料与形式之间，被动与主动之间发生着一种瞬息的统一和相互调换，这恰好证明这两种天性的可相容性，无限在有限中的可实现性，从而也证明了最崇高人性的可能性。”① 就前面所列举的李白的《静夜思》而言，思乡之情就在我们对全诗的阅读过程之中，自然而然地滋生、开启并持存着，而且这种思乡之情是运动着的、兴发的，并带有阅读的流畅快感色彩。这表明席勒的美学思想是从审美活动的实情出发的，因为正如前文所述，他紧紧地把握着审美活动的两个相关项——审美主体与审美对象之间时间性构成状态——审美主体“始终—指向”审美对象，因而，《静夜思》的思乡之情不是完成于审美活动或者阅读活动之外，而是完成于审美活动或阅读活动之中，且其本身的现身状态就是兴发的、涌现的。这是在西方美学史上，从兴发的审美活动特性出发，第一次为真、善、信与美的融合所做出的杰出成就。

因而，就整体而言，范寿康把美育直接表述为“情感的陶冶”的确抓住了审美教育活动尤其是艺术教育活动之中最关键的特质之一，即审美活动的感性、直观的愉悦特质，但是忽略了感性与理性之间相交融的区域，这也导致范寿康对席勒与康德的评价会出现一些偏差。

## 第二节　良莠并陈的美育理论

正是由于上述对美育仅限于情感陶冶以及对以美育充当真与善之间桥梁的生硬理解，在范寿康对“感情陶冶的必要”以及“美的规范与感情陶冶”进行论述时，就呈现出良莠不齐的状况。下面就对这两个方面

① ［德］席勒：《审美教育书简》，北京大学出版社1985年版，第134页。

进行分析与陈述。

第一，就其可取之处来看，范寿康的美育思想的确道出了进行美育的必要性以及如何进行美育的规范与途径。

关于美育的必要性，他认为，美育的价值有直接与间接两种体现。就直接的方面来看，他说："感情是人类精神的一部分，那末教育为造成完人起见，当然不应该将感情的教育忽视。在发达的路上的人类当然非受美育不可。凡是学生在享乐方面及在创作方面都应受适当的陶冶。"① 在此，他引述了来自柏拉图、桑塔耶那等人的见解，指出美育是人的文化高度发达的体现，他说："教育没有美育的时候，它的不完全正与不能享乐及创作高尚艺术品的人相同。受过感情陶冶的人方才能够体验调和及均衡。高尚的艺术是人类文化生活的表征，可是对于盲目者就毫无意义。我们就此也可以理解感情陶冶对于教育有它的直接价值了。"② 这些从教养、教化的角度对美育价值所做的论断，都是极为精到的。

就美育间接的作用来看，范寿康指出了美育对身体的影响，这在中国近现代乃至当代的美育思想史中都是极为独到的见解。他说：

> 我们在身体上的活动的中间倘能保持一种愉快的感情，那末这种愉快实足以提高我们的生活力。③

> 愉快的心境对于身体的状态极为有益，这也是一定的。这是就感情与身体的关系而言的。现在再就感情与精神方面而言，二者也有密切的关系。感情对于思维及意欲能波及重大的影响。④

上述对美育之于身体影响的思想及陈述，虽然并不是得自于量化的、

---

① 范寿康:《教育哲学大纲》,福建教育出版社 2007 年版,第 27 页。
② 范寿康:《教育哲学大纲》,福建教育出版社 2007 年版,第 28 页。
③ 范寿康:《教育哲学大纲》,福建教育出版社 2007 年版,第 28 页。
④ 范寿康:《教育哲学大纲》,福建教育出版社 2007 年版,第 29 页。

科学化的生理心理学的研究或者实验，但是他能从自身的审美体验出发，认定审美体验不只是一种在纯粹的精神与意识层面进行的活动，而是会直接影响及身体的感受，给身体带来活力、健康与和谐。这种得之于第一人称体验或直觉的感悟，道出了身心合一的道理，并在美育的思想中得以呈现。

关于美育实践的规范，他说："美的教育无论在目的方面，无论在方法方面，都受美学的规定。感情陶冶的目的既在于养成学生的享乐及创作能力，那末美的规范与美的教育的密切关系当然也可想见，因为感情陶冶不得不先有'美'的假定，而这一个'美'却非由美学规定不可。倘使这'美'字的意义没有阐明，那末感情陶冶的目的也就模糊。"①

虽然他在其后的论述中对鲍姆嘉通的评价过高，比如认为只有到了鲍姆嘉通才有了真正的美学等等，但是他认为无论是对于美育的目的，还是对于美育的方法，都要首先明确美的规范，不然的话，美育的本质、本性就得不到展现。

在对于"美的训练"的陈述中，他就深刻地指出了美育的领域、目标与分类，他说："美的训练在使儿童实际营美的生活以求达对美育的目的。美的生活可分两面：一为鉴赏的生活，一为创造的生活。所以美的训练的内容是应该包含两方面的。我们如欲由训练养成美的鉴赏力的时候，那末，我们应使儿童实际在家庭、学校、社会、自然界里面鉴赏各种的美。我们如欲由训练养成美的创造力的时候，那末，我们应该利导儿童之美的创造冲动，使儿童实际从事于创作的练习。"②

在对美育规范的具体论述中，他主要依据巴尔特的主张来提出自己的见解，虽然在陈述中引用太多，论述太少，但是其美育思想的脉络是清晰的。他说："照巴尔特的主张，'感情陶冶方法可以分作两种：（1）间接的方法，就是用与感情有关的心理上的要素、过程及过程的联合来陶冶感情

① 范寿康:《教育哲学大纲》,福建教育出版社 2007 年版,第 31 页。

② 宋恩荣编:《范寿康教育文集》,浙江教育出版社 1989 年版,第 298 页。

的方法。（2）直接的方法，就是用性质不同的感情来陶冶某种感情的方法。第一种方法是根据表象的情育，第二种方法是根据感情的情育。’美的规范关系于以上两种方法，是不容疑惑的。第一种方法可说是用教授来实施情育的方法，第二种可说是纯粹直接的情育方法，所以在情育方法里面，我们可以分作美的教授及纯粹美育两种。”[①] 可惜这样的论述只是列出了思路，就草草地结束了具体论述。

第二，就其美育思想中不足之处来看，主要是体现在他对美育与德育、美育与智育之间关系的认识上。

关于美育与智育的关系，他正确地指出了两者之间的区别，他说：“向真的努力与向美的努力之间有一种区别，这是很明瞭的。向真的努力将感觉世界详行分析，然后想由抽象的概念达到各种存在及过程的根柢；向美的努力便不如此，它想将感觉世界直接把捉，而且不加反省。我们要想营美的享乐或美的创作的时候，我们实在非将科学的兴味牺牲不可；同样，我们要想营科学的活动的时候，我们也非将美的兴味牺牲不行。”[②]

但是，当他在强调美育对于求真的作用上的时候，显得缺乏逻辑上的顺畅、严谨。他说：“美的陶冶对于科学的教育有重大的贡献。享乐艺术或创作艺术者的所持的态度当然是主观的，但是这一种主观的精神活动大部分却由现实界所唤起，所以他们对于外界也应该精密研究。我们在大艺术家的中间，我们能够发现多数的自然研究者。”[③] 这种在逻辑上的跨越与僭越，根本解释不了在美育活动中所出现的“真”的原本的存在状态问题，因为艺术家喜欢钻研探究自然界的奥秘，与美育之于真的关系，并没有任何逻辑上的关联，因而用美育作为科学研究的引导或者诱导，可能仅仅对婴幼儿才具有一定的影响，并且这种影响也是工具性的，能发挥怎么样的确定作用还是存疑的。

---

① 范寿康:《教育哲学大纲》,福建教育出版社 2007 年版,第 32 页。
② 范寿康:《教育哲学大纲》,福建教育出版社 2007 年版,第 29 页。
③ 范寿康:《教育哲学大纲》,福建教育出版社 2007 年版,第 29 页。

在对于美育与德育关系的认识上，范寿康认为，在两者之间存在密切的关系，但是这种认识也只是停留对一些无关痛痒的言论的引述上，尤其是对席勒美育思想的陈述出现了简单化的倾向。

因而，就整体而言，范寿康对美育活动的根本特征的认识是深刻的，对于美育活动之中身心关系的认识也是极为独到的，另外，他对于美育活动自身规范性的理解以及如何进行具体实施的见解都是极为可贵的，只是由于他在真善美之间关系，尤其是审美在真善之间作用的认识还存在一些含混不清的地方，因而没有更具体地对美育活动中的真与善的状态做出清晰的描述。

# 第十六章　潘菽的美育思想

潘菽（1897—1988），又名潘有年，字水菽，我国著名心理学家，中国现代心理学的奠基人。他在心理学的研究过程中，一直极为关注美学、审美心理学与美育问题，在诸多方面有自己独到的见解。

潘菽在美学上的建树是——反对绝对客观与绝对主观的、静态的、机械的本质主义美学研究方式，他主张应该完整地把握审美生活或者审美活动，尊重审美的事实与现象，并对审美生活从主客不可分离的角度进行构成分析，并由此滋生出其美学思想的卓越之处——指出了审美生活的“动态”时间性特征。这为他的美育思想奠立了基本的基调与逻辑。

潘菽在美育思想上的建树同样是极为非凡与卓越的，其一，他认为美育与德育之间是一种或然的、非直接逻辑推导的关系，并创造性地提出美育的兴发、兴奋作用是中性的，尤其是在这一作用倾向于负面、消极之时，德育才成为更必需的。其二，他对教育活动整体显示出的审美境界做了深入论述。

## 第一节　潘菽的美学思想

潘菽虽然在专业、职业上属于心理学领域，但是他对美学问题一直情有独钟，这一方面是因为他在心理学研究领域之内对审美心理学的关注，比如对于实验美学的批评；另一方面，潘菽本人在美学素养、美育素养、艺术素养上的积累都是深厚的，眼界宽阔，且谈吐不俗。

## 一、“动态”的审美生活及其构成的主客不分离

在潘菽看来，美学研究虽然已经有了一个相当久远的历史，但是并没有走向通达的大道，而且，还有一种美学研究的现状值得忧虑——许多号称是系统的美学不仅不能解决问题，而且还让问题更加糊涂、含混了。潘菽说，具体来看，美学的毛病在于——概念恍惚、语句浮华、陈述似是而非，而且，看似很有哲理味道，但其实都是皮相之谈。

就其美学思想的核心而言，他所持的是一种非本质主义的美学观，具体来看，就是把美学的研究对象设定在主客之间的，且主体始终指向对象的审美生活或者审美活动。如果在主客之间做极端的或者理想化的发展，极端的主观化追求会产生灵魂之说，如果再变本加厉，就会自然而然地产生宗教，而宗教活动所信仰的“神”都是永恒的；而极端的客观化追求则会产生纯粹的科学，其所寻求的是最终正确的、客观的、普遍性的科学规律、命题、定律、定理等等。以上所述纯粹的主观与纯粹的客观寻求活动的结果都是不具有时间特性的，也就是说“神”与“定律”一样都是不变化、不延伸、不持存的——不具有时间特性，这也就意味着它们有着固定的、恒久的、一成不变的“本质”。但是，就人类的审美生活而言，完全不是这样，潘菽说：

> 美学应该采取动态的观点，一门科学的研究都须要运用动态的逻辑。美学尤其是如此。因为美学的问题在一切问题中是最具有动态性的。所谓美的特质显然有变化万端的表现，并不是某一种东西、某一种性质或某一类形式所能代表。过去的许多美学家都想在客观方面或主观方面找到美的特质所在。有的以为这是一种愉快，有的以为应为保持适当距离的观察，有的以为这是一种情感的客观化，又有的以为这是形式上的某种比例或多样性的统一，如是等等。但这类的说法都把问题说死了。它们在某种情形之下似乎可以说得过去，但在其他情形之下就讲不通。它们的共同毛病是在把美学的问

题看成是静态的、机械的而不从动态方面去考察。①

在潘菽看来，美学之所以要采纳“动态”的方法或者方式去研究，就是因为其研究对象不是纯粹的主观，也不是纯粹的客观，而是审美主体始终指向审美对象的一种时间性活动，因为所有的审美对象都是完全不一样的，而且当任何审美主体在任何时空之内之所以能够获得相应的审美生活，就一定是——当其始终—指向审美对象的时候。在这里的“始—终”及“当……之时”正是审美生活构成的最基本状态——审美主体与审美对象不可能分离。尽管潘菽没有对审美生活的时间性状态进行专门的、具体的分析，但是他还是用了最为关键的一个词——“动态”来加以描述，而他所不赞成的“静态的”“机械的”美学，很显然，所指就是没有时间性的，这一切都颇得审美生活构成基本枢机之妙。

潘菽进一步分析了审美生活或者审美活动之中主客之间的构成，他说：

所谓美大概是主观和客观在某种关系之下的一种表现。既不单独存在于客观现象中，也不单独存在于主观的方面。主观和客观的关系是随时变化的，所以必然是一种动态的关系，须要从动态的观点去理解。我们大家也都知道，人的审美判断是最多变化的，因时代而异，因地域而异，因个人而异，因社会生活而异，因文化水准而异，甚至因一时的情境和个人的饥饱寒暖而异。假如我们不从动态方面去理解，便没有法子把这种形形色色千头万绪的事实都把握在一起。其结果便只能作一种片面的和极不完全的说明，如过去的许多美学理论和美学系统那样。②

① 中国科学院心理研究所、中国心理学会编:《潘菽全集》第十卷,人民教育出版社 2007 年版,第 210 页。

② 中国科学院心理研究所、中国心理学会编:《潘菽全集》第十卷,人民教育出版社 2007 年版,第 210 页。

在此，潘菽对审美生活的“动态”存在方式或状态作了更具体的论述，主要内容有：

第一，审美生活存在于主客之间，在审美生活正在持存的过程中，主体始终指向对象，不可能分离，否则，这一审美生活就自然完结。

第二，在审美生活之中主客关系的变化，正是由审美主体能力、欲求的变化而引发的，“随时变化”——审美主体变化着的能力与欲求促使新的审美生活得以激发、延续，“随时”并不是“随”客观存在的“时”，而是“时机”——审美生活作为一种动态的、兴发的、运动着的过程，其赖以持存、得以存在的动力就是审美主体对意义寻求的变化。

在潘菽1934年所作的《审美判断的研究：熟习的影响》一文中，研究的重点就是审美主体对于同一审美对象的欲求变化，其实这正是生活意义的体现之一。他说：“审美判断所包含的因子是极复杂的。但我们觉得其中一个主要的因子是熟习。同一张画，起初认为很好的，看多了便减少其激励我们的力量，同一支歌曲，初听是很悦耳的，听多了也就渐渐生厌，现在所报告的这个试验就是要测验熟习的因子对于审美的判断究竟有怎样的影响。”[①] 兴趣既随着相熟的程度而减少，同时，兴趣又会在适当的时机再度产生。潘菽说：“熟习的确可以影响到审美的判断。一幅画看得多了，我们便会觉得它引人的力量渐渐减低。不过结果又告诉我们这种熟习的影响是会因时间而渐消失的。社会上对于艺术的兴趣时常变动。所以引起这种变动的原因固然决不只一个，但因熟习而生厌至少是其中一个主要的原因。一种旧的兴趣往往经过多少时而复活，这就大概是因为熟习的影响已消失之故。”[②] 而且，很显然，潘菽在此所研讨的审美兴趣绝不是一种孤立的审美主体的心理现象，而是一种有意义的意向性行为，这表明审美兴趣在“生活”与“人生”之中自然而然地滋

---

① 中国科学院心理研究所、中国心理学会编：《潘菽全集》第一卷，人民教育出版社2007年版，第429页。

② 中国科学院心理研究所、中国心理学会编：《潘菽全集》第一卷，人民教育出版社2007年版，第435页。

生与激发，从而形成一定的审美生活或者审美活动。

第三，以上所述在潘菽看来正是美学研究的“事实”①，应该对其完整性加以把握，而不是致其残缺、曲解。

## 二、审美生活绝不仅限于艺术——回归自明性

这样一种美学思想也自然延续到他对美学研究对象的理解，因为对于美学或者一切学科而言，确立其独特的研究对象并始终保持其完整性是进行知识体系生产的唯一逻辑起点。潘菽认为不能仅把研究对象限定在艺术活动的范围之内，他还说：“更不宜限制于艺术中的某几种，如绘画或音乐或诗歌。艺术固然是人类的审美判断的高度表现。但人类的审美判断的表现却并不限于艺术。”②

潘菽给出的原因也很“简单”。他说：“在普通所谓艺术的范围之外，人类的审美判断的表现大都是比较简单，比较采用一种原始的方式的。惟其如此，这种表现也应该是比较容易理解的。因此，我以为美学的研究不仅不应该忽视人类在几种艺术之外的审美判断，并且应该注重这种判断的考察。”③ 其实，这种“简单”正是一种尊重审美生活的事实与现象，尤其是对原生的、理论前的事实与现象进行保全与还原的、现象学式的美学观念，而不是从预先设定的教条、理念、观念出发，对事实与现象进行割裂式的处理。

虽然潘菽并没有直接指出这种只是研究艺术作品的美学的渊源与现状，但是很显然，这种美学观念来自于西方。自柏拉图、奥古斯丁以来，尤其是自康德、黑格尔以来，美学研究已经形成了一条教条式的铁

---

① 中国科学院心理研究所、中国心理学会编：《潘菽全集》第十卷，人民教育出版社 2007 年版，第 210 页。

② 中国科学院心理研究所、中国心理学会编：《潘菽全集》第十卷，人民教育出版社 2007 年版，第 210—211 页。

③ 中国科学院心理研究所、中国心理学会编：《潘菽全集》第十卷，人民教育出版社 2007 年版，第 211 页。

律——美学研究的对象只是纯粹的艺术作品，而不包括自然空间美、日用品的美、人与人之间的美，并滋生出——审美超功利、审美只是对形式的静观等主导观念。近现代以来，这种美学对我国的美学、美育理论的影响是决定性的、全局性的。潘菽给出的事例就很简单，很质朴，他说："例如住在茅舍里的人到了过年的时候也要在门上或窗上贴一张花纸或镂花的剪纸；一般妇女都不愿意老是穿着同样的一件衣服（其实男子也是如此）；人所用的工具和器皿，不管是精致的还是粗糙的，都要加上一点花饰；小孩子都喜欢听讲故事，即使这故事是毫无意义的；凡此之类是举不完的，但都是研究美学的人所应该加以注意的事情。最可奇怪的是人的吸烟，味道既不算好，又不怎样好玩，恐怕只有从美学去了解才行。"[①] 可见，最为简单、质朴的事例，恰恰是最为雄辩的。

所以，潘菽认为，美学研究首先应该回到常理与常识，回到那些自明性的、原发性的、不可分解的"生活"本身、事实本身、现象本身。他说："审美的现象是普遍存在于人类生活中的。恐怕只有最低等的白痴才缺乏这方面的意识。在人类生活的每一个角落都可以找到审美辨别的存在，并且是一个构成部分。我觉得审美判断和人生几乎是同样的意义。所以美学的研究应该从全部的人类生活中去找问题。美学必须能充分说明人类生活的每一种审美现象，然后才能算是成功。假如我们把美学真正研究好了，也就应该对于人生得到了真正的了解。过去的美学把注意局限在几种艺术的范围之内和少数'高雅'的人的生活表现，所以所见未免不广，因此所得到的了解都是片面的，甚至是浮浅的。"[②] 他不断地、频繁地使用"生活""人生"这些术语并不是含混的、含糊的，而是有着确定的基本构成特性及呈现状态的审美生活本身——主客之间不分离的、愉悦的、动态的或者兴发的时间性状态。

---

① 中国科学院心理研究所、中国心理学会编:《潘菽全集》第十卷,人民教育出版社 2007 年版,第 211 页。

② 中国科学院心理研究所、中国心理学会编:《潘菽全集》第十卷,人民教育出版社 2007 年版,第 211 页。

## 第二节　“动的心理人格”与美育

潘菽的心理学思想、教育学思想、艺术理论思想是交融在一起的，尽管他著述的领域是在心理学之内，这不仅显示出他学识、素养之渊博、完善，也凸显出——在他的美育思想之中，始终把美育活动作为一个整体来进行研究的深刻之处。

### 一、“动的心理人格”

在潘菽对心理学研究对象的陈述中，他总是把艺术的欣赏与创造放在视野之内，比如他说：“心理学是研究人类现象的基本原理的。所谓人类现象就是指人的种种特殊的活动。譬如科学的研究、艺术的欣赏与创造、言语的应用、社会化的生活等，都是人类动物所特有或特别发达的现象。研究这种现象所以能成立的基本原理的便是心理学。”①

而且，潘菽在心理学研究中也极为重视教育学，尤其重视教育学理论中的人的全面发展。他认为，教育是人类生存、进步并控制自己命运最可靠的手段之一，他说：“至教育的控制；则专注重人类自幼而成人的生长，以期其健康、圆满而适合于现实的环境。要人类向前而进，除了政治和教育外，没有别种可有希望的方法。所以自来凡关心于人类的前途和热忱于人类的进步的哲学家，没有一个不是抱有一种政治理想或教育理想的人，或实际就是一个政治家或教育家。”②

对于艺术、审美的关注与对和谐、完整发展的教育相结合，最为理

① 中国科学院心理研究所、中国心理学会编:《潘菽全集》第一卷,人民教育出版社 2007 年版,第 150 页。

② 中国科学院心理研究所、中国心理学会编:《潘菽全集》第一卷,人民教育出版社 2007 年版,第 217 页。

想的结果就是潘菽所说的“动的心理人格”①。对于人格，潘菽的解释是，“一个人的所以成为一个特殊的人，是因为他所能做的种种行为。一个人和别一人不同，就是因为所能做的行为不同。木匠能造屋，缝工能缝衣，所以木匠有木匠的心理人格，缝工有缝工的心理人格。儿童对于环境所能起的反应和成人对于环境所起的反应很不相同，因此儿童有儿童的人格，成人有成人的人格。儿童变为成人唯一的原因，是在对于环境的反应的增加。所以心理人格的改变不外反应的改变，心理人格的发展也不外反应方式的增加”②。他还说：“心理学之与教育，犹之于生理学之与医学和植物学之与农学。教育技术的进步大半有赖于心理学知识之进步。当我们的心理学知识很粗陋的时候，教育的技术也只能是很粗疏的。”③ 因此，心理学上的人格发展与教育学之中的人的教育就是完全重合的，或者说，心理学与教育学面对的只是同一个对象，只是其侧重不同而已。

潘菽认为，人格健全的标准在于人与环境之间反应关系的完备，他说：“教育的目的在造成健全的心理人格。我们要知道教育的设使方法，必须先了解什么叫做心理的人格。心理的人格并非是一个空空洞洞的观念。由上面，我们知道心理的人格是指一个人所能做的行为的一切。所以改变心理人格的唯一方法，在改变行为。要造成某一种心理人格的唯一方法，在养成某几种行为。因此教育的方法必须针对于具体的行为的改变。凡空空洞洞的训练，以为受了这种训练便能对付一切而胜任，都是不合于科学心理学的原理的，在以前是很普通的教育方法，现在是不应该再有了。又人格怎样便算健全呢？这也并非是一个空洞的观念。人

① 中国科学院心理研究所、中国心理学会编：《潘菽全集》第一卷，人民教育出版社 2007 年版，第 218 页。

② 中国科学院心理研究所、中国心理学会编：《潘菽全集》第一卷，人民教育出版社 2007 年版，第 218 页。

③ 中国科学院心理研究所、中国心理学会编：《潘菽全集》第一卷，人民教育出版社 2007 年版，第 473 页。

格的健全与否，以所具对于环境的反应全备与否为标准。假如对于有利害关系的环境只有一部分能反应，其他部分不能反应，这就是反应的不完备，也就是人格的不健全。"[①] 从潘菽反复申说的与所反对的对象来看，他意欲通过教育达成一种鲜活的人格存在，它始终持一种积极向前、向上的冲动，当其面对不同的对象、环境与信息时，可以随时作出相应的机敏的、自然的、迅捷的反应，不壅不塞不滞，纯然流畅，直如天体流行，而不是通过“空空洞洞”的训练与教育而养成的“空洞的观念”。人格不是抽象的、停留于心中的观念，而是生动的行为，或者说人格的呈现状态正是直观的行为本身。

因此，潘菽一再地强调健全人格的这种时间涌出性或者涌现性，体现在他的心理学术语上，就是“反应”与“动”。他的观点的集中体现之一是对“心理的人格”与“道德的人格”之间的比较。他说：“心理的人格是指一个人所能做的反应的总和。没有反应就是没有人格，反应方式愈多人格也就愈丰富。所以心理的人格只有积极的，没有消极的。寻常所讲的道德人格往往指一种消极的态度而言。如不什么、不什么的人便被称为正人君子、好好先生。这种观念推到极端就是和尚的坐关、道学家的遏欲。人变成了一个打光石卵子，到了‘非之无举，刺之无刺’的地位，确是无可指摘了，但从心理学的观点看来，也就人格萎缩干枯，差不多等于一个僵人。"[②] 可见，“反应”就是“动”——也就是如潘菽所言：

合乎心理原理的教育应该发展个人的冲动，指导个人的冲动，使圆满适应其环境。换言之，教育的职务在造成健全的心理人格，不在训练什么道德的人格。以空洞的道德人格为标的教育必致桎梏

① 中国科学院心理研究所、中国心理学会编:《潘菽全集》第一卷,人民教育出版社 2007 年版,第 218—219 页。

② 中国科学院心理研究所、中国心理学会编:《潘菽全集》第一卷,人民教育出版社 2007 年版,第 219 页。

人性，和教育的本旨背道而驰。心理的人格由种种反应所组成，根本上是动力的，所以叫做动的心理人格。从心理学看来，人格只有健全和不健全，无所谓道德和不道德。健全的人格就是所谓道德的人格。消极的道德人格实际等于人格的消失，是不能存在的。所以教育除了养成健全的动的心理人格外，不能另有别的目标。①

## 二、“动的心理人格”与艺术教育

既然心理学、教育学要研究的核心在于“动的心理人格”或者完备的、完满的“反应”，或者更为准确地说这正是心理塑造与教育活动的中心任务，那么，来自于社会的刺激有哪些可堪“反应”？

潘菽列举了7种重要的刺激，也就是——“（1）口语；（2）手势；（3）颜面的表示和身体的表示；（4）身体的属性；（5）文字和符号；（6）制造品；（7）艺术品”②。不难看出，在这7种社会刺激中，至少有3中与艺术或者审美有着直接关系——颜面、身体、艺术品。

关于颜面，潘菽说：“至于身体的表示是指身体其他部分种种变化而言。这种变化也和其他部分的变化一样是种种行为的结果。譬如种种跳舞的姿势，磕头鞠躬的动作，轻佻或庄重的态度，挺耸或垂头俯胸的表现，迂徐或匆促的步伐，都可引起他人一定的反应。这种社会的行为或刺激也和颜面的表示一样很少文化的影响。人表示谦恭或屈服时有的社会用磕头，有的社会用鞠躬或其他方式的行为，但这种行为的意义无论接受的人的文化程度和范型是怎样，都可无须解释便能领会的。人所有的性的刺激，身体的表示也很占一个重要的地位。”③

---

① 中国科学院心理研究所、中国心理学会编：《潘菽全集》第一卷，人民教育出版社2007年版，第219—220页。

② 中国科学院心理研究所、中国心理学会编：《潘菽全集》第一卷，人民教育出版社2007年版，第298页。

③ 中国科学院心理研究所、中国心理学会编：《潘菽全集》第一卷，人民教育出版社2007年版，第307页。

关于身体，潘菽说："身体的种种属性虽是天然的但也可加以很多人为的改变。这就是普通所谓修饰者是。皮肤可敷粉而使之白，唇可涂朱而使之红，眉可剪剃而使之细而弯。过去女子的面貌有生死关头的重要，所以身体的修饰最讲求而发达的要独推女子的面部了！身体的属性不但可以加以改变，并且可以使之自无而有。这例如戴花、画痣、洒香水、穿衣服等等。一个人从别一个人身上嗅到一股浓郁的香气，立刻就起一种爱好的反应。当人起这种反应时几乎把这香气原来是外加的这个事实完全忘掉，而把他当作和身体原有的属性同样看待了。这也可见身体的属性的修改可以达到如何的程度。我们的衣着、我们的冠履很可以说是我们身体的第二属性。"①

关于艺术，潘菽说："人类社会的进步的一个重要方面就是艺术生活的发达和独立。艺术生活的发达和独立，有赖于优美的和独立的艺术品的创造以造成艺术的环境和刺激。一个社会中有了丰富的艺术刺激，然后能有丰富的艺术生活。"② 关于艺术活动作为人的需要，潘菽还强调说："艺术也和言语一样是和人分不开的东西。我们所知道的最古的人便已有颇发达的艺术。现在世界上最原始的民族也无不以艺术生活为其整个生活的一种重要成分。人不但要吃饭穿衣以免饥寒，并且还要穿吃得娱耳悦目。人造一杆枪以打猎御敌，同时还必在上面雕绘一些花纹或加上一些装饰。人并不是吃饱穿暖以后再以余力从事艺术，而是把艺术的要求和衣食的要求看得同等重要的。"③

通过上述三段文字的陈述，可以极为强烈地感受到潘菽的美学思想并不是直接从某一观念或者教条出发，而是从实事与感受出发，比如颜

① 中国科学院心理研究所、中国心理学会编:《潘菽全集》第一卷，人民教育出版社 2007 年版，第 309 页。

② 中国科学院心理研究所、中国心理学会编:《潘菽全集》第一卷，人民教育出版社 2007 年版，第 313 页。

③ 中国科学院心理研究所、中国心理学会编:《潘菽全集》第二卷，人民教育出版社 2007 年版，第 165—166 页。

面之于身体的美、运动的美，身体之于打扮、装饰的美、嗅觉的美，艺术之于生活的发达、丰富与文明，其范围涉及之广远远跳脱出了中国近现代美学侧重研究艺术、侧重强调审美的超功利性、侧重强调视听感官是仅有的审美感官等书斋式美学的藩篱。

潘菽痛斥那些不重视艺术教育、审美教育的大学直如猪圈养猪一般。他说："我们须知艺术是生活的一种主要的要素。没有艺术的生活简直就不能算是生活，不过是猪的生活而已。所以我们要知道一个社会是否有真实的生活最简易的测验方法就是考察是否有艺术的意味。讲到艺术的空气，我国的大学教育，尤其是中央大学，恐怕又都要打个零分了！仍旧单就我们中央大学而讲，走进我们的校门就看到我们的校地是瓦砾高低，蔓草纵横，好像是一片没有人居的废地。我们的校舍是东一座西一座，甲一个式子，乙又一个式子，没有一定的规划和系统。再可笑的是新砌成的那座宿舍，简直像一个洋灰涂成的大箱子，留几个孔便算是窗子，艺术的意味到此扫地无余了。"① 因此，在这样没有艺术空气的学校里接受教育，其生活趣味就会丧失殆尽，他说："在这样枯燥的空气中生活自难得滋润，要希望生活兴奋焕发那是很难的。这种生活上的残缺和偏枯，我们的大学教育可以忽视而不想法补救吗？"②

因此，"动的心理人格"在这样的教育中就自然是脆弱的、单调的、凋敝的。潘菽认为，必须加强包括艺术教育、审美教育在内的生活的训练与陶养，以期形成个体的"动的心理人格"。在此，潘菽高度重视并赞扬艺术所起的作用。他说："促进生活的要求，其道唯何？厥唯艺术。艺术是灌溉生活的要求的沃浆，增高生活的要求的火焰的油。艺术足以使人发见人生的真义，刺激人生的冥顽，鼓舞人生的飞跃，解放人生的缚束，指示人生的可能。艺术虽不是生活要求的冲动的一切，但艺术是生

① 中国科学院心理研究所、中国心理学会编：《潘菽全集》第八卷，人民教育出版社 2007 年版，第 22—23 页。

② 中国科学院心理研究所、中国心理学会编：《潘菽全集》第八卷，人民教育出版社 2007 年版，第 23 页。

活要求的冲动的最高程度的表现。提高艺术的生活要求的冲动，就足以提高一切生活要求的冲动。艺术就是生活，使一切服从于纯粹的生活要求的冲动，这叫做艺术的人生。”[①] 由此努力，就会形成一个“动的社会心理人格”——强健的、活动的、发展的、有组织的。他说：“中国社会实需要一种根本的生活态度和生活动力上的改造和加充。这种生活态度改造和生活力的加充是现在的教育，尤其是大学教育，所应该负起的一个最重要的任务。”[②]

## 第三节 作为“手段”与“鹄的”的美育

潘菽对蔡元培的美育思想极为重视，认为蔡元培的美育思想有着极为博大的、恢宏的视野，其主要体现就是不仅仅就美育自身来论美育，而是从美育在社会、人生、教育中的价值与意义出发，从而得出社会、人生、教育绝不可缺少美育，美育绝不可被替代的铁论。他说：“我们大可以不必非难功利主义和所谓的物质文化。但有一点是很显然的，就是我们现在谈教育的人大都缺乏蔡先生在提倡美育中那种阔大的眼光。立在高瞻远瞩的地方去看人生、社会，以及教育，这是蔡先生的美育理论中所包含的精粹。若仅仅把音乐和绘画等等的教育当做蔡先生所提倡的美育，那仍是皮相之谈。”[③] 在此，可以看出，潘菽美育观的视野与心胸同样是极为开阔的，他没有为美育价值的独立去非难社会的功利主义与对物质的追求，而是认为这些都是社会与人生的必需，尤其是在对美育的理解上，要避免就美育来孤立地论美育的现象。

---

① 中国科学院心理研究所、中国心理学会编：《潘菽全集》第十卷，人民教育出版社 2007 年版，第 48 页。

② 中国科学院心理研究所、中国心理学会编：《潘菽全集》第八卷，人民教育出版社 2007 年版，第 24 页。

③ 中国科学院心理研究所、中国心理学会编：《潘菽全集》第十卷，人民教育出版社 2007 年版，第 117 页。

潘菽认为，对美育的理解应该从两个方面来进行，其一是作为手段的美育，其二是作为鹄的的美育。下面分而述之。

## 一、作为手段的美育

何谓作为“手段”的美育？潘菽对此做了极为简捷的回答。他说：“这就是用美育的方法以图完成教育的整个目的。”①

潘菽在此处对美育的回答虽然与中国近现代以来诸多思想家、学者的思想并无异处，但是更为深刻的论述在于——他不满很多对于美育功能与作用的过誉与片面的拔高。对于这种美育理论中过度的浪漫主义倾向，潘菽是持批评意见的。他既在宏观上认同蔡元培的美育思想，又对蔡元培的美育思想提出了自己独到的见解和补充。

这种独到的见解和补充集中体现在对美育功能与作用的认识上，因为蔡元培往往在很多情况下对美育功能有所拔高。比如他说：“美育者，应用美学之理论于教育，以陶养感情为目的者也。人生不外乎意志，人与人互相关系，莫大乎行为，故教育之目的，在使人人有适当之行为，即为德育为中心是也。顾欲求行为之适当，必有两方面之准备：一方面，计较利害，考察因果，以冷静之头脑判定之；凡保身卫国之德，属于此类，赖智育之助者也。又一方面，不顾祸福，不计生死，以热烈之感情奔赴之。凡与人同乐、舍己为群之德，属于此类，赖美育之助者也。所以美育者，与智育相辅而行，以图德育之完成者也。”②

潘菽认为，以上这种观点的可补充之处就在于，“单单的美育却未必能达到我们所期望于它的目的。我现在的愚见觉得蔡先生所说的美育的那种功用是有条件的”③。他说：

① 中国科学院心理研究所、中国心理学会编：《潘菽全集》第十卷，人民教育出版社 2007 年版，第 117 页。

② 高平叔编：《蔡元培全集》第五卷，中华书局 1988 年版，第 508 页。

③ 中国科学院心理研究所、中国心理学会编：《潘菽全集》第十卷，人民教育出版社 2007 年版，第 118 页。

美育并非一定能使我们进于高尚，能使我们捐弃利害，超越死生。在历史上看起来，极高尚的诗人如陶渊明以及极清介的画人如倪云林之类固然不少，但文人相轻，艺人相诟，趋承于势利之门，奔走于嗜欲之市，也是常见之事而并不是例外。所以我们要期望一个受了艺术熏陶的人就能破人我之见，去利害之心，那是不免要常归于徒然的。其实我们对于受了艺术训练的人也只能把他们当作寻常的凡俗人一般看待，不必另眼责备。我们知道秦桧和阮大铖都能做很好的诗；听说严嵩也是很爱好书画的。我们眼前就有一个破天荒的这样的活例子，更可以无须说明。我们假如明白了艺术教育或美育的真正功用，对于这种事情就可以一点也不感觉奇怪。我们应该彻底打破一种流行的观念，以为能诗善画的人就一定高尚而靠得住，粗言笨手的人就一定是一肚皮肮脏。事实往往刚是相反的。文和艺亦许正足以掩饰一个人的罪恶，使他更容易自欺欺人。①

对美育功能的过誉、对审美超功利性的过度信赖、对诗人或艺术家人格美的幻想、对作者与作品关系愚钝的对接与对等、作品与为人的相反等等，潘菽的反思不可谓不精辟。

在他看来，美育作为一种教育的手段，其主要表现有两个方面。他说："我以为美育的一个功用是在使人兴起，使人奋发，使人积极，使人感到人生自己存在价值。美育的另一个功用是在完成或完足一个人的身心发展。"②

其具体内容如下：

第一，他说："美的创造和美的欣赏可以说是人的活力的表现，因此也就足以促进或提高人的活力。艺术在个人的生活和整个的社会中仿佛

---

① 中国科学院心理研究所、中国心理学会编：《潘菽全集》第十卷，人民教育出版社 2007 年版，第 118—119 页。

② 中国科学院心理研究所、中国心理学会编：《潘菽全集》第十卷，人民教育出版社 2007 年版，第 119 页。

是血液；若缺乏了此便将黯淡而无颜色，冰寒而无温热，疲弱而无气力。人在艺术的活动中可以领略到自己，表现出自己，所以艺术的东西或美的东西是人所感觉得最亲切的东西。”①

可以看出，艺术所起到的这种兴发作用、兴奋作用正是对情感的影响，而不是直接对理智、理性的影响，因而，潘菽认为，很多宗教都乐于拿艺术来呈现教理，使之变得亲近，从而实现教义或者教理的教育、教化。

但是，潘菽此论最为深刻之处在于——美育的这一功能只是一个中性的作用或意义，并不能够使人向善或者向恶。他说：

> 但美育的功用似乎也到此为止。美育可以促进人的活力，然而却未必能保证所促进的活力一定用在正当的路上。这就像孳孳可以为善，但孳孳也可以为利。必须孳孳然后能为善，但孳孳却未必为善。同时，活力是道德的完成所必须，但活力也可以使人更容易积极为恶。所以美育虽然可以辅助德育，但并不能完成德育。②

可见，在美育与德育之间并没有一个简单的、直接进行逻辑推导的必然联系，或善或恶，这是很难说的，而且，潘菽此论的更深刻之处在于——

> 我们并不能希望于美育中达到德育的目的；有了美育亦许可以使德育比较容易，但有了美育却使德育更成为必须。③

① 中国科学院心理研究所、中国心理学会编:《潘菽全集》第十卷,人民教育出版社 2007 年版,第 119 页。

② 中国科学院心理研究所、中国心理学会编:《潘菽全集》第十卷,人民教育出版社 2007 年版,第 119 页。

③ 中国科学院心理研究所、中国心理学会编:《潘菽全集》第十卷,人民教育出版社 2007 年版,第 119—120 页。

在美育理论中，一般都会认为美育有助于德育，而且其论据多来源于一些不太足以为信的正面案例，这种思想与论述方式几乎成为美育理论的一种固定的文法或语法，而潘菽能够独具慧眼，不仅指出美育之于德育的养成作用是一种没有固定逻辑推导关系的或然关系，而且其最为精辟之处在于——正是因为美育或许会起到对德育的负面作用，所以，才需要更加强化德育自身，以此来限制美育的这一中性作用与功能。潘菽的这一思想在美育理论思想史上是极为独到与深刻的。

第二，潘菽说："我们可以知道，艺术或美好的生活是人的生活的一部分主要内容。所以我们要使人有完满的身心发展，就必须兴以美育，美似乎是没有用处的，但它却有无用之用。"①

其思路可以分为两个方面：

其一，美育的价值与意义虽然往往并不是生活的必需品，是美丽的饰品与点缀，也是文化发达、教育发达的典型标志。潘菽列举了很多形象的实例，来说明美育的这一功能。他说："譬如眉毛有什么用呢？但没有了眉毛的一张脸就未免不成人样，所以一定要替盾毛解释用处的人也可说是不思之甚。又譬如房子，假如造得像狗窝一样，又何尝不可以以居以处，以蔽风雨，然而总不像一个房子。人原来是不穿衣服的，居然在物竞天择中生存下来了，可见衣服也是不必要的。然而一丝不挂时是畜生，采一张树叶子遮遮就成了人了！这几个比喻未必十分确切，但很可以拿来说明艺术生活的无用之用以及美育在这一方面的功用。"②

其二，潘菽从人的智能、人格全面发展的角度，进一步强化了美育的功能，他说："不过一个人的五体须平均发达，否则便要成为畸形人。因此教育要各方面兼顾并重，不可有所缺，也不宜有所偏。美育虽然可以同时帮助别方面的教育，例如德育，但美育有它自己的任务，并不仅

① 中国科学院心理研究所、中国心理学会编：《潘菽全集》第十卷，人民教育出版社 2007 年版，第 120 页。

② 中国科学院心理研究所、中国心理学会编：《潘菽全集》第十卷，人民教育出版社 2007 年版，第 120 页。

是其他教育的奴仆，所以美育和德育、智育等等应该是并立的，并没有上下主臣的关系。美育必须和德育等等携手并进，然后能造成健全的人，只知诗文书画而别方面太要不得人便是有肝无心或有肠无肺的畸形人，要信赖这种人去担负起重要的社会责任，真可说是危矣殆哉。”① 潘菽对美育独立价值及诸育之间均衡发展的论述是极形象、极朴实的。

## 二、作为鹄的的美育

在论及作为“鹄的”的美育时，潘菽把视野转向了诸育在审美方面的共同方向，把令人愉悦的感性价值赋予智育、德育，他说：“教育的努力须以能做到充分无缺的美育为鹄的，我们要知道，最足以代表人性的不是道德，更不是科学，而是艺术。教育是以发展人性为目的的，所以教育的最主要的内容应该是美育，但这并不是说，德育和智育等等就和人性的发展无关。”② 自此而言，美育就会成为整个教育的灵魂与统帅，但是，并不是以美育来取代智育与德育，也更不是以美育的手段去促进智育与德育，而是应该发挥美育对德育与智育的“有所领导”作用，可见，潘菽的措辞是极为严谨的，他说：“德育和智育等等其实都是发展人性的某一方面所必须，因此也都是教育的重要内容。我们在上面已曾说明教育必须各方面兼顾并重……有所统一，否则便不会教育出一个整个的人。能作这种领导和这种统一的便是美育。”③

第一，在美育之于智育的“领导作用”论述中，潘菽认为，科学研究理应摆脱纯粹的、冷静的、中立的、孤立的研究方式与态度，回归与强化自身的意义感与价值感，其中之一——让世界变得更美，他说：

---

① 中国科学院心理研究所、中国心理学会编：《潘菽全集》第十卷，人民教育出版社 2007 年版，第 120 页。

② 中国科学院心理研究所、中国心理学会编：《潘菽全集》第十卷，人民教育出版社 2007 年版，第 120—121 页。

③ 中国科学院心理研究所、中国心理学会编：《潘菽全集》第十卷，人民教育出版社 2007 年版，第 121 页。

智育使人有知识。但知识本身有什么价值呢？知识的一种价值是在帮助我们增进美好的生活。假如知识只是用来帮助我们互相砍杀，使地球表面变成丑恶可怖，那便是要不得的。所以智育是必须受美育的领导的。知识的其他一种价值是在使我们窥见世界的奇妙、自然的规律，引起我们的惊异赞叹。这时的知识便成为一种艺术性的领略，而培养这种知识的智育也就和美育相通相附而不复有显然的界限了。①

第二，在论及美育之于德育的"有所领导作用"时，潘菽首先对道德的两种善恶形态进行了区分。他说："道德的一种价值是在维持良好的社会使个人能顺遂其生活。假如社会中大家都互相欺骗，互相劫夺，有钱有势的人便可以胡作妄为，这便是一个丑恶的社会。因为这种丑恶的社会要不得，所以我们才提倡道德。"② 在这里，潘菽所说的既是道德的必要性，也是道德行为的一种随时而变的特性，所以他说，有些在过去看起来是善的，现在看起来就丑恶不堪。他说："但一种价值到了时过境迁的时候也可以成为丑恶。譬如国家已成为民主而还一定要拖着辫子，自称遗民，死了还要争一个什么公的谥号，就不免令人有点作呕。因此我们可以知道，道德的这种价值不在其本身而在于其是否符合于我们对于社会的美丑的辨别。"③ 这意味着美与丑的审美观念可以成为判定道德善恶的一个标准。因此，潘菽把善的道德行为视为美，而把恶的行为视为丑，他说："不过道德也可以有它的本身的价值。譬如欺骗别人，就社会的标准讲固然是要不得的，但说谎本身也就是一种丑恶的事情。又譬

① 中国科学院心理研究所、中国心理学会编：《潘菽全集》第十卷，人民教育出版社 2007 年版，第 121 页。

② 中国科学院心理研究所、中国心理学会编：《潘菽全集》第十卷，人民教育出版社 2007 年版，第 121 页。

③ 中国科学院心理研究所、中国心理学会编：《潘菽全集》第十卷，人民教育出版社 2007 年版，第 121 页。

如慷慨赴义的壮烈行为，不被威胁的大无畏行为，谦谦有礼的待人接物行为，节约自制的私生活行为，都足以使我感兴赞美，像看到一件伟大的雕刻或一首好的诗一样。但这种道德可以说是行为的艺术，已和艺术在根源上很相近了。”[①]

因此，潘菽说：“德育也是可以由美育统一起来的。不能辨别好丑的人也就不能辨别善恶。”[②] 这种思想与我国古典礼乐教化传统既有相通之处，也更有在美育理论角度的新发挥。因为在中国近现代以来，西方的主体性美学与美育理论对我国的影响是极大的，更多的学者接纳了——在真、善、美三种主要价值之间进行隔绝式划分的思想，尤其是把审美活动的基本特性归结为“超乎功利”的思想，更是把审美与道德领域之间的交叉、交融、共有之处消弭殆尽。

第三，在论及美育之于体育的“有所领导作用”时，潘菽认为，体育并不仅仅为了身体的健康与卫生，美育也应该是体育的方向。他说：“现在讲体育的人大都只说它是所以增进健康的。但仅仅为了健康，体育就缺乏充分成立的理由。因此健康也和营养、居处、生活起居，以及公共卫生很有关系，体育不过是其中的一种。并且假如仅仅为了健康，体育也可以无须种种花样。我们必须认识体育同时是一种美育，然后能使它得到正确的发展，运动场上所常容易发生的丑事也可以希望减少。”[③]

因此，就智育、德育与体育之中向着审美的奋斗、发展方向而言，美育就完全跳脱出了美育作为一种教育形态之一、手段之一的眼界，而成为整个教育发展的灵魂之一。潘菽说：“无论体育、智育和德育都须由美育领导而统一起来。完全的教育必须包含德育、体育等各方面，不可

---

① 中国科学院心理研究所、中国心理学会编：《潘菽全集》第十卷，人民教育出版社 2007 年版，第 121—122 页。

② 中国科学院心理研究所、中国心理学会编：《潘菽全集》第十卷，人民教育出版社 2007 年版，第 122 页。

③ 中国科学院心理研究所、中国心理学会编：《潘菽全集》第十卷，人民教育出版社 2007 年版，第 122 页。

或缺。但完全的教育也必须是由美育领导和统一的教育，因为美育是最合于人性的发展的，是贯通于教育的各方面的。在美育没有达到完满之前，德育和智育等等决不会先达到完满。这也就是说，没有完满的美育就不会有完满的教育。因此我们所努力的整个教育所达到的完满程度就可以把所包含的美育部分所达到的完满程度为测量的标准。所以我们说，充分无缺的美育是教育的努力的鹄的。但这里所谓美育是属于广泛意义的，并非平常所谓艺术教育所能概括。平常的艺术教育只顾到人的生活的某几部分，而美育则是顾到人的生活的全部分的。”①

潘菽这种宽视野、高境界的美育思想的达成并不是其视角、方法的独异，而是来自于他对教育现象的原本把握。近现代以来，由于受到社会分工、学科建制的强大影响，学科门类、专业之间往往孤立发展，鸡犬之声不相闻，在各自专业得以强化、发展乃至发达的情势下，社会与学术领域对于专家、学者的评价也顺其自然地建立了孤立自守的领地，制定了各自领域的评判、考核、奖惩机制，各自为政，互相不干涉、不交叉，最为负面的后果之一便是——那些完整的宏大领域往往得不到应有的关注，其所代表的重大价值也就不可能得以体现，而且这些宏大领域就其自身的构成而言完全是一个整体，只不过在专业、学科过于孤立发展的情况下，却往往把这些领域称为——“交叉领域”“交叉地带”，需要使用“综合”的方法或者学科去进行研究，把这些领域自身的完整性消弭了。美育学科自身的发展就是如此。归根结底，只有一个人或者一个学者、专家自身做到了全面发展与教育，才能自然而然地获得如潘菽这般的视野与境界——从审美价值与美育的角度审视教育的整体价值与意义。因此，这并不是一个学术问题，而是一个实践与修养问题。

从另一个角度看，这种极端狭隘的专业化发展绝不会导致一个完整的意义及宏大对象的出现，也就是先进行专业化的学科发展，在真、善、

---

① 中国科学院心理研究所、中国心理学会编：《潘菽全集》第十卷，人民教育出版社 2007 年版，第 122 页。

美、信、体之间各自完善发展，而后再进行教育对象的整合。事实上，这是一种完全颠倒的逻辑，正确的、合理的逻辑应该是在保持教育活动完整性的前提下，去进行各种所属的教育形态发展。潘菽这一美育思想的贡献就体现于此。

因而，既然受到极端狭隘的专业化的影响如此之巨，以至于社会中的每个人成为积极的施行者，潘菽也就充分认识到了美育绝不是容易做到的，要改变这一现状就必须改变社会，其中的困难就比登天还难。他说：“因为这种教育和整个社会有关，并非仅从教育本身努力就能达到，教育是决定于社会的，在什么社会中就有什么教育。”① 继而，潘菽为了实现美育的“鹄的”，也发出了如此宏愿。他说：“这种广阔意义的美育，也就是人所应该有的最完美的教育，这岂不是我们从事于教育的人所该努力以求之的吗？至于努力的方法则应该从远大而具体之处着想，像蔡先生那样。这里我们所还要补充的一点是：要‘市乡悉为美化’也不是仅从美化着手所能做到的。‘市乡悉为美化’是健全合理的社会而又发展到高度文化的自然的结果，我们要揣其本而不可徒求其末才好。”②

① 中国科学院心理研究所、中国心理学会编：《潘菽全集》第十卷，人民教育出版社 2007 年版，第 123 页。

② 中国科学院心理研究所、中国心理学会编：《潘菽全集》第十卷，人民教育出版社 2007 年版，第 123 页。

# 第十七章　中国现代美育理论中“身体”的觉醒及其谱系

在中国近现代美育思想史中，“身体”意象的觉醒是一个极为典型的现象，这不仅牵涉到对中国古典文化及艺术中“身体”意象与西方观念的冲突、冲撞，也牵涉到中国近现代美学思想、美育思想、艺术观念之中对该问题的新认识及新建构，因而本章对这一问题的研究既要从中国古典文化及艺术中的身体意象谈起，又要具体地考究中国近现代以来在美育思想中身体意象的各种存在领域及谱系的状况。

对于中国近现代美育活动中“身体”意象的考察，必须遵从两个出发点：

第一，从美育理论作为一个学科的内在逻辑要求来说，不能把“身体”意象仅仅理解为“体育”与“美育”的关系，“身体”意象是审美教育与体育活动的共同对象，但审美教育中的“身体”意象是作为艺术美与现实美来存在的，而在体育之中，“身体”是与健康、竞赛更直接地联系在一起的，在体育活动中虽然也具有审美的因素，但是与审美活动相比，它在表现的精微性、复杂性、艺术性上都无疑要逊色得多，也就是说，体育活动中美的属性与健康、竞赛性的属性相比，只是一种附属的性质，或者说只是体育活动的一种属性。在美育理论与体育之中的“身体”既有交叉、共有之处，也有侧重点的差异，这要视具体情势而定，来进行具体分析。

第二，必须在中国艺术与审美教育的历史进程中来考察中国近现代美育中“身体”意识与意象的觉醒与复苏，在传统与现代的交汇与冲突中，凸显“身体”作为审美意象与美育意象的意义。

## 第一节　中国古典文化及艺术中的身体意象

考查“身体”意象在中国近现代美育学中的苏醒，是历史提出的问题。在西方文化的冲击之下，中国传统的古典“身体”意象在社会意识形态与审美层面都产生了剧烈的变化，并极大地扩充了从事“身体”教化的美育活动的范围。所以，对中国古典美育传统当中“身体”意象的表述，只有倚赖西方美学及美育传统的语言才有可能。在这个话语的范围内出现的西方文化中“身体”观念与话语就不是一个纯粹异域的异物了。因此，在本节中，要对西方身体文化、西方身体思想、中国有代表性的身体思想及其呈现进行简要介绍与论述，这样就可以展开一个基本的中西比较的视野。

### 一、处在教化活动之中的身体意象

“身体”意象在文化中并不仅仅属于自然的范畴，而是在社会的各种关系域中体现的总和，比如，如果说“身体”意象并没有得到应有的注视与研讨的话，究其根柢，重要的是身心分离或心先于身的身体观念所致。从“身体”文化作为体育运动最为典型表征的视角来看，它会受到来自于社会的各种影响，或者说，它完全是一个社会教化活动系统之中的因子，受到财产、地位、权力、性别、年龄、人种、种族的支配与造就。

就西方身体运动史来看，古希腊的体育游戏活动之中的主角均来自高贵富庶的阶层，而且体育比赛的项目也是按照青年男子的标准来设置的，女性基本被排除在体育活动之外，而且奥林匹克早期的体育项目主要由军事项目组成。这种以身体为载体的体育文化对古希腊艺术发挥了重大影响，使得人体雕塑成为古希腊艺术的核心。而中世纪的体育及其游戏活动不仅为贵族所独享，农民的体育活动不受待见，而且对女性体育活动的态度更反映出中世纪宗教信仰活动的倾向。据《体育社会学——议题与争议》所说："整个中世纪，女人比男人更不适合参与到身体技能的比赛和体育活动中。她们的机会受到宗教信条（罗马天主教教导人们认为女人低人一等）和以男性为中心的家庭结构的联合限制。女人的职责就是听从和顺服。这种导向在整个中世纪几乎从未改变。不过，农村妇女可以参加一年中与村中常规项目有关的一些比赛和体育活动。在贵族群体中，性别关系模式使男人的活动和女人的活动界线分明。贵族妇女在住所之外几乎无事可做，她们的活动很少有以自娱为目的的充满活力的身体活动。上层妇女有时参加'女士'比赛和体育运动，但是因为她们从属于男人、受男人的控制，并且常被视为性的对象和美的化身，她们对活动的参与是有限的。这个时期的女性是用被动的术语定义的：一个女人越不活跃，她越有可能被视为是美丽的。因此，为了迎合对美的期盼，妇女除了非常有限地参与体育锻炼之外，什么都避免去做。"① 直至启蒙运动时期，欧美的许多体育运动游戏才开始具备当今我们所熟悉的状态；工业革命之后，标准的体育运动形式才趋于成熟。

在身体文化尤其是身体的运动文化进入现代以来，传统运动文化也逐渐被商业物质化所取代，被数量化的测试手段完全控制，很多体育运动本身只是貌似强调体育精神，在实际上却是完全出自于对商业利益的寻求，或者完全被以时间、距离或者分数为唯一标准进行测试与衡量。因此，如何诊治身心二元论、过于商业化以及过于数量化发展所带来的弊病，"身体"就成为重要的研究课题。

在哲学层面，人类亘古以来对于身体的态度尤其是西方对于身体的态度都是大力倡言"心灵"是生命的重心，身体是心灵的从属，所以往往就只注重心智的培养，而轻视身体发展与身心一体的重要性。

尽管从以上我们对于西方"身体"理论的描述来看，并没有涉及"身体"在艺术中的直接表现，但是这样一种悬置恰恰解决了美学上关于

① ［美］科克利：《体育社会学——议题与争议》，清华大学出版社2003年版，第82页。

"人体美学"的误区，即过于强调美感的超乎功利性而大大贬低了人体美作为现实美的价值与特有的人道主义色彩。身体哲学在最高的视角向我们揭示了应该塑造一种全新的全身享受的美学，审美生活理应把培养身体的愉快和规范作为自己的准则。身体美学的勃兴使得仅仅关注艺术中"身体"意象之美的传统美学显得苍白失色，更准确地说，身体美学包括了并远远超越了仅限于艺术领域的传统身体美学，在这样的身体美学的实践中才可能去审视中国古代传统的身体观念与审美教育中的"身体"意象。

## 二、中国古典文化中的身体理念（以先秦儒家为主）

中国古典的身体理念是中国传统文化的一个因子，总的来说，是在儒家、道家、释家的思想与话语的范围之内的，三家的思想不仅影响了在艺术领域对"身体"的形态描述，更为重要的是对作为中华民族历史与现实的肉体的"身体"造成了决定性的影响。在今天看来，这个古典时期还远远没有成为过去。美国当代著名心理学家布维斯特认为，人的外貌通常是在一种文化的影响下形成的，也就是说人的面貌并不是天生而一成不变的，而是学成的，还说一种动作如果在脸部重复一万次，就会产生相应的皱纹。也就是说，在五千年的文化历程中，儒道释的身体理念成为中华民族，当然主要是汉民族的身体塑造与实践的最高的哲学原则。

就整体来看，儒家的"身体"理念发挥了主要作用，因为儒家文化作为一种入世的现实性的文化在中国古代教育史上的地位与贡献是道家与释家无法相比的，"身体"意象也作为教育内容之一进入到了儒家的审美教育的"教化"之中。

儒家将人的身体作为一个呈现伦理价值规范的对象、载体，尤其是作为礼乐文化的承载者，意图通过身体运动、俯仰等姿态来呈现礼的原始性状态。从这个角度看来，儒家的"礼乐"之学，就完全可以视为对身体在空间的适当展现所设定的一套规范。但是，在这一套以礼学为中心的身体思维体系中，隐含着一个问题——身体的主体性与身体的社会性之间，在某种状况下会形成紧张、对立与矛盾，因为正如上述所言，身体的确是具有自然性与社会性的，如何在两者之间寻求一种均衡与平衡，或者如何在两者之间寻求一种动态的此消彼长的和谐状态，这确实是一个问题。

在孔子看来，“礼”是其思想体系的重心，而“礼”则是“仁”的集中体现。孔子主张在休闲、修养之际，都要使身体维持“礼”的规范，无论是“钓而不纲”或者是“弋不射宿”都要设身处地，都要体现出所谓“智士仁人将身有节，动静以义”（《孔子家语·五仪解》）的仁礼作风。所谓圣贤气象，即孔子所大力倡导的“威而不猛”，也就是将身体的自然性与身体的社会性交融为一以后，所呈现出来的境界。总的来说，孔子视野之中的身体不是一个纯粹的独立存在，而是着重从身心关系之处或者从身心合一之处展开思想的，比如他说：

> 君子有三戒：少之时，血气未定，戒之在色；及其壮也，血气方刚，戒之在斗；及其老也，血气既衰，戒之在得。（《论语·季氏》）

在这里所说的“血气”并不是纯然的身体，而是指人的性情、意志，或者说，人的情性与意志的兴发与身体生理的反应是完全一体的，而“戒”的含义就在于让“仁”与“礼”逐渐内化在生命体的心性结构之中，使得“仁”与“礼”来统帅人的心性，并进而直接作用于生理血气的调节，乃至于性命的存养，因而，孔子的养身与气节、礼数有着极为密切的联系，其时时强调克己复礼不言而喻；养心方面有乐观豁达、不忧不怨、掌握“中庸”原则、掌握“无怨”的原则。可以说，就整体而言，孔子的身体观是较为雍容、开明与豁达的。

相比于孔子，孟子的思想则要具体得多，对身体或者身心的划分乃至于分门别类也更为清晰。他对“大体”与“小体”作了区分，认为大体者指心，小体者指耳目。仅仅就“大”与“小”而言，就已经具有了极为浓郁的教育色彩，而且很显然是由“大体”来教育、熏陶、统领“小体”。他认为，心能思礼义，而耳目等这些生理器官常常陷于对情欲的追逐，容易被事物或者人所蒙蔽。因而，心智越能进行思考、提高与修养，就会变得愈加清明、浩然，所以就能兼养耳目等各种生理器官。

换言之，如果纯粹地追求声音得之于耳朵所听，美色得之于眼睛所看，香气得之于鼻所闻，美味得之于口舌享受，这样就无疑是放纵身体在自然属性上的欲望，那么，耳目等身体的各种欲望，只要不思礼义就会失去养护。所以，只要礼义存在于心中，滋养其浩然之气，那么，耳目百体的欲望就会受到约束、压制或统帅，反之，如果没有礼义在心中，则无法以心兼养身体、以大体来统领小体，就会导致所谓纵容身体器官追逐情欲、享乐。因而，孟子一再强调的是作为“大体”的“心”具有“仁”与“礼”的控制与统帅能力，以此作为“小体”的“耳目之官”的界限或者阈限。因而，孟子一直强调说：“仁义礼智，非由外铄我也，我固有之也。”① 他又说：“君子所性，仁义礼智根于心。”② 可以看出，“心”作为“仁”与“礼”的集中体现，是有其普遍必然性的，这种意义下的“心”就自然是居高临下的，因而，“心”对“身”（耳、目、口、鼻）的统领则具有优先性，也就会在身心之间造成一定程度的紧张与冲突。

而荀子则是从人的身体思想来论述的，他对“血气”“志意”“知虑”的认识极为深刻。他认为，心与身之间的关系是——由礼则治，不由礼则乱，所以他力主“治气养心”，皆要由礼而行，以外在的制度、礼仪来对身体加以约束、节制。因此，他一再倡言要听雅、颂之声，让身体学习其俯、仰、屈、伸动作，使身体的姿态乃至外形可以表现出礼的庄严稳重、秩序井然，这些都遵循了荀子的“隆礼、性伪、劝学和天人

① 赵岐注、孙奭疏:《孟子·告子上》,北京大学出版社 1999 年版,第 300 页。
② 赵岐注、孙奭疏:《孟子·告子下》,北京大学出版社 1999 年版,第 362 页。

之分”的性恶路线。宗白华也曾对此性恶论之中的教育意涵进行过极为精辟的分析。他说：“性恶说的目的乃在于强调教育的重要。其所持的论据都是一些零碎的、个别的例子。用他那些例子，不可能必然地得到‘人性皆恶’的结论。因为，也可以找到一些相反的例子，而得到相反的结论。荀子‘性恶说’的正面的意义即《儒效》篇所指出的要‘积礼义而为君子’，使人最后为圣人。”①

综上所述，先秦儒家关于身体的思想可以表述为——他们视“身体”为道德、礼义的载体，使身体成为履践并呈现道德、礼义的对象。就这一思想对中华民族身体意象的塑造来看，其积极的影响在于较为全面地看待身心之间的整体关系，使得身心之间可以互为所用，达到一种较为中庸的状态，而不是使身心之间的区分过于夸大，更没有达到身心二分的极端结果；但是，毋庸讳言，这一思想的消极影响在于——往往使得“身体”之于人类的精神与心灵层面，没有体现出积极的、自觉的价值与意义，所以，“身体”在“践形”的过程中，往往体现为一个相对消极的、供“仁”与“礼”来任意驱使的对象，身心之间也往往体现为一种主奴之间的关系。

## 三、中国古典文化之中的身体意象

通过以上对儒家三位最主要的先秦思想家关于“身体”的论述，可以看出，身体的稀有性、身体的内在化、性度的失衡等等有关身体意象的这些特征在其中的呈现是极为明显的，并且在教育、艺术、礼乐活动之中有着鲜明而悠久的体现。以下就这些特性分而述之。

第一，身体的稀有性。

这是“身体”作为肉体与感性的维度相比于理性与道德维度而言的，由于孔、孟、荀践礼的身体观对情感展露往往采取克制、引导、自我调节的方针，比如所谓“以理节情”“发乎情止乎礼义”等等，这也就使

① 林同华主编：《宗白华全集》第二卷，安徽教育出版社 2008 年版，第 853 页。

身体和生活经常处在自我压抑的状态中。在孔子《论语》中尽管有许多涉及身体娱乐的教育的活动，但是从整体与绵延的历史来看，“身体”意象由于受到以儒家为首的“礼”与“理”的压制与温情的弱化，它本身始终是处于虚无的被否定的地位的，是作为官方与正统意识形态的对立面来存在的，由生活而艺术，由艺术而教育，在这样三个环节当中，“身体”的美都是虚幻的、变形的。

相比之下，中国古典艺术与审美教育中的“身体”绝无古希腊及其文艺复兴以来的坚实、现实与痴迷狂热。在这里，正如同宗白华所云：“人体的美，是他们的渴念。在人体美中发现宇宙的秩序、和谐、比例、平衡，即是发现‘神’，因为这些即是宇宙结构的原理，神的象征。人体雕刻与神殿建筑是希腊艺术的极峰，它们也确实表现了希腊人的‘神的境界’与‘理想的美’。”① 他还说：“希腊雕刻注重形式的美，讲求表面的美，讲求表面的完满工整，这是理性的表现。”② 在先秦以来的中国古代文化中，“身体”这一本身作为肉体的可见的存在之物，却失却了构成必需的质料与形式，被理性、世俗抽去了血肉、“血气”与骨骼。

宗白华在对中西雕刻艺术的比较中，曾极为简洁而深刻地描述了两者之间的差异。他说：“西洋自埃及、希腊以来传统的画风，是在一幅幻现立体空间的画境中描出圆雕式的物体。特重透视法、解剖学、光影凸凹的晕染。画境似可走进，似可手摩，它们的渊源与背景是埃及、希腊的雕刻艺术与建筑空间。在中国则人体圆雕远不及希腊发达，亦未臻最高的纯雕刻风味的境界。晋、唐以来塑像反受画境影响，具有画风。杨惠之的雕塑是和吴道子的绘画相通。不似希腊的立体雕刻成为西洋后来画家的范本。”③ 从中可以看出，宗白华对中西雕刻艺术的比较是极为合理的，点出了各自的优长之处，这也为辩证地考察我国古典文化中身体

---

① 宗白华:《美学与意境》,凤凰出版传媒集团 2008 年版,第 117 页。

② 宗白华:《美学与意境》,凤凰出版传媒集团 2008 年版,第 43 页。

③ 宗白华:《美学与意境》,凤凰出版传媒集团 2008 年版,第 113 页。

的稀有性提供了极好的思路，那就是——一方面，中国古典雕塑艺术自有其辉煌伟大之处，另一方面，在身体意象的坚实性上还存在有待拓展的空间，尤其是当中西艺术在中国近现代以来产生剧烈撞击的时候。

第二，身体实践的内在化与精神化。

孔子的养身与节义、仁礼有非常密切的联系，他常常强调克己复礼。当然，他在养身方面最为关注的还是养心的作用，比如心胸开阔，对待生活一向持达观态度，“中庸”“无怨”就是孔子养身最为核心的原则。而他的“智士仁人将身有节，动静以义”的仁、礼作风就更把身体实践的内倾化勾勒的异常清晰了。孟子的“养气”与荀子的“虚壹而静”说则把孔子内向化、精神化的身体实践推向了更深的层面。宗白华曾对孟子思想的这一倾向做过恰当的评价。他说：“儒家一贯重视教育对人的改造作用。性善说指出教育的作用不在于外力的强制，而是内心的启发。过分的注意内心所固有，则易使人走入内心的生活，而忽略了对外界的注意，故特为宋儒所喜。宋儒的一些缺点，都可以在孟子哲学中寻到根源。”①

这与第一个特点在实质上是一个问题的两个侧面，而且更加剧了忽视“身体”意象作为外在形式所可能蕴涵的无限丰富的美感，“身体”是作为两极进入到以儒家为主导的中国文化的，即肉体、感性、欲望、冲动、热情、力、质料与精神、理性、礼仪、内在、社会理想的对立，当然在这样一种对立中，后者无疑占据了较为不合理的压倒性的优势地位。

其三，两性的“性度”的扭曲与失衡。

在对于美感形态的划分中，从人类学的角度来看，崇高与优美应该是根源于男性与女性在气质、性情差异上体现出的最原初形态，美如果失去了这一根本性的性度形态，就必然会变成一种极不健全的病态的“美”。

---

① 林同华主编：《宗白华全集》第二卷，安徽教育出版社2008年版，第771页。

如果说第一和第二个特点主要是体现在男性身体意象的话，那么在性度上，则体现为男女两性之间在“身体”之美上的联结。如果前两个特点导致男性的性度美在美感形态上极度后天不足，那么在对女性身体意象的塑造上，中国传统文化的表现就变本加厉了。为了强化礼仪化的男性身体实践与教化，女性身体就必然成为一个受动的对象。在社会教化与家庭教化中，“四德”是主要内容，即妇德、妇言、妇容、妇功，妇容则包括事亲之容、教子之容、敬夫之容、起居之容、避乱之容，这主要体现在各个时代层出不穷的女教书中，女教书不仅规范了女性行为的大的范型，甚至连女性的一言一行、一笑一颦也逐一规范，如“行莫回头，语莫掀唇，坐莫动膝，喜莫大声，怒莫高声”[①] 等等，在中国古代文化的各个领域中，正面的身体意象资源是极为缺乏的，相反倒是充斥着大量的“反身体”的以丑为美的身体意象，女性的性度特征被削弱、抽象、压抑、摧残、扭曲到几乎不可辨认，在文学作品当中出现的邪恶女性却有着美艳健康的身体意象。

另外需要特别指出的是，道家与释家在身体意象上非但没有对儒家的身体哲学进行解构，而是对身体更抱有废弃、轻视、不屑的态度，由此三教合流的身体哲学延伸开去，在身体教化、身体实践、身体的审美教育当中，真正坚实的“身体”意象就更为鲜见了。

## 第二节　中国现代美育观念中的身体意象

如同以上对于“身体”意象所蕴含的肉体与理性、欲望与压抑的两极分析，身体意象及其在教育、审美教育中的地位就绝不是仅仅表现在自然性与艺术性这两个维度了，而是表现在更为广阔的人体美学之上，尽管人体美学作为一门学科的提议尚在酝酿之中，但是身体在审美意象中的存在形态远远大于和超出了传统美学的身体美的理念，甚至是对康

① 班昭等:《蒙养书集成(二)》,三秦出版社 1990 年版,第 12 页。

德以来“美无关利害与功利”命题的全新阐释，我们之所以说是全新的阐释，原因就在于身体美学要面对一种必须解决的窘境，即如何在“美是无关功利的快感”的超越性与纯粹肉欲、人兽莫别的动物性之间找到一个最合适最恰当的黄金分割点。

这似乎是一个在两个极端之间的钟摆的运动，如果极端的超越，人体美学就会走向式微，就会被冠以“人体恶”的反身体之名，这种身体意象较多出现的社会情境是在封建社会与宗教占统治地位的社会历史阶段；反之，如果极端的肉欲而没有灵性的指引，就会走到像马尔库塞所说的性爱了无趣味的机械化与技术化，拟或是历史上罗马帝国的荒淫奢靡了。因而，“身体”意象及其所倡导的“身体”意象理念的变化往往成为社会与文化变化的先导与先声，尤其是在社会与文化由禁锢死寂走向自由革命之时。

## 一、王国维等关于身体美育的思想

在中国历史进入到近现代的关头，“身体意象”同样经历了革命性的变化，由儒道释共同炮制的古典“身体”在中国社会生活的许多方面都面临着西方与日本“身体”意象的冲击，而在一个像中国这样的社会中，其特殊性又是世界罕见的，原因就在于，中国封建社会的旧“身体”意象及其教化已经在中华这个老大帝国的历史中绵延和走过了几千年，其顽固性自不必说，那么他的衰败老化与无力是否能为新的身体意象的塑造提供新的契机呢，拟或是提供还可资利用的骨肉血气，才是问题的关键之处。

当然，在几乎完全异质的西方与日本“身体”意象新鲜的气息面前，中国一批优秀的知识分子感受到必须对自己的“身体”进行全新的塑造，那么对中国古代“身体”意象的批判以及对于所要塑造的“身体意象”的新形态的理念就成为这一时期并行的两条思想路线。

就历史发展的脉络来看，这样一种“身体”意象的新教化的理念的建构经历了自谭嗣同、康有为、王国维到陈独秀多位思想家为代表，由改良、维新到激进革命的阶段。

谭嗣同对中国人的身体形象痛心疾首，他说："且观中国人之体貌，亦有劫象焉。试以拟诸西人，则见其委靡，见其猥鄙，见其粗俗，见其野悍。或瘠而黄，或肥而弛，或萎而伛偻，其光明秀伟有威仪者，千万不得一二。"①

康有为对于西欧各国以及日本在教育上的推崇有加。在1896年给光绪皇帝的《请开学校折》当中，他说："近者日本胜我，亦非其将相兵士能胜我也、其国遍设各学，才艺足用，实能胜我也，吾国任举一政一艺、无人通之盖先未尝教养以作成之。"② 在《大同书》中，康有为则对自己的这一设想进行了多方面的展开。针对身体的教化，他认为："一、女傅非止教海也，实兼慈母之任。以人方童幼，尤重养身。少年身体强健则长大亦健、少年脑气舒展则长大益舒展。又童幼之性尤好跳动，易有失误，盖木至白立自出之时，故幼稚也，当养之。卧起行游，提携保持，衣服饮食，照料节度，其事极琐，其行极繁，非有至慈好弄之耐心，不能令儿童之身安而体强也。以至出入嬉游，跳舞戏弄，固不可多束缚以苦其魂，亦不可全纵肆以陷于恶。大概是时专以体育为主，而智育次之，令功课稍少而游嬉较多，以动荡其血气，发扬其身体，而又须时刻监督，勿贡非儿。"③

在他看来，对于幼儿的教育来说，身体的健康发育远远超出了对于道德的强化，其对于"养身""强健""游戏""嬉游""跳舞"的重视与提倡，充分体现出了他对幼儿身心特点的理解。还说："体操场、游步场无不广大适宜，秋千、跳木、沿竿无不见备，花木、水草无不茂美，足以适生人之体""各大学皆有游园，备设花木、厅池、舟楫，以听学者之游观安息、舞蹈。"④ 尤其重要的是他提出——"不可多束缚以苦其

① 印永清评注：《仁学》，中州古籍出版社1998年版，第215页。

② 姜义华、张荣华编校：《康有为全集》第四卷，中国人民大学出版社2007年版，第316页。

③ 姜义华、张荣华编校：《康有为全集》第七卷，中国人民大学出版社2007年版，第105页。

④ 姜义华、张荣华编校：《康有为全集》第七卷，中国人民大学出版社2007年版，第109页。

魂”“令功课稍少而游嬉较多”[①]，与传统的身体教化观念中十分刻板的教条相比，显然是属于新世纪到来之前充满活力的新的身体形象。

王国维则对身体与气质关系的探究较多，在此，他与先秦儒家的身体教化哲学是一致的，也就是通过教化来影响身体，气质就会通过身体自然而然地流露出来。他说：“夫气质之为物，较品性为著。品性必观其人之言行而后见，气质则于容貌举止声音之间可一览而得者也。盖人之应事接物也，有刚柔之分焉，有缓急之殊焉，有轻重强弱之别焉。此出于祖父之遗传，而根于身体之情状，可以矫正而难以变革者也。可以之善，可以之恶，而其自身非善非恶也。善人具此，则谓之刚德柔德；恶人具此，则谓之刚恶柔恶；此种特性，无以名之，名之曰气质。自气质言之，则亿兆人非有亿兆种之气质，而可以数种该之。此数种者，虽视为亿兆人气质之标本可也。吾中国之言气质者，始于《洪范》三德，宋儒亦多言气质之性，然未有加以分类者。”[②] 这种对于气质美之于身体的体现的描述，可谓深刻。

在王国维的教育哲学里，他主张对人进行全面的教育，而且他对全面教育的陈述就是从身心两方面展开的，他说：

> 教育之宗旨何在？在使人为完全之人物而已。何谓完全之人物？谓人之能力无不发达且调和是也。人之能力分为内外二者：一曰身体之能力，一曰精神之能力。发达其身体而萎缩其精神，或发达其精神而罢敝其身体，皆非所谓完全者也。完全之人物，精神与身体必不可不为调和之发达。而精神之中又分为三部：知力、感情及意志是也。对此三者而有真美善之理想：“真”者知力之理想，“美”者感情之理想，“善”者意志之理想也。完全之人物不可不备真美善之三德，欲达此理想，于是教育之事起。教育之事亦分为三部：智

① 姜义华、张荣华编校:《康有为全集》第七卷,中国人民大学出版社 2007 年版,第 105 页。
② 姚淦铭、王燕主编:《王国维文集》上部,中国文史出版社 2007 年版,第 338 页。

育、德育（即意育）、美育（即情育）是也。如佛教之一派，及希腊罗马之斯多噶派，抑压人之感情而使其能力专发达于意志之方面；又如近世斯宾塞尔之专重智育，虽非不切中一时之利弊，皆非完全之教育也。完全之教育，不可不备此三者，今试言其大略。[①]

虽然在上述文字中，王国维只是把美育称为“感情之理想”，但是就整体而言，他对身体康健与情感优美相交融的思想无疑也是就美育而言的，这从他对尼采教育思想的介绍也可见一斑，他说：“尼氏亦重视体育。谓吾人之文化必有所以托之之所，就国民言之然，就个人言之亦然。而其托之之所，非精神也，身体也。故生理与卫生所以见重于教育之上，人必神圣视其身，以徐致一切天性之开发而后可。”[②]

在王国维的身体意象的视野中，他比康有为更为开阔，在身体哲学上也更加理性化，并且在“身体意象”中已经比较明显地显露出西方与日本的影响。他说：“‘健全之精神宿于健全之身体’，罗马人之理想也；而‘美之精神宿于美之身体’，则希腊人之理想。吾人既欲实现前者之理想，亦愿实现后者之理想。”[③] 对于古希腊与古罗马的“身体意象”的比较在我国近现代思想史上还是第一次，在其中我们已经不能发现儒家、道家与释家对于“身体”的过于礼仪化与弱化的一丝一毫的留恋了，在他的话语当中充满的是与传统身体意象相异的语汇，其中浮现的是充满力与美、智慧与强健、灵之高尚与肉之坚实的身体形象。

而对于在教化及其审美教育中的“身体”，他更是引用：“柏拉图于《理想的国家》中，有言曰：‘使吾人之守护者，于缺损道德的调和之幻梦中，成长为人，吾人之所不好也。愿使我技术家有天禀之能力而能辨别“美”与“雅”之真性质，则彼辈青年庶得托足于健全之境遇耳。’

---

① 姚淦铭、王燕主编：《王国维文集》下部，中国文史出版社 2007 年版，第 32 页。
② 姚淦铭、王燕主编：《王国维文集》下部，中国文史出版社 2007 年版，第 221 页。
③ 姚淦铭、王燕主编：《王国维文集》下部，中国文史出版社 2007 年版，第 278—279 页。

皆言高尚之训练，殆未有逾此者也。”[①] 可以看出，王国维把身心合一、身即心、心即身的身体理念提升到了极高的教育理想境界。

如果我们把王国维关于“身体”的审美教育理念与他的审美价值论结合起来探讨的话，就更为深广了，他说：“以心理学的见地观之，则个人意识之完全发达，亦以美育为必要。意识者，不但有知的意的性质，又一面有情的性质。而美之感觉，实吾人感情生活中最高尚之部分也。偏于智识则冷静，偏于实际则褊狭。知所谓美而爱之，则冷者温，狭者广矣。”[②] 在身体的审美教育中，透露出王国维在审美经验论上的独特视角，即美感是由于身体与心灵完全相契合才有可能产生的，在身心合一的视角才有可能在“审美超乎功利”与“审美的人道主义”相互纠缠中找到一个最佳的平衡点。

## 二、陈独秀美育思想中的身体意象

而陈独秀对中国古典身体形象的批判，与康有为及王国维相比则要激进的多，其所使用的话语也正像自己在新文化运动当中所惯常的方式，即现象学式的感悟与情感的激动，往往是直抒胸臆，而不是在概念、理论命题、逻辑推导上进行学院式的思考，这一切都表明了他的革命家的作风。

他的思想是在体育与身体之美两个角度展开的：

第一，从体育思想来看，1904 年，他在《安徽俗话报》第十四、十六期上，发表了两篇文章，揭露了旧式教育的弊端，阐述了自己加强体育教育的观点。他说：“现在西洋的教育，分德育、体育、智育三项，德国、日本的教育，格外着重在体操。我中国的教育，自古以来，专门讲德育，智育也还稍稍讲究，惟有体育一门，从来没人提倡（射御虽是体育，但也没人说明），以至全国人斯文委弱，奄奄无生气，这也是国促种

① 姚淦铭、王燕主编：《王国维文集》下部，中国文史出版社 2007 年版，第 278 页。
② 姚淦铭、王燕主编：《王国维文集》下部，中国文史出版社 2007 年版，第 279 页。

弱的一种原因。”①

在对中国古代身体教化思想的积极评价上，他最为认同的是王阳明的思想，在对其言论的引述与阐述中，他说：“‘故凡诱之歌诗者，非但发其志意而已，亦所以泄其跳号呼啸于咏歌，宣其幽抑结滞于音节也。’这几句话是说，教学生唱歌的道理，不但歌里的辞话，可以鼓动学生的志气，而且儿童的活泼性子，可以藉此善成，儿童忧闷呆滞的光景，也可以藉此解脱。先生这样的意思，正合西人引诱儿童快乐主义，是一鼻孔出气了。你看中国现在教书的先生，待学生如同阎王待小鬼一般，百方压制，百方威吓，终日拘在学屋里咿咿唔唔，不许丝毫活动，弄得那柔弱的儿童，便合八十岁的老寡妇一般，刚强的一出学堂门，便合野马一般，那里还有一点优美活泼的少年气象呢。”②

他还说：“‘导之习礼者，非但肃其威仪而已，亦所以周旋揖让，而动荡其血脉，拜起屈伸，而固束其筋骸也。’这几句话，是说教儿童习礼的缘故，不但礼的仪节，可以令儿童整齐严肃，而且可以运动身体，调和血脉，坚强筋骨，照这样说起来，又合现在的体操正对了。你看那兵式体操的起坐进退，无论多少人，都是遵从一样的号令，节奏井然，丝毫不乱，那般整齐严肃，正合古人习礼的精神，一般一样。至于那柔软体操和器械体操，正是运动身体，调和血脉，坚强筋骨，更是不消说的了。”③

以上所述，既透露出陈独秀对中国古代身体教育思想的肯定与积极评价，也表达了对中国古代教育制度在整体上并没有对体育进行系统规划与实施的不满，尤其是对近现代以来国人身体形象种种不堪之处的勾勒，更显现出他对西方先进身体教育理念进行借鉴的渴望，以及重树国

---

① 《陈独秀著作选编》编委会编:《陈独秀著作选编》第一卷,上海人民出版社 2009 年版,第 89 页。

② 《陈独秀著作选编》编委会编:《陈独秀著作选编》第一卷,上海人民出版社 2008 年版,第 89 页。

③ 《陈独秀著作选编》编委会编:《陈独秀著作选编》第一卷,上海人民出版社 2008 年版,第 89 页。

人新身体意象的理想。

由于陈独秀接受过西方近代教育，受到西方近代体育的熏陶，他把我国古代一些传统运动项目、民间运动项目以及少数民族运动项目，归纳和直译为“体育”一词，以形成德、体、智三育兼备的近代教育思想体系，从进化论的观点，阐明了体育与体操的层次关系以及体育在教育体系中的内涵。无疑，这对我国近代教育的发展具有重大的推动作用。

第二，从身体意象之美来看，这是他在身体意象的审美教育中的最主要的理论贡献。

陈独秀在《今日之教育方针》一文中一针见血地指出：

> 余每见吾国曾受教育之青年，手无缚鸡之力，心无一夫之勇；白面纤腰，妩媚若处子；畏寒怯热，柔弱若病夫：以此身心薄弱之国民，将何以任重而致远乎？他日而为政治家，焉能百折不回，冀其主张之贯彻也？他日而为军人，焉能戮力疆场，百战不屈也？他日而为宗教家，焉能投迹穷荒，守死善道也？他日而为实业家，焉能思穷百艺，排万难，冒万险，乘风破浪，制胜万里外也？纨绔子弟，遍于国中；朴茂青年，等诸麟凤；欲以此角胜世界文明之猛兽，岂有济乎？茫茫禹域，来日大难。吾人倘不以劣败自甘，司教育者与夫受教育者，其速自觉觉人，慎毋河汉吾言，以常见虚文自蔽也！①

这对中国数千年以礼教、仁义等虚空地对待自己的身体所造成的积弱如病与积丑若病梅，无疑是投以匕首。在对新的身体意象的教育理念中，陈独秀提出了“兽性主义”之说，雄辩地宣称：“强大之族，人性，兽性，同时发展。其他或仅保兽性，或独尊人性，而兽性全失，是皆堕

① 《陈独秀著作选编》编委会编：《陈独秀著作选编》第一卷，上海人民出版社 2008 年版，第 175 页。

落衰弱之民也。"① 他所说的"兽性主义"包括："兽性之特长谓何？曰，意志顽狠，善斗不屈也；曰，体魄强健，力抗自然也；曰，信赖本能，不依他为活也；曰，顺性率真，不饰伪自文也。晳种之人，殖民事业遍于大地，唯此兽性故；日本称霸亚洲，唯此兽性故。彼之文明教育，粲然大备，而烛远之士，恒期期以丧失此性为忧，良有以也。"②

在这样一种身体意象当中，坚实的质料感与力度美成为陈独秀身体审美教育思想的核心，这与中国古典的身体意象相比，完全是革命性的。

在对中国传统身体意象的直接感悟之下，陈独秀把这一身体意象的养成归结于——中国传统教育是一种片面的教育，他说：

> 训练全身的教育，从来不大讲究。所以未受教育的人，身体还壮实一点，惟有那班书酸子，一天只知道咿咿唔唔摇头摆脑的读书，走到人前，痴痴呆呆的歪着头，弓着背，勾着腰，斜着肩膀，面孔又黄又瘦，耳目手脚，无一件灵动中用。这种人虽有手脚耳目，却和那跛聋盲哑残疾无用的人，好得多少呢？③

针对西方教育方针、教育内容之全面，他说：

> 吾国今日教育界之现象，上焉者为盲目的国粹主义，下焉者科举之变相耳，此先生所谓伪教育也。现代西洋之真教育，乃自动的而非他动的；乃启发的而非灌输的；乃实用的而非虚文的；乃社会的而非私人的；乃直观的而非幻想的；乃世俗的而非神圣的；乃全

---

① 《陈独秀著作选编》编委会编：《陈独秀著作选编》第一卷，上海人民出版社 2008 年版，第 174 页。

② 《陈独秀著作选编》编委会编：《陈独秀著作选编》第一卷，上海人民出版社 2008 年版，第 174 页。

③ 《陈独秀著作选编》编委会编：《陈独秀著作选编》第一卷，上海人民出版社 2008 年版，第 359 页。

身的而非单独脑部的；乃推理的而非记忆的；乃科学的而非历史的。东洋式之伪教育，胥反乎此，欲求竞进，乌可得哉！先生倘以为不谬，尚希时赐教言，且指斥所不备，幸莫大焉！①

在陈独秀看来，在新文化的运动中，必须要对中国文化传统与教育传统的身体审美观念进行清算，对其中的修养内在化与内倾化，及其所导致的身体美之形式感、质料感与坚实感的虚化乃至弱化，要在新的教育中得到革命。

在陈独秀的“身体意象”的审美教育理念中，充满了对西方优秀教育思想的膜拜，可以说，西方优秀的教育思想与日本的某些教育思想成为陈独秀身体审美观与身体教育观的核心资源与参照物。他认为：“西洋教育，全身皆有训练，不单独注重脑部。既有体操发展全身的力量，又有图画和各种游戏，练习耳目手脚的活动能力。所以他们无论男女老幼，做起事来，走起路来，莫不精神夺人，仪表堂堂。教他们眼里如何看得起我们可厌的中国人呢?”② 并且，陈独秀把这一中西方在身体意象与身体的审美教育上的差异作为“中国教育不及西方近代教育”最主要的三个方面之一。可见，“身体”意象及其审美教育在陈独秀教育思想中占有极为重要的地位。

当然，陈独秀对西方体育思想也并不是一概认同的，他看到在西方体育存在一些过于非理性的张扬身体运动极限的倾向，认为这是不足取的，他说：“体育应有三戒：（一）兵式体操，（二）拳术，（三）比赛的剧烈运动。这三件事在生理上都背了平均发达的原则（小学教育更不相宜），在心理上都助长恶思想。军国民教育的时代过去了，什么兵式的杀人思想，少输入点到青年底脑筋里罢。庚子年‘神拳’底当，我们已经

① 《陈独秀著作选编》编委会编：《陈独秀著作选编》第一卷，上海人民出版社 2008 年版，第 347 页。

② 《陈独秀著作选编》编委会编：《陈独秀著作选编》第一卷，上海人民出版社 2008 年版，第 359—360 页。

上够了，现在马师长底武艺我们也领教了，别再把孔夫子所不说的‘怪力乱神’来‘贼夫人之子’。比赛的剧烈运动，于身体不但无益而且有害，至于助长竞争心、忌妒心、虚荣心，更是他的特色。”① 因此，身体的教育与教化应以健康、益生、健美为基本准则，而不应该走向纯粹的为竞技而竞技，并进而滋生虚荣、妒忌，这样一些非理性的身体教化倾向只会让身体变得更丑、更不健康。

就以上几位思想家的理论贡献来说，由于陈独秀把中国古典身体的意象与中国数千年的文化与文明联系起来，进行新与旧的继承与扬弃，无疑代表了近代、现代中国身体意识、身体的审美意识及其审美教育中觉醒的最高境界。陈独秀已经意识到，在封建社会以专制与对本能压抑为其本体特征的社会肌体里，人自身身体的丑化、罪恶化与虚弱化是必然的，而且极为明显地体现在主流意识形态对社会控制所要必然进行的身体教化上。总的来看，上述数位思想家，尤其是陈独秀的身体审美教化的思想为进一步延伸身体意象在艺术领域及其教化活动奠定了哲学基础，提供了在社会生活包括审美、艺术生活在内的整体上进行身体美复苏的理论武器。

## 第三节　艺术教育思想中的“身体”谱系

在中国现代，关于身体的审美意识与关于身体之美的教育教化理念的进一步发展，是集中地体现在艺术领域的，也可以这样说，只有在艺术领域内与艺术教育领域内“身体”的真实成果，才有可能体现出这一“身体苏醒”最典型也是最为经典的状态。如果说，陈独秀等思想家已经把新的身体意象的理念提出只是更多的宏观的倡导与理论先导的话，那么在艺术领域与艺术教育领域中出现的“身体意象”及其发展状态，则

① 《陈独秀著作选编》编委会编：《陈独秀著作选编》第二卷，上海人民出版社 2008 年版，第 159 页。

又反过来成为这一理论先导与倡导的最主要的生力军以至这一潮流的领导者。当然，在“身体”意象这一问题上，所体现的生活与艺术的这样一种关系，与其他的意象问题相比有着重大的差异，原因就在于“身体”体现了人类的“食色”两大本能之一的“色”本能，处于理性与感性、专制与自由、社会与个体矛盾与斗争的最尖锐之处。当陈独秀等思想家意欲通过教化把中国当时生活里的“古典身体”更新为充满美与力度的“现代身体”之后，中国近现代的诸多艺术家与艺术理论家则开始从“身体”意象的美的构成的角度，让人的肉体裸露于自然与美的视野里，来建构“现代身体”在光、线、影、色、体量、性度等艺术构成因素上的审美意象，这对中国视觉文化造成了更加强烈的冲击。

就现代型的“身体意象”在近代与现代中国的发生学谱系来看，我们可以发现这样一个普遍的现象，即在中国文化自身并没有衍生出新的萌芽，“身体”意象的新的话语形态的交流者与参与者无一例外都有留洋并在西方接受教育的背景，而且大多对西方和日本文化与教育较为精通。在许多现代艺术家与艺术教育家的心目中，古希腊的“身体意象”出现的频率是极高的，也可以更准确地说，古希腊文化对于“身体”所持的健康的审美趣味与在艺术中“身体”的杰出再现，成为20世纪初中国“身体”审美理想所心摹手追的对象。除此之外，西方的“身体”意象资源就是从文艺复兴以来与日本传播而来的了。从上述王国维等对柏拉图审美教育思想的借鉴就可略见一斑。

在这里可以把古希腊“身体”意象在中国近现代的出现状况分为三类：作家型文人视野中的身体、美学家视野中的身体、艺术家视野中的身体。

## 一、作家型文人思想中的身体——以林语堂为主

这一谱系是指出现于作家型的文化人视野中的“身体”意象，如林语堂等，他们着重从直觉的体会来比较“身体”在中西方艺术的不同际遇。此“身体”意象的特点是往往带有中西文化比较、中西教育比较的

色彩，更多地深入到文化的肌理与血脉。

林语堂美育思想中的身体观来自于他对中西艺术之中的女性身体之美所进行的对比。他说：“西洋的艺术，把女性的肉体视作灵感的源泉和纯粹调和形象的至善至美。中国艺术则以为女性肉体之美系模拟自然界的调和形象而来。对于一个中国人，像纽约码头上所高耸着的女性人像那样，使许许多多第一步踏进美国的客人第一个触进眼帘的便是裸体女人，应该感觉得骇人听闻。女人家的肉体而可以裸裎于大众，实属无礼之至。倘使他得悉女人在那儿并不代表女性，而是代表自由的观念，尤将使他震骇莫名。为什么自由要用女人来代表？又为什么胜利、公正、和平也要用女人来代表？这种希腊的理想对于他是新奇的。因为在西洋人的拟想中，把女人视为圣洁的象征，奉以精神的微妙的品性，代表一切清净、高贵、美丽和超凡的品质。”① 而且，林语堂还着重指出了中国古典传统之中的女性身体之美往往是写意的、诗意的、遮掩的，而不是写实的、裸露的、清晰的。他说：“其实中国人的性的欲望也是存在的，不过被掩盖于另一表现方法之下而已。妇女服装的意象，并非用以表人体之轮廓，却用以模拟自然界之律动。一位西洋艺术家由于习惯了的敏感的拟想，或许在升腾的海浪中可以看出女性的裸体像来；但中国艺术家却在慈悲菩萨的披肩上看出海浪来。一个女性体格的全部动律美乃取决于垂柳的柔美的线条，好像她的低垂的双肩，她的眸子比拟于杏实，眉毛比拟于新月，眼波比拟于秋水，皓齿比拟于石榴子，腰则拟于细柳，指则拟于春笋，而她的缠了的小脚，又比之于弓弯。这种诗的辞采在欧美未始没有，不过中国艺术的全部精神，尤其是中国妇女装饰的范型，却郑重其事地符合这类辞采的内容。”② 这种比较不仅是风趣的，也是极深刻、准确的。

继而，他指出了中国古典艺术在身体表现尤其是在女性身体美表现

① 林语堂:《林语堂文集》第八卷,作家出版社 1995 年版,第 139—140 页。

② 林语堂:《林语堂文集》第八卷,作家出版社 1995 年版,第 140—141 页。

上的弱点，林语堂认为：“所惜在人物画方面，中国艺术是十分落后的，因为人体被当作自然界物体的点缀物。女性人体美的鉴赏，不可求之于中国绘画。”而在另外一方面：“崇拜人体尤其是崇拜女性人体美是西洋艺术卓绝的特色。”① 在他的文学创作中，也对中西之于人体美的不同态度及价值取向进行了形象的描写：

乐队突然中止，一盏紫色聚光灯照在舞池上，五个漂亮的白俄女子走出来，身上几乎一丝不挂。观众“啊”了一声。玉梅站起来大叫说：“羞死人了！”但是她一直站着。五个舞女旋转了几圈，然后在平滑的地板上翻跟头。她们站成一排，弯腰把手放在膝盖上。最后一个女人张开大腿，把其他女子当做低栏，由她们身上跳过去，然后学别人弯在另一端。她们一个接一个跳——一堆移动、乱转的白肢体、肉体在亮光下显得很漂亮。最后一个高女人在末端站好，臀部比别人翘得更高，观众都发出一阵狂吼。下一位舞女想跳过她的背部，结果摔在地板上，观众叫得声更大了。

这不是丹妮第一次看到可耻的白肢展览。她知道人体美，但是现在她看到人类赤裸裸的兽性，刚刚又深感到疯人屋的印象，于是她看出其中的愚蠢、无耻和缺陷，就像她过去生活的愚蠢、无聊和缺陷一般，那种感官的生活她太熟悉了。

“羞死了，不过很漂亮。”玉梅惊叹说。

但是丹妮那一夜看到的幻影却永世难忘，她感受到了人类的悲剧。要知道人类的本质，必须看看赤裸裸的人体，尤其以激励身心的观点来看看群体或大众，丹妮现在就是如此。

“博雅有一天会不会和那个光屁股的外国女人睡觉？会的，他会的！”她自言自语。她看出伯牙也是人，腿上长毛，是千千万万人类之一。

① 林语堂：《林语堂文集》第八卷，作家出版社 1995 年版，第 288 页。

于是她找到了新的人生哲学。①

这样的文字虽然不是理论文体，但是能够保存生动的、涌动的、原发性的生活场景，在这个场景中，中西之间对于女性身体美的不同态度得以无碍地呈现，这也正是文学之中的哲理胜出哲学文本之处。

他还说："因为女人肉体之原形，中国艺术家倒不感到多大兴趣，吾人在艺术作品中固可见之。中国画在人体写生的技巧上，可谓惨淡地失败了。即使以仕女画享盛名的仇十洲（明代），他所描绘的半身裸体仕女画，很有些像一颗一颗番薯。不谙西洋艺术的中国人，很少有能领会女人的颈项和背部的美的。《杂事秘辛》一书，相传为汉代作品，实出于明人手笔，描写一种很准确而完全的女性人体美，历历如绘，表示其对于人体美的真实爱好，但这差不多是唯一的例外。这样的情形，不能不说是女性遮隐的结果。"② 这种判断的确指出了中国古典身体文化最具典型性的现象之一，那就是女性形体美往往大多体现在诗性的写意上，而欠缺对真实女性身体美的刻画，这既是一个艺术史的传统，也是一个审美教育与艺术教育的传统。

在艺术教育的角度，林语堂提出："我们可以说爱普罗的艺术地位已为但奥尼细阿斯的艺术所夺取；宛如今日的中国画在大多数学校中不列入课程，甚至多数美术学校亦然。"③ 并且认为，人体之美与人类最强烈的性本能有着密切的联系，所以在此林语堂对中国古代身体教化哲学中的"伪善"提出了更为率真的批驳。他说："此种对于裸体美之崇拜，实无需托辞乎柏拉图的纯洁审美主义藉为口实，因为只有老朽的艺术家才把这人体看作无情欲的崇拜对象，也只有老朽的艺术家才谨慎地替自己辩护。"④

① 林语堂:《林语堂文集》第四卷,《风声鹤唳》,作家出版社 1995 年版,第 197—198 页。
② 林语堂:《林语堂文集》第八卷,作家出版社 1995 年版,第 141 页。
③ 林语堂:《林语堂文集》第八卷,作家出版社 1995 年版,第 289 页。
④ 林语堂:《林语堂文集》第八卷,作家出版社 1995 年版,第 289 页。

林语堂认为，“身体”进入中国文化情境与审美教育活动是大势所趋，他说：“人体的裸露，亦为今日欧洲文化传入东亚的一大势力，因为它改变了艺术灵感的源泉，改变了整个人生的观念。倘予以更精密溯源的考究，则此等势力应称为希腊文化势力。文艺复兴挟崇拜人体之灵感以俱来，并其内心之体认，肯定生命是美丽的。中国文化的大部分传统观念就有希腊文化的影响，本已很切近乎人文主义，可是所怪者‘人体是美丽的’这种说法竟始终付之阙如。吾们倘睁开眼睛，一审人体的美质，恐其印象不致会轻易遗忘。”① 那么，在艺术教育以至于审美教育中就必然要遵从“身体”的生理乃至艺术的客观规律，就必须在以“身体”意象为对象的艺术活动中遵从合乎“身体”特点的艺术训练，就必须“从模特儿或从古典石膏像（希腊的或罗马的）描摹着女性人体轮廓和解剖。”②

## 二、美学家思想中的身体意象

这一关于身体的美育思想谱系以美学家与理论家为主，最为主要的代表是宗白华与傅雷等等。

### （一）宗白华

宗白华对于古希腊文学艺术是非常推崇的，他从中西方美学与艺术比较的角度，论述了在古希腊文艺尤其是在雕塑当中体现出的独特的“身体”意象的构成方式，他说：“模范人体的雕刻，写景如画的荷马史诗是希腊最伟大、最中心的艺术创造。”③

他还在自己的许多论著当中数次描述了古希腊艺术的“境界”之追求在于——“和谐、对称、比例、平衡、匀称、典范、具体、实相”。他说：

① 林语堂：《林语堂文集》第八卷，作家出版社 1995 年版，第 289 页。
② 林语堂：《林语堂文集》第八卷，作家出版社 1995 年版，第 289 页。
③ 林同华主编：《宗白华全集》第二卷，安徽教育出版社 2008 年版，第 59 页。

希腊艺术理论既因建筑与雕刻两大美术的暗示，以“形式美”（即基于建筑美的和谐、比例、对称平衡等）及“自然模仿”（即雕刻艺术的特性）为最高原理，于是理想的艺术创作即系在模仿自然的实相中同时表达出和谐、比例、平衡、整齐的形式美。一座人体雕像须成为一“典范的”，即具体形象溶合于标准形式，实现理想的人像，所谓柏拉图的“理念”。希腊伟大的雕刻确系表现那柏拉图哲学所发挥的理念世界。它们的人体雕像是人类永久的理想典范，是人世间的神境。①

这正是古希腊人体美对于古希腊文学艺术以至于美学的原创性的启迪，而且人体美本身也体现了古希腊的美的理想。所以，在宗白华先生的艺术教育思想中，他就强调——“透视学与解剖学为西洋画家所必修”②。他还说：“但直到文艺复兴的时代，艺术家才被人尊重为上等人物。而艺术家也须研究希腊学问，解剖学与透视学。学院的艺术家开始产生，艺术家进大学有如一个学者。”③

关于“素描”的训练，宗白华先生认为其价值就在于直接取像，他说：“素描的价值在直接取像，眼、手、心相应以与造物肉搏，而其精神则又在以富于暗示力的线纹或墨彩表出具体的形神。故一切造形艺术的复兴，当以素描为起点；素描是返于‘自然’，返于‘自心’，返于‘直接’，返于‘真’，更是返于纯净无欺。法国大画家安格尔（Ingres）说：‘素描者艺之贞也。’”④ 他还说：“西画线条是抚摩着肉体，显露着凹凸，体贴轮廓以把握坚固的实体感觉。”⑤ 宗白华先生这一见解的深刻之处不仅仅体现在对中西方文艺与美学的对比，而且更重要的是在于，他认为

---

① 林同华主编:《宗白华全集》第二卷,安徽教育出版社 2008 年版,第 105 页。
② 林同华主编:《宗白华全集》第二卷,安徽教育出版社 2008 年版,第 107 页。
③ 林同华主编:《宗白华全集》第二卷,安徽教育出版社 2008 年版,第 57 页。
④ 林同华主编:《宗白华全集》第二卷,安徽教育出版社 2008 年版,第 117—118 页。
⑤ 林同华主编:《宗白华全集》第二卷,安徽教育出版社 2008 年版,第 117 页。

以大众为对象的普泛的审美教育与以培养艺人为对象的专业的艺术教育、美术教育是一体的，这样才会真正使得审美教育得到内涵与资源。

（二）傅雷

而傅雷则直接把中国古典“身体”意象的式微归结于中国传统社会结构系统的压抑，他认为：“在一般教育与中国的传统政治上，‘中庸’更把中国人养成并非真如先圣先贤般的恬淡宁静。”① 上述这段话虽然只是针对中国音乐的衰微而发，但是与傅雷对中国古典艺术中身体意象的渊源分析是一脉相承的。

当然，在中国古典音乐自古就较为衰微的认识上，傅雷有自身极深的偏见。这些偏见既可能来自于对中国音乐史的了解不足，也有可能来自于对西方音乐成就的过誉或者偏爱。但是，他对其中缘由的分析还是值得关注的，毕竟，他道出了“中庸”思想的不足之处，尤其是体现在对艺术的支配与影响上。他说：“音乐艺术的发展如是落后，实在有它深厚的原因。第一是中国民族的‘中庸’的教训与出世思想。中国所求于音乐的，和要求于绘画的一样，是超人间的和平（也可说是心灵的均衡）与寂灭的虚无。前者是儒家的道德思想（《礼记》中的《乐记》便是这种思想的最高表现），后者是道家的形而上精神（以《淮南子》的《论乐》为证）。所以，最初的中国音乐的主义和希腊的毕达高拉斯（Pythagoras）、柏拉图辈的不相上下。它的应用也在于祭献天地，以表‘天地协和’的精神（如《八佾之舞》）。至于道家的学说，则更主张‘视于无形，则得其所见矣；听于无声，则得其所闻矣。至味不谦，至言不文，至乐不笑，至音不叫……听有音之音者聋，听无音之音者聪，不聪不聋，与神明通’的极端静寂、极端和平、‘与神明通’的无音之音。由了这儒家的和道家的两重思想，中国音乐的领域愈来愈受限制，愈变狭小：热情与痛苦表白是被禁止的；卒至远离了‘协和天地’的‘天地’，用新名词来说便是自然——艺术上的广义的自然，而成为停滞的、不进步的、

---

① 傅敏编：《傅雷文集·艺术卷》，安徽文艺出版社 1998 年版，第 248 页。

循规蹈矩、默守成法的（conventional）艺术。”[①] 在这里，傅雷把矛头指向了中国艺术史尤其是音乐史发展中的因循守旧、发展过缓的弊端。

在论及中国古典音乐何以衰微不振的第二个原因时，傅雷认为：“在一般教育与中国的传统政治上，‘中庸’更把中国人养成并非真如先圣先贤般的恬淡宁静，而是小资产阶级的麻木不仁的保守性，于是，内心生活，充其极，亦不过表现严格的伦理道德方面（如宋之程朱，明之王阳明及更早的韩愈等），而达不到艺术的领域，尤其是纯以想像为主的音乐艺术的领域。天才的发展既不倾向此方面，民众的需求亦在婉转悦耳、平板单纯的通俗音乐中已经感到满足。”[②] 在这里，傅雷针对的是中国音乐史发展中的礼乐之间过于黏合、“礼”往往压倒性地僭越“乐”的史实。

把以上这两个原因连接起来，如果运用于对中国古典文化中身体意象的相对虚无、内在化以及性度的不均衡等特征的深层分析，也是极为恰当的，其中的共同之处就在于儒家身体教化哲学的内在化、德性的践履化，过于强调了身体的社会道德属性，而极少顾忌到身体自身固有的自然属性。鉴于身体在社会系统之中必定体现为欲望、权力、战争的焦点，应该说，傅雷以上对音乐的分析运用于对中国古典文化之中身体教化、身体意象的分析，才是更为准确与深入的。

对刘海粟在美术教育使用裸体模特的争执，他说：“这种新设施，不料竟干犯了道德家，他们屡次督促政府加以干涉。最后而最剧烈的一次战争，是在一九二四年发难于上海。‘艺术叛徒’对于西方美学，发表了冗长精博的辩辞以后，终于获得了胜利。”[③] 对于这一事件背后深层的原因，傅雷认为在于中西艺术乃至于文化对于身体、裸体的根本态度的差异，他说：

---

① 傅敏编:《傅雷文集 · 艺术卷》,安徽文艺出版社 1998 年版,第 248 页。
② 傅敏编:《傅雷文集 · 艺术卷》,安徽文艺出版社 1998 年版,第 248 页。
③ 傅敏编:《傅雷文集 · 艺术卷》,安徽文艺出版社 1998 年版,第 221 页。

刘海粟氏所引起的关于“裸体”的争执，其原因不只是道德家的反对，中国美学对之，亦有异议。全部的中国美术史，无论在绘画或雕刻的部分，我们从没找到过裸体的人物。

并非因为裸体是秽亵的，而是在美学，尤其在哲学的意义上“俗”的缘故。第一，中国思想从未认人类比其他的人物来得高卓。人并不是依了“神”的形象而造的，如西方一般，故他较之宇宙的其他的部分，并不格外完满。在这一点上，“自然”比人超越，崇高，伟大万倍了。他比人更无穷，更不定，更易导引心灵的超脱——不是超脱到一切之上，而是超脱到一切之外。

在我们这时代，清新的少年，原始作家所给予我们的心向神往的，可爱的，几乎是圣洁的天真，已经是距离得这么地辽远。而在纯粹以精神为主的中国艺术，与一味寻求形与色的抽象美及其肉感的现代西方艺术，其中更刻划着不可飞越的鸿沟！①

傅雷把原因归之于中国传统文化之中儒家思想尤其是中庸思想、礼乐教化思想对身体、肉体、裸体的压制、蔑视，这是合乎历史事实的。在他对西方艺术史的研究中，对于古希腊发达的雕塑艺术，他说：“希腊古典时期（约公元前五世纪至四世纪）的人体雕刻，表现骨骼、肌肉的形态与结构已达到惊人的精确程度，但古希腊的雕刻大师又并非仅仅着眼于写实逼真，而是更重视人的形体之美（健美的体格、合度的比例、生动美妙的姿态等等）。借以表现古希腊人对于宇宙、人生的理想。文艺复兴期的艺术家重新恢复古希腊的写实而发扬之，却也同时继承了古希腊重视形体之美的思想；尤其是拉斐尔，画的是圣母，却贯注以异教（古典希腊）的精神，致力于人物形象的理想美。这种精神一直在西欧美术家中传播着。”② 可以看出，中西在人体雕刻艺术以及对于身体、裸体

① 傅敏编：《傅雷文集·艺术卷》，安徽文艺出版社1998年版，第223—224页。
② 傅敏编：《傅雷文集·艺术卷》，安徽文艺出版社1998年版，第192页。

的态度的差异是强烈的，而傅雷的褒贬也是鲜明的。

虽然在上述文字中，傅雷只是论及“第一”而缺少了“第二”“第三”等连续性，但是他还是在这段文字的注释之中，点出了儒家思想、道家思想在身体上的主导倾向。他说：“两种不同思想支配着中国美学：一种是孔子的儒家思想，伦理的，人文的，主张取法于自然的和谐及其中庸。它的哲学基础，是把永恒的运动，当做宇宙的根本原素的宇宙观。一种是老子的道家思想，形而上的，极端派的。老子说天地之道是‘无为’，‘道常无为而无不为’，因为他假设‘空虚’比‘实在’先，（‘有之以为利，无之以为用’，）而‘无’乃‘有’之母，‘天地万物生于有，有生于无’；故欲获得尘世的幸福，须先学得‘无为’。在艺术上，儒家思想引起的灵感是诗，而道家思想引起的是纯粹的精神内省与心魂超脱。”①

因而，傅雷认为应该大力地在艺术教育之中普及人体模特，应该尽快补上这一课。他说：“这个工作只有政府能做，倘使美协照顾不到，可另外办一个国画家人体训练班，请西洋画家中对人体最有根底的人作指导，同时请深通艺用解剖学的专家（据我所知，似乎北京庞薰琹先生有位亲戚就是这种人才，但吾国一向很少此等专家）来主持‘艺用解剖学’的课程。设备方面，初步只需要石膏模型，半年或一年后方需要人体模特儿及穿衣的模特儿。”② 虽然在这里傅雷所针对的只是专业的艺术教育，但就根本上看，如果没有专业艺术教育在身体的艺术表现上的成熟，就不可能创设出合乎本土文化需要的、新的身体意象，也就不可能在普通民众之中深深扎根——以至于成为地地道道的本土艺术。傅雷本人一直极为重视针对普通大众的艺术教育，他关于音乐教育的一段言论无疑也适用于他在新身体意象上的思想，他说：

① 傅敏编：《傅雷文集 · 艺术卷》，安徽文艺出版社 1998 年版，第 223 页。

② 傅敏编：《傅雷文集 · 艺术卷》，安徽文艺出版社 1998 年版，第 243 页。

改造中国音乐与戏剧最重要的，除了由对于中西音乐、中西戏剧极有造诣的人士来共同研究（我在此向他们全体作一个热烈的呼唤 appeal）外，更当着眼于教育，造就专门人材的音乐院，负有培养肩负创造新中国艺术天才的责任；改造社会的民众教育和一般教育，负有扶植以音乐为精神的食粮的民众的使命。①

## 三、艺术家视野中的身体教化

这一谱系体现于艺术家批评言论与理论研究中的“身体”意象，主要代表有丰子恺、汪亚尘、林风眠、徐悲鸿等等。

### （一）丰子恺

在这些艺术家当中，丰子恺的思想资源较多地来自日本。在《日本的裸体画》一文中，他介绍了在日本的相关见闻以及裸体在艺术中的呈现。他说：“日本女子的服装结束，就不及中国这般严密。她们的胸部露出，通行赤足，而且不穿裤子。这在中国人看来是何等的放浪！但在日本人视为当然。我记得有一次在东京乘电车，车厢里拥挤得很，和许多人站在车尾的月台上。车在某站停了一停，正要开动的时候，一位妇人急忙地跑来搭车了。她的一脚跨上扶梯，车子已经开动。她的呼声不能被驾驶员所听见，她的跳车技术又不高明，她终于从车梯上翻到路上，两脚朝天，大风吹开她的裙子，把她的下体向月台上的群众展览了。这在异国人的我觉得又惊又奇；但看站在月台上的日本人的态度，似乎惊而不奇。他们大家喊‘危险’，而没有一个人取笑她。我想这未必是他们道德高尚的表示，大概是司空见惯的缘故吧。”② 从此可见日本对待身体裸露较宽容的民风。

但是，日本明治维新以来，西洋“裸体”艺术在日本遇到了很多波折，“裸体”进到日本文化语境中就发生了各种各样古怪的排异反应，他

---

① 傅敏编：《傅雷文集·艺术卷》，安徽文艺出版社 1998 年版，第 254 页。

② 丰陈宝等编：《丰子恺文集》艺术第三卷，浙江文艺出版社 1990 年版，第 392 页。

说："看了这样的民风而推想，近代西洋的裸体美术潮流侵入日本，一定是毫无问题的。其实却不然，问题反比一向严禁女子裸体的中国闹得厉害。据他们的画家石井柏亭氏的记述，从明治廿年闹起一直闹到大正末年，还是没有完全闹清楚。而且其中可笑的事尽多。明治美术史因此添上了一层滑稽的色彩。"① 他引述了当时一些日本文人对此状况的描述：

不甚嫌忌裸体的日本人，从来少作裸体的绘画或雕刻；而平日嫌忌露体的西洋人，反而玩赏裸体美术，这是一种矛盾。②

东西洋风习虽有差异，但以裸体为失体裁，乃东西一致，而力图避免者也。力图避免而又竞作男女裸体之像，其理由果安在哉？③

盖以呈露下体为耻，乃人之天性。不问地之东西，时之古今，万人所同然也。若技术上不可废，则如学医者之于纸塑像，专为研究磨练而设模写裸体像之课程，其作品则以相当之被服遮掩裸体，庶几不失学美术之法，而免失体裁。吾人对裸体皆不忍视，故对裸体之美术品亦不忍视也。④

兹有妍美姣丽之妇人，悉去衣服，乳房如双玉，股肉似连藕，其柔润约绰之姿映入朝阳，有如春雪将融之态，爰以纤布细花，遮其一边。此含情脉脉之图，令少年男子见之，如何不动于心？⑤

丰子恺在身体意象上的美育思想在近现代以来无疑具有开风气之先

---

① 丰陈宝等编:《丰子恺文集》艺术第三卷,浙江文艺出版社 1990 年版,第 393 页。
② 丰陈宝等编:《丰子恺文集》艺术第三卷,浙江文艺出版社 1990 年版,第 393 页。
③ 丰陈宝等编:《丰子恺文集》艺术第三卷,浙江文艺出版社 1990 年版,第 394 页。
④ 丰陈宝等编:《丰子恺文集》艺术第三卷,浙江文艺出版社 1990 年版,第 395 页。
⑤ 丰陈宝等编:《丰子恺文集》艺术第三卷,浙江文艺出版社 1990 年版,第 395 页。

的激活作用，他认为，美术教育之中必须有模特儿的参与，否则中国新艺术的写实精神就不可能树立起来，而且，中国古典绘画传统之中的写意特性虽然是一个辉煌的成就，但是到近现代也要同样重视写实精神的培养。他说："只要看他们研究绘画的方法，就可知道他们何等地注重'肖似实物'；西洋绘画，在古代就有用活人模特儿（model）的办法。中世纪描宗教画的画家，要描基督，或圣母，或诸圣徒群众集合的画，常常先想象画中人的颜貌姿态，然后向世间物色一个颜貌姿态相似的人，教他穿起相当的衣服，装出相当的姿势，让画家看着了描写。中世纪的画家，不用模特儿而全凭记忆及想象作画的人固然很多；但用模特儿的画家也不乏其人。"①

针对很多人认为艺术教育之中的模特有伤风化之论，他说："绘画中的裸体模特儿，不是这世间的风俗、习惯、道德之下的一个女人，而是造物者的一个最得意的作品。所以模特儿并不是妨碍风教道德的事。"②他还说："无论是从美学上或技术上说，裸体总是美术的基础而值得尊重的"③、"人身的形式在于裸体，艺术上的制作人身以裸体为基础，因此艺术的教育上用活人模特的习作"④ 等等。可见，要让国人接纳裸体之美，不仅要面对传统身体意象教化观念中的僵化与保守，更要在艺术教育、美术教育中，使身体、裸体、模特儿成为我国艺术与文化的常态，对此，丰子恺进行了多方位的努力。

针对"礼仪三千"的中国在身体意象教化观念中歧视女性裸体美的现象，丰子恺一方面指出了当时艺术教育中模特儿风波中的深层原因。他说："裸体的美何在呢？这非根本地考究不可。在礼仪三千的中国，女子裸体是耻辱的，是非常的。固无怪乎一般人的惊奇与非难。所以往年孙传芳禁止上海美术专门学校的模特儿，以为伤风败俗与春画一样。他

---

① 丰陈宝等编:《丰子恺文集》艺术第三卷,浙江文艺出版社 1990 年版,第 368 页。
② 朱朴编:《丰子恺文集》艺术第一卷,浙江文艺出版社 1990 年版,第 84 页。
③ 丰陈宝等编:《丰子恺文集》艺术第三卷,浙江文艺出版社 1990 年版,第 400 页。
④ 丰陈宝等编:《丰子恺文集》艺术第三卷,浙江文艺出版社 1990 年版,第 400 页。

们的理由是‘花鸟都很美观，何必一定要画人？即使要画人，男人也可画。何必一定要画女人？即使要画女人，着衣也好画，何必一定要裸体？’这渐层的论调，在根本不了解裸体美的老百姓，自然非常中听。然倘说破了所以要画裸体美的根本的理由，其实是极当然而极平常的一回事，完全可以不必非难或惊奇的。”① 另一方面，他更在人性、艺术美、艺术教育的角度，深刻地论述了人体的美以及何以要以模特儿进行基本练习途径的原因，他说：“根本的理由如何？为方便计，可分两层解说：一，森罗万象中人体为最美，所以画家要描写人体；二，人体最美，同时描写亦最难，所以美术学校里的学生要以人体模特儿为基本练习。”② 这种揭示是极为简洁而精深的。

对于人类身体自身的美，丰子恺做了极为生动、具体而微的描述，他说：“我们的眼睛对于美的理解力，因了修养锻炼的工夫的深浅而有高下。故所谓‘美’，不是像‘多’‘大’地大家可以一望而知的。在没有修炼工夫的人想来，花何等美，孔雀何等美，蝴蝶何等美，远胜于单色的人体。其实那种是浅薄的美，不过五花八样地眩耀人目罢了。人的肉体，色虽似简单，然而变化无穷，深长耐味。讲到人体的线的美，更为万物所不及。……这数千百万种的美丽的曲线，便是人体所特有的。美丽的蝴蝶，白兔，山羊，春花，秋草，弱柳，长松，孤峰，秀岭，其线皆为人体所备有。优秀的工艺美术，例如杯，壶，桌，椅等，其线都是由图案家从人体上偷去的。”③ 这既指出了人体自身的美，也指出了对于人体美的欣赏正是人对自身的尊重与肯定，同时，也传达了关于人体美的观念与能力是亟须教育、提高、养成的，数千年来的礼教、风俗习惯也应该改变，树立对于人体美的观念。他说：“上海现在也有模特儿了。然而一般人对于模特儿或裸体画，总还有不可释的怀疑与误解。这原是

---

① 朱朴编:《丰子恺文集》艺术第一卷，浙江文艺出版社 1990 年版，第 93—94 页。
② 朱朴编:《丰子恺文集》艺术第一卷，浙江文艺出版社 1990 年版，第 94 页。
③ 朱朴编:《丰子恺文集》艺术第一卷，浙江文艺出版社 1990 年版，第 94 页。

中国数千年来的风俗习惯所以致之。其实倘根本断绝一切礼教习惯等因袭的思想而想一想，美的身体，岂非蒙神的宠赐而大可夸耀于世的么？美的身体比较起丰富的财产来，岂不更可贵么？美的身体与美的心（高贵的思想学问）不是一样可贵的么？”①

他对美术教育之中的裸体写生做了很多极为细腻的描绘，他说：“裸体人立在一面射入之光线中，其身体各部之调子，如腰际、臂上、腿上，各部优美圆稳，妙不可喻，实不亚于线之美。余常为此言，而初学者每不之信，即目睹亦不见其美。是因一则尚乏鉴赏之能力，一则无忠实写生之基本故也。盖鉴赏力与忠实写生并进，倘能忠实描写，则久而久之自能见其为美矣。”② 他还说：“裸体是很美丽的，同时又是很难画的。诸君不信，请先用铅笔描描你自己的手看。上图画课时，先生教你们描一册书、一盆花，或者几只苹果，这些都是很容易描的，因为它们都有一定的形状和色彩。你们都能描得像个样子。但倘要你们描一只手，我知道描得像样的一定很少，描得可怕的一定很多。这可见人体比其他一切东西都难描。所以研究美术的学生，必须先描人体。描好了人体之后，天地间其他一切的东西，就没有一样不会描。故人体写生，是学画的基本，称为‘基本练习’。”③ 从中可以看出，如果没有美术教育之中对模特儿的细致、切身的欣赏、观察，就不可能创作出写实性的人体美作品，也就不可能对广大国民进行健康、美丽的身体观念教育。

（二）林风眠

林风眠（1900—1991）极为重视艺术教育，他对如何对国民实施艺术教育有过极为具体、宏大、美好的设想。他说：“艺术运动有两点很重要：一是社会艺术事业，如建筑美术馆及大规模的展览会，使社会方面能得到接近艺术的机会，艺术亦能影响到人类的生活，促成一种新的倾

① 朱朴编：《丰子恺文集》艺术第一卷，浙江文艺出版社 1990 年版，第 95 页。

② 朱朴编：《丰子恺文集》艺术第一卷，浙江文艺出版社 1990 年版，第 7—8 页。

③ 丰陈宝等编：《丰子恺文集》艺术第二卷，浙江文艺出版社 1990 年版，第 323 页。

向；一是艺术教育，如建立学校，以养成艺术上创作的人才，产生丰富的作品，使社会艺术事业有基础，有充分发达的可能。”① 但是，他也深刻地认识到，艺术教育在国内还极不发达，一方面在艺术教育机构上的设置上极为匮乏，另一方面，国人在对待艺术的态度上极为蒙昧，而在身体意象上的体现就极为典型。

林风眠在考察中国古代艺术史时指出，在佛教输入中国之前是中国艺术史的第一个时期，这一时期在身体美上的体现就是，“当时的绘画，从各方面说起来，他的倾向是：图案装饰，状貌图形，及标记意义而已。这只能当作绘画上的初期。这时代之最可注意的，是很少的石刻，雕像，而对于人体亦绝不注意，比较起希腊埃及的艺术来，真是惭愧得很！”② 可见他对中国古代艺术之于身体美表现不足的遗憾。当然，他对古代希腊人体雕刻艺术就极为钟爱。他说：“希腊人维持其情感的宗教，把理想中的神人格化了，并给予以很确定的人性的形式。在希腊的神话中，这种事实是很明显的。希腊人生活在这种宗教中，和埃及人神秘的观念、希伯来人空幻的理想，是不相同的。这种生活，使希腊的艺术，走进人的表现中。还有一种很重要的机会，是希腊人对于身体的优美极其注意。风俗中很普及的游戏，及种种运动，在这种公共场所中，艺术家得从容观察，而得到人体构成，及各种人的动象的姿势。”③

他对“身体”意象及其在中国艺术教育中“身体美”的厄运极为愤懑，他说：“我们试一周视，全中国国立的艺术教育机关，经费充足，人才健全，成绩昭著的，有一个吗？在以前，无论如何地经费困难，无论如何地人才缺乏，无论如何地成绩不多，总算还有一个国立的艺术学校！然自北洋残余军阀盘踞京都以后，蒙昧可怜的同胞们，为了看不惯人体模特儿，竟至伙同军阀走狗，把艺专诬蔑得无所不至。结果，这个惟一

① 王震、徐伯阳编：《林风眠艺术随笔》，上海文艺出版社 2012 年版，第 95 页。

② 王震、徐伯阳编：《林风眠艺术随笔》，上海文艺出版社 2012 年版，第 101 页。

③ 王震、徐伯阳编：《林风眠艺术随笔》，上海文艺出版社 2012 年版，第 117 页。

的国立艺术教育机关，竟被他们蹂躏殆尽！”① 另外，他还说：“受到这样无端的打击，我们感到，在此种恶势力的范围之下，艺术运动，万难有重行建筑起来的可能，只能以决然的态度，向新的方向，继续努力。伴此而得的感想：大概是艺术的言论方面没有做到工夫吧？为什么为学西画者所绝不可缺的人体模特儿的临写，会被指为有伤风化呢？”② 通过林风眠对军阀及国人在人体美上的观念所做的描述，可见，在艺术教育中亟须进行身体意象的重建。

总的来说，林风眠所论国人在身体审美方面缺陷的言论正是他的教育思想、美育思想的重要组成部分，这种缺陷在林风眠看来既是中国当时教育的缺陷，也是美育的缺陷。他说：“在欧战时期，法国人以雍容镇静之态度，临机应变，毫不张皇，绝不以目前之小利害而动其心，卒以备战仓卒之国，战胜兵多将勇的德意志。蔡孑民先生说，这种态度，是渊源于该国多年的艺术之陶养的。在蔡先生所著《美术起源》一文中，他说，无论在那一个时代，艺术同社会的关系，都是很显著的。在教育主张上，从柏拉图提出美育主义后，多数的教育家们，都认美术是改造社会的利器。最近在南京，蔡先生曾有一段演词，说文明社会分工的机械工作太枯燥了，应该提倡艺术化的劳动！我在前文中，已把人类如何需要感情的安慰，以及宗教如何能把握人类的感情，而宗教又如何交代他的安慰感情的责任给艺术，归结到艺术如何能为人类所重！”③ 因而，在他看来，美育可以对民族、民众情感世界的养成发挥至关重要的作用，而当时中国种种不堪的状况，在他看来正是因为——“感情的不平衡”④。

在林风眠看来，中国艺术缺少这种能够陶冶情感世界的力量，他说：“呜呼！中国的艺术，既没有宗教的伟大威力提携之于先，又没有狂热的

---

① 王震、徐伯阳编：《林风眠艺术随笔》，上海文艺出版社 2012 年版，第 44 页。
② 王震、徐伯阳编：《林风眠艺术随笔》，上海文艺出版社 2012 年版，第 23 页。
③ 王震、徐伯阳编：《林风眠艺术随笔》，上海文艺出版社 2012 年版，第 42 页。
④ 王震、徐伯阳编：《林风眠艺术随笔》，上海文艺出版社 2012 年版，第 42 页。

同胞重之于后，略一赏识艺术的帝王，且被后世诋为亡国之君！赌博娼妓淫词艳语流行于市，实足以大妨艺术之发展，而模特儿乃反被国人诋毁为艺术的诲淫！我始终以为，欲救此种错误的现象，第一要注意的，仍是真正艺术作品的创造！必如此，而后小之可以使昔之误认淫逸萎靡的游戏为艺术，而一以其罪归于艺术者，知何者为艺术的真面目，何者为艺术的障碍物；大之可以使昔之骄奢淫逸者，知人间尚有更高洁的趣味，而一矫其荒唐之恶习！"[①] 从此可以看出，林风眠关于身体意象重建的思想、关于模特儿的思想与其整体的教育、美育思想是完全内在的、有机的组成部分。

（三）徐悲鸿

在艺术家当中，对“身体”意象及意识觉醒表述最为激烈的则是徐悲鸿（1895—1953）。

就整体而言，徐悲观是从国民精神世界的启蒙与重塑来展开他的身体意象之思的。他认为，国民精神世界之凋敝与我国之国运处在千灾百难之中，同样不可等闲视之。他说：“吾人对艺术之需要，以恒情论，必在国家承平之世，人民安居乐业之时；所谓衣食足而后礼义兴也。我国今日可谓萃千灾百难于一身，芸芸众生，强者救死不遑，弱者逃死无所，语以艺术，无乃有言不以时之诮。顾爱美恶丑，出自天性，昔人研究最初人类之有衣服，其动机盖全出于审美之念。况吾人生长文化最古之邦，若必欲强其归真返璞，是何异闭聪塞明，重返原始生活！背进文化之原理，为事理所不可通，而况正道不彰，异说斯炽，吾人已往艺术之继承，现代艺术之改进，与未来艺术之创造，多有可商榷者，而以国家之力所提倡之艺术，尤必须与以正确之方针，此尤为急不可缓者也。”[②]

因而，要实现对国民精神文化世界的重塑，就必须从国家倡导美育与艺术教育做起，就必须从提倡新美术做起，而“身体解剖”等与身体

① 王震、徐伯阳编：《林风眠艺术随笔》，上海文艺出版社2012年版，第45页。
② 徐悲鸿：《徐悲鸿艺术文集》，宁夏人民出版社1994年版，第199页。

意象教化直接相关的思想就自然产生了。他说：

> 中国革命之目的，固无二致。而尤要者则为绝灭鸦片，严禁裹足，减少赌博之害。故中国之提倡新式美术，固应以杜绝外国美术八股为旨归，但于世界共同语言之原则，不可不诚意遵守。此原则维何？即于治艺者造端之际，正其视听是也。
>
> 为学之道，先求知识。知识既丰，思想乃启。否则思想将无所着落，而发为言论，必致语于不伦。今日中国之少年美术家，具知七十年来之各派名词，而叩以史珂帕斯，多那太罗等巨人；或郑虔、范宽为何代何国人，盖不知也。至于人体解剖，更茫然莫解。岂非教育颠倒，提倡背道之明证耶。此就纯正美术言之，犹未入于本题，目下就国势国力而言，欲在艺术上学之其用，用求其实，而有赖于国家力量之提倡者，盖无过于图案美术者也。①

徐悲鸿对在人体美的教育活动中必须倚赖的模特，持有艺术家特有的职业严谨，他认为对于人体的写实性表现必须经由对人体模特的刻画，他说："欧人之专门习艺者，初摹略简之石膏人头，及静物器具花果等，次摹古雕刻，既准稿，则摹人。（余有摹人专篇当续寄登）盖人体曲直线极微，隐显尤细，色至复，而形有则。习艺者于此致其目光之所及者，聚其腕力之足追随者，毕展发之。并研究美术解剖，以详悉人体外貌之如何组织成者。"②

在他对古希腊雕刻艺术、体育运动中的身体文化、文学作品中的身体意象介绍中，完全是把三个领域交融在一起的。他说："忆当读人身解剖史，述希腊雕刻所以致此之由，曰希腊时尚未有人身解剖之学，其艺人初未识人体组织如何，其作品悉谙于理，精确而简洁，又无微不显，

---

① 徐悲鸿：《徐悲鸿艺术文集》，宁夏人民出版社 1994 年版，第 200 页。

② 徐悲鸿：《徐悲鸿艺术文集》，宁夏人民出版社 1994 年版，第 20 页。

果何术以致之，盖希腊尚武，其地气候和暖，人民之赴角斗场者，如今日少年之赴中学校，入即去其外衣，毕身显露，争以强筋劲骨，夸耀于人，故人平日所惊羡之美，悉是壮盛健实之体格，而每角武而战胜者，其同乡必塑其像，其体质形态手腕动作，务神形毕肖，以昭其信，以彰本土之荣。女子之美者，亦暴其光润之肤，曼妙之态，使人惊其艳丽。艺人平日习人身健全之形，人体致密之构造，精心摹写，自能毕肖。而诗人咏人，辄以美女为仙，勇士为神。神者如何能以力敌造化中害民之妖怪；仙者如何能慰抚其爱，或因议殒命之勇士。文艺中之作品，类皆沉雄悲壮，奕奕有生气，又复幽郁苍茫，芬芳馥郁，千载之下，犹令人眉飞色舞，是所谓壮美者也。一世纪之罗马尚然，无何，人渐尚服饰之巧，艺人性情深者，乃不从事观察人身姿态结构，视为隐于服内，研之无用，作品上亦循俗耗其力于衣襞珍玩。欲写人体，只有摹仿古人所作而已，浸假其作又为人所摹拟，并不自振，逮六世纪艺人乃不复能写一真实之人。见于美术中之人，与木偶无辨。昔之精深茂密之作，今乃云亡，此混沌黑暗之期。直延至十三世纪，史家谓之中衰时代者也，是可证艺人之能精砺观察者，方足有成，裸体之人，乃资艺人观察最美备之练习品也。”① 从这段话可以看出，古希腊雕刻之所以发达，其根源在于古希腊民众对身体健美的酷爱，而对身体健美的酷爱集中体现在学校之中，尤其是体现在学校的体育活动之中，而且，古希腊人对于身体健美的热爱还体现在文学作品之中。

上述徐悲鸿所言尤为值得关切的还有——他指出了一个在人类审美文化史以及审美教育史上的一个极为重要的史实——当人类处在最为蒙蔽、黑暗尤其是禁欲主义凌驾一切之上的时期，既是审美活动、审美教育遭到严厉压制、禁止的时期，也是身体意象受到最严厉禁止、遮掩、扭曲从而偏离常态的时期，或者可以说，身体意象是衡量审美教育活动是否正常、合理、健康的典型例证之一，在身体意象上能够集中地体现

---

① 徐悲鸿:《徐悲鸿艺术文集》,宁夏人民出版社 1994 年版,第 47—48 页。

审美教育的价值、意义与理念。

在把我国古典艺术中身体意象与古希腊进行比较的时候，徐悲鸿把两者之间的区别归之于气候。他说："西方一切文物，皆起于埃及。埃及居热地，其人民无须被服，美术品多象之。故其流风，直被欧洲全部、亘数十纪不易，盛于希腊。希腊亦居热地，又多尚武之风。耶稣之死，又裸钉于十字架上。欧洲艺术之所以壮美，亦幸运使然。若我中国民族来自西北荒寒之地，黄帝既据有中原，即袭蚕丝衣锦绣，南方温带之区，古人蛮俗，为北方所化，益以自然界繁花异草之多，鸟兽虫鱼之博，深山广泽，佳树名卉，在令人留意，足供摹写；而西北方黄人，深褐色之肤，长油不长肉之体，乃覆蔽之不遑，裸体之见于艺术品中者，惟状鬼怪妖精之丑而已。其表正人君子神圣帝王，必冠冕衣裳，绦带玉佩，不若希腊 Jupiter，亦显臂而露胸，虽执金杖以为威，犹袒裼，故与欧洲艺术相异如此，思之可噱也。"[①] 这当然有相当的合理之处，只是徐悲鸿说我国古人之身体"长油不长肉"，是事实如此，还是出于偏见？这倒是很耐人寻味。不过，徐悲鸿的确道出了中国古代艺术中身体意象的稀有、变异、稀薄，因而，这便是徐悲鸿等中国现代艺术家在艺术教育中努力的方向之一。

徐悲鸿关于身体意象教化尤其是关于当时国人身体教化观念的看法，集中体现在模特之上，可以说，他对人体模特给予了极为不同凡响的态度，他说：

> 关于范人（Model），法音曰莫代尔，殖民地人曰模特儿，实模范楷则之意（即谨慎威仪、惟民之则、及不僭不贼、鲜不为则之则字意）。故吾对写吾父，吾父即吾之范人；对写吾母，吾母即吾范人。吾前日曾郑重举希腊艺术之所以昌，中古时代艺术之所以衰，以告国人，皆揭橥确写人体之义以证实之。今更申言之，使有吾仇，立范人以教人治艺，吾亦赞誉之。何者？以其知务本也。顾闻人言

① 徐悲鸿：《徐悲鸿艺术文集》，宁夏人民出版社 1994 年版，第 48—49 页。

神圣之模特儿，乃大不利于众口，吾在欧先后所佣男女范人，数殆五十余，忆在德时所见不下千人，在法所见不下千人，但仅为吾所见五分之一而已。人之恒愿，莫愿于不朽。范人之能，不至不朽，惟以所秉一枝半节之美姿，供艺人摹写，入其幅员，遂足千秋。如Maryx自至美，苟不借Delaroche之笔，何以驻其容颜？此盈千累万欧洲范人之多也。其业正当，从未有人薄之者。范人且自夸日出入于声名盖世者之门，因文豪与乐师，多与画师雕师接近，过从每极密。范人借其业，得识社会上无数大文豪、大乐师，皆恒人欲接一谈以为快为荣者也。故范人性多豪放简率，有中国名士风，富于情感，一如艺人，往往一批评家欲作一名人传，从其口中索逸事，资掌故，作谈噱，绝不闻诲淫。吾愿论淫。①

在徐悲鸿的话语中，对“身体”及“裸体”“模特”给予了中国文化尤其是儒家文化“孝”“仁”“礼”的符号色彩。“故吾对写吾父，吾父即吾之范人；对写吾母，吾母即吾范人”，既然父母皆可以入画，那为什么人体模特就那么诲淫诲盗呢？在中国近现代关于“身体”苏醒的思想中是极为特立独行的，这样一种以西方话语对中国话语的入侵与渗透，还不如说是一种更高程度与层面的骑驿相通和巧妙置换了。

他对人体美及艺术教育中存在的“模特”的意义与价值，在美的永恒性上做出了自己的解释。他说：“人之恒愿，莫愿于不朽。范人之能，不至不朽，惟以所秉一枝半节之美姿，供艺人摹写，入其幅员，遂足千秋。”但是，国人对待“模特”的“身体”理念使得徐悲鸿“良可唏矣”，以至于——“凡人淫念之起，莫剧于见女人之‘也’，无他，以其隐之深，所以独占无上神秘。降而见女人之酥胸动念，见腿见足亦动念。见不动念者，惟手，何者？以其见惯也。夫见惯则淫念遏，是范人即不为艺之用，且为功矣，矧其为治艺必不可少之物哉！少见多怪，良可哂

① 徐悲鸿：《徐悲鸿艺术文集》，宁夏人民出版社1994年版，第55—56页。

已。可恨者，投机之人往往假神圣品物炫奇作怪以贸利，但论者必明辨是非，攻其恶者以全其良者。今也神圣之模特儿 Model，乃为黄帝子孙口中丑语，几可用以骂人，不亦慎乎？”①

综上所述，在中国近代以至现代的现实生活与艺术中“身体”意象正在摆脱传统的理念，并向着新的“身体”意象生成，其中在审美教育与审美教化中，由于思想界、美学界与艺术教育界诸多领域与层面人士的合力推进，新的“身体”意象正在生活、运动、服装、美术、文学、举止等方面逐步渗入，虽然至今国人对待“身体”以及艺术中“裸体”的审美态度仍然停留在较低的粗鄙与浮躁的层次，但是在近现代出现的审美教育及教化中的“身体”的觉醒无疑具有重要的开拓意义与价值。

① 徐悲鸿:《徐悲鸿艺术文集》,宁夏人民出版社 1994 年版,第 56 页。

# 参考文献


1.〔东汉〕赵岐注,〔北宋〕孙奭疏:《孟子注疏》,北京大学出版社 1999 年版。

2.〔东汉〕班昭等著:《蒙养书集成》,三秦出版社 1990 年版。

3. 范寿康:《哲学及其根本问题》,开明书店 1930 年版。

4. 许寿裳:《我所认识的鲁迅》,人民文学出版社 1978 年版。

5. 鲁迅:《鲁迅全集》,人民文学出版社 1981 年版。

6. 文艺美学丛书编委会编:《蔡元培美学文选》,北京大学出版社 1983 年版。

7. 高平叔编:《蔡元培全集》,中华书局 1984 年版。

8. 聂振斌:《蔡元培及其美学思想》,天津人民出版社 1984 年版。

9. 钱鍾书:《谈艺录》,中华书局 1984 年版。

10.《陶行知全集》编委会编:《陶行知全集》,湖南教育出版社 1984—1985 年版。

11. 高平叔编:《蔡元培美育论集》,湖南教育出版社 1987 年版。

12. 北京市教育科学研究所编:《陈鹤琴全集》(第一至四卷),江苏教育出版社 1987、1989、1990、1991 年版。

13.《朱光潜全集》编委会编:《朱光潜全集》,安徽教育出版社 1987—1992 年版。

14. 范寿康著,宋恩荣编:《范寿康教育文集》,浙江教育出版社 1989 年版。

15. 瞿葆奎主编:《〈教育学文集〉美育卷》,人民教育出版社 1989

年版。
16. 贺麟:《哲学与哲学史论文集》,商务印书馆 1990 年版。
17. 丰陈宝等编:《丰子恺文集》,浙江文艺出版社 1990、1992 年版。
18. 王震、徐伯阳编:《徐悲鸿艺术文集》,宁夏人民出版社 1994 年版。
19. 林语堂:《林语堂文集》第八卷,作家出版社 1995 年版。
20. 汪晖、陈燕谷主编:《文化与公共性》,三联书店 1998 年版。
21. 傅敏编:《傅雷文集・艺术卷》,安徽文艺出版社 1998 年版。
22. 谭嗣同著,印永清评注:《仁学》,中州古籍出版社 1998 年版。
23. 高平叔撰著:《蔡元培年谱长编》人民教育出版社 1999 年版。
24. 于民、孙通海:《中国古典美学举要》,安徽教育出版社 2000 年版。
25. 吕德申:《钟嵘〈诗品〉校释》,北京大学出版社 2000 年版。
26. 梁启超著,吴松等点校:《饮冰室文集点校》,云南教育出版社 2001 年版。
27. 钱鍾书:《钱鍾书集》,三联书店 2001 年版。
28. 朱谦之:《朱谦之文集》,福建教育出版社 2002 年版。
29. 吕去病主编:《吕凤子集》,天津人民出版社 2005 年版。
30. 梁启超著,夏晓虹辑:《〈饮冰室合集〉集外文》,北京大学出版社 2005 年版。
31. 孟宪承:《教育概论》,福建教育出版社 2006 年版。
32. 惟海:《五蕴心理学——佛家自我觉醒自我超越的学说》,宗教文化出版社,2006 年版。
33. 康有为撰,姜义华、张荣华编校:《康有为全集》,中国人民大学出版社 2007 年版。
34. 姚淦铭,王燕主编:《王国维文集》,中国文史出版社 2007 年版。
35. 赵廷为:《教材及教学法通论》,福建教育出版社 2007 年版。
36. 范寿康:《教育哲学大纲》,福建教育出版社 2007 年版。
37. 中国科学院心理研究所、中国心理学会编:《潘菽全集》,人民教育出版社 2007 年版。

38. 陈秀云、陈一飞编:《陈鹤琴全集》(第五至六卷),江苏教育出版社2008年版。
39. 林同华主编:《宗白华全集》,安徽教育出版社2008年版。
40. 宗白华:《美学与意境》,江苏文艺出版社2008年版。
41. 沈克宁:《建筑现象学》,中国建筑工业出版社2008年版。
42. 叶朗:《美学原理》,北京大学出版社2009年版。
43. 贺麟:《近代唯心论简释》,上海人民出版社2009年版。
44.《陈独秀著作选编》编委会编:《陈独秀著作选编》,上海人民出版社2009年版。
45. 张祥龙:《孔子的现象学阐释九讲——礼乐人生与哲理》,华东师范大学出版社2009年版。
46. 孟宪承、陈学恂编:《教育通论》,福建教育出版社2010年版。
47. 李石岑:《李石岑哲学论著》,上海书店2010年版。
48. 李申:《宗教论》第三卷,中国社会科学出版社2010年版。
49. 贺麟:《文化与人生》,上海人民出版社2011年版。
50. 朱朴编:《林风眠艺术随笔》,上海文艺出版社2012年版。
51. 梁启超著,夏晓虹、陆胤校:《国学小史》,商务印书馆2014年版。
52. [法]柏格森:《时间与自由意志》,吴士栋译,商务印书馆1958年版。
53. [古希腊]柏拉图:《柏拉图文艺对话集》,朱光潜译,人民文学出版社1963年版。
54. [德]康德:《判断力批判》,宗白华译,商务印书馆1964年版。
55. [德]叔本华:《作为意志和表象的世界》,石冲白译,商务印书馆1982年版。
56. [德]席勒:《审美教育书简》,冯至、范大灿译,北京大学出版社1985年版。
57. [德]卡西尔:《人论》,甘阳译,上海译文出版社1985年版。
58. [德]鲍姆嘉通:《美学》,简明、王旭晓译,文化艺术出版社1987

年版。
59.［俄］什克洛夫斯基:《散文理论》,刘宗次译,百花洲文艺出版社1994年版。
60.［德］海德格尔:《海德格尔选集》,孙周兴编选,上海三联书店1996年版。
61.［意］卢多维科·加托:《十字军东征:马背上的圣战》,祝本雄译,四川人民出版社2000年版。
62.［古希腊］柏拉图著:《柏拉图全集》第一卷,王晓朝译,人民出版社2002年版。
63.［美］科克利:《体育社会学——议题与争议》,刘精明等译,清华大学出版社2003年版。
64.［美］尼尔·波兹曼:《童年的消逝》,广西师范大学出版社2004年版。
65.［德］海德格尔:《形式显示的现象学:海德格尔早期弗莱堡文选》,孙周兴译,同济大学出版社2004年版。
66.［德］胡塞尔:《内时间意识现象学》,倪梁康译,商务印书馆2009年版。
67.［德］海德格尔:《时间概念史导论》,欧东明译,商务印书馆2009年版。
68.［美］拉里·希克曼主编:《阅读杜威——为后现代做的阐释》,徐陶等译,北京大学出版社2010年版。
69.［德］康德:《纯粹理性批判:注释本》,李秋零译注,中国人民大学出版社2011年版。
70.［美］杜威:《杜威全集·中期著作》,华东师范大学出版社2012年版。